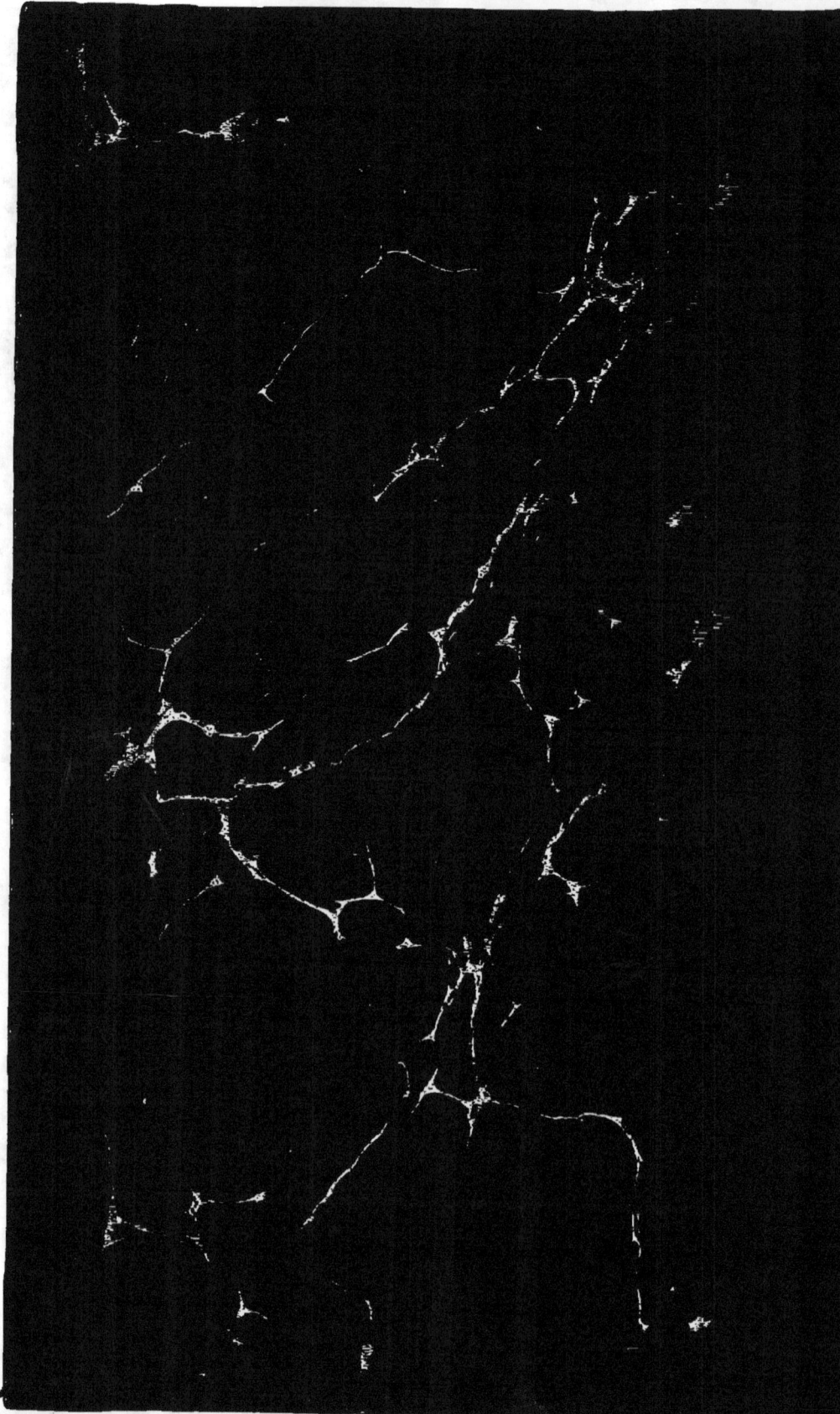

LA
RHÉTORIQUE
D'ARISTOTE

TYPOGRAPHIE DE CH. LAHURE
Imprimeur du Sénat et de la Cour de Cassation
rue de Vaugirard, 9

LA
RHÉTORIQUE
D'ARISTOTE

TRADUITE EN FRANÇAIS

AVEC LE TEXTE EN REGARD

ET SUIVIE DE NOTES PHILOLOGIQUES ET LITTÉRAIRES

PAR

NORBERT BONAFOUS

Professeur à la Faculté des lettres d'Aix
Membre correspondant de l'Académie royale de Turin, de la Société
des Arcades de Rome et de plusieurs autres Sociétés savantes
Officier de l'Ordre grec du Sauveur

PARIS
A. DURAND, LIBRAIRE
RUE DES GRÈS, 5

1856

PRÉFACE.

La Rhétorique d'Aristote est encore aujourd'hui le meilleur traité que nous ayons sur l'art de la parole. Par une destinée singulière, et dont l'histoire de la littérature n'offre pas de second exemple, le livre qui a créé la science oratoire est en même temps celui qui en a donné l'idée la plus profonde et la plus originale. En effet, les rhéteurs et les sophistes, qui avaient précédé Aristote, avaient eu sur la rhétorique des notions superficielles, incomplètes ou fausses. Ils la considéraient comme un recueil de procédés ou de recettes propres à émouvoir les passions, et à préparer des victoires faciles, mais peu durables : ils ne disaient presque rien de la preuve ou confirmation, qui est, sans contredit, ce qu'il y a de plus important; et sans se préoccuper de la justice ni de la morale, ils plaçaient le but de l'éloquence dans le succès de l'orateur plutôt que dans le triomphe du droit.

Aristote, au contraire, établit avec une savante précision l'ordre et l'importance des diverses parties de l'art oratoire. Une définition rigoureuse, pénétrant au fond des choses, sépara nettement la rhétorique de la dialectique. Tout en reconnaissant qu'on peut abuser de la parole, comme on abuse de ce qu'il y a de meilleur au monde,

par exemple, de la force et de la santé, il donna une idée suffisante des devoirs de l'orateur, en déclarant qu'à tout prendre, et d'une manière générale, la bonne cause est plus facile à soutenir que la mauvaise.

La théorie de l'éloquence, que Platon a exposée dans le Phèdre et dans le Gorgias, est plus brillante sans doute ; elle est même si sublime qu'on la dirait soutenue sur les ailes de la poésie. Mais les savantes observations d'Aristote, ce regard vif et pénétrant qu'il a jeté sur nos mœurs et sur nos passions, pour les analyser et les décrire, et surtout l'autorité avec laquelle il circonscrit le domaine d'un art qui, avant lui, n'avait pas de limites certaines, annoncent une raison plus droite et plus sûre d'elle-même. Platon a cherché l'idée même, le but final de l'éloquence, qui est la vertu; Aristote en a découvert le caractère essentiel; le premier a parlé de l'éloquence en poëte et en moraliste, le second en philosophe.

La dialectique et la rhétorique ne sont pas des sciences dans le sens rigoureux du mot. Elles ne sont, à vrai dire, que de simples facultés, au moyen desquelles on peut trouver des preuves, et les exprimer d'une manière convenable. Cependant Aristote leur a attribué des arguments spéciaux, et il a nettement défini la fonction de chacune d'elles. La dialectique prouve le certain par le certain; la rhétorique cherche à établir le probable par le probable. Les arguments de la dialectique sont le syllogisme et l'induction ; ceux de la rhétorique sont l'enthymème et l'exemple. Mais prenez garde, Aristote ne distingue pas ces arguments par la forme ou par de simples accidents. Son esprit infatigable, accoutumé à aller au fond des choses, n'aurait pu se contenter de la distinction insuffisante que les rhéteurs établirent plus tard entre le syllogisme et l'enthymème. Quel que soit le nombre des

propositions exprimées, il y a syllogisme, toutes les fois que des prémisses certaines amènent une conclusion certaine; et enthymème, toutes les fois que des prémisses probables aboutissent à une conclusion de même nature.

Aristote a donné aussi des notions très-exactes sur l'induction et sur l'exemple. D'après lui, l'induction conclut des parties au tout, et se contente quelquefois de ne considérer qu'un certain nombre de parties; l'exemple conclut d'une partie à une partie et semble s'adresser aux passions plutôt qu'à la raison. L'enthymème est un argument moins rigoureux que le syllogisme, et l'exemple a toujours moins de force que l'induction. Ces arguments conviennent donc parfaitement aux sciences auxquelles Aristote les attribue, puisque la dialectique aspire à établir ce qui est certain, tandis que la rhétorique se contente de persuader ce qui est probable.

Mais ce n'est pas tout : Aristote s'est demandé si la rhétorique n'a pas, comme les autres sciences, une matière propre et qui serve de soutien à son enseignement. La médecine traite de la santé et de la maladie, la gymnastique du développement de nos forces physiques, la musique de l'harmonie des sons. Quelle est donc la matière de la rhétorique? La question était d'autant plus difficile à résoudre, qu'Aristote dit lui-même, en commençant, que la dialectique et la rhétorique sont deux sciences d'un genre indéterminé, et ne réclament aucune connaissance spéciale. Cependant il a indiqué la partie des connaissances humaines qui sert d'aliment à l'éloquence. C'est la morale politique, c'est-à-dire l'ensemble des obligations que nous impose notre double qualité d'homme et de citoyen. C'est en considérant la matière de l'éloquence et la méthode suivie par l'orateur qu'Aristote

a dit que la rhétorique revêt le costume de la politique, et qu'elle est une partie, un simulacre de la dialectique.

Aristote insiste surtout sur une distinction essentielle que n'avaient point aperçue les rhéteurs qui l'avaient précédé. Les arguments sont spéciaux ou communs; il appelle les premiers εἴδη, et les seconds τόποι. La rhétorique emprunte les premiers à la morale politique; mais elle se les approprie, en les considérant à un point de vue particulier, c'est-à-dire, en tant qu'ils peuvent être l'objet de la persuasion.

Les trois idées de l'utile, de l'honnête et du juste ne sont pas définies ici d'une manière rigoureuse. Aristote se contente d'une simple énumération des biens et des maux, des vertus et des vices. La raison en est simple : ce que la science a défini, l'orateur l'accepte comme élément de la persuasion. Si Aristote avait donné des analyses scientifiques de ces trois grandes idées, il n'aurait plus fait de la rhétorique, mais de l'une des sciences qu'il a traitées à part. Il faut donc recourir à ses ouvrages spéciaux sur la politique et sur la morale, pour compléter ce qu'il ne fait qu'indiquer ici. On ne saurait d'ailleurs comprendre parfaitement Aristote, si on ne l'étudiait que dans un seul de ses ouvrages. En le comparant à lui-même, on le trouve toujours fidèle à sa pensée et à sa langue, et le rapprochement produit une plus vive lumière.

Ce qui nous frappe surtout, c'est la vigueur avec laquelle Aristote distingue les trois genres d'éloquence, en s'appuyant, non sur un accident extérieur, comme on a voulu le faire de nos jours, mais sur la nature même des choses. L'utile, l'honnête et le juste qui constituent la vie morale de l'homme, lui ont fourni la célèbre division des trois genres, délibératif, épidictique et judiciaire. Cette division s'accorde avec celle du temps; le

délibératif se rapporte à l'avenir, l'épidictique au passé, le judiciaire au présent. Elle convient d'ailleurs aux trois rôles que peut jouer l'auditeur. S'agit-il de l'utile, il délibère; de l'honnête, il approuve ou il blâme; du juste, il prononce un jugement. En appuyant sa division sur ces bases solides, Aristote l'a mise au-dessus de toute attaque, et lui a donné pour soutien la nature même des choses.

Mais les idées ne sont pas le seul mobile des jugements humains. Les mouvements de l'âme, l'ascendant moral de l'orateur, déterminent souvent nos volontés. Aussi, après avoir énuméré dans le premier livre, les propositions qui se rapportent à l'utile, à l'honnête et au juste, Aristote, dans le second, décrit les passions et les mœurs. C'est la partie la mieux traitée de son ouvrage; c'est aussi la plus populaire. Il est peu d'esprits sérieux qui ne tiennent à honneur de connaître le second livre de la Rhétorique, et l'Université de France l'a conservé avec raison au nombre des ouvrages fixés pour l'examen de la licence ès lettres. Dans le triste inventaire des misères de notre cœur, Aristote n'oublie aucun détail. On dirait d'abord qu'il va s'y perdre; mais chacun de ces détails peut fournir le sujet d'une thèse intéressante, et la vérité de l'observation rachète le désordre apparent de la méthode. De même pour les mœurs. Où trouver une peinture plus vive et plus fidèle que ce tableau des mœurs de la jeunesse, que des écrivains nombreux et considérables ont essayé de reproduire, et que le génie de Bossuet a pu seul surpasser? Aristote a tracé, avec la même force et la même précision, les mœurs de l'âge mûr et celles de la vieillesse. Le même génie qui analyse avec finesse les opérations de l'entendement, décrit avec une délicate sagacité nos sentiments et nos habitudes morales.

La rhétorique, ainsi constituée, était, pour ainsi dire,

une science faite. Reposant sur la politique morale, soutenue par la dialectique dont elle empruntait les arguments, elle semblait devoir vivre aussi longtemps que les sciences auxquelles elle se rattachait. Sa mission, d'ailleurs, était nettement définie. Abandonnant à la dialectique la démonstration de la vérité, elle ne s'occupait que de l'opinion, matière contingente, il est vrai, mais très-importante, car les hommes sont conduits par l'opinion plutôt que par la vérité. Mais à quoi devaient aboutir ces belles espérances? Peu d'années après Aristote, peut-être même de son vivant, la rhétorique abdiquait. Elle sortait de la philosophie pour rentrer dans la sophistique. La Rhétorique à Alexandrie fut le signal de cette décadence qui commença peut-être dans l'école du maître.

Aristote a consacré le troisième livre à la disposition et à l'élocution. Il dit peu de choses de la première. Sans rien déterminer d'une manière absolue, il subordonne le rang et l'importance de chaque partie du discours à la diversité des genres et aux circonstances de la cause. Il n'en est pas de même de l'élocution. Aristote en a donné une théorie, qui, sans être complète, était néanmoins suffisante. Cette théorie était neuve au temps où elle parut, elle est restée originale. Vous n'y trouverez pas ces divisions inutiles, ces détails oiseux, qui, plus tard, ont appauvri plutôt qu'enrichi la rhétorique ; mais des vues générales, quelques observations profondes, et, comme l'a remarqué Voltaire, un chapitre entier dans lequel l'auteur enseigne les moyens de parler avec esprit. De même que dans la Poétique, Aristote, conformément aux habitudes de son esprit investigateur, arrive à considérer les éléments mêmes du langage, c'est-à-dire les voyelles et les consonnes, de même, dans la Rhétorique,

il descend aux notions les plus élémentaires de la grammaire, par exemple, à l'accord des genres et des nombres. Mais il s'élève en même temps aux questions les plus hautes de la science du langage. Il fait connaître les principales différences qui séparent la langue de la poésie de celle de la prose; et, ramenant toutes les figures à la métaphore, il en donne une théorie qui serait trop ingénieuse, si elle n'était très-exacte.

Les deux premiers livres de la Rhétorique tirent leur principal intérêt de la philosophie, dont ils relèvent directement. Le troisième est plus littéraire, et d'une plus grande importance pour l'histoire de la rhétorique elle-même. Il est en effet probable qu'Aristote y résume, avec une grande liberté de jugement, l'enseignement des rhéteurs et des sophistes. D'ailleurs les nombreuses citations, qu'il fait à l'appui des préceptes, sont une source précieuse pour la critique grecque, bien que souvent il se contente de les indiquer. Ces phrases mutilées, ces fragments de vers, ces indications rapides, sont utiles pour la révision de quelques textes anciens, et pour l'attribution de certaines pièces de théâtre à leurs véritables auteurs.

On dit souvent : Aristote n'a pas de style. Mais que veut-on dire par là? Qu'est-ce que le style? Est-ce l'ordre et l'arrangement des idées? Mais nul écrivain n'est plus vigoureux dans ses déductions, plus sûr dans sa méthode. Est-ce l'ensemble de ces qualités qui, laissant à la pensée tout son relief, font connaître le caractère de l'écrivain, et découvrent, pour ainsi dire, le fond de son âme? Mais ces qualités se trouvent dans Aristote à un degré éminent. Il paraît obscur quelquefois, parce qu'il est profond. Il ne prodigue pas les ornements du langage; mais il est juste dans ses comparaisons, heureux dans ses

métaphores, créateur d'expressions neuves et inattendues. Si c'est là le style, comment le refuser à Aristote? Mais si on entend par ce mot l'emploi de ces artifices extérieurs qui ne tiennent pas à l'idée, qui l'étouffent au lieu de lui laisser la liberté de ses mouvements, et qui s'adressent à l'imagination et à l'oreille plutôt qu'à la raison, on peut dire qu'Aristote n'a pas de style ; mais en s'exprimant ainsi, on fait son éloge. Quintilien a loué la douceur de son élocution dans une phrase que nous aimons à répéter ici, parce qu'elle résume avec une élégante concision les divers titres de gloire d'un auteur, qu'une longue étude nous apprend tous les jours à aimer. « Quid Aristotelem ? Quem dubito scientia rerum, an scriptorum copia, an eloquendi suavitate, an inventionum acumine, an varietate operum clariorem putem » (*lib.* X, *cap.* 1).

Un mot maintenant sur cette nouvelle traduction. Le texte reproduit celui de l'édition stéréotype de Tauchnitz (Lipsiæ, 1831), avec la plupart des corrections que Bekker y a faites dans son édition spéciale de *la Rhétorique* et de *la Poétique* (Berlin, 1842). La première prodigue les virgules et les points avec un luxe qui nuit quelquefois à la clarté ; nous en avons diminué le nombre. Nous n'avons admis les corrections de la seconde, que lorsqu'elles nous ont paru suffisamment autorisées par les manuscrits, les anciennes éditions, et le sens général du contexte. Nous avons profité beaucoup, pour éclaircir certains passages difficiles, d'un excellent article, inséré par M. Rossignol dans le *Journal des savants* (octobre 1840, septembre 1842 et février 1843).

La Rhétorique d'Aristote a déjà été traduite six fois en notre langue. Voici les noms de ceux qui nous ont précédé dans cette œuvre difficile. Il ne nous appartient pas

de dire jusqu'à quel point ils ont réussi, puisque nous avons profité de leur travail, et que notre reconnaissance doit faire taire nos critiques.

1608. *La Rhétorique d'Aristote*, traduite par Jean du Sin, Paris, in-8°.

1630. *La Rhétorique d'Aristote*. Les deux premiers livres traduits du grec par le feu sieur Robert Estienne, poëte et interprète du roy, ès langues grecques et latines ; et le troisième par Robert Estienne, son nepveu, advocat au parlement, Paris, in-8°. (Les deux premiers livres avaient paru en 1624.)

1654. *La Rhétorique d'Aristote*, en françois. Paris, chez Louis Chamoudry, in-4°. (Publiée de nouveau avec de nombreuses corrections de l'auteur, François Cassandre, Paris, 1675, avec une lettre de Nicolas Perrot d'Ablancour ; en 1691, Lyon, in-12 ; et en 1698, Amsterdam, in-8°.)

1669. *Rhétorique d'Aristote*, traduite du grec, par le sieur Bauduyn de la Neufville, Paris, in-12.

1822. *La Rhétorique d'Aristote*, grec-français, par M. E. Gros, Paris, in-8°.

1837. *L'Art de la Rhétorique* par Aristote, traduit en français par C. Minoïde-Mynas, Paris, in-8°.

Nous avons serré le texte d'aussi près qu'il nous a été possible de le faire en traduisant un auteur dont le style nerveux et précis concentre la pensée, et arrive quelquefois jusqu'à la concision. Heureux, si nous avons pu suivre, même de loin, ceux que nous aimons à regarder comme nos maîtres, MM. Guéroult et Burnouf, dont la

mémoire est si chère à l'Université de France, et MM. Villemain, Cousin, J. V. Le Clerc et Naudet, qui sont encore aujourd'hui notre honneur et notre soutien !

Notre intention était d'abord d'écrire une assez longue introduction, dans laquelle nous aurions discuté, *Marte nostro*, les principales questions que soulève la Rhétorique d'Aristote. Mais le sentiment de notre insuffisance, et le désir de ne pas grossir inutilement notre volume, nous ont déterminé à supprimer cette partie de notre travail. Nous prions MM. les aspirants au grade de licencié ès lettres, d'y suppléer en se procurant deux ouvrages dont la lecture nous semble indispensable pour la parfaite intelligence de la Rhétorique. Ils trouveront dans l'*Étude sur la Rhétorique d'Aristote* de M. Havet et dans l'*Histoire de la critique chez les Grecs* de M. E. Egger, tous les secours nécessaires pour la préparation d'un auteur qu'on ne saurait trop étudier. Nous pouvons, à l'appui de ce conseil, invoquer notre expérience personnelle. Le livre de M. Havet nous a inspiré le goût de la Rhétorique ; celui de M. Egger a contribué beaucoup à nous la faire comprendre.

Notre traduction était déjà finie, quand nous avons lu, dans les *Souvenirs contemporains d'histoire et de littérature*, tom. 1, p. 393 et suiv., un fragment de la *Rhétorique d'Aristote*, traduit par M. Villemain avec une perfection si désespérante, que nous avons été sur le point de renoncer à l'impression de notre travail. Nous avons repris courage en apprenant que M. Villemain n'était pas dans l'intention de traduire la *Rhétorique* en entier, et qu'il consacrait une partie de ses nobles loisirs à une traduction de Pindare, que les amis du grec attendent comme un événement.

Nous prions nos collègues de l'Université d'accueillir

avec indulgence une œuvre qui nous a coûté six années de recherches et de pénibles efforts, pendant lesquelles nous avons été soutenu surtout par le désir et l'espérance de leur être utile.

LIVRE PREMIER

ΑΡΙΣΤΟΤΕΛΟΥΣ

ΤΕΧΝΗ ΡΗΤΟΡΙΧΗ

ΤΕΧΝΗΣ ΡΗΤΟΡΙΚΗΣ Α'.

ΚΕΦΑΛΑΙΟΝ Α'.

Α'. Ἡ ῥητορική ἐστιν ἀντίστροφος τῇ διαλεκτικῇ· ἀμφότεραι γὰρ περὶ τοιούτων τινῶν εἰσιν, ἃ κοινὰ τρόπον τινὰ ἁπάντων ἐστὶ γνωρίζειν, καὶ οὐδεμιᾶς ἐπιστήμης ἀφωρισμένης. Διὸ καὶ πάντες τρόπον τινὰ μετέχουσιν ἀμφοῖν· πάντες γὰρ μέχρι τινὸς καὶ ἐξετάζειν καὶ ὑπέχειν λόγον, καὶ ἀπολογεῖσθαι καὶ κατηγορεῖν ἐγχειροῦσι. Τῶν μὲν οὖν πολλῶν, οἱ μὲν εἰκῇ ταῦτα δρῶσιν, οἱ δὲ διὰ συνήθειαν ἀπὸ ἕξεως. Ἐπεὶ δ' ἀμφοτέρως ἐνδέχεται, δῆλον ὅτι εἴη ἂν αὐτὰ καὶ ὁδοποιεῖν. Δι' ὃ γὰρ ἐπιτυγχάνουσιν οἵ τε διὰ συνήθειαν, καὶ οἱ ἀπὸ ταὐτομάτου, τὴν αἰτίαν θεωρεῖν ἐνδέχεται· τὸ δὲ τοιοῦτον πάντες ἤδη ἂν ὁμολογήσαιεν τέχνης ἔργον εἶναι.

Β'. Νῦν μὲν οὖν οἱ τὰς τέχνας τῶν λόγων συντιθέντες, ὀλίγον πεπορίκασιν αὐτῆς μόριον· αἱ γὰρ πίστεις ἔντεχνόν ἐστι

Les notes de la traduction, indiquées en petits chiffres, et dont la série recommence à chaque chapitre, sont placées à la suite des trois livres de la *Rhétorique*.

RHÉTORIQUE D'ARISTOTE

LIVRE PREMIER.

CHAPITRE PREMIER.

La rhétorique est une science d'un genre indéterminé comme la dialectique ; son utilité ; sa fonction n'est pas de persuader, mais de considérer dans chaque sujet ce qu'il y a de propre à persuader.

§ I. Rapport de la dialectique et de la rhétorique.

La rhétorique est le pendant de la dialectique [1] ; leur objet à toutes deux est en quelque façon accessible à tous les esprits, et ne réclame aucune connaissance spéciale. Aussi n'y-a-t-il personne qui ne possède l'une et l'autre dans une certaine mesure ; car tous entreprennent, jusqu'à un certain point, d'attaquer une opinion ou de la soutenir, d'accuser ou de se défendre. Mais, dans la foule des hommes, les uns le font au hasard et sans règle [2], les autres par une habitude qu'ils tiennent de l'exercice [3]. Puisque ces deux manières existent, il est évident qu'on pourrait les soumettre à une marche et à des règles certaines. On peut en effet examiner la raison qui fait arriver au même but l'habitude et l'instinct. Cet examen, tout le monde en conviendra, est l'ouvrage de l'art.

§ II. Aristote accuse les anciens rhéteurs de n'avoir écrit sur l'art de la parole que des traités incomplets.

Ceux qui jusqu'à présent ont composé des traités de rhétorique, n'ont touché qu'une petite partie de cet art. En effet, les preuves en sont l'objet essentiel ; tout le reste n'est qu'acces-

μόνον, τὰ δ' ἄλλα προσθῆκαι. Οἱ δὲ περὶ μὲν ἐνθυμημάτων οὐδὲν λέγουσιν, ὅπερ ἐστὶ σῶμα τῆς πίστεως, περὶ δὲ τῶν ἔξω τοῦ πράγματος τὰ πλεῖστα πραγματεύονται. Διαβολὴ γὰρ, καὶ ἔλεος, καὶ ὀργὴ, καὶ τὰ τοιαῦτα πάθη τῆς ψυχῆς, οὐ περὶ τοῦ πράγματός ἐστιν, ἀλλὰ πρὸς τὸν δικαστήν. Ὥστ' εἰ περὶ πάσας ἦν τὰς κρίσεις, καθάπερ ἐν ἐνίαις τε νῦν ἐστι τῶν πόλεων, καὶ μάλιστα ἐν ταῖς εὐνομουμέναις, οὐδὲν ἂν εἶχον ὅ τι λέγωσιν. Ἅπαντες γὰρ οἱ μὲν οἴονται δεῖν οὕτω τοὺς νόμους ἀγορεύειν, οἱ δὲ καὶ χρῶνται καὶ κωλύουσιν ἔξω τοῦ πράγματος λέγειν, καθάπερ καὶ ἐν Ἀρείῳ πάγῳ· ὀρθῶς τοῦτο νομίζοντες. Οὐ γὰρ δεῖ τὸν δικαστὴν διαστρέφειν, εἰς ὀργὴν προάγοντας, ἢ φθόνον, ἢ ἔλεον· ὅμοιον γὰρ, κἂν εἴ τις, ᾧ μέλλει χρῆσθαι κανόνι, τοῦτον ποιήσειε στρεβλόν. Ἔτι δὲ φανερὸν, ὅτι τοῦ μὲν ἀμφισβητοῦντος οὐδέν ἐστιν ἔξω τοῦ δεῖξαι τὸ πρᾶγμα, ὅτι ἔστιν ἢ οὐκ ἔστιν, ἢ γέγονεν ἢ οὐ γέγονεν. Εἰ δὲ μέγα ἢ μικρὸν, ἢ δίκαιον ἢ ἄδικον, ὅσα μὴ ὁ νομοθέτης διώρικεν, αὐτὸν δήπου τὸν δικαστὴν δεῖ γινώσκειν καὶ οὐ μανθάνειν παρὰ τῶν ἀμφισβητούντων.

Γ'. Μάλιστα μὲν οὖν προσήκει, τοὺς ὀρθῶς κειμένους νόμους, ὅσα ἐνδέχεται, πάντα διορίζειν αὐτοὺς, καὶ ὅτι ἐλάχιστα καταλείπειν ἐπὶ τοῖς κρίνουσι· πρῶτον μὲν, ὅτι ἕνα λαβεῖν καὶ ὀλίγους ῥᾷον, ἢ πολλοὺς, εὖ φρονοῦντας καὶ δυναμένους νομοθετεῖν καὶ δικάζειν· ἔπειθ' αἱ μὲν νομοθεσίαι ἐκ πολλοῦ χρόνου σκεψαμένων γίγνονται, αἱ δὲ κρίσεις ἐξ ὑπογυίου· ὥστε χαλεπὸν, ἀποδιδόναι τὸ δίκαιον καὶ τὸ συμφέρον καλῶς τοὺς κρίνοντας. Τὸ δὲ πάντων μέγιστον, ὅτι ἡ μὲν τοῦ νομοθέτου κρίσις,

soire. Et cependant ils ne disent rien des enthymèmes, qui sont le corps même de la preuve, et ils traitent longuement des choses qui sont en dehors du sujet [4]. L'invective, la compassion, la colère et les autres passions qui agitent l'âme, ne regardent pas le sujet même ; mais elles s'adressent au juge. De sorte que si les jugements se rendaient partout, comme ils se rendent maintenant dans quelques cités, surtout dans celles qui ont de bonnes lois, ces rhéteurs n'auraient rien à enseigner. Tout le monde, en effet, s'accorde à penser que les lois elles-mêmes devraient prescrire à l'orateur de se renfermer dans le sujet ; il y a même des endroits où ces lois sont en vigueur et interdisent cet abus comme à l'Aréopage [5]. Cette mesure est pleine de sagesse. Il ne faut pas pervertir le juge, en l'excitant à la colère, à la haine, à la compassion ; autant vaudrait courber la règle dont on veut se servir. N'est-il pas évident que celui qui plaide n'a qu'une chose à faire ? C'est de prouver que la chose est ou n'est pas, qu'elle est arrivée ou qu'elle n'est pas arrivée. Mais est-elle importante ou non, juste ou injuste, toutes les fois que le législateur ne s'est pas expliqué, c'est au juge à le décider ; ce n'est pas aux plaideurs à le lui apprendre.

§ III. Dans tous les gouvernements, la loi doit laisser aussi peu que possible à l'arbitraire du juge.

Il est donc très important que la loi soit bien faite, et que décidant elle-même tous les cas qui se présentent, elle laisse le moins possible à l'arbitraire du juge ; d'abord, parce qu'il est plus facile de trouver un ou quelques hommes capables de faire de sages lois et de rendre la justice, que d'en trouver un grand nombre ; ensuite, parce que la loi est le fruit du temps et de la méditation ; les jugements au contraire sont l'ouvrage d'un instant, de sorte qu'il est bien difficile que le juge statue comme il faut sur le juste et sur l'utile. Mais la plus importante de toutes les raisons, c'est que la décision du législateur ne s'applique pas à un cas particulier, mais à tous les cas en général qui peuvent se présenter dans l'avenir : l'ecclésiaste [6] au

οὐ κατὰ μέρος, οὔτε περὶ τῶν παρόντων, ἀλλὰ περὶ μελλόντων τε καὶ καθόλου ἐστίν· ὁ δ' ἐκκλησιαστὴς καὶ δικαστὴς ἤδη περὶ παρόντων καὶ ἀφωρισμένων κρίνουσι· πρὸς οὓς καὶ τὸ φιλεῖν ἤδη καὶ τὸ μισεῖν, καὶ τὸ ἴδιον συμφέρον συνήρηται πολλάκις· ὥστε μηκέτι δύνασθαι θεωρεῖν ἱκανῶς τὸ ἀληθές, ἀλλ' ἐπισκοτεῖν τῇ κρίσει τὸ ἴδιον ἡδὺ ἢ λυπηρόν. Περὶ μὲν οὖν τῶν ἄλλων, ὥσπερ λέγομεν, δεῖ ὡς ἐλαχίστων ποιεῖν κύριον τὸν κριτήν· περὶ δὲ τοῦ γεγονέναι ἢ μὴ γεγονέναι, ἢ ἔσεσθαι ἢ μὴ ἔσεσθαι, ἢ εἶναι ἢ μὴ εἶναι, ἀνάγκη ἐπὶ τοῖς κριταῖς καταλείπειν· οὐ γὰρ δυνατὸν ταῦτα τὸν νομοθέτην προϊδεῖν.

Δ'. Εἰ δὲ ταῦθ' οὕτως ἔχει, φανερὸν ὅτι τὰ ἔξω τοῦ πράγματος τεχνολογοῦσιν, ὅσοι τἆλλα διορίζουσιν, οἷον τί δεῖ τὸ προοίμιον ἢ τὴν διήγησιν ἔχειν, καὶ τῶν ἄλλων ἕκαστον μορίων· οὐδὲν γὰρ ἐν αὐτοῖς ἄλλο πραγματεύονται, πλὴν ὅπως τὸν κριτὴν ποιόν τινα ποιήσωσιν· περὶ δὲ τῶν ἐντέχνων πίστεων οὐδὲν δεικνύουσιν· τοῦτο δ' ἐστίν, ὅθεν ἄν τις γένοιτο ἐνθυμηματικός. Διὰ γὰρ τοῦτο, τῆς αὐτῆς οὔσης μεθόδου περὶ τὰ δημηγορικὰ καὶ δικανικά, καὶ καλλίονος καὶ πολιτικωτέρας τῆς δημηγορικῆς πραγματείας οὔσης, ἢ τῆς περὶ τὰ συναλλάγματα, περὶ μὲν ἐκείνης οὐδὲν λέγουσι, περὶ δὲ τοῦ δικάζεσθαι πάντες πειρῶνται τεχνολογεῖν· ὅτι ἧττόν ἐστι πρὸ ἔργου τὰ ἔξω τοῦ πράγματος λέγειν ἐν τοῖς δημηγορικοῖς, καὶ ἧττόν ἐστι κακοῦργον ἡ δημηγορία δικολογίας, ἀλλὰ κοινότερον· ἐνταῦθα μὲν γὰρ ὁ κριτὴς περὶ τῶν οἰκείων κρίνει· ὥστ' οὐδὲν ἄλλο δεῖ, πλὴν ἀποδεῖξαι ὅτι οὕτως ἔχει, ὥς φησιν ὁ συμβουλεύων. Ἐν δὲ τοῖς δικανικοῖς οὐχ ἱκανὸν τοῦτο, ἀλλὰ πρὸ ἔργου ἐστὶν ἀναλαβεῖν τὸν ἀκροατήν· περὶ ἀλλοτρίων γὰρ ἡ κρίσις· ὥστε πρὸς τὸ αὑτῶν

contraire et le juge donnent leur suffrage sur des cas présents et déterminés, dans lesquels ils se laissent bien souvent entraîner par la faveur, la haine, l'intérêt privé; de sorte que des préventions favorables ou fâcheuses couvrant leur raison comme d'un nuage, ils ne peuvent plus suffisamment distinguer la vérité. Il faut donc sur tout le reste, ainsi que nous venons de le dire, laisser le moins possible à l'arbitraire du juge. Mais quand il est question de savoir si la chose a été ou n'a pas été, sera ou ne sera pas, est ou n'est pas, il faut bien alors s'en rapporter au juge ; car le législateur ne saurait le prévoir.

§ IV. Raisons pour lesquelles les anciens rhéteurs se sont beaucoup plus occupés du genre judiciaire que du délibératif.

S'il en est ainsi, il est évident que ceux-là ne traitent pas ce qui est véritablement l'objet de l'art, qui donnent des préceptes sur ce qui est en dehors de la preuve, et qui recherchent ce que doit contenir l'exorde, la narration, ou chacune des autres parties du discours. Car la seule chose qui les occupe en tout cela, c'est d'inspirer au juge telle ou telle disposition. Quant à ce qu'il y a de plus essentiel, aux preuves, ils n'en disent rien ; et cependant c'est par là qu'un orateur pourrait apprendre à donner de la force à ses enthymèmes. Aussi, quoique la méthode soit la même pour le genre délibératif et pour le genre judiciaire, quoique l'éloquence politique soit plus noble et plus importante pour l'État que celle qui s'occupe des conventions particulières entre citoyens, ces rhéteurs dont je parle ne disent rien de la première, tandis qu'ils s'efforcent tous de donner les règles de la seconde. C'est que dans les discours qui s'adressent au peuple, il est beaucoup moins avantageux de sortir de la question ; une harangue prête moins aux ruses oratoires que ne le fait un plaidoyer, car elle est d'un intérêt plus général. Le juge [7] décidant ici de ses propres intérêts, l'orateur n'a qu'à prouver la vérité de la proposition qu'il avance. Mais dans les plaidoyers cela ne suffit pas ; il importe alors de captiver l'auditeur, car il va se prononcer sur des intérêts qui ne sont pas les siens; aussi, ne se considé-

ΡΗΤΟΡΙΚΗ.

σκοπούμενοι, καὶ πρὸς χάριν ἀκροώμενοι, διδόασι τοῖς ἀμφισβητοῦσιν, ἀλλ' οὐ κρίνουσι. Διὸ καὶ πολλαχοῦ, ὥσπερ καὶ πρότερον εἶπον, ὁ νόμος κωλύει λέγειν ἔξω τοῦ πράγματος. Ἐκεῖ δ' αὐτοὶ οἱ κριταὶ τοῦτο τηροῦσιν ἱκανῶς.

Ε'. Ἐπεὶ δὲ φανερόν ἐστιν ὅτι ἡ μὲν ἔντεχνος μέθοδος περὶ τὰς πίστεις ἐστίν· ἡ δὲ πίστις ἀπόδειξίς τις· (τότε γὰρ πιστεύομεν μάλιστα, ὅταν ἀποδεδεῖχθαι ὑπολάβωμεν·) ἔστι δ' ἀπόδειξις ῥητορικὴ ἐνθύμημα· καὶ ἔστι τοῦτο, ὡς ἁπλῶς εἰπεῖν, κυριώτατον τῶν πίστεων· τὸ δὲ ἐνθύμημα συλλογισμός τις· περὶ δὲ συλλογισμοῦ ὁμοίως ἅπαντος τῆς διαλεκτικῆς ἐστιν ἰδεῖν, ἢ αὐτῆς ὅλης, ἢ μέρους τινός· δῆλον ὅτι ὁ μάλιστα τοῦτο δυνάμενος θεωρεῖν, ἐκ τίνων καὶ πῶς γίγνεται συλλογισμός, οὗτος καὶ ἐνθυμηματικὸς ἂν εἴη μάλιστα, προσλαβὼν περὶ ποῖά τ' ἐστὶ τὰ ἐνθυμήματα, καὶ τίνας ἔχει διαφορὰς πρὸς τοὺς λογικοὺς συλλογισμούς. Τό τε γὰρ ἀληθὲς, καὶ τὸ ὅμοιον τῷ ἀληθεῖ, τῆς αὐτῆς ἐστὶ δυνάμεως ἰδεῖν· ἅμα δὲ καὶ οἱ ἄνθρωποι πρὸς τὸ ἀληθὲς πεφύκασιν ἱκανῶς, καὶ τὰ πλείω τυγχάνουσι τῆς ἀληθείας. Διὸ πρὸς τὰ ἔνδοξα στοχαστικῶς ἔχειν, τοῦ ὁμοίως ἔχοντος καὶ πρὸς τὴν ἀλήθειάν ἐστιν. Ὅτι μὲν οὖν τὰ ἔξω τοῦ πράγματος οἱ ἄλλοι τεχνολογοῦσι, καὶ διότι μᾶλλον ἀπονενεύκασι πρὸς τὸ δικολογεῖν, φανερόν.

ΣΤ'. Χρήσιμος δ' ἐστὶν ἡ ῥητορικὴ, διά τε τὸ φύσει εἶναι κρείττω τἀληθῆ καὶ τὰ δίκαια τῶν ἐναντίων· ὥστε ἐὰν μὴ κατὰ τὸ προσῆκον αἱ κρίσεις γίγνωνται, ἀνάγκη δι' αὐτῶν ἡττᾶσθαι· τοῦτο δ' ἐστὶν ἄξιον ἐπιτιμήσεως. Ἔτι δὲ πρὸς ἐνίους, οὐδ' εἰ

rant que lui-même, et n'écoutant que pour son plaisir, il se livre aux plaideurs, il ne juge pas. Voilà pourquoi dans beaucoup d'endroits, comme je l'ai dit plus haut, la loi défend à ceux qui plaident de sortir de la question. Dans l'éloquence délibérative, les juges eux-mêmes se tiennent assez en garde contre les artifices de l'orateur.

§ V. L'enthymème est le syllogisme de la rhétorique.

Il est donc évident que les règles de l'art ont pour objet les preuves; que la preuve est une espèce de démonstration [8], puisque nous sommes convaincus surtout, lorsque nous pensons que les choses nous ont été démontrées; que la démonstration oratoire, c'est l'enthymème, le plus fort sans contredit de tous les arguments, et que l'enthymème est une espèce de syllogisme. Or, tout syllogisme, sans exception, est du ressort de la dialectique en général, ou d'une de ses parties [9]. D'où il suit clairement que celui qui connaît le mieux la matière et la forme du syllogisme, sera en même temps habile dans la dialectique oratoire, puisqu'il saura déjà ce que c'est que l'enthymème, et en quoi il diffère du syllogisme logique. En effet, le vrai et le vraisemblable tombent sous l'examen d'une même faculté. Or, la nature ayant rendu le vrai possible pour l'homme, celui-ci parvient souvent à atteindre la vérité. Pourquoi donc, pouvant arriver à la vérité, ne serait-il pas en état de conjecturer le probable par le même moyen? Nous voyons maintenant sans peine pourquoi les autres rhéteurs donnent des préceptes qui sont en dehors de l'art qu'ils professent, et pourquoi ils se tournent plutôt vers le genre judiciaire.

§ VI. Utilité morale de la rhétorique.

La rhétorique est utile, car le juste et le vrai sont nécessairement préférables à leurs contraires; et cependant, si la justice n'est pas bien rendue, ils succomberont nécessairement dans la lutte; résultat déplorable. De plus, l'orateur, ayant à parler d'une science devant certains hommes, ne pourrait pas

τὴν ἀκριβεστάτην ἔχοιμεν ἐπιστήμην, ῥᾴδιον ἀπ᾽ ἐκείνης πεῖσαι λέγοντας· διδασκαλίας γάρ ἐστιν ὁ κατὰ τὴν ἐπιστήμην λόγος· τοῦτο δὲ ἀδύνατον· ἀλλ᾽ ἀνάγκη διὰ τῶν κοινῶν ποιεῖσθαι τὰς πίστεις καὶ τοὺς λόγους· ὥσπερ καὶ ἐν τοῖς τοπικοῖς ἐλέγομεν περὶ τῆς πρὸς τοὺς πολλοὺς ἐντεύξεως. Ἔτι δὲ τἀναντία δεῖ δύνασθαι πείθειν, καθάπερ καὶ ἐν τοῖς συλλογισμοῖς, οὐχ ὅπως ἀμφότερα πράττωμεν· οὐ γὰρ δεῖ τὰ φαῦλα πείθειν· ἀλλ᾽ ἵνα μήτε λανθάνῃ πῶς ἔχει, καὶ ὅπως, ἄλλου χρωμένου τοῖς λόγοις αὐτοῖς μὴ δικαίως, λύειν ἔχωμεν. Τῶν μὲν οὖν ἄλλων τεχνῶν οὐδεμία τἀναντία συλλογίζεται· ἡ δὲ διαλεκτικὴ καὶ ἡ ῥητορικὴ μόναι τοῦτο ποιοῦσιν· ὁμοίως γάρ εἰσιν ἀμφότεραι τῶν ἐναντίων. Τὰ μέντοι ὑποκείμενα πράγματα οὐχ ὁμοίως ἔχει, ἀλλ᾽ ἀεὶ τἀληθῆ καὶ τὰ βελτίω τῇ φύσει, εὐσυλλογιστότερα καὶ πιθανώτερα, ὡς ἁπλῶς εἰπεῖν. Πρὸς δὲ τούτοις, ἄτοπον, εἰ τῷ σώματι μὲν αἰσχρὸν μὴ δύνασθαι βοηθεῖν ἑαυτῷ, λόγῳ δ᾽ οὐκ αἰσχρόν· ὃ μᾶλλον ἴδιόν ἐστιν ἀνθρώπου τῆς τοῦ σώματος χρείας. Εἰ δέ, ὅτι μεγάλα βλάψειεν ἂν ὁ χρώμενος ἀδίκως τῇ τοιαύτῃ δυνάμει τῶν λόγων, τοῦτό γε κοινόν ἐστι κατὰ πάντων τῶν ἀγαθῶν, πλὴν ἀρετῆς, καὶ μάλιστα κατὰ τῶν χρησιμωτάτων, οἷον ἰσχύος, ὑγιείας, πλούτου, στρατηγίας· τούτοις γὰρ ἄν τις ὠφελήσειε τὰ μέγιστα, χρώμενος δικαίως, καὶ βλάψειεν ἀδίκως.

Ζ'. Ὅτι μὲν οὖν οὐκ ἔστιν οὔτε ἑνός τινος γένους ἀφωρισμένου ἡ ῥητορική, ἀλλὰ καθάπερ ἡ διαλεκτική, καὶ ὅτι χρήσιμος, φανερόν· καὶ ὅτι οὐ τὸ πεῖσαι ἔργον αὐτῆς, ἀλλὰ τὸ ἰδεῖν τὰ ὑπάρχοντα πιθανὰ περὶ ἕκαστον, καθάπερ καὶ ἐν ταῖς ἄλλαις τέχναις πάσαις. Οὐδὲ γὰρ ἰατρικῆς τὸ ὑγιᾶ ποιῆσαι, ἀλλά, μέχρι οὗ ἐνδέχεται, μέχρι τούτου προαγαγεῖν· ἔστι γὰρ καὶ

facilement, par le seul moyen de la science, lors même qu'il la connaîtrait parfaitement, persuader ses auditeurs ; car le langage propre de la science est destiné à l'enseignement. Il faut bien alors qu'il appuie ses preuves et ses raisonnements sur les notions communes, ainsi que nous l'avons dit dans nos *Topiques*, relativement à la manière de parler à la multitude [10]. Ce n'est pas tout : l'orateur doit être en état, comme le logicien, de prouver le pour et le contre, non pour faire lui-même l'un et l'autre, car il ne doit pas chercher à persuader ce qui est mal, mais afin de ne pas ignorer comment cela se pratique, et de pouvoir déjouer les artifices de celui qui se servirait de l'éloquence pour l'injustice. Les autres arts n'enseignent pas à prouver le pour et le contre ; la dialectique et la rhétorique sont les seules qui le fassent, car l'une et l'autre s'occupent également des contraires [11]. Cependant les questions qu'elles se proposent ne se ressemblent pas ; mais, généralement parlant, le vrai et le bon sont toujours plus faciles à prouver et plus persuasifs. Il serait étrange qu'il y eût de la honte à ne pas savoir se servir de son corps pour se défendre ; et qu'il n'y en eût pas à ne pas savoir se servir de la parole, dont l'usage, bien plus que celui du corps, est particulier à l'homme. Si on objecte que celui qui fait un mauvais usage de cette puissance de la parole peut faire beaucoup de mal, cette objection peut être également dirigée contre toutes les bonnes choses, excepté contre la vertu, et surtout contre ce qu'il y a de plus utile, comme la force, la santé, les richesses, l'art militaire. Toutes ces choses sont très utiles, si vous en faites un bon usage ; si non, elles deviennent nuisibles.

§ VII. La fonction de la rhétorique n'est pas de persuader, mais de trouver ce que chaque sujet contient de propre à persuader.

Il est donc évident que la rhétorique n'a pas d'objet déterminé, mais que, sous ce rapport, elle ressemble à la dialectique ; de plus, qu'elle est utile, et que sa fonction n'est pas de persuader, mais de voir dans chaque sujet ce qui s'y trouve de propre à persuader. Il en est de même dans tous les autres arts. La

τοὺς ἀδυνάτους μεταλαβεῖν ὑγιείας, ὅμως θεραπεῦσαι καλῶς. Πρὸς δὲ τούτοις, ὅτι τῆς αὐτῆς τό τε πιθανὸν καὶ τὸ φαινόμενον ἰδεῖν πιθανόν, ὥσπερ καὶ ἐπὶ τῆς διαλεκτικῆς συλλογισμόν τε καὶ φαινόμενον συλλογισμόν. Ὁ γὰρ σοφιστικὸς οὐκ ἐν τῇ δυνάμει, ἀλλ' ἐν τῇ προαιρέσει· πλὴν ἐνταῦθα μὲν ἔσται ὁ μὲν κατὰ τὴν ἐπιστήμην, ὁ δὲ κατὰ τὴν προαίρεσιν ῥήτωρ· ἐκεῖ δὲ σοφιστὴς μὲν κατὰ τὴν προαίρεσιν, διαλεκτικὸς δὲ οὐ κατὰ τὴν προαίρεσιν, ἀλλὰ κατὰ τὴν δύναμιν. Περὶ δὲ αὐτῆς ἤδη τῆς μεθόδου πειρώμεθα λέγειν, πῶς τε καὶ ἐκ τίνων δυνησόμεθα τυγχάνειν τῶν προκειμένων. Πάλιν οὖν οἷον ἐξ ὑπαρχῆς ὁρισάμενοι αὐτὴν τίς ἐστι, λέγωμεν τὰ λοιπά.

ΚΕΦΑΛΑΙΟΝ Β'.

Α'. Ἔστω δ' ἡ ῥητορικὴ δύναμις περὶ ἕκαστον τοῦ θεωρῆσαι τὸ ἐνδεχόμενον πιθανόν. Τοῦτο γὰρ οὐδεμιᾶς ἑτέρας ἐστὶ τέχνης ἔργον· τῶν γὰρ ἄλλων ἑκάστη, περὶ τὸ αὐτῇ ὑποκείμενόν ἐστι διδασκαλικὴ καὶ πιστική· οἷον ἰατρικὴ περὶ ὑγιεινὸν καὶ νοσερόν· καὶ γεωμετρία περὶ τὰ συμβεβηκότα πάθη τοῖς μεγέθεσι· καὶ ἀριθμητικὴ περὶ ἀριθμόν· ὁμοίως δὲ καὶ αἱ λοιπαὶ τῶν τεχνῶν καὶ ἐπιστημῶν. Ἡ δὲ ῥητορικὴ περὶ τοῦ δοθέντος, ὡς εἰπεῖν, δοκεῖ δύνασθαι θεωρεῖν τὸ πιθανόν· διὸ καὶ φαμὲν αὐτὴν οὐ περί τι γένος ἴδιον ἀφωρισμένον ἔχειν τὸ τεχνικόν.

tâche de la médecine, par exemple, n'est pas de rendre la santé, mais de s'avancer vers ce but autant qu'on le peut ; de sorte que ceux-là même qu'il est impossible de guérir, on peut cependant les soigner selon les règles de l'art. Il est évident en outre, qu'il appartient à la rhétorique de découvrir ce qui peut persuader, et ce qui semble pouvoir persuader, de même qu'il appartient à la dialectique de savoir distinguer un véritable syllogisme d'un raisonnement qui n'en a que l'apparence. Car ce qui fait le sophiste, ce n'est pas l'habileté, mais l'intention. Il y a cependant une différence. Qu'on ait recours à la science véritable ou qu'on préfère les arguments spécieux, on est toujours orateur ; tandis que dans la dialectique, c'est l'intention qui fait le sophiste ; le dialecticien est celui dont les arguments reposent, non sur l'intention, mais sur la science elle-même. Essayons maintenant de parler de la méthode que suit la rhétorique, et voyons de quelle manière et par quels moyens nous pourrons atteindre notre but. Revenons donc sur nos pas, et, après l'avoir définie de nouveau, nous passerons à ce qui suit.

CHAPITRE II.

Définition de la rhétorique. Quelle est la différence qui se trouve entre le probable, le signe et l'argument certain ? Qu'est-ce que l'exemple ?

§ I. Définition de la rhétorique.

La rhétorique est la faculté de considérer dans chaque sujet ce qui s'y trouve de propre à persuader. En effet, cette fonction n'appartient à aucun autre art, puisque chaque art enseigne et persuade en ce qui forme son objet propre : ainsi la médecine traite de la santé et de la maladie ; la géométrie des modifications qu'éprouvent les grandeurs ; l'arithmétique des nombres, et semblablement pour tous les autres arts et toutes les autres sciences. Mais la rhétorique semble pouvoir, pour ainsi dire, considérer, dans un sujet donné, ce qu'il y a de propre à persuader. C'est pourquoi nous disons que les règles qu'elle donne n'ont pas un objet propre et déterminé.

Β'. Τῶν δὲ πίστεων, αἱ μὲν ἄτεχνοί εἰσιν αἱ δὲ ἔντεχνοι. Ἄτεχνα δὲ λέγω, ὅσα μὴ δι' ἡμῶν πεπόρισται, ἀλλὰ προϋπῆρχεν οἷον μάρτυρες, βάσανοι, συγγραφαὶ, καὶ ὅσα τοιαῦτα· ἔντεχνα δὲ, ὅσα διὰ τῆς μεθόδου καὶ δι' ἡμῶν κατασκευασθῆναι δυνατόν· ὥστε δεῖ τούτων τοῖς μὲν χρήσασθαι, τὰ δὲ εὑρεῖν.

Γ'. Τῶν δὲ διὰ τοῦ λόγου ποριζομένων πίστεων τρία εἴδη ἐστίν· αἱ μὲν γάρ εἰσιν ἐν τῷ ἤθει τοῦ λέγοντος, αἱ δὲ ἐν τῷ τὸν ἀκροατὴν διαθεῖναί πως, αἱ δὲ ἐν αὐτῷ τῷ λόγῳ, διὰ τοῦ δεικνύναι ἢ φαίνεσθαι δεικνύναι. Διὰ μὲν οὖν τοῦ ἤθους, ὅταν οὕτω λεχθῇ ὁ λόγος, ὥστε ἀξιόπιστον ποιῆσαι τὸν λέγοντα. Τοῖς γὰρ ἐπιεικέσι πιστεύομεν μᾶλλον καὶ θᾶττον, περὶ πάντων μὲν ἁπλῶς· ἐν οἷς δὲ τὸ ἀκριβὲς μή ἐστιν, ἀλλὰ τὸ ἀμφιδυξεῖν, καὶ παντελῶς. Δεῖ δὲ καὶ τοῦτο συμβαίνειν διὰ τὸν λόγον, ἀλλὰ μὴ διὰ τὸ προδεδοξάσθαι ποιόν τινα εἶναι τὸν λέγοντα. Οὐ γάρ, ὥσπερ ἔνιοι τῶν τεχνολογούντων τιθέασιν ἐν τῇ τέχνῃ καὶ τὴν ἐπιείκειαν τοῦ λέγοντος, ὡς οὐδὲν συμβαλλομένην πρὸς τὸ πιθανόν· ἀλλὰ σχεδὸν, ὡς εἰπεῖν, κυριωτάτην ἔχει πίστιν τὸ ἦθος. Διὰ δὲ τῶν ἀκροατῶν, ὅταν εἰς πάθος ὑπὸ τοῦ λόγου προαχθῶσιν· οὐ γὰρ ὁμοίως ἀποδίδομεν τὰς κρίσεις λυπούμενοι καὶ χαίροντες, ἢ φιλοῦντες καὶ μισοῦντες· πρὸς ὃ καὶ μόνον πειρᾶσθαι φαμὲν πραγματεύεσθαι τοὺς νῦν τεχνολογοῦντας. Περὶ μὲν οὖν τούτων δηλωθήσεται καθέκαστον, ὅταν περὶ τῶν παθῶν λέγωμεν. Διὰ δὲ τῶν λόγων πιστεύουσιν, ὅταν ἀληθὲς ἢ φαινόμενον δείξωμεν ἐκ τῶν περὶ ἕκαστα πιθανῶν.

LIVRE I, CHAPITRE II.

§ II. Division des preuves.

Quant aux preuves, les unes sont en dehors de l'art, les autres en viennent. J'appelle preuves en dehors de l'art, toutes celles que nous ne trouvons pas nous-mêmes, mais qui existaient déjà, comme les témoins, la question, les écrits et autres semblables. J'appelle preuves qui viennent de l'art, toutes celles que nous pouvons nous procurer par la méthode et par nous-mêmes [1]. Il faut employer les premières et trouver les secondes.

§ III. Preuves intrinsèques; division de ces preuves.

Les preuves que l'art de la parole nous fournit sont de trois espèces. Les premières dépendent des mœurs de l'orateur; les secondes des divers sentiments qu'on inspire à l'auditeur; les troisièmes se trouvent dans le discours lui-même, en tant qu'on démontre ou qu'on semble démontrer. L'orateur prouve par les mœurs, lorsqu'il parle de manière à inspirer de la confiance dans son caractère personnel; car l'homme honnête nous persuade mieux et plus vite dans toutes les circonstances en général, mais surtout et d'une manière absolue, quand la vérité n'est pas facile à saisir et qu'elle reste dans le doute. Il faut que cette confiance naisse du discours lui-même, et non de l'opinion que nous avons déjà sur le caractère de l'orateur. Car il ne faut pas croire ce qu'ont écrit quelques-uns de ceux qui se sont occupés de la rhétorique, savoir que l'honnêteté de l'orateur ne contribue en rien à la persuasion; c'est au contraire dans cette honnêteté que consiste, pour ainsi dire, toute la force de la persuasion [2]. L'orateur prouve par le moyen des auditeurs, lorsqu'il excite les passions; car nos jugements ne sont pas les mêmes, quand nous cédons à la douleur ou à la joie, à l'amitié ou à la haine. Voilà, disons nous, la seule partie de l'art que les rhéteurs de nos jours essaient de traiter. Nous en parlerons en détail quand nous nous occuperons des passions. Nous prouvons enfin par le discours lui-même, lorsque, par ce qu'il y a de persuasif dans chaque sujet, nous établissons le vrai et le vraisemblable.

Δ'. Ἐπεὶ δ' αἱ πίστεις διὰ τούτων εἰσί, φανερὸν ὅτι ταῦτα τρία ἐστὶ λαβεῖν, τοῦ συλλογίσασθαι δυναμένου, καὶ τοῦ θεωρῆσαι τὰ περὶ τὰ ἤθη καὶ τὰς ἀρετὰς, καὶ τρίτον τὰ περὶ τὰ πάθη, τί τε ἕκαστόν ἐστι τῶν παθῶν, καὶ ποῖόν τι, καὶ ἐκ τίνων ἐγγίνεται, καὶ πῶς· ὥστε συμβαίνει τὴν ῥητορικὴν, οἷον παραφυές τι τῆς διαλεκτικῆς εἶναι, καὶ τῆς περὶ τὰ ἤθη πραγματείας, ἣν δίκαιόν ἐστι προσαγορεύειν πολιτικήν. Διὸ καὶ ὑποδύεται ὑπὸ τὸ σχῆμα τὸ τῆς πολιτικῆς ἡ ῥητορική· καὶ οἱ ἀντιποιούμενοι ταύτης, τὰ μὲν δι' ἀπαιδευσίαν, τὰ δὲ δι' ἀλαζονείαν, τὰ δὲ καὶ δι' ἄλλας αἰτίας ἀνθρωπικάς. Ἔστι γὰρ μόριόν τι τῆς διαλεκτικῆς καὶ ὁμοίωμα, καθάπερ καὶ ἀρχόμενοι εἴπομεν· περὶ οὐδενὸς γὰρ ὡρισμένου οὐδετέρα αὐτῶν ἐστιν ἐπιστήμη, πῶς ἔχει, ἀλλὰ δυνάμεις τινὲς τοῦ πορίσαι λόγους. Περὶ μὲν οὖν τῆς δυνάμεως αὐτῶν, καὶ πῶς ἔχουσι πρὸς ἀλλήλας, εἴρηται σχεδὸν ἱκανῶς.

Ε'. Τῶν δὲ διὰ τοῦ δεικνύναι, ἢ φαίνεσθαι δεικνύναι, καθάπερ καὶ ἐν τοῖς διαλεκτικοῖς τὸ μὲν ἐπαγωγή ἐστι τὸ δὲ συλλογισμός, τὸ δὲ φαινόμενος συλλογισμός· καὶ ἐνταῦθα ὁμοίως. Ἔστι γὰρ τὸ μὲν παράδειγμα ἐπαγωγή, τὸ δὲ ἐνθύμημα συλλογισμός. Καλῶ δ' ἐνθύμημα μὲν, ῥητορικὸν συλλογισμόν· παράδειγμα δὲ ἐπαγωγὴν ῥητορικήν. Πάντες δὲ τὰς πίστεις ποιοῦνται διὰ τοῦ δεικνύναι, ἢ παραδείγματα λέγοντες, ἢ ἐνθυμήματα· καὶ παρὰ ταῦτα οὐδέν πως· ὥστ', εἴπερ καὶ ὅλως ἀνάγκη συλλογιζόμενον ἢ ἐπάγοντα δεικνύναι ὁτιοῦν ἢ ὁντινοῦν· (δῆλον δ' ἡμῖν τοῦτο ἐκ τῶν ἀναλυτικῶν·) ἀναγκαῖον ἑκάτερον αὐτῶν ἑκατέρῳ τούτων τὸ αὐτὸ εἶναι. Τίς δ' ἐστὶ διαφορὰ παραδείγματος καὶ ἐνθυμήματος, φανερὸν ἐκ τῶν τοπικῶν·

§ IV. Rapport de la rhétorique à la morale politique.

Puisqu'on prouve de ces différentes manières, il est clair que pour les employer toutes trois, il faut être en état d'argumenter, connaître ce qui concerne les mœurs et les vertus, et, en troisième lieu, savoir ce qui regarde les passions, quelle est la nature et le caractère de chacune d'elles, pourquoi et comment elles s'émeuvent. Il se trouve donc que la rhétorique est, pour ainsi dire, un rejeton de la dialectique et de cette partie de la morale que l'on peut justement appeler politique [3]. Voilà pourquoi la rhétorique revêt en quelque sorte le costume de la politique, comme le font aussi par ignorance, par vanité, ou pour toute autre raison humaine, ceux qui font profession de cet art. Cependant la rhétorique n'est qu'une partie, un simulacre de la dialectique, ainsi que nous l'avons dit en commençant; car ces deux sciences n'ont pas d'objet déterminé, qui leur serve de substance; elles sont des facultés qui nous aident à trouver des arguments. J'ai maintenant parlé d'une manière presque suffisante de ces deux arts, et des rapports qu'ils ont entr'eux.

§ V. De l'enthymème et de l'exemple.

Pour démontrer ou paraître démontrer, la dialectique n'a que deux arguments l'induction, et le syllogisme réel ou apparent. Il en est de même de la rhétorique, puisque l'exemple est une induction, et l'enthymème un syllogisme. Or, j'appelle l'enthymème un syllogisme oratoire, et l'exemple une induction oratoire. C'est à l'exemple ou à l'enthymème qu'on demande les preuves qui servent à démontrer; il n'y a rien, pour ainsi dire, en dehors de ces arguments. De sorte que, si, pour établir une question quelconque de fait ou de personne, il faut, ainsi que nous l'avons démontré dans nos *Analytiques* [4], recourir au syllogisme ou à l'induction, il est nécessaire que ces deux arguments correspondent à ceux de la rhétorique. Or, quelle différence y a-t-il entre l'exemple et l'enthymème? Nous l'avons montré dans les *Topiques* [5], lorsque nous avons parlé de l'in-

ἐκεῖ γὰρ περὶ συλλογισμοῦ καὶ ἐπαγωγῆς εἴρηται πρότερον· ὅτι τὸ μὲν τὸ ἐπὶ πολλῶν καὶ ὁμοίων δείκνυσθαι ὅτι οὕτως ἔχει, ἐκεῖ μὲν ἐπαγωγή ἐστιν, ἐνταῦθα δὲ παράδειγμα· τὸ δὲ, τινῶν ὄντων, ἕτερόν τι διὰ ταῦτα συμβαίνειν παρὰ ταῦτα, τῷ ταῦτα εἶναι, ἢ καθόλου, ἢ ὡς ἐπὶ τὸ πολὺ, ἐκεῖ μὲν συλλογισμὸς, ἐνταῦθα δὲ ἐνθύμημα καλεῖται. Φανερὸν δὲ ὅτι καὶ ἑκάτερον ἔχει ἀγαθὸν τὸ εἶδος τῆς ῥητορικῆς· καθάπερ γὰρ καὶ ἐν τοῖς μεθοδικοῖς εἴρηται, καὶ ἐν τούτοις ὁμοίως ἔχει· εἰσὶ γὰρ αἱ μὲν παραδειγματώδεις ῥητορεῖαι, αἱ δὲ ἐνθυμηματικαί· καὶ ῥήτορες ὁμοίως, οἱ μὲν παραδειγματώδεις, οἱ δὲ ἐνθυμηματικοί. Πιθανοὶ μὲν οὖν οὐχ ἧττον οἱ λόγοι οἱ διὰ τῶν παραδειγμάτων· θορυβοῦνται δὲ μᾶλλον οἱ ἐνθυμηματικοί! Τὴν δ' αἰτίαν αὐτῶν, καὶ πῶς ἑκατέρῳ χρηστέον, ἐροῦμεν ὕστερον· νῦν δὲ περὶ αὐτῶν τούτων μᾶλλον διορίσωμεν καθαρῶς.

ΣΤ'. Ἐπεὶ γὰρ τὸ πιθανὸν, τινὶ πιθανόν ἐστι, καὶ τὸ μὲν, εὐθὺς ὑπάρχει δι' αὐτὸ πιθανὸν καὶ πιστόν, τὸ δὲ, τῷ δείκνυσθαι δοκεῖν διὰ τοιούτων· οὐδεμία δὲ τέχνη σκοπεῖ τὸ καθέκαστον, οἷον ἡ ἰατρικὴ, τί Σωκράτει τὸ ὑγιεινόν ἐστιν, ἢ Καλλίᾳ· ἀλλὰ τί τῷ τοιῷδε, ἢ τοῖς τοιοῖσδε· τοῦτο γὰρ ἔντεχνον· τὸ δὲ καθέκαστον ἄπειρον καὶ οὐκ ἐπιστητόν· οὐδὲ ἡ ῥητορικὴ τὸ καθ' ἕκαστον ἔνδοξον θεωρήσει, οἷον Σωκράτει ἢ Ἱππίᾳ· ἀλλὰ τὸ τοιοῖσδε, καθάπερ καὶ ἡ διαλεκτική· καὶ γὰρ ἐκείνη συλλογίζεται, οὐκ ἐξ ὧν ἔτυχε· φαίνεται γὰρ ἄττα καὶ τοῖς παραληροῦσιν· ἀλλ' ἐκείνη μὲν ἐκ τῶν λόγου δεομένων· ἡ δὲ ῥητορικὴ ἐκ τῶν ἤδη βουλεύεσθαι εἰωθότων. Ἔστι δὲ τὸ ἔργον

duction et du syllogisme. Le premier de ces arguments, qui consiste à prouver qu'une chose est telle ou telle par un grand nombre d'autres choses semblables, s'appelle dans la dialectique *induction*, dans la rhétorique *exemple*. Le second, qui conclut une chose de certaines autres choses, certaines ou probables, s'appelle dans la dialectique *syllogisme*, dans la rhétorique *enthymème*. Il est évident que la rhétorique jouit pour sa part de ce double moyen de prouver; et ce que nous avons dit dans nos *Méthodiques* trouve ici son application [6]. Il y a des discours qui procèdent par l'exemple, d'autres par l'enthymème; il en est de même des orateurs, qui emploient plus fréquemment, les uns le premier, les autres le second de ces arguments. Les discours qui s'appuient sur l'exemple ne sont pas moins persuasifs que les autres; mais ceux qui reposent sur l'enthymème ébranlent plus fortement l'auditeur. Nous en dirons plus tard la raison, et nous enseignerons comment il faut se servir de ces deux espèces d'arguments. Tâchons maintenant de définir clairement ce que nous venons de dire.

§ VI. Des auditeurs et des sujets que traite l'orateur.

Les choses qu'on veut persuader, on veut les persuader à quelqu'un; les unes sont par elles mêmes, et tout d'abord, persuasives et convaincantes; les autres ne semblent persuasives que lorsqu'elles sont prouvées par d'autres qui le sont elles-mêmes. En outre, aucun art ne se propose pour objet le particulier. La médecine, par exemple, ne s'occupe pas de ce qui peut être bon pour la santé de Socrate ou de Callias, mais des choses bonnes pour telle ou telle personne en général, affectée de telle ou telle manière. C'est là l'objet de l'art; car le particulier est indéfini, et ne peut être saisi par la science. La rhétorique ne s'occupera donc pas de ce qui peut être persuadé à tel ou tel individu, comme à Socrate ou à Hippias, mais à tous les hommes en général. Il en est de même de la dialectique, qui ne prend pas pour matière de ses raisonnements les premières choses venues; car il en est qui semblent probables, même à des idiots; mais celles qui ont besoin de

αὐτῆς περί τε τοιούτων, περὶ ὧν βουλευόμεθα καὶ τέχνας μὴ ἔχομεν, καὶ ἐν τοῖς τοιούτοις ἀκροαταῖς, οἳ οὐ δύνανται διὰ πολλῶν συνορᾶν, οὐδὲ λογίζεσθαι πόῤῥωθεν. Βουλευόμεθα δὲ περὶ τῶν φαινομένων ἐνδέχεσθαι ἀμφοτέρως ἔχειν· περὶ γὰρ τῶν ἀδυνάτων ἄλλως ἢ γενέσθαι ἢ ἔσεσθαι ἢ ἔχειν οὐδεὶς βουλεύεται, οὕτως ὑπολαμβάνων· οὐδὲν γὰρ πλέον ἢ οὕτως ἐνδέχεται συμβουλεύειν.

Ζ´. Ἐνδέχεται δὲ συλλογίζεσθαι καὶ συνάγειν, τὰ μὲν ἐκ συλλελογισμένων πρότερον, τὰ δὲ ἐξ ἀσυλλογίστων μὲν, δεομένων δὲ συλλογισμοῦ, διὰ τὸ μὴ εἶναι ἔνδοξα. Ἀνάγκη δὲ, τούτων τὸ μὲν μὴ εἶναι εὐεπακολούθητον, διὰ τὸ μῆκος· ὁ γὰρ κριτὴς ὑπόκειται εἶναι ἁπλοῦς· τὰ δὲ, μὴ πιθανὰ, διὰ τὸ μὴ ἐξ ὁμολογουμένων εἶναι, μηδ᾽ ἐνδόξων· ὥστε ἀναγκαῖον, τό τε ἐνθύμημα εἶναι καὶ τὸ παράδειγμα περὶ τῶν ἐνδεχομένων ὡς τὰ πολλὰ ἔχειν καὶ ἄλλως· τὸ μὲν παράδειγμα ἐπαγωγὴν, τὸ δ᾽ ἐνθύμημα συλλογισμόν· καὶ ἐξ ὀλίγων τε καὶ πολλάκις ἐλαττόνων, ἢ ἐξ ὧν ὁ πρῶτος συλλογισμός. Ἐὰν γὰρ ᾖ τι τούτων γνώριμον, οὐδὲ δεῖ λέγειν· αὐτὸς γὰρ τοῦτο προστίθησιν ὁ ἀκροατής· οἷον, ὅτι Δωριεὺς στεφανίτην ἀγῶνα νενίκηκεν, ἱκανὸν εἰπεῖν, ὅτι Ὀλύμπια νενίκηκε· τὸ δὲ, ὅτι στεφανίτης τὰ Ὀλύμπια, οὐδὲ δεῖ προσθεῖναι· γινώσκουσι γὰρ πάντες.

démonstration. Quant à la rhétorique, elle trouve sa matière dans les choses qu'on a coutume de mettre en délibération. Elle s'exerce sur les choses que nous mettons en délibération, et pour lesquelles nous n'avons pas les règles d'un art ou d'une science, et cela, en présence d'auditeurs qui ne peuvent ni saisir un vaste ensemble, ni suivre bien loin un raisonnement. Or, nous ne délibérons que sur les choses qui semblent pouvoir arriver de telle ou telle manière ; quant à celles qui dans le passé, le présent ou l'avenir, ne peuvent être arrivées ou arriver que d'une seule manière, celui qui les juge telles ne les met pas en délibération ; car alors on n'a rien à décider, si ce n'est que cela est ainsi.

§ VII. Nature des propositions dont se forment l'enthymème et l'exemple.

Le syllogisme et l'induction se composent, tantôt de propositions déjà démontrées, tantôt de propositions qui ne l'ont pas été, et qui ont besoin de l'être, parce qu'elles ne sont pas évidentes. Dans le premier cas, le raisonnement est nécessairement difficile à suivre, parce que l'éloignement fait perdre les choses de vue, et que nous supposons l'auditeur simple et ignorant. Dans le second, la persuasion s'opère avec peine, parce qu'elle s'appuie sur des propositions contestées, qui n'ont pas encore été démontrées. Il suit de là que l'enthymème et l'exemple, qui sont, le premier une espèce de syllogisme, le second une espèce d'induction, sont le plus souvent composés de propositions contingentes [7] ; et de plus il faut que ces propositions soient plus courtes et moins nombreuses que celles du premier syllogisme, celui de la dialectique ; car s'ils contiennent des propositions connues, il ne faut pas les énoncer, l'auditeur pouvant lui-même les suppléer. Ainsi, par exemple, si Doriée a mérité la couronne dans les jeux publics, il suffit de dire qu'il a été vainqueur aux jeux olympiques, sans ajouter que le vainqueur aux jeux olympiques a droit à une couronne, car tout le monde le sait [8].

Η'. Ἐπεὶ δέ ἐστιν ὀλίγα μὲν τῶν ἀναγκαίων, ἐξ ὧν οἱ ῥητορικοὶ συλλογισμοί εἰσι· (τὰ γὰρ πολλὰ, περὶ ὧν αἱ κρίσεις καὶ αἱ σκέψεις, ἐνδέχεται καὶ ἄλλως ἔχειν· περὶ ὧν μὲν γὰρ πράττουσι, βουλεύονται καὶ σκοποῦσι· τὰ δὲ πραττόμενα πάντα τοιούτου γένους ἐστί· καὶ οὐδὲν, ὡς ἔπος εἰπεῖν, ἐξ ἀνάγκης τούτων· τὰ δ' ὡς ἐπὶ τὸ πολὺ συμβαίνοντα καὶ ἐνδεχόμενα, ἐκ τοιούτων ἀνάγκη ἑτέρων συλλογίζεσθαι· τὰ δ' ἀναγκαῖα ἐξ ἀναγκαίων· δῆλον δ' ἡμῖν καὶ τοῦτο ἐκ τῶν ἀναλυτικῶν·) φανερὸν, ὅτι, ἐξ ὧν τὰ ἐνθυμήματα λέγεται, τὰ μὲν ἀναγκαῖα ἔσται, τὰ δὲ πλεῖστα ὡς ἐπὶ τὸ πολύ. Λέγεται γὰρ ἐνθυμήματα ἐξ εἰκότων καὶ σημείων· ὥστε ἀνάγκη τούτων ἑκάτερον ἑκατέρῳ ταὐτὸ εἶναι. Τὸ μὲν γὰρ εἰκός ἐστιν ὡς ἐπὶ τὸ πολὺ γιγνόμενον· οὐχ ἁπλῶς δὲ, καθάπερ ὁρίζονταί τινες· ἀλλὰ τὸ περὶ τὰ ἐνδεχόμενα ἄλλως ἔχειν, οὕτως ἔχον πρὸς ἐκεῖνο πρὸς ὃ εἰκὸς, ὡς τὸ καθόλου πρὸς τὸ κατὰ μέρος. Τῶν δὲ σημείων τὸ μὲν οὕτως ἔχει, ὡς τῶν καθέκαστόν τι πρὸς τὸ καθόλου, τὸ δὲ, ὡς τῶν καθόλου τι πρὸς τὸ κατὰ μέρος. Τούτων δὲ, τὸ μὲν ἀναγκαῖον, τεκμήριον· τὸ δὲ μὴ ἀναγκαῖον, ἀνώνυμόν ἐστι κατὰ τὴν διαφοράν. Ἀναγκαῖα μὲν οὖν λέγω, ἐξ ὧν γίγνεται συλλογισμός· διὸ καὶ τεκμήριον τὸ τοιοῦτον τῶν σημείων ἐστίν. Ὅταν γὰρ μὴ ἐνδέχεσθαι οἴωνται λῦσαι τὸ λεχθὲν, τότε φέρειν οἴονται τεκμήριον ὡς δεδειγμένον καὶ πεπερασμένον· τὸ γὰρ τέκμαρ καὶ πέρας, ταὐτόν ἐστι κατὰ τὴν ἀρχαίαν γλῶτταν. Ἔτι δὲ τῶν σημείων, τὸ μὲν ὡς τὸ καθ' ἕκαστον πρὸς τὸ καθόλου, ὧδε· οἷον εἴ τις εἴπειε σημεῖον εἶναι, ὅτι οἱ σοφοὶ δίκαιοι, Σωκράτης γὰρ σοφὸς ἦν καὶ δίκαιος. Τοῦτο μὲν οὖν σημεῖόν ἐστι· λυτὸν δὲ,

§ VIII. Du vraisemblable et des signes d'où se tirent les enthymèmes.

Puisque parmi les propositions dont se compose le syllogisme oratoire, il y en a peu qui soient nécessaires, et que la plupart des choses que nous jugeons et que nous examinons peuvent être autrement qu'elles sont, les actions humaines qui sont l'objet de nos jugements et de nos délibérations étant toutes contingentes, et aucune, à vrai dire, n'étant nécessaire ; puisque d'ailleurs les choses contingentes et qui arrivent le plus souvent ne peuvent être démontrées que par des propositions de même nature, et les choses nécessaires par des propositions nécessaires, ainsi que nous l'avons établi clairement dans nos *Analytiques*, il est évident que quelques-unes seulement des propositions dont se composent les enthymèmes sont nécessaires, tandis que le plus grand nombre sont contingentes. Or, le vraisemblable et les signes étant les éléments de l'enthymème, il faut que ces deux éléments correspondent à ces deux espèces de propositions, et s'identifient avec elles. En effet, le vraisemblable, c'est ce qui arrive ordinairement ; non d'une manière absolue, ainsi que le veulent quelques rhéteurs ; mais, parmi les choses contingentes, celles-là sont vraisemblables, qui ont avec la proposition qu'on veut établir le même rapport que le général a avec le particulier. Parmi les signes, les uns concluent du particulier au général, les autres du général au particulier. Les uns, qui sont nécessaires, s'appellent τεκμήριον (signe certain) ; les autres ne sont pas nécessaires, et n'ont pas de nom qui les distingue. J'appelle signes nécessaires ceux qui peuvent donner lieu à un syllogisme ; et c'est pour cela que cette espèce de signe prend le nom de τεκμήριον ; car lorsque l'orateur pense que l'argument qu'il donne est invincible, il croit donner alors un τεκμήριον, une preuve qui met un terme à toute discussion ; les mots τέκμαρ et πέρας étant synonymes dans l'ancienne langue. Parmi les signes, il en est qui concluent du particulier au général, comme si quelqu'un disait : Un signe que tous les sages sont justes, c'est que Socrate était sage et juste. Voilà un signe ;

κἂν ἀληθὲς ᾖ τὸ εἰρημένον· ἀσυλλόγιστον γάρ. Τὸ δὲ, οἷον εἴ τις εἴπειε σημεῖον, ὅτι νοσεῖ, πυρέττει γάρ· ἢ τέτοκεν, ὅτι γάλα ἔχει· ἀναγκαῖον· ὅπερ τῶν σημείων τεκμήριον μόνον ἐστί· μόνον γὰρ, ἂν ἀληθὲς ᾖ, ἄλυτόν ἐστι. Τὸ δὲ, ὡς τὸ καθόλου πρὸς τὸ κατὰ μέρος ἔχον· οἷον εἴ τις εἴπειεν, ὅτι πυρέττει, σημεῖον εἶναι, πυκνὸν γὰρ ἀναπνεῖ· λυτὸν δὲ καὶ τοῦτο, κἂν ἀληθὲς ᾖ· ἐνδέχεται γὰρ καὶ μὴ πυρέττοντα πνευστιᾶν. Τί μὲν οὖν εἰκός ἐστι, καὶ τί σημεῖον καὶ τί τεκμήριον, καὶ τί διαφέρουσιν, εἴρηται μὲν καὶ νῦν· μᾶλλον δὲ φανερῶς καὶ περὶ τούτων, καὶ διὰ τίν᾽ αἰτίαν τὰ μὲν ἀσυλλόγιστά ἐστι, τὰ δὲ συλλελογισμένα, ἐν τοῖς ἀναλυτικοῖς διώρισται περὶ αὐτῶν.

Θ'. Παράδειγμα δὲ, ὅτι μέν ἐστιν ἐπαγωγή, καὶ περὶ ποῖα ἐπαγωγή, εἴρηται· ἔστι δὲ οὔτε ὡς μέρος πρὸς ὅλον, οὔθ᾽ ὡς ὅλον πρὸς μέρος, οὔθ᾽ ὡς ὅλον πρὸς ὅλον· ἀλλ᾽ ὡς μέρος πρὸς μέρος, ὅμοιον πρὸς ὅμοιον, ὅταν ἄμφω μὲν ᾖ ὑπὸ τὸ αὐτὸ γένος, γνωριμώτερον δὲ θάτερον ᾖ θατέρου, παράδειγμά ἐστιν· οἷον, ὅτι ἐπεβούλευε τυραννίδι Διονύσιος, αἰτῶν τὴν φυλακήν· καὶ γὰρ Πεισίστρατος πρότερον ἐπιβουλεύων, ᾔτει τὴν φυλακὴν, καὶ λαβὼν, ἐτυράννευσε· καὶ Θεαγένης ἐν Μεγάροις· καὶ ἄλλοι ὅσους ἴσασι, παράδειγμα πάντες γίγνονται τοῦ Διονυσίου, ὃν οὐκ ἴσασί πω, εἰ διὰ τοῦτο αἰτεῖ. Πάντα δὲ ταῦτα ὑπὸ τὸ αὐτὸ καθόλου, ὅτι ὁ ἐπιβουλεύων τυραννίδι, φυλακὴν αἰτεῖ. Ἐξ ὧν μὲν οὖν λέγονται αἱ δοκοῦσαι εἶναι πίστεις ἀποδεικτικαί, εἴρηται.

mais, bien que l'exemple choisi soit vrai, l'argument peut être réfuté, car on ne peut en faire un syllogisme. Mais si l'on disait : Un signe qu'il est malade, c'est qu'il a la fièvre; un signe que cette femme est accouchée, c'est qu'elle a du lait; voilà des signes certains, auxquels nous donnons le nom de τεκμή-ριον ; car si le fait est vrai, l'argument est invincible. Mais si quelqu'un, concluant aussi du général au particulier, disait : La preuve qu'il a la fièvre, c'est qu'il a la respiration pressée; le fait serait-il vrai, que l'argument ne serait pas invincible; car il peut se faire qu'on ait la respiration pressée sans avoir la fièvre. Nous venons de dire ce que nous entendons par vraisemblable, signe, et signe certain, et en quoi ces trois choses diffèrent entre elles. Mais dans nos *Analytiques,* nous avons traité cette matière avec plus de clarté, et nous avons expliqué pour quelle cause certains signes peuvent donner matière à un syllogisme, tandis que certains autres ne le peuvent pas [9].

§ IX. De l'exemple.

Nous avons dit que l'exemple est une induction, et nous avons fait connaître en quoi consiste cette induction. L'exemple n'est pas le rapport de la partie au tout, ni du tout à la partie, ni d'un tout à un autre tout, mais le rapport d'une partie à une partie, d'un semblable à un semblable, lorsque tous deux sont compris sous un même genre, et que l'un est plus connu que l'autre. Si l'on voulait prouver par un exemple que Denys aspire à la tyrannie, lorsqu'il demande une garde, on dirait que Pisistrate qui y aspirait, demanda une garde, et qu'après l'avoir obtenue, il exerça la tyrannie; Théagène en fit de même à Mégare. Tous les autres tyrans connus de l'auditeur peuvent servir d'exemple à l'égard de Denys, dont il ne connaît pas encore les intentions [10]. Tous ces exemples sont compris dans la proposition générale : Que celui qui aspire à la tyrannie demande une garde. Voilà comment se forment les arguments qui semblent propres à démontrer une vérité.

Γ΄. Τῶν δὲ ἐνθυμημάτων μεγάλη διαφορά, καὶ μάλιστα λεληθυῖα σχεδὸν πάντας ἐστίν, ἥπερ καὶ περὶ τὴν διαλεκτικὴν μέθοδον τῶν συλλογισμῶν. Τὰ μὲν γὰρ αὐτῶν ἔστι κατὰ τὴν ῥητορικὴν, ὥσπερ καὶ κατὰ τὴν διαλεκτικὴν μέθοδον τῶν συλλογισμῶν· τὰ δὲ κατ᾽ ἄλλας τέχνας καὶ δυνάμεις, τὰς μὲν οὔσας, τὰς δὲ οὔπω κατειλημμένας. Διὸ καὶ λανθάνουσί τε τοὺς ἀκροατὰς, καὶ μᾶλλον ἁπτόμενοι κατὰ τρόπον μεταβαίνουσιν ἐξ αὐτῶν· μᾶλλον δὲ σαφὲς ἔσται τὸ λεγόμενον, διὰ πλειόνων ῥηθέν. Λέγω γὰρ διαλεκτικούς τε καὶ ῥητορικοὺς συλλογισμοὺς εἶναι, περὶ ὧν τοὺς τόπους λέγομεν· οὗτοι δ᾽ εἰσὶν οἱ κοινῇ περὶ δικαίων καὶ φυσικῶν, καὶ περὶ πολιτικῶν καὶ περὶ πολλῶν διαφερόντων τῷ εἴδει· οἶον, ὁ τοῦ μᾶλλον καὶ ἧττον τόπος· οὐδὲν γὰρ μᾶλλον ἔσται ἐκ τούτου συλλογίσασθαι, ἢ ἐνθύρμημα εἰπεῖν περὶ δικαίων ἢ φυσικῶν, ἢ περὶ ὁτουοῦν· καίτοι ταῦτα εἴδει διαφέρει· ἴδια δὲ, ὅσα ἐκ τῶν περὶ ἕκαστον εἶδος καὶ γένος προτάσεών ἐστιν· οἷον, περὶ φυσικῶν εἰσὶ προτάσεις, ἐξ ὧν οὔτε ἐνθύμημα οὔτε συλλογισμός ἐστι περὶ τῶν ἠθικῶν· καὶ περὶ τούτων ἄλλαι, ἐξ ὧν οὐκ ἔσται περὶ τῶν φυσικῶν· ὁμοίως δὲ τοῦτο ἔχει ἐπὶ πάντων. Κἀκεῖνα μὲν οὐ ποιήσει περὶ οὐδὲν γένος ἔμφρονα· περὶ οὐδὲν γὰρ ὑποκείμενόν ἐστι· ταῦτα δὲ, ὅσῳ τις ἂν βέλτιον ἐκλέγηται τὰς προτάσεις, λήσει ποιήσας ἄλλην ἐπιστήμην τῆς διαλεκτικῆς καὶ ῥητορικῆς· ἂν γὰρ ἐντύχῃ ἀρχαῖς, οὐκ ἔτι διαλεκτικὴ, οὐδὲ ῥητορικὴ, ἀλλ᾽ ἐκείνη ἔσται ἧς ἔχει τὰς ἀρχάς. Ἔστι δὲ τὰ πλεῖστα τῶν ἐνθυμημάτων ἐκ τούτων τῶν εἰδῶν λεγόμενα, τῶν κατὰ μέρος καὶ ἰδίων·

§ X. Des arguments spéciaux et des lieux communs.

Il y a entre les enthymèmes une très grande différence, différence entièrement inconnue presqu'à tout le monde, quoiqu'elle existe aussi entre les syllogismes de la dialectique. Les uns, en effet, appartiennent spécialement à la rhétorique, de même qu'il y a des syllogismes qui appartiennent spécialement à la dialectique; les autres appartiennent à d'autres arts, à d'autres sciences, les unes existant déjà, les autres inconnues encore. C'est pourquoi ils échappent à l'auditeur; et l'orateur qui s'attache trop à ces enthymèmes spéciaux, sort en quelque sorte des limites de la rhétorique et de la dialectique. Mais ce que nous disons sera plus clair, quand nous nous serons plus longuement expliqué. J'appelle donc syllogismes appartenant à la dialectique et à la rhétorique ceux que nous fournissent les lieux communs; ceux-ci conviennent sans distinction au droit, à la physique, à la politique et à beaucoup d'autres sciences qui diffèrent entre elles par l'espèce; tel est le lieu commun du plus et du moins, qui fournira des syllogismes et des enthymèmes aussi bien au droit qu'à la physique ou à toute autre science, quoiqu'elles soient d'une espèce différente. Les enthymèmes particuliers sont ceux qui se composent de propositions appartenant à telle ou telle espèce, à tel ou tel genre de connaissances. Il y a, par exemple, des propositions de physique qui ne pourraient fournir ni enthymème, ni syllogisme relatif à la morale; et il y a des propositions de morale dont on ne pourrait tirer aucun parti pour la physique. Il en est de même pour toutes les sciences [11]. Les premiers de ces enthymèmes ne rendent habile ni dans un genre, ni dans un autre, parce qu'ils n'ont pas de matière qui leur soit propre. Quant aux seconds, plus on sera heureux dans le choix des propositions, et plus on s'éloignera à son insu de la dialectique et de la rhétorique; si bien que, s'il arrive de remonter aux principes, ce n'est plus de la rhétorique ou de la dialectique

ΡΗΤΟΡΙΚΗ.

ἐκ δὲ τῶν κοινῶν, ἐλάττω. Καθάπερ οὖν καὶ ἐν τοῖς τοπικοῖς, καὶ ἐνταῦθα διαιρετέον τῶν ἐνθυμημάτων τά τε εἴδη καὶ τοὺς τόπους, ἐξ ὧν ληπτέον. Λέγω δὲ εἴδη μὲν τὰς καθέκαστον γένος ἰδίας προτάσεις, τόπους δὲ τοὺς κοινοὺς ὁμοίως πάντων. Πρότερον οὖν εἴπωμεν περὶ τῶν εἰδῶν· πρῶτον δὲ λάβωμεν τὰ γένη τῆς ῥητορικῆς, ὅπως διελόμενοι πόσα ἐστὶ, περὶ τούτων χωρὶς λαμβάνωμεν τὰ στοιχεῖα καὶ τὰς προτάσεις.

ΚΕΦΑΛΑΙΟΝ Γ'.

Α'. Ἔστι δὲ τῆς ῥητορικῆς εἴδη τρία τὸν ἀριθμόν· τοσοῦτοι γὰρ καὶ οἱ ἀκροαταὶ τῶν λόγων ὑπάρχουσιν ὄντες· σύγκειται μὲν γὰρ ἐκ τριῶν ὁ λόγος, ἔκ τε τοῦ λέγοντος, καὶ περὶ οὗ λέγει, καὶ πρὸς ὅν· καὶ τὸ τέλος πρὸς τοῦτόν ἐστιν· λέγω δὲ τὸν ἀκροατήν. Ἀνάγκη δὲ τὸν ἀκροατὴν ἢ θεωρὸν εἶναι, ἢ κριτήν· κριτὴν δὲ, ἢ τῶν γεγενημένων, ἢ τῶν μελλόντων. Ἔστι δ' ὁ μὲν περὶ τῶν μελλόντων κρίνων, οἷον ἐκκλησιαστής· ὁ δὲ περὶ τῶν γεγενημένων, οἷον ὁ δικαστής· ὁ δὲ περὶ τῆς δυνάμεως, οἷον ὁ θεωρός. Ὥστ' ἐξ ἀνάγκης ἂν εἴη τρία γένη τῶν λόγων τῶν ῥητορικῶν, συμβουλευτικὸν, δικανικὸν, ἐπιδεικτικόν. Συμβουλῆς δὲ τὸ μὲν προτροπή, τὸ δὲ ἀποτροπή· ἀεὶ γὰρ καὶ οἱ ἰδίᾳ συμβουλεύοντες, καὶ οἱ κοινῇ δημηγοροῦντες, τούτων θάτερον ποιοῦσι. Δίκης δὲ τὸ μὲν κατηγορία, τὸ δὲ ἀπολογία· τούτων γὰρ ὁποτερονοῦν ποιεῖν ἀνάγκη τοὺς ἀμφισβητοῦντας·

qu'on fait, mais bien de la science dont on développe les principes. Ajoutons à cela que les enthymèmes les plus nombreux sont ceux qui se rapportent à des sciences spéciales et déterminées, et que les moins nombreux sont ceux qui se rapportent à toutes indistinctement. De même donc que nous l'avons fait dans les *Topiques*, nous devons distinguer ici les espèces et les lieux d'où on peut tirer des enthymèmes. Or, j'appelle *espèces* les propositions particulières à chaque genre, et *lieux* celles qui conviennent à tous également. Parlons donc d'abord des espèces ; mais commençons par les genres de la rhétorique, afin qu'après en avoir fixé le nombre, nous puissions dire quels sont les éléments de chacun en particulier, et les propositions qui leur appartiennent en propre.

CHAPITRE III.

Des trois genres de rhétorique ; quelle est la fin de chacun de ces genres, et la matière des propositions oratoires.

§ I. Division des trois genres.

Les discours de rhétorique sont de trois espèces ; division qui s'applique également aux auditeurs. En effet, le discours se compose de trois choses, de celui qui parle, du sujet qu'il traite, et de celui à qui il parle, je veux dire l'auditeur, qui est même la fin du discours. Or celui qui écoute peut être simple auditeur ou juge : et dans ce dernier cas il est juge, ou des choses passées, ou des choses futures. Il l'est des choses futures, par exemple, quand il est ecclésiaste ; des choses passées, quand il est juge ; quand il ne s'occupe que de l'habileté de l'orateur, il est simplement auditeur [1]. Il y a donc nécessairement trois genres d'éloquence dans la rhétorique, le délibératif, le judiciaire et l'épidictique. Le genre délibératif conseille ou dissuade ; ceux qui délibèrent sur un intérêt particulier, et ceux qui haranguent le peuple sur un intérêt général, font l'une ou l'autre de ces deux choses. Le genre judiciaire accuse ou défend ; car

ΡΗΤΟΡΙΚΗ.

Ἐπιδεικτικοῦ δὲ τὸ μὲν ἔπαινος, τὸ δὲ ψόγος. Χρόνοι δὲ ἑκάστου τούτων εἰσί, τῷ μὲν συμβουλεύοντι, ὁ μέλλων· περὶ γὰρ τῶν ἐσομένων συμβουλεύει, ἢ προτρέπων, ἢ ἀποτρέπων· τῷ δὲ δικαζομένῳ ὁ γενόμενος· περὶ γὰρ τῶν πεπραγμένων ἀεὶ ὁ μὲν κατηγορεῖ, ὁ δὲ ἀπολογεῖται· τῷ δ᾽ ἐπιδεικτικῷ κυριώτατος μὲν ὁ παρών· κατὰ γὰρ τὰ ὑπάρχοντα ἐπαινοῦσιν ἢ ψέγουσι πάντες· προσχρῶνται δὲ πολλάκις καὶ τὰ γενόμενα ἀναμιμνήσκοντες. καὶ τὰ μέλλοντα προεικάζοντες.

Β΄. Τέλος δὲ ἑκάστοις τούτων ἕτερόν ἐστι· καὶ τρισὶν οὖσι, τρία· τῷ μὲν συμβουλεύοντι, τὸ συμφέρον καὶ βλαβερόν· ὁ μὲν γὰρ προτρέπων, ὡς βέλτιον συμβουλεύει· ὁ δὲ ἀποτρέπων, ὡς χεῖρον ἀποτρέπει· τὰ δὲ ἄλλα πρὸς τοῦτο συμπαραλαμβάνει, ἢ δίκαιον ἢ ἄδικον, ἢ καλὸν ἢ αἰσχρόν. Τοῖς δὲ δικαζομένοις τὸ δίκαιον καὶ τὸ ἄδικον· τὰ δ᾽ ἄλλα καὶ οὗτοι συμπαραλαμβάνουσι πρὸς ταῦτα. Τοῖς δὲ ἐπαινοῦσι καὶ ψέγουσι, τὸ καλὸν καὶ τὸ αἰσχρόν· τὰ δ᾽ ἄλλα καὶ οὗτοι πρὸς ταῦτα ἐπαναφέρουσι. Σημεῖον δὲ ὅτι τὸ εἰρημένον ἑκάστοις τέλος· περὶ μὲν γὰρ τῶν ἄλλων ἐνίοτε οὐκ ἂν ἀμφισβητήσαιεν· οἷον ὁ δικαζόμενος, ὡς οὐ γέγονεν, ἢ ὡς οὐκ ἔβλαψεν· ὅτι δ᾽ ἀδικεῖ, οὐδέποτε ἂν ὁμολογήσειεν· οὐδὲ γὰρ ἂν ἔδει δίκης· ὁμοίως δὲ καὶ οἱ συμβουλεύοντες, τὰ μὲν ἄλλα πολλάκις προΐενται· ὡς δὲ ἀσύμφορα συμβουλεύουσιν, ἢ ἀπ᾽ ὠφελίμων ἀποτρέπουσιν, οὐκ ἂν ὁμολογήσαιεν· ὡς δ᾽ οὐκ ἄδικον τοὺς ἀστυγείτονας καταδουλοῦσθαι, καὶ τοὺς μηδὲν ἀδικοῦντας, πολλάκις οὐδὲν φροντίζουσιν. Ὁμοίως δὲ καὶ οἱ ἐπαινοῦντες καὶ οἱ ψέγοντες, οὐ σκοποῦσιν, εἰ συμφέροντα ἔπραξεν ἢ βλαβερά· ἀλλὰ καὶ ἐν ἐπαίνῳ πολλάκις τιθέασιν ὅτι ὀλιγωρήσας τοῦ αὐτῷ λυσιτελοῦντος, ἔπραξέ τι καλόν· οἷον, Ἀχιλλέα ἐπαινοῦσιν, ὅτι

dans les débats on fait nécessairement l'un ou l'autre. Le genre épidictique loue ou blâme. A chacun de ces genres se rapporte un temps qui lui est propre : au délibératif, l'avenir; l'orateur, soit qu'il conseille, soit qu'il dissuade, ne traite que des choses futures; au judiciaire, le passé; c'est toujours sur les faits que l'un accuse, et que l'autre défend. Au genre épidictique se rapporte principalement le temps présent; car c'est la situation actuelle des choses que considèrent tous ceux qui louent ou qui blâment; il n'est point rare cependant qu'ils fassent des retours sur le passé et des conjectures sur l'avenir.

§ II. De la fin de chacun des trois genres.

Chacun de ces genres a une fin particulière, et comme il y a trois genres, il y a aussi trois fins. Le délibératif se propose l'utile ou le nuisible; car l'orateur conseille ce qui est préférable, ou il dissuade de ce qui est pire; il emprunte néanmoins aux autres genres ce qu'il ajoute sur le juste et l'injuste, sur le beau et le déshonnête. Le genre judiciaire se propose le juste et l'injuste; mais il a aussi recours aux autres genres. Ceux qui blâment et ceux qui louent se proposent le beau et le déshonnête; mais ils mettent aussi à contribution les autres genres. Et la preuve que la fin que nous attribuons à chaque genre est bien la véritable, c'est que l'orateur ne conteste pas quelquefois le reste. Devant la justice, par exemple, il ne niera pas le fait ou le dommage; mais il n'avouera jamais qu'il y ait injustice; car dans ce cas un jugement ne serait pas nécessaire. De même, dans une délibération, il abandonne souvent le reste; mais il ne conviendra jamais qu'il conseille des choses inutiles, ou qu'il dissuade de ce qui est utile. Est-il juste, par exemple, d'asservir les peuples voisins et ceux qui ne sont coupables d'aucune injustice? Souvent il ne s'en préoccupe pas. De même ceux qui louent et ceux qui blâment n'examinent pas si on a fait des choses utiles ou des choses nuisibles; mais ils trouvent souvent matière à éloge pour un homme d'avoir fait une belle action au mépris de son propre intérêt; par exemple,

ΡΗΤΟΡΙΚΗ.

ἐϐοήθησε τῷ ἑταίρῳ Πατρόκλῳ, εἰδὼς ὅτι δεῖ αὐτὸν ἀποθανεῖν, ἐξὸν ζῆν. Τούτῳ δὲ ὁ μὲν τοιοῦτος θάνατος, κάλλιον· τὸ δὲ ζῆν, συμφέρον. Φανερὸν δὲ ἐκ τῶν εἰρημένων, ὅτι ἀνάγκη περὶ τούτων ἔχειν πρῶτον τὰς προτάσεις· τὰ γὰρ τεκμήρια, καὶ τὰ εἰκότα, καὶ τὰ σημεῖα, προτάσεις εἰσὶ ῥητορικαί. Ὅλως μὲν γὰρ, συλλογισμὸς ἐκ προτάσεών ἐστι· τὸ δ' ἐνθύμημα συλλογισμός ἐστι, συνεστηκὼς ἐκ τῶν εἰρημένων προτάσεων.

Γ'. Ἐπεὶ δὲ οὔτε πραχθῆναι οἷόν τε, οὔτε πραχθήσεσθαι τὰ ἀδύνατα, ἀλλὰ τὰ δυνατά, οὐδὲ τὰ μὴ γενόμενα, ἢ μὴ ἐσόμενα, οὐχ οἷόν τε, τὰ μὲν πεπρᾶχθαι, τὰ δὲ πραχθήσεσθαι· ἀναγκαῖον καὶ τῷ συμβουλεύοντι, καὶ τῷ δικαζομένῳ, καὶ τῷ ἐπιδεικτικῷ, ἔχειν προτάσεις περὶ δυνατοῦ καὶ ἀδυνάτου· καὶ εἰ γέγονεν, ἢ μή· καὶ εἰ ἔσται, ἢ μή. Ἔτι δὲ, ἐπεὶ ἅπαντες καὶ ἐπαινοῦντες καὶ ψέγοντες, καὶ προτρέποντες καὶ ἀποτρέποντες, καὶ κατηγοροῦντες καὶ ἀπολογούμενοι, οὐ μόνον τὰ εἰρημένα δεικνύναι πειρῶνται, ἀλλὰ καὶ ὅτι μέγα ἢ μικρὸν ἢ τὸ ἀγαθὸν ἢ τὸ κακὸν, ἢ τὸ καλὸν ἢ τὸ αἰσχρὸν, ἢ τὸ δίκαιον ἢ τὸ ἄδικον, ἢ καθ' αὑτὰ λέγοντες, ἢ πρὸς ἄλληλα ἀντιπαραβάλλοντες· δῆλον ὅτι δέοι ἂν περὶ μεγέθους καὶ σμικρότητος, καὶ τοῦ μείζονος καὶ τοῦ ἐλάττονος, προτάσεις ἔχειν, καὶ καθόλου καὶ περὶ ἑκάστου· οἷον, τί μεῖζον ἀγαθὸν ἢ ἔλαττον, ἢ ἀδίκημα ἢ δικαίωμα· ὁμοίως δὲ καὶ περὶ τῶν ἄλλων. Περὶ ὧν μὲν οὖν ἐξ ἀνάγκης δεῖ λαϐεῖν τὰς προτάσεις, εἴρηται. Μετὰ δὲ ταῦτα διαιρετέον ἰδίᾳ περὶ ἑκάστου τούτων· οἷον, περὶ ὧν συμβουλὴ, καὶ περὶ ὧν οἱ ἐπιδεικτικοὶ λόγοι· τρίτον δὲ, περὶ ὧν αἱ δίκαι.

ils louent Achille d'avoir vengé son ami Patrocle, sachant qu'il devait lui-même mourir, tandis qu'il aurait pu vivre. Il y avait plus d'honneur pour lui dans une telle mort, mais l'intérêt lui conseillait de vivre [2]. Il est clair, d'après ce que nous venons de dire, qu'il faut d'abord avoir les propositions qui se rapportent à ces fins particulières ; car les signes certains, le probable et les simples signes sont des propositions oratoires ; et tout syllogisme étant formé de propositions, l'enthymème, qui est un syllogisme, se compose des propositions dont nous parlons [3].

§ III. L'orateur doit connaître le possible et le plus et le moins.

Comme ce ne sont pas les choses impossibles, mais les possibles seulement qui peuvent être faites ou se faire un jour, que de plus ce qui n'est pas ou ce qui ne doit pas être ne peut pas être fait déjà ou se faire plus tard, il suit que l'orateur, dans le genre délibératif, ou judiciaire, ou épidictique, doit connaître les propositions sur le possible et l'impossible, sur ce qui est ou non, sur ce qui sera ou non. En outre, puisque l'orateur, qu'il loue ou qu'il blâme, qu'il conseille ou qu'il dissuade, qu'il accuse ou qu'il défende, ne s'efforce pas seulement de démontrer ce que nous venons de dire, mais encore que le bon ou le mauvais, le beau ou le déshonnête, le juste ou l'injuste, le sont plus ou moins, soit qu'il les considère en eux-mêmes, soit qu'il les compare entre eux, il est évident qu'il devrait aussi avoir des propositions sur le grand et le petit, sur le plus ou sur le moins, aussi bien en général qu'en particulier, pour savoir si une chose est plus ou moins bonne, plus ou moins juste ou injuste, et ainsi du reste. Ainsi nous avons dit quelles sont les choses sur lesquelles il faut de toute nécessité avoir les propositions. Nous devons maintenant distinguer chaque genre en particulier, pour savoir ce qui convient au genre délibératif d'abord, puis à l'épidictique, et troisièmement au judiciaire.

ΚΕΦΑΛΑΙΟΝ Δ'.

Α'. Πρῶτον μὲν οὖν ληπτέον, περὶ ποῖα ἀγαθὰ ἢ κακὰ ὁ συμβουλεύων συμβουλεύει· ἐπειδὴ οὐ περὶ ἅπαντα, ἀλλ' ὅσα ἐνδέχεται καὶ γενέσθαι καὶ μή. Ὅσα δὲ ἐξ ἀνάγκης ἢ ἔστιν, ἢ ἔσται, ἢ ἀδύνατον εἶναι ἢ γενέσθαι, περὶ τούτων οὐκ ἔστι συμβουλή. Οὐδὲ δὴ περὶ τῶν ἐνδεχομένων ἁπάντων· ἔστι γὰρ καὶ φύσει ἔνια καὶ ἀπὸ τύχης γιγνόμενα ἀγαθά, τῶν ἐνδεχομένων καὶ γίγνεσθαι καὶ μή, περὶ ὧν οὐδὲν πρὸ ἔργου τὸ συμβουλεύειν· ἀλλὰ δῆλον ὅτι περὶ ὅσων ἐστὶ τὸ βουλεύεσθαι, τοιαῦτά ἐστιν, ὅσα πέφυκεν ἀνάγεσθαι εἰς ἡμᾶς, καὶ ὧν ἡ ἀρχὴ τῆς γενέσεως ἐφ' ἡμῖν ἐστίν· μέχρι γὰρ τούτου σκοποῦμεν, ἕως ἂν εὕρωμεν, εἰ ἡμῖν δυνατὰ ἢ ἀδύνατα πρᾶξαι. Καθέκαστον μὲν οὖν ἀκριβῶς, διαριθμήσασθαι καὶ διαλαβεῖν εἰς εἴδη, περὶ ὧν εἰώθασι χρηματίζειν, ἔτι δ' ὅσον ἐνδέχεται περὶ αὐτῶν διορίσαι κατὰ τὴν ἀλήθειαν, οὐ δεῖ κατὰ τὸν παρόντα καιρὸν ζητεῖν, διὰ τὸ μήτε τῆς ῥητορικῆς εἶναι τέχνης, ἀλλ' ἐμφρονεστέρας καὶ μᾶλλον ἀληθινῆς· πολλῷ δὲ πλείω δεδόσθαι καὶ νῦν αὐτῇ τῶν οἰκείων θεωρημάτων. Ὅπερ γὰρ καὶ πρότερον εἰρηκότες τυγχάνομεν, ἀληθές ἐστιν, ὅτι ἡ ῥητορικὴ σύγκειται μὲν ἔκ τε τῆς ἀναλυτικῆς ἐπιστήμης, καὶ τῆς περὶ τὰ ἤθη πολιτικῆς· ὁμοία δ' ἐστὶ τὰ μὲν τῇ διαλεκτικῇ, τὰ δὲ τοῖς σοφιστικοῖς λόγοις. Ὅσῳ δ' ἄν τις ἢ τὴν διαλεκτικὴν, ἢ ταύτην, μὴ καθάπερ ἂν δυνάμεις, ἀλλ' ἐπιστήμας πειρᾶται κατασκευάζειν, λήσεται τὴν φύσιν αὐτῶν ἀφανίσας, τῷ μεταβαίνειν ἐπισκευάζων εἰς ἐπιστήμας ὑποκειμένων τινῶν πραγμάτων, ἀλλὰ μὴ μόνον λόγων. Ὅμως δὲ,

CHAPITRE IV.

Quelles sont les propositions qui conviennent principalement au genre délibératif.

§ I. Du genre délibératif en général.

Il faut d'abord examiner sur quels biens ou sur quels maux donne son avis celui qui prend part à une délibération, car il ne traite pas de tous sans exception, mais seulement de ceux qui peuvent être ou ne pas être. Quant à ceux qui sont ou seront nécessairement, ou à ceux qui ne peuvent ni être ni arriver, il n'y a pas lieu à délibérer. On ne délibère pas même sur tout ce qui est contingent ; car, parmi les choses contingentes, il en est qui deviennent bonnes par le fait de la nature ou du hasard, et sur lesquelles il n'y a aucun profit à délibérer. Il est évident que nous ne pouvons délibérer que sur les choses qui par leur nature dépendent de nous, et qui ne commencent à exister que par le fait de notre volonté ; car nous ne délibérons sur une chose qu'en tant que nous avons découvert s'il nous est possible ou non de la faire. Mais devons-nous énumérer ici et classer avec soin toutes les choses qui sont la matière ordinaire des délibérations ? Devons-nous en donner des définitions aussi exactes que possible ? Non sans doute. Ces questions n'appartiennent pas à la rhétorique, mais à une science plus sérieuse et plus positive ; et d'ailleurs, nous avons attribué à la rhétorique des théorèmes beaucoup plus nombreux que ceux qui lui sont propres. Car ce que nous avons déjà dit est vrai, savoir que la rhétorique se compose de la dialectique et de la politique morale, et qu'elle ressemble, d'un côté à la dialectique, de l'autre aux discours des sophistes. Mais si on s'efforce de faire de la dialectique et de la rhétorique, non de simples facultés, mais des sciences positives, on détruit leur nature, et on passe à son insu à des sciences qui ont un objet déterminé et qui ne consistent pas seulement dans la parole. Néanmoins, tout

ὅσα πρὸ ἔργου μέν ἐστι διελεῖν, ἔτι δ' ὑπολείπει σκέψιν τῇ πολιτικῇ ἐπιστήμῃ, εἴπωμεν καὶ νῦν.

Β'. Σχεδὸν γὰρ, περὶ ὧν βουλεύονται πάντες, καὶ περὶ ἃ ἀγορεύουσιν οἱ συμβουλεύοντες, τὰ μέγιστα τυγχάνει πέντε τὸν ἀριθμὸν ὄντα· ταῦτα δ' ἐστὶ περί τε πόρων, καὶ πολέμου καὶ εἰρήνης· ἔτι δὲ περὶ φυλακῆς τῆς χώρας, καὶ τῶν εἰσαγομένων καὶ ἐξαγομένων· καὶ περὶ νομοθεσίας. Ὥστε περὶ μὲν πόρων τὸν μέλλοντα συμβουλεύσειν, δέοι ἂν τὰς προσόδους τῆς πόλεως εἰδέναι, τίνες, καὶ πόσαι· ὅπως, εἴ τέ τις παραλείπεται, προστεθῇ· καὶ εἴ τις ἐλάττων, αὐξηθῇ. Ἔτι δὲ τὰς δαπάνας τῆς πόλεως ἁπάσας· ὅπως, εἴ τις περίεργος, ἀφαιρεθῇ· καὶ εἴ τις μείζων, ἐλάττων γένηται. Οὐ γὰρ μόνον πρὸς τὰ ὑπάρχοντα προστιθέντες πλουσιώτεροι γίγνονται, ἀλλὰ καὶ ἀφαιροῦντες τῶν δαπανημάτων. Ταῦτα δ' οὐ μόνον ἐκ τῆς περὶ τὰ ἴδια ἐμπειρίας ἐνδέχεται συνορᾶν, ἀλλ' ἀναγκαῖον, καὶ τῶν παρὰ τοῖς ἄλλοις εὑρημένων ἱστορικὸν εἶναι, πρὸς τὴν περὶ τούτων συμβουλήν. Περὶ δὲ πολέμου καὶ εἰρήνης, τὴν δύναμιν εἰδέναι τῆς πόλεως, ὁπόση τε ὑπάρχει ἤδη, καὶ πόσην ἐνδέχεται ὑπάρξαι· καὶ ποία τις ἥ τε ὑπάρχουσά ἐστι, καὶ ἥτις ἐνδέχεται προσγενέσθαι. Ἔτι δὲ, πολέμους τίνας, καὶ πῶς πεπολέμηκεν. Οὐ μόνον δὲ τῆς οἰκείας πόλεως, ἀλλὰ καὶ τῶν ὁμόρων ταῦτα ἀναγκαῖον εἰδέναι· ἢ καὶ πρὸς οὓς ἐπίδοξον πολεμεῖν· ὅπως, πρὸς μὲν τοὺς κρείττους, εἰρηνεύηται· πρὸς δὲ τοὺς ἥττους, ἐπ' αὐτοῖς ᾖ τὸ πολεμεῖν. Καὶ τὰς δυνάμεις, πότερον ὅμοιαι ἢ ἀνόμοιαι· ἔστι γὰρ καὶ ταύτῃ πλεονεκτεῖν ἢ ἐλαττοῦσθαι. Ἀναγκαῖον δὲ καὶ πρὸς ταῦτα, μὴ μόνον τοὺς οἰκείους πολέμους τεθεωρηκέναι, ἀλλὰ καὶ τοὺς τῶν ἄλλων, πῶς ἀποβαίνουσιν· ἀπὸ γὰρ τῶν ὁμοίων τὰ ὅμοια γίγνεσθαι πέφυκεν.

en laissant à la science politique les spéculations qui lui appartiennent, disons maintenant tout ce qui est avantageux d'en connaître.

§ II. *Les objets des délibérations se réduisent à cinq.*

Les choses les plus importantes, sur lesquelles on puisse délibérer ou donner des conseils, sont à peu près au nombre de cinq : les revenus, la paix et la guerre, la défense du pays, ce qu'il faut importer ou exporter, et enfin la législation. Ainsi, l'orateur qui se propose de parler des revenus, doit connaître les recettes de l'État, leur nature et leur quantité; afin que, s'il y en a une d'oubliée, elle soit ajoutée, et que, si elle est trop faible, elle soit augmentée. Il doit aussi connaître toutes les dépenses publiques ; afin que, s'il y en a une d'inutile, elle soit supprimée, et que si elle est trop grande, elle soit diminuée; car on s'enrichit, non-seulement en ajoutant à ce qu'on a, mais aussi en faisant des économies sur ses dépenses. Pour cela, non-seulement on peut considérer l'expérience de son propre pays, mais il faut encore demander à l'histoire ce que les autres peuples ont trouvé, pour s'en servir dans la délibération. S'agit-il de la guerre ou de la paix, il faut connaître les forces de l'État, combien elles sont grandes déjà, et combien elles peuvent le devenir; quelles sont ces forces et celles qu'on peut y ajouter ; quelles guerres on a déjà faites et comment. Il faut connaître, non-seulement les forces de son pays, mais aussi celles des peuples voisins ; ceux avec qui il est probable qu'on aura la guerre, afin de rester en paix avec ceux qui sont plus forts, et de décider la guerre contre ceux qui sont plus faibles. Et les forces, sont-elles semblables ou non ? car de là aussi dépendent la victoire ou la défaite. Il faut en outre avoir bien examiné l'issue, non-seulement des guerres qu'on a faites soi-même, mais aussi de celles des autres, car le semblable engendre le semblable. Si l'orateur parle de la défense du pays, qu'il n'ignore pas en quoi elle consiste, mais qu'il connaisse le

ΡΗΤΟΡΙΚΗ.

Ἔτι δὲ, περὶ φυλακῆς τῆς χώρας μὴ λανθάνειν πῶς φυλάττεται· ἀλλὰ καὶ τὸ πλῆθος εἰδέναι τῆς φυλακῆς, καὶ τὸ εἶδος, καὶ τοὺς τόπους τῶν φυλακτηρίων· τοῦτο δ᾽ ἀδύνατον, μὴ ἔμπειρον ὄντα τῆς χώρας· ἵν᾽, εἴ τ᾽ ἐλάττων ἡ φυλακὴ, προστεθῇ· καὶ εἴ τις περίεργος, ἀφαιρεθῇ· καὶ τοὺς ἐπιτηδείους τόπους τηρῶσι μᾶλλον. Ἔτι δὲ περὶ τροφῆς, πόση δαπάνη ἱκανὴ τῇ πόλει, καὶ ποία ἡ αὐτοῦ τε γιγνομένη καὶ εἰσαγώγιμος· καὶ τίνων τ᾽ ἐξαγωγῆς δέονται, καὶ τίνων εἰσαγωγῆς· ἵνα πρὸς τούτους καὶ συνθῆκαι καὶ συμβολαὶ γίγνωνται. Πρὸς δύο γὰρ διαφυλάττειν ἀναγκαῖον ἀνεγκλήτους τοὺς πολίτας, πρός τε τοὺς κρείττους, καὶ πρὸς τοὺς εἰς ταῦτα χρησίμους. Εἰς δ᾽ ἀσφάλειαν, ἅπαντα μὲν ταῦτα ἀναγκαῖον δύνασθαι θεωρεῖν· οὐκ ἐλάχιστον δὲ περὶ νομοθεσίας ἐπαΐειν· ἐν γὰρ τοῖς νόμοις ἐστὶν ἡ σωτηρία τῆς πόλεως. Ὥστ᾽ ἀναγκαῖον εἰδέναι, πόσα τέ ἐστι πολιτειῶν εἴδη, καὶ ποῖα συμφέρει ἑκάστῃ, καὶ ὑπὸ τίνων φθείρεσθαι πέφυκε, καὶ οἰκείων τῆς πολιτείας καὶ ἐναντίων. Λέγω δὲ τὸ ὑπὸ οἰκείων φθείρεσθαι, ὅτι ἔξω τῆς βελτίστης πολιτείας αἱ ἄλλαι πᾶσαι καὶ ἀνιέμεναι καὶ ἐπιτεινόμεναι φθείρονται. Οἷον, δημοκρατία, οὐ μόνον ἀνιεμένη, ἀσθενεστέρα γίγνεται, ὥστε τέλος ἥξει εἰς ὀλιγαρχίαν, ἀλλὰ καὶ ἐπιτεινομένη σφόδρα· ὥσπερ καὶ ἡ γρυπότης καὶ ἡ σιμότης, οὐ μόνον ἀνιέμενα ἔρχεται εἰς τὸ μέσον, ἀλλὰ καὶ σφόδρα γρυπὰ γιγνόμενα ἢ σιμὰ, οὕτω διατίθεται τὴν ῥῖνα, ὥστε μηδὲ μυκτῆρα δοκεῖν εἶναι. Χρήσιμον δὲ πρὸς τὰς νομοθεσίας, τὸ μὴ μόνον ἐπαΐειν, τίς πολιτεία συμφέρει, ἐκ τῶν παρεληλυθότων θεωροῦντι· ἀλλὰ καὶ τὰς παρὰ τοῖς ἄλλοις εἰδέναι, αἱ ποῖαι τοῖς ποίοις ἁρμόττουσιν. Ὥστε δῆλον, ὅτι πρὸς μὲν τὴν νομοθεσίαν αἱ τῆς γῆς περίοδοι χρήσιμοι· ἐντεῦθεν γὰρ λαβεῖν ἔστι τοὺς τῶν ἐθνῶν νόμους· πρὸς δὲ τὰς πολιτικὰς συμβουλὰς, αἱ τῶν περὶ τὰς πράξεις γραφόντων ἱστορίαι· ἅπαντα δὲ ταῦτα,

nombre et l'espèce des troupes employées à sa garde et les postes qu'il faut défendre : ce qui lui est impossible, s'il ne connaît parfaitement le pays ; afin que, si une garnison est trop faible, on la renforce ; si une autre est trop nombreuse, qu'on la diminue, et qu'on défende de préférence les postes les plus importants [1]. Est-il question des subsistances, il connaîtra la quantité et la nature de celles qui suffisent au pays ; si elles viennent dans le pays même, ou si elles y sont introduites; quelles sont les choses qu'il faut exporter et celles qu'il faut importer, afin de faire, dans ce but, des traités et des conventions ; car il faut mettre les citoyens à l'abri de toute contestation avec deux sortes de gens : ceux qui sont plus puissants, et ceux qui rendent des services dans ce commerce d'échanges. Il est nécessaire de pouvoir traiter toutes ces questions, qui ont pour objet la sûreté publique ; mais il importe surtout de connaître ce qui est du ressort de la législation, car c'est dans les lois qu'est le salut du pays. L'orateur saura donc combien il y a de formes de gouvernement, ce qui convient à chacun d'eux, et les causes qui les détruisent naturellement, soit qu'elles se trouvent en eux-mêmes, soit qu'elles viennent du dehors. Je dis qu'une cause intérieure peut détruire une forme de gouvernement, parce qu'en dehors de la forme par excellence [2], toutes les autres se perdent, lorsque le ressort en est trop lâche ou trop tendu. La démocratie, par exemple, s'affaiblit et finit par se changer en oligarchie, non-seulement quand le principe en est trop lâche, mais encore quand il est trop tendu. De même, non-seulement un nez aquilin ou camus devient un nez moyen, quand l'un de ces défauts s'affaiblit, mais encore, en devenant très crochu ou très aplati, il arrive à ne plus même avoir la forme d'un nez [3]. Il est utile, pour la discussion des lois, non-seulement de jeter les yeux sur le passé, pour connaître la forme de gouvernement qui convient, mais aussi de savoir quelle espèce de gouvernement convient à chacun des peuples étrangers. Il suit de là que pour parler sur les lois, il est utile de voyager, car on peut ainsi connaître les lois des nations ; et que pour les harangues poli-

πολιτικῆς, ἀλλ᾽ οὐ ῥητορικῆς ἔργον ἐστί. Περὶ ὧν μὲν οὖν ἔχειν δεῖ τὸν μέλλοντα συμβουλεύειν τὰ μέγιστα, τοσαῦτά ἐστιν. Ἐξ ὧν δὲ δεῖ καὶ περὶ τούτων, καὶ περὶ τῶν ἄλλων προτρέπειν ἢ ἀποτρέπειν λέγωμεν πάλιν.

ΚΕΦΑΛΑΙΟΝ Ε΄.

Α΄. Σχεδὸν δὲ καὶ ἰδίᾳ ἑκάστῳ, καὶ κοινῇ πᾶσι σκοπός τις ἐστὶν, οὗ στοχαζόμενοι, καὶ αἱροῦνται καὶ φεύγουσι· καὶ τοῦτό ἐστιν, ἐν κεφαλαίῳ εἰπεῖν, ἥ τ᾽ εὐδαιμονία, καὶ τὰ μόρια αὐτῆς. Ὥστε παραδείγματος χάριν λάβωμεν, τί ἐστιν, ὡς ἁπλῶς εἰπεῖν, ἡ εὐδαιμονία, καὶ ἐκ τίνων τὰ μόρια ταύτης· περὶ γὰρ ταύτης, καὶ τῶν εἰς ταύτην συντεινόντων, καὶ τῶν ἐναντίων ταύτῃ, αἵ τε προτροπαὶ καὶ αἱ ἀποτροπαὶ πᾶσαί εἰσι. Τὰ μὲν γὰρ παρασκευάζοντα ταύτην, ἢ τῶν μορίων τι, ἢ μεῖζον ἀντ᾽ ἐλάττονος ποιοῦντα, δεῖ πράττειν· τὰ δὲ φθείροντα, ἢ ἐμποδίζοντα, ἢ τὰ ἐναντία ποιοῦντα, μὴ πράττειν. Ἔστω δὴ εὐδαιμονία, εὐπραξία μετὰ ἀρετῆς· ἢ αὐτάρκεια ζωῆς· ἢ ὁ βίος ὁ μετὰ ἀσφαλείας ἥδιστος· ἢ εὐθηνία κτημάτων καὶ σωμάτων, μετὰ δυνάμεως φυλακτικῆς τε καὶ πρακτικῆς τούτων· σχεδὸν γὰρ τούτων ἓν, ἢ πλείω, τὴν εὐδαιμονίαν ὁμολογοῦσιν εἶναι ἅπαντες. Εἰ δὴ ἐστιν ἡ εὐδαιμονία τοιοῦτον, ἀνάγκη αὐτῆς εἶναι μέρη εὐγένειαν, πολυφιλίαν, χρηστοφιλίαν, πλοῦτον, εὐτεκνίαν, πολυτεκνίαν, εὐγηρίαν· ἔτι τὰς τοῦ σώματος ἀρετὰς, οἷον ὑγίειαν, κάλλος, ἰσχὺν, μέγεθος, δύναμιν ἀγωνιστικήν· δόξαν, τιμὴν, εὐτυχίαν· ἀρετὴν, ἢ καὶ τὰ μέρη αὐτῆς, φρόνησιν, ἀνδρείαν, δικαιοσύ-

tiques, il est utile de connaître les ouvrages des historiens. Voilà quelles sont les choses les plus importantes à connaître pour l'orateur qui veut s'exercer dans le genre délibératif. Disons maintenant quelles sont, dans ces questions et dans les autres, les sources où il doit puiser les arguments pour conseiller ou pour dissuader.

CHAPITRE V.

Quelle est la fin du genre délibératif. Du bonheur et de ses diverses parties.

§ I. Le bonheur est le but que se proposent tous les hommes; définition du bonheur.

Les hommes, en particulier et en général, se proposent presque tous un but, et pour l'atteindre, ils choisissent ou ils évitent. Ce but, pour le dire en un mot, c'est le bonheur et les parties dont il se compose. Etablissons donc, comme pour servir de règle [1], ce que c'est, à parler en général, que le bonheur, et ce qui en constitue les différentes parties; car c'est du bonheur, et de ce qui peut l'amener ou l'éloigner, que parle toujours l'orateur soit qu'il conseille, soit qu'il dissuade [2]. Ce qui procure le bonheur lui-même ou une de ses parties, ou qui la rend de plus petite plus grande, il faut le faire; les choses qui le détruisent, ou produisent ce qui lui est contraire, il faut les éviter. Supposons donc que le bonheur, c'est réussir par des moyens honnêtes, se suffire à soi-même, vivre le plus agréablement possible et sans inquiétude, avoir ses biens et son corps dans un état florissant, qui mette à même de les conserver et de les employer selon leurs fins. Presque tous les hommes reconnaissent que le bonheur est une ou plusieurs de ces choses. S'il en est ainsi, les différentes parties du bonheur sont nécessairement la noblesse, de nombreux amis, l'amitié des gens de bien, la richesse, l'heureux naturel et le nombre des enfants, une vieillesse heureuse; et puis, les vertus du corps, telles que la santé, la beauté, la force, la taille, l'adresse dans la lutte; et encore la renommée, l'honneur et une heureuse chance;

νην, σωφροσύνην. Οὕτω γὰρ ἂν αὐταρκέστατος εἴη, εἰ ὑπάρχοι αὐτῷ τά τ' ἐν αὐτῷ, καὶ τὰ ἐκτὸς ἀγαθά· οὐ γὰρ ἔστιν ἄλλα παρὰ ταῦτα. Ἔστι δὲ ἐν αὐτῷ μὲν τὰ περὶ ψυχὴν, καὶ τὰ ἐν σώματι· ἔξω δὲ, εὐγένεια, καὶ φίλοι, καὶ χρήματα, καὶ τιμή. Ἔτι δὲ προσήκειν οἰόμεθα δυνάμεις ὑπάρχειν καὶ τύχην· οὕτω γὰρ ἂν ἀσφαλέστατος ὁ βίος εἴη.

Β'. Λάβωμεν τοίνυν ὁμοίως καὶ τούτων ἕκαστον τί ἐστιν. Εὐγένεια μὲν οὖν ἐστὶν, ἔθνει μὲν καὶ πόλει τὸ αὐτόχθονας ἢ ἀρχαίους εἶναι, καὶ ἡγεμόνας τοὺς πρώτους ἐπιφανεῖς, καὶ πολλοὺς ἐπιφανεῖς γεγονέναι ἐξ αὐτῶν ἐπὶ τοῖς ζηλουμένοις· ἰδίᾳ δὲ, εὐγένεια ἢ ἀπ' ἀνδρῶν ἢ ἀπὸ γυναικῶν, καὶ γνησιότης ἀπ' ἀμφοῖν, καὶ ὥσπερ ἐπὶ πόλεως, τούς τε πρώτους γνωρίμους, ἢ ἐπ' ἀρετῇ, ἢ πλούτῳ, ἢ ἄλλῳ τῳ τῶν τιμωμένων, καὶ πολλοὺς ἐπιφανεῖς ἐκ τοῦ γένους, καὶ ἄνδρας καὶ γυναῖκας, καὶ νέους καὶ πρεσβυτέρους. Εὐτεκνία δὲ καὶ πολυτεκνία, οὐκ ἄδηλα· ἔστι δὲ τῷ κοινῷ μὲν εὐτεκνία, νεότης ἂν ᾖ πολλὴ καὶ ἀγαθή· ἀγαθὴ δὲ κατ' ἀρετὴν σώματος, οἷον μέγεθος, κάλλος, ἰσχὺν, δύναμιν ἀγωνιστικήν· ψυχῆς δὲ, σωφροσύνη καὶ ἀνδρεία, νέου ἀρεταί· ἰδίᾳ δὲ εὐτεκνία καὶ πολυτεκνία, τὸ τὰ ἴδια τέκνα πολλὰ, καὶ τοιαῦτα εἶναι, καὶ θήλεα καὶ ἄρρενα. Θηλειῶν δὲ ἀρετὴ, σώματος μὲν, κάλλος καὶ μέγεθος· ψυχῆς δὲ, σωφροσύνη καὶ φιλεργία ἄνευ ἀνελευθερίας. Ὁμοίως δὲ καὶ ἰδίᾳ καὶ κοινῇ, καὶ κατ' ἄνδρας καὶ κατὰ γυναῖκας, δεῖ ζητεῖν, ἕκαστον ὑπάρχειν τῶν τοιούτων· ὅσοις γὰρ τὰ κατὰ γυναῖκας, φαῦλα, ὥσπερ Λακεδαιμονίοις, σχεδὸν κατὰ τὸ ἥμισυ οὐκ εὐδαιμονοῦσι. Πλούτου δὲ μέρη, νομίσματος πλῆθος, γῆς, χωρίων κτήσεις· ἔτι δὲ ἐπί-

enfin la vertu, qui comprend la prudence, le courage, la justice et la tempérance. Celui-là se suffirait entièrement à lui-même, qui posséderait tous les biens qui sont en nous ou hors de nous, car il n'y en a pas d'autres. Ceux qui sont en nous sont les biens de l'âme ou du corps ; hors de nous, la noblesse, les amis, les biens, l'honneur ; on peut y joindre, à notre avis, le pouvoir et la fortune. A ces conditions, la vie serait exempte d'inquiétude [3].

§ II. Éléments extrinsèques du bonheur.

Reprenons maintenant, et définissons chaque chose en détail. Une nation, une cité sont nobles, quand elles sont autochthones et anciennes, quand elles ont eu dans l'origine des chefs illustres, desquels sont issus beaucoup d'hommes illustres dans les choses qui excitent l'émulation. Un particulier est noble par les hommes ou par les femmes, quand il descend légitimement des uns et des autres, et que, de même que pour la cité, ses premiers auteurs se sont fait connaître par leur vertu, leurs richesses, ou par quelqu'autre des choses que les hommes honorent, et quand leur famille compte un grand nombre de personnages illustres, hommes et femmes, jeunes gens et vieillards. On sait ce qu'il faut entendre par l'heureux naturel et le nombre des enfants : pour l'État, c'est une jeunesse nombreuse et bonne ; bonne en ce qui concerne les vertus du corps, telles qu'une grande taille, la beauté, la force, l'adresse dans les combats du gymnase ; la tempérance et la force sont les vertus de la jeunesse : pour un particulier, ce sont des enfants heureusement doués et nombreux, tels que ceux dont nous venons de parler, quel que soit leur sexe. S'agit-il des femmes, les vertus du corps sont la beauté et la taille ; celles de l'âme sont la tempérance et l'amour du travail, mais sans bassesse. Un particulier et un État doivent désirer, dans les hommes et dans les femmes, chacune de ces qualités ; car lorsque l'éducation des femmes est mauvaise, comme chez les Lacédémoniens, on n'est, pour ainsi dire, heureux qu'à demi [4]. La richesse comprend l'argent, l'étendue des terres, les domaines ; ajoutez-y des meubles, des

πλων κτήσεις, καὶ βοσκημάτων, καὶ ἀνδραπόδων, πλήθει καὶ μεγέθει καὶ κάλλει διαφερόντων. Ταῦτα δὲ πάντα καὶ ἀσφαλῆ καὶ ἐλευθέρια καὶ χρήσιμα. Ἔστι δὲ χρήσιμα μὲν μᾶλλον, τὰ κάρπιμα· ἐλευθέρια δὲ, τὰ πρὸς ἀπόλαυσιν. Κάρπιμα δὲ λέγω, ἀφ' ὧν αἱ πρόσοδοι· ἀπολαυστικὰ δὲ, ἀφ' ὧν μηδὲν παρὰ τὴν χρῆσιν γίγνεται, ὅ τι καὶ ἄξιον. Ὅρος δὲ, ἀσφαλείας μὲν, τὸ ἐνταῦθα καὶ οὕτω κεκτῆσθαι, ὥστ' ἐφ' αὑτῷ εἶναι τὴν χρῆσιν· τοῦ δὲ οἰκεῖον εἶναι ἢ μὴ, ὅταν ἐφ' αὑτῷ ᾖ ἀπαλλοτριῶσαι· λέγω δὲ ἀπαλλοτρίωσιν, δόσιν καὶ πρᾶσιν. Ὅλως δὲ τὸ πλουτεῖν ἐστιν ἐν τῷ χρῆσθαι μᾶλλον, ἢ ἐν τῷ κεκτῆσθαι· καὶ γὰρ ἡ ἐνέργειά ἐστι τῶν τοιούτων καὶ ἡ χρῆσις πλοῦτος. Εὐδοξία δὲ ἔστι τὸ ὑπὸ πάντων σπουδαῖον ὑπολαμβάνεσθαι, ἢ τοιοῦτόν τι ἔχειν, οὗ πάντες ἐφίενται, ἢ οἱ πολλοί, ἢ οἱ ἀγαθοί, ἢ οἱ φρόνιμοι. Τιμὴ δὲ, ἔστι μὲν σημεῖον εὐεργετικῆς δόξης· τιμῶνται δὲ δικαίως μὲν καὶ μάλιστα οἱ εὐεργετηκότες· οὐ μὴν ἀλλὰ τιμᾶται καὶ ὁ δυνάμενος εὐεργετεῖν. Εὐεργεσία δὲ, ἡ εἰς σωτηρίαν, καὶ ὅσα αἴτια τοῦ εἶναι, ἢ εἰς πλοῦτον, ἢ εἴς τι τῶν ἄλλων ἀγαθῶν, ὧν μὴ ῥᾳδία ἡ κτῆσις· ἢ ὅλως, ἢ ἐνταῦθα, ἢ ποτέ. Πολλοὶ γὰρ διὰ μικρὰ δοκοῦντα τιμῆς τυγχάνουσιν· ἀλλ' οἱ τόποι καὶ οἱ καιροὶ αἴτιοι. Μέρη δὲ τιμῆς θυσίαι, μνῆμαι ἐν μέτροις καὶ ἄνευ μέτρων, γέρα, τεμένη, προεδρίαι, τάφοι, εἰκόνες, τροφαὶ δημόσιαι· τὰ βαρβαρικὰ, οἷον προσκυνήσεις, καὶ ἐκστάσεις· δῶρα τὰ παρ' ἑκάστοις τίμια. Καὶ γὰρ τὸ δῶρον ἔστι κτήματος δόσις, καὶ τιμῆς σημεῖον· διὸ καὶ οἱ φιλοχρήματοι καὶ οἱ φιλότιμοι, ἐφίενται αὐτῶν. Ἀμφοτέροις γὰρ ἔχει, ὧν δέονται· καὶ γὰρ κτῆμά ἐστιν, οὗ ἐφίενται οἱ φιλοχρήματοι· καὶ τιμὴν ἔχει, οὗ οἱ φιλότιμοι.

troupeaux, des esclaves, remarquables par le nombre, la grandeur, la beauté. Ces biens doivent être certains et servir à l'ornement ou aux besoins de la vie. Ils servent plutôt aux besoins, quand ils sont productifs ; ils ornent la vie, quand ils ont pour objet l'agrément ; j'appelle productifs ceux dont on tire un revenu, et d'agrément, ceux qui n'offrent aucun avantage considérable autre que la jouissance qu'ils procurent. Les biens sont certains quand on les possède dans certains lieux et à de certaines conditions qui font qu'on a la faculté d'en user. Ils sont propres ou non, quand on a le droit de les aliéner ; j'appelle aliéner, les donner ou les vendre. En un mot, la richesse est dans l'usage plutôt que dans la possession ; car disposer et user librement de ses biens, c'est être riche. La bonne renommée consiste dans l'opinion qu'on a généralement de notre mérite, ou dans la possession d'une de ces choses que désirent tous les hommes, ou la plupart, ou les gens de bien, ou les personnes sensées. L'honneur est la marque de l'estime qu'on a pour la bienfaisance ; ceux-là surtout sont honorés justement qui ont déjà fait le bien ; néanmoins ceux qui peuvent le faire sont honorés aussi. La bienfaisance a pour objet ou le salut d'un homme ou ce qui le fait vivre, ou la richesse, ou quelque autre de ces biens qu'on ne peut se procurer que difficilement, ou absolument, ou dans tel lieu, ou dans tel temps ; car plusieurs obtiennent l'honneur pour des choses qui semblent peu importantes ; mais cela dépend du lieu et du temps. Nous entendons par honneur, les sacrifices, les souvenirs en vers et en prose, les récompenses, les lieux consacrés, les préséances, les tombeaux, les images, la nourriture aux frais du public ; chez les Barbares, on se prosterne ou on s'efface devant celui qu'on veut honorer, mais partout les présents sont regardés comme honorables. C'est que les présents sont à la fois un don et une marque d'honneur ; aussi sont-ils recherchés par les avares et les ambitieux. C'est une acquisition pour l'avare, un honneur pour l'ambitieux, et c'est ce qu'ils désirent l'un et l'autre.

Γ'. Σώματος δὲ ἀρετὴ ὑγίεια· αὕτη δὲ οὕτως, ὥστε ἀνόσους εἶναι χρωμένους τοῖς σώμασι· πολλοὶ γὰρ ὑγιαίνουσιν, ὥσπερ Ἡρόδικος λέγεται, οὓς οὐδεὶς ἂν εὐδαιμονήσειε τῆς ὑγιείας, διὰ τὸ πάντων ἀπέχεσθαι τῶν ἀνθρωπίνων, ἢ τῶν πλείστων. Κάλλος δὲ, ἕτερον καθ' ἑκάστην ἡλικίαν ἐστί. Νέου μὲν οὖν κάλλος, τὸ πρὸς τοὺς πόνους χρήσιμον ἔχειν τὸ σῶμα, τούς τε πρὸς δρόμον καὶ πρὸς βίαν, ἡδὺν ὄντα ἰδεῖν πρὸς ἀπόλαυσιν· διὸ οἱ πένταθλοι κάλλιστοι, ὅτι πρὸς βίαν καὶ πρὸς τάχος ἅμα πεφύκασιν. Ἀκμάζοντος δὲ, πρὸς μὲν πόνους τοὺς πολεμικοὺς, ἡδὺν δὲ εἶναι δοκεῖν μετὰ φοβερότητος. Γέροντος δὲ, πρὸς μὲν πόνους τοὺς ἀναγκαίους ἱκανὸν, ἄλυπον δὲ, διὰ τὸ μηδὲν ἔχειν ὧν τὸ γῆρας λωβᾶται. Ἰσχὺς δὲ, ἔστι μὲν δύναμις τοῦ κινεῖν ἕτερον, ὡς βούλεται· ἀνάγκη δὲ κινεῖν ἕτερον, ἢ ἕλκοντα, ἢ ὠθοῦντα, ἢ αἴροντα, ἢ πιέζοντα, ἢ συνθλίβοντα· ὥστε ὁ ἰσχυρὸς, ἢ πᾶσιν, ἢ τούτων τισίν ἐστιν ἰσχυρός. Μεγέθους δὲ ἀρετὴ, τὸ ὑπερέχειν κατὰ μῆκος, καὶ βάθος, καὶ πλάτος τῶν πολλῶν τοσούτῳ μείζονι, ὥστε μὴ βραδυτέρας ποιεῖν τὰς κινήσεις διὰ τὴν ὑπερβολήν. Ἀγωνιστικὴ δὲ τοῦ σώματος ἀρετὴ, σύγκειται ἐκ μεγέθους καὶ ἰσχύος καὶ τάχους· καὶ γὰρ ὁ ταχὺς ἰσχυρός ἐστιν. Ὁ γὰρ δυνάμενος τὰ σκέλη ῥιπτεῖν πως, καὶ κινεῖν ταχὺ, καὶ πόῤῥω, δρομικός· ὁ δὲ θλίβειν καὶ κατέχειν, παλαιστικός· ὁ δὲ ὦσαι τῇ πληγῇ πυκτικός· ὁ δ' ἀμφοτέροις τούτοις, παγκρατιαστικός· ὁ δὲ πᾶσι, πένταθλος. Εὐγηρία δὲ, ἔστι βραδυτὴς γήρως μετ' ἀλυπίας· οὔτε γὰρ εἰ ταχὺ γηράσκει, εὐγήρως, οὔτ' εἰ μόγις μὲν, λυπηρῶς δέ· ἔστι δὲ καὶ ἐκ τῶν τοῦ σώματος ἀρετῶν καὶ τύχης. Μὴ ἄνοσος γὰρ ὢν, μηδὲ ἰσχυρὸς, οὐκ ἔσται ἀπαθὴς, οὐδ' ἄλυπος καὶ πολυχρόνιος, οὔτ' ἄνευ τύχης δια-

LIVRE I, CHAPITRE V. 47

§ III. Éléments intrinsèques du bonheur.

La santé est une vertu du corps ; elle consiste à ne pas être malade, quand on use du corps selon ses fonctions ; car beaucoup se portent bien à la manière d'Hérodicus, et personne n'envierait une santé qui force à s'abstenir de tout ou presque tout ce qui convient à l'homme [5]. La beauté est différente selon les âges. Dans le jeune homme, la beauté consiste à avoir un corps propre à tous les exercices de la course et de la lutte, agréable et faisant plaisir à voir ; c'est pourquoi les athlètes du pentathle sont les plus beaux, parce qu'ils sont à la fois agiles et vigoureux. Dans l'homme fait, le corps doit être propre aux fatigues de la guerre, et unir la grâce à un air qui inspire la crainte. Dans la vieillesse, il doit suffire aux travaux nécessaires, et ne déplaire par aucune de ces infirmités qui affligent les vieillards. La force consiste dans le pouvoir d'ébranler son adversaire comme on veut ; pour cela il faut, ou le tirer à soi, ou le pousser, ou le soulever, ou le terrasser, ou l'étreindre. On est fort, quand on l'est dans tous ou dans quelqu'un de ces mouvements. La taille est belle, quand on surpasse la plupart des hommes en hauteur, en profondeur et en longueur ; mais il ne faut pas que l'excès de ces qualités rende les mouvements plus lents. Le corps est heureusement disposé pour les combats du gymnase, quand il réunit la grandeur, la force et l'agilité ; car être agile, c'est être fort. En effet, l'athlète peut-il mouvoir ses jambes d'une certaine manière, et faire des pas rapides et longs, il est propre à la course ; peut-il étreindre son adversaire et le contenir, il réussira dans la lutte, et s'il peut le pousser à coups de poings, dans le pugilat ; s'il excelle dans ces deux exercices, qu'il se destine au pancrace, et si dans tous, au pentathle. La vieillesse est heureuse quand elle vient lentement et sans incommodité ; car elle n'est pas heureuse, si elle vient vite, ou si, venant avec une lenteur insensible, elle est affligée d'incommodités. Cela dépend à la fois de la constitution et de la fortune ; car celui qui n'est pas exempt de maladie, et qui manque

μείνειεν ἄν. Ἔστι δέ τις καὶ χωρὶς ἰσχύος καὶ ὑγιείας ἄλλη δύναμις μακροβιότητος· πολλοὶ γὰρ ἄνευ τῶν τοῦ σώματος ἀρετῶν μακρόβιοί εἰσιν. Ἀλλ' οὐδὲν ἡ ἀκριβολογία χρήσιμος ἡ περὶ τούτων εἰς τὰ νῦν.

Δ'. Πολυφιλία δὲ καὶ χρηστοφιλία οὐκ ἄδηλα, τοῦ φίλου ὡρισμένου, ὅτι ἔστιν ὁ τοιοῦτος φίλος, ὅστις, ἃ οἴεται ἀγαθὰ εἶναι ἐκείνῳ, πρακτικός ἐστιν αὐτῶν δι' ἐκεῖνον· ᾧ δὴ πολλοὶ τοιοῦτοι, πολύφιλος· ᾧ δὲ καὶ ἐπιεικεῖς ἄνδρες, χρηστόφιλος. Εὐτυχία δὲ ἔστιν ὧν ἡ τύχη ἀγαθῶν αἰτία, ταῦτα γίγνεσθαι καὶ ὑπάρχειν, ἢ πάντα, ἢ τὰ πλεῖστα, ἢ τὰ μέγιστα. Αἰτία δ' ἐστὶν ἡ τύχη, ἐνίων μὲν ὧν καὶ αἱ τέχναι, πολλῶν δὲ καὶ ἀτέχνων, οἷον ὅσων ἡ φύσις· ἐνδέχεται δὲ καὶ παρὰ φύσιν εἶναι· ὑγιείας μὲν γὰρ, τέχνη αἰτία· κάλλους δὲ καὶ μεγέθους, φύσις. Ὅλως δὲ, τὰ τοιαῦτα τῶν ἀγαθῶν ἐστιν ἀπὸ τύχης, ἐφ' οἷς ἐστιν ὁ φθόνος. Ἔστι δὲ καὶ τῶν παραλόγων ἀγαθῶν αἰτία τύχη· οἷον, εἰ οἱ ἄλλοι αἰσχροὶ ἀδελφοί, ὁ δὲ καλός· ἢ οἱ ἄλλοι μὴ εἶδον τὸν θησαυρὸν, ὁ δ' εὗρεν· ἢ εἰ τοῦ πλησίον ἔτυχε τὸ βέλος, τούτου δὲ μή· ἢ εἰ μὴ ἦλθε μόνος, ἀεὶ φοιτῶν· οἱ δὲ ἅπαξ ἐλθόντες, διεφθάρησαν· πάντα γὰρ τὰ τοιαῦτα, εὐτυχήματα δοκεῖ εἶναι. Περὶ δὲ ἀρετῆς, ἐπείπερ οἰκειότατος ὁ περὶ τοὺς ἐπαίνους τόπος, ὅταν περὶ ἐπαίνου ποιώμεθα τὸν λόγον, τότε διοριστέον. Ὧν μὲν οὖν δεῖ στοχάζεσθαι προτρέποντας, ὡς ἐσομένων ἢ ὑπαρχόντων, καὶ ὧν ἀποτρέποντας, φανερόν· τὰ γὰρ ἐναντία τούτων ἐστίν.

de force, ne sera ni sans souffrance ni sans incommodité, et sans la faveur de la fortune, il ne pourrait subsister longtemps. Il y a un autre moyen de prolonger la vie, même lorsqu'on manque de force et de santé ; car beaucoup vivent longtemps sans avoir une bonne constitution ; mais il est inutile d'insister sur ce point pour le moment.

§ IV. Des biens qui nous viennent de la fortune.

On saura ce qu'il faut entendre par le nombre et la qualité des amis, en donnant une définition de l'ami. L'ami est celui qui s'attache à faire pour un autre ce qu'il pense lui être avantageux. Avez-vous beaucoup de personnes ainsi disposées à votre égard, vous avez de nombreux amis ; sont-ils vertueux, vous en avez d'excellents. La bonne chance fait que les biens qui viennent de la fortune nous arrivent ou nous restent, ou tous, ou la plupart, ou les plus importants. Parmi les biens de la fortune, il en est quelques-uns qui dépendent des arts, d'autres qui n'en dépendent pas; tels sont ceux qui nous viennent de la nature ; il peut se faire même que la nature n'y soit pour rien ; si c'est elle qui nous donne la beauté et la taille, c'est un art qui nous donne la santé. En général, les biens qui nous viennent de la fortune sont ceux auxquels s'attaque l'envie. C'est de la fortune que viennent aussi les biens qui nous arrivent au hasard et sans raison. Donnons des exemples : les autres frères sont laids, celui-ci est beau ; les autres n'ont pas vu le trésor, celui-ci l'a trouvé ; la flèche a frappé celui qui était à côté, et non celui qu'on visait ; ou bien enfin, celui qui fréquentait un lieu est le seul qui n'y soit pas allé, et ceux qui n'y étaient allés qu'une fois y ont péri. Dans tous ces exemples, il semble voir autant de faveurs de la fortune. Comme la vertu est le lieu commun qui convient le plus aux éloges, nous ne la définirons que lorsque nous parlerons de la louange. On voit maintenant quelles sont les considérations relatives à l'avenir ou au présent, dans lesquelles doit entrer l'orateur qui conseille. Celui qui dissuade doit entrer dans des considérations contraires [6].

ΚΕΦΑΛΑΙΟΝ ΣΤ'.

Α'. Ἐπεὶ δὲ πρόκειται τῷ συμβουλεύοντι σκοπὸς τὸ συμφέρον· βουλεύονται δὲ οὐ περὶ τοῦ τέλους, ἀλλὰ περὶ τῶν πρὸς τὸ τέλος· ταῦτα δ' ἐστὶ τὰ συμφέροντα κατὰ τὰς πράξεις· τὸ δὲ συμφέρον, ἀγαθόν· ληπτέον ἂν εἴη στοιχεῖα περὶ ἀγαθοῦ καὶ συμφέροντος ἁπλῶς. Ἔστω δὴ ἀγαθὸν, ὃ ἂν αὐτὸ ἑαυτοῦ ἕνεκα ᾖ αἱρετόν· καὶ οὗ ἕνεκα ἄλλο αἱρούμεθα· καὶ οὗ ἐφίεται πάντα, ἢ πάντα τὰ αἴσθησιν ἔχοντα ἢ νοῦν, ἢ εἰ λάβοι νοῦν· καὶ ὅσα ὁ νοῦς ἂν ἑκάστῳ ἀποδοίη· καὶ ὅσα ὁ περὶ ἕκαστον νοῦς ἀποδίδωσιν ἑκάστῳ, τοῦτό ἐστιν ἑκάστῳ ἀγαθόν· καὶ οὗ παρόντος, εὖ διάκειται καὶ αὐτάρκως ἔχει· καὶ τὸ αὔταρκες· καὶ τὸ ποιητικὸν ἢ φυλακτικὸν τῶν τοιούτων· καὶ ᾧ ἀκολουθεῖ τὰ τοιαῦτα· καὶ τὰ κωλυτικὰ τῶν ἐναντίων, καὶ τὰ φθαρτικά. Ἀκολουθεῖ δὲ διχῶς· ἢ γὰρ ἅμα, ἢ ὕστερον· οἷον, τῷ μὲν μανθάνειν τὸ ἐπίστασθαι ὕστερον· τῷ δὲ ὑγιαίνειν τὸ ζῆν ἅμα. Καὶ τὰ ποιητικὰ τριχῶς· τὰ μὲν, ὡς τὸ ὑγιαίνειν ὑγιείας· τὰ δὲ, ὡς σιτία, ὑγιείας. τὰ δὲ, ὡς τὸ γυμνάζεσθαι, ὅτι ὡς ἐπὶ τὸ πολὺ ποιεῖ ὑγίειαν. Τούτων δὲ κειμένων, ἀνάγκη τάς τε λήψεις τῶν ἀγαθῶν ἀγαθὰς εἶναι, καὶ τὰς τῶν κακῶν ἀποβολάς· ἀκολουθεῖ γὰρ, τῷ μὲν, τὸ μὴ ἔχειν τὸ κακὸν, ἅμα· τῷ δὲ, τὸ ἔχειν τὸ ἀγαθὸν, ὕστερον. Καὶ ἡ ἀντ' ἐλάττονος ἀγαθοῦ, μείζονος λῆψις· καὶ ἀντὶ μείζονος κακοῦ, ἐλάττονος· ᾧ γὰρ ὑπερέχει τὸ μεῖζον τοῦ ἐλάττονος, τοῦτο γίγνεται τοῦ μὲν λῆψις, τοῦ δ' ἀποβολή. Καὶ τὰς ἀρετὰς δὲ ἀνάγκη ἀγαθὸν εἶναι· κατὰ γὰρ ταύτας εὖ τε διάκεινται οἱ ἔχοντες, καὶ ποιητικαὶ τῶν ἀγαθῶν εἰσι, καὶ πρακτι-

CHAPITRE VI.

Du bon et de l'utile.

§ I. Considérations générales sur le bon.

Puisque celui qui délibère se propose un but qui est l'utile, et qu'on délibère non sur la fin, mais sur les moyens, qui sont les choses utiles à nos desseins; puisque d'ailleurs l'utile est bon, tâchons de saisir à la fois les éléments du bon et de l'utile. Le bon sera ce qui est désirable pour lui-même, et ce pourquoi on désire une autre chose; ce que recherchent tous les êtres doués d'instinct et de raison, ce qu'ils rechercheraient tous sans exception s'ils avaient la raison. Ce que la raison conseillerait, ce qu'elle conseille à un homme sur chaque chose en particulier, est un bien pour lui; et la présence de ce bien produit le bien-être et la satisfaction; le bien est encore ce qui se suffit à soi-même, ce qui produit ou conserve les choses que nous venons de dire, ce qui les suit, et ce qui empêche ou détruit les choses qui leur sont contraires. Or les choses se suivent de deux manières; elles vont ensemble ou l'une après l'autre; par exemple, la science vient après l'étude, mais la vie accompagne la santé. Les choses produisent de trois manières; par exemple, être sain produit la santé, voilà la première; la nourriture produit la santé, voilà la seconde; l'exercice produit le plus souvent la santé, voilà la troisième. Cela posé, choisir les bonnes choses et rejeter les mauvaises, sont deux actes nécessairement bons; il suit du premier que dans le même temps nous n'avons pas le mal, du second que nous avons le bien ultérieurement. Il est bon aussi, entre deux biens, de préférer le plus grand au plus petit, et entre deux maux, le plus petit au plus grand; car ce qu'il y a de plus ou de moins fait choisir celui-ci et rejeter celui-là. Il faut bien aussi que les vertus soient une bonne chose, puisqu'elles assurent le bonheur de ceux qui les possèdent, et

καί· περὶ ἑκάστης δὲ, καὶ τίς, καὶ ποία, χωρὶς ῥητέον. Καὶ τὴν ἡδονὴν ἀγαθὸν εἶναι· πάντα γὰρ ἐφίεται τὰ ζῶα αὐτῆς τῇ φύσει. Ὥστε καὶ τὰ ἡδέα, καὶ τὰ καλὰ, ἀνάγκη ἀγαθὰ εἶναι· τὰ μὲν γὰρ, ἡδονῆς ποιητικά· τῶν δὲ καλῶν, τὰ μὲν, ἡδέα· τὰ δὲ, αὐτὰ καθ' ἑαυτὰ αἱρετά ἐστιν.

Β'. Ὡς δὲ κατὰ ἓν εἰπεῖν, ἀνάγκη, ἀγαθὰ εἶναι τάδε. Εὐδαιμονία· καὶ γὰρ καθ' αὑτὸ αἱρετὸν, καὶ αὔταρκες, καὶ ἕνεκα αὐτοῦ πολλὰ αἱρούμεθα. Δικαιοσύνη, ἀνδρεία, σωφροσύνη, μεγαλοψυχία, μεγαλοπρέπεια, καὶ αἱ ἄλλαι αἱ τοιαῦται ἕξεις· ἀρεταὶ γὰρ ψυχῆς. Καὶ ὑγίεια, καὶ κάλλος, καὶ τὰ τοιαῦτα· ἀρεταὶ γὰρ σώματος, καὶ ποιητικαὶ πολλῶν· οἷον ἡ ὑγίεια, καὶ ἡδονῆς καὶ τοῦ ζῆν. Διὸ καὶ ἄριστον δοκεῖ εἶναι ὅτι δύο τῶν τοῖς πολλοῖς τιμιωτάτων αἴτιόν ἐστιν, ἡδονῆς καὶ τοῦ ζῆν. Πλοῦτος· ἀρετὴ γὰρ κτήσεως, καὶ ποιητικὸν πολλῶν. Φίλος καὶ φιλία· καὶ γὰρ καθ' αὑτὸν αἱρετὸς ὁ φίλος, καὶ ποιητικὸς πολλῶν. Τιμή, δόξα· καὶ γὰρ ἡδέα καὶ ποιητικὰ πολλῶν· καὶ ἀκολουθεῖ αὐτοῖς, ὡς ἐπὶ τὸ πολὺ, τὸ ὑπάρχειν ἐφ' οἷς τιμῶνται. Δύναμις τοῦ λέγειν, τοῦ πράττειν· ποιητικὰ γὰρ πάντα τὰ τοιαῦτα ἀγαθῶν. Ἔτι εὐφυΐα, μνῆμαι, εὐμάθεια, ἀγχίνοια, πάντα τὰ τοιαῦτα· ποιητικαὶ γὰρ αὗται ἀγαθῶν αἱ δυνάμεις εἰσίν· ὁμοίως δὲ καὶ αἱ ἐπιστῆμαι πᾶσαι, καὶ τέχναι. Καὶ τὸ ζῆν· εἰ γὰρ μηδὲν ἄλλο ἕποιτο ἀγαθὸν, καθ' αὑτὸ αἱρετόν ἐστι. Καὶ τὸ δίκαιον· συμφέρον γάρ τι κοινῇ ἐστι. Ταῦτα μὲν οὖν σχεδὸν ὁμολογούμενα ἀγαθά ἐστιν.

Γ'. Ἐν δὲ τοῖς ἀμφισβητησίμοις, ἐκ τῶνδε οἱ συλλογισμοί·

que d'elles viennent le bien et la pratique du bien. Mais nous devons traiter à part de chacune d'elles, les définir et les décrire[1]. Le plaisir est aussi un bien, car tous les animaux le désirent naturellement. Il suit de ceci que les choses agréables et les choses belles sont nécessairement bonnes; les premières produisent le plaisir, et parmi les choses belles, les unes sont agréables et les autres désirables pour elles-mêmes.

§ II. Des biens positifs.

Si nous voulons énumérer exactement les choses nécessairement bonnes, les voici : le bonheur, qui est désirable pour lui-même, qui se suffit, et à cause duquel nous faisons beaucoup d'autres choses : la justice, le courage, la tempérance, la magnanimité, la magnificence, et les autres qualités semblables, car ce sont des vertus de l'âme : la santé, la beauté et les autres choses semblables, qui sont les vertus du corps, et qui produisent de nombreux avantages ; c'est ainsi que de la santé viennent le plaisir et la vie; aussi est-elle regardée comme un bien excellent, parce qu'elle produit deux des choses que les hommes estiment le plus : la richesse; c'est par elle que nous pouvons acquérir et faire beaucoup : un ami et l'amitié; un ami est désirable pour lui-même et pour les avantages nombreux qu'il nous procure : l'honneur et la réputation ; car ces deux choses sont agréables et avantageuses, et suivies le plus souvent de ce qui nous fait honorer : l'éloquence et l'habileté dans la conduite; car de tout cela résultent des avantages. Ajoutez-y une heureuse nature, la mémoire, la facilité à apprendre, la sagacité et toutes les qualités semblables, qui peuvent par elles-mêmes produire le bien : ajoutez y encore toutes les sciences, les arts, et même la vie; car lors-même qu'il n'en résulterait aucun bien, elle est désirable pour elle-même ; et de plus, le juste, qui est, pour ainsi dire, l'utile en général. Voilà à peu près les choses généralement reconnues comme bonnes.

§ III. Des biens d'opinion.

Voici maintenant d'où il faut tirer les syllogismes pour celles

ᾧ τὸ ἐναντίον κακὸν, τοῦτ' ἀγαθόν. Καὶ οὗ τὸ ἐναντίον τοῖς ἐχθροῖς συμφέρει· οἷον, εἰ τὸ δειλοὺς εἶναι μάλιστα συμφέρει τοῖς ἐχθροῖς, δῆλον ὅτι ἀνδρεία μάλιστα ὠφέλιμον τοῖς πολίταις, Καὶ ὅλως, ὃ οἱ ἐχθροὶ βούλονται, ἢ ἐφ' ᾧ χαίρουσι, τοὐναντίον τούτῳ ὠφέλιμον φαίνεται· διὸ εὖ εἴρηται,

> Ἦ κεν γηθήσαι Πρίαμος.

Ἔστι δ' οὐκ ἀεὶ τοῦτο, ἀλλ' ὡς ἐπιτοπολύ· οὐδὲν γὰρ κωλύει ἐνίοτε ταὐτὸ συμφέρειν τοῖς ἐναντίοις· ὅθεν λέγεται ὡς τὰ κακὰ συνάγει τοὺς ἀνθρώπους, ὅταν ᾖ ταὐτὸ βλαβερὸν ἀμφοῖν. Καὶ οὗ μή ἐστιν ὑπερβολή, τοῦτο ἀγαθόν· ὃ δὲ ἂν ᾖ μεῖζον ἢ δεῖ, κακόν. Καὶ οὗ ἕνεκα πολλὰ πεπόνηται, ἢ δεδαπάνηται· φαινόμενον γὰρ ἀγαθὸν ἤδη· καὶ ὡς τέλος ἤδη τὸ τοιοῦτον ὑπολαμβάνεται, καὶ τέλος πολλῶν· τὸ δὲ τέλος, ἀγαθόν· ὅθεν ταῦτ' εἴρηται·

> Κὰδ δέ κεν εὐχωλὴν Πριάμῳ.

Καὶ,

> Αἰσχρόν τοι δηρόν τε μένειν.

Καὶ ἡ παροιμία δὲ, τὸ « ἐπὶ θύραις τὴν ὑδρίαν.» Καὶ οὗ πολλοὶ ἐφίενται, καὶ τὸ περιμάχητον φαινόμενον· οὗ γὰρ πάντες ἐφίενται, τοῦτ' ἀγαθὸν ἦν· οἱ δὲ πολλοὶ, ὥσπερ πάντες φαίνονται. Καὶ τὸ ἐπαινετόν· οὐδεὶς γὰρ τὸ μὴ ἀγαθὸν ἐπαινεῖ. Καὶ ὃ οἱ ἐχθροὶ καὶ οἱ φαῦλοι ἐπαινοῦσιν· ὥσπερ γὰρ πάντες ἤδη ὁμολογοῦσιν, εἰ καὶ οἱ κακῶς πεπονθότες· διὰ γὰρ τὸ φανερὸν, ὁμολογοῖεν ἄν· ὥσπερ καὶ φαῦλοι, οὓς οἱ φίλοι ψέγουσι· καὶ ἀγαθοὶ, οὓς οἱ ἐχθροὶ ἐπαινοῦσιν· διὸ λελοιδορῆσθαι ὑπέλαβον Κορίνθιοι ὑπὸ Σιμωνίδου ποιήσαντος,

> Κορινθίοις δ' οὐ μέμφεται τὸ Ἴλιον.

Καὶ ὃ τῶν φρονίμων τις, ἢ τῶν ἀγαθῶν ἀνδρῶν ἢ γυναικῶν προέκρινεν· οἷον, Ὀδυσσέα Ἀθηνᾶ, καὶ Ἑλένην Θησεὺς, καὶ Ἀλέξανδρον αἱ θεαὶ, καὶ Ἀχιλλέα Ὅμηρος. Καὶ ὅλως τὰ προαιρετά. Προαιροῦνται δὲ πράττειν τά τε εἰρημένα, καὶ τὰ

dont la beauté est contestée. Le bon est le contraire du mauvais, le contraire de ce qui est utile aux ennemis ; par exemple, s'il est très utile aux ennemis que les adversaires soient lâches, il est évident que le courage est avantageux aux citoyens. En général, le contraire de ce que les ennemis veulent, ou de ce qui fait leur joie, semblent présenter des avantages. C'est pourquoi on a dit : « Oui, Priam se réjouirait... [2] » Il n'en est pas toujours ainsi, mais le plus souvent ; car rien n'empêche qu'une chose ne soit quelquefois utile aux deux partis contraires ; ce qui fait dire, que le malheur réunit les hommes, quand un même danger les menace [3]. Ce qui n'est pas excessif est bon ; mais ce qui serait plus grand qu'il ne faut, serait mauvais [4]. Ce qui nous a coûté beaucoup de fatigues et beaucoup de dépenses semble aussi être bon, et peut être considéré comme une fin et une fin de beaucoup de choses ; or, une fin est une chose bonne, ce qui a fait dire : « Quel honneur pour Priam ! [5] » et : « Il est honteux de rester longtemps [6] ; » et le proverbe : *Casser la cruche à la porte* [7]. Ajoutez-y : ce que beaucoup désirent, et qui semble digne qu'on se le dispute ; car ce que tous désirent a été reconnu comme bon, et beaucoup, c'est pour ainsi dire, tous : ce qui est louable ; car personne ne loue ce qui n'est pas bon : ce qui est loué des ennemis et des méchants ; car on peut dire qu'il y a unanimité, lorsque ceux-mêmes qui ont eu à souffrir font un aveu qui ne peut avoir pour cause que l'évidence ; ainsi, ceux-là sont méchants qui sont blâmés par leurs propres amis, ceux-là sont bons qui sont loués par leurs ennemis ; c'est pourquoi les Corinthiens se croyaient outragés par ce vers de Simonide : « Ilion n'en veut pas aux hommes de Corinthe [8] : » ce qu'ont préféré les sages, ou les meilleurs d'entre les hommes ou les femmes ; ainsi Minerve préféra Ulysse, Thésée, Hélène, les déesses Pâris [9], Homère, Achille. Ajoutez en général tout ce qui est préférable. Or, les hommes préfèrent : les choses dont nous venons de parler, celles qui sont mauvaises pour les ennemis, et celles qui sont bonnes pour les amis : les choses possibles, qui sont de deux sortes, celles qui peuvent arriver, et celles qui arrivent facile-

τοῖς ἐχθροῖς κακά, καὶ τὰ τοῖς φίλοις ἀγαθά. Καὶ τὰ δυνατά. ταῦτα δὲ διχῶς ἐστι, τά τε γενόμενα ἂν, καὶ τὰ ῥᾳδίως γιγνόμενα· ῥᾴδια δὲ, ὅσα ἢ ἄνευ λύπης, ἢ ἐν ὀλίγῳ χρόνῳ· τὸ γὰρ χαλεπὸν ὁρίζεται ἢ λύπῃ, ἢ πλήθει χρόνου. Καὶ ἐὰν ὡς βούλονται· βούλονται δὲ, ἢ μηδὲν κακὸν, ἢ ἔλαττον τοῦ ἀγαθοῦ· τοῦτο δ' ἔσται, ἐὰν ἢ λανθάνῃ ἡ τιμωρία, ἢ μικρὰ ᾖ. Καὶ τὰ ἴδια. Καὶ ἃ μηδείς. Καὶ τὰ περιττά· τιμὴ γὰρ οὕτω μᾶλλον. Καὶ τὰ ἁρμόττοντα αὐτοῖς· τοιαῦτα δὲ τά τε προσήκοντα κατὰ γένος καὶ δύναμιν. Καὶ ὧν ἐλλείπειν οἴονται, κἂν μικρὰ ᾖ· οὐδὲν γὰρ ἧττον προαιροῦνται ταῦτα πράττειν. Καὶ τὰ εὐκατέργαστα· δυνατὰ γάρ, ὡς ῥᾴδια· εὐκατέργαστα δὲ, ἃ πάντες, ἢ οἱ πολλοί, ἢ οἱ ὅμοιοι, ἢ οἱ ἥττους κατώρθωσαν. Καὶ ἃ χαριοῦνται τοῖς φίλοις, ἢ ἃ ἀπεχθήσονται τοῖς ἐχθροῖς. Καὶ ὅσα, οὓς θαυμάζουσι, προαιροῦνται πράττειν. Καὶ πρὸς ἃ εὐφυεῖς εἰσὶ καὶ ἔμπειροι· ῥᾷον γὰρ κατορθώσειν οἴονται. Καὶ ἃ μηδεὶς φαῦλος· ἐπαινετὰ γὰρ μᾶλλον. Καὶ ὧν ἐπιθυμοῦντες τυγχάνουσιν· οὐ γὰρ μόνον ἡδὺ, ἀλλὰ καὶ βέλτιον φαίνεται. Καὶ μάλιστα ἕκαστοι πρὸς ἃ τοιοῦτοι· οἷον οἱ φιλόνικοι, εἰ νίκη ἔσται· οἱ φιλότιμοι, εἰ τιμή· οἱ φιλοχρήματοι, εἰ χρήματα, καὶ οἱ ἄλλοι ὡσαύτως. Περὶ μὲν οὖν ἀγαθοῦ καὶ τοῦ συμφέροντος, ἐκ τούτων ληπτέον τὰς πίστεις.

ΚΕΦΑΛΑΙΟΝ Ζ'.

Α'. Ἐπεὶ δὲ πολλάκις ὁμολογοῦντες ἄμφω συμφέρειν, περὶ τοῦ μᾶλλον ἀμφισβητοῦσιν, ἐφεξῆς ἂν εἴη λεκτέον περὶ τοῦ

ment ; j'appelle facile tout ce qui se fait ou sans peine ou en peu de temps ; car la difficulté se détermine par la peine ou par la longueur du temps : celles qui arrivent comme on veut ; or, on veut une chose, ou lorsqu'elle n'est mauvaise en rien, ou lorsque le mal est moindre que le bien, ce qui arrive, par exemple, quand la punition qu'elle attire est cachée ou légère : celles qui nous sont propres, que nul autre ne possède, ou qui sont d'une qualité supérieure ; l'honneur en est ainsi plus grand : celles qui nous conviennent, c'est-à-dire, qui sont en rapport avec notre naissance et nos moyens : celles dont nous croyons manquer, si petites qu'elles soient, car nous ne les en désirons pas moins [10] : celles qui sont faciles à bien faire, car elles sont possibles en tant que faciles ; et j'entends par là celles dans lesquelles tous ont réussi, ou beaucoup, ou ceux qui nous ressemblent ou ceux qui sont plus faibles : celles qui seront agréables à nos amis et désagréables à nos ennemis : celles que font de préférence ceux que nous admirons : celles pour lesquelles nous nous sentons des dispositions naturelles ou acquises ; car nous espérons y réussir plus facilement : celles qui ne sont approuvées par aucun méchant ; car elles en sont plus louables : celles pour lesquelles nous avons du penchant, parce qu'elles nous semblent, non-seulement agréables, mais encore plus avantageuses : et enfin, par-dessus tout, celles qui sont l'objet de la passion particulière de chaque homme, comme la victoire pour celui qui aime à vaincre, l'honneur pour l'ambitieux, l'argent pour l'avare, et ainsi des autres. Voilà d'où il faut tirer les preuves touchant le bon et l'utile.

CHAPITRE VII.

Du plus et du moins dans le bon et dans l'utile.

§ I. Raisons de préférence tirées de la nature des biens.

Puisqu'on accorde souvent que deux choses sont utiles, mais qu'on dispute sur celle qui l'est d'avantage, nous devons dire

μείζονος ἀγαθοῦ, καὶ τοῦ μᾶλλον συμφέροντος. Ἔστω δὴ ὑπερέχον μὲν, τοσοῦτον καὶ ἔτι· ὑπερεχόμενον δὲ, τὸ ἐνυπάρχον. Καὶ μεῖζον μὲν ἀεὶ καὶ πλεῖον πρὸς ἔλαττον· μέγα δὲ καὶ μικρὸν, καὶ πολὺ καὶ ὀλίγον, πρὸς τὸ τῶν πολλῶν μέγεθος· καὶ ὑπερέχον μὲν, τὸ μέγα· τὸ δὲ ἐλλεῖπον, μικρόν· καὶ πολὺ καὶ ὀλίγον, ὡσαύτως. Ἐπεὶ οὖν ἀγαθὸν λέγομεν, τό τε αὐτὸ αὑτοῦ ἕνεκα, καὶ μὴ ἄλλου αἱρετόν· καὶ οὗ πάντα ἐφίεται· καὶ ὃ νοῦν ἂν καὶ φρόνησιν λαβόντα ἕλοιτο, καὶ τὸ ποιητικὸν καὶ τὸ φυλακτικὸν, ἢ ᾧ ἕπεται τὰ τοιαῦτα· τὸ δ' οὗ ἕνεκα, τὸ τέλος ἐστί· τέλος δ' ἐστὶν, οὗ ἕνεκα τὰ ἄλλα· αὐτῷ δὲ ἀγαθὸν, τὸ πρὸς αὐτὸ ταῦτα πεπονθός· ἀνάγκη, τά τε πλείω τοῦ ἑνὸς καὶ τῶν ἐλαττόνων, συναριθμουμένου τοῦ ἑνὸς ἢ τῶν ἐλαττόνων, μεῖζον ἀγαθὸν εἶναι· ὑπερέχει γάρ· τὸ δὲ ἐνυπάρχον, ὑπερέχεται. Καὶ ἐὰν τὸ μέγιστον τοῦ μεγίστου ὑπερέχῃ, καὶ αὐτὰ αὑτῶν, καὶ ὅσα αὐτὰ αὑτῶν, καὶ τὸ μέγιστον τοῦ μεγίστου· οἷον, εἰ ὁ μέγιστος ἀνὴρ γυναικὸς τῆς μεγίστης μείζων, καὶ ὅλως οἱ ἄνδρες τῶν γυναικῶν μείζους· καὶ εἰ οἱ ἄνδρες τῶν γυναικῶν ὅλως μείζους, καὶ ἀνὴρ ὁ μέγιστος τῆς μεγίστης γυναικὸς μείζων· ἀνάλογον γὰρ ἔχουσιν αἱ ὑπεροχαὶ τῶν γενῶν, καὶ τῶν μεγίστων ἐν αὐτοῖς.

Β'. Καὶ ὅταν τόδε μὲν τῷδε ἕπηται, ἐκεῖνο δὲ τούτῳ μὴ· ἕπεται δὲ ἢ τῷ ἅμα, ἢ τῷ ἐφεξῆς, ἢ τῇ δυνάμει· ἐνυπάρχει γὰρ ἡ χρῆσις ἡ τοῦ ἑπομένου ἐν τῇ θατέρου. Ἕπεται

maintenant, de deux choses bonnes et utiles, quelle est celle qui l'est le plus. Une chose en surpasse une autre, lorsque, étant aussi grande, elle a quelque chose de plus ; et elle en est surpassée, quand elle y est contenue : plus grand et plus nombreux expriment un rapport avec ce qui l'est moins ; grand et petit, beaucoup et peu, expriment des rapports avec la grandeur des choses en général ; ce qui excède est grand, ce qui n'est pas complet est petit ; il en est de même de beaucoup et de peu. Puisque d'ailleurs nous appelons bon : ce que l'on choisit pour lui-même, et non pour autre chose : ce que tous les êtres désirent, ou qu'ils choisiraient s'ils avaient en partage le sens et la prudence : ce qui nous sert à faire et à maintenir le bien, ou dont le bien est la conséquence : puisque la fin est ce pourquoi nous agissons, qu'une fin est ce pourquoi nous faisons les autres choses, et que le bien pour un homme est ce qui de lui-même présente ces conditions ; nous tirerons cette conséquence nécessaire : qu'un plus grand nombre de choses est un bien plus grand qu'une seule ou qu'un nombre moins grand, puisque le plus grand nombre renferme un ou moins, et qu'il surpasse et comprend le contenu. Si la plus grande chose d'un genre surpasse la plus grande d'un autre genre, le premier genre surpassera le second, et si un genre en surpasse un autre, la plus grande chose du premier surpassera la plus grande du second ; par exemple, si l'homme le plus grand est plus grand que la femme la plus grande, les hommes en général sont plus grands que les femmes ; et si les hommes en général sont plus grands que les femmes, l'homme le plus grand sera plus grand que la femme la plus grande ; car il y a proportion entre la supériorité des genres, et celle des plus grandes choses qu'ils contiennent.

§ II. Raisons tirées des principes et des conséquences.

Un bien qui est suivi d'un autre est plus grand que celui qui n'en est pas suivi, parce que l'avantage de celui qui suit est contenu dans celui qui précède. Or, les biens se suivent, ou immédiatement, ou successivement, ou en puissance ; ainsi la vie suit immé-

ΡΗΤΟΡΙΚΗ.

δὲ, ἅμα μὲν, τῷ ὑγιαίνειν τὸ ζῆν, τούτῳ δὲ ἐκεῖνο οὔ· ὕστερον δὲ, τῷ μανθάνειν τὸ ἐπίστασθαι· δυνάμει δὲ, τῷ ἱεροσυλεῖν τὸ ἀποστερεῖν· ὁ γὰρ ἱεροσυλήσας, κἂν ἀποστερήσειε. Καὶ τὰ ὑπερέχοντα τοῦ αὐτοῦ μείζονι, μείζω· ἀνάγκη γὰρ ὑπερέχειν καὶ τοῦ μείζονος. Καὶ τὰ μείζονος ἀγαθοῦ ποιητικά, μείζω· ταὐτὸ γὰρ ἂν ἦν τῷ μείζονος ποιητικῷ εἶναι. Καὶ οὗ τὸ ποιητικὸν μεῖζον, ὡσαύτως· εἰ γὰρ τὸ ὑγιεινὸν αἱρετώτερον τοῦ ἡδέος καὶ μεῖζον ἀγαθὸν, καὶ ἡ ὑγίεια τῆς ἡδονῆς μείζων. Καὶ τὸ αἱρετώτερον καθ' αὑτὸ, τοῦ μὴ καθ' αὑτό· οἷον, ἰσχὺς ὑγιεινοῦ· τὸ μὲν γὰρ, οὐχ αὑτοῦ ἕνεκα· τὸ δὲ, αὑτοῦ, ὅπερ ἦν τὸ ἀγαθόν. Κἂν ᾖ τὸ μὲν τέλος, τὸ δὲ μὴ τέλος· τὸ μὲν γὰρ, ἄλλου ἕνεκα· τὸ δὲ, αὑτοῦ· οἷον, τὸ γυμνάζεσθαι, τοῦ εὖ ἔχειν τὸ σῶμα. Καὶ τὸ ἧττον προσδεόμενον θατέρου ἢ ἑτέρων· αὐταρκέστερον γάρ· ἧττον δὲ προσδεῖται τὸ ἐλαττόνων ἢ ῥᾳόνων προσδεόμενον. Καὶ ὅταν τόδε μὲν ἄνευ τοῦδε μὴ ᾖ, ἢ μὴ δυνατὸν ᾖ γενέσθαι, θάτερον δὲ ἄνευ τούτου· αὐταρκέστερον δὲ τὸ μὴ δεόμενον· ὥστε φαίνεται μεῖζον ἀγαθόν. Κἂν ᾖ ἀρχὴ, τὸ δὲ μὴ ἀρχή. Κἂν ᾖ αἴτιον, τὸ δ' οὐκ αἴτιον, διὰ τὸ αὐτό· ἄνευ γὰρ αἰτίου καὶ ἀρχῆς, ἀδύνατον εἶναι ἢ γενέσθαι. Καὶ δυοῖν ἀρχαῖν, τὸ ἀπὸ τῆς μείζονος ἀρχῆς, μεῖζον· καὶ δυοῖν αἰτίοιν, τὸ ἀπὸ τοῦ μείζονος αἰτίου, μεῖζον. Καὶ ἀνάπαλιν δὴ, δυοῖν ἀρχαῖν, ἡ τοῦ μείζονος ἀρχὴ, μείζων· καὶ δυοῖν αἰτίοιν, τὸ τοῦ μείζονος αἴτιον, μεῖζον. Δῆλον οὖν ἐκ τῶν εἰρημένων, ὅτι ἀμφοτέρως μεῖζόν ἐστι· καὶ γὰρ εἰ ἀρχὴ, τὸ δὲ μὴ ἀρχὴ, δόξει μεῖζον εἶναι· καὶ εἰ μὴ ἀρχὴ, τὸ δὲ ἀρχή· τὸ γὰρ

diatement la santé, mais la santé ne suit pas immédiatement la vie; la science vient après l'étude; voler est contenu en puissance dans voler des choses sacrées, car celui qui vole des choses sacrées pourra aussi bien voler autre chose. Les biens qui surpassent un même bien en ce qu'il a de plus grand, sont plus grands que ce bien lui-même, puisqu'ils surpassent nécessairement ce qu'il y a de plus grand en lui. Les choses qui produisent un plus grand bien sont aussi plus grandes, car c'est tout comme si elles produisaient une chose plus grande. Il en est de même de celles qui sont produites par une cause plus grande; par exemple, si ce qui produit la santé est un bien plus désirable et plus grand que ce qui produit le plaisir, il suit que la santé est un bien plus grand que le plaisir. Ce qui est désirable pour lui-même est plus grand que ce qui ne l'est pas pour lui-même; ainsi la force est un bien plus grand que ce qui produit la santé ; car ceci n'est pas désirable pour lui-même, tandis que la force l'est, et c'est en cela, avons-nous dit, que consiste le bien. La fin est un bien plus grand que le moyen; celui-ci n'est pas comme celle-là, désirable pour lui-même : par exemple, on ne fait de l'exercice que pour acquérir une bonne constitution. Une chose est plus grande quand elle a moins besoin d'une ou de plusieurs autres, car elle se suffit plus facilement; ce qui arrive quand elle a besoin de choses moindres ou plus faciles. Quelquefois une chose ne peut ni être ni arriver sans une autre qui est indépendante d'elle; dans ce cas, celle qui est indépendante se suffit plus facilement, et semble être un plus grand bien. Ce qui est principe est plus grand que ce qui ne l'est pas ; et pour la même raison, ce qui est cause est plus grand que ce qui n'est pas cause; car, sans principe et sans cause, rien ne peut, ni être, ni arriver. Supposons deux principes : ce qui vient du plus grand est plus grand; deux causes : ce qui vient de la plus grande est plus grand. Réciproquement, de deux principes, celui-là est plus grand qui produit la plus grande chose; et de deux causes, celle-là est plus grande qui produit le plus grand effet. Il est évident d'après cela qu'une chose peut être plus

τέλος, μεῖζον, καὶ οὐκ ἀρχή. Ὥσπερ ὁ Λεωδάμας κατηγορῶν ἔφη Καλλιστράτου, τὸν βουλεύσαντα τοῦ πράξαντος μᾶλλον ἀδικεῖν· οὐ γὰρ ἂν πραχθῆναι, μὴ βουλευσαμένου. Πάλιν δὲ καὶ Χαβρίου, τὸν πράξαντα τοῦ βουλεύσαντος· οὐ γὰρ ἂν γενέσθαι, εἰ μὴ ἦν ὁ πράξων· τούτου γὰρ ἕνεκα ἐπιβουλεύουσιν, ὅπως πράξωσι. Καὶ τὸ σπανιώτερον τοῦ ἀφθόνου· οἷον, χρυσὸς σιδήρου, ἀχρηστότερος ὤν· μεῖζον γὰρ ἡ κτῆσις, διὰ τὸ χαλεπωτέραν εἶναι. Ἄλλον δὲ τρόπον, τὸ ἄφθονον τοῦ σπανίου, ὅτι ἡ χρῆσις ὑπερέχει· τὸ γὰρ πολλάκις τοῦ ὀλιγάκις ὑπερέχει· ὅθεν λέγεται,

Ἄριστον μὲν ὕδωρ.

Καὶ ὅλως τὸ χαλεπώτερον τοῦ ῥᾴονος· σπανιώτερον γάρ. Ἄλλον δὲ τρόπον, τὸ ῥᾷον τοῦ χαλεπωτέρου· ἔχει γὰρ, ὡς βουλόμεθα. Καὶ ᾧ τὸ ἐναντίον μεῖζον. Καὶ οὗ ἡ στέρησις μείζων. Καὶ ἀρετὴ μὴ ἀρετῆς, καὶ κακία μὴ κακίας μείζων· τὰ μὲν γὰρ, τέλη· τὰ δὲ, οὐ τέλη. Καὶ ὧν τὰ ἔργα καλλίω ἢ αἰσχίω, μείζω αὐτά. Καὶ ὧν αἱ κακίαι καὶ αἱ ἀρεταὶ μείζους, καὶ τὰ ἔργα μείζω· ἐπείπερ, ὡς τὰ αἴτια καὶ αἱ ἀρχαί, καὶ τὰ ἀποβαίνοντα· καὶ ὡς τὰ ἀποβαίνοντα, καὶ τὰ αἴτια καὶ αἱ ἀρχαί. Καὶ ὧν ἡ ὑπεροχὴ αἱρετωτέρα ἢ καλλίων· οἷον, τὸ ἀκριβῶς ὁρᾶν, αἱρετώτερον τοῦ ὀσφραίνεσθαι· καὶ γὰρ ὄψις ὀσφρήσεως, καὶ τὸ φιλέταιρον εἶναι τοῦ φιλοχρήματον μᾶλλον κάλλιον· ὥστε καὶ φιλεταιρία φιλοχρηματίας. Καὶ ἀντικειμένως δὲ, τῶν βελτιόνων αἱ ὑπερβολαὶ βελτίους, καὶ καλλιόνων καλλίους. Καὶ ὧν αἱ

grande de deux manières : si elle est principe et que l'autre ne le soit pas, elle semble plus grande ; si elle n'est pas principe, et que l'autre le soit, elle semble encore plus grande, parce que la fin est plus grande que le principe. Aussi Léodamas, accusant Callistrate, disait que celui qui avait donné le conseil était plus coupable que celui qui avait agi ; car, sans conseil, le crime n'aurait pas été commis. Et un autre jour, accusant Chabrias, il disait que celui qui agit est plus coupable que celui qui conseille, car le conseil serait sans effet, s'il n'y avait personne pour agir ; en effet, ce n'est que pour faire agir qu'on donne des conseils [1]. Ce qui est rare est préférable à ce qui est abondant ; ainsi l'or est préférable au fer quoiqu'il soit moins utile ; mais c'est un bien dont la possession est d'autant plus précieuse, qu'il est plus difficile de l'acquérir. Dans un autre sens, ce qui est plus abondant est préférable à ce qui est rare, parce que l'usage en est plus fréquent ; ce qui se fait souvent étant préférable à ce qui ne se fait que rarement. C'est ce qui a fait dire au poëte : « L'eau est la meilleure des choses [2]. » En général, ce qui est plus difficile est préférable à ce qui est plus facile, car c'est plus rare ; et dans un autre sens, ce qui est plus facile est préférable à ce qui l'est moins, parce que nous en disposons à notre gré. Une chose est plus grande, quand celle qui lui est contraire est plus grande, et quand on en sent plus vivement la privation. Ce qui est vertu ou vice est plus grand que ce qui n'est encore ni vertu, ni vice ; ce qui est vertu ou vice est parvenu à son terme, et ce qui n'est qu'un penchant, non. Les choses dont les effets sont plus beaux ou plus honteux, sont elles-mêmes plus grandes ; et supposez les vices plus grands ainsi que les vertus, les effets seront aussi plus grands ; car il y a, entre les causes et les principes comparés aux résultats, le même rapport qu'entre les résultats comparés aux causes et aux principes. Il faut préférer aussi les choses dont l'excès est plus désirable ou plus honnête [3] ; ainsi une bonne vue est préférable à un bon odorat, parce qu'il vaut mieux voir que sentir. Aimer ses amis est plus honnête qu'aimer l'argent, d'où

ἐπιθυμίαι καλλίους ἢ βελτίους· αἱ γὰρ μείζους ὀρέξεις, μειζόνων εἰσί· καὶ τῶν καλλιόνων δὲ ἢ καὶ βελτιόνων αἱ ἐπιθυμίαι, βελτίους καὶ καλλίους, διὰ τὸ αὐτό. Καὶ ὧν αἱ ἐπιστῆμαι καλλίους ἢ σπουδαιότεραι, καὶ τὰ πράγματα καλλίω καὶ σπουδαιότερα· ὡς γὰρ ἔχει ἡ ἐπιστήμη, καὶ τὸ ἀληθές· κελεύει δὲ τὸ αὑτῆς ἑκάστη. Καὶ τῶν σπουδαιοτέρων δὲ καὶ καλλιόνων αἱ ἐπιστῆμαι, ἀνάλογον διὰ ταῦτα.

Γ΄. Καὶ ὃ κρίνειεν ἂν ἢ κεκρίκασιν οἱ φρόνιμοι, ἢ πάντες, ἢ οἱ πολλοί, ἢ οἱ πλείους, ἢ οἱ κράτιστοι, ἀγαθὸν ἢ μεῖζον, ἀνάγκη οὕτως ἔχειν, ἢ ἁπλῶς, ἢ εἰ κατὰ τὴν φρόνησιν ἔκριναν. Ἔστι δὲ τοῦτο κοινὸν καὶ κατὰ τῶν ἄλλων· καὶ γὰρ τί, καὶ ποσὸν καὶ ποιόν, οὕτως ἔχει, ὡς ἂν ἡ ἐπιστήμη καὶ ἡ φρόνησις εἴποι. Ἀλλ᾽ ἐπ᾽ ἀγαθῶν εἰρήκαμεν· ὥρισται γὰρ ἀγαθὸν εἶναι, ὃ λαβόντα τὰ πράγματα φρόνησιν ἕλοιτ᾽ ἂν ἕκαστον· δῆλον οὖν, ὅτι καὶ μεῖζον, ὃ μᾶλλον ἡ φρόνησις λέγει. Καὶ τὸ τοῖς βελτίοσιν ὑπάρχον, ἢ ἁπλῶς ἢ ᾗ βελτίους· οἷον ἡ ἀνδρεία, ἰσχύος. Καὶ ὃ ἕλοιτ᾽ ἂν ὁ βελτίων, ἢ ἁπλῶς, ἢ ᾗ βελτίων· οἷον τὸ ἀδικεῖσθαι μᾶλλον ἢ ἀδικεῖν· τοῦτο γὰρ ὁ δικαιότερος ἂν ἕλοιτο. Καὶ τὸ ἥδιον, τοῦ ἧττον ἡδέος· τὴν γὰρ ἡδονὴν πάντα διώκει, καὶ αὐτοῦ ἕνεκα τοῦ ἥδεσθαι ὀρέγονται· ὥρισται δὲ τούτοις τὸ ἀγαθὸν καὶ τὸ τέλος· ἥδιον δέ, τό τε ἀλυπότερον καὶ τὸ πολυχρονιώτερον ἡδύ· καὶ τὸ κάλλιον, τοῦ

il suit que l'amitié est préférable à l'avarice ; et par contre, plus une chose sera bonne ou honnête, plus l'excès en sera bon ou honnête. Les choses sont d'autant plus belles et bonnes qu'elles excitent en nous des passions plus belles et plus honnêtes ; car les désirs grandissent avec leur objet ; et, pour la même raison, les passions sont d'autant plus belles et honnêtes, qu'elles ont un objet plus beau et plus honnête. Plus les sciences sont belles et estimables, plus leur objet est beau et estimable ; car telle est la science, telle est la doctrine, chaque science donnant des préceptes qui lui sont propres ; et par analogie, plus l'objet d'une science est estimable et honnête, plus la science est estimable et honnête.

§ III. Raisons tirées de l'opinion des hommes.

Un bien qui serait ou qui a été jugé plus grand par les sages, ou par tous, ou par plusieurs, ou par la plupart, ou par les plus considérables, est nécessairement tel, sans qu'on ait à rechercher s'ils ont jugé simplement ou en tant que sages. On peut en dire autant du reste : la nature, la quantité, la qualité des choses, sont telles que les définiraient la science et la sagesse. Mais nous avons parlé des biens ; et nous avons dit que le bien est ce que préféreraient tous les êtres, s'ils avaient la sagesse en partage ; il est donc évident que si la sagesse accorde la supériorité à un bien, c'est qu'il est réellement plus grand. Ajoutons aux choses préférables celles que possèdent les hommes meilleurs, ou simplement, ou en tant que meilleurs ; ainsi le courage est au-dessus de la force : et aussi celles que choisirait un homme meilleur, ou simplement, ou en tant que meilleur ; ainsi il vaut mieux souffrir l'injustice, que la faire ; car c'est le parti que prendrait celui qui aurait plus de justice [4]. Ce qui est plus agréable est préférable à ce qui l'est moins ; le plaisir, en effet, est poursuivi par tous les êtres, et il est recherché pour lui-même, conditions que nous avons posées en définissant le bien et la fin. Une chose est plus agréable, quand elle cause moins de peine, et qu'elle est agréable plus longtemps. Ce qui est plus beau est préférable à ce qui l'est moins ; car le beau est, ou bien l'agréable, ou le

ἧττον καλοῦ· τὸ γὰρ καλόν ἐστιν, ἤτοι τὸ ἡδὺ, ἢ τὸ καθ' αὑτὸ αἱρετόν. Καὶ ὅσων αὐτοὶ αὑτοῖς ἢ φίλοις βούλονται αἴτιοι εἶναι μᾶλλον, ταῦτα μείζω ἀγαθά· ὅσων δὲ ἥκιστα, μείζω κακά. Καὶ τὰ πολυχρονιώτερα τῶν ὀλιγοχρονιωτέρων· καὶ τὰ βεβαιότερα τῶν μὴ βεβαιοτέρων· ὑπερέχει γὰρ ἡ χρῆσις, τῶν μὲν, τῷ χρόνῳ· τῶν δὲ, τῇ βουλήσει· ὅταν γὰρ βούλωνται, ὑπάρχει μᾶλλον ἡ τοῦ βεβαίου. Καὶ ὡς ἂν ἐκ τῶν συστοίχων καὶ τῶν ὁμοίων πτώσεων, καὶ τἄλλα ἀκολουθεῖ· οἷον, εἰ τὸ ἀνδρείως, κάλλιον καὶ αἱρετώτερον τοῦ σωφρόνως, καὶ ἀνδρεία σωφροσύνης αἱρετωτέρα, καὶ τὸ ἀνδρεῖον εἶναι τοῦ σωφρονεῖν. Καὶ ὃ πάντες αἱροῦνται, τοῦ μὴ ὃ πάντες. Καὶ ὃ οἱ πλείους, ἢ οἱ ἐλάττους· ἀγαθὸν γὰρ ἦν, οὗ πάντες ἐφίενται· ὥστε καὶ μεῖζον, οὗ μᾶλλον. Καὶ ὃ οἱ ἀμφισβητοῦντες, ἢ οἱ ἐχθροὶ, ἢ οἱ κρίνοντες, ἢ οὓς οὗτοι κρίνουσι· τὸ μὲν γὰρ, ὡς ἂν εἰ πάντες φαῖεν, ἐστί· τὸ δὲ, οἱ κύριοι καὶ οἱ εἰδότες. Καὶ ὁτὲ μὲν, οὗ πάντες μετέχουσι, μεῖζον· ἀτιμία γὰρ, τὸ μὴ μετέχειν· ὁτὲ δὲ, οὗ μηδεὶς, ἢ οὗ ὀλίγοι· σπανιώτερον γάρ. Καὶ τὰ ἐπαινετώτερα· καλλίω γάρ. Καὶ ὧν αἱ τιμαὶ μείζους, ὡσαύτως· ἡ γὰρ τιμή, ὥσπερ ἀξία τις ἐστί. Καὶ ὧν αἱ ζημίαι μείζους. Καὶ τὰ τῶν ὁμολογουμένων ἢ φαινομένων μεγάλων, μείζω.

Δ'. Καὶ διαιρούμενα δὲ εἰς τὰ μέρη τὰ αὐτὰ, μείζω φαί-

désirable pour lui-même. Ce qu'on veut faire de préférence pour soi ou pour ses amis est un bien plus grand ; ce qu'on veut faire le moins est un plus grand mal. Les choses qui durent plus longtemps sont préférables à celles qui durent moins ; et celles qui sont plus solides à celles qui le sont moins ; car le temps augmente la jouissance des premières, et la volonté celle des secondes, puisque nous pouvons, à notre gré, faire un plus grand usage des choses solides. Les choses suivent les rapports qui se trouvent entre les termes conjugués et les cas semblables ; par exemple, s'il est plus beau et plus désirable d'agir courageusement que prudemment, le courage est plus désirable que la prudence, et il vaut mieux être courageux que prudent. Ce que tous choisissent est préférable à ce que tous ne choisissent pas ; ce qu'un plus grand nombre, à ce qu'un nombre moins grand ; car nous avons dit que le bien est ce que tous désirent ; et par conséquent, un bien est plus grand, quand on le désire d'avantage. Il en est de même des biens qui sont reconnus plus grands par nos adversaires et par nos ennemis, par les juges et par les experts qu'ils choisissent : les premiers représentent, pour ainsi dire, tout le monde ; les seconds sont nos maîtres par leur juridiction et par leurs lumières. Tantôt un bien est plus grand, parce que tous y participent ; car, dans ce cas, c'est un déshonneur de ne pas y avoir part : tantôt il est plus grand quand il n'est partagé par personne, ou qu'il l'est seulement par un petit nombre ; car dans ce cas, il est plus rare. Ce qui est plus louable est un plus grand bien, parce que c'est plus beau. On peut en dire autant de ce qui nous attire de plus grands honneurs ; car l'honneur est comme une mesure de la valeur des choses ; de même un mal est plus grand, quand il nous attire de plus grandes peines. Les choses qui en surpassent d'autres reconnues pour grandes, ou qui le paraissent, sont aussi plus grandes.

§ IV. Raisons tirées de diverses circonstances.

Un tout, divisé en ses parties, paraît lui-même plus grand, parce qu'il semble surpasser un plus grand nombre de choses. Le poète

νεται· πλειόνων γὰρ ὑπεροχὴ φαίνεται· ὅθεν καὶ ὁ ποιητὴς φησι, πεῖσαι λέγουσαν τὸν Μελέαγρον ἀναστῆναι,

Ὅσσα κάκ' ἀνθρώποισι πέλει, τῶν ἄστυ ἁλώῃ·
Λαοὶ μὲν φθινύθουσι, πόλιν δέ τε πῦρ ἀμαθύνει·
Τέκνα δέ τ' ἄλλοι ἄγουσι.

Καὶ τὸ συντιθέναι δὲ καὶ ἐποικοδομεῖν, ὥσπερ Ἐπίχαρμος· διά τε τὸ αὐτὸ τῇ διαιρέσει· ἡ γὰρ σύνθεσις ὑπεροχὴν δείκνυσι πολλήν· καὶ ὅτι ἀρχὴ φαίνεται μεγάλων καὶ αἴτιον. Ἐπεὶ δὲ τὸ χαλεπώτερον καὶ σπανιώτερον μεῖζον, καὶ οἱ καιροὶ, καὶ αἱ ἡλικίαι, καὶ οἱ τόποι, καὶ οἱ χρόνοι, καὶ αἱ δυνάμεις ποιοῦσι μεγάλα. Εἰ γὰρ παρὰ δύναμιν, καὶ παρ' ἡλικίαν, καὶ παρὰ τοὺς ὁμοίους, καὶ εἰ οὕτως, ἢ ἐνταῦθα, ἢ τόθ', ἕξει μέγεθος καὶ καλῶν καὶ ἀγαθῶν καὶ δικαίων, καὶ τῶν ἐναντίων. Ὅθεν καὶ τὸ ἐπίγραμμα τῷ Ὀλυμπιονίκῃ.

Πρόσθε μὲν ἀμφ' ὤμοισιν ἔχων τραχεῖαν ἄσιλλαν,
Ἰχθῦς ἐξ Ἄργους εἰς Τεγέαν ἔφερον.

Καὶ ὁ Ἰφικράτης αὐτὸν ἐνεκωμίαζε λέγων, Ἐξ ὧν ὑπῆρξε ταῦτα. Καὶ τὸ αὐτοφυὲς, τοῦ ἐπικτήτου· χαλεπώτερον γάρ· ὅθεν καὶ ὁ ποιητὴς φησὶν,

Αὐτοδίδακτος δ' εἰμί.

Καὶ τὸ μεγάλου μέγιστον μέρος· οἷον, Περικλῆς τὸν ἐπιτάφιον λέγων, τὴν νεότητα ἐκ τῆς πόλεως ἀνῃρῆσθαι, ὥσπερ τὸ ἔαρ ἐκ τοῦ ἐνιαυτοῦ εἰ ἐξαιρεθείη. Καὶ τὰ ἐν χρείᾳ μείζονι χρήσιμα· οἷον τὰ ἐν γήρᾳ καὶ νόσοις. Καὶ δυοῖν τὸ ἐγγύτερον τοῦ τέλους. Καὶ τὸ αὐτῷ, ἢ ἁπλῶς. Καὶ τὸ δυνατὸν, τοῦ ἀδυνάτου· τὸ μὲν γὰρ αὐτῷ, τὸ δ' οὔ. Καὶ τὰ ἐν τέλει

nous dit que c'est le moyen dont se servit la femme de Méléagre, pour l'exciter au combat : « Elle lui retrace tous les maux affreux qui menacent les citoyens, lorsqu'une ville est prise, les guerriers immolés , les murs que le feu réduit en cendres , et les soldats entraînant les enfants [5]..... » Réunir et accumuler, comme le fait Épicharme [6], produit le même effet que diviser, pour la même raison ; la synthèse montrant les objets plus en grand, et paraissant être le principe et la cause des grandes choses. Puisque ce qui est plus difficile et plus rare est aussi plus grand, il suit que les occasions, l'âge, les lieux, les temps et les moyens, peuvent rendre grandes certaines choses. En effet, si l'action que j'ai faite est supérieure à ma force, à mon âge, à ce qu'auraient pu faire mes égaux ; si elle a été faite de telle manière, ou dans tel lieu, ou dans tel temps, elle pourra avoir la grandeur des choses belles, bonnes et justes, ou de celles qui leur sont contraires. Voyez, par exemple, l'épigramme de l'athlète vainqueur à Olympie : « Autrefois j'avais un lourd crochet sur mes épaules, et je portais du poisson d'Argos à Tégée [7]. » Iphicrate se louait lui-même, en disant : « Et tout cela, comment a-t-il commencé ! [8] » Ce qui vient de nature est au-dessus de ce qui est acquis, parce qu'il n'est pas si facile de se le procurer. Aussi le poëte a dit : « Je n'ai pas eu de maître [9]. » De toutes les parties d'une grande chose, la plus grande est la plus désirable; aussi Périclès, dit-il dans son *Oraison funèbre*, que la jeunesse a été enlevée à la République, comme si le printemps avait été retranché de l'année. Un bien est aussi plus grand quand il est utile dans une nécessité plus grande, comme dans la vieillesse et dans les maladies. De deux choses, il faut préférer celle qui est plus près de la fin qu'on se propose ; celle qui est utile à nous-même est préférable à celle qui est simplement utile ; ce qui est possible à ce qui ne l'est pas ; car c'est le possible qui nous est utile, et non l'impossible. Les choses qui entrent dans la fin que se propose la vie humaine sont aussi préférables, car cette fin se trouve plutôt dans les choses qui y tendent [10]. Les choses réelles sont préférables aux choses d'opi-

τοῦ βίου· τέλη γὰρ μᾶλλον ἢ τὰ πρὸς τῷ τέλει. Καὶ τὰ πρὸς ἀλήθειαν, τῶν πρὸς δόξαν· ὅρος δὲ τοῦ πρὸς δόξαν, ὃ λανθάνειν μέλλων οὐκ ἂν ἕλοιτο. Διὸ καὶ τὸ εὖ πάσχειν τοῦ εὖ ποιεῖν δόξειεν ἂν αἱρετώτερον εἶναι· τὸ μὲν γὰρ, κἂν λανθάνῃ, αἱρήσεται· ποιεῖν δ᾽ εὖ λανθάνων οὐ δοκεῖ ἂν ἑλέσθαι. Καὶ ὅσα εἶναι μᾶλλον ἢ δοκεῖν βούλονται· πρὸς ἀλήθειαν γὰρ μᾶλλον· διὸ καὶ τὴν δικαιοσύνην φασὶ μικρὸν εἶναι, ὅτι δοκεῖν ἢ εἶναι αἱρετώτερον· τὸ δὲ ὑγιαίνειν οὔ. Καὶ τὸ πρὸς πολλὰ χρησιμώτερον· οἷον, τὸ πρὸς τὸ ζῆν, καὶ εὖ ζῆν, καὶ τὴν ἡδονήν, καὶ πράττειν τὰ καλά· διὸ καὶ ὁ πλοῦτος, καὶ ἡ ὑγίεια, μέγιστα δοκεῖ εἶναι· ἅπαντα γὰρ ἔχει ταῦτα. Καὶ τὸ ἀλυπότερον, καὶ τὸ μεθ᾽ ἡδονῆς· πλείω γὰρ ἑνός· ὥστε ὑπάρχει καὶ ἡ ἡδονὴ ἀγαθὸν, καὶ ἡ ἀλυπία. Καὶ δυοῖν ὃ τῷ αὐτῷ προστιθέμενον, μεῖζον τὸ ὅλον ποιεῖ. Καὶ ἃ μὴ λανθάνει παρόντα, ἢ ἃ λανθάνει· πρὸς ἀλήθειαν γὰρ τείνει ταῦτα· διὸ τὸ πλουτεῖν φανείη ἂν μεῖζον ἀγαθὸν τοῦ δοκεῖν. Καὶ τὸ ἀγαπητόν· καὶ τοῖς μὲν μόνον, τοῖς δὲ μετ᾽ ἄλλων· διὸ καὶ οὐκ ἴση ζημία, ἄν τις τὸν ἑτερόφθαλμον τυφλώσῃ καὶ τὸν δύ᾽ ἔχοντα· ἀγαπητὸν γὰρ ἀφῄρηται. Ἐκ τίνων μὲν οὖν δεῖ τὰς πίστεις φέρειν ἐν τῷ προτρέπειν καὶ ἀποτρέπειν, σχεδὸν εἴρηται.

ΚΕΦΑΛΑΙΟΝ Η'.

Α'. Μέγιστον δὲ καὶ κυριώτατον ἁπάντων πρὸς τὸ δύνασθαι πείθειν καὶ καλῶς συμβουλεύειν, τὰς πολιτείας ἁπάσας λαβεῖν, καὶ τὰ ἑκάστης ἔθη, καὶ νόμιμα, καὶ συμφέροντα διελεῖν. Πεί-

nion ; j'appelle choses d'opinion celles qu'on laisserait de côté si elles devaient rester inconnues. Il semble donc qu'il vaudrait mieux recevoir qu'accorder un bienfait ; en effet, on aimera à recevoir un bienfait, quoiqu'il doive rester inconnu ; mais on n'aimerait pas à l'accorder, s'il devait rester caché. Il faut préférer aussi les choses qu'on voudrait posséder plutôt en réalité qu'en apparence, parce qu'elles se rapprochent de la vérité. Aussi dit-on que la justice est une chose peu importante parce qu'on aime mieux paraître juste que l'être réellement ; ce qu'on ne saurait dire de la santé. Il en est de même des choses qui sont utiles à plusieurs fins, comme, par exemple, celle qui nous aident à la fois à vivre et à bien vivre, à goûter des plaisirs et à faire de grandes choses ; aussi semble-t-il que la fortune et la santé soient les biens les plus grands, parce qu'elles renferment tous ces avantages. Une chose est plus désirable quand elle ne cause aucun chagrin et qu'elle est accompagnée de plaisir ; en effet, deux biens valent mieux qu'un, et on y trouve à la fois le plaisir et l'absence du chagrin. De deux choses, la plus grande est celle qui jointe à une troisième produit le plus grand tout. Les biens qu'on voit sont préférables à ceux qu'on ne voit pas, parce qu'ils semblent plus réels ; être riche, par exemple, semble un bien plus grand que le paraître. Une chose qui nous est chère a plus de prix, lorsqu'elle est seule, que lorsqu'elle ne l'est pas ; c'est pourquoi on ne punit pas également celui qui a enlevé un œil à celui qui n'en avait qu'un, et celui qui en a enlevé un à celui qui les avait tous les deux ; car on a enlevé au premier ce qu'il avait de plus cher. Voilà à peu près les lieux qui peuvent fournir des arguments pour conseiller et pour dissuader.

CHAPITRE VIII.

Des différentes formes de gouvernement.

§ 1. Combien de formes de gouvernement.

Le plus grand et le plus important de tous les moyens de persuader et de conseiller comme il faut, c'est de connaître

θονται γὰρ ἅπαντες τῷ συμφέροντι· συμφέρει δὲ τὸ σῶζον τὴν πολιτείαν. Ἔτι δὲ κυρία μέν ἐστιν ἡ τοῦ κυρίου ἀπόφασις· τὰ δὲ κύρια διῄρηται κατὰ τὰς πολιτείας· ὅσαι γὰρ αἱ πολιτεῖαι, τοσαῦτα καὶ τὰ κύριά ἐστιν. Εἰσὶ δὲ πολιτεῖαι τέσσαρες, δημοκρατία, ὀλιγαρχία, ἀριστοκρατία, μοναρχία· ὥστε τὸ μὲν κύριον καὶ τὸ κρῖνον, τούτων τί ἐστιν ἀεὶ μόριον, ἢ ὅλον τούτων. Ἔστι δὲ, δημοκρατία μὲν, πολιτεία, ἐν ᾗ κλήρῳ διανέμονται τὰς ἀρχάς· ὀλιγαρχία δὲ, ἐν ᾗ οἱ ἀπὸ τιμημάτων· ἀριστοκρατία δὲ, ἐν ᾗ οἱ κατὰ παιδείαν· παιδείαν δὲ λέγω, τὴν ὑπὸ τοῦ νόμου κειμένην· οἱ γὰρ ἐμμεμενηκότες ἐν τοῖς νομίμοις, ἐν τῇ ἀριστοκρατίᾳ ἄρχουσιν· ἀνάγκη δὲ τούτους φαίνεσθαι ἀρίστους· ὅθεν καὶ τοὔνομα εἴληφε τοῦτο. Μοναρχία δ' ἐστὶ, κατὰ τοὔνομα, ἐν ᾗ εἷς ἁπάντων κύριός ἐστι· τούτων δὲ, ἡ μὲν κατὰ τάξιν τινὰ, βασιλεία· ἡ δ' ἀόριστος, τυραννίς.

Β'. Τὸ δὴ τέλος ἑκάστης πολιτείας οὐ δεῖ λανθάνειν· αἱροῦνται γὰρ τὰ πρὸς τὸ τέλος. Ἔστι δὲ, δημοκρατίας μὲν τέλος ἐλευθερία· ὀλιγαρχίας δὲ, πλοῦτος· ἀριστοκρατίας δὲ, τὰ πρὸς παιδείαν καὶ τὰ νόμιμα· τυραννίδος δὲ, φυλακή. Δῆλον οὖν ὅτι τὰ πρὸς τὸ τέλος ἑκάστης ἔθη, καὶ νόμιμα, καὶ συμφέροντα διαιρετέον· εἴπερ αἱροῦνται πρὸς τοῦτο ἐπαναφέροντες. Ἐπεὶ δὲ οὐ μόνον αἱ πίστεις γίγνονται δι' ἀποδεικτικοῦ λόγου, ἀλλὰ καὶ δι' ἠθικοῦ· (τῷ γὰρ ποιόν τινα φαίνεσθαι τὸν λέγοντα, πιστεύομεν· τοῦτο δ' ἐστὶν ἂν ἀγαθὸς φαίνηται, ἢ εὔνους, ἢ ἄμφω,) δέοι ἂν τὰ ἤθη τῶν πολιτειῶν ἑκάστης ἔχειν ἡμᾶς· τὸ μὲν γὰρ ἑκάστης ἦθος, πιθανώτατον ἀνάγκη πρὸς ἑκάστην εἶναι. Ταῦτα δὲ

toutes les formes de gouvernement, et de distinguer, pour chacune en particulier, les mœurs, les institutions et les intérêts ; car l'universalité des citoyens obéit à l'intérêt, et l'intérêt, c'est le salut de l'État. Ajoutons que l'autorité est la manifestation de la volonté du souverain, et qu'on distingue selon les gouvernements, différentes espèces d'autorité; en effet, autant de gouvernements, autant d'autorités différentes. Or, il y a quatre espèces de gouvernement, la démocratie, l'oligarchie, l'aristocratie et la monarchie ; de sorte que l'autorité qui décide réside dans une partie ou dans l'ensemble des citoyens [1]. Dans le gouvernement démocratique, les magistratures se distribuent selon les suffrages ; dans l'oligarchie, selon le cens ; dans l'aristocratie, selon l'éducation ; et j'entends par éducation celle qui est fondée sur la loi. En effet, dans l'aristocratie, le pouvoir est aux mains de ceux qui sont toujours restés fidèles aux prescriptions de la loi, et qui doivent nécessairement paraître les meilleurs ; c'est de là que ce gouvernement a pris son nom. Dans la monarchie, ainsi que l'indique son nom, un seul est maître de tous ; si la monarchie est soumise à certaines règles, elle s'appelle royauté, si elle n'a pas de limites, tyrannie.

§ II. Fin et mœurs de chaque forme de gouvernement.

Il faut aussi connaître la fin de chaque espèce de gouvernement ; car on se détermine pour ce qui se rapporte à la fin. Or, la démocratie a pour fin la liberté, l'oligarchie, la richesse, l'aristocratie ce qui concerne l'éducation et les institutions, et la tyrannie la sûreté du souverain [2]. Il est donc évident qu'il faut distinguer les mœurs, les institutions et les intérêts qui se rapportent à la fin de chaque gouvernement, puisque c'est en considérant la fin que les hommes se déterminent. Mais comme les preuves s'établissent, non-seulement par la force démonstrative du discours, mais encore par son caractère moral ; car nous accordons notre confiance à l'orateur qui nous montre certaines qualités, c'est-à-dire, à celui qui est vertueux ou bienveillant, ou l'un et l'autre à la fois ; il suit que nous devrions connaître

ληφθήσεται διὰ τῶν αὐτῶν· τὰ μὲν γὰρ ἤθη φανερὰ κατὰ τὴν προαίρεσιν· ἡ δὲ προαίρεσις ἀναφέρεται πρὸς τὸ τέλος.

Γ'. Ὧν μὲν οὖν δεῖ ὀρέγεσθαι προτρέποντας, ὡς ἐσομένων ἢ ὄντων· καὶ ἐκ τίνων δεῖ τὰς περὶ τοῦ συμφέροντος πίστεις λαμβάνειν· ἔτι δὲ, περὶ τῶν κατὰ τὰς πολιτείας ἠθῶν καὶ νομίμων· διὰ τίνων τε, καὶ πῶς εὐπορήσομεν, ἐφ' ὅσον ἦν τῷ παρόντι καιρῷ σύμμετρον, εἴρηται· διηκρίβωται γὰρ ἐν τοῖς Πολιτικοῖς περὶ τούτων.

ΚΕΦΑΛΑΙΟΝ Θ'.

Α'. Μετὰ δὲ ταῦτα λέγωμεν περὶ ἀρετῆς καὶ κακίας, καὶ καλοῦ καὶ αἰσχροῦ· οὗτοι γὰρ σκοποὶ τῷ ἐπαινοῦντι καὶ ψέγοντι· συμβήσεται γὰρ ἅμα περὶ τούτων λέγοντας, κἀκεῖνα δηλοῦν, ἐξ ὧν ποιοί τινες ὑποληφθησόμεθα κατὰ τὸ ἦθος, ἥπερ ἦν δευτέρα πίστις· ἐκ τῶν αὐτῶν γὰρ ἡμᾶς τε καὶ ἄλλον ἀξιόπιστον δυνησόμεθα ποιεῖν πρὸς ἀρετήν. Ἐπεὶ δὲ συμβαίνει καὶ χωρὶς σπουδῆς καὶ μετὰ σπουδῆς ἐπαινεῖν πολλάκις οὐ μόνον ἄνθρωπον ἢ θεόν, ἀλλὰ καὶ ἄψυχα καὶ τῶν ἄλλων ζώων τὸ τυχόν· τὸν αὐτὸν τρόπον καὶ περὶ τούτων ληπτέον τὰς προτάσεις· ὥστε, ὅσον παραδείγματος χάριν, εἴπωμεν καὶ περὶ τούτων. Καλὸν μὲν οὖν ἐστιν, ὃ ἂν δι' αὑτὸ αἱρετὸν ὂν, ἐπαινετὸν ᾖ· ἢ ὃ ἂν ἀγαθὸν ὂν ἡδὺ ᾖ, ὅτι ἀγαθόν. Εἰ δὲ τοῦτό ἐστι τὸ καλὸν, ἀνάγκη τὴν ἀρετὴν καλὸν εἶναι· ἀγαθὸν γὰρ ὂν, ἐπαινετόν ἐστιν. Ἀρετὴ δὲ, ἔστι μὲν

les mœurs de chaque espèce de gouvernement ; car dans chaque gouvernement, les mœurs qui aident le plus à la persuasion sont nécessairement celles qui lui sont propres. Or, ce que nous venons de dire fera aussi connaître les mœurs, car les mœurs se révèlent dans les principes qui déterminent les citoyens, et ces principes se rapportent à la fin.

§ III. Conclusion.

Nous avons donc fait connaître la route que doivent suivre ceux qui donnent des conseils sur les affaires futures ou présentes, les lieux où il faut prendre les preuves de l'utile, et de plus, autant que le comporte le moment présent, les moyens et la manière de trouver des ressources dans les mœurs et dans les institutions de chaque espèce de gouvernement, matière que nous avons traitée à fond dans la *Politique*.

CHAPITRE IX.

De la vertu et du vice ; de l'honnête et du déshonnête ; des sources de l'éloge et du blâme.

§ I. Définition de la vertu et de ses différentes espèces.

Parlons maintenant de la vertu et du vice, de l'honnête et du déshonnête, car c'est là le but que se proposent celui qui loue et celui qui blâme. Il nous arrivera d'ailleurs, en traitant cette question, de montrer en même temps les qualités qui nous feront paraître tels ou tels par rapport à nos mœurs ; ce qui, avons-nous dit, est une seconde manière de prouver. En effet, c'est par les mêmes moyens que nous pourrons, pour nous et pour autrui, inspirer la confiance qui est due à la vertu. Mais comme il arrive souvent de faire, sérieusement ou non, l'éloge, non-seulement d'un homme ou d'un Dieu, mais encore des êtres inanimés et d'un animal pris au hasard[1], nous devons également connaître les propositions relatives à la louange et au blâme. Ce que nous allons dire pourra servir de règle. Le beau est ce qui, étant désirable pour lui-même, est en même temps digne d'éloge, ou ce qui, étant bon, est agréable en tant que

δύναμις, ώς δοκεῖ, ποριστικὴ ἀγαθῶν, καὶ φυλακτική· καὶ δύναμις εὐεργετικὴ πολλῶν καὶ μεγάλων, καὶ πάντων περὶ πάντα. Μέρη δὲ ἀρετῆς, δικαιοσύνη, ἀνδρεία, σωφροσύνη, μεγαλοπρέπεια, μεγαλοψυχία, ἐλευθεριότης, πραότης, φρόνησις, σοφία. Ἀνάγκη δὲ μεγίστας εἶναι ἀρετάς, τὰς τοῖς ἄλλοις χρησιμωτάτας, εἴπερ ἐστὶν ἡ ἀρετὴ δύναμις εὐεργετική. Διὰ τοῦτο τοὺς δικαίους καὶ ἀνδρείους μάλιστα τιμῶσιν· ἡ μὲν γὰρ, ἐν πολέμῳ· ἡ δὲ, καὶ ἐν εἰρήνῃ χρήσιμος ἄλλοις. Εἶτα ἡ ἐλευθεριότης· προΐενται γὰρ, καὶ οὐκ ἀνταγωνίζονται περὶ τῶν χρημάτων, ὧν μάλιστα ἐφίενται ἄλλοι. Ἔστι δὲ, δικαιοσύνη μὲν, ἀρετὴ δι' ἣν τὰ αὑτῶν ἕκαστοι ἔχουσι, καὶ ὡς ὁ νόμος· ἀδικία δὲ, δι' ἣν τὰ ἀλλότρια, οὐχ ὡς ὁ νόμος. Ἀνδρεία δὲ, δι' ἣν πρακτικοί εἰσι τῶν καλῶν ἔργων ἐν τοῖς κινδύνοις, καὶ ὡς ὁ νόμος κελεύει, καὶ ὑπηρετικοὶ τῷ νόμῳ· δειλία δὲ, τοὐναντίον. Σωφροσύνη δὲ, ἀρετὴ δι' ἣν πρὸς τὰς ἡδονὰς τοῦ σώματος οὕτως ἔχουσιν, ὡς ὁ νόμος κελεύει· ἀκολασία δὲ τοὐναντίον. Ἐλευθεριότης δὲ, περὶ χρήματα εὖ ποιητική, ἀνελευθερία δὲ, τοὐναντίον. Μεγαλοψυχία δὲ, ἀρετὴ μεγάλων ποιητικὴ εὐεργετημάτων· μικροψυχία δὲ, τοὐναντίον. Μεγαλοπρέπεια δὲ, ἀρετὴ ἐν δαπανήμασι μεγέθους ποιητική· μικροψυχία δὲ καὶ μικροπρέπεια, τἀναντία. Φρόνησις δὲ, ἔστιν ἀρετὴ διανοίας, καθ' ἣν εὖ βουλεύεσθαι δύνανται περὶ ἀγαθῶν καὶ κακῶν τῶν εἰρημένων εἰς εὐδαιμονίαν. Περὶ μὲν οὖν ἀρετῆς καὶ κακίας καθόλου, καὶ περὶ τῶν μορίων, εἴρηται κατὰ τὸν ἐνεστῶτα καιρὸν ἱκανῶς.

Β'. Περὶ δὲ τῶν ἄλλων οὐ χαλεπὸν ἰδεῖν· φανερὸν γὰρ, ὅτι ἀνάγκη, τά τε ποιητικὰ τῆς ἀρετῆς εἶναι καλά· πρὸς ἀρετὴν γάρ· καὶ τὰ ἀπ' ἀρετῆς γιγνόμενα· τοιαῦτα δὲ, τά τε

bon. Si le beau est tel que nous le définissons, la vertu est nécessairement une chose belle, car elle est louable en tant que bonne. La vertu est, à ce qu'il semble, une faculté de se procurer et de conserver les choses bonnes, et une faculté de produire des biens nombreux et grands; en un mot, elle est tout dans tout. Les différentes espèces de vertu sont la justice, le courage, la tempérance, la magnificence, la magnanimité, la libéralité, la douceur, la prudence, la sagesse. Les vertus les plus grandes sont nécessairement celles qui sont les plus utiles à autrui, puisque la vertu est la faculté de faire le bien. Aussi la justice et le courage sont-elles les vertus les plus honorées, celle-ci étant utile aux autres dans la guerre, celle-là dans la paix. Vient ensuite la libéralité qui abandonne et qui ne dispute point les richesses dont les autres sont surtout avides. La justice est une vertu qui attribue à chacun ce qui lui appartient, conformément à la loi; l'injustice s'arroge les choses d'autrui, contrairement à la loi. Le courage nous fait faire de belles actions dans les dangers, selon les prescriptions de la loi à laquelle nous nous soumettons; son contraire est la lâcheté. La tempérance est une vertu qui règle, d'après la loi, les plaisirs du corps; son contraire est le libertinage. La libéralité fait le bien au moyen des richesses; son contraire est l'avarice. La magnanimité est la source des grands bienfaits; son contraire est la pusillanimité. La magnificence est une vertu qui se montre grande dans les dépenses; son contraire est la pusillanimité et la mesquinerie. La prudence est une vertu de réflexion par laquelle nous pouvons prendre de bonnes déterminations relatives aux biens et aux maux que nous avons dit se rapporter au bonheur. En voilà assez, pour le moment présent, sur la vertu et sur le vice en général, et sur leurs différentes espèces.

§ 11. De l'honnête et de son contraire.

Ce qui nous reste à dire ne présente pas de difficulté. En effet, il est clair que ce qui produit la vertu, se rapportant à elle, est nécessairement honnête, et qu'il en est de même des

σημεία της αρετής, και τά έργα. Επεί δέ τά σημεία, καί τά τοιαῦτα, ὅσα εἰσὶν ἀγαθοῦ ἔργα ἢ πάθη, καλά· ἀνάγκη, ὅσα τε ἀνδρείας ἔργα, ἢ σημεία ἀνδρείας, ἢ ἀνδρείως πέπρακται, καλὰ εἶναι· καὶ τὰ δίκαια, καὶ τὰ δικαίως ἔργα· πάθη δέ, οὔ· ἐν μόνῃ γὰρ ταύτῃ τῶν ἀρετῶν οὐκ ἀεί τὸ δικαίως καλόν· ἀλλ' ἐπὶ τοῦ ζημιοῦσθαι, αἰσχρὸν τὸ δικαίως μᾶλλον, ἢ τὸ ἀδίκως· καὶ κατὰ τὰς ἄλλας δὲ ἀρετὰς ὡσαύτως. Καὶ ἐφ' ὅσοις τὰ ἆθλα τιμή, καλά. Καὶ ἐφ' ὅσοις τιμὴ μᾶλλον ἢ χρήματα. Καὶ ὅσα μὴ αὑτοῦ ἕνεκα πράττει τις τῶν αἱρετῶν. Καὶ τὰ ἁπλῶς ἀγαθά, ὅσα ὑπὲρ τῆς πατρίδος τις ἐποίησε, παριδὼν τὸ αὑτοῦ. Καὶ τὰ τῇ φύσει ἀγαθά. Καὶ ἃ μὴ αὑτῷ ἀγαθά· αὑτοῦ γὰρ ἕνεκα τὰ τοιαῦτα. Καὶ ὅσα τεθνεῶτι ἐνδέχεται ὑπάρχειν μᾶλλον, ἢ ζῶντι· τὸ γὰρ αὑτοῦ ἕνεκα μᾶλλον ἔχει τὰ ζῶντι. Καὶ ὅσα ἔργα τῶν ἄλλων ἕνεκα· ἧττον γὰρ αὑτοῦ. Καὶ ὅσαι εὐπραγίαι περὶ ἄλλους, ἀλλὰ μὴ περὶ αὑτόν. Καὶ περὶ τοὺς εὖ ποιήσαντας· δίκαιον γάρ. Καὶ τὰ εὐεργετήματα· οὐ γὰρ εἰς αὑτόν. Καὶ τὰ ἐναντία, ἢ ἐφ' οἷς αἰσχύνονται· τὰ γὰρ αἰσχρὰ αἰσχύνονται, καὶ λέγοντες, καὶ ποιοῦντες, καὶ μέλλοντες· ὥσπερ καὶ Σαπφὼ πεποίηκεν, εἰπόντος τοῦ Ἀλκαίου,

  Θέλω τί τ' εἰπῆν, ἀλλά με κωλύει
  Αἰδώς·
Σ. Αἰ δ' εἶχες ἐσθλῶν ἵμερον ἢ καλῶν,
  Καὶ μή τι εἰπῆν γλῶσσ' ἐκύκα κακόν,
  Αἰδώς κέ σ' οὐκ ἂν εἶχεν ὄμματ'
  Ἀλλ' ἔλεγες περὶ τῶ δικαίω.

Καὶ περὶ ὧν ἀγωνιῶσι μὴ φοβούμενοι· περὶ γὰρ τῶν πρὸς δόξαν φερόντων ἀγαθῶν, τοῦτο πάσχουσι. Καὶ αἱ τῶν φύσει σπουδαιοτέρων ἀρεταὶ καλλίους, καὶ τὰ ἔργα· οἷον, ἀνδρὸς,

choses qui viennent de la vertu et qui en sont les signes et les effets. Mais puisque les signes de la vertu, et les choses qu'un homme de bien fait et souffre pour elle, sont honnêtes, il suit nécessairement que les effets et les signes du courage, et les choses faites courageusement, sont honnêtes aussi. Nous en dirons autant des choses justes et de celles qui sont faites justement, mais non de celles qu'on souffre pour la justice; car, dans cette vertu seulement, ce qui se fait justement n'est pas toujours honnête, et une punition juste est plus honteuse pour celui qui la subit qu'une punition injuste. Ce que nous avons dit plus haut s'applique également aux autres vertus. Les choses dont l'honneur est le prix sont honnêtes, ainsi que celles qu'on fait pour l'honneur plutôt que pour l'argent. Nous reconnaissons encore comme honnêtes les choses désirables qu'on ne fait pas pour soi-même : les choses simplement bonnes qu'un homme a faites pour la patrie, en s'oubliant lui-même : les choses bonnes de leur nature, mais qui ne le sont pas pour celui qui les fait, car autrement il les ferait pour lui-même : celles qu'on obtient après la mort plutôt que pendant la vie, car ce qu'on obtient pendant la vie s'adresse plutôt à la personne : tout ce qu'on fait pour les autres, car on s'oublie soi-même : les succès qu'on obtient, non pour soi-même, mais pour autrui ; et pour ses bienfaiteurs, car c'est justice : les bienfaits, car on n'a pas en vue ses propres intérêts ; les choses contraires à celles dont nous rougissons, et nous rougissons de ce qui est honteux, dans les paroles, dans les actions, dans l'intention; comme on le voit dans la réponse de Sappho à Alcée, qui lui avait dit : « Je veux dire une chose, mais la pudeur me retient. » "Si ton désir était bon et honnête, si ta langue ne méditait pas une parole honteuse, la pudeur ne serait pas dans tes yeux, et tu parlerais comme tu as le droit de le faire [2]. » Ajoutons aux choses honnêtes celles pour lesquelles nous combattons sans crainte, car nous souffrons alors pour les biens qui conduisent à la gloire. Les vertus et les actions sont plus belles, quand elles partent de ceux qui ont une supériorité naturelle,

ἢ γυναικός. Καὶ αἱ ἀπολαυστικαὶ ἄλλοις μᾶλλον ἢ αὑτοῖς· διὸ τὸ δίκαιον καὶ ἡ δικαιοσύνη, καλόν. Καὶ τὸ τοὺς ἐχθροὺς τιμωρεῖσθαι μᾶλλον, καὶ μὴ καταλλάττεσθαι· τό τε γὰρ ἀνταποδιδόναι, δίκαιον· τὸ δὲ δίκαιον, καλόν· καὶ ἀνδρείου, τὸ μὴ ἡττᾶσθαι. Καὶ νίκη, καὶ τιμὴ, τῶν καλῶν· αἱρετά τε γάρ, ἄκαρπα ὄντα, καὶ ὑπεροχὴν ἀρετῆς δηλοῖ. Καὶ τὰ μνημονευτά· καὶ τὰ μᾶλλον, μᾶλλον. Καὶ ἃ μὴ ζῶντι ἕπεται. Καὶ οἷς τιμὴ ἀκολουθεῖ. Καὶ τὰ περιττά. Καὶ τὰ μόνῳ ὑπάρχοντα, καλλίω· εὐμνημονευτότερα γάρ. Καὶ κτήματα ἄκαρπα· ἐλευθεριώτερα γάρ. Καὶ τὰ παρ' ἑκάστοις δὲ ἴδια, καλά· Καὶ ὅσα σημεῖά ἐστι τῶν παρ' ἑκάστοις ἐπαινουμένων· οἷον ἐν Λακεδαίμονι κομᾶν, καλόν· ἐλευθερίας γὰρ σημεῖον· οὐ γάρ ἐστι κομῶντα ῥᾴδιον οὐδὲν ποιεῖν ἔργον θητικόν. Καὶ τὸ μηδεμίαν ἐργάζεσθαι βάναυσον τέχνην· ἐλευθέρου γάρ, τὸ μὴ πρὸς ἄλλον ζῆν.

Γ'. Ληπτέον δὲ καὶ τὰ σύνεγγυς τοῖς ὑπάρχουσιν, ὡς ταὐτὰ ὄντα, καὶ πρὸς ἔπαινον, καὶ πρὸς ψόγον· οἷον τὸν εὐλαβῆ καὶ εὔψυχον, δειλὸν καὶ ἐπίβουλον· καὶ τὸν ἠλίθιον, χρηστόν· καὶ τὸν ἀνάλγητον, πρᾷον. Καὶ ἕκαστον δὲ, ἐκ τῶν παρακολουθούντων ἀεὶ κατὰ τὸ βέλτιστον· οἷον, τὸν ὀργίλον καὶ τὸν μανικόν, ἁπλοῦν· καὶ τὸν αὐθάδη, μεγαλοπρεπῆ καὶ σεμνόν· καὶ τοὺς ἐν ταῖς ὑπερβολαῖς, ὡς ἐν ταῖς ἀρεταῖς ὄντας· οἷον τὸν θρασύν, ἀνδρεῖον· καὶ τὸν ἄσωτον, ἐλευθέριον· δόξει τε γὰρ τοῖς πολλοῖς· καὶ ἅμα παραλογιστικὸν ἐκ τῆς αἰτίας· εἰ γὰρ οὗ μὴ ἀνάγκη

d'un homme, par exemple, plutôt que d'une femme. Il en est de même de celles qui profitent aux autres plutôt qu'à ceux qui les possèdent ; c'est pour cela que le juste et la justice sont honnêtes. Se venger de ses ennemis est plus beau que de traiter avec eux, car il est juste de rendre la pareille, et ce qui est juste est honnête. D'ailleurs l'homme courageux ne doit pas se laisser vaincre. La victoire et l'honneur sont honnêtes, car on doit les désirer, même quand on n'en retire aucun fruit, et l'un et l'autre prouvent une vertu supérieure. Il en est de même des monuments, qui sont d'autant plus beaux qu'ils conservent plus longtemps le souvenir ; ajoutons-y ceux qui nous suivent à notre mort ; ceux que l'honneur accompagne ; ceux qui se distinguent de tous les autres. Ceux qui ne sont accordés qu'à un seul sont encore plus beaux, parce qu'ils vivent plus longtemps dans la mémoire des hommes. Les biens sont honnêtes quand nous n'en retirons aucun fruit, car ils annoncent plus de générosité. Ce qui est propre à chacun est beau ; il en est de même des signes de ce qui est loué chez chacun en particulier. Ainsi, il est beau, à Lacédémone, de porter les cheveux longs, car c'est le signe de la liberté, et là, il n'est pas facile à celui qui porte le signe de la liberté de faire une œuvre servile [3]. Il est beau de n'exercer aucun métier mercenaire, car l'homme libre ne doit pas vivre sous la dépendance d'autrui.

§ III. Comment on peut louer ce qui n'est pas louable.

Il faut aussi prendre ce qui ressemble le plus aux qualités réelles, et s'en servir, comme de celles-ci, pour l'éloge et pour le blâme : la prudence sera traitée de lâcheté, l'intrépidité d'injuste aggression ; d'un autre côté, la niaiserie s'appellera loyauté, l'indolence, douceur. Chaque vice prendra le nom de l'excellente qualité à laquelle il correspond ; l'homme colère et furieux s'appellera simple et franc, l'arrogant sera digne et magnifique. Nous représenterons comme vertueux ceux qui tombent dans l'excès ; le téméraire sera courageux, le prodigue libéral [4]. La foule s'y laissera prendre, et un reproche nous fournira des conclusions spécieuses ; si on brave le péril sans néces-

κινδυνευτικός, πολλῷ μᾶλλον ἂν δόξειεν, ὅπου καλόν· καὶ εἰ προετικὸς τοῖς τυχοῦσι, καὶ τοῖς φίλοις· ὑπερβολὴ γὰρ ἀρετῆς, τὸ πάντας εὖ ποιεῖν. Σκοπεῖν δὲ καὶ, παρ' οἷς ὁ ἔπαινος· ὥσπερ γὰρ ὁ Σωκράτης ἔλεγεν, οὐ χαλεπὸν, Ἀθηναίους ἐν Ἀθηναίοις ἐπαινεῖν. Δεῖ δὲ τὸ παρ' ἑκάστοις τίμιον λέγειν, ὡς ὑπάρχει· οἷον, ἐν Σκύθαις, ἢ Λάκωσιν, ἢ φιλοσόφοις. Καὶ ὅλως δὲ, τὸ τίμιον ἄγειν εἰς τὸ καλόν· ἐπείπερ δοκεῖ γειτνιᾶν. Καὶ ὅσα κατὰ τὸ προσῆκον· οἷον, εἰ ἄξια τῶν προγόνων, καὶ τῶν προϋπηργμένων· εὐδαιμονικὸν γὰρ καὶ καλὸν, τὸ προσεπικτᾶσθαι τιμήν. Ἢ εἰ παρὰ τὸ προσῆκον ἐπὶ τὸ βέλτιον, καὶ τὸ κάλλιον· οἷον, εἰ εὐτυχῶν μὲν, μέτριος· ἀτυχῶν δὲ, μεγαλόψυχος· ἢ μείζων γιγνόμενος, βελτίων καὶ καταλλακτικώτερος. Τοιοῦτον δὲ τὸ τοῦ Ἰφικράτους, ἐξ οἵων εἰς οἷα· καὶ τὸ τοῦ Ὀλυμπιονίκου,

Πρόσθε μὲν ἀμφ' ὤμοισιν ἔχων τραχεῖαν —

καὶ τὸ τοῦ Σιμωνίδου,

Ἡ πατρός τε καὶ ἀνδρὸς ἀδελφῶν τ' οὖσα τυράννων.

Ἐπεὶ δ' ἐκ τῶν πράξεων ὁ ἔπαινος, ἴδιον δὲ τοῦ σπουδαίου τὸ κατὰ προαίρεσιν, πειρατέον δεικνύναι πράττοντα κατὰ προαίρεσιν. Χρήσιμον δὲ τὸ πολλάκις φαίνεσθαι πεπραχότα. Διὸ καὶ τὰ συμπτώματα, καὶ τὰ ἀπὸ τύχης, ὡς ἐν προαιρέσει ληπτέον· ἂν γὰρ πολλὰ καὶ ὅμοια προφέρηται, σημεῖον ἀρετῆς εἶναι δόξει καὶ προαιρέσεως.

Δ'. Ἔστι δ' ἔπαινος, λόγος ἐμφανίζων μέγεθος ἀρετῆς. Δεῖ οὖν τὰς πράξεις ἐπιδεικνύναι, ὡς τοιαῦται· τὸ δ' ἐγκώμιον, τῶν ἔργων ἐστί. Τὰ δὲ κύκλῳ, εἰς πίστιν· οἷον εὐγένεια, καὶ παιδεία· εἰκὸς γὰρ, ἐξ ἀγαθῶν ἀγαθοὺς, καὶ τὸν οὕτω τραφέντα

sité, à plus forte raison quand il sera beau de l'affronter ; si on prodigue sa fortune aux premiers venus, à plus forte raison à ses amis, car le comble de la vertu, c'est de faire du bien à tout le monde [5]. Nous devons examiner aussi devant qui nous louons, car, ainsi que le disait Socrate, il n'est pas difficile de louer les Athéniens dans Athènes. Il faut aussi louer, comme réellement estimable ce qui a du prix chez chacun en particulier, par exemple, chez les Scythes, chez les Lacédémoniens, chez les philosophes. En un mot, il faut que ce qui a du prix soit représenté comme honnête, puisque ces deux qualités semblent voisines. Nous louerons aussi ce qui se fait selon les convenances, comme si on se montre digne de ses aïeux et de ce qu'on a déjà fait ; car c'est une chose heureuse et honnête d'ajouter à sa gloire. Il en sera de même si on montre plus de vertu et plus d'honnêteté qu'on n'en attendait, par exemple, si on se montre modéré dans la bonne fortune, magnanime dans la mauvaise, meilleur et plus conciliant quand on est devenu plus grand. De là ce mot d'Iphicrate : « D'où suis-je parti pour arriver si haut ! » Celui du vainqueur à Olympie : « Jadis j'avais sur mes épaules un lourd crochet [6] ; » et celui de Simonide : « Fille, femme et sœur des rois ! [7] » Puisque la louange se fonde sur les actions, et que le propre du sage est d'agir d'après un dessein déterminé, il faut tâcher de montrer qu'il agit d'après un dessein, et il est utile qu'il paraisse l'avoir fait souvent. Aussi faut-il rapporter aux principes qui le dirigent même les accidents et les choses qui viennent de la fortune ; car si on cite un grand nombre d'exemples semblables, on croit y voir un signe de vertu, et une conduite arrêtée à l'avance.

§ IV. Différentes espèces de louanges.

Nous appelons louange un discours destiné à faire ressortir la grandeur d'une vertu ; il faut donc démontrer que la conduite est conforme à la vertu qui l'inspire. Nous appelons éloge un discours ayant pour objet les actes d'un homme, dans lequel on peut s'appuyer sur les circonstances extérieures, comme sont la noblesse et l'éducation ; car il est probable que l'homme ver-

τοιοῦτον εἶναι· διὸ καὶ ἐγκωμιάζομεν πράξαντας. Τὰ δ' ἔργα, σημεῖα τῆς ἕξεώς ἐστιν· ἐπεὶ ἐπαινοῖμεν ἂν καὶ μὴ πεπραγότα, εἰ πιστεύοιμεν εἶναι τοιοῦτον. Μακαρισμὸς δὲ καὶ εὐδαιμονισμὸς, αὐτοῖς μὲν, ταὐτά· τούτοις δὲ, οὐ ταὐτά· ἀλλ' ὥσπερ ἡ εὐδαιμονία τὴν ἀρετὴν, καὶ ὁ εὐδαιμονισμὸς περιέχει ταῦτα.

Ε'. Ἔχει δὲ κοινὸν εἶδος ὁ ἔπαινος, καὶ αἱ συμβουλαί· ἃ γὰρ ἐν τῷ συμβουλεύειν ὑπόθοιο ἂν, ταῦτα μετατεθέντα τῇ λέξει, ἐγκώμια γίγνεται. Ἐπεὶ οὖν ἔχομεν ἃ δεῖ πράττειν, καὶ ποῖόν τινα εἶναι, δεῖ ταῦτα ὡς ὑποθήκας λέγοντας, τῇ λέξει μετατιθέναι καὶ στρέφειν· οἷον, ὅτι οὐ δεῖ μέγα φρονεῖν ἐπὶ τοῖς διὰ τύχην, ἀλλὰ τοῖς δι' αὑτόν. Οὕτω μὲν οὖν λεχθὲν, ὑποθήκην δύναται· ὡδὶ δὲ, ἔπαινον· μέγα φρονῶν, οὐ τοῖς διὰ τύχην ὑπάρχουσιν, ἀλλὰ τοῖς δι' αὑτόν. Ὥστε ὅταν ἐπαινεῖν βούλῃ, ὅρα τί ἂν ὑπόθοιο· καὶ ὅταν ὑποθέσθαι, ὅρα τί ἂν ἐπαινέσειας. Ἡ δὲ λέξις ἔσται ἀντικειμένη ἐξ ἀνάγκης, ὅταν τὸ μὲν, κωλῦον· τὸ δὲ, μὴ κωλῦον, μετατεθῇ.

ΣΤ'. Χρηστέον δὲ καὶ τῶν αὐξητικῶν πολλοῖς· οἷον, εἰ μόνος, ἢ πρῶτος, ἢ μετ' ὀλίγων, ἢ καὶ ὁ μάλιστα πεποίηκεν· ἅπαντα γὰρ ταῦτα καλά. Καὶ τὰ ἐκ τῶν χρόνων καὶ τῶν καιρῶν· ταῦτα δὲ παρὰ τὸ προσῆκον. Καὶ εἰ πολλάκις τὸ αὐτὸ κατώρθωκε· μέγα γὰρ, καὶ οὐκ ἀπὸ τύχης, ἀλλὰ δι' αὑτὸν ἂν δόξειε. Καὶ εἰ τὰ

tueux a des parents vertueux, et que nous sommes tels que l'éducation nous a faits. C'est pourquoi nous louons ceux qui ont déjà fait leurs preuves. Les actes, en effet, sont le signe de la disposition intérieure, à tel point que nous louerions même celui qui n'a pas encore agi, si nous avions la confiance qu'il est disposé à le faire. Il n'y a aucune différence entre un discours destiné à célébrer la félicité, et un discours destiné à célébrer le bonheur d'un homme ; mais ces discours ne ressemblent pas à ceux dont nous venons de parler ; car, de même que le souverain bien contient la vertu, de même cette dernière espèce d'éloge renferme les deux autres [8].

§ V. Rapports entre les deux genres, épidictique et délibératif.

La louange et le discours délibératif ont un aspect commun. En effet, ce que vous donneriez comme précepte dans le genre délibératif, devient éloge par un changement de phrase. Ainsi donc, connaissant ce qu'il faut faire et les qualités qu'il faut posséder, nous devons, pour en faire un précepte moral, changer et tourner la phrase, par exemple de cette manière : Il ne faut pas s'énorgueillir des biens de la fortune, mais de ceux qui sont en nous. Ainsi construite, la phrase a la forme du précepte. Voici maintenant l'éloge : il s'énorgueillissait, non des biens que donne la fortune, mais de ceux qui étaient en lui. Ainsi, voulez-vous louer, voyez ce que vous conseilleriez ; voulez-vous conseiller, voyez ce que vous loueriez. La phrase sera nécessairement tout autre ; elle était prohibitive, elle ne l'est plus, après le changement.

§ VI. Le genre épidictique emploie tous les moyens d'amplification.

Il faut employer aussi la plupart des moyens d'amplification ; par exemple : celui qu'on loue a-t-il agi seul ou le premier, ou avec un petit nombre ; a-t-il été l'auteur principal ? Toutes ces circonstances rendent une action belle. Il faut encore faire ressortir les temps et les circonstances ; c'est-à-dire, celles qui font que notre attente a été surpassée. Ce n'est pas tout : a-t-il plusieurs fois réussi dans la même chose ? L'action alors paraît grande, et venir de lui plutôt que de la fortune. Est-ce pour lui

προτρέποντα καὶ τιμῶντα διὰ τοῦτον εὕρηται καὶ κατεσκευάσθη· καὶ εἰς ὃν πρῶτον ἐγκώμιον ἐποιήθη· οἷον, εἰς Ἱππόλοχον, καὶ Ἁρμόδιον καὶ Ἀριστογείτονα, τὸ ἐν ἀγορᾷ σταθῆναι. Ὁμοίως δὲ καὶ ἐπὶ τῶν ἐναντίων. Κἂν μὴ καθ' αὑτὸν εὐπορῇς, πρὸς ἄλλους ἀντιπαραβάλλειν· ὅπερ Ἰσοκράτης ἐποίει, διὰ τὴν συνήθειαν τοῦ δικολογεῖν. Δεῖ δὲ πρὸς ἐνδόξους συγκρίνειν· αὐξητικὸν γὰρ καὶ καλόν, εἰ σπουδαίων βελτίων. Πίπτει δ' εὐλόγως ἡ αὔξησις εἰς τοὺς ἐπαίνους· ἐν ὑπεροχῇ γάρ ἐστιν· ἡ δ' ὑπεροχὴ, τῶν καλῶν. Διὸ κἂν μὴ πρὸς τοὺς ἐνδόξους, ἀλλὰ πρὸς τοὺς ἄλλους δεῖ παραβάλλειν, ἐπείπερ ἡ ὑπεροχὴ δοκεῖ μηνύειν ἀρετήν. Ὅλως δὲ τῶν κοινῶν εἰδῶν ἅπασι τοῖς λόγοις, ἡ μὲν αὔξησις ἐπιτηδειοτάτη τοῖς ἐπιδεικτικοῖς· τὰς γὰρ πράξεις ὁμολογουμένας λαμβάνουσιν· ὥστε λοιπὸν, μέγεθος περιθεῖναι καὶ κάλλος· τὰ δὲ παραδείγματα, τοῖς συμβουλευτικοῖς· ἐκ γὰρ τῶν προγεγονότων τὰ μέλλοντα καταμαντευόμενοι, κρίνομεν· τὰ δ' ἐνθυμήματα, τοῖς δικανικοῖς· αἰτίαν γὰρ καὶ ἀπόδειξιν μάλιστα δέχεται τὸ γεγονὸς, διὰ τὸ ἀσαφές. Ἐκ τίνων μὲν οὖν οἱ ἔπαινοι καὶ οἱ ψόγοι λέγονται σχεδὸν πάντες, καὶ πρὸς ποῖα δεῖ βλέποντας ἐπαινεῖν καὶ ψέγειν, καὶ ἐκ τίνων τὰ ἐγκώμια γίγνεται καὶ τὰ ὀνείδη, ταῦτ' ἐστίν· ἐχομένων γὰρ τούτων, τὰ ἐναντία τούτοις φανερά· ὁ γὰρ ψόγος ἐκ τῶν ἐναντίων ἐστίν.

ΚΕΦΑΛΑΙΟΝ Ι'.

Α'. Περὶ δὲ τῆς κατηγορίας καὶ ἀπολογίας, ἐκ πόσων καὶ

qu'ont été trouvées et établies les distinctions qui sont à la fois un encouragement et un honneur ? A-t-il le premier obtenu un éloge public comme Hippolochus [9], ou une statue sur l'agora, comme Harmodius et Aristogiton [10] ? On procédera d'une manière semblable pour les contraires. Si celui que vous louez ne vous fournit pas par lui-même une matière abondante, comparez-le à d'autres, comme le faisait Isocrate, à cause de son expérience dans l'éloquence judiciaire [11]. Il faut le comparer à des personnages illustres, car l'amplification est facile et belle, si vous prouvez que celui que vous louez l'emporte sur les hommes célèbres. C'est avec raison que l'amplification se place dans les éloges, puisque sa matière est la supériorité, et que la supériorité est au nombre des choses belles. C'est pourquoi si vous ne pouvez le comparer aux hommes illustres, il faut au moins le comparer aux autres, parce que la supériorité paraît une preuve de vertu. En un mot, en considérant les genres dans lesquels se classent les discours, l'amplification convient surtout à ceux du genre épidictique, qui prennent pour sujet les actions qu'on ne conteste pas, de sorte qu'il ne reste qu'à les agrandir et à les orner. Les exemples conviennent surtout à ceux du genre délibératif, car c'est par l'examen des choses passées que nous devinons et que nous décidons celles qui sont à venir. Les enthymèmes conviennent à ceux du genre judiciaire, parce que le passé surtout, à cause de son obscurité, est susceptible d'être mis en cause et démontré. Nous avons fait connaître la matière de presque tous les discours consacrés à la louange et au blâme, les choses que doivent envisager ceux qui louent et qui blâment, et les sources des éloges et des invectives. Cela connu, les éléments du blâme sont clairs et faciles ; on les trouve dans les contraires.

CHAPITRE X.

De l'accusation et de la défense ; quelles sont les propositions relatives au genre judiciaire.

§ I. Définition de l'injustice.

Nous avons à dire maintenant quel est le nombre et la qualité

ΡΗΤΟΡΙΚΗ.

ποίων ποιεῖσθαι δεῖ τοὺς συλλογισμούς, ἐχόμενον ἂν εἴη λέγειν. Δεῖ δὴ λαβεῖν τρία· ἓν μὲν, τίνων, καὶ πόσων ἕνεκα ἀδικοῦσι· δεύτερον δὲ, πῶς αὐτοὶ διακείμενοι· τρίτον δὲ, τοὺς ποίους καὶ πῶς ἔχοντας. Διορισάμενοι οὖν τὸ ἀδικεῖν, λέγωμεν ἑξῆς. Ἔστω δὴ τὸ ἀδικεῖν, τὸ βλάπτειν ἑκόντα, παρὰ τὸν νόμον. Νόμος δ' ἐστὶν, ὁ μὲν, ἴδιος· ὁ δὲ, κοινός. Λέγω δὲ, ἴδιον μὲν, καθ' ὃν γεγραμμένον πολιτεύονται· κοινὸν δὲ, ὅσα ἄγραφα παρὰ πᾶσιν ὁμολογεῖσθαι δοκεῖ. Ἑκόντες δὲ ποιοῦσιν, ὅσα εἰδότες, καὶ μὴ ἀναγκαζόμενοι. Ὅσα μὲν οὖν ἑκόντες, οὐ πάντα προαιρούμενοι· ὅσα δὲ προαιρούμενοι, εἰδότες ἅπαντα· οὐδεὶς γὰρ ὃ προαιρεῖται, ἀγνοεῖ. Δι' ἃ δὲ προαιροῦνται βλάπτειν, καὶ φαῦλα ποιεῖν παρὰ τὸν νόμον, κακία ἐστὶ καὶ ἀκρασία· ἐὰν γάρ τινες ἔχωσι μοχθηρίαν, ἢ μίαν, ἢ πλείους, περὶ τοῦτο ὃ μοχθηροὶ τυγχάνουσιν ὄντες, καὶ ἄδικοί εἰσιν· οἷον, ὁ μὲν ἀνελεύθερος, περὶ χρήματα· ὁ δὲ ἀκόλαστος, περὶ τὰς τοῦ σώματος ἡδονάς· ὁ δὲ μαλακὸς, περὶ τὰ ῥάθυμα· ὁ δὲ δειλὸς, περὶ τοὺς κινδύνους· τοὺς γὰρ συγκινδυνεύοντας ἐγκαταλιμπάνουσι, διὰ τὸν φόβον· ὁ δὲ φιλότιμος, διὰ τιμήν· ὁ δ' ὀξύθυμος, δι' ὀργήν· ὁ δὲ φιλόνικος, διὰ νίκην· ὁ δὲ πικρὸς, διὰ τιμωρίαν· ὁ δ' ἄφρων, διὰ τὸ ἀπατᾶσθαι περὶ τὸ δίκαιον καὶ ἄδικον· ὁ δ' ἀναίσχυντος, δι' ὀλιγωρίαν δόξης. Ὁμοίως δὲ καὶ τῶν ἄλλων ἕκαστος, περὶ ἕκαστον τῶν ὑποκειμένων. Ἀλλὰ περὶ μὲν τούτων, δῆλον, τὰ μὲν, ἐκ τῶν περὶ τὰς ἀρετὰς εἰρημένων· τὰ δὲ, ἐκ τῶν περὶ τὰ πάθη ῥηθησομένων.

Β. Λοιπὸν δ' εἰπεῖν, τίνος ἕνεκα, καὶ πῶς ἔχοντες ἀδικοῦσι, καὶ τίνας. Πρῶτον μὲν οὖν διελώμεθα, τίνων ὀρεγόμενοι, καὶ

des propositions dont se forment les syllogismes qui ont pour objet l'accusation et la défense. Il faut pour cela considérer trois choses : premièrement, quels sont les motifs qui portent à l'injustice et combien il y en a ; secondement, quelles sont les dispositions de ceux qui commettent l'injustice ; troisièmement, quels sont ceux qui la souffrent, et quel est leur état. Nous traiterons ces questions successivement, quand nous aurons défini ce que c'est que d'être injuste. Être injuste, c'est causer volontairement un dommage, contrairement à la loi. Or, la loi est particulière ou commune. J'appelle particulière la loi écrite qui régit les différents états, et commune la loi non écrite qui semble reconnue par tous les hommes. On agit volontairement, quand on connaît ce qu'on fait, et qu'on n'y est pas forcé. Ce qu'on fait volontairement, on ne le fait pas toujours avec intention ; mais ce qu'on fait avec intention, on le connaît toujours, car personne n'ignore ce qu'il fait avec intention. Les motifs qui nous portent à nuire et à faire le mal contrairement à la loi, sont la méchanceté et l'incontinence. En effet, si un homme a un ou plusieurs vices, c'est précisément en ce qui le rend vicieux qu'il se montre injuste. Ainsi, l'avare est injuste pour l'argent, l'intempérant pour les plaisirs du corps, l'efféminé pour la mollesse, le lâche pour le péril, car la frayeur lui fait abandonner ses compagnons au milieu du danger ; l'ambitieux à cause des honneurs, l'irascible à cause de la colère, celui qui aime à vaincre à cause de la victoire, le rancuneux à cause de la vengeance, l'insensé à cause de l'ignorance du juste et de son injuste, l'impudent à cause de son mépris de l'estime publique. Il en est de même des autres relativement au vice qui les domine. L'évidence de cette observation ressort en partie de ce que nous avons dit sur les vertus, et en partie de ce que nous dirons sur les passions.

§ II. Motifs qui portent les hommes à l'injustice.

Il nous reste à dire, à cause de quoi, dans quelles dispositions, et envers qui on est injuste. Exposons d'abord les choses que recherchent ou qu'évitent ceux qui entreprennent d'être in-

ποῖα φεύγοντες, ἐγχειροῦμεν ἀδικεῖν. Δῆλον γὰρ, ὡς τῷ μὲν κατηγοροῦντι, πόσα καὶ ποῖα τούτων ὑπάρχει τῷ ἀντιδίκῳ, σκεπτέον, ὧν ἐφιέμενοι πάντες, τοὺς πλησίον ἀδικοῦσι· τῷ δ' ἀπολογουμένῳ, ποῖα καὶ πόσα τούτων οὐχ ὑπάρχει. Πάντες δὴ πράττουσι πάντα, τὰ μὲν, οὐ δι' αὑτούς, τὰ δὲ, δι' αὑτούς. Τῶν μὲν οὖν μὴ δι' αὑτοὺς, τὰ μὲν, διὰ τύχην πράττουσι· τὰ δὲ, ἐξ ἀνάγκης. Τῶν δ' ἐξ ἀνάγκης, τὰ μὲν, βίᾳ· τὰ δὲ, φύσει. Ὥστε πάντα ὅσα μὴ δι' αὑτοὺς πράττουσι, τὰ μὲν, ἀπὸ τύχης· τὰ δὲ, φύσει· τὰ δὲ, βίᾳ. Ὅσα δὲ δι' αὑτοὺς, καὶ ὧν αὐτοὶ αἴτιοι, τὰ μὲν δι' ἔθος· τὰ δὲ, δι' ὄρεξιν· καὶ τὰ μὲν, διὰ λογιστικὴν ὄρεξιν· τὰ δὲ δι' ἀλόγιστον. Ἔστι δὲ ἡ μὲν βούλησις μετὰ λόγου ὄρεξις ἀγαθοῦ· οὐδεὶς γὰρ βούλεται, ἀλλ' ἢ ὅ τ' ἂν οἰηθείη εἶναι ἀγαθόν· ἄλογοι δ' ὀρέξεις, ὀργὴ καὶ ἐπιθυμία. Ὥστε πάντα ὅσα πράττουσιν, ἀνάγκη πράττειν δι' αἰτίας ἑπτὰ, διὰ τύχην, διὰ βίαν, διὰ φύσιν, δι' ἔθος, διὰ λογισμὸν, διὰ θυμὸν, δι' ἐπιθυμίαν.

Γ'. Τὸ δὲ προσδιαιρεῖσθαι καθ' ἡλικίας, ἢ ἕξεις, ἢ ἄλλ' ἄττα τὰ πραττόμενα, περίεργον. Εἰ γὰρ συμβέβηκε τοῖς νέοις ὀργίλοις εἶναι, ἢ ἐπιθυμητικοῖς, οὐ διὰ τὴν νεότητα πράττουσι τὰ τοιαῦτα, ἀλλὰ δι' ὀργὴν καὶ ἐπιθυμίαν. Οὐδὲ διὰ πλοῦτον καὶ πενίαν· ἀλλὰ συμβέβηκε, τοῖς μὲν πένησι, διὰ τὴν ἔνδειαν, ἐπιθυμεῖν χρημάτων· τοῖς δὲ πλουσίοις, διὰ τὴν ἐξουσίαν, ἐπιθυμεῖν τῶν μὴ ἀναγκαίων ἡδονῶν· Ἀλλὰ πράξουσι καὶ οὗτοι, οὐ διὰ πλοῦτον καὶ πενίαν, ἀλλὰ διὰ τὴν ἐπιθυμίαν. Ὁμοίως δὲ καὶ οἱ δίκαιοι καὶ οἱ ἄδικοι, καὶ οἱ ἄλλοι οἱ λεγόμενοι κατὰ τὰς ἕξεις πράττειν, διὰ ταῦτα πάντα πράξουσιν· ἢ γὰρ διὰ λογισμὸν, ἢ

justes. Car il est évident que l'accusateur doit examiner attentivement parmi les choses dont le désir porte l'homme à être injuste envers autrui, quelles sont celles qui se trouvent dans l'adversaire, et combien il y en a ; et que de son côté le défenseur doit examiner quelles sont celles qui ne s'y trouvent pas. Dans l'ensemble des actions humaines, il en est que l'homme ne fait pas de lui-même, et d'autres qu'il fait de lui-même. Celles qu'il ne fait pas de lui-même ont pour cause, les unes le hasard, les autres la nécessité ; et parmi celles qui viennent de la nécessité, les unes doivent être imputées à la violence, les autres à la nature ; de sorte que les choses que l'homme ne fait pas de lui-même viennent toutes ou du hasard, ou de la nature, ou de la violence. Quant à celles qu'il fait de lui-même, et dont il est responsable, les unes viennent de l'habitude, les autres de l'appétit ; et parmi ces dernières, les unes viennent d'un appétit réglé par la raison, les autres d'un appétit déraisonnable. La volonté est un appétit du bien réglé par la raison ; car personne ne veut une chose, à moins qu'on ne la juge bonne. Les appétits déraisonnables sont la colère et la convoitise. Ainsi toutes les actions des hommes se rapportent nécessairement à sept causes qui sont : le hasard, la nature, la violence, l'habitude, la raison, la colère et la convoitise.

§ III. Inutilité d'une autre division.

Il est inutile d'établir une seconde division des motifs de nos actions, fondée sur l'âge, sur les habitudes, ou sur toute autre chose ; car s'il arrive que les jeunes gens soient irascibles ou passionnés, ce n'est pas à cause de la jeunesse qu'ils sont ainsi disposés, mais à cause de la colère et de la convoitise. On ne doit pas s'en prendre non plus à la richesse ou à la pauvreté ; car les pauvres convoitent les richesses à cause du besoin qu'ils en ont, et les riches les plaisirs inutiles, parce qu'ils peuvent se les procurer. Ce ne sera donc pas la richesse ou la pauvreté qui les fera agir, mais bien leur propre convoitise. Nous en dirons autant des motifs qui feront agir les hommes justes ou injustes, et les autres qu'on dit agir selon leurs habitudes. Ces motifs sont la raison ou

διὰ πάθος· ἀλλ᾽ οἱ μὲν, δι᾽ ἤθη καὶ πάθη χρηστά· οἱ δὲ, διὰ τἀναντία. Συμβαίνει μέντοι, ταῖς μὲν τοιαύταις ἕξεσι τὰ τοιαῦτα ἀκολουθεῖν· ταῖς δὲ τοιαῖσδε, τὰ τοιάδε· εὐθὺς γὰρ ἴσως, τῷ μὲν σώφρονι, διὰ τὸ σῶφρον, δόξαι τε καὶ ἐπιθυμίαι χρησταὶ ἐπακολουθοῦσι περὶ τῶν ἡδονῶν· τῷ δ᾽ ἀκολάστῳ, αἱ ἐναντίαι περὶ τῶν αὐτῶν τούτων. Διὸ τὰς μὲν τοιαύτας διαιρέσεις ἐατέον· σκεπτέον δὲ, ποῖα ποίοις εἴωθεν ἔπεσθαι· εἰ μὲν γὰρ λευκὸς ἢ μέλας, ἢ μέγας ἢ μικρός, οὐδὲν τέτακται τῶν τοιούτων ἀκολουθεῖν. Εἰ δὲ νέος ἢ πρεσβύτης, ἢ δίκαιος ἢ ἄδικος, ἤδη διαφέρει. Καὶ ὅλως ὅσα τῶν συμβαινόντων ποιεῖ διαφέρειν τὰ ἤθη τῶν ἀνθρώπων· οἷον, πλουτεῖν δοκῶν ἑαυτῷ ἢ πένεσθαι, διοίσει τι· καὶ ἀτυχεῖν ἢ εὐτυχεῖν. Ταῦτα μὲν οὖν ὕστερον ἐροῦμεν· νῦν δὲ περὶ τῶν λοιπῶν εἴπωμεν πρῶτον.

Δ΄. Ἔστι δ᾽ ἀπὸ τύχης μὲν τὰ τοιαῦτα γιγνόμενα, ὅσων ἥ τε αἰτία ἀόριστος, καὶ μὴ ἕνεκά του γίγνεται· καὶ μήτε αἰεὶ, μήτε ὡς ἐπιτοπολὺ, μήτε τεταγμένως. Δῆλον δ᾽ ἐκ τοῦ ὁρισμοῦ τῆς τύχης περὶ τούτων. Φύσει δὲ, ὅσων ἥ τε αἰτία ἐν αὐτοῖς, καὶ τεταγμένη· ἢ γὰρ αἰεὶ, ἢ ὡς ἐπὶ τὸ πολὺ ὡσαύτως ἀποβαίνει· τὰ γὰρ παρὰ φύσιν, οὐδὲν δεῖ ἀκριβολογεῖσθαι, πότερα κατὰ φύσιν τινὰ, ἢ ἄλλην αἰτίαν γίγνεται. Δόξειε δ᾽ ἂν καὶ ἡ τύχη αἰτία εἶναι τῶν τοιούτων. Βίᾳ δὲ, ὅσα παρ᾽ ἐπιθυμίαν ἢ τοὺς λογισμοὺς γίγνεται δι᾽ αὐτῶν τῶν πραττόντων. Ἔθει δὲ, ὅσα διὰ τὸ πολλάκις πεποιηκέναι ποιοῦσι. Διὰ λογισμὸν δὲ, τὰ δοκοῦντα συμφέρειν ἐκ τῶν εἰρημένων ἀγαθῶν, ἢ ὡς τέλος, ἢ ὡς πρὸς τὸ τέλος, ὅταν διὰ τὸ συμφέρον πράττηται· ἔνια γὰρ καὶ οἱ ἀκόλαστοι συμφέροντα πράττουσιν, ἀλλ᾽ οὐ διὰ τὸ συμφέρον, ἀλλὰ

la passion ; mais chez les uns, les mœurs et les passions sont honnêtes ; chez les autres, tout le contraire. Il arrive cependant que telle ou telle habitude est suivie de telle ou telle conséquence. En effet, il peut se faire que la tempérance, dans celui qui en est doué, produise immédiatement des sentiments et des désirs honnêtes, relativement aux plaisirs, tandis que l'intempérant aura sur le même sujet des sentiments et des désirs contraires. Il faut donc laisser de côté de pareilles divisions ; mais il faut examiner quelles sont les conséquences ordinaires de certaines choses. Qu'un homme soit blanc ou noir, grand ou petit, vous ne tirerez aucune conséquence de ces qualités. Mais est-il jeune ou vieux, juste ou injuste ; voilà ce qui importe. En un mot, il y aura un certain intérêt à examiner toutes les circonstances qui peuvent produire des changements dans les mœurs comme, par exemple, si un homme se croit riche ou pauvre, heureux ou malheureux. Nous parlerons de cela plus tard ; occupons-nous d'abord des causes de nos actions.

§ IV. Causes des actions humaines.

Les choses qui viennent du hasard sont celles qui n'ont pas de cause déterminée, qui ne se font pas pour un but, et qui n'arrivent ni toujours, ni le plus souvent, ni dans un ordre réglé ; c'est ce que rend évident la définition même du hasard. Celles qui viennent de la nature ont leur cause en elles-mêmes et sont soumises à une loi ; elles arrivent de la même manière, ou toujours, ou le plus souvent. Quant à celles qui arrivent contrairement à la nature, il ne faut pas rechercher si elles arrivent suivant une certaine force de la nature, ou par une autre cause ; il semblerait d'ailleurs qu'on doit les attribuer au hasard. Les actions ont pour cause la violence, quand elles arrivent contre le désir ou les desseins de ceux qui les font. On agit par habitude, quand on fait une chose pour l'avoir faite plusieurs fois. On fait par raison les choses qui paraissent utiles, comme fin ou comme moyen, et que nous avons classées parmi les biens, pourvu qu'on les fasse à cause de leur utilité ; car les

δι' ἡδονήν. Διὰ θυμὸν δὲ καὶ ὀργὴν τὰ τιμωρητικά. Διαφέρει δὲ τιμωρία καὶ κόλασις· ἡ μὲν γὰρ κόλασις, τοῦ πάσχοντος ἕνεκά ἐστιν· ἡ δὲ τιμωρία, τοῦ ποιοῦντος, ἵνα ἀποπληρωθῇ. Περὶ μὲν οὖν τίνα ἐστὶν ἡ ὀργὴ, δῆλον ἔσται ἐν τοῖς περὶ παθῶν. Δι' ἐπιθυμίαν δὲ πράττεται, ὅσα φαίνεται ἡδέα. Ἔστι δὲ καὶ τὸ σύνηθες, καὶ τὸ ἐθιστὸν, ἐν τοῖς ἡδέσι· πολλὰ γὰρ καὶ τῶν φύσει μὴ ἡδέων, ὅταν ἐθισθῶσιν, ἡδέως ποιοῦσιν. Ὥστε συλλαβόντι εἰπεῖν, ὅσα δι' αὑτοὺς πράττουσιν, ἅπαντά ἐστιν ἢ ἀγαθὰ ἢ φαινόμενα ἀγαθὰ, ἢ ἡδέα ἢ φαινόμενα ἡδέα. Ἐπεὶ δ' ὅσα δι' αὑτοὺς, ἑκόντες πράττουσιν· οὐχ ἑκόντες δὲ, ὅσα μὴ δι' αὑτούς· πάντ' ἂν εἴη, ὅσα ἑκόντες πράττουσιν, ἢ ἀγαθὰ ἢ φαινόμενα ἀγαθὰ, ἢ ἡδέα ἢ φαινόμενα ἡδέα. Τίθημι γὰρ καὶ τὴν τῶν κακῶν ἢ φαινομένων κακῶν ἀπαλλαγὴν, ἢ ἀντὶ μείζονος, ἐλάττονος μετάληψιν, ἐν τοῖς ἀγαθοῖς· αἱρετὰ γάρ πώς ἐστι· καὶ τὴν τῶν λυπηρῶν ἢ φαινομένων, ἢ ἀπαλλαγὴν, ἢ μετάληψιν ἀντὶ μειζόνων ἐλαττόνων, ὡσαύτως ἐν τοῖς ἡδέσιν. Ληπτέον ἄρα τὰ συμφέροντα καὶ τὰ ἡδέα, πόσα καὶ ποῖα. Περὶ μὲν οὖν τοῦ συμφέροντος, ἐν τοῖς συμβουλευτικοῖς εἴρηται πρότερον· περὶ δὲ τοῦ ἡδέος, εἴπωμεν νῦν. Δεῖ δὲ νομίζειν ἱκανοὺς εἶναι τοὺς ὅρους, ἐὰν ὦσι περὶ ἑκάστου μήτε ἀσαφεῖς, μήτε ἀκριβεῖς.

ΚΕΦΑΛΑΙΟΝ ΙΑ'.

Α'. Ὑποκείσθω δ' ἡμῖν εἶναι τὴν ἡδονὴν κίνησίν τινα τῆς ψυχῆς, καὶ κατάστασιν ἀθρόαν καὶ αἰσθητὴν εἰς τὴν ὑπάρχουσαν φύσιν· λύπην δὲ, τοὐναντίον. Εἰ δή ἐστιν ἡ ἡδονὴ τὸ τοιοῦτον,

hommes intempérants font certaines choses utiles, mais ils les font à cause du plaisir et non de l'utilité. On fait par ressentiment et par colère ce qui tient à la vengeance. Il y a une différence entre la vengeance et le châtiment : le châtiment s'exerce dans l'intérêt de celui qui le souffre, et la vengeance dans l'intérêt de celui qui se venge, et qui a pour but de se satisfaire. Nous définirons la colère quand nous parlerons des passions. On fait par convoitise tout ce qui paraît agréable. Les choses qui nous sont familières et auxquelles nous sommes accoutumés, sont au nombre des choses agréables ; car on fait avec plaisir, quand on y est accoutumé, beaucoup de choses qui ne sont pas naturellement agréables. Pour nous résumer, tout ce qu'on fait de soi-même est ou semble bon, est ou semble agréable. Mais puisqu'on fait volontairement tout ce qu'on fait de soi-même, et involontairement tout ce qu'on ne fait pas de soi-même, il suit que tout ce qu'on fait volontairement est ou semble bon, est ou semble agréable. Je place au nombre des choses bonnes l'éloignement de ce qui est ou semble mauvais, et le changement d'un mal plus grand en un moindre, parce que ces deux choses sont en quelques sorte désirables ; et je mets également au nombre des choses agréables l'éloignement de ce qui est ou semble pénible, ou le changement de ce qui l'est plus en ce qui l'est moins. Il faut donc connaître le nombre et la qualité des choses utiles et des choses agréables. Nous avons déjà parlé de l'utile à propos du genre délibératif ; parlons maintenant de l'agréable [1]. On doit regarder nos définitions comme suffisantes, quoiqu'elles ne soient pas rigoureuses, pourvu qu'elles ne soient pas obscures.

CHAPITRE XI.

De l'agréable.

§ I. Quelles sont les choses agréables.

Supposons que le plaisir est un mouvement, un retour soudain et sensible de l'âme à son état naturel, et que la douleur

ΡΗΤΟΡΙΚΗ.

δῆλον ὅτι καὶ ἡδύ ἐστι τὸ ποιητικὸν τῆς εἰρημένης διαθέσεως· τὸ δὲ φθαρτικὸν, ἢ τῆς ἐναντίας καταστάσεως ποιητικὸν, λυπηρόν. Ἀνάγκη οὖν ἡδὺ εἶναι τό τε εἰς τὸ κατὰ φύσιν ἰέναι ὡς ἐπὶ τὸ πολύ· καὶ μάλιστα ὅταν ἀπειληφότα ᾖ τὴν ἑαυτῶν φύσιν τὰ κατ᾽ αὐτὴν γιγνόμενα· καὶ τὰ ἔθη· καὶ γὰρ τὸ εἰθισμένον, ὥσπερ πεφυκὸς ἤδη γίγνεται· ὅμοιον γάρ τι τὸ ἔθος τῇ φύσει· ἐγγὺς γὰρ καὶ τὸ πολλάκις τῷ αἰεί. Ἔστι δὲ, ἡ μὲν φύσις, τοῦ αἰεί· τὸ δὲ ἔθος, τοῦ πολλάκις. Καὶ τὸ μὴ βίαιον δέ· παρὰ φύσιν γὰρ ἡ βία. Διὸ τὸ ἀναγκαῖον λυπηρὸν, καὶ ὀρθῶς εἴρηται,

Πᾶν γὰρ ἀναγκαῖον πρᾶγμ᾽ ἀνιαρὸν ἔφυ.

Τὰς δ᾽ ἐπιμελείας, καὶ τὰς σπουδὰς, καὶ τὰς συντονίας, λυπηράς· ἀναγκαῖα γὰρ καὶ βίαια ταῦτα, ἐὰν μὴ ἐθισθῶσιν· οὕτω δὲ τὸ ἔθος ποιεῖ ἡδύ. Τὰ δ᾽ ἐναντία, ἡδέα· διὸ αἱ ῥαθυμίαι, καὶ αἱ ἀπονίαι, καὶ αἱ ἀμέλειαι, καὶ αἱ παιδιαὶ, καὶ αἱ ἀναπαύσεις, καὶ ὁ ὕπνος, τῶν ἡδέων· οὐδὲν γὰρ πρὸς ἀνάγκην τούτων. Καὶ οὗ ἂν ἡ ἐπιθυμία ἐνῇ, ἅπαν ἡδύ· ἡ γὰρ ἐπιθυμία τοῦ ἡδέος ἐστὶν ὄρεξις. Τῶν δ᾽ ἐπιθυμιῶν, αἱ μὲν, ἄλογοί εἰσιν· αἱ δὲ, μετὰ λόγου. Λέγω δὲ, ἀλόγους μὲν, ὅσας μὴ ἐκ τοῦ ὑπολαμβάνειν τι ἐπιθυμοῦσιν· εἰσὶ δὲ τοιαῦται, ὅσαι λέγονται εἶναι φύσει, ὥσπερ αἱ διὰ τοῦ σώματος ὑπάρχουσαι· οἷον, ἡ τροφῆς, δίψα καὶ πεῖνα, καὶ καθ᾽ ἕκαστον εἶδος τροφῆς ἐπιθυμία· καὶ αἱ περὶ τὰ γευστὰ, καὶ περὶ τὰ ἀφροδίσια, καὶ ὅλως τὰ ἁπτὰ, καὶ περὶ ὀσμὴν εὐωδίας, καὶ ἀκοὴν, καὶ ὄψιν. Μετὰ λόγου δὲ, ὅσα ἐκ τοῦ πεισθῆναι ἐπιθυμοῦσι· πολλὰ γὰρ καὶ θεάσασθαι καὶ κτήσασθαι ἐπιθυμοῦσιν ἀκούσαντες καὶ πεισθέντες. Ἐπεὶ δ᾽ ἐστὶ τὸ ἥδεσθαι ἐν τῷ αἰσθάνεσθαί τινος πάθους, ἡ δὲ φαντασία ἐστὶν αἴσθησίς τις ἀσθενὴς, κἂν τῷ μεμνημένῳ καὶ τῷ ἐλπίζοντι ἀκολουθοῖ ἂν φαντασία τις οὗ

est le contraire. Si le plaisir est tel que nous le définissons, il est évident que ce qui produit cette disposition dont nous venons de parler est une chose agréable, et que ce qui la détruit ou produit l'état contraire est une chose pénible. Il suit de là qu'il est ordinairement agréable de tendre vers ce qui est selon la nature, et surtout lorsque les choses qui se font par elle sont elles-mêmes dans leur état naturel. Les habitudes sont aussi une chose agréable; ce à quoi nous sommes habitués devient comme naturel. En effet, l'habitude ressemble en quelque sorte à la nature; car il n'y a pas loin de souvent à toujours; et si la nature dit toujours, l'habitude dit souvent. Ce qui n'est pas forcé est agréable; car la violence est opposée à la nature. C'est pourquoi ce qui est nécessaire est affligeant, et c'est avec raison que l'on a dit : « Tout ce qu'on fait par nécessité est affligeant[1]. » Les soucis, l'application, les efforts sont pénibles; car tout cela est nécessaire et forcé, quand on n'y est pas habitué; mais l'habitude le rend agréable. Les choses contraires à celles-là sont agréables. C'est pourquoi l'indolence, l'oisiveté, l'insouciance, le jeu, le repos, le sommeil, sont au nombre des choses agréables, parce qu'il n'y a en elles rien de forcé. Ce que nous désirons est agréable, car le désir est l'appétit de l'agréable. Nos désirs sont ou irraisonnables, ou conformes à la raison. J'appelle irraisonnables tous ceux qui viennent sans le concours de la réflexion. Dans ce nombre sont ceux qu'on appelle naturels, par exemple, ceux qui partent du corps : tels sont l'appétit, la soif, la faim, le désir de tel ou tel aliment en particulier; ceux qui naissent du goût, des plaisirs de l'amour; en un mot, le tact, les plaisirs de l'odorat, l'ouïe, la vue. J'appelle conformes à la raison ceux qui nous viennent quand nous sommes persuadés par la réflexion. En effet, il y a un grand nombre de choses que nous désirons voir et acquérir, quand nous en avons entendu parler, et que nous les jugeons agréables. Mais puisque le plaisir consiste à éprouver une certaine sensation, et que l'imagination est une sensation affaiblie, on peut dire que l'homme qui se souvient et celui qui espère conservent dans

μέμνηται ἢ ἐλπίζει· εἰ δὲ τοῦτο, δῆλον ὅτι καὶ ἡδοναὶ ἅμα μεμνημένοις καὶ ἐλπίζουσιν, ἐπείπερ καὶ αἴσθησις. Ὥστ' ἀνάγκη πάντα τὰ ἡδέα ἢ ἐν τῷ αἰσθάνεσθαι εἶναι παρόντα, ἢ ἐν τῷ μεμνῆσθαι γεγενημένα, ἢ ἐν τῷ ἐλπίζειν μέλλοντα· αἰσθάνονται μὲν γὰρ τὰ παρόντα, μέμνηνται δὲ τὰ γεγενημένα, ἐλπίζουσι δὲ τὰ μέλλοντα. Τὰ μὲν οὖν μνημονευτὰ, ἡδέα ἐστίν, οὐ μόνον ὅσα ἐν τῷ παρόντι, ὅτε παρῆν, ἡδέα ἦν, ἀλλ' ἔνια καὶ οὐχ ἡδέα, ἂν ᾖ ὕστερον καλὸν καὶ ἀγαθὸν τὸ μετὰ τοῦτο. Ὅθεν καὶ τοῦτο εἴρηται,

Ἀλλ' ἡδύ τοι, σωθέντα μεμνῆσθαι πόνων.
Καὶ,
— Μετὰ γάρ τε καὶ ἄλγεσι τέρπεται ἀνὴρ
Μνήμενος, ὅστις πολλὰ πάθῃ, καὶ πολλὰ ἐόργῃ.

Τούτου δ' αἴτιον, ὅτι ἡδὺ καὶ τὸ μὴ ἔχειν κακόν. Τὰ δ' ἐν ἐλπίδι, ὅσα παρόντα ἢ εὐφραίνειν, ἢ ὠφελεῖν φαίνεται μεγάλα, ἢ ἄνευ λύπης ὠφελεῖν. Ὅλως δὲ, ὅσα παρόντα εὐφραίνει, καὶ ἐλπίζοντας καὶ μεμνημένους, ὡς ἐπὶ τὸ πολύ. Διὸ καὶ τὸ ὀργίζεσθαι, ἡδύ, ὥσπερ καὶ Ὅμηρος ἐποίησε περὶ τοῦ θυμοῦ,

Ὅς τε πολὺ γλυκίων μέλιτος καταλειβομένοιο·

οὐδεὶς γὰρ ὀργίζεται τῷ ἀδυνάτῳ φαινομένῳ τιμωρίας τυχεῖν. Οὐδὲ τοῖς πολὺ ὑπὲρ αὐτοὺς τῇ δυνάμει, ἢ οὐκ ὀργίζονται, ἢ ἧττον. Καὶ ἐν ταῖς πλείσταις ἐπιθυμίαις ἀκολουθεῖ τις ἡδονή· ἢ γὰρ μεμνημένοι ὡς ἔτυχον, ἢ ἐλπίζοντες ὡς τεύξονται, χαίρουσί τινα ἡδονήν· οἷον οἵ τ' ἐν τοῖς πυρετοῖς ἐχόμενοι ταῖς δίψαις, καὶ μεμνημένοι ὡς ἔπιον, καὶ ἐλπίζοντες πιεῖσθαι, χαίρουσι. Καὶ οἱ ἐρῶντες καὶ διαλεγόμενοι, καὶ γράφοντες, καὶ ποιοῦντες αἰεί τι περὶ τοῦ ἐρωμένου, χαίρουσιν· ἐν ἅπασι γὰρ τοῖς τοιούτοις μεμνημένοι, οἷον αἰσθάνεσθαι οἴονται τοῦ ἐρωμένου. Καὶ ἀρχὴ δὲ τοῦ ἔρωτος γίγνεται αὕτη πᾶσιν, ὅταν μὴ

l'imagination l'objet de leur souvenir ou de leur espérance. S'il en est ainsi, il est évident qu'il y a du plaisir à se souvenir et à espérer, puisqu'on éprouve une sensation. Il faut donc que toutes les choses agréables soient, ou présentes dans la sensation, ou passées dans le souvenir, ou futures dans l'espérance. En effet, on sent les choses présentes, on se souvient de celles qui sont passées, on espère celles qui sont à venir. Nos souvenirs sont agréables, non-seulement quand ils nous rappellent des choses qui, présentes, étaient agréables, mais aussi quelquefois des choses désagréables, dont la suite a été plus tard belle et bonne. C'est pourquoi on a dit : « Il est doux de se souvenir des dangers auxquels on a échappé [2]. » Et aussi : « Il se complaît dans le souvenir de ses douleurs l'homme qui a supporté beaucoup de fatigues et de travaux [3]. » La cause en est qu'il y a du plaisir, même à se trouver à l'abri du mal. Les choses que nous espérons sont agréables, lorsque leur présence semble devoir nous apporter du plaisir, ou un avantage considérable, ou un bien exempt de tristesse. En un mot, ce qui nous réjouit par sa présence, nous réjouit aussi presque toujours par l'espérance ou par le souvenir. C'est pour cela qu'il est agréable de nourrir son ressentiment, et c'est ce qui a fait dire à Homère que la colère « est beaucoup plus douce que des gouttes de miel [4]. » On ne s'emporte ni contre celui que la veangeance ne saurait atteindre, ni contre ceux qui sont beaucoup plus puissants ; contre ces personnes, il n'y a pas de colère, ou il y en a moins. La plupart de nos désirs sont accompagnés d'un sentiment agréable. Le souvenir d'un plaisir passé, l'espérance d'un plaisir futur, font naître la joie dans notre âme. Ainsi, dans la fièvre, le malade, tourmenté par la soif, aime à se souvenir qu'il a bu et à espérer qu'il boira encore. Les amoureux aiment à s'entretenir de leur amour, à écrire, à s'occuper sans cesse de la personne qu'ils aiment. Il leur semble dans tout cela que le souvenir rend sensible et présent l'objet de leur affection. L'amour commence toujours ainsi : non-seulement on est heureux de la présence de l'objet aimé ; mais en son absence, l'amour se nourrit

μόνον παρόντος χαίρουσιν, ἀλλὰ καὶ ἀπόντος μεμνημένοι ἐρῶσι. Διὸ καὶ ὅταν λυπηρὸς γένηται τῷ μὴ παρεῖναι, καὶ ἐν τοῖς πένθεσι καὶ θρήνοις ἐγγίγνεταί τις ἡδονή. Ἡ μὲν γὰρ λύπη, ἐπὶ τῷ μὴ ὑπάρχειν· ἡδονὴ δὲ, ἐν τῷ μεμνῆσθαι καὶ ὁρᾶν πως ἐκεῖνον, καὶ ἃ ἔπραττε, καὶ οἷος ἦν. Διὸ καὶ τοῦτ' εἴρηται,

Ὣς φάτο· τοῖσι δὲ πᾶσιν ὑφ' ἵμερον ὦρσε γόοιο.

Καὶ τὸ τιμωρεῖσθαι, ἡδύ· οὗ γὰρ τὸ μὴ τυγχάνειν λυπηρὸν, τὸ τυγχάνειν ἡδύ· οἱ δ' ὀργιζόμενοι λυποῦνται ἀνυπερβλήτως, μὴ τιμωρούμενοι· ἐλπίζοντες δὲ, χαίρουσι. Καὶ τὸ νικᾶν, ἡδὺ, οὐ μόνον τοῖς φιλονίκοις, ἀλλὰ πᾶσι· φαντασία γὰρ ὑπεροχῆς γίγνεται, οὗ πάντες ἔχουσιν ἐπιθυμίαν, ἢ ἠρέμα, ἢ μᾶλλον. Ἐπεὶ δὲ τὸ νικᾶν ἡδύ, ἀνάγκη καὶ τὰς παιδιὰς ἡδείας εἶναι, τὰς μαχητικὰς καὶ τὰς αὐλητικὰς καὶ ἐριστικάς· πολλάκις γὰρ ἐν αὐταῖς γίγνεται τὸ νικᾶν. Καὶ ἀστραγαλίσεις, καὶ σφαιρίσεις, καὶ κυβείας, καὶ πεττείας. Καὶ περὶ τὰς ἐσπουδασμένας δὲ παιδιὰς ὁμοίως· αἱ μὲν γὰρ ἡδεῖαι γίγνονται, ἄν τις ᾖ συνήθης· αἱ δ' εὐθὺς ἡδεῖαι, οἷον κυνηγία, καὶ πᾶσα θηρευτική· ὅπου γὰρ ἅμιλλα, ἐνταῦθα καὶ νίκη ἐστί. Διὸ καὶ ἡ δικανική, καὶ ἡ ἐριστική, ἡδεῖα τοῖς εἰθισμένοις καὶ δυναμένοις. Καὶ τιμὴ καὶ εὐδοξία, τῶν ἡδίστων, διὰ τὸ γίγνεσθαι φαντασίαν ἑκάστῳ, ὅτι τοιοῦτος οἷος ὁ σπουδαῖος· καὶ μᾶλλον ὅταν φῶσιν, οὓς οἴεται ἀληθεύειν. Τοιοῦτοι δὲ οἱ ἐγγὺς μᾶλλον τῶν πόρρω· καὶ οἱ συνήθεις, καὶ οἱ γνώριμοι, καὶ οἱ πολῖται, τῶν ἄπωθεν· καὶ οἱ ὄντες, τῶν μελλόντων· καὶ οἱ φρόνιμοι, ἀφρόνων· καὶ πολλοὶ, ὀλίγων· μᾶλλον γὰρ εἰκὸς ἀληθεύειν τοὺς εἰρημένους, τῶν ἐναντίων· ἐπεὶ, ὧν τις πολὺ καταφρονεῖ, ὥσπερ παιδίων ἢ θηρίων, οὐδὲν μέλει τῆς τούτων τιμῆς ἢ τῆς δόξης, αὐτῆς γε

de souvenirs ; et c'est pour cela qu'on trouve du plaisir à s'attrister de l'absence de ce qu'on aime [5] ; il y a même du plaisir dans le deuil et dans les lamentations. On s'afflige parce qu'une personne n'est plus, mais on trouve du charme à se souvenir d'elle, à la voir, pour ainsi dire, à se rappeler ses actions et toute sa personne. Aussi le poëte a-t-il dit avec raison : « Il parla ainsi, et dans « tous il excita le désir des larmes [6]. » Il est doux de se venger ; car s'il est pénible de ne pas réussir dans une entreprise, il est agréable d'y réussir ; or, l'homme irrité ressent une douleur insurmontable quand il ne se venge pas, tandis que l'espoir de la vengeance le réjouit. Remporter la victoire est encore une chose agréable, non-seulement à ceux qui aiment à vaincre, mais encore à tous les hommes, parce que l'imagination s'attribue alors une supériorité que nous désirons tous avec plus ou moins d'ardeur. Mais s'il y a du plaisir à vaincre, il y en a nécessairement dans les jeux, dans les combats du gymnase, dans les concours de musique, dans les disputes, car on y remporte souvent la victoire ; ajoutons-y les osselets, la paume, les dés, les échecs. Il en est de même des jeux sérieux ; les uns deviennent agréables par l'habitude, les autres le sont aussitôt, comme la chasse et tous les moyens qu'on emploie pour prendre les bêtes féroces, car la victoire suppose le combat. Il suit de là qu'il est doux de plaider, et de soutenir une dispute quand on y est accoutumé, et qu'on le fait d'une manière habile. L'honneur et la bonne renommée sont au nombre des choses les plus agréables. En effet, nous nous imaginons tous avoir les qualités qui en rendent dignes, et encore plus lorsque l'éloge vient de ceux dont l'opinion nous semble fondée. Tels sont les voisins plutôt que ceux qui habitent loin de nous ; nos amis, nos connaissances, nos concitoyens, plutôt que les étrangers ; nos contemporains plutôt que la postérité ; les sages plutôt que les insensés ; le grand nombre plutôt que le petit. Il est probable que ces personnes sont dans le vrai plutôt que les autres. Quant aux êtres pour l'opinion desquels on n'a que du mépris, comme sont les enfants et les animaux, on ne tient nullement à leur considération ou à leur estime, et si

τῆς δόξης χάριν· ἀλλ' εἴπερ, δι' ἄλλο τι. Καὶ ὁ φίλος, τῶν ἡδέων· τό τε γὰρ φιλεῖν, ἡδύ· οὐδεὶς γὰρ φίλοινος, μὴ χαίρων οἴνῳ· καὶ τὸ φιλεῖσθαι, ἡδύ. Φαντασία γὰρ καὶ ἐνταῦθα τοῦ ὑπάρχειν αὐτῷ τὸ ἀγαθὸν εἶναι, οὗ πάντες ἐπιθυμοῦσιν οἱ αἰσθανόμενοι. Τὸ δὲ φιλεῖσθαι, ἀγαπᾶσθαί ἐστιν αὐτὸν δι' αὑτόν. Καὶ τὸ θαυμάζεσθαι, ἡδύ, δι' αὐτὸ τὸ τιμᾶσθαι. Καὶ τὸ κολακεύεσθαι, καὶ ὁ κόλαξ, ἡδύ· φαινόμενος γὰρ θαυμαστής, καὶ φαινόμενος φίλος, ὁ κόλαξ ἐστίν. Καὶ τὸ ταὐτὰ πράττειν πολλάκις, ἡδύ· τὸ γὰρ σύνηθες, ἡδὺ ἦν. Καὶ τὸ μεταβάλλειν, ἡδύ· εἰς φύσιν γὰρ γίγνεται μεταβάλλειν· τὸ γὰρ αὐτὸ αἰεὶ ὑπερβολὴν ποιεῖ τῆς καθεστώσης ἕξεως. Ὅθεν εἴρηται·

— — Μεταβολὴ πάντων γλυκύ·

διὰ τοῦτο καὶ τὰ διὰ χρόνου ἡδέα ἐστί, καὶ ἄνθρωποι καὶ πράγματα· μεταβολὴ γὰρ ἐκ τοῦ παρόντος ἐστίν· ἅμα δὲ καὶ σπάνιον, τὸ διὰ χρόνου. Καὶ τὸ μανθάνειν, καὶ τὸ θαυμάζειν, ἡδύ, ὡς ἐπὶ τὸ πολύ· ἐν μὲν γὰρ τῷ θαυμάζειν, τὸ ἐπιθυμεῖν μαθεῖν ἐστιν· ὥστε τὸ θαυμαστὸν, ἐπιθυμητόν· ἐν δὲ τῷ μανθάνειν, εἰς τὸ κατὰ φύσιν καθίστασθαι. Καὶ τὸ εὖ ποιεῖν, καὶ τὸ εὖ πάσχειν, τῶν ἡδέων· τὸ μὲν γὰρ εὖ πάσχειν, τυγχάνειν ἐστὶν ὧν ἐπιθυμοῦσι· τὸ δὲ εὖ ποιεῖν, ἔχειν καὶ ὑπερέχειν, ὧν ἀμφοτέρων ἐφίενται. Διὰ δὲ τὸ ἡδὺ εἶναι τὸ εὖ ποιητικόν, καὶ τὸ ἐπανορθοῦν ἡδὺ τοῖς ἀνθρώποις ἐστὶ τοὺς πλησίον, καὶ τὸ τὰ ἐλλιπῆ ἐπιτελεῖν. Ἐπεὶ δὲ τὸ μανθάνειν τε ἡδύ, καὶ τὸ θαυμάζειν, καὶ τὰ τοιαῦτα, ἀνάγκη ἡδέα εἶναι τό τε μεμιμημένον, ὥσπερ γραφικὴ καὶ ἀνδριαντοποιία, καὶ ποιητική, καὶ πᾶν ὃ ἂν εὖ μεμιμημένον ᾖ, κἂν μὴ ᾖ ἡδὺ οὗ τὸ μίμημα· οὐ γὰρ ἐπὶ τούτῳ χαίρει, ἀλλὰ συλλογισμός ἐστιν, ὅτι τοῦτο ἐκεῖνο· ὥστε μανθάνειν τι συμβαίνει. Καὶ αἱ περιπέτειαι, καὶ τὸ παρὰ μι-

on y tient, ce n'est pas pour l'estime elle-même, mais pour quelqu'autre motif. Un ami est une chose agréable, car il est doux d'aimer ; si on aime le vin, n'est-ce pas parce qu'on le trouve agréable? Il est doux aussi d'être aimé. On s'imagine alors être réellement doué de bonnes qualités ; et cette pensée plaît à tous les hommes de sens. Être aimé d'ailleurs, c'est être chéri pour soi-même Il est agréable d'exciter l'admiration, parce que ce sentiment nous honore. La flatterie et les flatteurs sont agréables, le flatteur étant un semblant d'admirateur et d'ami. Il est doux de faire souvent les mêmes choses ; l'habitude, nous l'avons déjà dit, étant une chose agréable. Il est doux aussi de changer, le changement étant dans l'ordre de la nature ; car l'immutabilité est au dessus de notre condition. C'est pourquoi on a dit : « Le changement est agréable en tout [7]. » Aussi trouvons-nous agréable ce que nous ne voyons que par intervalle, hommes ou choses ; outre qu'il y a changement de l'état présent, ce qu'on ne voit que par intervalle devient rare. Apprendre et admirer sont le plus souvent deux choses agréables ; car l'admiration implique le désir de connaître, de sorte que ce qui est admirable excite le désir ; et en apprenant, nous obéissons à une loi de notre nature. Il est agréable d'obliger et d'être obligé ; quand on est obligé, on obtient ce qu'on désire ; et quand on oblige, c'est parce qu'on possède deux avantages bien enviés, celui d'avoir, et d'avoir plus qu'il ne faut. Puisqu'il est agréable de faire du bien, il l'est aussi de ramener dans la droite voie ceux qui nous touchent de près, et d'achever ce qu'ils ont commencé. S'il est agréable d'apprendre et d'admirer, il faut en conclure qu'on trouvera du plaisir dans ce qui s'y rapporte, par exemple dans les arts d'imitation, comme la peinture, la statuaire, la poésie, et dans tout ce qui est bien imité, quoique la chose imitée ne soit pas par elle-même agréable ; car ce n'est pas l'imitation qui plaît, mais le raisonnement, qui nous découvre qu'il n'y a aucune différence entre l'imitation et la chose imitée, ce qui est une sorte de nouvelle connaissance. Nous en dirons autant des changements soudains, des périls dont on ne

κρὸν σώζεσθαι ἐκ τῶν κινδύνων· πάντα γὰρ θαυμαστὰ ταῦτα. Καὶ ἐπεὶ τὸ κατὰ φύσιν ἡδὺ, τὰ συγγενῆ δὲ κατὰ φύσιν ἀλλήλοις ἐστίν, ἄπαντα τὰ συγγενῆ καὶ ὅμοια, ἡδέα, ὡς ἐπὶ τὸ πολύ· οἷον, ἄνθρωπος ἀνθρώπῳ, καὶ ἵππος ἵππῳ, καὶ νέος νέῳ. Ὅθεν καὶ αἱ παροιμίαι εἴρηνται, ὡς, ἧλιξ ἥλικα τέρπει· καὶ, αἰεὶ τὸν ὅμοιον· καὶ, ἔγνω δὲ θὴρ θῆρα· καὶ, αἰεὶ κολοιὸς παρὰ κολοιόν· καὶ ὅσα ἄλλα τοιαῦτα. Ἐπεὶ δὲ τὸ ὅμοιον καὶ τὸ συγγενὲς ἡδὺ ἑαυτῷ ἅπαν, μάλιστα δ᾽ αὐτὸς πρὸς ἑαυτὸν ἕκαστος τοῦτο πέπονθεν, ἀνάγκη πάντας φιλαύτους εἶναι, ἢ μᾶλλον, ἢ ἧττον· πάντα γὰρ τὰ τοιαῦτα ὑπάρχει πρὸς αὐτὸν μάλιστα. Ἐπεὶ δὲ φίλαυτοι πάντες, καὶ τὰ αὐτῶν ἀνάγκη ἡδέα εἶναι πᾶσιν· οἷον, ἔργα, λόγους. Διὸ φιλοκόλακες, ὡς ἐπὶ τὸ πολὺ, καὶ φιλερασταὶ, καὶ φιλότιμοι, καὶ φιλότεκνοι· αὐτῶν γὰρ ἔργα τὰ τέκνα. Καὶ τὰ ἐλλειπῆ ἐπιτελεῖν, ἡδύ· αὐτῶν γὰρ ἔργον ἤδη γίγνεται. Καὶ ἐπεὶ τὸ ἄρχειν, ἥδιστον, καὶ τὸ σοφὸν δοκεῖν εἶναι, ἡδύ· ἀρχικὸν γὰρ τὸ φρονεῖν· ἔστι δ᾽ ἡ σοφία πολλῶν καὶ θαυμαστῶν ἐπιστήμη. Ἔτι, ἐπεὶ φιλότιμοι ὡς ἐπὶ τὸ πολὺ, ἀνάγκη καὶ τὸ ἐπιτιμᾶν τοῖς πέλας, ἡδὺ εἶναι. Καὶ τὸ ἐν ᾧ βέλτιστος δοκεῖ εἶναι αὐτὸς αὑτοῦ, ἐνταῦθα διατρίβειν· ὥσπερ καὶ Εὐριπίδης φησί·

Κἀπὶ τοῦτ᾽ ἐπείγεται,
Νέμων ἑκάστης ἡμέρας πλεῖστον μέρος,
Ἵν᾽ αὐτὸς αὑτοῦ τυγχάνῃ βέλτιστος ὤν.

Ὁμοίως δὲ καὶ ἐπεὶ ἡ παιδιὰ τῶν ἡδέων, καὶ πᾶσα ἄνεσις, καὶ ὁ γέλως τῶν ἡδέων. Ἀνάγκη δὲ καὶ τὰ γελοῖα ἡδέα εἶναι, καὶ ἀνθρώπους, καὶ λόγους καὶ ἔργα. Διώρισται δὲ περὶ γελοίων χωρὶς ἐν τοῖς περὶ Ποιητικῆς. Περὶ μὲν οὖν ἡδέων εἰρήσθω ταῦτα· τὰ δὲ λυπηρὰ, ἐκ τῶν ἐναντίων τούτοις φανερά.

se sauve qu'avec peine. Tout cela excite notre étonnement. Mais puisque ce qui est selon la nature est agréable, et que c'est par le fait de la nature que certaines choses appartiennent au même genre, il suit que les êtres congénères et semblables se plaisent les uns aux autres, comme l'homme à l'homme, le cheval au cheval, les jeunes gens aux jeunes gens. De là viennent ces proverbes : « Chacun se plaît avec ceux de son âge ; » « On cherche toujours son pareil ; » « La bête connaît la bête ; » « Le geai perche à côté du geai ; » et d'autres semblables [8]. Puisque toutes les choses congénères et semblables se plaisent entr'elles, et que c'est surtout à l'égard de lui-même que chacun est ainsi affecté, il suit que tous les hommes ont l'amour d'eux-mêmes plus ou moins ; car c'est surtout en se considérant eux-mêmes qu'ils trouvent ces conditions remplies ; et si nous avons l'amour de nous-mêmes, il suit que nous trouvons agréable ce qui vient de nous, nos œuvres et nos paroles. C'est pour cela que nous avons ordinairement de l'amour, pour nos flatteurs, pour ceux qui nous aiment, pour les honneurs, pour nos enfants ; car nos enfants sont notre œuvre. Il est agréable aussi d'achever une chose commencée, parce qu'elle devient presque notre ouvrage. S'il n'y a rien de plus agréable que de commander, il est agréable aussi de passer pour sage ; car la sagesse donne le droit de commander, et elle consiste à savoir un grand nombre de choses qui excitent l'admiration. Comme nous sommes ordinairement amis des honneurs, il suit qu'il est agréable de reprendre ceux qui sont près de nous. Si nous croyons exceller en quelque chose, nous aimons à en faire notre principale occupation, ce qui a fait dire à Euripide : « Il s'y porte avec ardeur ; il y consacre la plus grande partie de chaque jour, parce qu'il croit en cela se surpasser lui-même [9]. » De même, si le jeu, si toute espèce de repos, sont au nombre des choses agréables, nous y mettrons aussi le rire, et par conséquent ce qui est ridicule, hommes, paroles et actions. Nous avons défini à part le ridicule dans notre Poétique [10]. Voilà quelles sont les choses agréables. On connaîtra par les contraires celles qui sont pénibles.

ΚΕΦΑΛΑΙΟΝ ΙΒ'.

Λ'. Ὧν μὲν οὖν ἕνεκα ἀδικοῦσι, ταῦτ' ἐστί. Πῶς δὲ ἔχοντες, καὶ τίνας, λέγωμεν νῦν. Αὐτοὶ μὲν οὖν ὅταν οἴωνται δυνατὸν εἶναι τὸ πρᾶγμα πραχθῆναι, καὶ ἑαυτοῖς δυνατόν. Εἴ τε ἂν λαθεῖν πράξαντες, ἢ μὴ λαθόντες, μὴ δοῦναι δίκην· ἢ δοῦναι μέν, ἀλλ' ἐλάττω τὴν ζημίαν εἶναι τοῦ κέρδους ἑαυτοῖς, ἢ ὧν κήδονται. Ποῖα μὲν οὖν δυνατὰ φαίνεται, καὶ ποῖα ἀδύνατα, ἐν τοῖς ὕστερον ῥηθήσεται· κοινὰ γὰρ ταῦτα πάντων τῶν λόγων. Αὐτοὶ δ' οἴονται δυνατοὶ εἶναι μάλιστα ἀζήμιοι ἀδικεῖν, οἱ εἰπεῖν δυνάμενοι, καὶ οἱ πρακτικοί, καὶ οἱ ἔμπειροι πολλῶν ἀγώνων. Καὶ ἐὰν πολύφιλοι ὦσι. Καὶ ἐὰν πλούσιοι. Καὶ μάλιστα μέν, ἂν αὐτοὶ ὦσιν ἐν τοῖς εἰρημένοις, οἴονται δύνασθαι· εἰ δὲ μή, κἂν ὑπάρχωσι τοιοῦτοι αὐτοῖς φίλοι, ἢ ὑπηρέται, ἢ κοινωνοί· διὰ γὰρ ταῦτα δύνανται καὶ πράττειν, καὶ λανθάνειν, καὶ μὴ δοῦναι δίκην. Καὶ ἐὰν φίλοι ὦσι τοῖς ἀδικουμένοις, ἢ τοῖς κριταῖς· οἱ μὲν γὰρ φίλοι, ἀφύλακτοί τε πρὸς τὸ ἀδικεῖσθαι, καὶ προσκαταλλάττονται, πρὶν ἐπεξελθεῖν· οἱ δὲ κριταὶ χαρίζονται, οἷς ἂν φίλοι ὦσι, καὶ ἢ ὅλως ἀφιᾶσιν, ἢ μικροῖς ζημιοῦσι. Λαθητικοὶ δέ εἰσιν, οἵ τ' ἐναντίοι τοῖς ἐγκλήμασιν· οἷον, ἀσθενὴς περὶ αἰκίας, καὶ ὁ πένης, καὶ ὁ αἰσχρὸς περὶ μοιχείας. Καὶ τὰ λίαν ἐν φανερῷ καὶ ἐν

CHAPITRE XII.

Dans quelles circonstances, en quoi et contre qui on commet l'injustice.

§ I. Dans quelles circonstances on est injuste.

Voilà les choses pour lesquelles on commet l'injustice. Disons maintenant dans quelles circonstances et envers qui on est injuste. L'homme est injuste : quand il pense que la chose est possible, et qu'il peut en venir lui-même à bout ; quand il espère que son action restera cachée, ou que, si elle est découverte, elle demeurera impunie, ou bien que, si elle est punie, la peine sera moindre que le profit qu'il en retirera, ou pour lui-même, ou pour les personnes auxquelles il s'intéresse. Quant aux choses qui semblent possibles ou impossibles, nous en parlerons plus tard, ces notions étant communes à toute espèce de discours. On croit surtout être en état d'être injuste impunément, quand on est éloquent, versé dans les affaires, rompu aux luttes judiciaires par une longue expérience ; quand on a de nombreux amis ; quand on est riche. C'est principalement lorsqu'on possède soi-même ces avantages, qu'on se décide à agir ; sinon, quand ils se trouvent dans les amis, les serviteurs, les complices. Grâce à tout cela, on peut commettre l'injustice, la tenir cachée, et se soustraire au châtiment. Il en est de même quand on est l'ami de ceux à qui on fait tort, ou des juges : Les amis ne se tiennent pas en garde contre l'injustice, et ils préfèrent une conciliation à un procès ; les juges favorisent ceux qu'ils aiment ; ils les absolvent entièrement, ou les condamnent à des peines insignifiantes. L'injustice n'est pas découverte, quand le coupable se trouve dans des conditions qui semblent repousser l'accusation ; comme si on accusait de voies de fait un homme sans force, d'adultère un homme pauvre ou laid. Il en est de même : quand on dérobe des choses exposées au grand jour, à la vue de tout le monde ; des choses qu'on ne garde pas dans l'idée que personne n'oserait les prendre : quand le crime est si

ὀφθαλμοῖς· ἀφύλακτα γὰρ, διὰ τὸ μηδένα ἂν οἴεσθαι. Καὶ τὰ τηλικαῦτα, καὶ τὰ τοιαῦτα, ἃ μηδὲ εἷς· ἀφύλακτα γὰρ καὶ ταῦτα· πάντες γὰρ τὰ εἰωθότα, ὥσπερ ἀῤῥωστήματα φυλάττονται· καὶ τὰ ἀδικήματα· ὁ δὲ μηδείς πω ἠῤῥώστησεν, οὐδεὶς εὐλαβεῖται. Καὶ οἷς μηδεὶς ἐχθρὸς, ἢ πολλοί· οἱ μὲν γὰρ, οἴονται λήσειν, διὰ τὸ μὴ φυλάττεσθαι· οἱ δὲ, λανθάνουσί τε, διὰ τὸ μὴ δοκεῖν ἂν ἐπιχειρῆσαι φυλαττομένοις, καὶ διὰ τὸ ἀπολογίαν ἔχειν, ὅτι οὐκ ἂν ἐνεχείρησαν. Καὶ οἷς ὑπάρχει κρύψις, ἢ τρόπος, ἢ τόπος, ἢ διάθεσις εὔπορος. Καὶ ὅσοις μὴ λαθοῦσιν ἔστι δίωσις δίκης, ἢ ἀναβολὴ χρόνου, ἢ διαφθοραὶ κριτῶν. Καὶ οἷς, ἐὰν γένηται ζημία, ἔστι δίωσις τῆς ἐκτίσεως ἢ ἀναβολὴ χρόνιος, ἢ δι' ἀπορίαν μηδὲν ἕξει, ὅ τι ἀπολέσει. Καὶ οἷς, τὰ μὲν κέρδη φανερά, ἢ μεγάλα ἢ ἐγγύς· αἱ δὲ ζημίαι, ἢ μικραὶ ἢ ἀφανεῖς, ἢ πόῤῥω. Καὶ ὧν μή ἐστι τιμωρία ἴση τῇ ὠφελείᾳ, οἷον δοκεῖ ἔχειν ἡ τυραννίς. Καὶ ὅσοις, τὰ μὲν ἀδικήματα, λήμματα· αἱ δὲ ζημίαι, ὀνείδη μόνον. Καὶ οἷς τοὐναντίον, τὰ μὲν ἀδικήματα εἰς ἔπαινόν τινα· οἷον, εἰ συνέβη ἅμα τιμωρήσασθαι ὑπὲρ πατρὸς ἢ μητρὸς, ὥσπερ Ζήνωνι· αἱ δὲ ζημίαι, εἰς χρήματα, ἢ φυγὴν, ἢ τοιοῦτόν τι· ἀμφότεροι γὰρ ἀδικοῦσι, καὶ ἀμφοτέρως ἔχοντες, πλὴν οὐχ οἱ αὐτοί, ἀλλ' οἱ ἐναντίοι τοῖς ἤθεσι. Καὶ οἱ πολλάκις ἢ λεληθότες, ἢ μὴ ἐζημιωμένοι. Καὶ οἱ πολλάκις ἀποτετυχηκότες· εἰσὶ γάρ τινες καὶ ἐν τοῖς τοιούτοις, ὥσπερ καὶ ἐν τοῖς πολεμικοῖς, οἷοι ἀναμάχεσθαι. Καὶ οἷς ἂν παραχρῆμα ᾖ τὸ ἡδύ, τὸ δὲ λυπηρὸν ὕστερον· ἢ τὸ κέρδος, ἡ δὲ ζημία ὕστερον· οἱ γὰρ ἀκρατεῖς, τοιοῦτοι

grand et d'une nature telle, qu'il n'a pas encore été commis ; dans ce cas, on ne cherche pas à le prévenir. Il en est des crimes comme des maladies : on prend des précautions contre les maladies ordinaires, mais on ne se tient pas en garde contre celles dont personne n'a encore été atteint. L'homme peut cacher l'injustice, quand il n'a point d'ennemis ou qu'il en a un grand nombre; dans le premier cas, il espère échapper aux recherches, parce qu'on ne se défie pas de lui ; il y échappe, dans le second, à cause de l'idée où on est qu'il n'aurait pas osé attaquer des personnes qui se tiennent sur leurs gardes, et parce qu'il peut se justifier en disant qu'il ne l'aurait pas osé. Il en est de même quand il peut cacher l'objet volé, le changer, le déplacer, le vendre facilement. Quoiqu'on ne puisse pas cacher l'injustice, on est cependant porté à la commettre : lorsqu'on peut repousser l'accusation, gagner du temps, corrompre les juges : lorsque, dans le cas où on serait condamné, on peut opposer à l'exécution de la sentence ou des délais indéfinis, ou une indigence qui fait que nous ne pouvons rien perdre : lorsque le profit est clair, important ou immédiat, tandis que la peine est petite, incertaine, éloignée : lorsque le châtiment n'égale pas les avantages qu'on retire de l'injustice, comme par exemple, dans la tyrannie; lorsque le crime est un profit réel, et que la punition ne consiste que dans le déshonneur; lorsqu'au contraire l'action injuste nous fait quelque honneur, par exemple, si on venge à la fois son père et sa mère, ainsi qu'il arriva à Zénon, tandis que la punition n'entraîne qu'une perte d'argent, l'exil, ou une autre peine semblable. Dans les deux cas, il y a injustice, malgré la différence des situations ; mais entre les auteurs de l'injustice, il y a une grande distance et une complète opposition dans les dispositions morales. On est porté à être injuste, lorsque l'injustice est souvent restée cachée, ou qu'elle n'a pas été punie : lorsqu'on a échoué plusieurs fois ; car en cela, comme à la guerre, il est des hommes qui reviennent souvent à la charge : lorsqu'on espère sur-le-champ le plaisir ou le profit, tandis que la douleur ou le châtiment sont encore éloignés, comme font les

ἔστι δὲ ἀκρασία περὶ πάντα ὅσων ὀρέγονται. Καὶ οἷς ἂν τοὐναντίον, τὸ μὲν λυπηρὸν ἤδη ᾖ, ἢ ἡ ζημία· τὸ δὲ ἡδὺ καὶ ὠφέλιμον, ὕστερα καὶ χρονιώτερα· οἱ γὰρ ἐγκρατεῖς καὶ φρονιμώτεροι, τὰ τοιαῦτα διώκουσι. Καὶ οἷς ἂν ἐνδέχηται διὰ τύχην δόξαι πρᾶξαι, ἢ δι' ἀνάγκην, ἢ διὰ φύσιν, ἢ δι' ἔθος· καὶ ὅλως ἁμαρτεῖν, ἀλλὰ μὴ ἀδικεῖν. Καὶ οἷς ἂν ᾖ τοῦ ἐπιεικοῦς τυχεῖν. Καὶ ὅσοι ἂν ἐνδεεῖς ὦσι. Διχῶς δέ εἰσιν ἐνδεεῖς· ἢ γὰρ ὡς ἀναγκαίου, ὥσπερ οἱ πένητες· ἢ ὡς ὑπερβολῆς, ὥσπερ οἱ πλούσιοι. Καὶ οἱ σφόδρα εὐδοκιμοῦντες, καὶ οἱ σφόδρα ἀδοξοῦντες· οἱ μὲν, ὡς οὐ δόξοντες· οἱ δὲ, ὡς οὐδὲν μᾶλλον ἀδοξοῦντες. Αὐτοὶ μὲν οὖν οὕτως ἔχοντες, ἐπιχειροῦσιν.

Β'. Ἀδικοῦσι δὲ τοὺς τοιούτους, καὶ τὰ τοιαῦτα τοὺς ἔχοντας ὧν αὐτοὶ ἐνδεεῖς, ἢ εἰς τὰ ἀναγκαῖα, ἢ εἰς ὑπεροχὴν, ἢ εἰς ἀπόλαυσιν. Καὶ τοὺς πόρρω, καὶ τοὺς ἐγγύς· τῶν μὲν γὰρ, ἡ λῆψις ταχεῖα· τῶν δὲ, ἡ τιμωρία βραδεῖα· οἷον, οἱ συλῶντες τοὺς Καρχηδονίους. Καὶ τοὺς μὴ εὐλαβεῖς, μηδὲ φυλακτικοὺς, ἀλλὰ πιστευτικούς· ῥᾴδιον γὰρ πάντας λαθεῖν. Καὶ τοὺς ῥᾳθυμοῦντας· ἐπιμελοῦς γὰρ τὸ ἐπεξελθεῖν. Καὶ τοὺς αἰσχυντηλούς· οὐ γὰρ μαχητικοὶ περὶ κέρδους. Καὶ τοὺς ὑπὸ πολλῶν ἀδικηθέντας, καὶ μὴ ἐπεξελθόντας, ὡς ὄντας, κατὰ τὴν παροιμίαν, τούτους, Μυσῶν λείαν. Καὶ οὓς μηδεπώποτε, καὶ οὓς πολλάκις· ἀμφότεροι γὰρ ἀφύλακτοι· οἱ μὲν, ὡς οὐδέποτε· οἱ δὲ, ὡς οὐκ ἂν ἔτι. Καὶ τοὺς διαβεβλημένους, ἢ εὐδιαβόλους· οἱ τοιοῦτοι γὰρ, οὔτε προαιροῦνται, φοβούμενοι τοὺς κριτάς· οὔτε δύνανται πείθειν,

LIVRE I, CHAPITRE XII. 111

intempérants, l'intempérance étant le désir déréglé de toute choses : lorsqu'au contraire la douleur ou le châtiment sont présents, tandis que le plaisir et le bénéfice viennent plus tard et sont plus durables, ainsi que le préfèrent les hommes sages et tempérants : lorsqu'il peut se faire qu'on passe pour avoir agi au hasard, ou par nécessité, ou par un mouvement irréfléchi de la nature ou par habitude, en un mot, avoir commis une faute plutôt qu'une injustice : lorsqu'on espère obtenir l'indulgence : lorsqu'on est dans le besoin, ce qui arrive de deux sortes, quand on manque du nécessaire comme le pauvre, ou du superflu comme le riche : lorsqu'on a une bonne renommée et lorsqu'on ne jouit d'aucune estime ; dans le premier cas, on est au-dessus du soupçon ; dans le second, on n'a plus rien à perdre. Telles sont les circonstances qui nous portent à l'injustice.

§ II. Quels sont ceux envers qui on est injuste.

Voici maintenant envers qui on est injuste, et pour quelles choses. Les personnes à l'égard desquelles on est injuste, sont : celles qui possèdent ce qui nous manque à nous-mêmes, pour le nécessaire, le superflu ou la jouissance : celles qui sont loin, et celles qui sont près ; les dernières sont vite volées, les premières se vengent tard, comme quand on pille les Carthaginois [1] : celles qui manquent de précaution, qui ne se tiennent pas sur leurs gardes, et qui sont pleines de confiance, car on les trompe facilement : celles qui sont négligentes, car il faut de l'activité pour se faire rendre justice : celles qui sont modestes et timides, et qui ne veulent pas engager une lutte pour une question d'intérêt : celles qui ont été souvent offensées sans qu'elles aient recouru à la justice, et qui sont, comme dit le proverbe, la proie des Mysiens [2] : celles qui n'ont jamais subi l'injustice, et celles qui l'ont subie souvent ; ni les unes ni les autres ne se tiennent sur leurs gardes, les unes parce qu'elles n'ont jamais été attaquées, les autres parce qu'elles ne doivent plus l'être : celles qui sont diffamées ou qui peuvent l'être facilement ; car elles n'osent pas tenter un procès parce qu'elles craignent les juges, et qu'elles

ὧν οἱ μισούμενοι καὶ φθονούμενοί εἰσι. Καὶ πρὸς οὓς ἔχουσι πρόφασιν, ἢ προγόνων, ἢ αὐτῶν, ἢ φίλων, ἢ ποιησάντων κακῶς, ἢ μελλησάντων, ἢ αὐτούς, ἢ προγόνους, ἢ ὧν κήδονται· ὥσπερ γὰρ ἡ παροιμία, Προφάσεως δεῖται μοῦνον ἡ πονηρία. Καὶ τοὺς ἐχθροὺς, καὶ τοὺς φίλους· τοὺς μὲν γάρ, ῥᾴδιον· τοὺς δέ, ἡδύ. Καὶ τοὺς ἀφίλους. Καὶ τοὺς μὴ δεινοὺς εἰπεῖν, ἢ πρᾶξαι· ἢ γὰρ οὐκ ἐγχειροῦσιν ἐπεξιέναι, ἢ καταλλάττονται, ἢ οὐδὲν περαίνουσι. Καὶ οἷς μὴ λυσιτελεῖ διατρίβειν ἐπιτηροῦσιν ἢ δίκην ἢ ἔκτισιν· οἷον, οἱ ξένοι καὶ αὐτουργοί· ἐπὶ μικρῷ τε γὰρ διαλύονται, καὶ ῥᾳδίως οἱ τοιοῦτοι καταπαύονται. Καὶ τοὺς πολλὰ ἠδικηκότας, ἢ τοιαῦτα οἷα ἀδικοῦνται· ἐγγὺς γάρ τι δοκεῖ τοῦ μὴ ἀδικεῖν εἶναι, ὅταν τι τοιοῦτον ἀδικηθῇ τις, οἷον εἰώθει καὶ αὐτὸς ἀδικεῖν· λέγω δέ, οἷον εἴ τις τὸν εἰωθότα ὑβρίζειν αἰκίσαιτο. Καὶ τοὺς ἢ πεποιηκότας κακῶς, ἢ βουληθέντας, ἢ βουλομένους, ἢ ποιήσοντας· ἔχει γὰρ καὶ τὸ ἡδύ, καὶ τὸ καλόν· καὶ ἐγγὺς τοῦτο τοῦ μὴ ἀδικεῖν φαίνεται. Καὶ οἷς χαριοῦνται, ἢ φίλοις, ἢ θαυμαζομένοις, ἢ ἐρωμένοις, ἢ κυρίοις, ἢ ὅλως πρὸς οὓς ζῶσιν αὐτοί. Καὶ πρὸς οὕς ἐστιν ἐπιεικείας τυχεῖν. Καὶ οἷς ἂν ἐγκεκληκότες ὦσι, καὶ προδιακεχωρηκότες· καὶ γὰρ τὰ τοιαῦτα, ἐγγὺς τοῦ μὴ ἀδικεῖν φαίνεται· οἷον Κάλλιππος ἐποίει τὰ περὶ Δίωνα. Καὶ τοὺς ὑπ' ἄλλων μέλλοντας, ἂν μὴ αὐτοί, ὡς οὐκέτι ἐνδεχόμενον βουλεύσασθαι· ὥσπερ λέγεται Αἰνεσίδημος Γέλωνι πέμψαι κοττάβια ἀνδραποδισαμένῳ, ὅτι ἔφθασεν, ὡς καὶ αὐτὸς μέλλων. Καὶ οὓς ἀδικήσαντες δυνήσονται πολλὰ δίκαια πράττειν, ὡς ῥᾳδίως ἰασόμενοι· ὥσπερ ἔφη Ἰάσων ὁ Θετταλός, δεῖν ἀδικεῖν ἔνια, ὅπως δύνηται καὶ δίκαια πολλὰ ποιεῖν.

n'inspirent aucune confiance ; de ce nombre sont les personnes en butte à la haine ou à l'envie : celles contre lesquelles nous pouvons prétexter que leurs ancêtres, ou elles-mêmes, ou leurs amis, ont fait ou ont été sur le point de faire du mal, ou à nous-mêmes, ou à nos ancêtres, ou aux personnes auxquelles nous nous intéressons ; car, ainsi que le dit le proverbe, « La méchanceté ne cherche qu'un prétexte » : les ennemis et les amis ; il est facile de faire tort à ceux-ci, agréable d'en faire à ceux-là : ceux qui n'ont pas d'amis : ceux qui ne savent ni parler ni agir d'une manière habile ; car, ou ils n'essaient pas de plaider, ou ils transigent, ou ils en restent là : ceux qui ne peuvent perdre le temps à attendre la sentence des juges ou la satisfaction qui leur est due, comme sont les étrangers et les ouvriers ; car ils accommodent à peu de frais et s'appaisent facilement ; ceux qui ont commis des injustices nombreuses, et pareilles à celles qu'ils subissent eux-mêmes ; car il semble presque juste de faire souffrir à un homme l'injustice qu'il a coutume de faire souffrir aux autres ; comme si, par exemple, on maltraitait un homme qui aurait l'habitude d'outrager les autres : ceux qui nous ont fait ou voulu faire, qui nous font ou nous doivent faire du mal ; la vengeance alors est agréable et honnête et semble se rapprocher de la justice : ceux que nous attaquons pour plaire à nos amis, aux personnes que nous admirons ou que nous chérissons, à nos maîtres, en un mot, à ceux dont la volonté règle notre vie, et dont nous attendons quelque faveur : ceux que nous avons accusés ou avec qui nous avons été les premiers à rompre, comme fit Callippe à l'égard de Dion[3] ; il semble presque, dans ce cas, qu'on agit avec justice : ceux qui vont être attaqués par d'autres, si on ne le fait pas soi-même, de sorte qu'il n'y a plus lieu à délibérer ; c'est ainsi, dit-on, qu'Ænésidème envoya le prix du cottabe à Gélon, qui, ayant réduit une ville en servitude, l'avait prévenu, en faisant ce qu'il allait faire lui-même[4] : ceux auxquels on pourra, après l'injustice, rendre une justice plus grande, ce qui rendra la réparation facile ; c'est pourquoi Jason le Thessalien disait qu'il faut être injuste quelquefois, afin de pouvoir être juste souvent[5].

Γ΄. Καὶ ἃ πάντες ἢ πολλοὶ ἀδικεῖν εἰώθασι· συγγνώμης γὰρ οἴονται τεύξεσθαι. Καὶ τὰ ῥᾴδια κρύψαι· τοιαῦτα δὲ ὅσα ταχὺ ἀναλίσκεται· οἷον τὰ ἐδώδιμα· ἢ τὰ εὐμετάβλητα ἢ σχήμασιν, ἢ χρώμασιν, ἢ κράσεσιν. Ἢ ἃ πολλαχοῦ ἀφανίσαι εὔπορον· τοιαῦτα δὲ τὰ εὐβάστακτα, καὶ ἐν μικροῖς τόποις ἀφανιζόμενα. Καὶ οἷς ἀδιάφορα καὶ ὅμοια πολλὰ προϋπῆρχε τῷ ἀδικοῦντι. Καὶ ὅσα αἰσχύνονται λέγειν οἱ ἀδικηθέντες· οἷον γυναικῶν οἰκείων ὕβρεις, ἢ εἰς αὑτοὺς, ἢ εἰς υἱεῖς. Καὶ ὅσα φιλοδικεῖν δόξειεν ἂν ὁ ἐπεξιών· τοιαῦτα δὲ τά τε μικρὰ, καὶ ἐφ᾽ οἷς συγγνώμη. Ὡς μὲν οὖν ἔχοντες ἀδικοῦσι, καὶ ποῖα, καὶ ποίους, καὶ διὰ τί, σχεδὸν ταῦτά ἐστι.

ΚΕΦΑΛΑΙΟΝ ΙΓ΄.

Α΄. Τὰ δ᾽ ἀδικήματα πάντα καὶ δικαιώματα διέλωμεν, ἀρξάμενοι πρῶτον ἐντεῦθεν. Ὥρισται δὴ τὰ δίκαια καὶ τὰ ἄδικα, πρός τε νόμους δύο, καὶ πρὸς οὕς ἐστι, διχῶς. Λέγω δὲ νόμον, τὸν μὲν, ἴδιον· τὸν δὲ, κοινόν. Ἴδιον μὲν, τὸν ἑκάστοις ὡρισμένον πρὸς αὑτούς· καὶ τούτων, τὸν μὲν, ἄγραφον· τὸν δὲ, γεγραμμένον. Κοινὸν δὲ, τὸν κατὰ φύσιν· ἔστι γὰρ, ὃ μαντεύονταί τι πάντες, φύσει κοινὸν δίκαιον καὶ ἄδικον, κἂν μηδεμία κοινωνία πρὸς ἀλλήλους ᾖ, μηδὲ συνθήκη· οἷον καὶ ἡ Σοφοκλέους Ἀντιγόνη φαίνεται λέγουσα, ὅτι δίκαιον, ἀπειρημένον θάψαι τὸν Πολυνείκη, ὡς φύσει ὂν τοῦτο δίκαιον·

LIVRE I, CHAPITRE XII. 115

§ III. *Circonstances propres à favoriser l'injustice.*

On commet facilement les injustices qu'ont l'habitude de commettre ou tous les hommes ou le grand nombre, parce qu'on espère en obtenir le pardon. On dérobe les choses faciles à cacher ; telles sont celles qui se consomment vite, comme les choses bonnes à manger : celles dont on peut facilement changer la forme ou la couleur, ou qu'on peut dénaturer par les mélanges : celles qu'on peut aisément faire disparaître de plusieurs manières ; telles sont les choses d'un transport facile, et qu'on peut cacher dans un petit coin : celles dont le coupable possédait déjà un grand nombre tout-à-fait semblables et difficiles à reconnaître. On est porté à commettre les injustices dont n'osent pas se plaindre ceux qui en sont victimes, comme sont les outrages d'une épouse infidèle, ou ceux qu'on fait à nous-mêmes ou à nos enfants : toutes les injustices contre lesquelles on ne peut réclamer sans passer pour aimer la chicane; par exemple si elles n'ont pas d'importance ou si elles méritent pardon. Voilà à peu près dans quelles circonstances, en quoi, contre qui et pour quoi on commet l'injustice.

CHAPITRE XIII.

Du juste et de l'injuste.

§ I. *Division du juste et de l'injuste selon la loi et selon les personnes.*

Il nous faut maintenant distinguer les actions en général, selon qu'elles sont conformes ou non à la justice. A cet effet, nous dirons d'abord que le juste et l'injuste se définissent de deux manières, selon la loi et selon les personnes. Or, il y a deux sortes de lois, l'une particulière, et l'autre commune. J'appelle particulière celle que chaque peuple a établie pour lui-même, et qui se divise en loi non écrite et en loi écrite ; j'appelle commune celle qui est fondée sur la nature. En effet, il y a, selon la nature, un juste et un injuste communs, que tous les hommes devinent en quelque sorte, sans qu'il y ait entre eux communication ni traité. C'est là ce que semble dire Antigone dans So-

Οὔ γάρ τι νῦν γε κἀχθές, ἀλλ' αἰεί ποτε
Ζῇ τοῦτο, κοὐδεὶς οἶδεν, ἐξ ὅτου φάνη.

Καὶ ὡς Ἐμπεδοκλῆς λέγει περὶ τοῦ μὴ κτείνειν τὸ ἔμψυχον· τοῦτο γὰρ, οὐ τισὶ μὲν δίκαιον, τισὶ δὲ οὐ δίκαιον·

Ἀλλὰ τὸ μὲν πάντων νόμιμον, διά τ' εὐρυμέδοντος
Αἰθέρος ἠνεκέως τέταται, διά τ' ἀπλέτου αὖ γῆς.

Καὶ ὡς λέγει ἐν τῷ Μεσσηνιακῷ Ἀλκιδάμας. Πρὸς οὓς δὲ διώρισται, διχῶς διώρισται· ἢ γὰρ πρὸς τὸ κοινόν, ἢ πρὸς ἕνα τῶν κοινωνούντων, ἃ δεῖ πράττειν καὶ μὴ πράττειν. Διὸ καὶ τὰ ἀδικήματα καὶ τὰ δικαιώματα, διχῶς ἔστιν ἀδικεῖν καὶ δικαιοπραγεῖν· ἢ γὰρ πρὸς ἕνα ὡρισμένον, ἢ πρὸς τὸ κοινόν· ὁ γὰρ μοιχεύων καὶ τύπτων, ἀδικεῖ τινὰ τῶν ὡρισμένων· ὁ δὲ μὴ στρατευόμενος, τὸ κοινόν.

Β'. Ἁπάντων δὴ τῶν ἀδικημάτων διῃρημένων, καὶ τῶν μὲν ὄντων πρὸς τὸ κοινόν, τῶν δὲ πρὸς ἄλλον καὶ πρὸς ἄλλους, ἀναλαβόντες τί ἐστι τὸ ἀδικεῖσθαι, λέγωμεν τὰ λοιπά. Ἔστι δὴ τὸ ἀδικεῖσθαι, τὸ ὑπὸ ἑκόντος τὰ ἄδικα πάσχειν· τὸ γὰρ ἀδικεῖν, ὥρισται πρότερον ἑκούσιον εἶναι. Ἐπεὶ δ' ἀνάγκη τὸν ἀδικούμενον βλάπτεσθαι, καὶ ἀκουσίως βλάπτεσθαι, αἱ μὲν βλάβαι, ἐκ τῶν πρότερον φανεραί εἰσι· τὰ γὰρ ἀγαθὰ καὶ τὰ κακὰ διῄρηται καθ' αὑτὰ πρότερον, καὶ τὰ ἑκούσια, ὅτι ἔστιν, ὅσα εἰδότες. Ὥστ' ἀνάγκη, πάντα τὰ ἐγκλήματα, ἢ πρὸς τὸ κοινόν, ἢ πρὸς τὸ ἴδιον εἶναι· ἢ καὶ ἀγνοοῦντος, ἢ ἄκοντος, ἢ ἑκόντος καὶ εἰδότος· καὶ τούτων, τὰ μέν, προελομένου· τὰ δέ, διὰ πάθος. Περὶ μὲν οὖν θυμοῦ ῥηθήσεται ἐν τοῖς περὶ τὰ πάθη. Ποῖα δὲ προαιροῦνται, καὶ πῶς ἔχοντες, εἴρηται πρότερον. Ἐπεὶ δ' ὁμολογοῦντες πολλάκις πεπραχέναι, ἢ τὸ ἐπί-

LIVRE I, CHAPITRE XIII. 117

phocle, quand elle déclare qu'il est juste d'ensevelir Polynice, malgré un ordre contraire, et qu'elle invoque ce droit de nature, « qui n'est ni d'aujourd'hui ni d'hier, mais qui vit de toute éternité, sans qu'on puisse découvrir d'où il vient [1]. » Empédocle veut établir qu'il ne faut pas tuer ce qui a vie ; ce n'est pas, dit-il, une action juste pour les uns, injuste pour les autres, « mais un précepte universel, qui s'étend aussi loin que la voûte des cieux, et que la terre infinie [2]. » Alcidamas parle aussi de ce droit dans son *Messéniaque* [3]. Relativement aux personnes, il y a deux sortes de droits ; car ce qu'il faut faire ou ne pas faire regarde la société ou un de ses membres. Il y a donc deux manières d'agir selon ou contre la justice, puisqu'on peut le faire contre une personne déterminée, ou contre la société. L'adultère et les coups portés avec violence sont des crimes contre une personne déterminée ; la désertion est un crime contre l'État.

§ II. Conditions nécessaires pour qu'une action soit injuste.

Après avoir ainsi distingué tous les genres d'injustice, dont les unes attaquent l'État, et les autres un ou plusieurs particuliers, nous allons rappeler ce que c'est que recevoir une injustice, et puis nous passerons au reste. On reçoit une injustice, quand on souffre des choses injustes qui sont faites volontairement ; car nous avons déjà établi qu'il n'y a d'injustice qu'avec la participation de la volonté. Celui qui reçoit l'injustice éprouve nécessairement un dommage, et cela malgré lui. Or, on peut connaître, d'après ce qui a été dit, en quoi consiste le dommage, car nous avons distingué dans leur nature les biens et les maux. Nous avons dit en outre qu'on agit volontairement, quand on agit en connaissance de cause. D'où il suit : que toutes les accusations regardent l'État ou les particuliers ; que l'accusé a agi ou par ignorance ou malgré lui, ou volontairement et avec connaissance de cause ; et que dans ce dernier cas, il a agi avec préméditation ou avec passion. Nous parlerons de la colère quand nous traiterons des passions, et nous avons déjà dit en quoi et dans quelles circonstances on agit avec préméditation. Mais souvent

γράμμα οὐχ ὁμολογοῦσιν, ἢ περὶ ὃ τὸ ἐπίγραμμα· οἷον λαβεῖν μὲν, ἀλλ' οὐ κλέψαι· καὶ πατάξαι πρότερον, ἀλλ' οὐχ ὑβρίσαι· καὶ συγγενέσθαι μὲν, ἀλλ' οὐ μοιχεῦσαι· ἢ κλέψαι, ἀλλ' οὐχ ἱεροσυλῆσαι· οὐ γὰρ θεοῦ τι· ἢ ἐπεργάσασθαι μὲν, ἀλλ' οὐ δημοσίαν· ἢ διειλέχθαι μὲν τοῖς πολεμίοις, ἀλλ' οὐ προδοῦναι· διὰ ταῦτα δέοι ἂν καὶ περὶ τούτων διορίσασθαι, τί κλοπὴ, τί ὕβρις, τί μοιχεία· ὅπως ἐάν τε ὑπάρχειν, ἐάν τε μὴ ὑπάρχειν βουλώμεθα δεικνύναι, ἔχωμεν ἐμφανίζειν τὸ δίκαιον. Ἔστι δὲ πάντα τὰ τοιαῦτα, περὶ τοῦ ἄδικον εἶναι καὶ φαῦλον, ἢ μὴ ἄδικον, περὶ οὗ ἡ ἀμφισβήτησις· ἐν γὰρ τῇ προαιρέσει ἐστὶν ἡ μοχθηρία, καὶ τὸ ἀδικεῖν· τὰ δὲ τοιαῦτα τῶν ὀνομάτων προσσημαίνει τὴν προαίρεσιν· οἷον ὕβρις καὶ κλοπή· οὐ γὰρ εἰ ἐπάταξε, πάντως ὕβρισεν· ἀλλ' εἰ ἕνεκά του, οἷον τοῦ ἀτιμάσαι ἐκεῖνον, ἢ αὐτὸς ἡσθῆναι. Οὐδὲ πάντως, εἰ λάθρα ἔλαβεν, ἔκλεψεν· ἀλλ' εἰ ἐπὶ βλάβῃ ἔκλεψε, καὶ σφετερισμῷ ἑαυτοῦ. Ὁμοίως δὲ καὶ περὶ τῶν ἄλλων ἔχει, ὥσπερ καὶ περὶ τούτων.

Γ'. Ἐπεὶ δὲ τῶν δικαίων καὶ τῶν ἀδίκων ἦν δύο εἴδη· τὰ μὲν γὰρ γεγραμμένα· τὰ δὲ, ἄγραφα· περὶ ὧν μὲν οἱ νόμοι ἀγορεύουσιν, εἴρηται· τῶν δὲ ἀγράφων, δύο ἐστὶν εἴδη. Ταῦτα δ' ἐστὶ, τὰ μὲν, καθ' ὑπερβολὴν ἀρετῆς καὶ κακίας, ἐφ' οἷς ὀνείδη καὶ ἔπαινοι, ἀτιμίαι καὶ τιμαί, καὶ δωρεαί· οἷον, τὸ χάριν ἔχειν τῷ ποιήσαντι εὖ, καὶ ἀντευποιεῖν τὸν εὖ ποιήσαντα, καὶ βοηθητικὸν εἶναι τοῖς φίλοις, καὶ ὅσα ἄλλα τοιαῦτα· τὰ δὲ, τοῦ ἰδίου νόμου καὶ γεγραμμένου ἔλλειμμα· τὸ γὰρ ἐπιεικὲς, δοκεῖ δίκαιον εἶναι. Ἔστι δὲ ἐπιεικὲς, τὸ παρὰ τὸν γεγραμμένον νόμον δίκαιον. Συμβαίνει δὲ τοῦτο, τὰ μὲν, ἀκόντων· τὰ δὲ,

LIVRE I, CHAPITRE XIII. 119

on avoue le fait, et on nie la qualification qu'on lui donne, ou le sens qu'on attache à cette qualification. On reconnaît qu'on a pris, mais non qu'on ait volé; qu'on a été le premier à frapper, mais non qu'on ait fait une injure; qu'on a eu des rapports avec une femme, mais non qu'on ait commis d'adultère; qu'on a volé, mais non qu'il y ait eu sacrilége, l'objet n'étant pas consacré à un Dieu; qu'on a défriché une terre, mais non qu'elle appartînt à l'État; qu'on a eu des entretiens avec l'ennemi, mais non qu'on ait trahi. C'est pourquoi il faudrait, dans ces cas, exactement définir le vol, l'injure, l'adultère, afin que si nous voulons prouver qu'il y a ou n'y a pas crime, nous puissions clairement faire ressortir le droit. Dans tous ces exemples, la question est de savoir si ce qui fait l'objet de la discussion est injuste et mauvais, ou juste; car la méchanceté et l'injustice consistent dans l'intention; et ces noms, comme outrage, vol, indiquent l'intention. Un homme a frappé; il ne s'en suit pas absolument qu'il ait fait une injure, mais seulement s'il a frappé dans tel but, pour déshonorer autrui ou se faire plaisir à lui-même¹; un autre a pris à la dérobée, il ne faut pas conclure d'une manière absolue qu'il a volé, mais seulement s'il a pris pour causer un dommage ou s'approprier une chose. Ce que nous disons de ces deux exemples peut s'appliquer aux autres.

§ III. Distinction de l'équité et de la justice.

Nous avons reconnu deux espèces d'actions justes ou injustes, les unes prévues, et les autres non prévues par la loi écrite, et nous avons déjà parlé de celles qui sont écrites dans les lois. Quant à celles qui n'y sont pas écrites, il en est de deux espèces. Les unes dérivent d'un excès de vertu ou de vice, et ont pour sanction le blâme, l'éloge, l'infamie, l'honneur, les récompenses, comme, par exemple, être reconnaissant envers un bienfaiteur, rendre le bien pour le bien, secourir ses amis, et autres choses semblables. Les autres sont le complément de la loi particulière et écrite. En effet, il semble que ce qui est équitable est juste. L'équité est un droit en dehors de la loi écrite. Ces

ἑκόντων τῶν νομοθετῶν· ἀκόντων μὲν, ὅταν λάθῃ· ἑκόντων δὲ, ὅταν μὴ δύνωνται διορίσαι· ἀλλ' ἀναγκαῖον μὲν ᾖ καθόλου εἰπεῖν, μὴ ᾖ δὲ, ἀλλ' ὡς ἐπὶ τὸ πολύ. Καὶ ὅσα μὴ ῥᾴδιον διορίσαι δι' ἀπειρίαν· οἷον, τὸ τρῶσαι σιδήρῳ, καὶ πηλίκῳ, καὶ ποίῳ τινί· ὑπολείποι γὰρ ἂν ὁ αἰὼν διαριθμοῦντας. Ἂν οὖν ᾖ ἀδιόριστον, δέῃ δὲ νομοθετῆσαι, ἀνάγκη ἁπλῶς εἰπεῖν· ὥστε κἂν δακτύλιον ἔχων, ἐπάρηται τὴν χεῖρα, ἢ πατάξῃ, κατὰ μὲν τὸν γεγραμμένον νόμον, ἔνοχός ἐστι καὶ ἀδικεῖ· κατὰ δὲ τὸ ἀληθὲς, οὐκ ἀδικεῖ· καὶ τὸ ἐπιεικὲς τοῦτό ἐστιν. Εἰ δ' ἔστι τὸ εἰρημένον τὸ ἐπιεικὲς, φανερὸν ποῖά ἐστι τὰ ἐπιεικῆ, καὶ οὐκ ἐπιεικῆ, καὶ ποῖοι οὐκ ἐπιεικεῖς ἄνθρωποι· ἐφ' οἷς τε γὰρ δεῖ συγγνώμην ἔχειν, ἐπιεικῆ ταῦτα. Καὶ τὸ τὰ ἁμαρτήματα καὶ τὰ ἀδικήματα μὴ τοῦ ἴσου ἀξιοῦν, μηδὲ τὰ ἁμαρτήματα καὶ τὰ ἀτυχήματα· ἔστι δὲ, ἀτυχήματα μὲν, ὅσα παράλογα, καὶ μὴ ἀπὸ μοχθηρίας· ἁμαρτήματα δὲ, ὅσα μὴ παράλογα, καὶ μὴ ἀπὸ πονηρίας· ἀδικήματα δὲ, ὅσα μή τε παράλογα, ἀπὸ πονηρίας τέ ἐστι· τὰ γὰρ δι' ἐπιθυμίαν, ἀπὸ πονηρίας. Καὶ τὸ τοῖς ἀνθρωπίνοις συγγινώσκειν, ἐπιεικές. Καὶ τὸ μὴ πρὸς τὸν νόμον, ἀλλὰ πρὸς τὸν νομοθέτην σκοπεῖν. Καὶ τὸ μὴ πρὸς τὸν λόγον, ἀλλὰ πρὸς τὴν διάνοιαν τοῦ νομοθέτου σκοπεῖν. Καὶ μὴ πρὸς τὴν πρᾶξιν, ἀλλὰ πρὸς τὴν προαίρεσιν. Καὶ μὴ πρὸς τὸ μέρος, ἀλλὰ πρὸς τὸ ὅλον. Μηδὲ ποῖός τις νῦν, ἀλλὰ ποῖός τις ἦν αἰεὶ, ἢ ὡς ἐπὶ τὸ πολύ. Καὶ τὸ μνημονεύειν μᾶλλον ὧν ἔπαθεν ἀγαθῶν, ἢ κακῶν· καὶ ἀγαθῶν ὧν ἔπαθε μᾶλλον, ἢ ἐποίησε. Καὶ τὸ ἀνέχεσθαι ἀδικούμενον. Καὶ τὸ μᾶλλον λόγῳ ἐθέλειν κρίνεσθαι, ἢ ἔργῳ. Καὶ τὸ εἰς δίαιταν μᾶλλον, ἢ εἰς δίκην βούλεσθαι ἰέναι· ὁ γὰρ διαιτητὴς, τὸ ἐπιεικὲς ὁρᾷ· ὁ δὲ δικαστὴς, τὸν νόμον· καὶ τούτου ἕνεκα διαιτητὴς εὑρέθη, ὅπως τὸ ἐπιεικὲς ἰσχύῃ. Περὶ μὲν οὖν τῶν ἐπιεικῶν διωρίσθω τὸν τρόπον τοῦτον.

LIVRE I, CHAPITRE XIII.

lacunes de la loi écrite s'y trouvent, ou sans la volonté, ou par la volonté du législateur; sans sa volonté, quand c'est à son insu; par sa volonté, lorsque ne pouvant tout déterminer, il est obligé d'employer des formules générales qui ne s'appliquent pas à tous les cas, mais au plus grand nombre; et aussi, lorsqu'il ne lui est pas facile de déterminer toutes les circonstances, à cause de leur nombre infini. Ainsi la loi qui défend de frapper avec le fer ne peut spécifier ni la longueur ni la forme de l'arme, car la vie suffirait à peine à cette énumération. Si donc il faut régler par une loi une matière indéfinie, il faudra bien recourir à des formules générales. Il suit de là que si un homme, portant un anneau de fer, lève la main et frappe, selon la loi écrite il est coupable, il viole la justice; mais en réalité, il ne la viole pas. Voilà comment nous entendons l'équité. Si notre définition est exacte, on voit sans peine quelles sont les choses et les personnes qui sont équitables ou non. Il faut juger d'après les lois de l'équité les choses qui méritent de l'indulgence; ne pas punir d'une manière égale les fautes et les injustices, les fautes et les accidents. J'appelle *accident*, ce qui se fait sans intention et sans malice; *faute* ce qui se fait avec intention, mais sans méchanceté; *injustice* ce qui se fait avec intention et par méchanceté; tout ce qui se fait dans la passion dérive de la méchanceté. Il est équitable de pardonner aux faiblesses de notre nature; de considérer non la loi, mais celui qui l'a portée; non la lettre, mais la pensée du législateur; non l'acte lui-même, mais l'intention; non une partie, mais le tout; non ce qu'un homme est actuellement, mais ce qu'il a été toujours ou le plus souvent. Il est équitable encore de se souvenir du bien qui nous a été fait plutôt que du mal, du bien que nous avons reçu plutôt que de celui que nous avons fait; de supporter avec calme l'injustice; d'en appeler au jugement de la raison plutôt qu'aux voies de fait [5]; de recourir à un arbitrage plutôt qu'à un tribunal; car l'arbitre envisage l'équité, le juge ne voit que la loi, et les arbitres n'ont été établis que pour faire triompher l'équité. C'est ainsi que nous définissons l'équité.

ΚΕΦΑΛΑΙΟΝ ΙΔ'.

Α'. Ἀδικήματα δὲ μείζονα, ὅσα ἂν ἀπὸ μείζονος ᾖ ἀδικίας· διὸ καὶ τὰ ἐλάχιστα, μέγιστα· οἷον ὁ Μελανώπου Καλλίστρατος κατηγόρει, ὅτι παρελογίσατο τρία ἡμιωβέλια ἱερὰ τοὺς ναοποιούς· ἐπὶ δικαιοσύνης δὲ, τοὐναντίον. Ἔστι δὲ ταῦτα ἐκ τοῦ ἐνυπάρχειν τῇ δυνάμει· ὁ γὰρ τρία ἱερὰ ἡμιωβέλια κλέψας, κἂν ὁτιοῦν ἀδικήσειεν. Ὁτὲ μὲν δὴ οὕτω τὸ μεῖζον, ὁτὲ δὲ ἐκ τοῦ βλάβους κρίνεται. Καὶ οὗ μή ἐστιν ἴση τιμωρία, ἀλλὰ πᾶσα ἐλάττων. Καὶ οὗ μή ἐστιν ἴασις· χαλεπὸν γὰρ καὶ ἀδύνατον. Καὶ οὗ μή ἐστι δίκην λαβεῖν τὸν παθόντα· ἀνίατον γάρ· ἡ γὰρ δίκη καὶ κόλασις, ἴασις. Καὶ εἰ ὁ παθὼν, καὶ εἰ ὁ ἀδικηθεὶς αὐτὸς αὑτὸν μεγάλως ἐκόλασεν· ἔτι γὰρ μείζονι ὁ ποιήσας δίκαιος κολασθῆναι· οἷον, Σοφοκλῆς ὑπὲρ Εὐκτήμονος συνηγορῶν, ἐπεὶ ἀπέσφαξεν ἑαυτὸν ὑβρισθείς, οὐ τιμήσειν ἔφη ἐλάττονος, ἢ οὗ ὁ παθὼν ἐτίμησεν ἑαυτόν.

Β'. Καὶ ὁ μόνος, ἢ πρῶτος, ἢ μετ' ὀλίγων πεποίηκε. Καὶ τὸ πολλάκις τὸ αὐτὸ ἁμαρτάνειν, μέγα. Καὶ δι' ὃ ἂν ζητηθῇ καὶ εὑρεθῇ τὰ κωλύοντα καὶ ζημιοῦντα· οἷον, ἐν Ἄργει ζημιοῦσι, δι' ὃν ἂν νόμος τεθῇ, καὶ δι' οὓς τὸ δεσμωτήριον ᾠκοδομήθη. Καὶ τὸ θηριωδέστερον ἀδίκημα, μεῖζον. Καὶ ὃ ἐκ προνοίας, μᾶλλον. Καὶ ὃ οἱ ἀκούοντες φοβοῦνται μᾶλλον, ἢ ἐλεοῦσι. Καὶ τὰ μὲν ῥητορικά ἐστι τοιαῦτα,

CHAPITRE XIV.

Dans quelles circonstances les actions sont plus ou moins injustes.

§ I. Injustice plus grande en raison du dommage.

Une action est d'autant plus injuste qu'elle suppose un plus grand oubli de la justice. C'est pourquoi de très petites injustices en deviennent très grandes, comme dans l'accusation où Callistrate reprochait à Mélanope d'avoir frauduleusement retenu aux ouvriers du temple trois demi-oboles sacrées [1]. C'est tout le contraire pour les actions justes. Mais ici on considère l'acte dans sa puissance ; celui qui a volé trois demi-oboles sacrées est capable de tout. L'injustice est jugée plus grande, tantôt pour cela, tantôt en raison du dommage. Telles sont : l'injustice dont le châtiment ne saurait égaler l'énormité, mais resterait toujours en dessous : celle qui est sans remède ; car il est difficile, il est impossible de la réparer : celle dont la victime ne peut obtenir justice, car elle est irrémédiable, la justice et le châtiment étant une espèce de remède. Il en est de même lorsque celui qui a souffert l'injustice s'est, dans sa douleur, infligé à lui-même quelque grande peine ; le coupable mérite alors une peine encore plus grande. C'est pourquoi Sophocle, plaidant pour Euctémon, qui s'était donné la mort après une injure, déclara qu'il ne demanderait pas une peine moindre que celle dont la victime s'était punie elle-même [2].

§ II. Injustice plus grande pour d'autres motifs.

L'injustice est aussi plus grande, lorsqu'on l'a commise seul, ou le premier, ou avec peu de complices : lorsqu'elle provient d'une grande faute dans laquelle on tombe souvent : lorsqu'il a fallu, pour la prévenir, chercher et établir des prohibitions et des peines nouvelles, comme à Argos, où on frappe d'une amende le citoyen à cause duquel il a fallu faire une nouvelle loi, ainsi que ceux pour lesquels il a fallu construire une prison [3]. L'injustice grandit, quand elle est accompagnée de circonstances brutales ; quand elle est longtemps

ὅτι πολλὰ ἀνῄρηκε δίκαια, ἢ ὑπερβέβηκεν· οἶον, ὅρκους, δεξιὰς, πίστεις, ἐπιγαμίας· πολλῶν γὰρ ἀδικημάτων ὑπεροχή. Καὶ τὸ ἐνταῦθα, οὗ κολάζονται οἱ ἀδικοῦντες· ὅπερ ποιοῦσιν οἱ ψευδομάρτυρες· ποῦ γὰρ οὐκ ἂν ἀδικήσειεν, εἴ γε καὶ ἐν τῷ δικαστηρίῳ; Καὶ ἐφ' οἷς αἰσχύνη μάλιστα. Καὶ εἰ τοῦτον ὑφ' οὗ εὖ πέπονθε· πλείω γὰρ ἀδικεῖ, ὅτι τε κακῶς ποιεῖ, καὶ ὅτι οὐκ εὖ. Καὶ ἃ παρὰ τὰ ἄγραφα δίκαια· ἀμείνονος γὰρ, μὴ δι' ἀνάγκην δίκαιον εἶναι. Τὰ μὲν οὖν γεγραμμένα, ἐξ ἀνάγκης· τὰ δ' ἄγραφα, οὔ. Ἄλλον δὲ τρόπον, εἰ παρὰ τὰ γεγραμμένα· ὁ γὰρ τὰ φοβερὰ ἀδικῶν καὶ τὰ ἐπιζήμια, καὶ τὰ μὴ ἐπιζήμια ἀδικήσειεν ἄν. Περὶ μὲν οὖν ἀδικήματος μείζονος καὶ ἐλάττονος, εἴρηται.

ΚΕΦΑΛΑΙΟΝ ΙΕ΄.

Α΄. Περὶ δὲ τῶν ἀτέχνων καλουμένων πίστεων, ἐχόμενόν ἐστι τῶν εἰρημένων, ἐπιδραμεῖν· ἴδιαι γὰρ αὗται τῶν δικανικῶν. Εἰσὶ δὲ πέντε τὸν ἀριθμὸν, νόμοι, μάρτυρες, συνθῆκαι, βάσανοι, ὅρκος. Πρῶτον μὲν οὖν εἴπωμεν περὶ νόμων, πῶς χρηστέον καὶ προτρέποντα καὶ ἀποτρέποντα, καὶ κατηγοροῦντα καὶ ἀπολογούμενον· φανερὸν γὰρ, ὅτι ἐὰν μὲν ἐναντίος ᾖ ὁ γεγραμμένος τῷ πράγματι, τῷ κοινῷ νόμῳ χρηστέον, καὶ τοῖς ἐπιεικέσιν, ὡς δικαιοτέροις. Καὶ ὅτι τὸ γνώμῃ τῇ ἀρίστῃ τοῦτ' ἐστὶ, τὸ μὴ πάντως χρῆσθαι τοῖς γεγραμμένοις. Καὶ ὅτι, τὸ μὲν ἐπιεικὲς αἰεὶ μένει, καὶ οὐδέποτε μεταβάλλει, οὐδ' ὁ κοινός·

préméditée; quand le récit en inspire la terreur plutôt que la pitié. L'orateur trouve des moyens d'amplification, en disant que le coupable a méconnu, violé plusieurs droits à la fois, comme serments, gages d'amitié, foi donnée, sainteté du mariage; qu'il a accumulé injustices sur injustices. L'injustice est plus grande : lorsqu'elle est commise dans le lieu même où on punit les coupables, comme font les faux témoins; où donc respectera-t-on la justice, si on l'offense dans un tribunal? Lorsqu'elle est accompagnée de la plus grande honte : lorsqu'elle est commise contre celui dont on a reçu un bienfait; on est alors d'autant plus coupable qu'on fait le mal et qu'on ne rend pas le bien : lorsqu'on viole la loi non écrite, car il y a plus de mérite à ne pas être juste par nécessité; or, la nécessité nous soumet aux lois écrites, mais non à celles qui ne le sont pas : dans un autre sens, l'injustice est plus grande, quand elle offense les lois écrites; le coupable qui n'est pas effrayé par la crainte de la peine, violera facilement une loi qui n'a pas la sanction du châtiment. Voilà comment l'injustice peut être plus ou moins grande.

CHAPITRE XV.

Des preuves indépendantes de l'art.

§ I. Des lois.

Après ce que nous venons de dire, nous passons naturellement aux preuves indépendantes de l'art, qui appartiennent en propre au genre judiciaire. Ces preuves sont au nombre de cinq : les lois, les témoins, les conventions, les tortures, le serment. Parlons d'abord des lois, et disons l'usage que doit en faire celui qui conseille et qui dissuade, celui qui accuse et qui défend. Il est bien évident que si la loi écrite est contraire à notre cause, nous devons recourir à la loi commune et à l'équité, comme étant plus justes; que le juge promettant de juger en conscience [1], veut dire qu'il ne s'en tiendra pas rigoureusement aux lois écrites; que l'équité reste toujours et ne change jamais; qu'il en est de même de la loi commune, qui est fondée

κατὰ φύσιν γάρ ἐστιν· οἱ δὲ γεγραμμένοι, πολλάκις· ὅθεν εἴρηται τὰ ἐν τῇ Σοφοκλέους Ἀντιγόνῃ· ἀπολογεῖται γὰρ, ὅτι ἔθαψε παρὰ τὸν τοῦ Κρέοντος νόμον, ἀλλ' οὐ παρὰ τὸν ἄγραφον·

Οὐ γάρ τι νῦν γε κἀχθὲς, ἀλλ' αἰεί ποτε·
Ταῦτ' οὖν ἐγὼ οὐκ ἔμελλον ἀνδρὸς οὐδενός.

Καὶ ὅτι τὸ δίκαιόν ἐστιν ἀληθές τι καὶ συμφέρον, ἀλλ' οὐ τὸ δοκοῦν· ὥστ' οὐ νόμος, ὁ γεγραμμένος· οὐ γὰρ ποιεῖ τὸ ἔργον τὸ τοῦ νόμου. Καὶ ὅτι ὥσπερ ἀργυρογνώμων ὁ κριτής ἐστιν, ὅπως διακρίνῃ τὸ κίβδηλον δίκαιον καὶ τὸ ἀληθές. Καὶ ὅτι βελτίονος ἀνδρός, τὸ τοῖς ἀγράφοις, ἢ τοῖς γεγραμμένοις χρῆσθαι, καὶ ἐμμένειν. Καὶ εἴ που ἐναντίος νόμῳ εὐδοκιμοῦντι, ἢ καὶ αὐτὸς αὑτῷ· οἷον, ἐνίοτε, ὁ μὲν, κελεύει κύρια εἶναι, ἅττ' ἂν σύνθωνται· ὁ δὲ, ἀπαγορεύει μὴ συντίθεσθαι παρὰ τὸν νόμον. Καὶ εἰ ἀμφίβολος, ὥστε στρέφειν καὶ ὁρᾷν ἐφ' ὁποτέραν τὴν ἀγωγὴν, ἢ τὸ δίκαιον ἐφαρμόσει, ἢ τὸ συμφέρον· εἶτα τούτῳ χρῆσθαι. Καὶ εἰ τὰ μὲν πράγματα ἐφ' οἷς ἐτέθη ὁ νόμος, μηκέτι μένει, ὁ δὲ νόμος· πειρατέον τοῦτο δηλοῦν, καὶ μάχεσθαι ταύτῃ πρὸς αὐτόν. Ἐὰν δὲ ὁ γεγραμμένος ᾖ πρὸς τὸ πρᾶγμα, τό τε γνώμῃ τῇ ἀρίστῃ λεκτέον, ὅτι οὐ τοῦ παρὰ τὸν νόμον ἕνεκα δικάζειν ἐστίν, ἀλλ' ἵνα, ἐὰν ἀγνοήσῃ τί λέγει ὁ νόμος, μὴ ἐπιορκῇ. Καὶ ὅτι οὐ τὸ ἁπλῶς ἀγαθὸν αἱρεῖται οὐδείς, ἀλλὰ τὸ αὑτῷ. Καὶ ὅτι οὐδὲν διαφέρει, ἢ μὴ κεῖσθαι, ἢ μὴ χρῆσθαι. Καὶ ὅτι ἐν ταῖς ἄλλαις τέχναις οὐ λυσιτελεῖ παρασοφίζεσθαι, οἷον τὸν ἰατρόν· οὐ γὰρ τοσοῦτο βλάπτει ἡ ἁμαρτία τοῦ ἰατροῦ, ὅσον τὸ ἐθίζεσθαι ἀπειθεῖν τῷ ἄρχοντι. Καὶ ὅτι τὸ τῶν νόμων σοφώτερον ζητεῖν εἶναι, τοῦτ' ἐστὶν ὃ ἐν τοῖς ἐπαινουμένοις νόμοις ἀπαγορεύεται. Καὶ περὶ μὲν τῶν νόμων, οὕτω διωρίσθω.

sur la nature, tandis que les lois écrites varient souvent. C'est pourquoi, dans la tragédie de Sophocle, Antigone se justifie d'avoir enseveli Polynice, en disant qu'elle a agi contre l'ordre de Créon, mais non contre la loi non écrite : « Cette loi, dit-elle, n'est ni d'aujourd'hui, ni d'hier ; elle est éternelle...... Devais-je, cédant aux menaces d'un homme, [encourir la vengeance des dieux ? [2]] » Il faut ajouter que le droit n'est pas ce qui semble, mais ce qui est réellement vrai et utile ; que par conséquent la loi écrite n'est pas une loi, puisqu'elle n'en fait pas la fonction ; que le juge, comme celui qui vérifie le titre de l'argent, doit distinguer ce qui est droit et vrai de ce qui n'en a que l'apparence ; que l'homme d'une vertu supérieure doit recourir et s'attacher aux lois non écrites plutôt qu'aux lois écrites. Il faut voir si la loi n'est pas en opposition avec quelqu'autre loi respectable, ou avec elle-même. Une loi, par exemple, veut que ce qui a été convenu ait toute sa force, mais une autre défend de faire des conventions illégales. Si le sens de la loi est équivoque, et qu'on puisse le détourner à son profit, il faut voir quelle interprétation convient mieux à notre droit et à notre intérêt, et y avoir ensuite recours. Si les motifs pour lesquels la loi a été faite ne subsistent plus, et que la loi reste, il faut tâcher d'établir ce fait, et la combattre par ce moyen. Mais si la loi écrite est en notre faveur, nous devons dire alors que les mots que prononce le juge, en disant qu'il jugera en conscience, ne signifient pas qu'il jugera contrairement aux lois, mais que, s'il ignore le sens de la loi, il ne sera pas parjure ; que personne ne prétend à ce qui est bien d'une manière absolue, mais à ce qui est bien pour lui-même ; qu'il n'est pas besoin de faire des lois, si on ne les exécute point ; que dans les autres arts, par exemple dans la médecine, il n'y a aucun profit à éluder les préceptes par des sophismes, et cependant que l'ignorance du médecin est moins nuisible que l'habitude de désobéir à l'autorité ; que vouloir paraître plus sage que les lois, est précisément ce que défendent les lois les plus vantées. Voilà ce qui concerne les lois.

Β΄. Περὶ δὲ μαρτύρων· μάρτυρές εἰσι διττοί, οἱ μὲν παλαιοί, οἱ δὲ πρόσφατοι. Καὶ τούτων, οἱ μὲν, μετέχοντες τοῦ κινδύνου· οἱ δὲ, ἐκτός. Λέγω δὲ, παλαιοὺς μὲν, τούς τε ποιητὰς, καὶ ὅσων ἄλλων γνωρίμων εἰσὶ κρίσεις φανεραί· οἷον, Ἀθηναῖοι Ὁμήρῳ μάρτυρι ἐχρήσαντο περὶ Σαλαμῖνος· καὶ Τενέδιοι ἔναγχος Περιάνδρῳ τῷ Κορινθίῳ πρὸς Σιγειεῖς. καὶ Κλεοφῶν κατὰ Κριτίου τοῖς Σόλωνος ἐλεγείοις ἐχρήσατο, λέγων ὅτι πάλαι ἀσελγὴς ἡ οἰκία· οὐ γὰρ ἄν ποτε ἐποίησε Σόλων,

Εἰπεῖν μοι Κριτίᾳ πυρρότριχι πατρὸς ἀκούειν.

Περὶ μὲν οὖν τῶν γενομένων, οἱ τοιοῦτοι μάρτυρες. Περὶ δὲ τῶν ἐσομένων, καὶ οἱ χρησμολόγοι· οἷον, Θεμιστοκλῆς, ὅτι ναυμαχητέον, τὸ ξύλινον λέγει τεῖχος. Ἔτι καὶ αἱ παροιμίαι, ὥσπερ εἴρηται, μαρτύριά ἐστιν· οἷον, εἴ τις συμβουλεύει μὴ ποιεῖσθαι φίλον γέροντα, τούτῳ μαρτυρεῖ ἡ παροιμία, Μή ποτ᾽ εὖ ἔρδειν γέροντα. Καὶ τὸ τοὺς υἱοὺς ἀναιρεῖν, ὧν καὶ τοὺς πατέρας·

Νήπιος, ὃς πατέρα κτείνας, παῖδας καταλείπει.

Πρόσφατοι δὲ, ὅσοι γνώριμοι κεκρίκασί τι· χρήσιμοι γὰρ αἱ τούτων κρίσεις τοῖς περὶ τῶν αὐτῶν ἀμφισβητοῦσιν· οἷον, Εὔβουλος ἐν τοῖς δικαστηρίοις ἐχρήσατο κατὰ Χάρητος ᾧ Πλάτων εἶπε πρὸς Ἀρχίβιον, ὅτι ἐπιδέδωκεν ἐν τῇ πόλει τὸ ὁμολογεῖν πονηροὺς εἶναι. Καὶ οἱ μετέχοντες τοῦ κινδύνου, ἂν δόξωσι ψεύδεσθαι. Οἱ μὲν οὖν τοιοῦτοι τῶν τοιούτων μόνον μάρτυρές εἰσι· γέγονεν, ἢ μή· ἔστιν, ἢ μή. Περὶ δὲ τοῦ ποῖον, οὐ μάρτυρες· οἷον, εἰ δίκαιον ἢ ἄδικον, ἢ συμφέρον ἢ ἀσύμφορον. Οἱ δ᾽ ἄπωθεν, καὶ περὶ τούτων πιστότατοι. Πιστότατοι δὲ, οἱ παλαιοί· ἀδιάφθοροι

§ II. Des témoins.

Les témoins sont de deux sortes, les anciens et les nouveaux, et, parmi ces derniers, les uns courent la même fortune que l'accusé, les autres sont hors de cause. J'appelle anciens les poëtes et les autres personnages considérables, dont les jugements ont eu de l'éclat. C'est ainsi que les Athéniens, pour réclamer Salamine, eurent recours au témoignage d'Homère [3], et que naguère les habitants de Ténédos recoururent contre les Sigéens à celui de Périandre le Corinthien [4]. Cléophon se servit aussi des vers élégiaques de Solon, pour prouver que la maison de Critias était depuis longtemps l'asile de la débauche; autrement Solon n'aurait jamais écrit ce vers : « Dis au blond Critias qu'il doit écouter son père [5]. » On doit recourir à cette sorte de témoins, pour le passé; mais pour l'avenir, on peut citer les interprètes des oracles. Ainsi Thémistocle disait que les remparts de bois signifiaient qu'il fallait se battre sur mer [6]. Les proverbes même, comme on l'a dit, sont aussi des témoignages. Veut-on conseiller de ne pas contracter amitié avec un vieillard, on peut citer le proverbe : « Ne faites jamais de bien à un vieillard [7]. » Pour conseiller de tuer les enfants, quand on a tué les pères, on dira : « Insensé celui qui ayant tué le père, laisse vivre les enfants ! [8] » J'appelle témoins nouveaux tous les personnages connus qui ont donné leur avis sur quelque point. Leurs décisions sont utiles à ceux qui plaident dans une cause semblable. C'est ainsi qu'en présence des juges, Eubulus tourna contre Charès ce que Platon avait dit contre Archibius, savoir, qu'il avait introduit dans Athènes l'usage de faire profession publique de méchanceté [9]. J'appelle aussi nouveaux les témoins, qui, dans le cas où leur témoignage paraît faux, partagent le péril de l'accusé. Ces témoins ne servent qu'à établir si le fait a eu lieu ou non, si la chose est ou n'est pas. Mais s'agit-il de qualifier le fait, de dire, par exemple, s'il est juste ou injuste, utile ou inutile, ces témoins ne sont plus compétents. Au contraire, les témoins qui sont en dehors de la cause sont dignes à

γάρ. Πιστώματα δὲ παρὰ μαρτυριῶν· μάρτυρας μὲν μὴ ἔχοντι, ὅτι ἐκ τῶν εἰκότων δεῖ κρίνειν· καὶ τοῦτ' ἐστὶ, τὸ γνώμῃ τῇ ἀρίστῃ. Καὶ ὅτι οὐκ ἔστιν ἐξαπατῆσαι τὰ εἰκότα ἐπ' ἀργυρίῳ. Καὶ ὅτι οὐχ ἁλίσκεται ψευδομαρτυριῶν τὰ εἰκότα. Ἔχοντι δὲ πρὸς μὴ ἔχοντα, ὅτι οὐχ ὑπόδικα τὰ εἰκότα. Καὶ ὅτι οὐδὲν ἂν ἔδει μαρτυριῶν, εἰ ἐκ τῶν λόγων ἱκανὸν ἦν θεωρῆσαι. Εἰσὶ δὲ αἱ μαρτυρίαι, αἱ μὲν, περὶ αὑτοῦ· αἱ δὲ, περὶ τοῦ ἀμφισβητοῦντος. Καὶ αἱ μὲν, περὶ τοῦ πράγματος· αἱ δὲ, περὶ τοῦ ἤθους. Ὥστε φανερὸν, ὅτι οὐδέποτέ ἐστιν ἀπορῆσαι μαρτυρίας χρησίμης· εἰ μὴ γὰρ κατὰ τοῦ πράγματος, ἢ αὐτῷ ὁμολογουμένης, ἢ τῷ ἀμφισβητοῦντι ἐναντίας· ἀλλὰ περὶ τοῦ ἤθους, ἢ αὐτοῦ εἰς ἐπιείκειαν, ἢ τοῦ ἀμφισβητοῦντος εἰς φαυλότητα. Τὰ δ' ἄλλα περὶ μάρτυρος, ἢ φίλου, ἢ ἐχθροῦ, ἢ μεταξὺ, ἢ εὐδοκιμοῦντος, ἢ ἀδοξοῦντος, ἢ μεταξὺ, καὶ ὅσαι ἄλλαι τοιαῦται διαφοραί, ἐκ τῶν αὐτῶν τόπων λεκτέον, ἐξ οἵωνπερ καὶ τὰ ἐνθυμήματα λέγομεν.

Γ'. Περὶ δὲ τῶν συνθηκῶν, τοσαύτη τοῦ λόγου χρῆσίς ἐστιν, ὅσον αὔξειν, ἢ καθαιρεῖν, ἢ πιστὰς ποιεῖν, ἢ ἀπίστους· ἂν μὲν αὐτῷ ὑπάρχωσι, πιστὰς καὶ κυρίας· ἐπὶ δὲ τοῦ ἀμφισβητοῦντος, τοὐναντίον. Πρὸς μὲν οὖν τὸ πιστὰς ἢ ἀπίστους κατασκευάζειν, οὐδὲν διαφέρει τῆς περὶ τοὺς μάρτυρας πραγματείας· ὁποῖοι γὰρ ἄν τινες ὦσιν οἱ ἐπιγεγραμμένοι, ἢ φυλάττοντες, τούτοις αἱ συνθῆκαι πισταί εἰσιν. Ὁμολογουμένης δ' εἶναι τῆς συνθήκης, οἰκείας μὲν οὔσης, αὐξητέον· ἡ γὰρ συνθήκη, νόμος ἐστὶν ἴδιος, καὶ κατὰ μέρος. Καὶ αἱ μὲν συνθῆκαι οὐ ποιοῦσι

cet égard de la plus grande foi, et les plus dignes sont les anciens, parce qu'il est impossible de les corrompre. Voici maintenant comment il faut employer les témoignages. Si vous n'avez pas de témoins, vous direz qu'il faut juger d'après les probabilités ; que c'est là juger en conscience ; que l'argument des probabilités ne peut être faussé à prix d'argent, et qu'on ne peut le prendre en flagrant délit de faux témoignage. Si vous avez des témoins, et que l'adversaire n'en ait point, vous direz que l'argument des probabilités n'encourt aucune responsabilité en justice, et qu'on aurait aucun besoin de témoins, s'il suffisait d'examiner les raisons. Les témoignages regardent, ou nous-même, ou notre adversaire, ou le fait lui-même, ou la moralité des parties. Il est donc clair qu'on ne peut jamais manquer de quelque témoignage utile. Si vous n'avez pas sur le fait lui-même de témoignage qui soit pour vous ou contre votre adversaire, vous en aurez toujours pour établir votre moralité ou attaquer celle de la partie adverse. Pour toutes les autres questions relatives à un témoin, s'il est ami, ou ennemi, ou indifférent, s'il est bien ou mal famé, ou s'il n'est connu ni en bien ni en mal, et pour toutes les diverses considérations de cette nature, il faut recourir aux mêmes lieux qui fournissent les enthymèmes.

§ III. Des conventions.

En ce qui concerne les conventions, l'orateur qui en fait usage doit leur donner de la force ou les infirmer ; prouver qu'elles méritent ou ne méritent pas créance. Si elles sont pour lui, il doit en établir la bonne foi et l'autorité, et faire le contraire, si elles sont pour la partie adverse. Veut-il les rendre dignes ou indignes de créance, il doit procéder absolument de même que pour les témoins ; car les conventions tirent leur force des qualités morales des signataires ou des dépositaires des titres. L'existence de la convention étant reconnue des deux parties, si elle est en votre faveur, vous devez l'appuyer ainsi : la convention est une loi particulière, faite dans l'intérêt d'une partie ; ce

τὸν νόμον κύριον· οἱ δὲ νόμοι, τὰς κατὰ τὸν νόμον συνθήκας. Καὶ ὅλως αὐτὸς ὁ νόμος, συνθήκη τίς ἐστιν· ὥστε ὅστις ἀπιστεῖ, καὶ ἀναιρεῖ συνθήκην, τοὺς νόμους ἀναιρεῖ. Ἔτι δὲ, πράττεται τὰ πολλὰ τῶν συναλλαγμάτων, καὶ τὰ ἑκούσια, κατὰ συνθήκας· ὥστε ἀκύρων γιγνομένων, ἀναιρεῖται ἡ πρὸς ἀλλήλους χρεία τῶν ἀνθρώπων. Καὶ τἆλλα δὲ ὅσα ἁρμόττει, ἐπιπολῆς ἰδεῖν ἐστιν. Ἂν δ' ἐναντία ᾖ καὶ μετὰ τῶν ἀμφισβητούντων, πρῶτον μὲν ἅπερ ἄν τις πρὸς νόμον ἐναντίον μαχέσαιτο, ταῦθ' ἁρμόττει· ἄτοπον γὰρ, εἰ, τοῖς μὲν νόμοις, ἂν μὴ ὀρθῶς κείμενοι ὦσιν ἀλλ' ἐξαμάρτωσιν οἱ τιθέμενοι, οὐκ οἰόμεθα δεῖν πείθεσθαι· ταῖς δὲ συνθήκαις, ἀναγκαῖον. Εἶτα ὅτι τοῦ δικαίου βραβευτής ἐστιν ὁ δικαστής· οὔκουν τοῦτο σκεπτέον, ἀλλ' ὡς δικαιότερον. Καὶ τὸ μὲν δίκαιον, οὐκ ἔστι μεταστρέψαι, οὔτ' ἀπάτῃ, οὔτ' ἀνάγκῃ· πεφυκὸς γάρ ἐστι. Συνθῆκαι δὲ γίγνονται καὶ ἐξαπατηθέντων, καὶ ἀναγκασθέντων. Πρὸς δὲ τούτοις σκοπεῖν, εἰ ἐναντία τινί ἐστιν, ἢ τῶν γεγραμμένων νόμων, ἢ τῶν κοινῶν, καὶ τῶν γεγραμμένων ἢ τοῖς οἰκείοις ἢ τοῖς ἀλλοτρίοις. Ἔτι τε, εἰ ἄλλαις συνθήκαις ὑστέραις, ἢ προτέραις· ἢ γὰρ αἱ ὕστεραι κύριαι, ἄκυροι δ' αἱ πρότεραι· ἢ αἱ πρότεραι ὀρθαί, αἱ δ' ὕστεραι ἠπατήκασιν, ὁποτέρως ἂν ᾖ χρήσιμον. Ἔτι δὲ, τὸ συμφέρον ὁρᾶν, εἴ πῃ ἐναντιοῦται τοῖς κριταῖς, καὶ ὅσα ἄλλα τοιαῦτα· καὶ γὰρ ταῦτα εὐθεώρητα ὁμοίως.

Δ'. Αἱ δὲ βάσανοι, μαρτυρίαι τινές εἰσιν. Ἔχειν δὲ δοκοῦσι τὸ πιστὸν, ὅτι ἀνάγκη τις πρόσεστι. Οὔκουν χαλεπὸν οὐδὲ περὶ τούτων ἰδεῖν, καὶ τὰ ἐνδεχόμενα εἰπεῖν· ἐξ ὧν,

ne sont pas les conventions qui donnent force à la loi, mais ce sont les lois qui donnent force aux conventions légitimes ; dans un sens général, la loi elle-même est une convention ; ainsi quiconque manque de foi et viole une convention, viole les lois elles-mêmes. Ajoutez que la plupart des affaires et des obligations volontaires reposent sur des conventions, de sorte que si vous détruisez l'autorité des conventions, vous détruisez entre les hommes les relations et le commerce. Il vous sera en outre facile de voir les autres arguments qui conviennent à la circonstance. Si la convention est contre nous et pour nos adversaires, faisons valoir d'abord les raisons que nous opposerions à la loi, si nous l'avions contre nous. Il serait bien étrange en effet, si, tandis que nous ne croyons pas devoir obéir aux lois, quand elles ne sont pas fondées sur la justice et que le législateur s'est trompé, nous pensions que les conventions nous obligent. En outre, le juge est le dispensateur du droit, et par conséquent il ne doit pas s'en tenir aux conventions, mais considérer ce qui est plus juste. Ajoutez qu'on ne peut détruire le droit, ni par la fraude, ni par la violence, parce qu'il est fondé sur la nature, tandis que les conventions reposent sur l'erreur ou la violence. Il faut aussi examiner en outre si la convention est contraire à quelqu'une des lois écrites ou communes, aux lois du pays ou aux lois étrangères, à d'autres conventions postérieures ou antérieures. Si les dernières sont valables, les premières ne le sont pas ; si les premières sont justes, les autres sont entachées de fraude. Examinez le parti qui vous est utile. Voyez aussi le motif d'intérêt, et si la convention ne porte pas atteinte en quelque point aux droits des juges. Vous chercherez de même tous les autres arguments de cette nature, et vous n'aurez pas de peine à les découvrir.

§ IV. Des tortures.

Les tortures sont une espèce de témoignage, qui semble certain, parce que l'aveu de la vérité y est en quelque sorte nécessaire. Il n'est pas difficile non plus de trouver des raisons pour

ἄν τε ὑπάρχωσιν οἰκεῖαι, αὔξειν ἐστὶν, ὅτι ἀληθεῖς μόναι τῶν μαρτυριῶν εἰσιν αὗται· ἐάν τε ὑπεναντίαι ὦσι, καὶ μετὰ τοῦ ἀμφισβητοῦντος, διαλύοι ἄν τις τἀληθῆ, λέγων καθ' ὅλου τοῦ γένους τῶν βασάνων· οὐδὲν γὰρ ἧττον ἀναγκαζόμενοι τὰ ψευδῆ λέγουσιν, ἢ τἀληθῆ· καὶ διακαρτεροῦντες μὴ λέγειν τἀληθῆ· καὶ ῥᾳδίως καταψευδόμενοι, ὡς παυσόμενοι θᾶττον. Δεῖ δ' ἔχειν ἐπαναφέρειν ἐπὶ τοιαῦτα γεγενημένα παραδείγματα, ἃ ἴσασιν οἱ κρίνοντες.

Ε΄. Περὶ δὲ ὅρκων, τετραχῶς ἐστι διελεῖν· ἢ γὰρ δίδωσι καὶ λαμβάνει, ἢ οὐδέτερον· ἢ τὸ μὲν, τὸ δ' οὔ· καὶ τούτων ἢ δίδωσι μὲν, οὐ λαμβάνει δέ· ἢ λαμβάνει μὲν, οὐ δίδωσι δέ. Ἔτι ἄλλως παρὰ ταῦτα, εἰ ὀμώμοσται οὗτος ἢ ὑπ' αὐτοῦ, ἢ ὑπ' ἐκείνου. Οὐ δίδωσι μὲν οὖν, ὅτι ῥᾳδίως ἐπιορκοῦσι. Καὶ διότι, ὁ μὲν ὀμόσας, οὐκ ἀποδίδωσι· τοὺς δὲ, μὴ ὀμόσαντος, οἴεται καταδικάσειν. Καὶ ὡς οὗτος ὁ κίνδυνος κρείττων ὁ ἐν τοῖς δικασταῖς· τοῖς μὲν γὰρ, πιστεύει· τῷ δὲ, οὔ. Οὐ λαμβάνει δὲ, ὅτι ἀντὶ χρημάτων ὅρκος. Καὶ ὅτι εἰ ἦν φαῦλος, κατωμόσαιτο ἄν· κρεῖττον γὰρ ἕνεκά του φαῦλον εἶναι, ἢ μηδενός· ὀμόσας μὲν οὖν, ἕξει· μὴ ὀμόσας δὲ, οὔ. Οὕτω δὲ δι' ἀρετὴν ἂν εἴη, ἀλλ' οὐ δι' ἐπιορκίαν τὸ μή· καὶ τὸ τοῦ Ξενοφάνους ἁρμόττει, ὅτι οὐκ ἴση πρόκλησις αὕτη· ἀσεβεῖ πρὸς εὐσεβῆ, ἀλλ' ὁμοία καὶ εἰ ἰσχυρὸς ἀσθενῆ πατάξαι, ἢ πληγῆναι, προκαλέσαιτο. Εἰ δὲ λαμβάνει, ὅτι πιστεύει αὐτῷ, ἐκείνῳ δ' οὔ. Καὶ τὸ τοῦ Ξενοφάνους μεταστρέ-

faire valoir cette preuve; dans le cas où elle est pour nous, nous dirons que ce témoignage est le seul véritable. Si elle est contre nous et pour la partie adverse, on en contestera la vérité en s'élevant contre les tortures en général. L'homme soumis à la torture déclare également le faux et le vrai; l'un endure tout plutôt que de dire la vérité, l'autre ment aisément pour en finir plus vite. Il faut là dessus donner des exemples qui soient connus des juges [10].

§ V. Du serment.

Quant au serment, il faut distinguer quatre cas : ou bien nous déférons le serment en l'acceptant pour nous même; ou bien nous ne faisons ni l'un ni l'autre; ou bien nous faisons l'un ou l'autre; et, dans ce cas, ou nous déférons le serment sans l'accepter pour nous ou nous l'acceptons pour nous sans accepter celui de l'adversaire. Outre cela, on peut considérer encore si le serment a été prêté par nous, ou par la partie adverse. Refusons-nous le serment de la partie adverse, nous dirons qu'on se parjure aisément; qu'après le serment, notre débiteur serait quitte envers nous, tandis que, s'il ne prête pas serment, nous espérons qu'il sera condamné; que, chance pour chance, nous aimons mieux nous en rapporter aux juges; que nous avons confiance en eux, mais non en lui. Refusons-nous de prêter serment nous-même, nous dirons qu'on nous demande un serment dans une question d'argent; que, si, nous manquions de probité, nous le donnerions sans peine, attendu qu'à être improbe, il vaut mieux l'être avec profit que gratuitement; que le serment nous ferait gagner notre cause, tandis qu'en le refusant nous la perdrons; et que par conséquent, si nous le refusons, c'est par délicatesse, et non par crainte du parjure. Nous pourrons citer dans ce cas l'opinion de Xénophane, qui disait qu'il n'y a pas égalité quand un impie provoque au serment un homme pieux; que l'impie ressemble à celui qui étant vigoureux proposerait à un adversaire chétif de vider leur querelle à coups de poing. Acceptons-nous le serment pour nous-même, nous déclarerons que nous avons confiance en notre bonne foi, et non en celle de l'adver-

ψαντα, φατέον οὕτως, ἴσον εἶναι, ἐὰν μὲν ὁ ἀσεβὴς διδῷ, ὁ εὐσεβὴς δ' ὀμνύῃ· δεινόν τε, τὸ μὴ ἐθέλειν αὐτὸν, ὑπὲρ ὧν ἐκείνους ἀξιοῖ ὀμόσαντας δικάζειν. Εἰ δὲ δίδωσιν, ὅτι εὐσεβές τὸ θέλειν τοῖς θεοῖς ἐπιτρέπειν. Καὶ ὅτι οὐδὲν δεῖ αὐτὸν ἄλλων κριτῶν δεῖσθαι· αὐτῷ γὰρ δίδωσι κρίνειν. Καὶ ὅτι ἄτοπον τὸ μὴ θέλειν ὀμνύναι, περὶ ὧν ἄλλους ἀξιοῖ ὀμνύναι. Ἐπεὶ δὲ καθ' ἕκαστον δῆλον, πῶς λεκτέον, καὶ συνδυαζόμενον πῶς λεκτέον, δῆλον· οἷον, εἰ αὐτὸς μὲν θέλει λαμβάνειν, διδόναι δὲ μή· καὶ εἰ δίδωσι μὲν, λαμβάνειν δὲ μὴ θέλει· καὶ εἰ λαμβάνειν καὶ διδόναι ἐθέλει, εἴ τε μηδέτερον· ἐκ γὰρ τῶν εἰρημένων ἀνάγκη συγκεῖσθαι· ὥστε καὶ τοὺς λόγους ἀνάγκη συγκεῖσθαι ἐκ τῶν εἰρημένων.

ΣΤ'. Ἐὰν δὲ ᾖ γεγενημένος ὑπ' αὐτοῦ, καὶ ἐναντίος, ὅτι οὐκ ἐπιορκία· ἑκούσιον γὰρ τὸ ἀδικεῖν ἐστι· τὸ δὲ ἐπιορκεῖν, ἀδικεῖν ἐστι· τὰ δὲ βίᾳ καὶ ἀπάτῃ, ἀκούσια. Ἐνταῦθα οὖν συνακτέον καὶ τὸ ἐπιορκεῖν, ὅτι ἐστὶ τὸ τῇ διανοίᾳ, ἀλλ' οὐ τῷ στόματι. Ἐὰν δὲ τῷ ἀντιδίκῳ ᾖ ὀμωμοσμένος, ὅτι πάντα ἀναιρεῖ ὁ μὴ ἐμμένων οἷς ὤμοσε· διὰ γὰρ τοῦτο καὶ τοῖς νόμοις χρῶνται ὀμόσαντες· καὶ «ὑμᾶς μὲν ἀξιοῦμεν ἐμμένειν οἷς ὀμόσαντες δικάζετε· αὐτοὶ δὲ οὐκ ἐμμενοῦμεν;» Καὶ ὅσα ἄλλα ἂν αὔξων τις εἴπειε. Περὶ μὲν οὖν τῶν ἀτέχνων πίστεων, εἰρήσθω τοσαῦτα.

saire; et, renversant alors le mot de Xénophane, nous dirons qu'il y a égalité lorsque l'impie défère le serment, et que l'homme pieux l'accepte; qu'il serait extraordinaire de refuser nous-mêmes le serment, tandis que nous voulons que les juges le prêtent avant de rendre la sentence. Déférons-nous le serment, nous dirons que c'est un acte de piété de vouloir s'en rapporter aux dieux ; que notre adversaire n'a pas besoin de chercher d'autres juges, puisque nous lui offrons d'être son juge à lui-même; qu'il serait étrange qu'il ne voulût pas prêter un serment qu'il demande aux juges. Si nous avons clairement démontré comment il faut traiter chaque cas en particulier, on comprendra ce qu'il faut dire, quand on en traite deux à la fois; par exemple, si nous voulons prêter serment nous-mêmes, et ne pas accepter celui de l'adversaire; ou accepter celui de l'adversaire, sans le prêter nous-mêmes; ou l'accepter pour nous et le déférer à la fois ; ou ne faire ni l'un ni l'autre. On ne peut réunir que les cas dont nous venons de parler; il faut donc réunir les motifs que nous avons fait connaître.

§ VI. Du serment déjà prêté.

Mais si nous avons prêté un serment contraire à celui que nous prêtons actuellement, nous dirons qu'il n'y a pas pour cela parjure de notre part ; car il n'y a injustice qu'avec le concours de la volonté, et le parjure est une injustice ; mais il n'y a pas de volonté quand il y a fraude et violence. Il faudra ensuite serrer la définition du parjure, en disant qu'il est dans l'intention, et non sur les lèvres. Si c'est l'adversaire qui a prêté le serment, nous dirons qu'il détruit toute justice en ne s'en tenant pas à ce qu'il a juré; que ce n'est qu'en respectant leur serment que les juges appliquent la loi. « O juges, nous voulons que vous respectiez votre serment quand vous prononcez la sentence; et nous, nous violerons le nôtre! » Et nous ajouterons tous les moyens d'amplification. Voilà tout ce qu'il y avait à dire sur les preuves indépendantes de l'art.

ΤΕΧΝΗΣ ΡΗΤΟΡΙΚΗΣ Β'.

ΚΕΦΑΛΑΙΟΝ Α'.

Α'. Ἐκ τίνων μὲν οὖν δεῖ καὶ προτρέπειν καὶ ἀποτρέπειν, καὶ ψέγειν καὶ ἐπαινεῖν, καὶ κατηγορεῖν καὶ ἀπολογεῖσθαι, καὶ ποῖαι δόξαι καὶ προτάσεις χρήσιμοι πρὸς τὰς τούτων πίστεις, ταῦτ' ἐστί. Περὶ γὰρ τούτων καὶ ἐκ τούτων τὰ ἐνθυμήματα λέγεται, ὡς περὶ ἕκαστον εἰπεῖν ἰδίᾳ τὸ γένος τῶν λόγων. Ἐπεὶ δ' ἕνεκα κρίσεώς ἐστιν ἡ ῥητορικὴ (καὶ γὰρ τὰς συμβουλὰς κρίνουσι, καὶ ἡ δίκη κρίσις ἐστίν·) ἀνάγκη μὴ μόνον πρὸς τὸν λόγον ὁρᾶν, ὅπως ἀποδεικτικὸς ἔσται καὶ πιστὸς, ἀλλὰ καὶ αὐτὸν ποῖόν τινα καὶ τὸν κριτὴν κατασκευάζειν. Πολὺ γὰρ διαφέρει πρὸς πίστιν, μάλιστα μὲν ἐν ταῖς συμβουλαῖς, εἶτα καὶ ἐν ταῖς δίκαις, τό τε ποῖόν τινα φαίνεσθαι τὸν λέγοντα, καὶ τὸ πρὸς αὐτοὺς ὑπολαμβάνειν ἔχειν πως αὐτόν· πρὸς δὲ τούτοις ἐὰν καὶ αὐτοὶ διακείμενοί πως τυγχάνωσι. Τὸ μὲν οὖν ποῖόν τινα φαίνεσθαι τὸν λέγοντα χρησιμώτερον εἰς τὰς συμβουλάς ἐστι· τὸ δὲ διακεῖσθαί πως τὸν ἀκροατὴν, εἰς τὰς δίκας. Οὐ γὰρ ταὐτὰ φαίνεται φιλοῦσι καὶ μισοῦσιν, οὐδ' ὀργιζομένοις καὶ πράως ἔχουσιν· ἀλλ' ἢ τὸ παράπαν ἕτερα, ἢ κατὰ τὸ μέγεθος ἕτερα. Τῷ μὲν γὰρ φιλοῦντι, περὶ οὗ ποιεῖ-

LIVRE DEUXIÈME.

CHAPITRE PREMIER.

Des mœurs et des passions.

§ I. Considérations générales.

Nous connaissons maintenant les moyens qu'il faut employer pour persuader et dissuader, blâmer et louer, accuser et se défendre ; nous avons dit quelles sont les opinions et les propositions qui peuvent servir à convaincre dans ces diverses circonstances ; car ces opinions et ces propositions sont la matière et la source des enthymèmes qui conviennent en particulier à chaque genre d'éloquence. Mais, un jugement étant la fin de toute espèce de discours, puisqu'il y a jugement dans les assemblées du peuple aussi bien que dans les tribunaux, il faut non-seulement considérer le discours en lui-même, afin de le rendre démonstratif et convaincant, mais il faut encore que l'orateur possède certaines qualités, et qu'il dispose l'auditeur d'une certaine façon [1]. Car il est très important pour l'orateur qui se propose de persuader, dans le genre délibératif surtout, et aussi dans le genre judiciaire, de se montrer doué de certaines qualités, et disposé à soutenir les intérêts des auditeurs ; et de plus, que les auditeurs eux-mêmes soient bien disposés pour lui. Dans les discours politiques, les qualités personnelles de l'orateur ont une plus grande importance ; mais dans les plaidoyers, ce sont les dispositions de ceux qui écoutent. Nos jugements varient selon que nous sommes poussés par l'amour ou par la haine, que nous sommes en colère ou de sang-froid. Les choses nous paraissent, suivant nos dispositions, ou entièrement opposées, ou d'une tout autre importance. Si nous sommes prévenus en faveur de celui que nous allons juger, il

ται τὴν κρίσιν, ἢ οὐκ ἀδικεῖν, ἢ μικρὰ δοκεῖ ἀδικεῖν· τῷ δὲ μισοῦντι, τοὐναντίον. Καὶ τῷ μὲν ἐπιθυμοῦντι καὶ εὐέλπιδι ὄντι, ἐὰν ᾖ τὸ ἐσόμενον ἡδύ, καὶ ἔσεσθαι, καὶ ἀγαθὸν ἔσεσθαι φαίνεται· τῷ δ' ἀπαθεῖ καὶ δυσχεραίνοντι, τοὐναντίον.

'. Τοῦ μὲν οὖν αὐτοὺς εἶναι πιστοὺς τοὺς λέγοντας, τρία ἐστὶ τὰ αἴτια· τοσαῦτα γάρ ἐστι, δι' ἃ πιστεύομεν ἔξω τῶν ἀποδείξεων. Ἔστι δὲ ταῦτα, φρόνησις, καὶ ἀρετὴ, καὶ εὔνοια. Διαψεύδονται γὰρ, περὶ ὧν λέγουσιν ἢ συμβουλεύουσιν, ἢ διὰ πάντα ταῦτα, ἢ διὰ τούτων τί. Ἢ γὰρ δι' ἀφροσύνην οὐκ ὀρθῶς δοξάζουσιν· ἢ δοξάζοντες ὀρθῶς, διὰ μοχθηρίαν οὐ τὰ δοκοῦντα λέγουσιν· ἢ φρόνιμοι μὲν καὶ ἐπιεικεῖς εἰσίν, ἀλλ' οὐκ εὖνοι. Διόπερ ἐνδέχεται, μὴ τὰ βέλτιστα συμβουλεύειν γιγνώσκοντας· καὶ παρὰ ταῦτα οὐδέν. Ἀνάγκη ἄρα τὸν ἅπαντα δοκοῦντα ταῦτα ἔχειν, εἶναι τοῖς ἀκροωμένοις πιστόν. Ὅθεν μὲν τοίνυν φρόνιμοι καὶ σπουδαῖοι φανεῖεν ἄν, ἐκ τῶν περὶ τὰς ἀρετὰς διῃρημένων ληπτέον. Ἐκ τῶν αὐτῶν γὰρ, κἂν ἕτερόν τις, κἂν ἑαυτὸν κατασκευάσειε τοιοῦτον. Περὶ δ' εὐνοίας καὶ φιλίας ἐν τοῖς περὶ τὰ πάθη λεκτέον νῦν.

Γ'. Ἔστι δὲ τὰ πάθη, δι' ὅσα μεταβάλλοντες, διαφέρουσι πρὸς τὰς κρίσεις, οἷς ἕπεται λύπη καὶ ἡδονή· οἷον, ὀργή, ἔλεος, φόβος, καὶ ὅσα ἄλλα τοιαῦτα, καὶ τὰ τούτοις ἐναντία. Δεῖ δὲ

nous semble, ou qu'il n'a pas commis d'injustice, ou que sa faute est légère; le contraire arrive, si nous sommes prévenus contre. Poursuivons-nous de nos désirs et de nos espérances une chose dont la possession nous serait agréable, il nous semble qu'elle ne peut manquer d'arriver, et d'être pour nous un bien. Il en est tout autrement pour l'homme indifférent [2] et pour celui qui doute du succès.

§ II. Des mœurs oratoires.

Si l'orateur veut que sa parole produise la conviction, il doit posséder trois qualités, qui, indépendamment des preuves, sont pour nous autant de motifs qui nous portent à croire. Ces qualités sont la prudence, la probité et la bienveillance. Dans les discours et dans les délibérations publiques, on ne s'écarte de la vérité que parce qu'on manque de ces trois qualités, ou même d'une seule. Car c'est l'ignorance qui égare notre jugement; ou bien, le jugement étant droit, c'est la méchanceté qui nous empêche de dire franchement ce que nous pensons; ou bien encore, nous sommes, il est vrai, prudents et probes, mais nous manquons de bienveillance; ce qui fait que nous ne donnons pas les meilleurs conseils, quand nous pourrions le faire. Ces trois qualités sont les seules. Tout orateur qui paraîtra les posséder portera nécessairement la conviction dans l'esprit des auditeurs. Mais comment paraître prudent et probe? Il faut voir à cet égard ce que nous avons dit quand nous avons parlé des vertus. Car les mêmes moyens qu'on emploie pour faire paraître les autres prudents et probes, on peut les employer pour soi-même. Quant à la bienveillance et à l'amitié, nous allons en parler maintenant, en traitant des passions.

§ III. Des passions.

Les passions sont des mouvements de l'âme, qui changent nos jugements, et qui sont accompagnés de douleur et de plaisir [3]. Telles sont la colère, la pitié, la crainte, et toutes les autres émotions semblables, ainsi que leurs contraires. Mais en

διαιρεῖν τὰ περὶ ἕκαστον εἰς τρία· λέγω δ' οἷον περὶ ὀργῆς, πῶς τε διακείμενοι ὀργίλοι εἰσὶ, καὶ τίσιν εἰώθασιν ὀργίζεσθαι, καὶ ἐπὶ ποίοις. Εἰ γὰρ τὸ μὲν ἓν ἢ τὰ δύο ἔχοιμεν τούτων, ἅπαντα δὲ μὴ, ἀδύνατον ἂν εἴη τὴν ὀργὴν ἐμποιεῖν· ὁμοίως δὲ καὶ ἐπὶ τῶν ἄλλων. Ὥσπερ οὖν καὶ ἐπὶ τῶν προειρημένων διεγράψαμεν τὰς προτάσεις, οὕτω καὶ ἐπὶ τούτων ποιήσωμεν, καὶ διέλωμεν τὸν εἰρημένον τρόπον.

ΚΕΦΑΛΑΙΟΝ Β'.

Α'. Ἔστω δὴ ἡ ὀργὴ ὄρεξις μετὰ λύπης τιμωρίας φαινομένης διὰ φαινομένην ὀλιγωρίαν τῶν εἰς αὐτὸν ἢ εἰς αὐτοῦ τινα μὴ προσηκόντως. Εἰ δὴ τοῦτ' ἐστὶν ἡ ὀργὴ, ἀνάγκη τὸν ὀργιζόμενον ὀργίζεσθαι ἀεὶ τῶν καθέκαστον τινί· οἷον Κλέωνι, ἀλλ' οὐκ ἀνθρώπῳ. Καὶ ὅτι αὐτὸν, ἢ τῶν αὐτοῦ τινά τι πεποίηκεν, ἢ ἤμελλε. Καὶ πάσῃ ὀργῇ ἕπεσθαί τινα ἡδονήν, τὴν ἀπὸ τῆς ἐλπίδος τοῦ τιμωρήσασθαι· ἡδὺ μὲν γὰρ, τὸ οἴεσθαι τεύξεσθαι, ὧν ἐφίεται· οὐδεὶς δὲ τῶν φαινομένων ἀδυνάτων ἐφίεται αὐτῷ· ὁ δ' ὀργιζόμενος ἐφίεται αὐτῷ δυνατῶν. Διὸ καλῶς εἴρηται περὶ θυμοῦ,

> Ὅς τε πολὺ γλυκίων μέλιτος καταλειβομένοιο
> Ἀνδρῶν ἐν στήθεσσιν ἀέξεται.

Ἀκολουθεῖ γὰρ καὶ ἡδονή τις, διά τε τοῦτο, καὶ διότι διατρίβουσιν ἐν τῷ τιμωρεῖσθαι τῇ διανοίᾳ. Ἡ οὖν τότε ἐγγινομένη φαντασία, ἡδονὴν ποιεῖ, ὥσπερ ἡ τῶν ἐνυπνίων.

chacune d'elles, il faut considérer successivement trois choses : relativement à la colère, par exemple, quels sont les hommes sujets à se mettre en colère, qui sont ceux contre lesquels on se met ordinairement en colère, et enfin, qu'elles sont les raisons pour lesquelles on se met en colère. En effet, si nous connaissions un seul, ou même deux de ces points, et non tous les trois, il nous serait impossible d'exciter la colère. Il en est de même pour les autres passions. De même donc que nous avons déjà décrit les propositions qui conviennent à chaque genre, nous allons maintenant procéder et diviser d'après la méthode que nous venons d'indiquer.

CHAPITRE II.

De la colère.

§ I. Quels sont les gens sujets à se mettre en colère.

La colère est un désir de vengeance apparente [1] accompagné de douleur contre ceux qui ont montré un injuste mépris pour nous ou pour quelqu'un des nôtres. Si cette définition est exacte, il est nécessaire que celui qui se livre à la colère le fasse toujours, non contre un homme en général, mais contre un homme en particulier, par exemple Cléon, et que cet homme ait fait ou ait été sur le point de faire quelque chose contre lui, ou contre quelqu'un des siens, et enfin, que toute colère soit accompagnée d'un certain plaisir, celui que donne l'espoir d'une vengeance future [2]. Il est doux de penser qu'on viendra à bout de ce qu'on désire ; or, personne ne désire ce qui semble impossible, et celui qui est irrité ne désire que ce qu'il lui est possible d'atteindre. C'est pourquoi on a très bien dit en parlant de la colère : « Beaucoup plus douce que le miel qui tombe goutte à goutte, elle s'élève dans le cœur des hommes [3]. » Un certain plaisir accompagne la colère, pour cette raison d'abord, et aussi parce qu'on se venge d'avance par la pensée, et on savoure alors en imagination une jouissance pareille à celle qu'on goûte dans les songes.

Β'. Ἐπεὶ δ' ἡ ὀλιγωρία ἔστιν ἐνέργεια δόξης περὶ τὸ μηδενὸς ἄξιον φαινόμενον· (καὶ γὰρ τὰ κακὰ καὶ τἀγαθὰ, ἄξια οἰόμεθα σπουδῆς εἶναι, καὶ τὰ συντείνοντα πρὸς αὐτά· ὅσα δὲ μηδὲν, ἢ πάνυ μικρά, οὐδενὸς ἄξια ὑπολαμβάνομεν·) τρία δ' ἐστὶν εἴδη ὀλιγωρίας, καταφρόνησίς τε, καὶ ἐπηρεασμὸς, καὶ ὕβρις. Ὅ τε γὰρ καταφρονῶν, ὀλιγωρεῖ· ἃ γὰρ οἴονται μηδενὸς ἄξια εἶναι, τούτων καταφρονοῦσι· τῶν δὲ μηδενὸς ἀξίων ὀλιγωροῦσι· καὶ ὁ ἐπηρεάζων φαίνεται καταφρονεῖν· ἔστι γὰρ ὁ ἐπηρεασμὸς, ἐμποδισμὸς ταῖς βουλήσεσιν, οὐχ ἵνα τι αὐτῷ, ἀλλ' ἵνα μὴ ἐκείνῳ. Ἐπεὶ οὖν, οὐχ ἵνα αὐτῷ τι, ὀλιγωρεῖ· δῆλον γάρ, ὅτι οὔτε βλάψειν ὑπολαμβάνει· ἐφοβεῖτο γὰρ ἄν, καὶ οὐκ ὠλιγώρει· οὔτ' ὠφελῆσαι ἂν οὐδὲν ἄξιον λόγου· ἐφρόντιζε γὰρ ἄν, ὥστε φίλος εἶναι. Καὶ ὁ ὑβρίζων δὲ, ὀλιγωρεῖ· ἔστι γὰρ ὕβρις, τὸ βλάπτειν καὶ λυπεῖν, ἐφ' οἷς αἰσχύνη ἐστὶ τῷ πάσχοντι, μὴ ἵνα τι γένηται αὐτῷ ἄλλο, ἢ ὅτι ἐγένετο, ἀλλ' ὅπως ἡσθῇ· οἱ γὰρ ἀντιποιοῦντες οὐχ ὑβρίζουσιν, ἀλλ τιμωροῦνται. Αἴτιον δὲ τῆς ἡδονῆς τοῖς ὑβρίζουσιν, ὅτι οἴονται κακῶς δρῶντες αὐτοὺς, ὑπερέχειν μᾶλλον. Διὸ καὶ οἱ νέοι καὶ οἱ πλούσιοι, ὑβρισταί· ὑπερέχειν γὰρ οἴονται ὑβρίζοντες· Ὕβρεως δὲ, ἀτιμία· ὁ δὲ ἀτιμάζων, ὀλιγωρεῖ· τὸ γὰρ μηδενὸς ἄξιον, οὐδεμίαν ἔχει τιμὴν οὔτε κακοῦ, οὔτε ἀγαθοῦ. Διὸ λέγει ὀργιζόμενος ὁ Ἀχιλλεύς·

Ἠτίμησεν· ἑλὼν γὰρ ἔχει γέρας, αὐτὸς ἀπούρας.

Καὶ,

Ὡσεί τιν' ἀτίμητον μετανάστην·

ὡς διὰ ταῦτα ὀργιζόμενος. Προσήκειν δ' οἴονται, πολυωρεῖσθαι ὑπὸ τῶν ἡττόνων κατὰ γένος, κατὰ δύναμιν, κατ' ἀρετὴν,

§ II. Du mépris et de ses diverses espèces.

Le mépris est un acte de l'esprit jugeant qu'une chose ne semble avoir aucune valeur. Ce qui est mal, ce qui est bien, et ce qui tend à devenir l'un ou l'autre, nous paraissent dignes d'attention; mais ce qui n'est rien, ou presque rien, nous ne pensons pas devoir nous en occuper. Il y a trois espèces de mépris : le dédain, l'esprit d'opposition, et l'outrage. Celui qui dédaigne, méprise; car on dédaigne les choses qu'on croit n'avoir aucune valeur, et celles qui n'en ont aucune, on les méprise. Il semble aussi que celui qui contredit, méprise; car l'esprit d'opposition est un obstacle que nous portons aux volontés d'autrui, non pour qu'il nous en revienne quelque chose, mais pour qu'il n'en revienne rien aux autres. Si donc on ne contredit pas pour son propre intérêt, on ne le fait que par un sentiment de mépris. D'un côté, il est évident qu'on ne redoute aucun dommage; car, dans ce cas, on craindrait, on ne mépriserait pas. D'un autre côté, on espère aucun avantage digne d'être pris en considération; car autrement on chercherait à devenir l'ami de celui qu'on moleste. Celui qui outrage, méprise aussi. L'outrage consiste à causer du dommage ou du chagrin en des choses qui font rougir ceux qui les endurent, et cela, non pour en retirer du profit, ou pour rendre la pareille, mais seulement pour son propre plaisir. Car ceux qui rendent la pareille n'outragent pas, ils se vengent. La cause du plaisir qu'éprouvent ceux qui outragent, c'est qu'en maltraitant les autres, ils croient s'élever eux mêmes d'autant plus. Voilà pourquoi les jeunes gens et les riches sont portés à outrager les autres; en les outrageant, ils pensent s'élever. Mésestimer quelqu'un, c'est l'outrager, et celui qui mésestime, méprise; car ce qui n'a aucune valeur, on n'en fait aucune estime, ni en bien, ni en mal. Achille irrité s'écrie : « Il m'a outragé, car il retient la récompense qu'il m'a enlevée, qu'il a ravie lui-même [4]. » Et ailleurs : « Il m'a traité comme un vil transfuge [5]. » Voilà les motifs de sa colère. Nous croyons avoir droit aux égards et à

καὶ ὅλως ἐν ᾧ ἂν ταὐτῷ ὑπερέχῃ πολύ· οἷον ἐν χρήμασιν ὁ πλούσιος πένητος· καὶ ἐν τῷ λέγειν ῥητορικὸς, ἀδυνάτου εἰπεῖν· καὶ ἄρχων, ἀρχομένου· καὶ ἄρχειν ἄξιος οἰόμενος, τοῦ ἄρχεσθαι ἀξίου. Διὸ εἴρηται,

Θυμὸς δὲ μέγας ἐστὶ διοτρεφέων βασιλήων.

Καὶ,

Ἀλλά γε καὶ μετόπισθεν ἔχει κότον.

Ἀγανακτοῦσι γὰρ διὰ τὴν ὑπεροχήν. Ἔτι, ὑφ' ὧν τις οἴεται εὖ πάσχειν δεῖν· οὗτοι δέ εἰσιν, οὓς εὖ πεποίηκεν, ἢ ποιεῖ, ἢ αὐτὸς, ἢ τῶν αὐτοῦ τις, ἢ δι' αὐτοῦ, ἢ βούλεται, ἢ ἐβουλήθη.

Γ΄. Φανερὸν οὖν ἐκ τούτων ἤδη, πῶς τ' ἔχοντες ὀργίζονται αὐτοὶ, καὶ τίσι, καὶ διὰ ποῖα. Αὐτοὶ μὲν γὰρ, ὅταν λυπῶνται· ἐφίεται γάρ τινος, ὁ λυπούμενος· ἐάν τε κατ' εὐθυωρίαν οὖν ἀντικρούῃ τις· οἷον, τῷ διψῶντι πρὸς τὸ πιεῖν· ἐάν τε μὴ, ὁμοίως ταὐτὸ φαίνεται ποιεῖν· καὶ ἐάν τε ἀντιπράττῃ τις, ἐάν τε μὴ συμπράττῃ, ἐάν τε ἄλλο τι ἐνοχλῇ οὕτως ἔχοντα, τοῖς πᾶσιν ὀργίζεται. Διὸ κάμνοντες, πενόμενοι, ἐρῶντες, διψῶντες, ὅλως ἐπιθυμοῦντες, καὶ μὴ κατορθοῦντες, ὀργίλοι εἰσὶ καὶ εὐπαρόρμητοι· μάλιστα μὲν πρὸς τοὺς τοῦ παρόντος ὀλιγωροῦντας· οἷον, κάμνων μὲν, τοῖς πρὸς τὴν νόσον· πενόμενος δὲ, τοῖς πρὸς τὴν πενίαν· πολεμῶν δὲ, τοῖς πρὸς τὸν πόλεμον· ἐρῶν δὲ, τοῖς πρὸς τὸν ἔρωτα· ὁμοίως δὲ καὶ τοῖς ἄλλοις· προοδοποιεῖται γὰρ ἕκαστος πρὸς τὴν ἑκάστου ὀργὴν, ὑπὸ τοῦ ὑπάρχοντος πάθους. Ἔτι δὲ, ἐὰν τἀναντία τύχῃ προσδεχόμενος· λυπεῖ γὰρ μᾶλλον τὸ πολὺ παρὰ δόξαν, ὥσπερ καὶ τέρ-

la considération de ceux qui nous sont inférieurs en noblesse, en puissance, en mérite, et enfin en tout ce qui nous donne une grande supériorité sur autrui. Le riche se croit supérieur au pauvre à cause de ses richesses; celui qui est habile dans l'art de la parole à celui qui ne sait pas parler; celui qui commande à celui qui obéit; celui qui est digne de commander à celui qui doit obéir. C'est pourquoi il a été dit : « Grande est la colère des rois, fils de Jupiter [6]. » Et encore : « Mais plus tard il conserve son ressentiment [7]. » Car les rois sont portés à la colère, à cause du rang élevé qu'ils occupent. Nous nous attendons encore aux égards de ceux par qui nous croyons devoir être bien traités; comme sont les personnes auxquelles nous avons fait ou nous faisons du bien, ou nous-même, ou un autre à cause de nous, ou quelqu'un des nôtres; et celles auxquelles nous voulons ou nous avons voulu en faire.

§ III. Quelles sont les raisons pour lesquelles on se met en colère.

On voit déjà par ce que nous venons de dire quels sont ceux qui sont portés à la colère, ceux contre qui on se met en colère, et pour quels motifs. On est porté à la colère quand on souffre; car l'homme qui souffre désire quelque chose. Si donc on s'oppose directement à son désir, comme en l'empêchant de boire quand il a soif, ou indirectement, mais en semblant faire la même chose; si on lui résiste, si on ne l'aide pas, si on le contrarie d'une autre manière, on est sûr qu'il se met en colère. C'est pourquoi les malades, les nécessiteux, les amoureux, ceux qui sont altérés, en un mot, ceux qui désirent et qui n'obtiennent pas, sont colères et portés à se fâcher, surtout contre ceux qui tiennent peu de compte de leur état présent, comme le malade quand il est question de sa maladie, le nécessiteux de ses besoins, le combattant des choses de la guerre, l'amoureux de sa passion, et ainsi des autres; car la souffrance présente achemine chacun de nous vers la colère qui lui est propre. Nous nous fâchons encore quand il nous arrive le contraire de ce que nous attendions. Plus une chose est inattendue, plus elle nous

πει τὸ πολὺ παρὰ δόξαν, ἐὰν γένηται, ὃ βούλεται. Διὸ καὶ ὧραι, καὶ χρόνοι, καὶ διαθέσεις, καὶ ἡλικίαι ἐκ τούτων φανεραί, ποῖαι εὐκίνητοι πρὸς ὀργήν, καὶ πότε, καὶ ποῦ, καὶ ὅτι, ὅτε μᾶλλον ἐν τούτοις εἰσί, μᾶλλον καὶ εὐκίνητοι.

Δ'. Αὐτοὶ μὲν οὖν οὕτως ἔχοντες εὐκίνητοι πρὸς ὀργήν· Ὀργίζονται δὲ τοῖς τε καταγελῶσι, καὶ χλευάζουσι, καὶ σκώπτουσιν· ὑβρίζουσι γάρ· καὶ τοῖς τὰ τοιαῦτα βλάπτουσιν, ὅσα ὕβρεως σημεῖα· ἀνάγκη δὲ τοιαῦτα εἶναι, ἃ μήτε ἀντί τινος, μήτ' ὠφέλιμα τοῖς ποιοῦσιν· ἤδη γὰρ δοκεῖ δι' ὕβριν. Καὶ τοῖς κακῶς λέγουσιν, καὶ καταφρονοῦσι, περὶ ἃ αὐτοὶ μάλιστα σπουδάζουσιν· οἶον, οἱ ἐπὶ φιλοσοφίᾳ φιλοτιμούμενοι, ἐάν τις εἰς τὴν φιλοσοφίαν· οἱ δὲ ἐπὶ τῇ ἰδέᾳ, ἐάν τις εἰς τὴν ἰδέαν· ὁμοίως δὲ καὶ ἐπὶ τῶν ἄλλων. Ταῦτα δὲ πολλῷ μᾶλλον, ἐὰν ὑποπτεύσωσι μὴ ὑπάρχειν αὑτοῖς, ἢ ὅλως, ἢ μὴ ἰσχυρῶς, ἢ μὴ δοκεῖν. Ἐπειδὰν γὰρ σφόδρα οἴωνται ὑπάρχειν ἐν τούτοις ἐν οἷς σκώπτονται, οὐ φροντίζουσι. Καὶ τοῖς φίλοις μᾶλλον, ἢ τοῖς μὴ φίλοις· οἴονται γὰρ προσήκειν μᾶλλον ὑπ' αὐτῶν εὖ πάσχειν, ἢ μή. Καὶ τοῖς εἰθισμένοις τιμᾶν, ἢ φροντίζειν, ἐὰν πάλιν μὴ οὕτως ὁμιλῶσι· καὶ γὰρ ὑπὸ τούτων οἴονται καταφρονεῖσθαι· ταὐτὰ γὰρ ἂν ποιεῖν· καὶ τοῖς μὴ ἀντιποιοῦσιν εὖ, μηδὲ τὴν ἴσην ἀνταποδιδοῦσιν. Καὶ τοῖς τἀναντία ποιοῦσιν αὐτοῖς, ἐὰν ἥττους ὦσι· καταφρονεῖν γὰρ πάντες οἱ τοιοῦτοι φαί-

afflige, de même que nous sommes dans la joie, si, contre toute attente, ce que nous voulons arrive. On voit donc quelles sont les circonstances, les occasions, les dispositions, les conditions d'âge, de lieu, de temps, qui nous portent à la colère; et on voit aussi que plus nous sommes dans ces conditions, plus il est facile de nous irriter.

§ IV. Qui sont ceux contre lesquels on se met en colère.

Voilà donc quels sont les hommes qu'il est facile de mettre en colère. Nous nous mettons en colère contre ceux qui rient de nous, nous bafouent ou nous raillent; car ils nous offensent: contre ceux qui font des actes qui nous nuisent et qui prouvent qu'ils veulent nous offenser ; mais il est nécessaire que ces actes n'aient pour mobile ni un désir de vengeance, ni l'intérêt de celui qui les fait, pour qu'il nous semble qu'on veuille nous offenser : contre ceux qui disent du mal de nous, et qui font fi des choses auxquelles nous attachons le plus d'importance, par exemple, si on déprécie la philosophie devant quelqu'un qui se pique de philosophie, ou la beauté du corps devant celui qui s'en fait gloire, et ainsi du reste. Nous nous fâchons beaucoup plus quand nous pensons que nous ne possédons pas ces qualités, ou entièrement, ou d'une manière incontestable, ou quand on pense que nous ne les possédons pas. Car les railleries que l'on fait contre nous pour des choses que nous croyons posséder à un degré éminent, nous n'en tenons aucun compte. Nous nous mettons en colère contre ceux qui sont nos amis plus que contre ceux qui ne le sont pas; car nous pensons que nous avons droit à recevoir de leur part du bien plutôt que du mal : contre ceux qui étaient habitués à avoir pour nous des égards et des soins, si maintenant ils ne sont plus les mêmes envers nous ; nous croyons qu'ils nous méprisent, car autrement ils agiraient comme par le passé : contre ceux qui ne paient pas nos bienfaits de retour, ou ne nous rendent pas la pareille, et contre ceux qui agissent contrairement à nous, s'ils sont nos inférieurs. Les uns et les autres semblent nous mépriser ; ceux-ci, comme

νονται· καὶ οἱ μὲν, ὡς ἡττόνων· οἱ δ' ὡς παρ' ἡττόνων. Καὶ τοῖς ἐν μηδενὶ λόγῳ οὖσιν, ἄν τι ὀλιγωρῶσι, μᾶλλον· ὑπόκειται γὰρ ἡ ὀργὴ τῆς ὀλιγωρίας, πρὸς τοὺς μὴ προσήκοντας· προσήκει δὲ τοῖς ἥττοσι, μὴ ὀλιγωρεῖν. Τοῖς δὲ φίλοις, ἐάν τε μὴ εὖ λέγωσιν, ἢ ποιῶσι· καὶ ἔτι μᾶλλον, ἐὰν τἀναντία· καὶ ἐὰν μὴ αἰσθάνωνται δεομένων· ὥσπερ ὁ Ἀντιφῶντος Πλήξιππος τῷ Μελεάγρῳ· ὀλιγωρίας γὰρ, τὸ μὴ αἰσθάνεσθαι, σημεῖον· ὧν γὰρ φροντίζομεν, οὐ λανθάνει. Καὶ τοῖς ἐπιχαίρουσι ταῖς ἀτυχίαις· καὶ ὅλως, εὐθυμουμένοις ἐν ταῖς ἑαυτῶν ἀτυχίαις· ἢ γὰρ ἐχθροῦ, ἢ ὀλιγωροῦντος σημεῖον. Καὶ τοῖς μὴ φροντίζουσιν ἐὰν λυπήσωσι· διὸ καὶ τοῖς κακὰ ἀγγέλλουσιν ὀργίζονται. Καὶ τοῖς ἢ ἀκούουσι περὶ αὐτῶν, ἢ θεωμένοις τὰ αὐτῶν φαῦλα· ὅμοιοι γάρ εἰσιν ἢ ὀλιγωροῦσιν, ἢ ἐχθροῖς· οἱ γὰρ φίλοι συναλγοῦσι· θεώμενοι δὲ τὰ οἰκεῖα φαῦλα πάντες ἀλγοῦσιν. Ἔτι τοῖς ὀλιγωροῦσι πρὸς πέντε, πρὸς οὓς φιλοτιμοῦνται, πρὸς οὓς θαυμάζουσιν, ὑφ' ὧν βούλονται θαυμάζεσθαι, πρὸς οὓς αἰσχύνονται, ἢ ἐν τοῖς αἰσχυνομένοις αὐτούς· ἐν τούτοις ἐάν τις ὀλιγωρῇ, ὀργίζονται μᾶλλον. Καὶ τοῖς εἰς τὰ τοιαῦτα ὀλιγωροῦσιν, ὑπὲρ ὧν αὐτοῖς αἰσχρὸν μὴ βοηθεῖν· οἷον γονεῖς, τέκνα, γυναῖκας, ἀρχομένους. Καὶ τοῖς χάριν μὴ ἀποδιδοῦσι· παρὰ τὸ προσῆκον γὰρ ἡ ὀλιγωρία. Καὶ τοῖς εἰρωνευομένοις, πρὸς σπουδάζοντας· καταφρονητικὸν γὰρ ἡ εἰρωνεία. Καὶ τοῖς τῶν ἄλλων εὖ ποιητικοῖς, ἐὰν μὴ καὶ αὐτῶν· καὶ γὰρ τοῦτο καταφρονητικὸν, τὸ μὴ ἀξιοῦν, ὧν πάντας, καὶ αὐτόν. Ποιητικὸν δ' ὀργῆς καὶ ἡ λήθη· οἷον καὶ τῶν ὀνομά-

si nous étions leurs inférieurs, ceux-là, comme s'ils étaient obligés par des gens qui sont au-dessous d'eux. Nous nous fâchons encore plus contre les hommes de rien, quand ils nous méprisent. En effet, nous avons supposé que la colère naît du mépris que font de nous ceux qui ne devraient pas nous mépriser ; or il ne convient pas à nos inférieurs de nous mépriser : contre nos amis, lorsqu'ils ne disent et ne font rien de bon pour nous, et encore plus s'ils font le contraire, et s'ils ne s'aperçoivent pas de nos besoins, ainsi que le dit Plexippe à Méléagre, dans la tragédie d'Antiphon [8] ; ne pas voir les besoins de ses amis est un signe de mépris, car on n'oublie pas ceux dont on fait quelque cas : contre ceux qui se réjouissent de nos malheurs, ou qui restent alors dans une complète indifférence ; car c'est un signe de haine ou de mépris : contre ceux qui ne s'inquiètent pas de l'affliction qu'ils nous causent ; c'est pour cela que nous nous irritons contre ceux qui nous portent de mauvaises nouvelles : contre ceux qui écoutent le mal qu'on dit de nous, ou qui arrêtent complaisamment leurs yeux sur nos malheurs ; car ils agissent comme s'ils nous méprisaient ou nous haïssaient. En effet, un ami souffre avec nous, et nous souffrons tous en contemplant nos malheurs. Nous avons encore de la colère quand on nous témoigne du mépris en présence de cinq espèces de personnes, qui sont : nos rivaux, ceux que nous admirons, ceux dont nous voulons être admirés, ceux que nous respectons, ceux qui nous respectent. Quand on nous méprise en présence de ces personnes, notre colère est plus grande. Nous nous fâchons aussi quand on nous méprise dans des personnes dont il serait honteux pour nous de ne pas prendre la défense, comme sont nos parents, nos enfants, notre femme et tous ceux qui dépendent de nous. Nous nous mettons aussi en colère contre ceux qui ne sont pas reconnaissants ; car il ne leur convient pas de nous mépriser : contre ceux qui plaisantent quand nous sommes sérieux ; la plaisanterie alors a quelque chose de blessant : contre ceux qui font du bien aux autres et qui ne nous en font point à nous-mêmes ; nous nous sentons méprisés quand on ne nous

των οὖσα περὶ μικρόν· ὀλιγωρίας γὰρ δοκεῖ καὶ ἡ λήθη σημεῖον εἶναι· διὰ ἀμέλειαν μὲν γὰρ ἡ λήθη γίγνεται· ἡ δ' ἀμέλεια, ὀλιγωρία ἐστίν.

Ε'. Οἷς μὲν οὖν ὀργίζονται, καὶ ὡς ἔχοντες, καὶ διὰ ποῖα, ἅμα εἴρηται. Δῆλον δ' ὅτι δέοι ἂν αὐτὸν κατασκευάζειν τῷ λόγῳ τοιούτους, οἷοι ὄντες ὀργίλως ἔχουσι, καὶ τοὺς ἐναντίους τούτοις ἐνόχους ὄντας, ἐφ' οἷς ὀργίζονται, καὶ τοιούτους, οἵοις ὀργίζονται.

ΚΕΦΑΛΑΙΟΝ Γ'.

Α'. Ἐπεὶ δὲ τὸ ὀργίζεσθαι ἐναντίον τῷ πραΰνεσθαι, καὶ ὀργὴ πραότητι, ληπτέον, πῶς ἔχοντες πρᾷοί εἰσι, καὶ πρὸς τίνας πράως ἔχουσι, καὶ διὰ τίνων πραΰνονται. Ἔστω δὴ πραΰνσις, κατάστασις καὶ ἠρέμησις ὀργῆς. Εἰ οὖν ὀργίζονται τοῖς ὀλιγωροῦσιν, ὀλιγωρία δέ ἐστιν ἑκούσιον, φανερὸν ὅτι καὶ τοῖς μηδὲν τούτων ποιοῦσιν, ἢ ἀκουσίως ποιοῦσιν, ἢ φαινομένοις τοιούτοις, πρᾷοί εἰσι. Καὶ τοῖς τἀναντία, ὧν ἐποίησαν, βουλομένοις· καὶ ὅσοι καὶ αὐτοὶ εἰς αὑτοὺς τοιοῦτοι· οὐδεὶς γὰρ αὐτὸς αὑτοῦ δοκεῖ ὀλιγωρεῖν. Καὶ τοῖς ὁμολογοῦσι, καὶ μεταμελομένοις· ὡς γὰρ ἔχοντες δίκην τὸ λυπεῖσθαι ἐπὶ τοῖς πεποιημένοις, παύονται τῆς ὀργῆς. Σημεῖον δὲ ἐπὶ τῆς τῶν οἰκετῶν κολάσεως· τοὺς μὲν γὰρ ἀρνουμένους καὶ ἀντιλέγοντας, μᾶλλον κολάζομεν· πρὸς δὲ τοὺς ὁμολογοῦντας δικαίως κολάζεσθαι, παυόμεθα θυμούμενοι.

juge pas dignes de ce qu'on accorde à tous les autres. L'oubli produit aussi la colère, comme lorsqu'on ne se souvient qu'à demi de notre nom [9]. L'oubli semble un signe de mépris ; car l'oubli naît de l'indifférence, et l'indifférence c'est du mépris.

§ V. Conclusion.

Nous avons fait connaître à la fois ceux contre qui on se met en colère, ceux qui se mettent en colère et les motifs qui excitent cette passion. Il est donc évident que l'orateur doit par son discours disposer les auditeurs comme sont disposés ceux qui se mettent en colère, et montrer dans l'adversaire les motifs qui sont propres à exciter cette passion, et le rendent semblable à ceux contre qui on se met en colère.

CHAPITRE III.

De la douceur.

§ I. Quels sont ceux envers qui nous sommes doux et bienveillants.

Puisque s'irriter est le contraire de s'apaiser, et que la colère est le contraire de la douceur, il faut examiner quels sont les hommes qui sont doux, quels sont ceux à l'égard de qui ils se montrent tels, et pour quels motifs. La douceur est le repos et l'apaisement de la colère [1]. Si donc nous sommes irrités contre ceux qui nous méprisent, parce que le mépris est un acte volontaire, il est clair que nous traiterons avec douceur ceux qui ne nous méprisent pas, ou qui font involontairement des actes qui annoncent le mépris : ceux qui veulent le contraire de ce qu'ils ont fait, et qui sont pour nous ce qu'ils sont pour eux-mêmes ; car il n'est pas probable que personne se méprise soi-même : ceux qui avouent et qui se repentent ; car la douleur de ce qu'ils ont fait nous tenant lieu de satisfaction, nous mettons fin à notre colère. On en voit une preuve dans ce qui arrive quand nous châtions les esclaves. Nous punissons davantage ceux qui nient et qui contredisent, mais notre colère cesse à l'égard de ceux qui avouent qu'ils sont justement punis. La raison en est

Αἴτιον δὲ, ὅτι ἀναισχυντία, τὸ τὰ φανερὰ ἀρνεῖσθαι· ἡ δ' ἀναισχυντία, ὀλιγωρία καὶ καταφρόνησις· ὧν γοῦν πολὺ καταφρονοῦμεν, οὐκ αἰσχυνόμεθα. Καὶ τοῖς ταπεινουμένοις πρὸς αὐτοὺς, καὶ μὴ ἀντιλέγουσι· φαίνονται γὰρ ὁμολογεῖν ἥττους εἶναι· οἱ δ' ἥττους, φοβοῦνται· φοβούμενος δὲ οὐδεὶς ὀλιγωρεῖ. Ὅτι δὲ πρὸς τοὺς ταπεινουμένους παύεται ἡ ὀργὴ, καὶ οἱ κύνες δηλοῦσιν, οὐ δάκνοντες τοὺς καθίζοντας. Καὶ τοῖς σπουδάζουσι πρὸς τοὺς σπουδάζοντας· δοκεῖ γὰρ σπουδάζεσθαι, ἀλλ' οὐ καταφρονεῖσθαι. Καὶ τοῖς μείζω κεχαρισμένοις· καὶ τοῖς δεομένοις, καὶ παραιτουμένοις· ταπεινότεροι γάρ. Καὶ τοῖς μὴ ὑβρισταῖς, μηδὲ χλευασταῖς, μηδ' ὀλιγώροις, ἢ εἰς μηδένα, ἢ μὴ εἰς χρηστοὺς, ἢ μὴ εἰς τοιούτους, οἷοί περ αὐτοί. Ὅλως δ' ἐκ τῶν ἐναντίων δεῖ σκοπεῖν τὰ πραϋντικά. Καὶ οὓς φοβοῦνται καὶ αἰσχύνονται· ἕως γὰρ ἂν οὕτως ἔχωσιν, οὐκ ὀργίζονται· ἀδύνατον γὰρ, ἅμα φοβεῖσθαι καὶ ὀργίζεσθαι. Καὶ τοῖς δι' ὀργὴν ποιήσασιν, ἢ οὐκ ὀργίζονται, ἢ ἧττον ὀργίζονται· οὐ γὰρ δι' ὀλιγωρίαν φαίνονται πρᾶξαι· οὐδεὶς γὰρ ὀργιζόμενος ὀλιγωρεῖ· ἡ μὲν γὰρ ὀλιγωρία, ἄλυπον· ἡ δ' ὀργὴ, μετὰ λύπης. Καὶ τοῖς αἰσχυνομένοις αὐτούς.

Β'. Καὶ ἔχοντες δὲ ἐναντίως τῷ ὀργίζεσθαι, δῆλον ὅτι πρᾷοί εἰσιν· οἷον ἐν παιδιᾷ, ἐν γέλωτι, ἐν ἑορτῇ, ἐν εὐημερίᾳ, ἐν κατορθώσει, ἐν πληρώσει· ὅλως, ἐν ἀλυπίᾳ, καὶ ἡδονῇ μὴ ὑβριστικῇ, καὶ ἐν ἐλπίδι ἐπιεικεῖ. Ἔτι κεχρονικότες, καὶ μὴ ὑπόγυοι τῇ ὀργῇ ὄντες· παύει γὰρ ὀργὴν ὁ χρόνος. Παύει δὲ καὶ ἑτέρου

que c'est un manque de respect de nier l'évidence ; et le manque de respect vient du mépris ou du dédain : aussi manquons-nous de respect pour ceux que nous méprisons beaucoup. Nous traitons avec douceur ceux qui s'humilient devant nous, et qui ne nous contredisent pas ; car ils semblent reconnaître qu'ils sont nos inférieurs ; or, un inférieur craint, et un homme qui craint ne méprise pas ; les chiens même sont une preuve que la colère cesse à l'égard de ceux qui s'humilient, car ils ne mordent pas ceux qui sont assis [2] : ceux qui agissent sérieusement quand nous sommes sérieux ; car il semble alors qu'ils font état de nous, et qu'ils ne nous méprisent pas : ceux dont les bienfaits surpassent les torts ; ceux qui nous adressent des prières et des supplications, car ils se mettent au-dessous de nous : ceux qui n'outragent, ne raillent, ne méprisent personne, ou qui respectent du moins les hommes vertueux, ou ceux qui nous ressemblent ; en un mot, c'est par les contraires qu'on peut connaître les raisons pour lesquelles on s'apaise [3] ; ceux que nous craignons et que nous respectons ; tant que nous sommes dans ces sentiments, nous sommes sans colère, parce qu'il est impossible de craindre et de s'irriter en même temps. On ne s'irrite pas ou on s'irrite moins contre ceux qui ont agi par colère ; car il ne semble pas qu'ils aient agi par mépris. En effet, on ne méprise pas quand on est en colère, puisque le mépris est sans douleur, tandis que la colère est accompagnée de douleur. Il en est de même à l'égard de ceux qui nous respectent.

§ II. Quels sont ceux qui sont doux et bienveillants.

Il est évident aussi que ceux-là sont doux, qui sont dans des dispositions contraires à celles qui excitent la colère, comme dans les jeux, le rire, les fêtes, les jours de réjouissance, les succès, l'accomplissement de tous les désirs ; en un mot, quand on est sans douleur, et qu'on jouit d'un plaisir qui n'offense personne, ou d'honnêtes espérances. Ajoutons-y ceux dont le courroux a vieilli, et qui n'ont plus, pour ainsi dire, la colère sous la main, car le temps la fait cesser. Une première vengeance

ὀργὴν μείζω, ἡ παρ' ἄλλου ληφθεῖσα τιμωρία πρότερον. Διὸ εὖ Φιλοκράτης, εἰπόντος τινὸς, ὀργιζομένου τοῦ δήμου, τί οὐκ ἀπολογεῖ; οὔπω γε, ἔφη· ἀλλὰ πότε; ὅταν ἄλλον ἴδω διαβεβλημένον. Πρᾶοι γὰρ γίγνονται, ὅταν εἰς ἄλλον τὴν ὀργὴν ἀναλώσωσιν· οἷον συνέβη ἐπὶ Ἐργοφίλου· μᾶλλον γὰρ χαλεπαίνοντες ἢ Καλλισθένει, ἀφεῖσαν, διὰ τὸ Καλλισθένους τῇ προτεραίᾳ καταγνῶναι θάνατον. Καὶ ἐὰν ἐλεῶσι, καὶ ἐὰν μεῖζον κακὸν πεπονθότες ὦσιν, ἢ οἱ ὀργιζόμενοι ἂν ἔδρασαν· ὥσπερ γὰρ εἰληφέναι τιμωρίαν οἴονται. Καὶ ἐὰν ἀδικεῖν οἴωνται αὐτοὶ, καὶ δικαίως πάσχειν· οὐ γίγνεται γὰρ ἡ ὀργὴ πρὸς τὸ δίκαιον· οὐ γὰρ ἔτι παρὰ τὸ προσῆκον οἴονται πάσχειν· ἡ δὲ ὀργὴ τοῦτο ἦν. Διὸ τῷ λόγῳ δεῖ προκολάζειν· ἀγανακτοῦσι γὰρ ἧττον κολαζόμενοι καὶ οἱ δοῦλοι. Καὶ ἐὰν μὴ αἰσθήσεσθαι οἴωνται, ὅτι δι' αὐτοὺς, καὶ ἀνθ' ὧν ἔπαθον· ἡ γὰρ ὀργὴ, τῶν καθέκαστόν ἐστι· δῆλον δ' ἐκ τοῦ ὁρισμοῦ. Διὸ ὀρθῶς πεποίηται·

Φάσθαι Ὀδυσσῆα πτολίπορθον·

ὡς οὐ τετιμωρημένος, εἰ μὴ ᾔσθετο καὶ ὑφ' οὗ, καὶ ἀνθ' ὅτου. Ὥστε οὔτε τοῖς ἄλλοις, ὅσοι μὴ αἰσθάνονται, ὀργίζονται· οὔτε τοῖς τεθνεῶσιν ἔτι, ὡς πεπονθόσι τε τὸ ἔσχατον, καὶ οὐκ ἀλγήσουσιν, οὐδ' αἰσθησομένοις, οὗ οἱ ὀργιζόμενοι ἐφίενται. Διὸ εὖ περὶ τοῦ Ἕκτορος ὁ ποιητής, παῦσαι βουλόμενος τὸν Ἀχιλλέα τῆς ὀργῆς τεθνεῶτος·

Κωφὴν γὰρ δὴ γαῖαν ἀεικίζει μενεαίνων.

Δῆλον οὖν, ὅτι τοῖς καταπραΰνειν βουλομένοις, ἐκ τούτων τῶν τόπων λεκτέον· αὐτοὺς μὲν παρασκευάζουσι τοιούτους· οἷς δ'

que nous avons tirée d'une offense apaise une colère plus grande que nous avions contre un autre. Aussi Philocrate répondit sagement lorsqu'on lui demanda pourquoi, le peuple étant irrité contre lui, il ne se justifiait pas [4] : « Il n'est pas temps encore, dit-il. — Et quand donc? — Lorsque j'en verrai un autre accusé comme moi. » En effet, on s'apaise quand on a épuisé sa colère contre un autre. C'est ce qui arriva à Ergophile [5]. Les juges étaient plus irrités contre lui que contre Callisthène; et cependant ils le renvoyèrent absous, parce qu'ils avaient la veille condamné Callisthène à la mort. Nous nous apaisons aussi à l'égard de ceux qui nous inspirent la pitié [6], et qui ont souffert des maux plus grands que ceux qu'ils auraient eu à souffrir de notre colère, car il semble que nous sommes vengés. Nous sommes sans colère, si nous croyons avoir tort et mériter ce que nous souffrons; on ne s'irrite pas contre ce qui est juste; on ne croit plus alors être traité autrement qu'il convient, et c'est de là, avons-nous dit, que vient la colère. Aussi la punition doit-elle commencer par des remontrances, car les esclaves même se fâchent moins quand on les punit ainsi. Il en est de même, si nous pensons que celui qui est puni ne saura pas d'où et pourquoi lui vient le mal qu'il souffre; car la colère, ainsi qu'il résulte de notre définition, s'en prend à un homme en particulier. Aussi le poëte a dit justement : « Réponds-lui que c'est Ulysse le destructeur des cités [7]. » Ulysse ne se regardait pas comme vengé, si le Cyclope eût ignoré quels étaient l'auteur et la cause de ses maux. Nous sommes donc sans colère contre tous ceux qui ne pourraient savoir qui les punit; nous ne conservons aucun ressentiment contre les morts, parce qu'ils ont subi la dernière peine, et qu'ils ne doivent ni souffrir, ni être sensibles à la vengeance, résultat que désire l'homme irrité. Homère a donc eu raison de dire, quand il veut arrêter la colère d'Achille qui s'acharne sur le cadavre d'Hector : « Dans sa fureur, il outrage une terre insensible [8]. » Il est donc évident qu'il faut avoir recours à ces lieux, quand on veut apaiser les auditeurs, et les rendre tels que ceux que nous venons de dé-

ὀργίζονται, ἢ φοβεροὺς, ἢ αἰσχύνης ἀξίους, ἢ κεχαρισμένους, ἢ ἄκοντας, ἢ ὑπεραλγοῦντας τοῖς πεποιημένοις.

ΚΕΦΑΛΑΙΟΝ Δ΄.

Α΄. Τίνας δὲ φιλοῦσι, καὶ μισοῦσι, καὶ διὰ τί, τὴν φιλίαν καὶ τὸ φιλεῖν ὁρισάμενοι, λέγωμεν. Ἔστω δὴ τὸ φιλεῖν, τὸ βούλεσθαί τινι, ἃ οἴεται ἀγαθὰ, ἐκείνου ἕνεκα, ἀλλὰ μὴ αὑτοῦ, καὶ τὸ κατὰ δύναμιν πρακτικὸν εἶναι τούτων. Φίλος δ᾿ ἐστὶν ὁ φιλῶν καὶ ἀντιφιλούμενος. Οἴονται δὲ φίλοι εἶναι, οἱ οὕτως ἔχειν οἰόμενοι πρὸς ἀλλήλους. Τούτων δὲ ὑποκειμένων, ἀνάγκη φίλον εἶναι τὸν συνηδόμενον τοῖς ἀγαθοῖς, καὶ συναλγοῦντα τοῖς λυπηροῖς, μὴ διά τι ἕτερον, ἀλλὰ δι᾿ ἐκεῖνον. Γιγνομένων γὰρ ὧν βούλονται, χαίρουσι πάντες· τῶν ἐναντίων δὲ, λυποῦνται· ὥστε τῆς βουλήσεως σημεῖον, αἱ λῦπαι καὶ αἱ ἡδοναί. Καὶ οἷς ἤδη ταὐτὰ ἀγαθὰ καὶ κακά· καὶ οἱ τοῖς αὐτοῖς φίλοι, καὶ οἱ τοῖς αὐτοῖς ἐχθροί· ταὐτὰ γὰρ τούτοις βούλεσθαι ἀνάγκη. Ὥστε ἅπερ αὑτῷ, καὶ ἄλλῳ βουλόμενος, τούτῳ φαίνεται φίλος εἶναι.

Β. Καὶ τοὺς πεποιηκότας εὖ, φιλοῦσιν, ἢ αὐτοὺς, ἢ ὧν κήδονται· ἢ εἰ μεγάλα, ἢ εἰ προθύμως, ἢ ἐν τοιούτοις καιροῖς,

crire; il faut aussi représenter ceux contre qui ils sont irrités comme des personnes redoutables, ou dignes de respect, ayant rendu de grands services, ou agi involontairement, ou vivement affligées de ce qui est arrivé.

CHAPITRE IV.

De l'amour et de la haine.

§ 1. Définition de l'amitié.

Disons maintenant quelles sont les personnes que nous aimons ou que nous haïssons, et quels sont les motifs qui nous déterminent. Mais définissons d'abord l'amitié et ce qu'on appelle aimer. Aimer c'est désirer à quelqu'un les choses que nous croyons bonnes, par intérêt pour lui et non pour nous, et de plus, agir selon nos forces pour les lui procurer. L'ami est celui qui aime et qui est payé de retour. On se regarde comme amis, quand on est ainsi disposé l'un pour l'autre. Cela posé, il suit nécessairement que celui-là est notre ami qui partage notre joie dans le bonheur, et notre douleur dans l'affliction, non pour quelqu'autre motif, mais à cause de nous-mêmes. En effet, tous les hommes se réjouissent, quand ce qu'ils veulent arrive; quand c'est le contraire, ils s'affligent; de sorte que la tristesse et la joie sont des signes de la volonté. Ceux-là sont amis qui s'accordent sur ce qui est bien et sur ce qui est mal, qui aiment et haïssent les mêmes personnes, puisque dans ce cas ils veulent nécessairement les mêmes choses. Ainsi donc celui qui veut pour nous ce qu'il veut pour lui-même, celui-là semble notre ami.

§ II. Quels sont ceux pour qui on a de l'amitié.

Nous aimons ceux qui ont fait du bien, ou à nous-mêmes, ou aux personnes qui nous intéressent, s'ils ont agi avec grandeur, ou avec empressement, ou quand les circonstances le deman-

καὶ αὐτῶν ἕνεκα· ἢ οὓς ἂν οἴωνται βούλεσθαι ποιεῖν εὖ. Καὶ τοὺς τῶν φίλων φίλους, καὶ τοὺς φιλοῦντας οὓς αὐτοὶ φιλοῦσι· καὶ τοὺς φιλουμένους ὑπὸ τῶν φιλουμένων ἑαυτοῖς. Καὶ τοὺς τοῖς αὐτοῖς ἐχθρούς, καὶ μισοῦντας οὓς αὐτοὶ μισοῦσι, καὶ τοὺς μισουμένους ὑπὸ τῶν αὐτοῖς μισουμένων· πᾶσι γὰρ τούτοις τὰ αὐτὰ ἀγαθὰ φαίνεται εἶναι καὶ ἑαυτοῖς· ὥστε βούλεσθαι τὰ αὐτοῖς ἀγαθά· ὅπερ ἦν τοῦ φίλου. Ἔτι τοὺς εὖ ποιητικοὺς εἰς χρήματα καὶ εἰς σωτηρίαν· διὸ τοὺς ἐλευθερίους καὶ τοὺς ἀνδρείους τιμῶσι· καὶ τοὺς δικαίους. Τοιούτους δ᾽ ὑπολαμβάνουσι, τοὺς μὴ ἀφ᾽ ἑτέρων ζῶντας· τοιοῦτοι δέ, οἱ ἀπὸ τοῦ ἐργάζεσθαι· καὶ τούτων, οἱ ἀπὸ γεωργίας· καὶ τῶν ἄλλων οἱ αὐτουργοὶ μάλιστα. Καὶ τοὺς σώφρονας, ὅτι οὐκ ἄδικοι· καὶ τοὺς ἀπράγμονας, διὰ τὸ αὐτό. Καὶ οἷς βουλόμεθα φίλοι εἶναι, ἐὰν φαίνωνται βουλόμενοι. Εἰσὶ δὲ τοιοῦτοι, οἵ τε ἀγαθοὶ κατὰ ἀρετήν, καὶ οἱ εὐδόκιμοι ἢ ἐν πᾶσιν, ἢ ἐν τοῖς βελτίστοις ἢ ἐν τοῖς θαυμαζομένοις ὑφ᾽ αὑτῶν, ἢ ἐν τοῖς θαυμάζουσιν αὐτούς. Ἔτι τοὺς ἡδεῖς συνδιαγαγεῖν καὶ συνδιημερεῦσαι· τοιοῦτοι δ᾽ οἱ εὔκολοι, καὶ μὴ ἐλεγτικοὶ τῶν ἁμαρτανομένων, καὶ μὴ φιλόνεικοι, μηδὲ δυσέριδες. Πάντες γὰρ οἱ τοιοῦτοι μαχητικοί· οἱ δὲ μαχόμενοι, τἀναντία φαίνονται βούλεσθαι. Καὶ οἱ ἐπιδέξιοι, καὶ τῷ τωθάσαι, καὶ τῷ ὑπομεῖναι· ἐπὶ ταὐτὸ γὰρ ἀμφότεροι σπεύδουσι τῷ πλησίον· δυνάμενοί τε σκώπτεσθαι, καὶ ἐμμελῶς σκώπτοντες. Καὶ τοὺς ἐπαινοῦντας τὰ ὑπάρχοντα ἀγαθά, καὶ τούτων μάλιστα, ἃ φοβοῦνται μὴ ὑπάρχειν αὐτοῖς. Καὶ τοὺς καθαρίους περὶ ὄψιν, περὶ ἀμπεχόνην, περὶ ὅλον τὸν βίον. Καὶ τοὺς μὴ ὀνειδιστάς, μήτε τῶν ἁμαρτημάτων, μήτε τῶν εὐεργετημάτων·

daient, et cela à cause de nous. Nous aimons aussi ceux que nous pensons vouloir nous faire du bien : ceux qui sont les amis de nos amis, qui aiment ceux que nous aimons nous-mêmes, et qui sont amis de ceux que nous aimons : ceux qui sont les ennemis de nos ennemis, qui haïssent ceux que nous haïssons nous-mêmes, ou qui sont haïs des personnes que nous haïssons. Tous ceux-là semblent s'accorder avec nous sur les choses qui sont bonnes ; et c'est là, avons-nous dit, un des caractères de l'amitié. Ajoutons-y ceux qui font le bien, soit avec leur argent, soit en défendant les autres; c'est pour cela que nous honorons ceux qui sont généreux et braves. Nous aimons aussi ceux qui sont justes ; nous présumons tels ceux qui ne vivent pas aux dépens d'autrui ; tels sont aussi ceux qui vivent de leur travail ; ce sont, parmi les premiers, les laboureurs, et parmi les seconds, les artisans surtout : ceux qui vivent sagement, parce qu'ils ne sont pas injustes, et ceux qui vivent loin des intrigues, pour le même motif : ceux dont nous voulons être les amis, s'ils paraissent le vouloir aussi ; tels sont ceux qui excellent par leur vertu, et qui jouissent de la considération générale, du moins de celle des honnêtes gens, et de celles des personnes que nous considérons ou qui nous considèrent nous-mêmes : ceux avec qui il est agréable de vivre ou de passer le temps; tels sont ceux qui ont une humeur facile, qui ne relèvent pas nos fautes, et qui n'aiment ni les altercations, ni les disputes ; quand on a ces défauts, on a du goût pour la lutte, et la lutte est le signe d'une opposition entre les volontés : ceux qui savent avec adresse lancer et supporter la raillerie ; en effet, supporter la raillerie et railler avec mesure, tendent au même but, qui est la familiarité : ceux qui louent nos bonnes qualités, et surtout celles que nous craignons de ne pas posséder : ceux qui sont irréprehensibles dans leur extérieur, dans leur mise, dans toute leur conduite : ceux qui ne nous reprochent ni nos fautes, ni leurs bienfaits, car ces deux choses nous choquent également : ceux qui n'ont pas de rancune et qui ne gardent pas le souvenir des offenses, mais qui se réconcilient facilement, car nous présumons qu'ils seront pour

ἀμφότεροι γὰρ ἐλεγκτικοί. Καὶ τοὺς μὴ μνησικάκους, μηδὲ φυλακτικοὺς τῶν ἐγκλημάτων, ἀλλ' εὐκαταλλάκτους· οἴους γὰρ ἂν ὑπολάβωσιν εἶναι πρὸς τοὺς ἄλλους, καὶ πρὸς αὑτοὺς οἴονται. Καὶ τοὺς μὴ κακολόγους, μηδὲ εἰδότας, μήτε τὰ τῶν πλησίον κακά, μήτε τὰ αὑτῶν, ἀλλὰ τὰ ἀγαθά· ὁ γὰρ ἀγαθὸς τοῦτο δρᾷ. Καὶ τοὺς μὴ ἀντιτείνοντας τοῖς ὀργιζομένοις, ἢ σπουδάζουσι· μαχητικοὶ γὰρ οἱ τοιοῦτοι. Καὶ τοὺς πρὸς αὑτοὺς σπουδαίως πως ἔχοντας· οἷον θαυμάζοντας αὑτούς. Καὶ σπουδαίους ὑπολαμβάνοντας. Καὶ χαίροντας αὐτοῖς. Καὶ ταῦτα μάλιστα πεπονθότας, περὶ ἃ μάλιστα βούλονται αὐτοὶ ἢ θαυμάζεσθαι, ἢ σπουδαῖοι δοκεῖν εἶναι, ἢ ἡδεῖς. Καὶ τοὺς ὁμοίους, καὶ ταὐτὰ ἐπιτηδεύοντας, ἐὰν μὴ παρενοχλῶσι, μηδὲ ἀπὸ ταὐτοῦ ᾖ ὁ βίος· γίνεται γὰρ οὕτω τὸ, κεραμεὺς κεραμεῖ. Καὶ τοὺς τῶν αὐτῶν ἐπιθυμοῦντας, ὧν ἐνδέχεται ἅμα μετέχειν αὐτούς· εἰ δὲ μὴ, ταὐτὸ καὶ οὕτω συμβαίνει. Καὶ πρὸς οὓς οὕτως ἔχουσιν, ὥστε μὴ αἰσχύνεσθαι τὰ πρὸς δόξαν, μὴ καταφρονοῦντες. Καὶ πρὸς οὓς αἰσχύνονται τὰ πρὸς ἀλήθειαν. Καὶ πρὸς οὓς φιλοτιμοῦνται, ἢ ὑφ' ὧν ζηλοῦσθαι βούλονται, καὶ μὴ φθονεῖσθαι, τούτους ἢ φιλοῦσιν, ἢ βούλονται φίλοι εἶναι. Καὶ οἷς ἂν τἀγαθὰ συμπράττωσιν, ἐὰν μὴ μέλλῃ αὐτοῖς ἔσεσθαι μείζω κακά. Καὶ τοῖς ὁμοίως καὶ τοὺς ἀπόντας καὶ τοὺς παρόντας φιλοῦσι· διὸ καὶ τοὺς περὶ τοὺς τεθνεῶτας τοιούτους πάντες φιλοῦσι. Καὶ ὅλως τοὺς σφόδρα φιλοφίλους, καὶ μὴ ἐγκαταλείποντας· μάλιστα γὰρ φιλοῦσι τῶν ἀγαθῶν τοὺς φιλεῖν ἀγαθούς. Καὶ τοὺς μὴ πλαττομένους πρὸς αὑτούς· τοιοῦτοι δὲ καὶ οἱ τὰ φαῦλα τὰ ἑαυτῶν λέγοντες· εἴρηται γὰρ, ὅτι πρὸς τοὺς φίλους τὰ πρὸς

nous ce qu'ils sont pour les autres : ceux qui ne sont pas médisants, qui n'étudient ni les défauts du voisin, ni les nôtres, mais bien nos bonnes qualités ; car c'est ainsi que se conduit l'homme qui est bon : ceux qui ne nous contredisent pas quand nous sommes en colère, ou que nous sommes sérieux, car de là naîtraient des disputes : ceux qui se conduisent honnêtement avec nous, ce qui est une marque de respect : ceux qui nous croient honnêtes, et qui se plaisent avec nous, et principalement ceux qui se trouvent ainsi disposés à notre égard à cause des choses pour lesquelles nous tenons surtout à être considérés, et à passer pour hommes de bien, ou pour des personnes agréables : ceux qui nous ressemblent, et qui ont les mêmes goûts que nous, pourvu qu'ils ne nous causent aucun embarras, et qu'ils ne vivent pas du même métier, car alors « le potier est jaloux du potier[1] » : ceux qui désirent les mêmes choses que nous, pourvu que nous puissions les partager avec eux, sinon, le proverbe trouve encore son application : ceux en présence desquels nous ne rougissons pas des choses que l'opinion seule condamne, pourvu que ce ne soit point par mépris : ceux devant qui nous rougissons de faire des choses réellement mauvaises : ceux qui excitent en nous, ou dont nous voulons exciter l'émulation, mais une émulation sans envie ; nous les aimons, ou nous voulons les avoir pour amis : ceux que nous aiderions à acquérir quelque bien, s'il ne devait en résulter pour nous un mal plus grand que ce bien : ceux qui nous aiment également, que nous soyons absents ou présents ; aussi notre amitié ne manque pas à ceux qui aiment leurs amis, même quand ces amis ne sont plus : en un mot, ceux qui ont pour leurs amis un vif attachement, et qui ne les abandonnent pas ; car, parmi les gens de bien, nous aimons surtout ceux qui se montrent bons amis : ceux qui ne dissimulent pas avec nous ; tels sont ceux qui conviennent de ce qu'il y a de blâmable en eux-mêmes ; car nous avons dit que devant les amis on ne rougit pas de ce qui est condamné par la seule opinion ; si donc celui qui rougit des choses de cette nature n'aime pas, celui qui n'en rougit pas semble au contraire

δόξαν οὐκ αἰσχυνόμεθα· εἰ οὖν ὁ αἰσχυνόμενος μὴ φιλεῖ, ὁ μὴ αἰσχυνόμενος φιλοῦντι ἔοικε. Καὶ τοὺς μὴ φοβερούς, καὶ οἷς θαρροῦμεν· οὐδεὶς γὰρ ὃν φοβεῖται, φιλεῖ. Εἴδη δὲ φιλίας, ἑταιρεία, οἰκειότης, συγγένεια, καὶ ὅσα τοιαῦτα. Ποιητικὰ δὲ φιλίας, χάρις, καὶ τὸ μὴ δεηθέντος ποιῆσαι, καὶ τὸ ποιήσαντα μὴ δηλῶσαι· αὑτοῦ γὰρ οὕτως ἕνεκα φαίνεται, καὶ οὐ διά τι ἕτερον.

Γ΄. Περὶ δὲ ἔχθρας καὶ τοῦ μισεῖν φανερόν, ὡς ἐκ τῶν ἐναντίων δεῖ θεωρεῖν. Ποιητικὰ δὲ ἔχθρας, ὀργή, ἐπηρεασμός, διαβολή. Ὀργὴ μὲν οὖν ἐστιν ἐκ τῶν πρὸς ἑαυτόν· ἔχθρα δὲ καὶ ἄνευ τῶν πρὸς ἑαυτόν· ἐὰν γὰρ ὑπολάβωμεν εἶναι τοιόνδε, μισοῦμεν. Καὶ ἡ μὲν ὀργὴ ἀεὶ περὶ τὰ καθέκαστα· οἷον Καλλίᾳ ἢ Σωκράτει· τὸ δὲ μῖσος καὶ πρὸς τὰ γένη· τὸν γὰρ κλέπτην μισεῖ καὶ τὸν συκοφάντην ἅπας. Καὶ τὸ μέν, ἰατὸν χρόνῳ· τὸ δ', ἀνίατον. Καὶ τὸ μὲν τοῦ λυπῆσαι ἐφίεται· τὸ δὲ τοῦ κακῶσαι μᾶλλον. Αἰσθέσθαι γὰρ βούλεται ὁ ὀργιζόμενος· τῷ δέ, οὐδὲν διαφέρει. Ἔστι δὲ τὰ μὲν λυπηρά, αἰσθητὰ πάντα· τὰ δὲ μάλιστα κακά, ἥκιστα αἰσθητά, ἀδικία καὶ ἀφροσύνη· οὐδὲν γὰρ λυπεῖ ἡ παρουσία τῆς κακίας. Καὶ τὸ μὲν μετὰ λύπης· τὸ δ', οὐ μετὰ λύπης. Ὁ μὲν γὰρ ὀργιζόμενος, λυπεῖται· ὁ δὲ μισῶν, οὔ. Καὶ ὁ μέν, πολλῶν ἂν γενομένων, ἐλεήσειεν· ὁ δέ, οὐδενός. Ὁ μὲν γάρ, ἀντιπαθεῖν βούλεται, ᾧ ὀργίζεται· ὁ δέ, μὴ εἶναι. Φανερὸν οὖν ἐκ τούτων, ὅτι ἐνδέχεται ἐχθροὺς καὶ φίλους, καὶ ὄντας ἀποδεικνύναι, καὶ μὴ ὄντας ποιεῖν, καὶ φάσκοντας διαλύειν, καὶ ἢ δι' ὀργὴν ἢ δι' ἔχθραν ἀμφισβητοῦντας, ἐφ' ὁπότερ' ἂν προαιρῆταί τις, ἄγειν.

aimer : ceux que nous ne craignons pas et en qui nous avons confiance ; car on n'aime jamais celui que l'on craint. La camaraderie, la familiarité, la parenté, et les autres liens de cette nature, sont des espèces d'amitié. Ce qui engendre l'amitié, c'est le bienfait, le service qu'on rend sans en être prié, et qu'on ne publie pas après l'avoir rendu ; autrement il semblerait qu'on a agi dans son intérêt propre, et non pour un autre motif.

§ III. En quoi l'inimitié diffère de la haine.

Il est clair que c'est par les contraires qu'on doit examiner ce qui concerne l'inimitié et la haine. Les causes qui produisent l'inimitié sont la colère, les vexations, la médisance. La colère naît des choses qui sont faites contre nous ; l'inimitié, de celles mêmes qui ne sont pas faites contre nous ; car si nous supposons telle ou telle qualité à un homme, nous le haïssons. La colère s'attache toujours à l'individu, comme, par exemple, à Callias ou à Socrate ; la haine s'attache même au genre ; chacun déteste, par exemple, le voleur et le calomniateur ; la première guérit avec le temps, la seconde, non. Celle-là veut affliger, celle-ci veut plutôt faire du mal. Quand nous sommes en colère, nous voulons qu'on sente d'où vient le mal ; quand nous haïssons, peu nous importe. Les choses qui nous affligent nous sont toutes sensibles ; tandis que les choses les plus mauvaises, comme l'injustice ou la folie, ne produisent en nous aucune sensation ; en effet, la méchanceté qui se trouve en nous, ne nous cause aucune douleur. La colère est accompagnée de douleur, la haine ne l'est pas. Celui qui est en colère souffre, celui qui hait ne souffre pas. Celui-là pourrait s'attendrir dans beaucoup de circonstances ; celui-ci, jamais. Le premier veut faire souffrir à son tour celui contre qui il est irrité ; le second voudrait que son ennemi cessât d'exister. Ce que nous venons de dire montre comment on peut établir que les hommes ont de l'amour ou de la haine, inspirer ces sentiments à ceux qui ne les ont pas, démêler si ceux qui prétendent les avoir disent vrai, et faire pencher ceux qui balancent encore entre la colère et l'inimitié, du côté que l'on préfère.

ΚΕΦΑΛΑΙΟΝ Ε'.

Α'. Ποῖα δὲ φοβοῦνται, καὶ τίνας, καὶ πῶς ἔχοντες, ὧδ' ἔσται φανερόν. Ἔστω δὴ φόβος, λύπη τις ἢ ταραχὴ, ἐκ φαντασίας μέλλοντος κακοῦ, ἢ φθαρτικοῦ, ἢ λυπηροῦ. Οὐ γὰρ πάντα τὰ κακὰ φοβοῦνται· οἷον, εἰ ἔσται ἄδικος ἢ βραδύς· ἀλλ' ὅσα ἢ λύπας μεγάλας, ἢ φθορὰς δύναται· καὶ ταῦτα, ἐὰν μὴ πόῤῥω, ἀλλὰ σύνεγγυς φαίνηται, ὥστε μέλλειν· τὰ γὰρ πόῤῥω σφόδρα, οὐ φοβοῦνται. Ἴσασι γὰρ πάντες, ὅτι ἀποθανοῦνται· ἀλλ' ὅτι οὐκ ἐγγὺς, οὐδὲν φροντίζουσιν. Εἰ δὴ ὁ φόβος τοῦτ' ἐστὶν, ἀνάγκη τὰ τοιαῦτα φοβερὰ εἶναι, ὅσα φαίνεται δύναμιν ἔχειν μεγάλην τοῦ φθείρειν, ἢ βλάπτειν βλάβας, εἰς λύπην μεγάλην συντεινούσας. Διὸ καὶ τὰ σημεῖα τῶν τοιούτων φοβερά· ἐγγὺς γὰρ φαίνεται τὸ φοβερόν· τοῦτο γὰρ ἐστι κίνδυνος, φοβεροῦ πλησιασμός. Τοιαῦτα δὲ, ἔχθρα τε καὶ ὀργὴ δυναμένων ποιεῖν τι· δῆλον γὰρ, ὅτι βούλονταί τε καὶ δύνανται· ὥστε ἐγγύς εἰσι τοῦ ποιεῖν. Καὶ ἀδικία δύναμιν ἔχουσα· τῷ προαιρεῖσθαι γὰρ ὁ ἄδικος, ἄδικος. Καὶ ἀρετὴ ὑβριζομένη, δύναμιν ἔχουσα· δῆλον γὰρ, ὅτι προαιρεῖται μὲν, ὅταν ὑβρίζηται, ἀεὶ, δύναται δὲ νῦν. Καὶ φόβος τῶν δυναμένων τι ποιῆσαι· ἐν παρασκευῇ γὰρ ἀνάγκη εἶναι καὶ τὸν τοιοῦτον. Ἐπεὶ δ' οἱ πολλοὶ χείρους καὶ ἥττους τοῦ κερδαίνειν, καὶ δειλοὶ ἐν τοῖς κινδύνοις, φοβερὸν ὡς ἐπιτοπολὺ, τὸ ἐπ' ἄλλῳ αὐτὸν εἶναι. Ὥστε οἱ συνειδότες πεποιηκότι τι δεινὸν, φοβεροί,

CHAPITRE V.

De la crainte.

§ I. Quelles sont les choses et les personnes que l'on craint.

Nous verrons maintenant quelles sont les choses et les personnes que l'on craint, et ce que nous éprouvons alors. La crainte est une douleur ou un trouble de l'imagination, à la vue d'un mal imminent, qui peut nous perdre ou nous affliger. Nous ne craignons pas tout ce qui est mal, par exemple de devenir injustes ou lourds d'esprit, mais tout ce qui peut causer une grande affliction ou de grandes pertes ; surtout quand le mal ne paraît pas loin de nous, mais tout près et sur le point d'éclater ; car on ne craint pas le mal qui est très loin. Nous savons que nous devons mourir, mais comme la mort est loin, on ne s'en inquiète nullement. Si la crainte est bien ce que nous venons de dire, il suit nécessairement que nous devons craindre tout ce qui semble avoir un grand pouvoir de nous perdre, ou de nous faire éprouver des dommages, qui auront pour résultat une grande affliction. Voilà pourquoi nous craignons même les signes de ces malheurs ; car il nous semble que le malheur lui-même suit de près ; et le danger, qu'est-il, sinon l'approche du malheur ? Au nombre de ces signes sont : l'inimitié et la colère de ceux qui ont le pouvoir de faire quelque chose contre nous, car il est évident qu'ils en ont la volonté ; de sorte qu'ils sont près d'agir : l'injustice qui a de la puissance [1], car l'homme n'est injuste que parce qu'il a déjà la volonté d'agir : la vertu outragée, quand elle a le pouvoir ; car il est évident qu'elle a toujours la volonté, dans le cas où elle est outragée, et maintenant elle a le pouvoir : la crainte qu'éprouvent ceux qui peuvent quelque chose contre nous ; car sans doute ils se tiennent prêts à agir. Comme la plupart des hommes sont méchants, dominés par l'envie de s'enrichir, et lâches dans les dangers, il faut craindre le plus souvent, quand on est à la merci d'autrui. En conséquence, celui qui a fait une action coupable doit craindre ses complices, qui peuvent le dénoncer ou l'abandonner. Les

ἢ κατειπεῖν, ἢ ἐγκαταλιπεῖν. Καὶ οἱ δυνάμενοι ἀδικεῖν, ἀεὶ τοῖς δυναμένοις ἀδικεῖσθαι· ὡς γὰρ ἐπὶ τὸ πολὺ ἀδικοῦσιν οἱ ἄνθρωποι, ὅταν δύνωνται. Καὶ οἱ ἠδικημένοι, ἢ νομίζοντες ἀδικεῖσθαι· ἀεὶ γὰρ τηροῦσι καιρόν. Καὶ οἱ ἠδικηκότες, ἐὰν δύναμιν ἔχωσι, φοβεροί, δεδιότες τὸ ἀντιπαθεῖν· ὑπέκειτο γὰρ τὸ τοιοῦτο φοβερόν. Καὶ οἱ τῶν αὐτῶν ἀνταγωνισταί, ὅσα μὴ ἐνδέχεται ἅμα ὑπάρχειν ἀμφοῖν· ἀεὶ γὰρ πολεμοῦσι πρὸς τοιούτους. Καὶ οἱ τοῖς κρείττοσιν αὐτῶν φοβεροί, καὶ αὐτοῖς φοβεροί· μᾶλλον γὰρ ἂν δύναιντο βλάπτειν αὐτούς, ἢ τοὺς κρείττους· καὶ οὓς φοβοῦνται οἱ κρείττους αὐτῶν, διὰ ταὐτό. Καὶ οἱ τοὺς κρείττους αὐτῶν ἀνῃρηκότες. Καὶ οἱ τοῖς ἥττοσιν αὐτῶν ἐπιτιθέμενοι· ἢ γὰρ ἤδη φοβεροί, ἢ αὐξηθέντες.

Β΄. Καὶ τῶν ἠδικημένων καὶ ἐχθρῶν ἢ ἀντιπάλων, οὐχ οἱ ὀξύθυμοι καὶ παρρησιαστικοί, ἀλλ᾽ οἱ πρᾶοι καὶ εἴρωνες καὶ πανοῦργοι· ἄδηλοι γάρ, εἰ ἐγγύς· ὥστ᾽ οὐδέποτε φανεροί, ὅτι πόρρω. Πάντα δὲ τὰ φοβερὰ φοβερώτερα, ὅσα, ἂν ἁμάρτωσιν, ἐπανορθώσασθαι μὴ ἐνδέχεται, ἀλλ᾽ ἢ ὅλως ἀδύνατα, ἢ μὴ ἐφ᾽ ἑαυτοῖς, ἀλλ᾽ ἐπὶ τοῖς ἐναντίοις. Καὶ ὧν βοήθειαι μὴ εἰσίν, ἢ μὴ ῥᾴδιαι. Ὡς δ᾽ ἁπλῶς εἰπεῖν, φοβερά ἐστιν, ὅσα ἐφ᾽ ἑτέρων γιγνόμενα ἢ μέλλοντα, ἐλεεινά ἐστι. Τὰ μὲν οὖν φοβερά, καὶ ἃ φοβοῦνται, σχεδόν, ὡς εἰπεῖν, τὰ μέγιστα ταῦτά ἐστιν.

Γ΄. Ὡς δὲ διακείμενοι αὐτοὶ φοβοῦνται, νῦν λέγωμεν. Εἰ

hommes qui peuvent être maltraités impunément doivent craindre ceux qui peuvent être injustes; car généralement l'homme est injuste quand il le peut[2]. Il faut craindre encore : ceux qui ont subi ou qui pensent avoir subi l'injustice, parce qu'ils épient sans cesse l'occasion de la vengeance : ceux qui ont commis quelque injustice, quand ils sont puissants, parce qu'ils craignent la pareille; or, nous avons dit que c'est une chose à craindre : ceux qui sont nos rivaux pour une même chose, toutes les fois qu'elle ne peut être partagée à deux ; car nous sommes toujours en lutte avec eux : ceux qui sont redoutables à plus forts que nous ; car ils pourraient nous nuire plutôt qu'à ceux qui sont plus forts que nous; ceux devant qui tremblent de plus forts que nous, pour le même motif : ceux qui ont triomphé de plus forts que nous et ceux qui attaquent de plus faibles que nous; car ils sont déjà redoutables, ou ils le seront, quand leurs forces seront devenues plus grandes.

§ II. Dans quels cas on doit craindre davantage.

Parmi ceux qui sont victimes d'une injustice, qui sont nos ennemis ou nos rivaux, il faut craindre, non ceux dont la colère éclate aussitôt, et qui n'épargnent pas les menaces, mais au contraire ceux qui sont calmes, dissimulés, capables de tout; car on ne les voit pas quand ils sont près de se venger, de sorte qu'on ne sait jamais s'ils sont loin de nous. Toutes les choses que nous devons craindre sont encore plus redoutables, lorsque, la faute une fois commise, on ne peut la réparer, soit parce que la réparation est absolument impossible, soit parce qu'elle n'est plus en notre pouvoir, mais au pouvoir de nos adversaires; et aussi quand le secours n'existe pas, ou qu'il n'est pas facile. En un mot, nous craignons tout ce qui arrivant ou étant sur le point d'arriver aux autres, excite notre pitié. Parmi les choses qui sont à craindre et que nous craignons, voilà à peu près les plus importantes.

§ III. Quels sont ceux qui craignent.

Disons maintenant quelles sont les dispositions qui nous portent à la crainte. Si la crainte est accompagnée de l'attente où

δὴ ἔστιν ὁ φόβος μετὰ προσδοκίας τοῦ πείσεσθαί τι φθαρτικὸν πάθος, φανερὸν ὅτι οὐδεὶς φοβεῖται τῶν οἰομένων μηδὲν ἂν παθεῖν, οὐδὲ ταῦτα ἃ μὴ οἴονται παθεῖν, οὐδὲ τούτους ὑφ' ὧν μὴ οἴονται, οὐδὲ τότε ὅτε μὴ οἴονται. Ἀνάγκη τοίνυν φοβεῖσθαι τοὺς οἰομένους τι παθεῖν ἄν, καὶ τοὺς ὑπὸ τούτων, καὶ ταῦτα, καὶ τότε. Οὐκ οἴονται δὲ παθεῖν ἂν, οὔτε οἱ ἐν εὐτυχίαις μεγάλαις ὄντες, καὶ δοκοῦντες· διὸ ὑβρισταὶ, καὶ ὀλίγωροι, καὶ θρασεῖς· ποιεῖ δὲ τοιούτους πλοῦτος, ἰσχὺς, πολυφιλία, δύναμις· οὔτε οἱ ἤδη πεπονθέναι νομίζοντες τὰ δεινά, καὶ ἀπεψυγμένοι πρὸς τὸ μέλλον, ὥσπερ οἱ ἀποτυμπανιζόμενοι ἤδη· ἀλλὰ δεῖ τινα ἐλπίδα ὑπεῖναι σωτηρίας, περὶ οὗ ἀγωνιῶσι· σημεῖον δέ· ὁ γὰρ φόβος βουλευτικοὺς ποιεῖ· καίτοι οὐδεὶς βουλεύεται περὶ τῶν ἀνελπίστων. Ὥστε δεῖ τοιούτους παρασκευάζειν, ὅταν ᾖ βέλτιον τὸ φοβεῖσθαι αὐτοὺς, ὅτι τοιοῦτοί εἰσιν οἷοι παθεῖν· καὶ γὰρ ἄλλοι μείζους ἔπαθον· καὶ τοὺς ὁμοίους δεικνύναι πάσχοντας ἢ πεπονθότας, καὶ ὑπὸ τούτων ὑφ' ὧν οὐκ ᾤοντο, καὶ ταῦτα, καὶ τότε ὅτε οὐκ ᾤοντο.

Δ'. Ἐπεὶ δὲ περὶ φόβου φανερὸν, τί ἐστι, καὶ περὶ τῶν φοβερῶν, καὶ ὡς ἕκαστοι ἔχοντες δεδίασι, φανερὸν ἐκ τούτων, καὶ τὸ θαρρεῖν τί ἐστι, καὶ περὶ ποῖα θαρραλέοι, καὶ πῶς διακείμενοι θαρραλέοι εἰσί· τό τε γὰρ θάρσος ἐναντίον τῷ φόβῳ, καὶ τὸ θαρραλέον τῷ φοβερῷ· ὥστε μετὰ φαντασίας ἡ ἐλπὶς τῶν σωτηρίων ὡς ἐγγὺς ὄντων, τῶν δὲ φοβερῶν ἢ μὴ ὄντων, ἢ πόρρω ὄντων. Ἔστι δὲ θαρραλέα, τά τε δεινὰ πόρρω ὄντα, καὶ τὰ θαρραλέα ἐγγύς. Καὶ ἐπανορθώσεις ἐὰν

nous sommes que nous allons souffrir quelque malheur funeste, il est évident que lorsqu'on pense n'avoir rien à souffrir, on ne craint ni les choses, ni les personnes, ni les circonstances dont on ne redoute rien. D'où il suit que ceux qui pensent avoir quelque chose à souffrir, redoutent, ou ces personnes pour tels et tels motifs, ou ces choses, ou ces circonstances. Ceux-là pensent n'avoir rien à souffrir qui sont ou qui semblent être dans une grande prospérité ; c'est pourquoi ils sont insolents, pleins de morgue et d'audace ; et ce qui les rend tels, ce sont les richesses, la force du corps, le crédit, la puissance. Il en est de même de ceux qui pensent avoir déjà souffert tout ce qu'on peut souffrir, et dont l'âme glacée n'attend rien de l'avenir ; tels sont ceux qui souffrent déjà la torture. Car il faut pour craindre conserver quelque espoir de salut, qui nous soutienne dans la lutte ; et la preuve, c'est que la crainte nous porte à la délibération, tandis que personne ne délibère dans le désespoir. Si donc il est avantageux à l'orateur que ses auditeurs éprouvent de la crainte, il faut qu'il les mette dans l'état de ceux qui craignent quelque malheur. Il faut leur représenter que d'autres plus grands qu'eux ont eu à souffrir, et leur montrer aussi leurs semblables souffrant ou ayant souffert de la part de certains hommes qu'ils ne redoutaient pas, pour des choses et dans des circonstances dont ils croyaient n'avoir rien à craindre.

§ IV. Dans quelles circonstances on a de l'assurance.

Puisque nous avons clairement expliqué ce qui concerne la crainte, les choses qui sont à craindre, et les dispositions de ceux qui craignent, on peut voir par là ce que c'est que l'assurance, quelles sont les choses qui la donnent, et les personnes qui en ont. L'assurance est le contraire de la crainte, et ce qui rassure le contraire de ce qui effraie. C'est donc l'espérance que nous concevons, quand l'imagination nous montre à côté de nous ce qui est salutaire, et ce qui est effrayant, comme n'existant pas, ou comme loin de nous. Nous avons de l'assurance, si le danger est loin, et si ce qui nous rassure est proche : si le remède

ὦσι, καὶ βοήθειαι, ἢ πολλαί, ἢ μεγάλαι, ἢ ἄμφω. Καὶ μήτε ἠδικημένοι, μήτε ἠδικηκότες ὦσιν. Ἀνταγωνισταί τε, ἢ μὴ ὦσιν ὅλως, ἢ μὴ ἔχωσι δύναμιν· ἢ δύναμιν ἔχοντες ὦσι φίλοι· ἢ πεποιηκότες ὦσιν εὖ, ἢ πεπονθότες. Ἢ ἐὰν πλείους ὦσιν οἷς ταὐτὰ συμφέρει, ἢ κρείττους, ἢ ἄμφω. Αὐτοὶ δ' οὕτως ἔχοντες, θαρραλέοι εἰσίν, ἐὰν πολλὰ κατωρθωκέναι οἴωνται, καὶ μὴ πεπονθέναι. Ἢ ἐὰν πολλάκις ἐληλυθότες ὦσιν εἰς τὰ δεινά, καὶ διαπεφευγότες· διχῶς γὰρ ἀπαθεῖς γίγνονται οἱ ἄνθρωποι, ἢ τῷ μὴ πεπειρᾶσθαι, ἢ τῷ βοηθείας ἔχειν· ὥσπερ ἐν τοῖς κατὰ θάλατταν κινδύνοις, οἵ τε ἄπειροι χειμῶνος, θαρροῦσι τὰ μέλλοντα· καὶ οἱ βοηθείας ἔχοντες, διὰ τὴν ἐμπειρίαν. Καὶ ὅταν τοῖς ὁμοίοις μὴ ᾖ φοβερόν, μηδὲ τοῖς ἥττοσι, καὶ ὧν κρείττους οἴονται εἶναι· οἴονται δέ, ὧν κεκρατήκασιν, ἢ αὐτῶν, ἢ τῶν κρειττόνων, ἢ τῶν ὁμοίων. Καὶ ἐὰν ὑπάρχειν αὐτοῖς οἴωνται πλείω καὶ μείζω, οἷς ὑπερέχοντες, φοβεροί εἰσι· ταῦτα δ' ἐστί, πλῆθος χρημάτων, καὶ ἰσχὺς σωμάτων, καὶ φίλων, καὶ χώρας, καὶ τῶν πρὸς πόλεμον παρασκευῶν, ἢ πασῶν, ἢ τῶν μεγίστων. Καὶ ἐὰν μὴ ἠδικηκότες ὦσιν, ἢ μηδένα, ἢ μὴ πολλούς, ἢ μὴ τοιούτους, περὶ ὧν φοβοῦνται· Καὶ ὅλως, ἂν τὰ πρὸς θεοὺς αὐτοῖς καλῶς ἔχῃ, τά τε ἄλλα, καὶ τὰ ἀπὸ σημείων καὶ λογίων· θαρραλέον γὰρ ἡ ὀργή· τὸ δὲ μὴ ἀδικεῖν, ἀλλ' ἀδικεῖσθαι, ὀργῆς ποιητικόν· τὸ δὲ θεῖον ὑπολαμβάνεται βοηθεῖν τοῖς ἀδικουμένοις. Καὶ ὅταν προεπιχειροῦντες, ἢ μηδὲν ἂν παθεῖν, μηδὲ πείσεσθαι, ἢ κατορθώσειν οἴωνται. Καὶ περὶ μὲν τῶν φοβερῶν καὶ θαρραλέων εἴρηται.

est possible : si les secours sont grands, ou nombreux, ou gands et nombreux tout ensemble : si nous n'avons ni souffert ni commis d'injustice : si nous n'avons pas d'adversaires, ou s'ils n'ont aucune force : si ceux qui ont de la force sont nos amis : s'ils nous ont fait du bien, ou s'ils en ont reçu de nous : si ceux qui ont des intérêts communs avec nous sont plus nombreux ou plus puissants, ou l'un et l'autre tout ensemble. Nous avons de l'assurance quand nous sommes dans les dispositions suivantes : si nous croyons avoir souvent réussi et n'avoir pas souffert : si nous avons plusieurs fois affronté le danger, et que nous y ayons échappé; car l'homme devient insensible à la crainte de deux manières, ou parce qu'il n'a pas subi l'épreuve, ou parce qu'il a du secours ; ainsi, dans les dangers de la mer, ceux qui n'ont pas essuyé de tempête, et ceux qui comptent sur des ressources déjà éprouvées, ont confiance dans l'avenir. Nous sommes rassurés, si la chose n'est pas à craindre pour nos semblables, ni pour nos inférieurs, ni pour ceux au-dessus desquels nous nous croyons ; or, nous nous croyons au-dessus, quand nous les avons vaincus eux-mêmes, ou de plus forts qu'eux, ou leurs semblables : si nous croyons avoir des avantages plus nombreux et plus considérables, qui font notre supériorité, et qui nous rendent redoutables, comme l'abondance de l'argent, la force que nous donnent nos troupes, nos alliés, le pays, toutes les ressources de la guerre, ou du moins les plus importantes : si nous n'avons été injustes envers personne, ou si nous l'avons été pour un petit nombre, ou pour ceux que nous ne craignons pas : et enfin, si la protection des dieux nous est promise par des signes, par des oracles, ou de toute autre manière. Aussi la colère donne-t-elle l'assurance ; car la colère naît de l'injustice qu'on souffre et non de celle qu'on fait souffrir, et nous pensons que la divinité protége ceux qui souffrent l'injustice. Nous avons aussi de l'assurance, lorsqu'au moment d'entreprendre, nous ne craignons rien, ni pour le présent, ni pour l'avenir, et que nous espérons le succès. Voilà quelles sont les choses qui inspirent la crainte, et celles qui font naître l'espérance.

ΚΕΦΑΛΑΙΟΝ ΣΤ'.

Α'. Ποῖα δὲ αἰσχύνονται, καὶ ἀναισχυντοῦσι, καὶ πρὸς τίνας, καὶ πῶς ἔχοντες, ἐκ τῶνδε δῆλον. Ἔστω δὴ αἰσχύνη, λύπη τις ἢ ταραχὴ περὶ τὰ εἰς ἀδοξίαν φαινόμενα φέρειν τῶν κακῶν, ἢ παρόντων ἢ γεγονότων, ἢ μελλόντων· ἡ δ' ἀναισχυντία, ὀλιγωρία τις καὶ ἀπάθεια περὶ τὰ αὐτὰ ταῦτα. Εἰ δὴ ἔστιν αἰσχύνη ἡ ὁρισθεῖσα, ἀνάγκη αἰσχύνεσθαι μὲν ἐπὶ τοῖς τοιούτοις τῶν κακῶν, ἃ δοκεῖ αἰσχρὰ εἶναι αὐτῷ, ἢ ὧν φροντίζει· τοιαῦτα δ' ἐστὶν, ὅσα ἀπὸ κακίας ἔργα ἐστίν· οἷον, τὸ ἀποβαλεῖν ἀσπίδα ἢ φυγεῖν· ἀπὸ δειλίας γάρ· καὶ τὸ ἀποστερῆσαι παρακαταθήκην· ἀπ' ἀδικίας γάρ. Καὶ τὸ συγγενέσθαι οἷς οὐ δεῖ, ἢ ὅπου οὐ δεῖ, ἢ ὅτε μὴ δεῖ· ἀπ' ἀκολασίας γάρ. Καὶ τὸ κερδαίνειν ἀπὸ μικρῶν, ἢ ἀπὸ αἰσχρῶν, ἢ ἀπ' ἀδυνάτων, οἷον πενήτων ἢ τεθνεώτων· ὅθεν καὶ ἡ παροιμία, τὸ, κἂν ἀπὸ νεκροῦ φέρειν· ἀπὸ αἰσχροκερδίας γὰρ καὶ ἀνελευθερίας. Καὶ τὸ μὴ βοηθεῖν, δυνάμενον, εἰς χρήματα, ἢ ἧττον βοηθεῖν· καὶ τὸ βοηθεῖσθαι παρὰ τῶν ἧττον εὐπόρων. Καὶ δανείζεσθαι, ὅτε δόξει αἰτεῖν· καὶ αἰτεῖν, ὅτε ἀπαιτεῖν· καὶ ἀπαιτεῖν, ὅτε αἰτεῖν· καὶ ἐπαινεῖν, ἵνα δόξῃ αἰτεῖν· καὶ τὸ ἀποτετυχηκότα, μηδὲν ἧττον· πάντα γὰρ ἀνελευθερίας ταῦτα σημεῖα. Τὸ δὲ ἐπαινεῖν παρόντα, κολακείας· καὶ τὸ τἀγαθὰ μὲν ὑπερεπαινεῖν, τὰ δὲ φαῦλα συναλείφειν, καὶ τὸ ὑπεραλγεῖν ἀλγοῦντι παρόντα· καὶ τἆλλα πάντα ὅσα τοιαῦτα· κολακείας γὰρ σημεῖα. Καὶ τὸ μὴ ὑπομένειν πόνους, οὓς οἱ πρεσβύτεροι, ἢ οἱ τρυφῶν-

CHAPITRE VI.

De la honte.

§ 1. De la honte et des choses honteuses.

Voici maintenant quelles sont les choses dont on rougit et celles dont on ne rougit pas, et de plus en présence de quelles personnes et dans quelles dispositions on éprouve de la honte. La honte est une douleur ou un trouble à l'occasion des choses mauvaises, présentes, passées ou à venir, qui semblent devoir amener le déshonneur. L'impudence est un dédain et une indifférence pour ces mêmes choses. Si notre définition est exacte, il en suit nécessairement que nous rougissons de toutes les mauvaises actions qui semblent honteuses, ou pour nous-mêmes, ou pour ceux qui nous intéressent. Telles sont toutes celles qui semblent venir d'une mauvaise nature, comme : jeter le bouclier [1] ou prendre la fuite, car c'est lâcheté : nier un dépôt, car c'est injustice : avoir des relations illicites eu égard à la personne, au lieu et au temps, car c'est imtempérance : chercher à tirer profit de ce qui est chétif, honteux ou impossible, comme des pauvres ou des morts, d'où vient le proverbe : « Prendre sur un mort [2]; » car c'est le fait d'une âme basse et intéressée : ne pas secourir de son argent quand on le peut, ou ne pas le faire autant qu'on le peut : recevoir des secours de ceux qui ont moins de ressources que nous : emprunter à celui qui semble demander : demander à celui qui réclame ; et réclamer à celui qui demande : louer, au point d'avoir l'air de demander; insister quand on n'a pas obtenu ; car ce sont des signes d'une âme bassement intéressée : louer une personne présente, car c'est flatterie : exagérer le bien, atténuer le mal, se montrer plus affligé que celui qui souffre, quand on est en sa présence, et toutes les autres choses semblables, qui sont des signes de flatterie : ne pas supporter des fatigues que supportent des personnes plus âgées, délicates, nées dans une meilleure con-

τες, ἢ οἱ ἐν ἐξουσίᾳ μᾶλλον ὄντες, ἢ ὅλως οἱ ἀδυνατώτεροι· πάντα γὰρ μαλακίας σημεῖα. Καὶ τὸ ὑφ' ἑτέρου εὖ πάσχειν, καὶ τὸ πολλάκις· καὶ, ἃ εὖ ἐποίησεν, ὀνειδίζειν· μικροψυχίας γὰρ πάντα καὶ ταπεινότητος σημεῖα. Καὶ τὸ περὶ αὑτοῦ πάντα λέγειν καὶ ἐπαγγέλλεσθαι· καὶ τὸ τὰ ἀλλότρια, αὑτοῦ φάσκειν· ἀλαζονείας γάρ· ὁμοίως δὲ καὶ ἀπὸ τῶν ἄλλων ἑκάστης τῶν τοῦ ἤθους κακιῶν τὰ ἔργα, καὶ τὰ σημεῖα, καὶ τὰ ὅμοια· αἰσχρὰ γὰρ καὶ αἰσχυντηλά. Καὶ ἐπὶ τούτοις, τὸ τῶν καλῶν ὧν πάντες μετέχουσιν, ἢ οἱ ὅμοιοι πάντες, ἢ οἱ πλεῖστοι, μὴ μετέχειν. Ὁμοίους δὲ λέγω ὁμοεθνεῖς, πολίτας, ἥλικας, συγγενεῖς, ὅλως τοὺς ἐξ ἴσου· αἰσχρὸν γὰρ ἤδη τὸ μὴ μετέχειν· οἷον, παιδεύσεως ἐπὶ τοσοῦτον, καὶ τῶν ἄλλων ὁμοίως. Πάντα δὲ ταῦτα μᾶλλον, ἂν δι' ἑαυτὸν φαίνηται· οὕτω γὰρ ἤδη ἀπὸ κακίας μᾶλλον, ἂν αὐτὸς ᾖ αἴτιος τῶν ὑπαρξάντων, ἢ ὑπαρχόντων, ἢ μελλόντων. Πάσχοντες δὲ, ἢ πεπονθότες, ἢ πεισόμενοι τὰ τοιαῦτα αἰσχύνονται, ὅσα εἰς ἀτιμίαν φέρει καὶ ὀνείδη. Ταῦτα δ' ἐστὶν, ὅσα εἰς ὑπηρετήσεις ἢ σώματος ἢ ἔργων αἰσχρῶν, ὧν ἐστι τὸ ὑβρίζεσθαι. Καὶ τὰ μὲν, εἰς ἀκολασίαν, καὶ ἑκόντα καὶ ἄκοντα· τὰ δὲ, εἰς βίαν, ἄκοντα· ἀπὸ ἀνανδρίας γὰρ ἢ δειλίας ἡ ὑπομονή, καὶ τὸ μὴ ἀμύνεσθαι.

Β'. Ἃ μὲν οὖν αἰσχύνονται, ταῦτά ἐστι καὶ τὰ τοιαῦτα. Ἐπεὶ δὲ περὶ ἀδοξίας φαντασία ἐστὶν ἡ αἰσχύνη, καὶ ταύτης αὐτῆς χάριν, ἀλλὰ μὴ τῶν ἀποβαινόντων· οὐδεὶς δὲ τῆς δόξης φροντίζει, ἀλλ' ἢ διὰ τοὺς δοξάζοντας· ἀνάγκη τούτους αἰσχύνε-

dition, et en général toutes celles qui sont moins fortes que nous, car tout cela est un signe de mollesse : recourir à la bienfaisance d'autrui, y recourir souvent, et reprocher le bien qu'on a fait, ce qui est le signe d'une âme basse et petite : parler de soi-même et annoncer merveilles ; s'attribuer ce qu'un autre a fait, car c'est de la jactance. Il en est de même de chacun des autres vices, des actions qui en sont la suite, de leurs signes et de ce qui leur ressemble ; car tout cela est honteux et doit nous faire rougir ; comme aussi de ne pas avoir sa part des choses honnêtes que possèdent tout le monde, ou nos semblables, ou le plus grand nombre. J'appelle semblables ceux qui sont de la même nation, de la même cité, du même âge, de la même famille, et en général tous ceux qui sont égaux ; car il est honteux enfin de ne pas avoir sa part des choses honnêtes dont je parle, par exemple, de ne pas avoir autant d'éducation, ou d'en avoir une qui diffère de celle des autres. Tout cela est encore plus honteux, si la faute en en est à nous ; car il semble que nous soyons plus méchants, quand nous sommes nous-mêmes la cause de ce qui a été, est ou sera mauvais. On rougit quand on a souffert, ou qu'on souffre, ou qu'on doit souffrir des choses qui sont de nature à amener le déshonneur et l'opprobre, comme tout ce qui tend à asservir le corps à des actions honteuses, qui soulèvent le mépris contre nous. De ces actions, les unes qui ont pour principe l'intempérance, sont honteuses, qu'elles soient ou qu'elles ne soient pas volontaires ; les autres, celles qu'on peut imputer à la violence, le sont quoiqu'involontaires, car il y a faiblesse et lâcheté à les supporter, à ne pas les repousser.

§ 11. Quelles sont les personnes devant lesquelles nous avons de la honte.

Les choses qui nous font rougir sont donc celles-là et celles qui leur ressemblent. Mais puisque la honte est une imagination qui nous fait craindre le déshonneur pour lui-même et non pour ses résultats, et puisque nous nous inquiétons, non de l'opinion qu'on a de nous, mais des personnes qui ont cette opinion, la conséquence est que nous rougissons devant les personnes dont

σθαι, ὧν λόγον ἔχει. Λόγον δὲ ἔχει τῶν θαυμαζόντων, καὶ οὓς θαυμάζει, καὶ ὑφ' ὧν βούλεται θαυμάζεσθαι, καὶ πρὸς οὓς φιλοτιμεῖται, καὶ ὧν μὴ καταφρονεῖ τῆς δόξης. Θαυμάζεσθαι μὲν οὖν βούλονται ὑπὸ τούτων, καὶ θαυμάζουσι τούτους, ὅσοι ἔχουσί τι ἀγαθὸν τῶν τιμίων· ἢ παρ' ὧν τυγχάνουσι δεόμενοι σφόδρα τινός, ὧν ἐκεῖνοι κύριοι· οἷον οἱ ἐρῶντες. Φιλοτιμοῦνται δὲ πρὸς τοὺς ὁμοίους. Φροντίζουσι δὲ, ὡς ἀληθευόντων τῶν φρονίμων· τοιοῦτοι δὲ, οἵ τε πρεσβύτεροι καὶ οἱ πεπαιδευμένοι. Καὶ τὰ ἐν ὀφθαλμοῖς, καὶ τὰ ἐν φανερῷ· ὅθεν καὶ ἡ παροιμία, τὸ, ἐν ὀφθαλμοῖς εἶναι αἰδῶ. Διὰ τοῦτο τοὺς ἀεὶ παρεσομένους μᾶλλον αἰσχύνονται, καὶ τοὺς προσέχοντας αὐτοῖς, διὰ τὸ ἐν ὀφθαλμοῖς ἀμφότερα.

Γ'. Καὶ τοὺς μὴ περὶ ταὐτὰ ἐνόχους· δῆλον γὰρ ὅτι τἀναντία δοκεῖ τούτοις. Καὶ τοὺς μὴ συγγνωμονικοὺς τοῖς φαινομένοις ἁμαρτάνειν· ἃ γάρ τις αὐτὸς ποιεῖ, ταῦτα λέγεται τοῖς πέλας οὐ νεμεσᾶν· ὥστε ἃ μὴ ποιεῖ, δῆλον ὅτι νεμεσᾷ. Καὶ τοὺς ἐξαγγελτικοὺς πολλοῖς· οὐδὲν γὰρ διαφέρει μὴ δοκεῖν, ἢ μὴ ἐξαγγέλλειν. Ἐξαγγελτικοὶ δὲ, οἵ τε ἠδικημένοι, διὰ τὸ παρατηρεῖν· καὶ οἱ κακολόγοι· εἴπερ γὰρ καὶ τοὺς μὴ ἁμαρτάνοντας, ἔτι μᾶλλον τοὺς ἁμαρτάνοντας. Καὶ οἷς ἡ διατριβὴ ἐπὶ ταῖς τῶν πέλας ἁμαρτίαις· οἷον, χλευασταῖς καὶ κωμῳδοποιοῖς· κακολόγοι γάρ πως οὗτοι, καὶ ἐξαγγελτικοί. Καὶ ἐν οἷς μηδὲν ἀποτετυχήκασιν· ὥσπερ γὰρ θαυμαζόμενοι διάκεινται. Διὸ καὶ τοὺς πρῶτόν τι δεηθέντας αἰσχύνονται, ὡς οὐδέν πω δοξηκότες ἐν αὐτοῖς.

nous tenons compte. Or, nous tenons compte des personnes qui nous considèrent, de celles que nous considérons, de celles dont nous voulons être considérés, de celles avec qui nous sommes en rivalité, et de celles dont nous ne méprisons pas l'opinion. Or, les personnnes dont nous voulons être considérés, et que nous considérons nous-mêmes, sont celles qui possèdent un de ces biens qui honorent, ou auxquelles nous demandons avec instance une chose qui dépend d'elles, comme il arrive à ceux qui aiment. Ceux avec qui nous rivalisons, ce sont nos pareils. Ceux dont nous ne méprisons pas l'opinion sont les hommes prudents, parce que la vérité est avec eux; tels sont les vieillards et les hommes instruits. Nous rougissons aussi de ce que nous faisons à la vue des autres et en plein jour; de là le proverbe, «la honte loge dans les yeux;» voilà pourquoi nous rougissons davantage devant ceux qui doivent toujours être près de nous, ou qui veillent sur nous, parce que nous sommes sous les yeux des uns et des autres.

§ III. Quels sont ceux dont nous craignons les reproches.

Ajoutons-y ceux qui ne sont pas sujets aux mêmes fautes que nous, car il est évident que leurs sentiments sont contraires aux nôtres : ceux qui ne sont pas indulgents envers les personnes qu'ils voient se tromper; car si on a raison de dire qu'on ne reproche pas aux autres ce qu'on fait soi-même, il est clair qu'on leur reproche ce qu'on ne fait pas : ceux qui révèlent nos fautes à beaucoup de monde, car il n'y a aucune différence entre la faute qui reste cachée et celle qu'on ne publie pas. Or, les personnes qui sont portées à publier nos fautes, sont : d'abord, celles qui ont souffert une injustice, parce qu'elles ont les yeux ouverts sur nous, et ensuite, les personnes médisantes qui, n'épargnant pas les innocents, épargnent beaucoup moins les coupables : ceux qui passent leur temps à épier les fautes du voisin, comme sont les railleurs et les poëtes comiques; car ils sont en quelque sorte médisants et bavards : ceux dont nous n'avons reçu aucun refus, car ils semblent nous avoir en grande estime. C'est pour cela que nous avons de la honte devant les personnes qui nous demandent une chose pour

Τοιοῦτοι δ' οἵ τε ἄρτι βουλόμενοι φίλοι εἶναι· τὰ γὰρ βέλτιστα τεθέανται· διὸ εὖ ἔχει ἡ τοῦ Εὐριπίδου ἀπόκρισις πρὸς τοὺς Συρακουσίους· καὶ τῶν πάλαι γνωρίμων οἱ μηδὲν συνειδότες. Αἰσχύνονται δ' οὐ μόνον αὐτὰ τὰ ῥηθέντα αἰσχυντηλὰ, ἀλλὰ καὶ τὰ σημεῖα· οἶον, οὐ μόνον ἀφροδισιάζοντες, ἀλλὰ καὶ τὰ σημεῖα αὐτοῦ· καὶ οὐ μόνον ποιοῦντες τὰ αἰσχρὰ, ἀλλὰ καὶ λέγοντες. Ὁμοίως δὲ οὐ τοὺς εἰρημένους αἰσχύνονται μόνον, ἀλλὰ καὶ τοὺς δηλώσοντας αὐτοῖς· οἶον, θεράποντας καὶ φίλους τούτων. Ὅλως δ' οὐκ αἰσχύνονται, οὔθ' ὧν πολὺ καταφρονοῦσι τῆς δόξης τοῦ ἀληθεύειν· οὐδεὶς γὰρ παιδία καὶ θηρία αἰσχύνεται· οὔτε τὰ αὐτὰ τοὺς γνωρίμους καὶ τοὺς ἀγνῶτας, ἀλλὰ τοὺς μὲν γνωρίμους, τὰ πρὸς ἀλήθειαν δοκοῦντα· τοὺς δὲ ἄποθεν, τὰ πρὸς τὸν νόμον.

Δ΄. Αὐτοὶ δὲ ὧδε διακείμενοι, αἰσχυνθεῖεν ἄν· πρῶτον μὲν, εἰ ὑπάρχοιεν πρὸς αὐτοὺς ἔχοντες οὕτω τινὲς, οἵους ἔφαμεν εἶναι οὓς αἰσχύνονται. Ἦσαν δὲ οὗτοι, ἢ θαυμαζόμενοι, ἢ θαυμάζοντες, ἢ ὑφ' ὧν βούλονται θαυμάζεσθαι, ἢ ὧν δέονταί τινα χρείαν, ὧν μὴ τεύξονται ἄδοξοι ὄντες. Καὶ οὗτοι, ἢ ὁρῶντες· ὥσπερ Κυδίας περὶ τῆς Σάμου κληρουχίας ἐδημηγόρησεν· ἠξίου γὰρ ὑπολαβεῖν τοὺς Ἀθηναίους, περιεστάναι κύκλῳ τοὺς Ἕλληνας, ὡς ὁρῶντας, καὶ μὴ μόνον ἀκουσομένους, ἃ ἂν ψηφίσωνται· ἢ ἂν πλησίον ὦσιν οἱ τοιοῦτοι, ἢ μέλλωσιν αἰσθήσεσθαι· διὸ καὶ ὁρᾶ-

la première fois, parce que nous ne leur avons jamais donné mauvaise opinion de nous ; telles sont les personnes qui recherchent depuis peu notre amitié, parce qu'elles considèrent ce qu'il y a de meilleur en nous. C'est là ce qui fait le mérite de la réponse d'Euripide aux Syracusains[3]. Telles sont aussi, parmi les personnes qui nous connaissent depuis longtemps, celles qui ne savent rien de mal contre nous. Nous rougissons, non-seulement des choses honteuses dont il a été parlé, mais encore de celles qui en sont les signes : par exemple, nous avons honte, non-seulement de nous livrer aux plaisirs sensuels, mais nous rougissons encore des signes de ces plaisirs. Nous avons honte, non-seulement de faire des choses honteuses, mais encore d'en parler[4]. De même nous sommes honteux, non-seulement devant les personnes dont nous avons parlé, mais encore devant celles qui doivent leur faire connaître nos fautes, comme sont leurs domestiques ou leurs amis. En un mot, nous ne rougissons pas devant ceux dont nous méprisons l'opinion en ce qui concerne la vérité ; personne ne rougit, par exemple, devant les enfants ou devant les bêtes. De plus, nous ne rougissons pas des mêmes choses devant ceux qui nous connaissent, et ceux qui ne nous connaissent pas : devant les premiers, nous rougissons des choses véritablement honteuses ; devant les seconds, de celles que condamne la loi[5].

§ IV. Dans quelles circonstances on a de la honte.

Voici maintenant dans quelles dispositions nous aurions de la honte : premièrement, si nous nous trouvions en présence de certaines personnes devant lesquelles nous avons dit que l'homme éprouve de la honte. Ces personnes sont celles que nous considérons, ou dont nous voulons être considérés, ou auxquelles nous demandons un service, que nous n'obtiendrons pas, si elles ne tiennent aucun compte de nous. Ou bien ces personnes sont présentes : Cydias, haranguant le peuple sur le partage des terres des Samiens, priait les Athéniens de penser que les Grecs étaient rangés en cercle autour d'eux, et que non-seulement ils entendraient, mais encore qu'ils verraient ce qu'ils allaient

σθαι ἀτυχοῦντες ὑπὸ τῶν ζηλούντων ποτὲ οὐ βούλονται· θαυμασταὶ γὰρ οἱ ζηλωταί. Καὶ ὅταν ἔχωσιν, ἃ καταισχυνοῦσιν ἔργα καὶ πράγματα, ἢ ἑαυτῶν, ἢ προγόνων, ἢ ἄλλων τινῶν πρὸς οὓς ὑπάρχει τις αὐτοῖς ἀγχιστεία· καὶ ὅλως, ὑπὲρ ὧν αἰσχύνονται αὐτοί. Εἰσὶ δ' οὗτοι οἱ εἰρημένοι, καὶ οἱ εἰς αὐτοὺς ἀναφερόμενοι, ὧν διδάσκαλοι ἢ σύμβουλοι γεγόνασι. Καὶ ἐὰν ὦσιν ἕτεροι ὅμοιοι, πρὸς οὓς φιλοτιμοῦνται· πολλὰ γὰρ αἰσχυνόμενοι διὰ τοὺς τοιούτους, καὶ ποιοῦσι, καὶ οὐ ποιοῦσι. Καὶ μέλλοντες ὁρᾶσθαι, καὶ ἐν φανερῷ ἀναστρέφεσθαι τοῖς συνειδόσιν, αἰσχυντηλοὶ μᾶλλόν εἰσιν. Ὅθεν καὶ Ἀντιφῶν ὁ ποιητὴς, μέλλων ἀποτυμπανίζεσθαι ὑπὸ Διονυσίου, εἶπεν, ἰδὼν τοὺς συναποθνήσκειν μέλλοντας ἐγκαλυπτομένους, ὡς ᾔεσαν διὰ τῶν πυλῶν· Τί ἐγκαλύπτεσθε, ἔφη, ἢ μὴ αὔριόν τις ὑμᾶς ἴδῃ τούτων; Περὶ μὲν οὖν αἰσχύνης, ταῦτα· περὶ δὲ ἀναισχυντίας, δῆλον ὡς ἐκ τῶν ἐναντίων εὐπορήσομεν.

ΚΕΦΑΛΑΙΟΝ Ζ'.

Α'. Τίσι δὲ χάριν ἔχουσι, καὶ ἐπὶ τίσιν, ἢ πῶς αὐτοὶ ἔχοντες, ὁρισαμένοις τὴν χάριν, δῆλον ἔσται. Ἔστω δὴ χάρις, καθ' ἣν ὁ ἔχων λέγεται χάριν ὑπουργεῖν τῷ δεομένῳ, μὴ ἀντί τινος, μηδ' ἵνα τι αὐτῷ τῷ ὑπουργοῦντι, ἀλλ' ἵνα ἐκείνῳ τι. Μεγάλη δ' ἂν, ἢ σφόδρα δεομένῳ, ἢ μεγάλων καὶ χαλεπῶν, ἢ ἐν καιροῖς

LIVRE II, CHAPITRE VI.   183

décréter⁶. Ou bien ces personnes sont près de nous, et doivent avoir connaissance de nos actions. C'est pourquoi nous ne voulons pas, dans le malheur, être vus de ceux dont nous avons jadis été les émules, car l'émulation suppose la considération. Nous rougissons aussi de ce qui doit faire rejaillir de la honte sur les actions ou les choses de nous-mêmes, ou de nos ancêtres, ou des autres personnes avec lesquelles nous unit un lien étroit, en un mot, de ceux pour qui nous avons à rougir nous-mêmes. Ce sont, d'abord ceux dont nous avons parlé, ensuite ceux qui nous intéressent, dont nous avons été les maîtres ou les conseillers. Il en est de même quand nous sommes en rivalité avec d'autres hommes, nos pareils ; car la honte que nous éprouvons à cause d'eux nous porte souvent à faire ou à ne pas faire. Nous sommes encore plus honteux, quand nous devons être vus et nous trouver en présence de ceux qui savent ce qui nous regarde. C'est pourquoi le poëte Antiphon⁷, pendant qu'on le conduisait au supplice par l'ordre de Denys, ayant vu ceux qui devaient mourir avec lui se couvrir le visage sur la porte de la prison, leur dit : « Pourquoi vous cachez-vous ? craignez-vous qu'un de ceux qui sont ici vous voie demain ? » Voilà donc ce qui concerne la honte. Quant à l'effronterie, il est clair que nous ne serons pas embarrassés pour la connaître, en étudiant les contraires.

CHAPITRE VII.

De la bienfaisance.

§ 1. Définition du bienfait.

A qui fait-on du bien, pour quels motifs, et dans quelles dispositions ? On le verra clairement, quand nous aurons défini la bienfaisance. La bienfaisance est, dit-on, le sentiment par lequel celui qui a vient au secours de celui qui n'a pas, non en échange d'un service, ni dans son propre intérêt, mais dans celui de l'obligé¹. Le bienfait est grand, ou parce que les besoins sont pressants, ou parce que le service est grand et difficile, ou parce que les circonstances le sont aussi, ou parce que le bienfaiteur

τοιούτοις, ἢ μόνος, ἢ πρῶτος, ἢ μάλιστα. Δεήσεις δέ εἰσιν αἱ ὀρέξεις, καὶ τούτων μάλιστα αἱ μετὰ λύπης τοῦ μὴ γιγνομένου· τοιαῦται δὲ αἱ ἐπιθυμίαι· οἷον ὁ ἔρως. Καὶ αἱ ἐν ταῖς τοῦ σώματος κακώσεσι,. καὶ ἐν κινδύνοις· καὶ γὰρ ὁ κινδυνεύων ἐπιθυμεῖ, καὶ ὁ λυπούμενος. Διὸ οἱ ἐν πενίᾳ παριστάμενοι καὶ φυγαῖς, κἂν μικρὰ ὑπηρετήσωσι, διὰ τὸ μέγεθος τῆς δεήσεως, καὶ τὸν καιρὸν, κεχαρισμένοι· οἷον, ὁ ἐν Λυκείῳ τὸν φορμὸν δούς. Ἀνάγκη οὖν μάλιστα μὲν εἰς τοιαῦτα ἔχειν τὴν ὑπουργίαν· εἰ δὲ μὴ, εἰς ἴσα, ἢ μείζω.

Β΄. Ὥστ' ἐπεὶ φανερὸν, καὶ ὅτε, καὶ ἐφ' οἷς γίγνεται χάρις, καὶ πῶς ἔχουσι, δῆλον ὅτι ἐκ τούτων παρασκευαστέον τοὺς μὲν δεικνύντας ἢ ὄντας, ἢ γεγενημένους ἐν τοιαύτῃ λύπῃ καὶ δεήσει· τοὺς δὲ, ὑπηρετῆσαι ἐν τοιαύτῃ χρείᾳ τοιοῦτόν τι ὑπηρετοῦντας. Φανερὸν δὲ, καὶ ὅθεν ἀφαιρεῖσθαι ἐνδέχεται τὴν χάριν, καὶ ποιεῖν ἀχαρίστους· ἢ γὰρ, ὅτι αὑτῶν ἕνεκα ὑπηρετοῦσιν, ἢ ὑπηρέτησαν· τοῦτο δὲ οὐκ ἦν χάρις· ἢ ὅτι ἀπὸ τύχης συνέπεσεν, ἢ ἠναγκάσθησαν· ἢ ὅτι ἀπέδωκαν, ἀλλ' οὐκ ἔδωκαν, εἴτε εἰδότες, εἴτε μή· ἀμφοτέρως γάρ τι ἀντί τινος· ὥστε οὐδὲ οὕτως ἂν εἴη χάρις. Καὶ περὶ ἁπάσας τὰς κατηγορίας, σκεπτέον· ἡ γὰρ χάρις ἐστὶν, ἢ ὅτι τοδὶ, ἢ τοσονδὶ, ἢ τοιονδὶ, ἢ ποτὲ, ἢ ποῦ. Σημεῖον δὲ, εἰ ἔλαττον μὴ ὑπηρέτησαν· καὶ εἰ τοῖς ἐχθροῖς ἢ ταὐτὰ, ἢ ἴσα, ἢ μείζω· δῆλον γὰρ, ὅτι οὐδὲ ταῦτα ἡμῶν ἕνεκα. Ἢ εἰ φαῦλα, εἰδώς· οὐδεὶς γὰρ ὁμολογεῖ δεῖσθαι φαύλων. Καὶ περὶ μὲν τοῦ χαρίζεσθαι καὶ ἀχαριστεῖν εἴρηται.

est seul, ou le premier, ou celui qui oblige le plus. J'appelle besoins les appétits, et surtout ceux des choses dont le manque est accompagné de douleur; tels sont les désirs, par exemple, l'amour; tels sont aussi les dangers et les souffrances du corps ; car on désire quand on est en danger et quand on en souffre. C'est pourquoi ceux qui sont dans la pauvreté, ou en exil, si peu qu'on leur vienne en aide, sont cependant obligés à cause de la grandeur de leurs besoins et de la circonstance, comme lorsqu'on donna[2] une natte dans le Lycée. Il faut donc obliger surtout dans ces circonstances ou d'autres semblables, ou de plus importantes.

§ II. Conclusion.

Puisqu'on sait dans quel temps et pour quels motifs, et envers quelles personnes le bienfait a lieu, il est évident qu'on trouvera là des arguments pour montrer que les uns ont été ou sont encore dans telle douleur ou tel besoin, et que, dans cette nécessité, les autres leur ont rendu ou leur rendent tel service. On voit encore par quels moyens on pourrait prouver que le bienfait n'existe pas, ou qu'on est dispensé de la reconnaissance en disant : ou bien que ceux qui nous rendent ou nous ont rendu service, l'ont fait pour eux-mêmes, et, dans ce cas, il n'y a pas bienfait : ou bien qu'ils l'ont fait par hasard et par nécessité : ou bien encore qu'ils ont rendu, mais qu'ils n'ont pas donné, n'importe qu'ils l'aient su ou non ; car dans les deux cas, ce n'est qu'un échange[3] ; ainsi il n'y a pas bienfait. Il faut aussi examiner l'action d'après toutes les catégories : car, s'il y a bienfait, c'est par la substance, ou la quantité, ou la qualité, ou le temps, ou le lieu. Et la preuve, c'est qu'on peut dire que, dans une circonstance moins importante, on n'est pas venu à notre aide; qu'on a rendu à des ennemis des services pareils, ou aussi importants, ou plus grands : il est donc évident qu'on n'a pas agi ainsi à cause de nous. On peut dire encore que les choses données n'avaient aucun prix, et qu'on le savait; or, personne n'avoue avoir besoin de ce qui n'a pas de valeur. Voilà ce qu'il faut entendre par obliger et ne pas obliger.

ΚΕΦΑΛΑΙΟΝ Η.

Α'. Ποῖα δὲ ἐλεεινὰ, καὶ τίνας ἐλεοῦσιν, καὶ πῶς αὐτοὶ ἔχοντες, λέγωμεν. Ἔστω δὴ ἔλεος, λύπη τις ἐπὶ φαινομένῳ κακῷ φθαρτικῷ καὶ λυπηρῷ, τοῦ ἀναξίου τυγχάνειν, ὃ κἂν αὐτὸς προσδοκήσειεν ἂν παθεῖν, ἢ τῶν αὑτοῦ τινά· καὶ τοῦτο, ὅταν πλησίον φαίνηται· δῆλον γὰρ, ὅτι ἀνάγκη τὸν μέλλοντα ἐλεή-σειν, ὑπάρχειν τοιοῦτον οἷον οἴεσθαι παθεῖν ἄν τι κακὸν ἢ αὐτὸν, ἢ τῶν αὑτοῦ τινὰ, καὶ τοιοῦτον κακὸν, οἷον εἴρηται ἐν τῷ ὅρῳ, ἢ ὅμοιον, ἢ παραπλήσιον. Διὸ οὔτε οἱ παντελῶς ἀπολωλότες ἐλεοῦσιν· οὐδὲν γὰρ ἂν ἔτι παθεῖν οἴονται· πεπόνθασι γάρ· οὔτε οἱ ὑπερευδαιμονεῖν οἰόμενοι, ἀλλ' ὑβρίζουσιν· εἰ γὰρ ἅπαντα οἴονται ὑπάρχειν τἀγαθὰ, δῆλον ὅτι καὶ τὸ μὴ ἐνδέχεσθαι παθεῖν τι κακόν· καὶ γὰρ τοῦτο τῶν ἀγαθῶν. Εἰσὶ δὲ τοιοῦτοι, οἷοι νομίζειν παθεῖν ἄν· οἵ τε πεπονθότες ἤδη, καὶ διαπεφευγότες. Καὶ οἱ πρεσβύτεροι καὶ διὰ τὸ φρονεῖν, καὶ δι' ἐμπειρίαν. Καὶ οἱ ἀσθενεῖς. Καὶ οἱ δειλότεροι μᾶλλον. Καὶ οἱ πεπαιδευμένοι· εὐλόγιστοι γάρ. Καὶ οἷς ὑπάρχουσι γονεῖς, ἢ τέκνα, ἢ γυναῖκες· αὑτοῦ τε γὰρ ταῦτα, καὶ οἷα παθεῖν τὰ εἰρημένα. Καὶ οἱ μήτε ἐν ἀνδρείας πάθει ὄντες· οἷον ἐν ὀργῇ, ἢ θάρρει· ἀλόγιστα γὰρ τοῦ ἐσομένου ταῦτα· μήτ' ἐν ὑβριστικῇ διαθέσει· καὶ γὰρ οὗτοι ἀλόγιστοι τοῦ πείσεσθαί τι· ἀλλ' οἱ μεταξὺ τούτων· μήτ' αὖ φοβούμενοι σφόδρα· οὐ γὰρ ἐλεοῦσιν οἱ ἐκπεπληγμένοι διὰ τὸ εἶναι πρὸς τῷ οἰκείῳ πάθει. Κἂν οἴωνταί

CHAPITRE VIII.

De la pitié.

§ I. Quels sont les hommes compatissants.

Disons maintenant quelles sont les choses et les personnes qui excitent la pitié, et quels sont ceux qui éprouvent ce sentiment. La pitié est une affliction que fait naître la vue d'un malheur qui peut perdre ou attrister une personne indigne d'un pareil sort, malheur qu'on peut s'attendre à voir tomber sur soi-même, ou sur quelqu'un des siens, et cela quand ce malheur est proche. Car il est évident que pour être émus de pitié, il faut que nous pensions que nous, ou quelqu'un des nôtres, nous pourrions souffrir un malheur tel que celui dont nous avons parlé dans notre définition, ou un semblable, ou un qui en approche. C'est pourquoi ceux qui sont entièrement perdus n'ont pas de pitié; ils pensent n'avoir plus rien à souffrir, parce qu'ils ont tout souffert. Il en est de même de ceux qui se croient au faîte du bonheur, car ils sont plutôt insolents. En effet, s'ils pensent posséder tous les biens, il est évident qu'ils espèrent n'avoir à souffrir aucun malheur; et cet espoir même est un bien. Or, les personnes qui pensent qu'elles pourraient souffrir quelque malheur, sont : celles qui ont déjà souffert et qui ont échappé : les vieillards, à cause de leur sagesse et de leur expérience : les faibles, et encore plus les timides : les hommes instruits, parce qu'ils raisonnent bien : ceux qui ont des parents, des enfants, une épouse; car ces personnes sont à eux, et peuvent souffrir les maux dont nous avons parlé : ceux qui ne sont ni dans une des passions qui se rapportent au courage, telles que la colère et l'assurance, car ces deux passions ne calculent pas l'avenir; ni dans une disposition qui les porte à outrager autrui, car dans ce cas on ne réfléchit pas sur ce qui peut arriver de mal; mais bien ceux qui sont placés entre les deux : ni ceux non plus qui craignent vivement, car la compassion n'entre pas dans les

τινας εἶναι ἐπιεικεῖς· ὁ γὰρ μηδένα οἰόμενος, πάντας οἰήσεται ἀξίους εἶναι κακοῦ. Ὅλως δὴ, ὅταν ἔχῃ οὕτως, ὥστ' ἀναμνησθῆναι τοιαῦτα συμβεβηκότα ἢ αὑτῷ, ἢ τῶν αὑτοῦ· ἢ ἐλπίσαι γενέσθαι ἢ αὑτῷ, ἢ τῶν αὑτοῦ.

Β΄. Ὡς μὲν οὖν ἔχοντες ἐλεοῦσιν, εἴρηται· ἃ δὲ ἐλεοῦσιν, ἐκ τοῦ ὁρισμοῦ δῆλον. Ὅσα τε γὰρ τῶν λυπηρῶν καὶ ὀδυνηρῶν φθαρτικὰ, πάντα ἐλεεινά· καὶ ὅσα ἀναιρετικά· καὶ ὅσων ἡ τύχη αἰτία κακῶν, μέγεθος ἐχόντων. Ἔστι δὲ ὀδυνηρὰ μὲν καὶ φθαρτικὰ θάνατοι καὶ αἰκίαι, καὶ σωμάτων κακώσεις, καὶ γῆρας, καὶ νόσοι, καὶ τροφῆς ἔνδεια. Ὧν δὲ ἡ τύχη αἰτία κακῶν, ἀφιλία, ὀλιγοφιλία· διὸ καὶ τὸ διεσπᾶσθαι ἀπὸ τῶν φίλων καὶ συνήθων, ἐλεεινόν· αἶσχος, ἀσθένεια, ἀναπηρία· καὶ τὸ, ὅθεν προσῆκεν ἀγαθόν τι πρᾶξαι, κακόν τι συμβῆναι· καὶ τὸ πολλάκις τοιοῦτο. Καὶ τὸ πεπονθότος γενέσθαι τι ἀγαθόν· οἷον, Διοπείθει τὰ παρὰ βασιλέως τεθνεῶτι κατεπέμφθη. Καὶ τὸ ἢ μηδὲν γεγενῆσθαι ἀγαθὸν, ἢ γενομένων μὴ εἶναι ἀπόλαυσιν. Ἐφ' οἷς μὲν οὖν ἐλεοῦσι, ταῦτα καὶ τοιαῦτά ἐστιν.

Γ΄. Ἐλεοῦσι δὲ τούς τε γνωρίμους, ἐὰν μὴ σφόδρα ἐγγὺς ὦσιν οἰκειότητι· περὶ δὲ τούτους, ὥσπερ περὶ αὑτοὺς μέλλοντας, ἔχουσι. Διὸ καὶ Ἄμασις, ἐπὶ μὲν τῷ υἱεῖ ἀγομένῳ ἐπὶ τὸ ἀποθανεῖν, οὐκ ἐδάκρυσεν, ὥς φασιν, ἐπὶ δὲ τῷ φίλῳ προσαιτοῦντι·

âmes abattues par la préoccupation de leurs propres souffrances. Joignons-y ceux qui pensent qu'il existe des hommes vertueux; car celui qui croit qu'il n'en existe pas un seul, estimera que tous méritent leur malheur : en un mot, ceux qui viennent à se souvenir que de semblables malheurs sont arrivés [1], ou peuvent arriver, à eux-mêmes ou à quelqu'un des leurs.

§ II. Quelles sont les choses qui excitent la pitié.

Nous avons dit quelles sont les personnes qui ont de la pitié. Quant aux choses qui excitent ce sentiment, notre définition les fait clairement connaître. Nous sommes émus de tout ce qui causant de l'affliction et de la souffrance peut perdre ou faire mourir nos semblables, et de tous les grands malheurs causés par la fortune : or, les choses qui peuvent faire souffrir nos semblables, ou entraîner leur perte, sont les divers genres de mort, les mauvais traitements, les blessures, la vieillesse, les maladies, le manque de nourriture. Les maux causés par la fortune, sont : le manque ou le petit nombre d'amis; aussi la pitié s'émeut, quand nous nous séparons de nos amis, de nos compagnons : la laideur, la faiblesse, la privation de quelque membre : un malheur qui vient d'où on pouvait attendre quelque chose d'heureux, surtout si cela arrive souvent : un bonheur qui arrive trop tard, quand le malheur a éclaté, comme lorsque le grand roi envoya des présents à Diopithe qui était déjà mort [2]. Il en est de même de ceux à qui il n'arrive rien d'heureux, ou qui ne peuvent jouir de leur bonheur. Les choses qui excitent la pitié sont donc celles-là et d'autres semblables.

§ III. Quels sont ceux pour qui on a de la pitié.

Nous avons pitié de ceux que nous connaissons, pourvu qu'ils ne soient pas nos très proches parents; car à l'égard de ceux-ci, nous sommes dans les mêmes sentiments que l'approche du malheur nous inspire pour nous-mêmes. Voilà pourquoi Amasis ne pleura pas, dit-on, à la vue de son fils conduit à la mort,

τοῦτο μὲν γὰρ ἐλεεινόν· ἐκεῖνο δὲ δεινόν. Τὸ γὰρ δεινὸν, ἕτερον τοῦ ἐλεεινοῦ, καὶ ἐκκρουστικὸν τοῦ ἐλέου, καὶ πολλάκις τῷ ἐναντίῳ χρήσιμον. Ἔτι ἐλεοῦσιν ἐγγὺς αὐτοῦ τοῦ δεινοῦ ὄντος. Καὶ τοὺς ὁμοίους ἐλεοῦσι, κατὰ ἡλικίας, κατὰ ἤθη, κατὰ ἕξεις, κατὰ ἀξιώματα, κατὰ γένη· ἐν πᾶσι γὰρ τούτοις μᾶλλον φαίνεται, καὶ αὐτῷ ἂν ὑπάρξαι. Ὅλως γὰρ καὶ ἐνταῦθα δεῖ λαβεῖν, ὅτι, ὅσα ἐφ' αὑτῶν φοβοῦνται, ταῦτα ἐπ' ἄλλων γιγνόμενα ἐλεοῦσιν. Ἐπεὶ δὲ ἐγγὺς φαινόμενα τὰ πάθη ἐλεεινά ἐστι, τὰ δὲ μυριοστὸν ἔτος γενόμενα ἢ ἐσόμενα οὔτ' ἐλπίζοντες οὔτε μεμνημένοι ἢ ὅλως οὐκ ἐλεοῦσιν, ἢ οὐχ ὁμοίως· ἀνάγκη, τοὺς συναπεργαζομένους σχήμασι, καὶ φωναῖς, καὶ ἐσθῆτι, καὶ ὅλως τῇ ὑποκρίσει ἐλεεινοτέρους εἶναι. Ἐγγὺς γὰρ ποιοῦσι φαίνεσθαι τὸ κακὸν, πρὸ ὀμμάτων ποιοῦντες, ἢ ὡς μέλλον, ἢ ὡς γεγονός. Καὶ τὰ γεγονότα ἄρτι, ἢ μέλλοντα διὰ ταχέων, ἐλεεινότερα διὰ τὸ αὐτό. Καὶ τὰ σημεῖα, καὶ τὰς πράξεις· οἷον, ἐσθῆτάς τε τῶν πεπονθότων, καὶ ὅσα τοιαῦτα. Καὶ λόγους τῶν ἐν τῷ πάθει ὄντων, οἷον ἤδη τελευτώντων. Καὶ μάλιστα, τὸ σπουδαίους εἶναι, ἐν τοῖς τοιούτοις καιροῖς ὄντας, ἐλεεινόν. Ἅπαντα γὰρ ταῦτα, διὰ τὸ ἐγγὺς φαίνεσθαι, μᾶλλον ποιεῖ τὸν ἔλεον· καὶ ὡς ἀναξίου τε ὄντος, καὶ ἐν ὀφθαλμοῖς φαινομένου τοῦ πάθους.

tandis qu'il pleura à la vue d'un ami réduit à mendier[3] ; ce dernier spectacle excitait la pitié, et le premier la terreur. Le terrible est autre que le pitoyable ; il chasse la pitié, et souvent il sert à produire le sentiment contraire. Le terrible lui-même, quand il est proche, excite la pitié. Nous avons aussi pitié de ceux qui nous ressemblent par l'âge, le caractère, les habitudes, le rang, la naissance ; car tous ils nous montrent mieux que leur malheur pourrait aussi nous frapper. On peut conclure en général que tout ce que nous craignons pour nous-mêmes excite notre pitié, quand les autres en sont victimes. Les malheurs que nous voyons de près nous touchent, tandis que les malheurs passés ou futurs, dont nous sommes séparés par un grand nombre d'années, n'excitent point ou excitent moins notre pitié, parce que nous ne craignons pas l'arrivée des uns, et que nous avons perdu le souvenir des autres. Il suit de là que nous sommes plus émus de pitié, quand on représente l'infortune devant nous, par le geste, la voix, le costume, en un mot, par l'imitation théâtrale. On fait ainsi paraître le malheur près de nous, on le place sous nos yeux comme sur le point d'arriver, ou comme déjà arrivé. C'est pour cela aussi que la pitié est plus vivement excitée par les malheurs arrivés depuis peu, ou par ceux qui doivent bientôt arriver. La pitié est émue aussi par les signes et par les actions, comme sont : les habits de ceux qui ont été tués, et les autres choses semblables : les paroles de ceux qui subissent actuellement leur malheureux sort, par exemple, de ceux qui vont rendre le dernier soupir. Ce qui touche le plus, c'est la vertu restant ferme au milieu de pareilles circonstances. Toutes ces choses excitent davantage notre pitié, parce qu'elles semblent près de nous, que le malheureux ne mérite pas son sort, et que le malheur éclate sous nos yeux.

ΚΕΦΑΛΑΙΟΝ Θ'.

Α'. Ἀντίκειται δὲ τῷ ἐλεεῖν, μάλιστα μὲν, ὃ καλοῦσι νεμεσᾶν· τῷ γὰρ λυπεῖσθαι ἐπὶ ταῖς ἀναξίαις κακοπραγίαις, ἀντικείμενόν ἐστι τρόπον τινὰ, καὶ ἀπὸ τοῦ αὐτοῦ ἤθους, τὸ λυπεῖσθαι ἐπὶ ταῖς ἀναξίαις εὐπραγίαις· καὶ ἄμφω τὰ πάθη ἤθους χρηστοῦ. Δεῖ γὰρ ἐπὶ μὲν τοῖς ἀναξίως πράττουσι κακῶς, συνάχθεσθαι καὶ ἐλεεῖν· τοῖς δ' εὖ, νεμεσᾶν· ἄδικον γὰρ, τὸ παρὰ τὴν ἀξίαν γιγνόμενον· διὸ καὶ τοῖς θεοῖς ἀποδίδομεν τὸ νεμεσᾶν. Δόξειε δ' ἂν καὶ ὁ φθόνος τῷ ἐλεεῖν τὸν αὐτὸν ἀντικεῖσθαι τρόπον, ὡς συνεγγὺς ὢν καὶ ταὐτὸν τῷ νεμεσᾶν· ἔστι δὲ ἕτερον. Λύπη γὰρ ταραχώδης καὶ ὁ φθόνος ἐστὶ, καὶ εἰς εὐπραγίαν, ἀλλ' οὐ τοῦ ἀναξίου, ἀλλὰ τοῦ ἴσου καὶ ὁμοίου. Τὸ δὲ, μὴ ὅτι αὐτῷ τι συμβήσεται ἕτερον, ἀλλὰ δι' αὐτὸν τὸν πλησίον, ἅπασιν ὁμοίως δεῖ ὑπάρχειν. Οὐ γὰρ ἔτι ἔσται, τὸ μὲν, φθόνος· τὸ δὲ, νέμεσις· ἀλλὰ φόβος, ἐὰν διὰ τοῦτο ὑπάρχῃ ἡ λύπη, καὶ ἡ ταραχὴ, ὅτι αὐτῷ τι ἔσται φαῦλον ἀπὸ τῆς ἐκείνου εὐπραξίας. Φανερὸν δὲ, ὅτι ἀκολουθήσει καὶ τὰ ἐναντία πάθη τούτοις. Ὁ μὲν γὰρ λυπούμενος ἐπὶ τοῖς ἀναξίως κακοπραγοῦσιν, ἡσθήσεται, ἢ ἄλυπος ἔσται ἐπὶ τοῖς ἐναντίως κακοπραγοῦσιν. Οἷον, τοὺς πατραλοίας καὶ μιαιφόνους, ὅταν τύχωσι τιμωρίας, οὐδεὶς ἂν λυπηθείη χρηστός· δεῖ γὰρ χαίρειν ἐπὶ τοῖς τοιούτοις· ὡς δ' αὔτως καὶ ἐπὶ τοῖς εὖ πράττουσι κατ' ἀξίαν· ἄμφω γὰρ δίκαια, καὶ ποιεῖ χαίρειν τὸν ἐπιεικῆ· ἀνάγκη γὰρ ἐλπίζειν ὑπάρξαι ἂν, ἅπερ τῷ ὁμοίῳ, καὶ αὐτῷ. Καὶ ἔστι τοῦ αὐτοῦ ἤθους ἅπαντα

CHAPITRE IX.

De l'indignation.

§ 1. Définition de l'indignation ; en quoi elle diffère de l'envie.

Avoir pitié a surtout pour contraire ce qu'on appelle s'indigner [1]. En effet, à la douleur que cause un injuste malheur, est opposée en quelque sorte une douleur qui vient du même sentiment moral, celle que cause un bonheur immérité. Ces deux affections naissent d'un sentiment honnête ; car, si, à la vue de ceux qui souffrent injustement, nous devons compâtir et avoir pitié, nous devons également nous indigner à la vue de ceux qui sont heureux sans le mériter. Ce qui arrive en dehors du mérite est injuste ; et voilà pourquoi nous attribuons l'indignation, même aux dieux. Il semblerait aussi que l'envie est en quelque sorte opposée à la pitié, puisqu'elle se rapproche de l'indignation, et qu'elle se confond avec elle ; mais c'est une tout autre chose. L'envie est bien aussi une douleur qui nous trouble à la vue du bonheur d'autrui; mais elle ne s'attaque pas à l'indigne; elle s'attaque à notre égal et à notre semblable. Un caractère commun à l'une et à l'autre, c'est que, dans ces deux affections, nous n'avons pas en vue ce qui peut en résulter pour nous-mêmes, mais seulement pour le prochain; car, dans ce cas, il n'y aurait ni envie ni indignation, mais crainte, notre douleur et notre trouble venant du mal qui peut nous arriver par suite du bonheur d'autrui. Il est clair que ces passions amènent des passions contraires. En effet, celui qui souffre à la vue de ceux qui sont malheureux sans le mériter, se réjouira, ou du moins n'éprouvera aucune douleur, en voyant malheureux ceux qui le méritent. Ainsi, lorsque les parricides ou les assassins reçoivent leur châtiment, aucun homme de bien ne pourrait en être affligé ; il faudrait plutôt s'en réjouir [2]. Il en sera de même si quelqu'un est heureux selon son mérite. Ces deux choses sont justes, et font la joie de l'honnête homme, parce qu'il espère nécessairement que ce qui arrive à son semblable pourrait arriver à lui-même. Toutes ces

ταῦτα· τὰ δὲ ἐναντία, τοῦ ἐναντίου. Ὁ γὰρ αὐτός ἐστιν ἐπιχαιρέκακος καὶ φθονερός· ἐφ' ᾧ γάρ τις λυπεῖται γιγνομένῳ καὶ ὑπάρχοντι, ἀναγκαῖον τοῦτον ἐπὶ τῇ στερήσει καὶ τῇ φθορᾷ τῇ τούτου χαίρειν. Διὸ κωλυτικὰ μὲν ἐλέου πάντα ταῦτ' ἐστί· διαφέρει δὲ, διὰ τὰς εἰρημένας αἰτίας· ὥστε πρὸς τὸ μὴ ἐλεεινὰ ποιεῖν, ἅπαντα ὁμοίως χρήσιμα.

Β. Πρῶτον μὲν οὖν περὶ τοῦ νεμεσᾶν λέγωμεν, τίσιν τε νεμεσῶσι, καὶ ἐπὶ τίσι, καὶ πῶς ἔχοντες αὐτοί· εἶτα μετὰ ταῦτα, περὶ τῶν ἄλλων. Φανερὸν δ' ἐκ τῶν εἰρημένων· εἰ γάρ ἐστι τὸ νεμεσᾶν, λυπεῖσθαι ἐπὶ τῷ φαινομένῳ ἀναξίως εὐπραγεῖν, πρῶτον μὲν δῆλον, ὅτι οὐχ οἷόν τ' ἐπὶ πᾶσι τοῖς ἀγαθοῖς νεμεσᾶν. Οὐδεὶς γὰρ, εἰ δίκαιος, ἢ ἀνδρεῖος, ἢ εἰ ἀρετὴν λήψεται, νεμεσήσει τούτῳ· οὐδὲ γὰρ οἱ ἔλεοι ἐπὶ τοῖς ἐναντίοις τούτων εἰσίν· ἀλλ' ἐπὶ πλούτῳ, καὶ δυνάμει, καὶ τοῖς τοιούτοις, ὅσων, ὡς ἁπλῶς εἰπεῖν, ἄξιοί εἰσιν οἱ ἀγαθοὶ, καὶ οἱ τὰ φύσει ἔχοντες ἀγαθὰ, οἷον, εὐγένειαν, καὶ κάλλος, καὶ ὅσα τοιαῦτα. Ἐπειδὴ δὲ τὸ ἀρχαῖον ἐγγύς τι φαίνεται τοῦ φύσει, ἀνάγκη, τοῖς τὸ αὐτὸ ἔχουσιν ἀγαθὸν, ἐὰν νεωστὶ ἔχοντες τυγχάνωσι, καὶ διὰ τοῦτο εὐπραγῶσι, μᾶλλον νεμεσᾶν. Μᾶλλον γὰρ λυποῦσιν οἱ νεωστὶ πλουτοῦντες, τῶν πάλαι καὶ διὰ γένος. Ὁμοίως δὲ καὶ ἄρχοντες, καὶ δυνάμενοι, καὶ πολύφιλοι, καὶ εὔτεκνοι, καὶ ὁτιοῦν τῶν τοιούτων· κἂν διὰ ταῦτα ἄλλο τι ἀγαθὸν γίγνηται αὐτοῖς, ὡσαύτως. Καὶ γὰρ ἐνταῦθα μᾶλλον λυποῦσιν οἱ νεόπλουτοι, ἄρχοντες διὰ τὸν πλοῦτον, ἢ οἱ ἀρχαιόπλουτοι. Ὁμοίως δὲ καὶ ἐπὶ τῶν ἄλλων. Αἴτιον δ' ὅτι οἱ μὲν δοκοῦσι τὰ αὑτῶν

affections viennent d'un même sentiment moral; les affections contraires naissent d'un sentiment contraire. Celui qui se réjouit du mal d'autrui est en même temps envieux; puisque l'envieux s'afflige du bien qui arrive ou qui existe déjà, il est nécessaire qu'il se réjouisse si ce bonheur n'arrive pas ou s'il est détruit. Voilà pourquoi ces deux passions, qui diffèrent pour les raisons que nous avons exposées, empêchent l'une et l'autre la pitié de naître; aussi sont-elles également utiles pour faire qu'une chose n'excite pas la pitié.

§ II. Quelles sont les choses qui excitent l'indignation.

Parlons d'abord de l'indignation; disons contre qui on s'indigne, contre quoi, et quelles sont les personnes qui s'indignent; nous passerons ensuite aux autres passions. Ce que nous venons de dire jette du jour sur la question. En effet, si l'indignation est la douleur que nous éprouvons à la vue d'un bonheur immérité, il est d'abord évident qu'il n'est pas possible de s'indigner contre toute espèce de biens. Qu'un homme soit juste, courageux, ou qu'il embrasse la vertu, personne ne s'indignera pour cela; car on n'a pas pitié de ceux qui ont les vices contraires. Mais on s'indigne à l'occasion de la fortune, de la puissance, et, en un mot, de tous les avantages dont sont dignes les honnêtes gens et ceux qui possèdent les biens que donne la nature, comme la noblesse, la beauté et autres semblables[3]. Comme ce qui est ancien semble se rapprocher de ce qui est naturel, il suit qu'entre ceux qui possèdent le même bien, nous nous indignons davantage contre ceux qui les possèdent depuis peu, et qui lui doivent leur bonheur. Ceux qui sont riches depuis peu nous font éprouver une douleur plus grande que ceux qui le sont depuis longtemps et par héritage. Il en est de même de ceux qui possèdent les magistratures, du crédit, un grand nombre d'amis, des enfants heureusement doués, et tout autre bien semblable; et si ces biens leur en procurent quelque autre, nous nous indignons également. Aussi, les parvenus, que leurs richesses portent aux honneurs, nous indignent plus que ceux

ἔχειν, οἱ δ' οὔ· τὸ γὰρ ἀεὶ οὕτω φαινόμενον ἔχειν, ἀληθὲς δοκεῖ· ὥστε οἱ ἕτεροι οὐ τὰ αὐτῶν ἔχειν. Καὶ ἐπεὶ ἕκαστον τῶν ἀγαθῶν, οὐ τοῦ τυχόντος ἄξιον, ἀλλά τις ἐστὶν ἀναλογία, καὶ τὸ ἁρμόττον· οἷον, ὅπλων κάλλος οὐ τῷ δικαίῳ ἁρμόττει, ἀλλὰ τῷ ἀνδρείῳ· καὶ γάμοι διαφέροντες οὐ τοῖς νεωστὶ πλουτοῦσιν, ἀλλὰ τοῖς εὐγενέσιν. Ἐὰν οὖν ἀγαθὸς ὢν μὴ τοῦ ἁρμόττοντος τυγχάνῃ, νεμεσητόν· καὶ τὸν ἥττω τῷ κρείττονι ἀμφισβητεῖν· μάλιστα μὲν οὖν τοὺς ἐν τῷ αὐτῷ· ὅθεν καὶ τοῦτ' εἴρηται,

Αἴαντος δ' ἀλέεινε μάχην Τελαμωνιάδαο·
Ζεὺς γάρ οἱ νεμέσασχ', ὅτ' ἀμείνονι φωτὶ μάχοιτο.

Εἰ δὲ μὴ, κἂν ὁπωσοῦν ὁ ἥττων τῷ κρείττονι· οἷον, εἰ ὁ μουσικὸς τῷ δικαίῳ· βελτίων γὰρ ἡ δικαιοσύνη τῆς μουσικῆς. Οἷς μὲν οὖν νεμεσῶσι, καὶ δι' ἃ, ἐκ τούτων δῆλον· ταῦτα γὰρ, καὶ τὰ τοιαῦτά ἐστιν.

Γ΄. Αὐτοὶ δὲ νεμεσητικοί εἰσιν, ἐὰν ἄξιοι τυγχάνωσιν ὄντες τῶν μεγίστων ἀγαθῶν, καὶ ταῦτα κεκτημένοι· τὸ γὰρ τῶν ὁμοίων ἠξιῶσθαι τοὺς μὴ ὁμοίους, οὐ δίκαιον. Δεύτερον δ', ἂν ὄντες ἀγαθοὶ καὶ σπουδαῖοι τυγχάνωσι· κρίνουσί ε γὰρ εὖ, καὶ τὰ ἄδικα μισοῦσι. Καὶ ἐὰν φιλότιμοι, καὶ ὀρεγόμενοι τινῶν πράξεων, καὶ μάλιστα περὶ ταῦτα φιλότιμοι ὦσιν, ὧν ἕτεροι ἀνάξιοι ὄντες τυγχάνουσι. Καὶ ὅλως, οἱ ἀξιοῦντες αὐτοὶ αὑτοὺς, ὧν ἑτέρους μὴ ἀξιοῦσι, νεμεσητικοὶ τούτοις, καὶ τούτων. Διὸ καὶ οἱ ἀνδραποδώδεις καὶ φαῦλοι καὶ ἀφιλότιμοι, οὐ νεμεσητικοί· οὐδὲν γάρ ἐστι τοιοῦτον, οὗ αὑτοὺς οἴονται ἀξίους εἶναι.

qui sont riches depuis longtemps; ainsi du reste. La raison en est que ceux-ci semblent posséder ce qui est à eux, et ceux-là, non. Ce qui semble rester toujours dans le même état paraît vrai, de sorte que les premiers semblent posséder ce qui n'est pas à eux. Toute espèce de bien ne convient pas au premier venu; mais il faut une certaine proportion et de la bienséance. Ainsi de belles armes ne conviennent pas au juste, mais au courageux; de hautes alliances ne conviennent pas aux nouveaux riches, mais au nobles. Si donc un honnête homme n'obtient pas ce qui lui convient, nous nous indignons. Il en est de même si l'inférieur entre en lutte contre quelqu'un qui vaut plus que lui, surtout s'ils prétendent au même genre de mérite. C'est pourquoi on a dit : « Il évitait de combattre Ajax, fils de Télamon, car Jupiter l'aurait vu avec indignation combattre un guerrier plus brave que lui [4]. » Ou bien encore, si la lutte s'établit pour des mérites d'un ordre quelconque, par exemple, entre le musicien et le juste ; car la justice vaut mieux que la musique. Ce que nous venons de dire montre contre qui et pour quels motifs on s'indigne ; ces motifs, les voilà, avec d'autres semblables.

§ III. Quelles sont les personnes portées à s'indigner.

Les personnes portées à s'indiguer sont : d'abord, celles qui méritent et possèdent les biens les plus grands; car il n'est pas juste que ceux qui ne leur ressemblent pas soient jugés dignes des mêmes avantages : secondement, celles qui sont honnêtes et pleines de sens ; car elles ont le jugement droit, et elles haïssent l'injustice. Ajoutons-y celles qui aiment les honneurs, et qui ambitionnent certaines fonctionss, et surtout quand elles recherchent des honneurs, que d'autres ont obtenus, quoique indignes. En général, ceux qui s'estiment dignes des biens dont ils croient les autres indignes, sont portés à s'indigner contre les autres, à cause de ces biens. C'est pourquoi les hommes qui ont des sentiments vils et serviles, et qui n'ont point d'ambition, ne sont pas enclins à l'indignation. En effet, il n'y a rien dont ils se

Φανερὸν δ' ἐκ τούτων, ἐπὶ ποίοις ἀτυχοῦσι, καὶ κακοπραγοῦσιν, ἢ μὴ τυγχάνουσι, χαίρειν, ἢ ἀλύπως ἔχειν δεῖ· ἐκ γὰρ τῶν εἰρημένων τὰ ἀντικείμενα δῆλά ἐστιν. Ὥστε ἐὰν τούς τε κριτὰς τοιούτους παρασκευάσῃ ὁ λόγος, καὶ τοὺς ἀξιοῦντας ἐλεεῖσθαι, καὶ ἐφ' οἷς ἐλεεῖσθαι, δείξῃ ἀναξίους μὲν ὄντας τυγχάνειν, ἀξίους δὲ μὴ τυγχάνειν, ἀδύνατον ἐλεεῖν.

ΚΕΦΑΛΑΙΟΝ Ι'.

Α'. Δῆλον δὲ, καὶ ἐπὶ τίσι φθονοῦσι, καὶ τίσι, καὶ πῶς ἔχοντες, εἴπερ ἐστὶν ὁ φθόνος λύπη τις ἐπὶ εὐπραγίᾳ φαινομένῃ τῶν εἰρημένων ἀγαθῶν, περὶ τοὺς ὁμοίους, μὴ ἵνα τι αὐτῷ, ἀλλὰ δι' ἐκείνους· φθονήσουσι μὲν γὰρ οἱ τοιοῦτοι, οἷς εἰσί τινες ὅμοιοι, ἢ φαίνονται. Ὁμοίους δὲ λέγω, κατὰ γένος, κατὰ συγγένειαν, καθ' ἡλικίαν, καθ' ἕξιν, κατὰ δόξαν, κατὰ τὰ ὑπάρχοντα. Καὶ οἷς μικροῦ ἐλλείπει, τὸ μὴ πάντα ὑπάρχειν· διὸ, οἱ μεγάλα πράττοντες, καὶ εὐτυχοῦντες, φθονεροί εἰσιν· πάντας γὰρ οἴονται τὰ αὑτῶν φέρειν. Καὶ οἱ τιμώμενοι ἐπί τινι διαφερόντως, καὶ μάλιστα ἐπὶ σοφίᾳ, ἢ εὐδαιμονίᾳ. Καὶ οἱ φιλότιμοι φθονερώτεροι τῶν ἀφιλοτίμων. Καὶ οἱ δοξόσοφοι· φιλότιμοι γὰρ ἐπὶ σοφίᾳ. Καὶ ὅλως οἱ φιλόδοξοι περί τι, φθονεροὶ περὶ ταῦτο. Καὶ οἱ μικρόψυχοι· πάντα γὰρ αὐτοῖς δοκεῖ μεγάλα εἶναι.

Β'. Ἐφ' οἷς δὲ φθονοῦσι, τὰ μὲν ἀγαθὰ εἴρηται· ἐφ' ὅσοις γὰρ φιλοδοξοῦσι, καὶ φιλοτιμοῦνται ἔργοις ἢ κτήμασι, καὶ

croient dignes. On voit d'après cela quels sont les hommes dont l'infortune, le malheur, ou l'insuccès, doivent faire notre joie ou nous laisser insensibles ; car les contraires ressortent de ce que nous avons dit. Si donc l'orateur dispose ainsi les juges, et qu'il prouve que ceux qui sollicitent notre pitié, et les motifs pour lesquels ils la réclament, sont indignes de l'obtenir et méritent que nous la refusions, la pitié sera impossible.

CHAPITRE X.

De l'envie.

§ I. Quelles sont les personnes envieuses.

Il est facile de voir, pourquoi, et contre qui on a de l'envie, et quelles sont les personnes envieuses. En effet, l'envie est une douleur qui naît en nous à la vue du bonheur que procurent à nos semblables les biens dont nous avons parlé. Comme ce n'est pas notre propre intérêt, mais le bonheur des autres que nous considérons, ceux-là seront envieux qui ont ou semblent avoir des égaux. Je dis égaux par la naissance, la parenté, l'âge, l'habitude, la gloire, les richesses. Il en est de même de ceux qui possèdent tous les biens, à peu de chose près ; et c'est pour cela que ceux qui tentent de grandes choses et qui réussissent, sont envieux, parce qu'ils pensent que tout le monde prend ce qui leur appartient. Ajoutons-y ceux qui reçoivent quelque honneur extraordinaire, surtout pour leur sagesse et leur bonheur. Ceux qui recherchent les honneurs sont plus envieux que ceux qui ne les recherchent pas. Ceux qui se piquent d'être sages sont envieux, parce qu'ils cherchent à se faire honneur de leur sagesse. **En un mot, ceux qui veulent se distinguer en une chose, sont envieux en ce qui concerne cette chose. Il en est de même des hommes pusillanimes, parce que tout leur semble grand.**

§ II. Quelles sont les choses qui excitent l'envie.

Nous avons déjà parlé des biens qui excitent l'envie. Les actions et les avantages qui nous portent à la gloire et aux hon-

ὀρέγονται δόξης, καὶ ὅσα εὐτυχήματά ἐστι, σχεδὸν περὶ πάντα φθόνος ἐστὶ, καὶ μάλιστα, ὧν αὐτοὶ ἢ ὀρέγονται, ἢ οἴονται δεῖν αὐτοὺς ἔχειν, ἢ ὧν αὐτοὶ τῇ κτήσει μικρῷ ὑπερέχουσιν, ἢ μικρῷ ἐλλείπουσι.

Γ΄. Φανερὸν δὲ καὶ, οἷς φθονοῦσιν· ἅμα γὰρ εἴρηται· τοῖς γὰρ ἐγγὺς καὶ χρόνῳ, καὶ τόπῳ, καὶ ἡλικίᾳ, καὶ δόξῃ, φθονοῦσιν· ὅθεν εἴρηται,

Τὸ συγγενὲς γὰρ καὶ φθονεῖν ἐπίσταται·

καὶ πρὸς οὓς φιλοτιμοῦνται· φιλοτιμοῦνται μὲν γὰρ πρὸς τοὺς εἰρημένους· πρὸς δὲ τοὺς μυριοστὸν ἔτος ὄντας, ἢ πρὸς τοὺς ἐσομένους, ἢ τεθνεῶτας, οὐδείς· οὐδὲ πρὸς τοὺς ἐφ᾽ Ἡρακλείαις στήλαις· οὐδ᾽ ὧν πολὺ οἴονται παρ᾽ αὐτοῖς ἢ παρὰ τοῖς ἄλλοις λείπεσθαι· οὐδ᾽ ὧν πολὺ ὑπερέχειν. Ὡσαύτως καὶ πρὸς τούτους, καὶ περὶ τὰ τοιαῦτα. Ἐπεὶ δὲ πρὸς τοὺς ἀνταγωνιστὰς, καὶ ἀντεραστὰς, καὶ ὅλως τοὺς τῶν αὐτῶν ἐφιεμένους φιλοτιμοῦνται, ἀνάγκη τούτοις μάλιστα φθονεῖν· ὅθεν εἴρηται·

Καὶ κεραμεὺς κεραμεῖ.

Καὶ τοῖς ταχὺ, οἱ ἢ μόλις τυχόντες, ἢ μὴ τυχόντες, φθονοῦσι. Καὶ ὧν ἢ κεκτημένων, ἢ κατορθούντων, ὄνειδος αὐτοῖς· εἰσὶ δὲ καὶ οὗτοι ἐγγὺς καὶ ὅμοιοι· δῆλον γὰρ, ὅτι παρ᾽ αὐτοὺς οὐ τυγχάνουσι τοῦ ἀγαθοῦ· ὥστε τοῦτο λυποῦν ποιεῖ τὸν φθόνον. Καὶ τοῖς ἢ ἔχουσι ταῦτα, ἢ κεκτημένοις, ἃ αὐτοῖς προσῆκεν, ἢ ἐκέκτηντό ποτε· διὸ πρεσβύτεροί γε νεωτέροις. Καὶ οἱ πολλὰ δαπανήσαντες εἰς τὸ αὐτὸ, τοῖς ὀλίγα, φθονοῦσι. Δῆλον δὲ, καὶ ἐφ᾽ οἷς χαίρουσιν οἱ τοιοῦτοι, καὶ ἐπὶ τίσι,

neurs, le désir de la renommée, les faveurs de la fortune, voilà à peu près les biens qui excitent l'envie, surtout lorsque nous les poursuivons nous-mêmes, ou que nous pensons y avoir droit, ou lorsque la possession de ces biens doit nous mettre un peu au-dessus ou au-dessous des autres.

§ III. Quelles sont les personnes auxquelles on porte envie.

On voit aussi à qui nous portons envie, car nous venons de le dire implicitement. Nous portons envie à ceux que rapprochent de nous le temps, le lieu, l'âge, la renommée ; ce qui a fait dire : « La parenté connaît aussi l'envie [1]. » Nous sommes envieux contre nos rivaux dans la poursuite des honneurs ; or, ces rivaux sont ceux dont nous parlons. Personne ne porte envie à ceux dont la naissance ou la mort est séparée de nous par des milliers d'années [2], non plus qu'à ceux qui habitent vers les Colonnes d'Hercule, ou à ceux que dans notre opinion ou dans celle des autres, nous regardons comme placés bien au-dessus ou au-dessous de nous. Ce que nous disons des personnes peut s'appliquer aux choses. Comme nous nous trouvons en concurrence avec nos compétiteurs, nos rivaux en amour, en un mot avec ceux qui désirent les mêmes choses que nous, il suit nécessairement que c'est à eux surtout que nous portons envie ; de là le proverbe : « Le potier porte envie au potier [3]. » Ceux qui n'ont réussi qu'avec peine, ou qui ont échoué, portent envie à ceux qui ont réussi promptement. Nous portons envie à ceux dont les richesses ou les succès sont un reproche pour nous ; tels sont nos proches et nos égaux. Comme il est évident que c'est par notre faute que nous n'obtenons pas les mêmes biens, cette pensée nous afflige et excite notre envie. Nous portons encore envie à ceux qui ont ou qui ont acquis ce qui nous convenait ou nous appartenait jadis. Voilà pourquoi les vieillards portent envie aux jeunes gens. Ceux qui ont dépensé beaucoup portent envie à ceux qui, pour une même chose, n'ont dépensé que peu. On voit aussi à l'égard de quelles personnes et de quelles choses l'envieux se réjouit, et dans quelles dispositions il se trouve

καὶ πῶς ἔχοντες· ὡς γὰρ μὴ ἔχοντες λυποῦνται, οὕτως ἔχοντες ἐπὶ τοῖς ἐναντίοις ἡσθήσονται. Ὥστε ἂν αὐτοὶ μὲν παρασκευασθῶσιν οὕτως ἔχειν, οἱ δ᾽ ἐλεεῖσθαι ἢ τυγχάνειν τινὸς ἀγαθοῦ ἀξιούμενοι ὦσιν οἷοι οἱ εἰρημένοι, δῆλον ὡς οὐ τεύξονται ἐλέου παρὰ τῶν κυρίων.

ΚΕΦΑΛΑΙΟΝ ΙΑ΄

Α΄. Πῶς δ᾽ ἔχοντες ζηλοῦσι, καὶ τὰ ποῖα, καὶ ἐπὶ τίσιν, ἐνθένδ᾽ ἐστὶ δῆλον· εἰ γάρ ἐστι ζῆλος λύπη τις ἐπὶ φαινομένῃ παρουσίᾳ ἀγαθῶν ἐντίμων, καὶ ἐνδεχομένων αὐτῷ λαβεῖν, περὶ τοὺς ὁμοίους τῇ φύσει, οὐχ ὅτι ἄλλῳ, ἀλλ᾽ ὅτι οὐχὶ καὶ αὐτῷ ἐστί· (διὸ καὶ ἐπιεικές ἐστιν ὁ ζῆλος, καὶ ἐπιεικῶν· τὸ δὲ φθονεῖν, φαῦλον, καὶ φαύλων· ὁ μὲν γὰρ αὐτὸν παρασκευάζει διὰ τὸν ζῆλον τυγχάνειν τῶν ἀγαθῶν· ὁ δὲ τὸν πλησίον μὴ ἔχειν διὰ τὸν φθόνον·) ἀνάγκη δὴ, ζηλωτικοὺς μὲν εἶναι τοὺς ἀξιοῦντας ἑαυτοὺς ἀγαθῶν, ὧν μὴ ἔχουσιν· οὐδεὶς γὰρ ἀξιοῖ τὰ φαινόμενα ἀδύνατα· διὸ οἱ νέοι, καὶ οἱ μεγαλόψυχοι, τοιοῦτοι· καὶ οἷς ὑπάρχει τοιαῦτα ἀγαθὰ, ἃ τῶν ἐντίμων ἄξιά ἐστιν ἀνδρῶν· ἔστι γὰρ ταῦτα, πλοῦτος, καὶ πολυφιλία, καὶ ἀρχαὶ, καὶ ὅσα τοιαῦτα.

Β΄. Ὡς γὰρ προσῆκον αὐτοῖς ἀγαθοῖς εἶναι, ὅτι προσῆκε τοῖς ἀγαθῶς ἔχουσι, ζηλοῦσι τὰ τοιαῦτα τῶν ἀγαθῶν. Καὶ οὓς οἱ ἄλλοι ἀξιοῦσι. Καὶ ὧν πρόγονοι, ἢ συγγενεῖς, ἢ οἰκεῖοι, ἢ τὰ

alors. Puisqu'il est affligé quand il n'a pas ce qu'il désire, il se réjouira dans l'hypothèse contraire. Si donc les juges sont ainsi disposés, et que ceux qui sollicitent leur pitié ou toute autre faveur, soient tels que nous venons de le dire, il est évident que ces derniers n'obtiendront pas une pitié dont les premiers sont maîtres de disposer.

CHAPITRE XI.
De l'émulation.

§ I. Quels sont ceux qui ont de l'émulation.

Nous allons montrer quels sont ceux qui ont de l'émulation, quelles sont les choses et les personnes qui la font naître en nous. L'émulation est une douleur que nous éprouvons, quand nous voyons des biens honorables, que nous pourrions posséder nous-mêmes, possédés par ceux que la nature a faits nos égaux, douleur qui ne vient pas de ce qu'un autre les possède, mais de ce que nous ne les possédons pas nous aussi. L'émulation est donc un sentiment honnête, qui naît dans les âmes honnêtes, tandis que l'envie est un sentiment vil, qui naît dans les âmes viles. Celui que l'émulation excite, cherche à se rendre digne de ces biens; l'envieux cherche à en priver les autres. Il est donc nécessaire que ceux-là aient de l'émulation qui se croient dignes de ces biens qu'ils ne possèdent pas, car personne ne prétend à ce qui paraît impossible [4]. Tels sont les jeunes gens, ceux qui ont de la grandeur d'âme, ceux qui possèdent les avantages dont sont dignes les hommes honorables. Ces biens sont les richesses, un grand nombre d'amis, les magistratures, et tous les autres semblables.

§ II. Quels sont les biens qui excitent l'émulation.

En effet, comme il leur convient d'être honnêtes, ils trouvent un motif d'émulation dans ces biens qui ne conviennent qu'à ceux qui sont honnêtes, et à ceux que les autres jugent dignes de ces avantages. L'honneur des ancêtres, des parents, de

ἔθνος, ἢ ἡ πόλις, ἔντιμοι, ζηλωτικοὶ περὶ ταῦτα· οἰκεῖα γὰρ οἴονται αὑτοῖς εἶναι, καὶ ἄξιοι τούτων. Εἰ δέ ἐστι ζηλωτὰ τὰ ἔντιμα ἀγαθά, ἀνάγκη τάς τε ἀρετὰς εἶναι τοιαύτας, καὶ ὅσα τοῖς ἄλλοις ὠφέλιμα καὶ εὐεργετικά· τιμῶσι γὰρ τοὺς εὐεργετοῦντας, καὶ τοὺς ἀγαθούς· καὶ ὅσων ἀγαθῶν ἀπόλαυσις τοῖς πλησίον ἐστίν· οἷον, πλοῦτος καὶ κάλλος, μᾶλλον ὑγιείας.

Γ΄. Φανερὸν δὲ, καὶ οἱ ζηλωτοὶ τίνες· οἱ γὰρ ταῦτα καὶ τὰ τοιαῦτα κεκτημένοι, ζηλωτοί· ἔστι δὲ ταῦτα τὰ εἰρημένα, οἷον ἀνδρεία, σοφία, ἀρχή· οἱ γὰρ ἄρχοντες πολλοὺς δύνανται εὖ ποιεῖν· στρατηγοὶ, ῥήτορες, πάντες οἱ τὰ τοιαῦτα δυνάμενοι. Καὶ οἷς πολλοὶ ὅμοιοι βούλονται εἶναι, ἢ πολλοὶ γνώριμοι, ἢ φίλοι πολλοί. Ἢ οὓς πολλοὶ θαυμάζουσιν, ἢ οὓς αὐτοὶ θαυμάζουσι. Καὶ ὧν ἔπαινοι καὶ ἐγκώμια λέγονται, ἢ ὑπὸ ποιητῶν, ἢ λογογράφων. Καταφρονοῦσι δὲ τῶν ἐναντίων· ἐναντίον γὰρ ζήλῳ καταφρόνησίς ἐστι, καὶ τὸ ζηλοῦν τῷ καταφρονεῖν. Ἀνάγκη δὲ τοὺς οὕτως ἔχοντας, ὥστε ζηλῶσαί τινας ἢ ζηλοῦσθαι, καταφρονητικοὺς εἶναι τούτων τε, καὶ ἐπὶ τούτοις, ὅσοι τὰ ἐναντία κακὰ ἔχουσι τῶν ἀγαθῶν τῶν ζηλωτῶν. Διὸ πολλάκις καταφρονοῦσι τῶν εὐτυχούντων, ὅταν ἄνευ τῶν ἐντίμων ἀγαθῶν ὑπάρχῃ αὐτοῖς ἡ τύχη. Δι' ὧν μὲν οὖν τὰ πάθη ἐγγίγνεται καὶ διαλύεται, ἐξ ὧν αἱ πίστεις γίγνονται, περὶ αὐτῶν εἴρηται.

la famille, de la nation, de la ville natale, excite aussi l'émulation ; car nous regardons cet honneur comme un bien qui est à nous, et dont nous sommes dignes. Si les biens honorables sont l'objet de l'émulation, il faut y comprendre les différentes vertus, et tous les avantages qui nous permettent d'être utiles et de faire du bien aux autres, car la bienfaisance et la vertu sont honorées ; joignons-y tous les biens dont nos proches jouissent avec nous, tels que les richesses, et la beauté plus encore que la santé.

§ III. Quelles sont les personnes qui excitent l'émulation.

On voit aussi quels sont ceux qui peuvent être l'objet de l'émulation ; ce sont les hommes qui possèdent ces biens ou d'autres semblables. Ces biens dont nous avons parlé, sont, par exemple, le courage, la sagesse, l'autorité ; car ceux qui ont l'autorité sont en état de faire du bien à beaucoup de monde. Il en est de même des généraux, des orateurs, et de tous ceux qui ont un pouvoir semblable. Ajoutons-y ceux qui servent de modèle au plus grand nombre, et dont beaucoup cherchent à se faire connaître ou aimer : ceux que la foule considère, ou que nous considérons nous-mêmes : ceux qui sont loués et célébrés par les poètes et par les prosateurs. Nous méprisons ceux qui ont des qualités contraires. En effet, le mépris est le contraire de l'émulation ; celui qui a de l'émulation est opposé à celui qui méprise. Ceux qui ont les qualités qui donnent l'émulation ou la font naître chez les autres, doivent nécessairement être portés à mépriser les hommes et les choses ayant les vices contraires aux qualités qui excitent l'émulation. C'est pourquoi nous méprisons souvent ceux que la fortune favorise, lorsque chez eux la fortune n'est pas accompagnée des biens qui honorent. Voilà comment on peut exciter et calmer les passions qui fournissent les moyens de persuader.

ΚΕΦΑΛΑΙΟΝ ΙΒ'.

Α. Τὰ δὲ ἤθη ποῖοί τινες, κατὰ τὰ πάθη, καὶ τὰς ἕξεις, καὶ τὰς ἡλικίας, καὶ τὰς τύχας, διέλθωμεν μετὰ ταῦτα. Λέγω δὲ πάθη μὲν ὀργὴν, ἐπιθυμίαν, καὶ τὰ τοιαῦτα, περὶ ὧν εἰρήκαμεν πρότερον· ἕξεις δὲ, ἀρετὰς καὶ κακίας. Εἴρηται καὶ περὶ τούτων πρότερον, καὶ ποῖα προαιροῦνται ἕκαστοι, καὶ ποίων πρακτικοί. Ἡλικίαι δέ εἰσι, νεότης, καὶ ἀκμὴ, καὶ γῆρας. Τύχην δὲ λέγω, εὐγένειαν, καὶ πλοῦτον, καὶ δυνάμεις, καὶ τἀναντία τούτοις, καὶ ὅλως εὐτυχίαν καὶ δυστυχίαν.

Β'. Οἱ μὲν οὖν νέοι, τὰ ἤθη εἰσὶν ἐπιθυμητικοὶ, καὶ οἷοι ποιεῖν ὧν ἂν ἐπιθυμήσωσι. Καὶ τῶν περὶ τὸ σῶμα ἐπιθυμιῶν, μάλιστα ἀκολουθητικοί εἰσι ταῖς περὶ τὰ ἀφροδίσια, καὶ ἀκρατεῖς ταύτης. Εὐμετάβολοι δὲ καὶ ἀψίκοροι πρὸς τὰς ἐπιθυμίας. Καὶ σφόδρα μὲν ἐπιθυμοῦσι, ταχὺ δὲ παύονται· ὀξεῖαι γὰρ αἱ βουλήσεις, καὶ οὐ μεγάλαι, ὥσπερ αἱ τῶν καμνόντων δίψαι καὶ πεῖναι. Καὶ θυμικοὶ, καὶ ὀξύθυμοι, καὶ οἷοι ἀκολουθεῖν τῇ ὁρμῇ. Καὶ ἥττους εἰσὶ τοῦ θυμοῦ· διὰ γὰρ φιλοτιμίαν, οὐκ ἀνέχονται ὀλιγωρούμενοι, ἀλλ' ἀγανακτοῦσιν, ἂν οἴωνται ἀδικεῖσθαι. Καὶ φιλότιμοι μέν εἰσι, μᾶλλον δὲ φιλόνικοι· ὑπεροχῆς γὰρ ἐπιθυμεῖ ἡ νεότης· ἡ δὲ νίκη ὑπεροχή τις. Καὶ ἄμφω ταῦτα μᾶλλον, ἢ φιλοχρήματοι· φιλοχρήματοι δὲ ἥκιστα, διὰ τὸ μήπω ἐνδείας πεπειρᾶσθαι· ὥσπερ τὸ Πιττακοῦ ἔχει ἀπόφθεγμα εἰς Ἀμφιάραον. Καὶ οὐ κακοήθεις, ἀλλ' εὐήθεις, διὰ τὸ μήπω τε-

CHAPITRE XII.

Des mœurs. De la jeunesse.

§ I. Considérations préliminaires.

Nous dirons maintenant quelles sont les mœurs des hommes selon les passions, les habitudes, l'âge, et les diverses situations de la fortune. J'appelle passions, la colère, le désir et les autres affections semblables dont nous avons déjà parlé ; j'appelle habitudes, les vertus et les vices. Nous en avons aussi parlé précédemment, et nous avons dit quelles choses les hommes préfèrent et pratiquent, chacun suivant ses habitudes. Les différents âges sont la jeunesse, l'âge mûr et la vieillesse. J'appelle fortune, la noblesse, les richesses, l'autorité et leurs contraires ; en un mot, le bonheur et le malheur.

§ II. Des jeunes gens.

Les jeunes gens [1], considérés quant aux mœurs, sont pleins de désirs, et ce qu'ils désirent, ils osent le faire. De toutes les passions du corps, ils obéissent surtout à celle de l'amour, et ils ne peuvent la maîtriser. Ils sont inconstants dans leurs désirs, et prompts à se dégoûter. Ils désirent avec ardeur, mais ils se lassent bientôt ; car leur volonté, semblable à la faim et à la soif des malades, a plus de vivacité que de force. Ils sont colères, emportés, et, s'abandonnant à leur fougue, ils ne peuvent se rendre maîtres de leur colère ; avides d'honneur, ils ne supportent pas d'être comptés pour rien, et ils s'indignent quand ils croient qu'on a des torts envers eux. Ils recherchent les distinctions, moins cependant que la victoire ; car la jeunesse veut s'élever, et la victoire est une prééminence. Ils sont avides de ces deux choses, plus que de l'argent ; ils n'attachent aucun prix à l'argent, parce qu'ils n'ont pas fait encore l'essai du besoin, comme le dit Pittacus dans son apophthegme sur Amphiaraüs [2]. Ils ne sont pas méchants, mais simples et candides, parce qu'ils n'ont

θεωρηκέναι πολλὰς πονηρίας. Καὶ εὔπιστοι, διὰ τὸ μήπω πολλὰ ἐξηπατῆσθαι. Καὶ εὐέλπιδες· ὥσπερ γὰρ οἱ οἰνωμένοι, οὕτω διάθερμοί εἰσιν οἱ νέοι ὑπὸ τῆς φύσεως· ἅμα δὲ καὶ διὰ τὸ μήπω πολλὰ ἀποτετυχηκέναι. Καὶ ζῶσι τὰ πλεῖστα ἐλπίδι· ἡ μὲν γὰρ ἐλπὶς, τοῦ μέλλοντός ἐστιν· ἡ δὲ μνήμη, τοῦ παροιχομένου. Τοῖς δὲ νέοις τὸ μὲν μέλλον, πολύ· τὸ δὲ παρεληλυθὸς, βραχύ. Τῇ γὰρ πρώτῃ ἡμέρᾳ μεμνῆσθαι μὲν οὐδὲν οἴονται, ἐλπίζειν δὲ πάντα. Καὶ εὐεξαπάτητοί εἰσι διὰ τὸ εἰρημένον· ἐλπίζουσι γὰρ ῥᾳδίως. Καὶ ἀνδρειότεροι· θυμώδεις γὰρ καὶ εὐέλπιδες· ὧν τὸ μὲν, μὴ φοβεῖσθαι· τὸ δὲ, θαρρεῖν ποιεῖ. Οὔτε γὰρ ὀργιζόμενος οὐδεὶς φοβεῖται, τό τε ἐλπίζειν ἀγαθόν τι, θαρραλέον ἐστί. Καὶ αἰσχυντηλοί· οὐ γάρ πω καλὰ ἕτερα ὑπολαμβάνουσιν, ἀλλὰ πεπαίδευνται ὑπὸ τοῦ νόμου μόνον. Καὶ μεγαλόψυχοι· οὔτε γὰρ ὑπὸ τοῦ βίου πω τεταπείνωνται, ἀλλὰ τῶν ἀναγκαίων ἄπειροί εἰσι· καὶ τὸ ἀξιοῦν αὑτὸν μεγάλων, μεγαλοψυχία· τοῦτο δ᾽ εὐέλπιδος. Καὶ μᾶλλον αἱροῦνται πράττειν τὰ καλὰ τῶν συμφερόντων· τῷ γὰρ ἤθει ζῶσι μᾶλλον, ἢ τῷ λογισμῷ· ἔστι δ᾽ ὁ μὲν λογισμὸς, τοῦ συμφέροντος· ἡ δ᾽ ἀρετὴ, τοῦ καλοῦ. Καὶ φιλόφιλοι καὶ φιλέταιροι μᾶλλον τῶν ἄλλων ἡλικιῶν, διὰ τὸ χαίρειν τῷ συζῆν, καὶ μήπω πρὸς τὸ συμφέρον κρίνειν μηδέν· ὥστε μηδὲ τοὺς φίλους. Καὶ ἅπαντα ἐπὶ τὸ μᾶλλον καὶ σφοδρότερον ἁμαρτάνουσι, παρὰ τὸ Χιλώνειον· πάντα γὰρ ἄγαν πράττουσι· φιλοῦσί τε γὰρ ἄγαν, καὶ μισοῦσιν ἄγαν, καὶ τἆλλα πάντα ὁμοίως. Καὶ εἰδέναι πάντα οἴονται, καὶ διϊσχυρίζονται· τοῦτο γὰρ αἴτιόν ἐστι καὶ τοῦ, πάντα ἄγαν. Καὶ τὰ ἀδικήματα ἀδικοῦσιν εἰς ὕβριν, καὶ οὐ κακουργίαν. Καὶ ἐλεητικοί, διὰ τὸ πάντας χρηστοὺς καὶ βελτίους ὑπολαμβάνειν· τῇ γὰρ αὑτῶν ἀκακίᾳ τοὺς πέλας μετροῦσιν· ὥστ᾽ ἀνάξια πάσχειν ὑπολαμβάνουσιν αὐτούς. Καὶ φιλογέλωτες· διὸ καὶ εὐτράπελοι.

pas encore eu le spectacle de nombreuses perversités ; confiants, parce qu'ils n'ont pas été trompés souvent ; pleins d'espérance, parce que leur nature bouillante ressemble à l'ivresse du vin, et que d'ailleurs ils n'ont pas encore éprouvé beaucoup de mécomptes [3]. Le plus souvent ils vivent d'espérance, car l'espérance appartient à l'avenir, comme le souvenir au passé. Pour les jeunes gens, l'avenir est long, et le passé court ; car, au matin de la vie, on croit n'avoir à se souvenir de rien, mais au contraire tout à espérer ; et par là même ils se laissent facilement tromper, car ils espèrent facilement. Dans la jeunesse, on a plus de courage, parce qu'on est porté à la colère et à l'espérance : la première fait que nous ne craignons pas, la seconde que nous avons confiance; en effet, dans la colère on ne craint pas, et l'espérance d'un bien inspire la confiance. Les jeunes gens sont portés à rougir, car ils pensent qu'il n'y a de beau que ce que l'enseignement de la loi leur a appris à regarder comme tel. Ils sont magnanimes, parce qu'ils n'ont pas encore été rapetissés par la vie, et qu'ils n'ont pas subi l'épreuve du besoin [4] ; il y a d'ailleurs de la magnanimité à se croire digne de grandes choses, et ce sentiment naît dans l'âme qui espère [5]. Dans leur conduite, ils préfèrent le beau à l'utile; leur vie est plus honnête que calculée ; car le calcul poursuit l'utile, et la vertu le beau. A cet âge plus qu'à tout autre, ils aiment leurs amis et leurs camarades, parce qu'ils se plaisent à vivre en compagnie, et que ne jugeant rien d'après la règle de l'utile, ce n'est pas d'après cette règle qu'ils jugent leurs amis. Toutes les fois qu'ils pèchent, c'est par excès et par ardeur ; ils ne suivent pas la maxime de Chilon, car ils font tout avec excès [6]. Il y a excès dans leur amitié, dans leur haine, et dans tout le reste également. Ils croient tout savoir, et affirment avec force, ce qui est la cause de l'excès qu'ils mettent en tout. S'ils font mal, c'est par envie d'offenser, et non par méchanceté. Ils sont portés à la pitié, parce qu'ils croient tous les hommes honnêtes et meilleurs qu'ils ne sont ; et cela, parce qu'appliquant au prochain la mesure de leur innocence, ils pensent qu'il souffre

Ἡ γὰρ εὐτραπελία, πεπαιδευμένη ὕϐρις ἐστι. Τὸ μὲν οὖν τῶν νέων τοιοῦτον ἦθός ἐστι.

ΚΕΦΑΛΑΙΟΝ ΙΓ΄.

Α΄. Οἱ δὲ πρεσϐύτεροι, καὶ παρηκμακότες, σχεδὸν ἐκ τῶν ἐναντίων τούτοις τὰ πλεῖστα ἔχουσιν ἤθη. Διὰ γὰρ τὸ πολλὰ ἔτη βεϐιωκέναι, καὶ πλείω ἐξηπατῆσθαι, καὶ ἡμαρτηκέναι, καὶ τὰ πλείω φαῦλα εἶναι τῶν πραγμάτων, οὔτε διαϐεϐαιοῦνται οὐδέν, ἧττόν τε ἄγαν ἅπαντα, ἢ δεῖ. Καὶ οἴονται, ἴσασι δὲ οὐδέν· καὶ ἀμφισϐητοῦντες προστιθέασιν ἀεὶ τὸ ἴσως, καὶ τάχα· καὶ πάντα λέγουσιν οὕτω, παγίως δὲ οὐδέν. Καὶ κακοήθεις εἰσίν· ἔστι γὰρ κακοήθεια, τὸ ἐπὶ τὸ χεῖρον ὑπολαμϐάνειν ἅπαντα. Ἔτι δὲ καχύποπτοί εἰσι, διὰ τὴν ἀπιστίαν· ἄπιστοι δὲ, δι᾽ ἐμπειρίαν. Καὶ οὔτε φιλοῦσι σφόδρα, οὔτε μισοῦσι, διὰ ταῦτα· ἀλλὰ κατὰ τὴν Βίαντος ὑποθήκην, καὶ φιλοῦσιν ὡς μισήσοντες, καὶ μισοῦσιν ὡς φιλήσοντες. Καὶ μικρόψυχοι, διὰ τὸ τεταπεινῶσθαι ὑπὸ τοῦ βίου· οὐδενὸς γὰρ μεγάλου, οὐδὲ περιττοῦ, ἀλλὰ τῶν πρὸς τὸν βίον ἐπιθυμοῦσι. Καὶ ἀνελεύθεροι· ἓν γάρ τι τῶν ἀναγκαίων ἡ οὐσία· ἅμα δὲ καὶ διὰ τὴν ἐμπειρίαν ἴσασιν, ὡς χαλεπὸν τὸ κτήσασθαι, καὶ ῥᾴδιον τὸ ἀποϐαλεῖν. Καὶ δειλοί, καὶ πάντα προφοϐητικοί· ἐναντίως γὰρ διάκεινται τοῖς νέοις· κατεψυγμένοι γάρ εἰσιν· οἱ δὲ, θερμοί. Ὥστε προωδοπεποίηκε τὸ γῆρας τῇ δειλίᾳ· καὶ γὰρ ὁ φόϐος κατάψυξίς τις ἐστί. Καὶ φιλόζωοι, καὶ μάλιστα ἐπὶ τῇ τελευ-

sans le mériter. Ils aiment à rire, ce qui fait aussi qu'ils sont railleurs, la raillerie étant une offense polie. Voilà quelles sont les mœurs des jeunes gens.

CHAPITRE XIII.

De la vieillesse.

§ I. Des vieillards.

Les vieillards, et ceux qui ne sont plus dans la vigueur de l'âge, ont le plus souvent des mœurs contraires à celles des jeunes gens. En effet, comme ils ont vécu un grand nombre d'années, que souvent ils ont été trompés ou se sont trompés eux-mêmes, et comme la plupart des choses humaines sont mauvaises, ils n'assurent rien, et en tout ils font moins qu'il ne faut. Ils pensent, ils ne savent pas; dans leur irrésolution, ils ajoutent toujours, *peut-être, il peut se faire*. Ils disent tout ainsi, et n'affirment rien. Ils sont malicieux ; car la malice consiste à prendre tout du côté pire. Ils sont soupçonneux, parce qu'ils sont incrédules; incrédules, parce qu'ils ont de l'expérience. C'est pourquoi leur amour est sans force comme leur haine ; car, selon le précepte de Bias, ils aiment comme s'ils devaient haïr un jour, et ils haïssent comme s'ils devaient aimer [1]. Ils sont pusillanimes, parce qu'ils ont subi les humiliations de la vie. Aussi ne désirent-ils rien de grand, ni de superflu, mais seulement les choses nécessaires à la vie. Ils ne sont pas généreux, parce que l'argent est une des choses nécessaires; ils savent d'ailleurs par expérience qu'il est difficile d'acquérir et facile de perdre. Leur timidité leur fait tout craindre à l'avance ; car ils sont le contraire des jeunes gens : le vieillard est de glace, le jeune homme de feu; c'est pourquoi la timidité suit la vieillesse; car la crainte est une espèce de refroidissement. Ils s'attachent à

ταία ημέρα, διὰ τὸ τοῦ ἀπόντος εἶναι τὴν ἐπιθυμίαν· καὶ οὗ δὲ ἐνδεεῖς, τούτου μάλιστα ἐπιθυμοῦσι. Καὶ φίλαυτοι μᾶλλον, ἢ δεῖ· μικροψυχία γάρ τις καὶ αὕτη. Καὶ πρὸς τὸ συμφέρον ζῶσιν, ἀλλ' οὐ πρὸς τὸ καλὸν, μᾶλλον ἢ δεῖ, διὰ τὸ φίλαυτοι εἶναι· τὸ μὲν γὰρ συμφέρον, αὐτῷ ἀγαθόν ἐστι· τὸ δὲ καλὸν, ἁπλῶς. Καὶ ἀναίσχυντοι μᾶλλον, ἢ αἰσχυντηλοί· διὰ γὰρ τὸ μὴ φροντίζειν ὁμοίως τοῦ καλοῦ καὶ τοῦ συμφέροντος, ὀλιγωροῦσι τοῦ δοκεῖν. Καὶ δυσέλπιδες, διὰ τὴν ἐμπειρίαν· τὰ γὰρ πλεῖστα τῶν πραγμάτων φαῦλά ἐστιν· ἀποβαίνει γοῦν τὰ πολλὰ ἐπὶ τὸ χεῖρον· καὶ ἔτι διὰ τὴν δειλίαν. Καὶ ζῶσι τῇ μνήμῃ μᾶλλον, ἢ τῇ ἐλπίδι· τοῦ γὰρ βίου τὸ μὲν λοιπὸν, ὀλίγον· τὸ δὲ παρεληλυθὸς, πολύ· ἔστι δὲ ἡ μὲν ἐλπὶς, τοῦ μέλλοντος· ἡ δὲ μνήμη, τῶν παροιχομένων. Ὅπερ αἴτιον καὶ τῆς ἀδολεσχίας αὐτοῖς· διατελοῦσι γὰρ τὰ γενόμενα λέγοντες· ἀναμιμνησκόμενοι γὰρ ἥδονται. Καὶ οἱ θυμοὶ, ὀξεῖς μέν εἰσιν, ἀσθενεῖς δέ. Καὶ αἱ ἐπιθυμίαι, αἱ μὲν ἐκλελοίπασιν, αἱ δὲ ἀσθενεῖς. Ὥστ' οὔτε ἐπιθυμητικοὶ, οὔτε πρακτικοὶ κατὰ τὰς ἐπιθυμίας, ἀλλὰ κατὰ τὸ κέρδος· διὸ σωφρονικοὶ φαίνονται οἱ τηλικοῦτοι· αἵ τε γὰρ ἐπιθυμίαι ἀνείκασι καὶ δουλεύουσι τῷ κέρδει. Καὶ μᾶλλον ζῶσι κατὰ λογισμὸν, ἢ κατὰ τὸ ἦθος· ὁ μὲν γὰρ λογισμὸς, τοῦ συμφέροντος· τὸ δὲ ἦθος, τῆς ἀρετῆς ἐστί. Καὶ τὰ ἀδικήματα ἀδικοῦσιν εἰς κακουργίαν, οὐκ εἰς ὕβριν. Ἐλεητικοὶ δὲ καὶ οἱ γέροντές εἰσιν, ἀλλ' οὐ διὰ ταὐτὸ τοῖς νέοις· οἱ μὲν γὰρ, διὰ φιλανθρωπίαν· οἱ δὲ, δι' ἀσθένειαν. Πάντα γὰρ οἴονται ἐγγὺς εἶναι αὑτοῖς παθεῖν· τοῦτο δ' ἦν ἐλεητικόν. Ὅθεν ὀδυρτικοί εἰσι, καὶ οὐκ εὐτράπελοι, οὐδὲ φιλογέλοιοι· ἐναντίον γὰρ τὸ ὀδυρτικὸν τῷ φιλογέλωτι. Τῶν μὲν οὖν νέων καὶ τῶν πρεσβυτέρων τὰ ἤθη τοιαῦτα. Ὥστ' ἐπεὶ ἀποδέχονται πάντες τοὺς τῷ σφετέρῳ ἤθει

la vie, et surtout dans les derniers jours, parceque le désir poursuit le bien qui est absent, et que nous désirons surtout le bien qui nous manque. Ils s'aiment eux-mêmes plus qu'il ne faut; ce qui est encore une faiblesse d'esprit. Ils ne vivent pas pour le beau, mais pour l'utile, qu'ils poursuivent plus qu'il ne faut, parce qu'ils sont égoïstes. En effet, l'utile est un bien qui n'a pour objet que lui-même, tandis que le beau est bon absolument. Les vieillards ne rougissent pas; ils sont plutôt effrontés; car ne faisant pas le même cas du beau que de l'utile, ils dédaignent l'opinion. Leur expérience fait qu'ils espèrent difficilement; car la plupart des choses humaines sont mauvaises, et beaucoup aboutissent au pire; d'ailleurs les vieillards sont timides. Ils vivent de souvenir, plutôt que d'espérance; ce qui leur reste à vivre est court, ce qu'ils ont vécu est long, et l'espérance appartient à l'avenir, comme le souvenir au passé. Voilà pourquoi les vieillards sont grands parleurs; ils racontent sans cesse le passé, parce qu'ils aiment à se ressouvenir. Leur colère est soudaine, mais sans force. Quant à leurs passions, les unes les ont abandonnés, les autres se sont affaiblies; aussi n'ont-ils pas de désirs. Ce n'est pas la passion qui les fait agir, mais l'intérêt. C'est là ce qui donne aux personnes âgées une apparence de modération : les passions ont cédé, et l'amour du gain a pris le dessus. Il y a dans la vie du vieillard plus de calcul que de sentiment moral, parce que le calcul vient de l'intérêt, et le sentiment moral de la vertu. S'ils commettent des injustices, c'est par méchanceté, et non par le désir d'offenser. Les vieillards sont aussi portés à la pitié, mais par un motif autre que celui des jeunes gens : ceux-ci compatissent par humanité, ceux-là par faiblesse, parce qu'ils se croient sur le point de souffrir tous les malheurs, et c'est là, avons-nous dit, un des motifs qui nous portent à la pitié. Voilà pourquoi les vieillards sont chagrins, pourquoi ils n'aiment ni la plaisanterie ni le rire, l'humeur chagrine étant le contraire de l'humeur enjouée. Telles sont les mœurs des jeunes gens et celles des vieillards. Ainsi, comme nous écoutons volontiers les discours

λεγομένους λόγους, καὶ τοὺς ὁμοίους, οὐκ ἄδηλον, πῶς χρώμενοι τοῖς λόγοις, τοιοῦτοι φαίνονται καὶ αὐτοί, καὶ οἱ λόγοι.

ΚΕΦΑΛΑΙΟΝ ΙΔ΄.

Α΄. Οἱ δὲ ἀκμάζοντες, φανερὸν ὅτι μεταξὺ τούτων τὸ ἦθος ἔσονται, ἑκατέρων ἀφαιροῦντες τὴν ὑπερβολήν· καὶ οὔτε σφόδρα θαῤῥοῦντες· θρασύτης γὰρ τὸ τοιοῦτον· οὔτε λίαν φοβούμενοι, καλῶς δὲ πρὸς ἄμφω ἔχοντες. Οὔτε πᾶσι πιστεύοντες, οὔτε πᾶσιν ἀπιστοῦντες, ἀλλὰ κατὰ τὸ ἀληθὲς κρίνοντες μᾶλλον. Καὶ οὔτε πρὸς τὸ καλὸν ζῶντες μόνον, οὔτε πρὸς τὸ συμφέρον, ἀλλὰ πρὸς ἄμφω. Καὶ οὔτε πρὸς φειδώ, οὔτε πρὸς ἀσωτίαν, ἀλλὰ πρὸς τὸ ἁρμόττον. Ὁμοίως δὲ καὶ πρὸς θυμόν, καὶ πρὸς ἐπιθυμίαν. Καὶ σώφρονες μετὰ ἀνδρείας, καὶ ἀνδρεῖοι μετὰ σωφροσύνης· ἐν γὰρ τοῖς νέοις καὶ τοῖς γέρουσι διῄρηται ταῦτα· εἰσὶ γὰρ οἱ μὲν νέοι, ἀνδρεῖοι καὶ ἀκόλαστοι· οἱ δὲ πρεσβύτεροι, σώφρονες καὶ δειλοί. Ὡς δὲ καθόλου εἰπεῖν, ὅσα μὲν διῄρηται ἡ νεότης καὶ τὸ γῆρας τῶν ὠφελίμων, ταῦτα ἄμφω ἔχουσιν· ὅσα δ᾽ ὑπερβάλλουσιν ἢ ἐλλείπουσι, τούτων τὸ μέτριον καὶ τὸ ἁρμόττον. Ἀκμάζει δὲ τὸ μὲν σῶμα, ἀπὸ τῶν τριάκοντα ἐτῶν, μέχρι τῶν πέντε καὶ τριάκοντα· ἡ δὲ ψυχή, περὶ τὰ ἑνὸς δεῖν πεντήκοντα. Περὶ μὲν οὖν νεότητος καὶ γήρως καὶ ἀκμῆς, ποίων ἠθῶν ἐστὶν ἕκαστον, εἰρήσθω τοσαῦτα.

où nous retrouvons nos propres mœurs, et les orateurs qui nous ressemblent, on voit clairement quel langage il faut tenir pour paraître tel ou tel dans ses mœurs et dans ses discours.

CHAPITRE XIV.

De l'âge viril.

§ I. Des hommes parvenus à l'âge mûr.

Il est clair que les mœurs de l'âge viril tiendront le milieu entre celles des âges précédents, et que nous n'aurons qu'à retrancher l'excès des unes et des autres. A cet âge, l'homme n'a pas trop de confiance, ce serait de l'audace, ni trop de crainte. Des deux côtés, il se tient dans de justes bornes. Il ne se confie pas à tout le monde, il ne s'en défie pas non plus ; il juge plutôt selon la vérité. Il n'a pas pour règle de conduite le beau seulement, ou l'utile, mais les deux à la fois. Il n'est ni parcimonieux, ni prodigue, mais sagement réglé dans ses dépenses. Il en est de même pour la colère et pour les autres passions. Sa modération est accompagnée de courage, et son courage de modération, qualités séparées dans les jeunes gens et dans les vieillards ; car les jeunes gens sont courageux, mais intempérants, et les vieillards modérés, mais timides. On peut dire en général que tous les avantages, que la jeunesse et la vieillesse possèdent séparément, se trouvent réunis dans l'âge viril ; mais tout ce qui dans elles est un excès ou un défaut, se trouve, dans l'âge viril, soumis à la règle et à la mesure. Le corps est dans toute sa force de trente ans à trente-cinq ; et l'esprit vers la quarante-neuvième année [1]. Telles sont les mœurs qui appartiennent particulièrement à la jeunesse, à la vieillesse, et à l'âge viril.

ΚΕΦΑΛΑΙΟΝ ΙΕ'.

Α'. Περὶ δὲ τῶν ἀπὸ τύχης γιγνομένων ἀγαθῶν, δι' ὅσα αὐτῶν, καὶ τὰ ἤθη ποῖα ἄττα συμβαίνει τοῖς ἀνθρώποις, λέγωμεν ἐφεξῆς. Εὐγενείας μὲν οὖν ἦθός ἐστι, τὸ φιλοτιμότερον εἶναι τὸν κεκτημένον αὐτήν· πάντες γάρ, ὅταν ὑπάρχῃ τι, πρὸς τοῦτο σωρεύειν εἰώθασιν· ἡ δὲ εὐγένεια, ἐντιμότης προγόνων ἐστί. Καὶ καταφρονητικόν, καὶ τῶν ὁμοίων τοῖς προγόνοις τοῖς αὐτῶν· διότι πόρρω ταῦτα μᾶλλον, ἢ ἐγγὺς γιγνόμενα, ἐντιμότερα καὶ εὐαλαζόνευτα. Ἔστι δὲ εὐγενὲς μέν, κατὰ τὴν τοῦ γένους ἀρετήν· γενναῖον δέ, κατὰ τὸ μὴ ἐξίστασθαι ἐκ τῆς φύσεως· ὅπερ ὡς ἐπὶ τὸ πολὺ οὐ συμβαίνει τοῖς εὐγενέσιν, ἀλλ' εἰσὶν οἱ πολλοὶ εὐτελεῖς. Φορὰ γάρ τίς ἐστιν ἐν τοῖς γένεσιν ἀνδρῶν, ὥσπερ ἐν τοῖς κατὰ τὰς χώρας γιγνομένοις· καὶ ἐνίοτε, ἂν ᾖ ἀγαθὸν τὸ γένος, ἐγγίγνονται διά τινος χρόνου ἄνδρες περιττοί· κἄπειτα πάλιν ἀναδιδῶσιν. Ἐξίσταται δέ, τὰ μὲν εὐφυᾶ γένη εἰς μανικώτερα ἤθη· οἷον οἱ ἀπ' Ἀλκιβιάδου καὶ οἱ ἀπὸ Διονυσίου τοῦ προτέρου· τὰ δὲ στάσιμα, εἰς ἀβελτηρίαν καὶ νωθρότητα· οἷον οἱ ἀπὸ Κίμωνος, καὶ Περικλέους, καὶ Σωκράτους.

ΚΕΦΑΛΑΙΟΝ ΙΣΤ'.

Α'. Τῷ δὲ πλούτῳ ἃ ἕπεται ἤθη, ἐπιπολῆς ἐστιν ἰδεῖν ἅπασιν· ὑβρισταὶ γὰρ καὶ ὑπερήφανοι, πάσχοντές τι ὑπὸ τῆς κτήσεως τοῦ πλούτου. Ὥσπερ γὰρ ἔχοντες ἅπαντα τ' ἀγαθά, οὕτω

CHAPITRE XV.

Des mœurs des nobles.

§ I. Des nobles.

Parlons maintenant des biens qui viennent de la fortune, et disons quelles sont les mœurs qui résultent de chacun de ces biens. Les mœurs de la noblesse consistent en ce que celui qui la possède est plus avide d'honneurs. En effet, tous les hommes, lorsqu'ils possèdent un bien, ont coutume d'entasser pour l'accroître ; or la noblesse est un héritage d'honneur légué par les ancêtres [1]. Le noble est porté à mépriser, même ceux qui ressemblent à ses ancêtres, parce que les choses sont plus honorables et donnent plus de vanité, de loin que de près. On est noble par la vertu même de la race ; on est généreux, quand on conserve ce bien qui vient de la nature ; ce qui n'arrive pas généralement aux nobles, dont la plupart au contraire s'avilissent. Il en est des générations humaines comme des fruits qui naissent dans les champs. Quelquefois, si la race est bonne, il naît pendant quelque temps des hommes supérieurs, et puis la race dégénère [2]. Les races heureusement douées s'abâtardissent et produisent des caractères extravagants, comme on le voit par les descendants d'Alcibiade et du premier Denys ; les natures solides et reposées tournent à la sottise et à la lourdeur d'esprit, comme le prouvent les descendants de Cimon, de Périclès et de Socrate.

CHAPITRE XVI.

Des mœurs des riches.

§ I. Des riches.

Tout le monde voit sans peine quelles sont les mœurs qui accompagnent la richesse. Les riches en effet sont insolents et orgueilleux, et leur humeur change, quand ils acquièrent de la

διάκεινται. Ὁ γὰρ πλοῦτος, οἷον τιμή τίς ἐστι τῆς ἀξίας τῶν ἄλλων· διὸ φαίνεται πάντα ὤνια εἶναι αὐτοῦ. Καὶ τρυφεροὶ καὶ σαλάκωνες· τρυφεροὶ μὲν, διὰ τὴν τρυφήν, καὶ τὴν ἔνδειξιν τῆς εὐδαιμονίας· σαλάκωνες δὲ καὶ σόλοικοι, διὰ τὸ πάντας εἰωθέναι διατρίβειν περὶ τὸ ἐρώμενον καὶ θαυμαζόμενον ὑπ' αὐτῶν, καὶ τὸ οἴεσθαι ζηλοῦν τοὺς ἄλλους, ἃ καὶ αὐτοί. Ἅμα δὲ καὶ εἰκότως τοῦτο πάσχουσι· πολλοὶ γάρ εἰσιν οἱ δεόμενοι τῶν ἐχόντων. Ὅθεν καὶ τὸ Σιμωνίδου εἴρηται περὶ τῶν σοφῶν καὶ πλουσίων, πρὸς τὴν γυναῖκα τὴν Ἱέρωνος, ἐρομένην, πότερον γενέσθαι κρεῖττον πλούσιον, ἢ σοφόν; πλούσιον εἰπεῖν· τοὺς γὰρ σοφοὺς ὁρᾶν ἐπὶ ταῖς τῶν πλουσίων θύραις, ἔφη, διατρίβοντας. Καὶ τὸ οἴεσθαι ἀξίους εἶναι ἄρχειν· ἔχειν γὰρ οἴονται, ὧν ἕνεκεν ἄξιον ἄρχειν. Καὶ ὡς ἐν κεφαλαίῳ, ἀνοήτου εὐδαίμονος ἦθους, ὁ πλοῦτός ἐστι. Διαφέρει δὲ τοῖς νεωστὶ κεκτημένοις καὶ τοῖς πάλαι τὰ ἤθη, τῷ ἅπαντα μᾶλλον καὶ φαυλότερα τὰ κακὰ ἔχειν τοὺς νεοπλούτους· ὥσπερ γὰρ ἀπαιδευσία πλούτου ἐστὶ τὸ νεόπλουτον εἶναι. Καὶ ἀδικήματα ἀδικοῦσιν οὐ κακουργικά, ἀλλὰ τὰ μὲν ὑβριστικά, τὰ δὲ ἀκρατευτικά· οἷον εἰς αἰκίαν καὶ μοιχείαν.

ΚΕΦΑΛΑΙΟΝ ΙΖ'.

Α'. Ὁμοίως δὲ καὶ περὶ δυνάμεως σχεδὸν τὰ πλεῖστα φανερά ἐστιν ἤθη· τὰ μὲν γάρ, τὰ αὐτὰ ἔχει ἡ δύναμις τῷ πλούτῳ· τὰ δὲ βελτίω. Φιλοτιμότεροι γὰρ καὶ ἀνδρωδέστεροί εἰσι τὰ ἤθη οἱ δυνάμενοι τῶν πλουσίων, διὰ τὸ ἐφίεσθαι ἔργων, ὅσα ἐξουσία αὐτοῖς πράττειν διὰ τὴν δύναμιν. Καὶ σπουδαστικώ-

fortune. Ils se croient possesseurs de tous les biens ; car, les richesses représentant en quelque sorte la valeur des autres choses, il leur semble qu'ils peuvent tout acheter par leur moyen. Ils sont délicats et fastueux [1] ; délicats, à cause de leur mollesse et de l'étalage qu'ils font de leur bonheur, fastueux et absurdes, parce que tous les hommes ayant l'habitude de s'occuper de ce qu'ils aiment et admirent eux-mêmes, ils pensent que ce qui excite leur envie excite aussi celle des autres. Ce sentiment d'ailleurs n'est pas déraisonnable, car ceux qui ont besoin de ceux qui possèdent sont nombreux. C'est là ce qui explique la réponse de Simonide, concernant les savants et les riches. La femme d'Hiéron lui demandait ce qui est préférable, être riche ou savant : « Riche, dit-il, car on voit les savants attendre à la porte des riches [2]. » Ils se regardent aussi comme dignes de commander, parce qu'ils croient posséder tout ce qui en rend digne. En un mot, les mœurs du riche ressemblent à celles d'un fou heureux. Il y a cette différence entre les mœurs des nouveaux riches et celles des anciens, qu'on trouve plutôt chez les premiers tous les défauts, et que ces défauts ont un caractère plus vil, parce que le nouveau riche ignore encore l'usage des richesses. S'il est injuste, ce n'est pas par malice, mais tantôt par insolence, et tantôt par incontinence ; c'est là, par exemple, ce qui le rend violent et adultère.

CHAPITRE XVII.

Mœurs de hommes puissants et heureux.

§ 1. Des hommes puissants.

Il est également facile de connaître presque en entier les mœurs des hommes puissants. En effet, elles sont en partie les mêmes que celles des riches, en partie meilleures. Il y a dans le caractère de l'homme puissant plus d'amour de l'honneur et plus de courage que dans celui du riche, parce qu'il désire des choses que sa puissance le met à même d'exécuter. L'homme

τεροι, διὰ τὸ ἐν ἐπιμελείᾳ εἶναι, ἀναγκαζόμενοι σκοπεῖν τὰ περὶ τὴν δύναμιν. Καὶ σεμνότεροι ἢ βαρύτεροι· ποιεῖ γὰρ ἐμφανεστέρους τὸ ἀξίωμα· διὸ μετριάζουσιν· ἔστι δὲ ἡ σεμνότης, μαλακὴ καὶ εὐσχήμων βαρύτης. Καὶ ἐὰν ἀδικῶσιν, οὐ μικραδικηταί εἰσιν, ἀλλὰ μεγαλάδικοι.

Β'. Ἡ δ' εὐτυχία τὰ μόρια ἔχει τῶν εἰρημένων τὰ ἤθη· εἰς γὰρ ταῦτα συντείνουσιν αἱ μέγισται δοκοῦσαι εἶναι εὐτυχίαι· καὶ ἔτι εἰς εὐτεκνίαν· καὶ τὰ κατὰ τὸ σῶμα ἀγαθὰ παρασκευάζει ἡ εὐτυχία πλεονεκτεῖν. Ὑπερηφανώτεροι μὲν οὖν, καὶ ἀλογιστότεροι διὰ τὴν εὐτυχίαν εἰσίν. Ἓν δ' ἀκολουθεῖ βέλτιστον ἦθος τῇ εὐτυχίᾳ ὅτι φιλόθεοί εἰσιν καὶ ἔχουσι πρὸς τὸ θεῖόν πως πιστεύοντες διὰ τὰ γιγνόμενα ἀγαθὰ ἀπὸ τῆς τύχης. Περὶ μὲν οὖν τῶν καθ' ἡλικίαν καὶ τύχην ἠθῶν εἴρηται· τὰ γὰρ ἐναντία τῶν εἰρημένων ἐκ τῶν ἐναντίων φανερά ἐστιν· οἷον πένητος καὶ ἀτυχοῦς ἦθος, καὶ ἀδυνάτου.

ΚΕΦΑΛΑΙΟΝ ΙΗ'.

Α'. Ἐπεὶ δ' ἡ τῶν πιθανῶν λόγων χρῆσις πρὸς κρίσιν ἐστί· περὶ ὧν γὰρ ἴσμεν καὶ κεκρίκαμεν, οὐδὲν ἔτι δεῖ λόγου· ἔστι δέ, ἄν τε πρὸς ἕνα τις χρώμενος τῷ λόγῳ προτρέπῃ ἢ ἀποτρέπῃ· οἷον οἱ νουθετοῦντες ποιοῦσιν, ἢ πείθοντες· οὐδὲν γὰρ ἧττον κριτής ἐστιν εἷς· ὃν γὰρ δεῖ πεῖσαι, οὗτός ἐστιν, ὡς ἁπλῶς εἰπεῖν, κριτής, ἐάν τε πρὸς ἀμφισβητοῦντα, ἐάν τε πρὸς ὑπόθεσιν λέγῃ τις, ὁμοίως· τῷ γὰρ λόγῳ ἀνάγκη χρῆσθαι, καὶ ἀναι-

puissant a plus d'activité, parce que, obligé de veiller au maintien de sa puissance, il se tient sur ses gardes. Il a plus de dignité que de hauteur [1]; car l'éclat de son rang le mettant en lumière, il évite les excès; or, la dignité est une gravité douce et bienséante. Est-il injuste ? ce n'est pas dans les petites choses, mais dans les grandes.

§ II. Des hommes heureux.

Les hommes heureux ont les mœurs que nous venons d'attribuer séparément ; car c'est là ce qui constitue le bonheur qui semble le plus grand. Ajoutons-y des enfants heureusement doués, et les avantages du corps, quand nous avons la chance d'en être abondamment pourvus. Aussi la fortune favorable inspire-t-elle à l'homme plus d'orgueil et moins de raison. Néanmoins une qualité précieuse accompagne l'heureuse fortune. L'homme heureux aime les dieux ; il est disposé à placer sa confiance dans la divinité, à cause des biens qu'il tient de la fortune. Nous avons parlé des mœurs selon les différents âges et les différentes conditions. Les mœurs contraires à celles dont nous avons parlé, par exemple, les mœurs du pauvre, du malheureux, du faible, sont facilement connues par les contraires.

CHAPITRE XVIII.

Lieux communs aux différents genres.

§ I. Quel est le but de l'orateur.

L'orateur cherche à persuader dans le but d'obtenir un jugement ; car, dès qu'une chose est connue et jugée, tout discours devient inutile. Or, ce but existe : soit qu'on parle devant une personne seule, pour l'exhorter ou la dissuader, comme on le fait quand on admoneste ou qu'on cherche à persuader ; un juge, par cela qu'il est seul, n'en est pas moins un juge, puisqu'on appelle juge, d'une manière générale, celui qu'il faut persuader : soit qu'on parle contre un adversaire, ou sur une question posée, peu importe; puisque, dans ce dernier cas, il

ρεῖν τἀναντία, πρὸς ἃ ὥσπερ ἀμφισβητοῦντα τὸν λόγον ποιεῖται· ὡσαύτως δὲ καὶ ἐν τοῖς ἐπιδεικτικοῖς· ὥσπερ γὰρ πρὸς κριτήν, τὸν θεωρὸν ὁ λόγος συνέστηκεν· ὅλως δὲ μόνος ἁπλῶς ἐστὶ κριτὴς ὁ ἐν τοῖς πολιτικοῖς ἀγῶσι τὰ ζητούμενα κρίνων· τά τε γὰρ ἀμφισβητούμενα ζητεῖται πῶς ἔχει, καὶ περὶ ὧν βουλεύονται· περὶ δὲ τῶν κατὰ τὰς πολιτείας ἠθῶν ἐν τοῖς συμβουλευτικοῖς εἴρηται πρότερον· ὥστε διωρισμένον ἂν εἴη, πῶς τε, καὶ διὰ τίνων τοὺς λόγους ἠθικοὺς ποιήσομεν.

B. Ἐπεὶ δὲ περὶ ἕκαστον μὲν γένος τῶν λόγων ἕτερόν τι τὸ τέλος ἦν, περὶ ἁπάντων δ' αὐτῶν εἰλημμέναι δόξαι καὶ προτάσεις εἰσὶν, ἐξ ὧν τὰς πίστεις φέρουσι καὶ συμβουλεύοντες, καὶ ἐπιδεικνύοντες, καὶ ἀμφισβητοῦντες· ἔτι δ' ἐξ ὧν ἠθικοὺς τοὺς λόγους ἐνδέχεται ποιεῖν, καὶ περὶ τούτων διώρισται· λοιπὸν ἡμῖν διελθεῖν περὶ τῶν κοινῶν. Πᾶσι γὰρ ἀναγκαῖον, τὰ περὶ τοῦ δυνατοῦ καὶ ἀδυνάτου προσχρῆσθαι ἐν τοῖς λόγοις· καὶ τοὺς μὲν, ὡς ἔσται· τοὺς δὲ, ὡς γέγονε, πειρᾶσθαι δεικνύναι. Ἔτι δὲ περὶ μεγέθους κοινὸν ἁπάντων ἐστὶ τῶν λόγων· χρῶνται γὰρ πάντες τῷ μειοῦν καὶ αὔξειν, καὶ συμβουλεύοντες ἢ ἀποτρέποντες, καὶ ἐπαινοῦντες ἢ ἀπολογούμενοι. Τούτων δὲ διορισθέντων, περὶ τῶν ἐνθυμημάτων κοινῇ πειραθῶμεν εἰπεῖν, εἴ τι ἔχομεν, καὶ περὶ παραδειγμάτων· ὅπως τὰ λοιπὰ προσθέντες, ἀποτελέσωμεν τὴν ἐξ ἀρχῆς πρόθεσιν. Ἔστι δὲ τῶν κοινῶν τὸ μὲν αὔξειν, οἰκειότατον τοῖς ἐπιδεικτικοῖς, ὥσπερ εἴρηται· τὸ δὲ γεγονὸς, τοῖς δικανικοῖς· περὶ τούτων γὰρ ἡ κρίσις· τὸ δὲ δυνατὸν καὶ ἐσόμενον, τοῖς συμβουλευτικοῖς.

faut se servir de la parole pour détruire les preuves qu'on nous oppose, tout comme si on parlait contre une partie adverse : soit enfin dans les discours épidictiques, car l'auditeur qui assiste fait fonction de juge ; quoiqu'il soit vrai de dire que celui-là seul est juge dans la simple acception du mot, qui, dans les débats civils, décide ce qui est en question. Or, c'est dans les causes judiciaires et dans les assemblées délibérantes qu'on a des questions à examiner. Nous avons déjà, en traitant du genre délibératif, parlé des mœurs qui conviennent aux différentes sortes de gouvernement ; de sorte qu'il sera facile de déterminer comment et par quels moyens nous conformerons nos discours à ces mœurs.

§ II. Des lieux communs aux trois genres.

Mais, comme chaque genre d'éloquence a une fin particulière, et que nous avons parlé des opinions et des propositions qui fournissent des preuves aux discours épidictiques, délibératifs et judiciaires ; et comme nous avons déterminé aussi les règles d'après lesquelles nous pouvons rendre nos discours conformes aux mœurs, il ne nous reste qu'à parler des lieux communs aux trois genres. En effet, tous les orateurs, dans leurs discours, sont forcés de faire usage du lieu commun du possible et de l'impossible, et de tâcher de prouver, les uns qu'une chose sera, les autres qu'elle a été. En outre, le lieu commun de la grandeur appartient à tous les genres ; car tous les orateurs atténuent ou amplifient[1], soit qu'ils conseillent ou qu'ils dissuadent, soit qu'ils louent ou qu'ils blâment, soit qu'ils accusent ou qu'ils défendent. Une fois ces lieux communs déterminés, nous essaierons de dire ce que nous savons des enthymèmes en général et des exemples ; et puis, ajoutant le reste, nous arriverons au but que nous nous sommes proposé dès le principe. Or, parmi les lieux communs, l'amplification est le plus familier au genre épidictique, ainsi que nous l'avons dit ; le passé appartient au genre judiciaire, puisque les choses passées sont la matière du jugement ; le possible et le futur au genre délibératif.

ΚΕΦΑΛΑΙΟΝ ΙΘ'.

Α'. Πρῶτον μὲν οὖν περὶ δυνατῶν καὶ ἀδυνάτων λέγωμεν. Ἂν δὴ τὸ ἐναντίον ᾖ δυνατὸν ἢ εἶναι ἢ γενέσθαι, καὶ τὸ ἐναντίον δόξειεν ἂν εἶναι δυνατόν· οἷον, εἰ δυνατὸν ἄνθρωπον ὑγιασθῆναι, καὶ νοσῆσαι· ἡ γὰρ αὐτὴ δύναμις τῶν ἐναντίων, ᾗ ἐναντία. Καὶ εἰ τὸ ὅμοιον δυνατόν, καὶ τὸ ὅμοιον. Καὶ εἰ τὸ χαλεπώτερον δυνατόν, καὶ τὸ ῥᾷον. Καὶ εἰ τὸ σπουδαῖον ἢ καλὸν γενέσθαι δυνατόν, καὶ ὅλως γενέσθαι δυνατόν· χαλεπώτερον γάρ, καλὴν οἰκίαν, ἢ οἰκίαν, εἶναι· Καὶ οὗ ἡ ἀρχὴ δύναται γενέσθαι, καὶ τὸ τέλος· οὐδὲν γὰρ γίγνεται, οὐδὲ ἄρχεται γίγνεσθαι τῶν ἀδυνάτων· οἷον, τὸ σύμμετρον τὴν διάμετρον εἶναι οὔτ' ἂν ἄρξαιτο γίγνεσθαι, οὔτε γίγνεται. Καὶ οὗ τὸ τέλος, καὶ ἡ ἀρχὴ δυνατή· ἅπαντα γὰρ ἐξ ἀρχῆς γίγνεται. Καὶ εἰ τὸ ὕστερον τῇ οὐσίᾳ ἢ τῇ γενέσει δυνατὸν γενέσθαι, καὶ τὸ πρότερον· οἷον, εἰ ἄνδρα γενέσθαι δυνατόν, καὶ παῖδα· πρότερον γὰρ ἐκεῖνο γίγνεται· καὶ εἰ παῖδα, καὶ ἄνδρα· ἀρχὴ γὰρ ἐκεῖνο. Καὶ ὧν ἔρως ἢ ἐπιθυμία φύσει ἐστίν· οὐδεὶς γὰρ τῶν ἀδυνάτων ἐρᾷ, οὐδ' ἐπιθυμεῖ ὡς ἐπὶ τὸ πολύ. Καὶ ὧν ἐπιστῆμαί εἰσι καὶ τέχναι, δυνατὸν ταῦτα καὶ εἶναι καὶ γενέσθαι. Καὶ ὅσων ἡ ἀρχὴ τῆς γενέσεως ἐν τούτοις ἐστίν, ἃ ἡμεῖς ἀναγκάσαιμεν ἄν, ἢ πείσαιμεν· ταῦτα δ' ἐστίν, ὧν κρείττους, ἢ κύριοι, ἢ φίλοι. Καὶ ὧν τὰ μέρη δυνατά, καὶ τὸ ὅλον ὡς ἐπὶ τὸ πολύ. Καὶ ὧν τὸ ὅλον δυνατόν, καὶ τὰ μέρη. Εἰ γὰρ πρό-

CHAPITRE XIX.

Du possible et de l'impossible.

§ I. Des choses possibles et de celles qui ne le sont pas.

Parlons d'abord du possible et de l'impossible. Si de deux choses contraires, l'une peut exister déjà ou arriver, il semblerait que l'autre est également possible [1] ; par exemple, s'il est possible qu'un homme ait recouvré la santé, il l'est aussi qu'il ait été malade ; car la puissance des contraires, en tant que contraires, est la même. Supposons deux choses semblables, si l'une est possible, l'autre le sera aussi. Si le plus difficile est possible, il en sera de même du plus facile. S'il est possible qu'une chose soit estimable ou belle, il est possible aussi qu'elle existe absolument ; en effet, il est plus difficile de construire une belle maison, qu'une maison. Si le commencement est possible, la fin l'est également ; car aucune des choses impossibles ne peut ni être, ni commencer ; par exemple, la mesure commune de la diagonale et d'un côté du carré ne pourrait ni commencer à exister, ni exister. La fin est possible quand le commencement l'est aussi ; car tout vient d'un commencement. Si ce qui suit l'être ou la génération est possible, il en est de même de ce qui les précède ; ainsi l'existence de l'homme fait étant possible, celle de l'enfant l'est aussi, car l'existence de celui-ci précède ; et de même, supposez l'enfant, l'homme fait devient possible, puisque l'âge mûr commence par l'enfance. Les choses que nous aimons et que nous désirons naturellement sont aussi possibles ; car personne n'aime l'impossible, et généralement personne ne le désire. Les choses qui sont la matière d'une science ou d'un art, peuvent aussi exister et arriver. Il en est de même de toutes celles dont nous pouvons, par la force ou par la persuasion, déterminer le commencement et l'exécution, lorsqu'elles dépendent de ceux dont nous sommes les supérieurs, les maîtres ou les amis. Quand les parties sont possibles, le tout l'est aussi en général [2] ; et réciproquement, si le tout est possible, les parties

σχίσμα καὶ κεφαλὶς καὶ χιτὼν γενέσθαι δύναται, καὶ ὑποδήματα δύναται. Καὶ εἰ ὑποδήματα, καὶ πρόσχισμα καὶ κεφαλὶς καὶ χιτών. Καὶ εἰ τὸ γένος ὅλον τῶν δυνατῶν γενέσθαι, καὶ τὸ εἶδος. Καὶ εἰ τὸ εἶδος, καὶ τὸ γένος. Οἷον, εἰ πλοῖον γενέσθαι δυνατόν, καὶ τριήρη· καὶ εἰ τριήρη, καὶ πλοῖον. Καὶ εἰ θάτερον τῶν πρὸς ἄλληλα πεφυκότων, καὶ θάτερον· οἷον, εἰ διπλάσιον, καὶ ἥμισυ· καὶ εἰ ἥμισυ, καὶ διπλάσιον. Καὶ εἰ ἄνευ τέχνης καὶ παρασκευῆς δυνατὸν γενέσθαι τι, μᾶλλον διὰ τέχνης καὶ ἐπιμελείας δυνατόν. Ὅθεν καὶ Ἀγάθωνι εἴρηται,

Καὶ μὴν τὰ μέν γε τῇ τύχῃ πράσσειν· τὰ δὲ
Ἡμῖν ἀνάγκη καὶ τέχνῃ προσγίγνεται.

Καὶ εἰ τοῖς χείροσιν ἢ ἥττοσιν ἢ ἀφρονεστέροις δυνατόν, καὶ τοῖς ἐναντίοις μᾶλλον· ὥσπερ καὶ Ἰσοκράτης ἔφη δεινὸν εἶναι, εἰ ὁ μὲν Εὔθυνος ἔμαθεν, αὐτὸς δὲ μὴ δυνήσεται εὑρεῖν. Περὶ δὲ ἀδυνάτου δῆλον, ὅτι ἐκ τῶν ἐναντίων τοῖς εἰρημένοις ὑπάρχει.

Β'. Εἰ δὲ γέγονεν ἢ μὴ γέγονεν, ἐκ τῶνδε σκεπτέον. Πρῶτον μὲν γάρ, εἰ τὸ ἧττον γίγνεσθαι πεφυκὸς γέγονε, γεγονὸς ἂν εἴη καὶ τὸ μᾶλλον. Καὶ εἰ τὸ ὕστερον εἰωθὸς γίγνεσθαι γέγονε, καὶ τὸ πρότερον γέγονεν· οἷον, εἰ ἐπιλέληστεαι, καὶ ἔμαθέ ποτε τοῦτο. Καὶ εἰ ἐδύνατο καὶ ἐβούλετο, πέπραγε· πάντες γάρ, ὅταν δυνάμενοι βουληθῶσι, πράττουσιν· ἐμποδὼν γὰρ οὐδέν. Ἔτι, εἰ ἐβούλετο, καὶ μηδὲν τῶν ἔξω ἐκώλυε. Καὶ εἰ ἐδύνατο, καὶ ὠργίζετο. Καὶ εἰ ἐδύνατο, καὶ ἐπεθύμει· ὡς γὰρ ἐπὶ τὸ πολύ, ὧν ὀρέγονται, ἂν δύνωνται, καὶ ποιοῦσιν,

le seront ; si l'on peut faire, par exemple, l'empeigne, le rebord et la tige, on peut faire la chaussure ; et si on peut faire la chaussure, on peut faire également l'empeigne, le rebord et la tige. Si le genre entier est possible, l'espèce l'est aussi, et si c'est l'espèce, le genre le sera aussi ; ainsi, un navire étant possible, une galère le sera aussi ; et, une galère étant possible, un navire le sera également. Si, de deux choses relatives, il y en a une de possible, l'autre est possible aussi ; si le double est possible, par exemple, il en sera de même de la moitié ; et, si la moitié est possible, le double le sera également. Si une chose peut être faite sans art et sans préparatifs, elle pourra d'autant plus être faite par le moyen de l'art et des soins. De là le mot d'Agathon[3] : « Nous faisons certaines choses au hasard ; nous en devons d'autres à l'art et à la nécessité. » Ce qui est possible à ceux qui ont moins de force, de pouvoir ou de sagesse, le sera encore plus à ceux qui possèdent les qualités contraires ; ce qui fit dire à Isocrate qu'il serait étrange s'il ne pouvait pas trouver lui-même ce qu'Euthynus avait pu apprendre[4]. Quant aux choses impossibles, il est évident qu'elles sont contenues dans les propositions contraires à celles que nous venons d'énoncer.

§ II. *Des preuves fondées sur la conjecture.*

Voici maintenant comment on établira qu'une chose est ou n'est pas arrivée. Et d'abord, si une chose, qui par sa nature arrive moins souvent, est néanmoins arrivée, celle qui arrive plus souvent a dû arriver. Si ce qui vient ordinairement après a eu lieu, ce qui précède a eu lieu également ; ainsi, celui qui a oublié une chose a dû l'apprendre autrefois. Celui qui a pu et voulu, a fait ; car tous les hommes font une chose qu'ils peuvent et qu'ils veulent, puisque rien ne les arrête. Il en est de même : de celui qui veut et qui ne trouve aucun obstacle extérieur : de celui qui peut, et que la colère pousse : de celui qui peut et qui désire ; car l'homme fait ordinairement, toutes les fois qu'il le peut, les choses vers lesquelles il penche ; mais l'homme vicieux agit par intempérance, et l'homme

οἱ μὲν φαῦλοι, δι᾽ ἀκρασίαν· οἱ δ᾽ ἐπιεικεῖς, ὅτι τῶν ἐπιεικῶν ἐπιθυμοῦσι. Καὶ εἰ ἔμελλε γίγνεσθαι, καὶ ποιεῖν· εἰκὸς γὰρ τὸν μέλλοντα καὶ ποιῆσαι. Καὶ εἰ γέγονεν, ὅσα πέφυκει πρὸ ἐκείνου, ἢ ἕνεκα ἐκείνου· οἷον, εἰ ἤστραψε, καὶ ἐβρόντησε· καὶ εἰ ἐπείρασε, καὶ ἔπραξε. Καὶ εἰ, ὅσα ὕστερον πέφυκει γίγνεσθαι, ἢ οὗ ἕνεκα γίγνεται, γέγονε, καὶ τὸ πρότερον, καὶ τὸ τούτου ἕνεκα γέγονεν· οἷον, εἰ ἐβρόντησε, καὶ ἤστραψε· καὶ εἰ ἔπραξε, καὶ ἐπείρασεν. Ἔστι δὲ τούτων ἁπάντων, τὰ μὲν ἐξ ἀνάγκης· τὰ δὲ, ὡς ἐπὶ τὸ πολὺ οὕτως ἔχοντα. Περὶ δὲ τοῦ μὴ γεγονέναι, φανερὸν ὅτι ἐκ τῶν ἐναντίων τοῖς εἰρημένοις.

Γ΄. Καὶ περὶ τοῦ ἐσομένου, ἐκ τῶν αὐτῶν δῆλον· τό τε γὰρ ἐν δυνάμει καὶ βουλήσει ὂν, ἔσται. Καὶ τὰ ἐν ἐπιθυμίᾳ, καὶ ὀργῇ, καὶ λογισμῷ μετὰ δυνάμεως ὄντα. Διὰ ταῦτα καὶ εἰ ἐν ὁρμῇ τοῦ ποιεῖν ἢ μελλήσει, ἔσται· ὡς γὰρ ἐπὶ τὸ πολὺ γίγνεται μᾶλλον τὰ μέλλοντα, ἢ τὰ μὴ μέλλοντα. Καὶ εἰ προγέγονεν, ὅσα πρότερον πέφυκει γίγνεσθαι· οἷον εἰ συννεφεῖ, εἰκὸς ὗσαι. Καὶ εἰ τὸ ἕνεκα τούτου γέγονε, καὶ τοῦτο εἰκὸς γενέσθαι· οἷον, εἰ θεμέλιος, καὶ οἰκία.

Δ΄. Περὶ δὲ μεγέθους καὶ μικρότητος τῶν πραγμάτων, μείζονός τε καὶ ἐλάττονος, καὶ ὅλως μεγάλων καὶ μικρῶν, ἐκ τῶν προειρημένων ἡμῖν ἐστὶ φανερόν. Εἴρηται γὰρ ἐν τοῖς συμβουλευτικοῖς περί τε μεγέθους ἀγαθῶν καὶ περὶ τοῦ μείζονος ἁπλῶς καὶ ἐλάττονος. Ὥστ᾽ ἐπεὶ καθ᾽ ἕκαστον τῶν λόγων τὸ προκείμενον τέλος ἀγαθόν ἐστιν· οἷον, τὸ συμφέρον, καὶ τὸ καλὸν, καὶ τὸ

honnête par le désir des choses honnêtes. Si une chose a été sur le point de se faire, elle a dû être faite; car il est probable que l'homme agit, quand il est sur le point d'agir. Il en est de même, si tout ce qui arrive avant une chose, ou à cause d'une autre chose, est déjà arrivé; l'éclair a brillé, donc il a tonné; un homme a essayé, donc il a fait. Réciproquement, supposez la conséquence ou l'effet, l'antécédent ou la cause existent déjà; il a tonné, donc l'éclair a brillé; un homme a fait, donc il a essayé. De toutes ces choses, les unes sont nécessaires, les autres arrivent le plus souvent. Pour établir qu'une chose n'est pas arrivée, il est évident qu'il faut prendre le contraire de ce que nous avons dit.

§ III. Des preuves qui se rapportent à l'avenir.

La chose à venir sera connue par les mêmes moyens. En effet, si nous pouvons et si nous voulons une chose, elle arrivera. Il en sera de même de celles vers lesquelles nous poussent le désir, la colère, l'intérêt, quand nous avons le pouvoir de les faire. C'est pour cela que si on est porté vers une chose et qu'on soit sur le point de la faire, cette chose sera; car ordinairement, ce qui est sur le point d'être fait arrive plutôt que ce qui ne l'est pas. Si tout ce qui précède naturellement une chose est déjà arrivé, cette chose arrivera; le ciel est couvert, il est probable qu'il pleuvra. Quand on fait une chose en vue d'une autre, il est probable que cette dernière sera faite aussi. Voilà les fondements, la maison sera probablement construite.

§ IV. Du plus et du moins.

Ce que nous avons dit précédemment fera connaître ce qui regarde la grandeur ou la petitesse des choses, le plus ou le moins, et en général les choses grandes ou petites. Car, en traitant du genre délibératif, nous avons parlé de la grandeur des biens, et en général du plus et du moins : et puisque chaque genre d'éloquence se propose pour fin un bien, comme l'utile, le beau et le juste, il est évident que c'est dans ce que nous

δίκαιον· φανερὸν ὅτι δι' ἐκείνων ληπτέον τὰς αὐξήσεις πᾶσι. Τὸ δὲ παρὰ ταῦτά τι ζητεῖν περὶ μεγέθους ἁπλῶς καὶ ὑπεροχῆς, κενολογεῖν ἐστί· κυριώτερα γάρ ἐστι πρὸς τὴν χρείαν τῶν καθόλου, τὰ καθέκαστα τῶν πραγμάτων. Περὶ μὲν οὖν δυνατοῦ καὶ ἀδυνάτου, καὶ πότερον γέγονεν, ἢ οὐ γέγονε, καὶ ἔσται, ἢ οὐκ ἔσται, ἔτι δὲ περὶ μεγέθους καὶ μικρότητος τῶν πραγμάτων, εἰρήσθω ταῦτα.

ΚΕΦΑΛΑΙΟΝ Κ'.

Α'. Λοιπὸν δὲ περὶ τῶν κοινῶν πίστεων ἅπασιν εἰπεῖν, ἐπείπερ εἴρηται περὶ τῶν ἰδίων. Εἰσὶ δ' αἱ κοιναὶ πίστεις, δύο τῷ γένει, παράδειγμα καὶ ἐνθύμημα· ἡ γὰρ γνώμη, μέρος ἐνθυμήματός ἐστι. Πρῶτον μὲν οὖν περὶ παραδείγματος λέγωμεν· ὅμοιον γὰρ ἐπαγωγῇ τὸ παράδειγμα· ἡ δ' ἐπαγωγὴ, ἀρχή.

Β'. Παραδειγμάτων δ' εἴδη δύο· ἓν μὲν γάρ ἐστι παραδείγματος εἶδος, τὸ λέγειν πράγματα προγεγενημένα· ἓν δὲ, τὸ αὐτὸν ποιεῖν. Τούτου δ' ἓν μὲν, παραβολή· ἓν δὲ, λόγοι· οἷον οἱ Αἰσώπειοι καὶ Λιβυκοί. Ἔστι δὲ τὸ μὲν παράδειγμα τοιόνδέ τι, ὥσπερ εἴ τις λέγοι, ὅτι δεῖ πρὸς βασιλέα παρασκευάζεσθαι, καὶ μὴ ἐᾶν Αἴγυπτον χειρώσασθαι· καὶ γὰρ πρότερον Δαρεῖος οὐ πρότερον διέβη, πρὶν Αἴγυπτον λαβεῖν· λαβὼν δὲ, διέβη. Καὶ πάλιν, Ξέρξης οὐ πρότερον ἐπεχείρησε, πρὶν ἢ ἔλαβε· λαβὼν δὲ, διέβη· ὥστε καὶ οὗτος, ἂν λάβῃ, διαβήσεται· διὸ οὐκ ἐπιτρεπτέον. Παραβολὴ δὲ, τὰ Σωκρατικά· οἷον εἴ τις λέγοι, ὅτι οὐ δεῖ κληρωτοὺς ἄρχειν· ὅμοιον γὰρ, ὥσπερ εἴ τις τοὺς ἀθλητὰς κληροίη, μὴ οἳ ἂν δύνωνται ἀγωνίζεσθαι, ἀλλ' οἳ ἂν

avons dit, qu'on doit toujours prendre les moyens d'amplification. Rechercher en dehors de cela ce qui concerne la grandeur ou la supériorité d'une manière générale, ce serait parler en l'air ; car, dans la pratique, le particulier est préférable au général. Ainsi donc, pour connaître si une chose est possible ou non, si elle est arrivée ou non, si elle sera ou non, et pour connaître ce qui a rapport à la grandeur ou à la petitesse des choses, ce que nous avons dit suffit.

CHAPITRE XX.

Des exemples.

§ I. Des preuves communes à tous les genres.

Il nous reste à parler des preuves communes à tous les genres, puisque nous avons déjà parlé des preuves particulières. Les preuves communes sont de deux espèces, l'exemple et l'enthymème, la sentence n'étant qu'une partie de l'enthymème. Nous parlerons d'abord de l'exemple, parce qu'il ressemble à l'induction, et que l'induction est un commencement.

§ II. Des exemples.

Il y a deux espèces d'exemple ; l'un qui consiste à rappeler les choses passées, l'autre à inventer. Celui-ci se subdivise en comparaisons et en fables, comme sont les fables d'Ésope et les fables libyques [1]. Ainsi, il y aurait exemple, si l'on disait : Il faut armer contre le grand roi, et ne pas permettre qu'il s'empare de l'Égypte ; car, une première fois, Darius ne passa dans la Grèce qu'après avoir pris l'Égypte ; et, après l'avoir prise, il marcha contre nous. Plus tard, Xerxès ne marcha contre nous qu'après avoir pris ce même pays ; mais l'Égypte prise, il passa en Grèce. Par conséquent, si le roi actuel prend l'Égypte, il viendra chez nous ; donc il ne faut pas le permettre. La comparaison était familière à Socrate. Veut-on prouver, par exemple, qu'il ne faut pas choisir les magistrats par la voie du sort ? Autant vaudrait, dira-on, tirer au sort les athlètes, pour les

λάγωσιν· ἢ τῶν πλωτήρων ὅν τινα δεῖ κυβερνᾶν κληρώσειεν, ὡς δέον τὸν λαχόντα, ἀλλὰ μὴ τὸν ἐπιστάμενον. Λόγος δέ, οἷος ὁ Στησιχόρου περὶ Φαλάριδος, καὶ Αἰσώπου ὑπὲρ τοῦ δημαγωγοῦ. Στησίχορος μὲν γάρ, ἑλομένων στρατηγὸν αὐτοκράτορα τῶν Ἱμεραίων Φάλαριν, καὶ μελλόντων φυλακὴν διδόναι τοῦ σώματος, τἄλλα διαλεχθείς, εἶπεν αὐτοῖς λόγον· Ὡς ἵππος κατεῖχε λειμῶνα μόνος· ἐλθόντος δ' ἐλάφου, καὶ διαφθείροντος τὴν νομήν, βουλόμενος τιμωρήσασθαι τὸν ἔλαφον, ἠρώτα τιν' ἄνθρωπον, εἰ δύναιτο μετ' αὐτοῦ κολάσαι τὸν ἔλαφον. Ὁ δ' ἔφησεν, ἐὰν λάβῃ χαλινόν, καὶ αὐτὸς ἀναβῇ ἐπ' αὐτόν, ἔχων ἀκόντια. Συνομολογήσαντος δὲ καὶ ἀναβάντος, ἀντὶ τοῦ τιμωρήσασθαι, αὐτὸς ἐδούλευσεν ἤδη τῷ ἀνθρώπῳ. « Οὕτω δὲ καὶ ὑμεῖς, ἔφη, ὁρᾶτε, μή, τοὺς πολεμίους βουλόμενοι τιμωρήσασθαι, ταὐτὸ πάθητε τῷ ἵππῳ· τὸν μὲν γὰρ χαλινὸν ἤδη ἔχετε, ἑλόμενοι στρατηγὸν αὐτοκράτορα· ἐὰν δὲ φυλακὴν δῶτε, καὶ ἀναβῆναι ἐάσητε, δουλεύσετε ἤδη Φαλάριδι. » Αἴσωπος δὲ ἐν Σάμῳ συνηγορῶν δημαγωγῷ κρινομένῳ περὶ θανάτου, ἔφη, Ἀλώπεκα διαβαίνουσαν ποταμόν, ἀπωσθῆναι εἰς φάραγγα· οὐ δυναμένην δὲ ἐκβῆναι, πολὺν χρόνον κακοπαθεῖν, καὶ κυνοραϊστὰς πολλοὺς ἔχεσθαι αὐτῆς· ἐχῖνον δὲ πλανώμενον, ὡς εἶδεν αὐτήν, κατοικτείραντα ἐρωτᾶν, εἰ ἀφέλοι αὐτῆς τοὺς κυνοραϊστάς· τὴν δὲ οὐκ ἐᾶν· ἐρομένου δέ, διὰ τί, φάναι, ὅτι οὗτοι μὲν πλήρεις μου ἤδη εἰσί, καὶ ὀλίγον ἕλκουσιν αἷμα· ἐὰν δὲ τούτους ἀφέλῃ, ἕτεροι ἐλθόντες πεινῶντες, ἐκπιοῦνταί μου τὸ λοιπὸν αἷμα. « Ἀτὰρ οὖν καὶ ὑμᾶς, ἔφη, ὦ ἄνδρες Σάμιοι. οὗτος μὲν οὐδὲν ἔτι βλάπτει· πλούσιος γάρ ἐστιν· ἐὰν δὲ τοῦτον ἀποκτείνητε, ἕτεροι ἥξουσι πένητες, οἳ ὑμῖν ἀναλώσουσι τὰ κοινὰ κλέπτοντες. » Εἰσὶ δ' οἱ λόγοι δημηγορικοί, καὶ ἔχουσιν ἀγαθὸν τοῦτο, ὅτι πράγματα μὲν εὑρεῖν ὅμοια γεγενημένα, χαλεπόν· λόγους δέ, ῥᾷον.

LIVRE II, CHAPITRE XX.   233

faire combattre, non selon leurs forces, mais selon la désignation du hasard; ou bien encore tirer au sort celui des passagers qui doit tenir le gouvernail, comme s'il fallait s'en rapporter au hasard plutôt qu'à la science. On appelle fable, par exemple, le récit de Stésichore à propos de Phalaris [2], ou celui d'Ésope au sujet d'un démagogue. Les Himériens ayant nommé Phalaris dictateur, et étant sur le point de lui donner des gardes du corps, Stésichore, après avoir donné les autres raisons, leur raconta la fable suivante : « Un cheval possédait seul une prairie. Un cerf étant venu et faisant des dégâts dans le pâturage, le cheval, qui voulait se venger, demanda à l'homme s'il ne pourrait pas l'aider à punir le cerf. L'homme consentit, à condition que le cheval recevrait le frein et le laisserait monter sur son dos, les armes à la main. La condition est acceptée, et l'homme monte. Mais le cheval, au lieu de se venger, devint l'esclave de l'homme. — Vous donc, ajouta-t-il, prenez garde, en voulant punir vos ennemis, d'être traités comme le cheval. Vous avez déjà le frein, puisque vous avez choisi un dictateur ; si vous lui donnez des gardes, si vous le laissez monter, vous serez ses esclaves. » Ésope défendant à Samos un démagogue qui était sous le poids d'une accusation capitale, raconta la fable que voici [3] : « Un renard, qui traversait une rivière, fut entraîné dans un gouffre. Comme il ne pouvait en sortir, il eut à souffrir longtemps, et un grand nombre de tiques s'attachèrent à sa peau. Un hérisson, qui errait à l'aventure, le vit, et, ému de pitié, lui demanda s'il voulait qu'il lui enlevât les tiques. Le renard refusa, et comme le hérisson lui en demandait la raison : C'est que celles-ci, dit le renard, sont déjà repues de ma substance, et ne tirent que peu de sang. Si tu les enlèves, il en viendra d'autres affamées qui suceront le peu qui me reste. — De même, Samiens, celui que je défends ne vous fait plus de mal, car il est riche ; mais si vous le mettez à mort, il en viendra d'autres, pauvres, qui voleront et épuiseront la fortune publique. » Les fables conviennent quand on s'adresse à la multitude ; et elles ont cet avantage, qu'il est difficile de trouver dans

Ποιῆσαι γὰρ δεῖ ὥσπερ καὶ παραβολὰς, ἄν τις δύνηται τὸ ὅμοιον ὁρᾶν, ὅπερ ῥᾷόν ἐστιν ἐκ φιλοσοφίας. Ῥᾴω μὲν οὖν πορίσασθαι τὰ διὰ τῶν λόγων· χρησιμώτερα δὲ πρὸς τὸ βουλεύσασθαι, τὰ διὰ τῶν πραγμάτων· ὅμοια γὰρ ὡς ἐπὶ τὸ πολὺ τὰ μέλλοντα τοῖς γεγονόσι.

Γ'. Δεῖ δὲ χρῆσθαι τοῖς παραδείγμασι, μὴ ἔχοντα μὲν ἐνθυμήματα, ὡς ἀποδείξεσιν· ἡ γὰρ πίστις διὰ τούτων· ἔχοντα δ', ὡς μαρτυρίοις, ἐπιλόγοις χρώμενον ἐπὶ τοῖς ἐνθυμήμασι. Προτιθέμενα μὲν γὰρ ἔοικεν ἐπαγωγῇ· τοῖς δὲ ῥητορικοῖς οὐκ οἰκεῖον ἐπαγωγὴ, πλὴν ἐν ὀλίγοις· ἐπιλεγόμενα δὲ, μαρτυρίοις· ὁ δὲ μάρτυς, πανταχοῦ πιθανός. Διὸ καὶ προτιθέντι μὲν ἀνάγκη πολλὰ λέγειν· ἐπιλέγοντι δὲ, καὶ ἓν ἱκανόν· μάρτυς γὰρ πιστὸς καὶ εἷς χρήσιμος. Πόσα μὲν οὖν εἴδη παραδειγμάτων, καὶ πῶς αὐτοῖς, καὶ πότε χρηστέον, εἴρηται.

ΚΕΦΑΛΑΙΟΝ ΚΑ'.

Α' Περὶ δὲ γνωμολογίας, ῥηθέντος τί ἐστι γνώμη, μάλιστ' ἂν γένοιτο φανερὸν, περὶ ποίων τε, καὶ πότε, καὶ τίσιν ἁρμόττει χρῆσθαι τῷ γνωμολογεῖν ἐν τοῖς λόγοις. Ἔστι δὲ γνώμη, ἀπόφανσις, οὐ μέντοι περὶ τῶν καθέκαστον· οἷον, ποῖός τις Ἰφικράτης· ἀλλὰ καθόλου· καὶ οὐ περὶ πάντων καθόλου· οἷον, ὅτι τὸ εὐθὺ τῷ καμπύλῳ ἐναντίον· ἀλλὰ περὶ ὅσων αἱ πράξεις εἰσί, καὶ αἱρετὰ ἢ φευκτά ἐστι πρὸς τὸ πράσσειν· Ὥστ' ἐπεὶ τὰ ἐνθυμήματα ὁ περὶ τοιούτων συλλογισμός ἐστι, σχεδὸν τὰ

le passé des choses semblables à celles que nous traitons, tandis qu'il est plus facile d'inventer des fables. Il en est des fables comme des comparaisons; celui-là les crée, qui peut saisir une ressemblance, ce que la philosophie rend facile. Les fables sont donc d'un usage plus facile; mais dans les délibérations, les exemples ont plus d'utilité, parce que l'avenir ressemble ordinairement au passé.

§ III. Emploi des exemples.

L'exemple doit servir de démonstration à défaut d'enthymèmes, car il produit alors la conviction. Dans le cas contraire, on emploie l'exemple comme témoignage, et on doit le placer après les enthymèmes, en forme d'épilogue. Placés avant, les exemples ressemblent à l'induction; or, l'induction ne convient pas à la rhétorique, si ce n'est dans peu de cas; placés après, ils ressemblent à des témoignages; or, un témoin est partout croyable. C'est pour cela aussi qu'il est nécessaire de citer un grand nombre d'exemples, si on les place avant; si on les place après, un seul même suffit; car on peut tirer parti, même d'un seul témoin, s'il est fidèle. Nous venons de dire combien il y a d'espèces d'exemples, comment et quand il faut s'en servir.

CHAPITRE XXI.

Des sentences.

§ I. Définition de la sentence.

Quant à l'emploi des sentences, la sentence une fois définie, on connaîtra facilement à propos de quoi, dans quelles circonstances, et par qui il convient que les sentences soient employées dans les discours. Or, la sentence est une déclaration qui ne tombe pas, il est vrai, sur le particulier, comme, par exemple, sur les qualités d'Iphicrate, mais sur le général; qui ne tombe pas même sur tout le général, comme si on disait que la ligne droite est le contraire de la ligne courbe, mais sur tout ce qui est action humaine, sur toutes les choses que nous devons

ΡΗΤΟΡΙΚΗ.

τε συμπεράσματα τῶν ἐνθυμημάτων, καὶ αἱ ἀρχαί, ἀφαιρεθέντος τοῦ συλλογισμοῦ, γνῶμαί εἰσιν· Οἷον,

Χρὴ δ' οὔ ποθ', ὅστις ἀρτίφρων πέφυχ' ἀνὴρ,
Παῖδας περισσῶς ἐκδιδάσκεσθαι σοφούς.

Τοῦτο μὲν οὖν γνώμη· προστεθείσης δὲ τῆς αἰτίας, καὶ τοῦ διὰ τί, ἐνθύμημα ἔσται τὸ ἅπαν· οἷον,

Χωρὶς γὰρ ἄλλης, ἧς ἔχουσιν, ἀργίας,
Φθόνον πρὸς ἀστῶν ἀλφάνουσι δυσμενῆ.

Καὶ τὸ,

Οὐκ ἔστιν, ὅστις πάντ' ἀνὴρ εὐδαιμονεῖ·

Καὶ τὸ,

Οὐκ ἔστιν ἀνδρῶν, ὅστις ἔστ' ἐλεύθερος·

Γνώμη· πρὸς δὲ τῷ ἐχομένῳ ἐνθύμημα·

Ἢ χρημάτων γάρ δοῦλός ἐστιν, ἢ τύχης.

Β'. Εἰ δή ἐστι γνώμη τὸ εἰρημένον, ἀνάγκη τέτταρα εἶναι γνώμης εἴδη· ἢ γὰρ μετ' ἐπιλόγου ἔσται, ἢ ἄνευ ἐπιλόγου· Ἀποδείξεως μὲν οὖν δεόμεναί εἰσιν, ὅσαι παράδοξόν τι λέγουσιν, ἢ ἀμφισβητούμενον· ὅσαι δὲ μηδὲν παράδοξον, ἄνευ ἐπιλόγου. Τούτων δ' ἀνάγκη, τὰς μὲν, διὰ τὸ προεγνῶσθαι, μηδὲν δεῖσθαι ἐπιλόγου· οἷον,

Ἀνδρὶ δ' ὑγιαίνειν ἄριστόν ἐστιν, ὥς γ' ἡμῖν δοκεῖ·

φαίνεται μὲν γὰρ τοῖς πολλοῖς οὕτω· τὰς δ' ἅμα λεγομένας, δήλας εἶναι ἐπιβλέψασιν· οἷον,

Οὐδεὶς ἐραστής, ὅστις οὐκ ἀεὶ φιλεῖ.

Τῶν δὲ μετ' ἐπιλόγου, αἱ μὲν, ἐνθυμήματος μέρος εἰσίν· ὥσπερ,

Χρὴ δ' οὔ ποθ', ὅστις ἀρτίφρων·

rechercher ou éviter dans notre conduite. Or, comme l'enthymème est l'espèce de syllogisme qui a ces choses pour objet, il arrive presque toujours que, le syllogisme disparaissant, les conclusions et les antécédents des enthymèmes sont des sentences. Ainsi, par exemple : « L'homme sage ne doit jamais donner à ses enfants des connaissances trop étendues [1]. » Voilà une sentence. Ajoutez-y la cause et le pourquoi, le tout formera un enthymème : « Car, outre l'oisiveté à laquelle ils se livrent, ils trouvent dans leurs concitoyens l'envie et la haine. » Voici un autre exemple : « Il n'y a pas d'homme qui soit heureux en tout [2] » Ou bien : « Il n'est aucun homme qui soit libre. » Voilà une sentence ; mais rapprochez ce qui suit, c'est un enthymème : « Car il est l'esclave des richesses et de la fortune [3]. »

§ II. Combien il y a d'espèces de sentences.

Si la sentence est ce que nous venons de dire, il suit qu'il y a quatre espèces de sentences. En effet, la sentence est suivie de sa preuve, ou elle n'en est pas suivie. Toutes celles qui disent une chose contraire aux idées reçues, ou une chose contestée, ont besoin d'être démontrées ; mais celles qui ne disent rien de contraire aux idées reçues n'ont pas besoin de preuve. Celles-ci n'en ont pas besoin, ou bien parce qu'elles sont admises à l'avance, comme, par exemple. « Bien se porter est, à notre avis, une chose excellente pour l'homme [4] ; » car telle est l'opinion générale ; ou bien, parce qu'à peine exprimées, elles sont évidentes pour ceux qui sont attentifs, comme, par exemple : « Celui-là n'aime pas qui n'aime pas toujours [5]. » Quant aux sentences suivies de leur preuve, les unes font partie d'un enthymème, comme celles que nous avons citée : « L'homme ne doit jamais, etc. : » les autres tiennent de la nature de l'enthymème sans en être une partie, et ce sont les plus estimées.

αἱ δ' ἐνθυμηματικαὶ μὲν, οὐκ ἐνθυμήματος δὲ μέρος· αἵπερ καὶ μάλιστα εὐδοκιμοῦσιν. Εἰσὶ δ' αὗται, ἐν ὅσαις ἐμφαίνεται τοῦ λεγομένου τὸ αἴτιον· οἷον ἐν τῷδε·

Ἀθάνατον ὀργὴν μὴ φύλαττε θνητὸς ὤν.

Τὸ μὲν γὰρ φᾶναι, μὴ δεῖν ἀεὶ φυλάττειν τὴν ὀργήν, γνώμη· τὸ δὲ προσκείμενον, θνητὸν ὄντα, τὸ διὰ τί λέγει. Ὅμοιον δὲ καὶ τὸ,

Θνατὰ χρὴ τὸν θνατὸν, οὐκ ἀθάνατα τὸν θνατὸν φρονεῖν.

Γ'. Φανερὸν οὖν ἐκ τῶν εἰρημένων, πόσα τε εἴδη γνώμης, καὶ περὶ ποῖον ἕκαστον ἁρμόττει. Περὶ μὲν γὰρ τῶν ἀμφισβητουμένων, ἢ παραδόξων, μὴ ἄνευ ἐπιλόγου, ἀλλ' ἢ προθέντα τὸν ἐπίλογον, γνώμῃ χρῆσθαι τῷ συμπεράσματι· οἷον, εἴ τις εἴποι, Ἐγὼ μὲν οὖν, ἐπειδὴ οὔτε φθονεῖσθαι δεῖ, οὔτ' ἀργὸν εἶναι, οὐ φημὶ χρῆναι παιδεύεσθαι· ἢ τοῦτο προειπόντα, ἐπειπεῖν τὰ ἔμπροσθεν. Περὶ δὲ τῶν μὴ παραδόξων, ἀδήλων δὲ, προστιθέντα τὸ διότι στρογγυλώτατα. Ἁρμόττει δ' ἐν τοῖς τοιούτοις, καὶ τὰ Λακωνικὰ ἀποφθέγματα, καὶ τὰ αἰνιγματώδη· οἷον, εἴ τις λέγοι ὅπερ Στησίχορος ἐν Λοκροῖς εἶπεν, ὅτι οὐ δεῖ ὑβριστὰς εἶναι, ὅπως μὴ οἱ τέττιγες χαμόθεν ᾄδωσιν. Ἁρμόττει δὲ γνωμολογεῖν, ἡλικίᾳ μὲν πρεσβύτερον· περὶ δὲ τούτων, ὧν ἔμπειρός τις ἐστίν. Ὡς τὸ μὲν μὴ τηλικοῦτον ὄντα γνωμολογεῖν, ἀπρεπές, ὥσπερ καὶ τὸ μυθολογεῖν· τὸ δὲ περὶ ὧν ἄπειρος, ἠλίθιον καὶ ἀπαίδευτον. Σημεῖον δ' ἱκανόν· οἱ γὰρ ἀγροῖκοι μάλιστα γνωμοτύποι εἰσί, καὶ ῥᾳδίως ἀποφαίνονται. Καθόλου δὲ μὴ ὄντος, καθόλου εἰπεῖν, μάλιστα ἁρμόττει ἐν σχετλιασμῷ, καὶ δεινώσει· καὶ ἐν τούτοις, ἢ ἀρχόμενον, ἢ ἀποδείξαντα. Χρῆσθαι δὲ δεῖ καὶ ταῖς τεθρυλλημέναις καὶ κοιναῖς γνώμαις, ἂν ὦσι χρήσιμοι· διὰ γὰρ τὸ εἶναι κοιναί, ὡς ὁμολογούντων

Ce sont celles dans lesquelles on voit la raison de ce qu'on dit, comme dans celle-ci : « Mortel, ne garde pas une haine immortelle [6]. » Dire qu'il ne faut pas toujours garder la haine, c'est une sentence ; mais ce mot qu'on ajoute, « mortel, » dit le pourquoi. Il en est de même de celle-ci : « L'homme mortel doit avoir des pensées mortelles, et non des pensées immortelles [7]. »

§ III. Emploi des sentences.

On voit par ce que nous venons de dire combien il y a d'espèces de sentences, et à quoi il convient de les appliquer. S'agit-il d'un paradoxe ou d'une chose douteuse, n'employez la sentence qu'avec sa preuve ; mais, ou bien commencez par la preuve, et la sentence vous servira de conclusion ; comme si on disait : « Pour moi, comme il faut échapper à la haine et fuir l'oisiveté, je crois qu'il ne faut pas d'éducation ; » ou bien, commencez par la sentence, et ensuite dites le reste. S'agit-il d'une pensée qui, sans être paradoxale, n'est pas cependant évidente, ajoutez la preuve dans un tour concis. Dans ce cas employez les apophtegmes à la Lacédémonienne et les tournures énigmatiques. Imitez Stésichore parlant aux Locriens, et leur disant qu'ils ne doivent pas être insolents, de peur que les cigales ne chantent à terre [8]. L'usage des sentences convient à celui qui est avancé en âge, et pour les choses dont il a l'expérience. Parler sentencieusement, quand on est moins âgé, est une inconvenance, aussi bien que raconter des fables ; parler de ce qu'on ne connaît pas, c'est sottise et ignorance. Ce qui le prouve suffisamment, c'est que les hommes grossiers surtout parlent par sentences, et en débitent à tout propos. Exprimer d'une manière générale ce qui n'est pas général convient surtout dans la plainte et dans l'indignation, et cela dans l'exorde, ou après la démonstration. On peut aussi au besoin faire usage des sentences communes et souvent citées. Précisément parce qu'elles sont communes, elles semblent reconnues par tout le monde, et vraies

ἁπάντων, ὀρθῶς ἔχειν δοκοῦσιν· οἷον παρακαλοῦντι εἰς τὸ κινδυνεύειν μὴ δυναμένους,

Εἷς οἰωνὸς ἄριστος, ἀμύνεσθαι περὶ πάτρης

καὶ ἐπὶ τὸ ἥττους ὄντας,

Ξυνὸς ἐνυάλιος.

καὶ ἐπὶ τὸ ἀναιρεῖν τῶν ἐχθρῶν τὰ τέκνα, καὶ μηδὲν ἀδικοῦντα·

Νήπιος, ὃς πατέρα κτείνας, παῖδας καταλείπει.

Ἔτι ἔνιαι τῶν παροιμιῶν, καὶ γνῶμαί εἰσιν· οἷον παροιμία, Ἀττικὸς πάροικος. Δεῖ δὲ τὰς γνώμας λέγειν, καὶ παρὰ τὰ δεδημοσιευμένα· λέγω δὲ δεδημοσιευμένα, οἷον τό, Γνῶθι σαυτόν· καὶ τὸ Μηδὲν ἄγαν· ὅταν ἢ τὸ ἦθος φαίνεσθαι μέλλῃ βέλτιον, ἢ παθητικῶς εἰρημένη ᾖ. Ἔστι δὲ, παθητικῶς μὲν, εἴ τις ὀργιζόμενος φαίη, ψεῦδος εἶναι, ὡς δεῖ γιγνώσκειν αὑτόν· οὗτος γοῦν εἰ ἐγίγνωσκεν αὑτόν, οὐκ ἄν ποτε στρατηγεῖν ἠξίωσε. Τὸ δὲ ἦθος βέλτιον, ὅτι οὐ δεῖ, ὥσπερ φασί, φιλεῖν ὡς μισήσοντα, ἀλλὰ μᾶλλον μισεῖν ὡς φιλήσοντα. Δεῖ δὲ τῇ λέξει τὴν προαίρεσιν δηλοῦν· εἰ δὲ μὴ, τὴν αἰτίαν ἐπιλέγειν· οἷον, ἢ οὕτως εἰπόντα, ὅτι δεῖ φιλεῖν, οὐχ ὥσπερ φασὶν, ἀλλ' ὡς ἀεὶ φιλήσοντα· ἐπιβούλου γὰρ θάτερον· ἢ ὧδε, οὐκ ἀρέσκει δέ μοι τὸ λεγόμενον· δεῖ γὰρ τόν γ' ἀληθινὸν φίλον ὡς φιλήσοντα ἀεὶ φιλεῖν. Καὶ οὐδὲ τὸ, μηδὲν ἄγαν· δεῖ γὰρ τούς γε κακοὺς ἄγαν μισεῖν.

Δ'. Ἔχουσι δ' εἰς τοὺς λόγους βοήθειαν μεγάλην, μίαν μὲν δὴ, διὰ τὴν φορτικότητα τῶν ἀκροατῶν· χαίρουσι γάρ, ἐάν τις καθόλου λέγων, ἐπιτύχῃ τῶν δοξῶν ἃς ἐκεῖνοι κατὰ μέρος ἔχουσιν. Ὃ δὲ λέγω, δῆλον ἔσται ὧδε· ἅμα δὲ, καὶ πῶς δεῖ αὐτὰς θηρεύειν· ἡ μὲν γὰρ γνώμη, ὥσπερ εἴρηται, καθόλου

par conséquent. Faut-il exciter des soldats qui n'ont pas sacrifié, à braver le danger? On dira : « Il n'y a qu'un augure, le meilleur de tous, c'est de défendre la patrie [9]. » Parle-t-on à des soldats moins nombreux que l'ennemi : « Mars pour tous [10]. » Conseille-t-on de faire mourir les enfants des ennemis, quoi qu'ils n'aient fait aucun mal : « Insensé celui qui ayant tué les pères, laisse vivre les enfants [11] ! » Quelques proverbes même sont des sentences, comme celui-ci : « Voisin athénien [12]. » Il faut aussi employer les sentences, même contre les maximes les plus populaires; et je donne ce nom à celles-ci, par exemple : « Connais-toi toi-même; Rien de trop. » Il faut le faire lorsque nos mœurs doivent en paraître meilleures, et dans le langage de la passion. Or, la passion parlerait, si on avançait dans la colère qu'il n'est pas vrai de dire qu'il faut se connaître soi-même; car si tel général s'était connu lui-même, il n'aurait pas demandé le commandement. Les mœurs sembleraient meilleures, si on soutenait qu'il ne faut pas, comme on le dit, aimer comme si on devait haïr un jour; mais qu'il faut plutôt haïr comme si on devait aimer. Il faut manifester nos sentiments par l'expression même; si non, ajouter la raison; par exemple, en disant qu'il faut aimer, non comme on le dit, mais comme si on devait toujours aimer; autrement ce serait trahison; ou bien en s'exprimant ainsi : « Cette maxime ne me plaît pas, car le véritable ami doit aimer, comme s'il devait aimer toujours. » Je n'admets pas non plus la maxime « Rien de trop, » car on ne peut trop haïr les méchants.

§ IV. Double avantage des sentences.

Les sentences sont d'un grand secours dans l'éloquence. Le premier avantage tient à la vanité des auditeurs, qui éprouvent du plaisir, lorsqu'un orateur, parlant en général, rencontre les opinions qu'ils ont chacun en particulier. Voici comment je prouve ce que je dis, et on verra en même temps comment on peut trouver des sentences. La sentence, ainsi que nous l'avons dit, est une déclaration du général; or, les auditeurs aiment à

ἀπόφανσίς ἐστι· χαίρουσι δὲ καθόλου λεγομένου, ὃ κατὰ μέρος προϋπολαμβάνοντες τυγχάνουσιν. Οἷον, εἴ τις γείτοσι τύχοι κεχρημένος ἢ τέκνοις φαύλοις, ἀποδέξαιτ' ἂν τοῦ εἰπόντος, ὅτι οὐδὲν γειτονίας χαλεπώτερον· ἢ ὅτι οὐδὲν ἠλιθιώτερον τεκνοποιίας. Ὥστε δεῖ στοχάζεσθαι, πῶς τυγχάνουσι, ποῖα προϋπολαμβάνοντες· εἶθ' οὕτω περὶ τούτων καθόλου λέγειν. Ταύτην τε δὴ ἔχει μίαν χρῆσιν τὸ γνωμολογεῖν, καὶ ἑτέραν κρείττω· ἠθικοὺς γὰρ ποιεῖ τοὺς λόγους. Ἦθος δ' ἔχουσιν οἱ λόγοι, ἐν ὅσοις δήλη ἡ προαίρεσις. Αἱ δὲ γνῶμαι πᾶσαι τοῦτο ποιοῦσι, διὰ τὸ ἀποφαίνεσθαι τὸν τὴν γνώμην λέγοντα καθόλου περὶ τῶν προαιρετῶν· ὥστ' ἂν χρησταὶ ὦσιν αἱ γνῶμαι, καὶ χρηστοήθη φαίνεσθαι ποιοῦσι τὸν λέγοντα. Περὶ μὲν οὖν γνώμης, καὶ τί ἐστι, καὶ πόσα εἴδη αὐτῆς, καὶ πῶς χρηστέον αὐτῇ, καὶ τίνα ὠφέλειαν ἔχει, εἰρήσθω τοσαῦτα.

ΚΕΦΑΛΑΙΟΝ ΚΒ'.

Α'. Περὶ δὲ ἐνθυμημάτων καθόλου τε εἴπωμεν, τίνα τρόπον δεῖ ζητεῖν, καὶ μετὰ ταῦτα, τοὺς τόπους· ἄλλο γὰρ εἶδος ἑκατέρου τούτων ἐστίν. Ὅτι μὲν οὖν τὸ ἐνθύμημα συλλογισμός τις ἐστὶν, εἴρηται πρότερον· καὶ πῶς συλλογισμὸς καὶ τί διαφέρει τῶν διαλεκτικῶν. Οὔτε γὰρ πόρρωθεν, οὔτε πάντα δεῖ λαμβάνοντα συνάγειν· τὸ μὲν γὰρ ἀσαφὲς, διὰ τὸ μῆκος· τὸ δὲ, ἀδολεσχία, διὰ τὸ φανερὰ λέγειν. Τοῦτο γὰρ αἴτιον καὶ τοῦ πιθανωτέρους εἶναι τοὺς ἀπαιδεύτους τῶν πεπαιδευμένων ἐν τοῖς ὄχλοις, ὥσπερ φασὶν οἱ ποιηταὶ τοὺς ἀπαιδεύτους παρ' ὄχλῳ μουσικωτέρους λέγειν. Ὁ μὲν γὰρ ἃ κοινὰ

entendre affirmer, sous une forme générale, l'opinion qu'ils se sont déjà faite dans les cas particuliers. Ainsi, celui qui a des voisins ou des enfants méchants, entendra avec plaisir un orateur disant que rien n'est plus importun qu'un voisin, ou plus stupide que de chercher à avoir des enfants. Il faut donc chercher à deviner les dispositions et les opinions des auditeurs, et parler ensuite, sous une forme générale, d'une manière conforme à ces observations. Voilà donc un des avantages qu'on doit trouver dans l'emploi des sentences. Il en est un autre encore plus grand; c'est qu'elles donnent au discours un caractère moral. Les discours ont ce caractère quand ils font connaître les sentiments de l'orateur. Or, c'est l'effet de toutes les sentences, parce que celui qui les énonce d'une manière générale fait ainsi connaître ses préférences. Si donc les sentences sont bonnes, elles prouvent que l'orateur a des mœurs honnêtes. Voilà tout ce que nous avions à dire sur les sentences, leurs différentes espèces, leur emploi et leur utilité.

CHAPITRE XXII.

Des enthymèmes.

§ I. De l'enthymème en général.

Parlons d'abord des enthymèmes en général, de la manière de les chercher, et ensuite des lieux qui les produisent, choses qu'il faut distinguer et ne pas confondre. Nous avons déjà dit que l'enthymème est un syllogisme, comment il l'est, et en quoi il diffère de celui de la dialectique. La conclusion de l'enthymème ne doit, ni être tirée de loin, ni tout embrasser; dans le premier cas, la longueur produit l'obscurité; dans le second, c'est un pur bavardage, parce qu'on dit des choses évidentes. C'est ce qui fait qu'auprès de la foule l'ignorant persuade plus facilement que le savant, et que les ignorants, comme disent les poëtes, parlent à la foule un langage plus harmonieux[1]. C'est

καὶ τὰ καθόλου λέγουσιν· οἱ δ', ἐξ ὧν ἴσασι, καὶ τὰ ἐγγύς. Ὥστ' οὐκ ἐξ ἁπάντων τῶν δοκούντων, ἀλλ' ἐκ τῶν ὡρισμένων λεκτέον· οἷον, ἢ τοῖς κρίνουσιν, ἢ οὓς ἀποδέχονται. Καὶ τοῦτο δ', ὅτι οὕτω φαίνεται δῆλον εἶναι ἢ πᾶσιν, ἢ τοῖς πλείστοις· καὶ μὴ μόνον συνάγειν ἐκ τῶν ἀναγκαίων, ἀλλὰ καὶ ἐκ τῶν ὡς ἐπὶ τὸ πολύ.

Β'. Πρῶτον μὲν οὖν δεῖ λαβεῖν, ὅτι περὶ οὗ δεῖ λέγειν καὶ συλλογίζεσθαι, εἴτε πολιτικῷ συλλογισμῷ, εἴθ' ὁποιῳοῦν, ἀναγκαῖον καὶ τὰ τούτῳ ἔχειν ὑπάρχοντα, ἢ πάντα, ἢ ἔνια· μηδὲν γὰρ ἔχων, ἐξ οὐδενὸς ἂν ἔχοις συνάγειν. Λέγω δὲ, οἷον, πῶς ἂν δυναίμεθα συμβουλεύειν Ἀθηναίοις, εἰ πολεμητέον, ἢ μὴ πολεμητέον, μὴ ἔχοντες, τίς ἡ δύναμις αὐτῶν, πότερον ναυτικὴ, ἢ πεζικὴ, ἢ ἄμφω· καὶ αὕτη πόση· καὶ πρόσοδοι τίνες· ἢ φίλοι, καὶ ἐχθροί· ἔτι δὲ, τίνας πολέμους πεπολεμήκασι, καὶ πῶς, καὶ τἆλλα τὰ τοιαῦτα. Καὶ ἐπαινεῖν, εἰ μὴ ἔχοιμεν τὴν ἐν Σαλαμῖνι ναυμαχίαν, ἢ τὴν ἐν Μαραθῶνι μάχην, ἢ τὰ ὑπὲρ Ἡρακλειδῶν πραχθέντα, ἢ ἄλλο τι τῶν τοιούτων. Ἐκ γὰρ τῶν ὑπαρχόντων, ἢ δοκούντων ὑπάρχειν καλῶν, ἐπαινοῦσι πάντες. Ὁμοίως δὲ καὶ ψέγουσιν ἐκ τῶν ἐναντίων, σκοποῦντες τί ὑπάρχει τοιοῦτον αὐτοῖς, ἢ δοκεῖ ὑπάρχειν· οἷον, ὅτι τοὺς Ἕλληνας κατεδουλώσαντο, καὶ τοὺς πρὸς τὸν βάρβαρον συμμαχεσαμένους καὶ ἀριστεύσαντας ἠνδραποδίσαντο Αἰγινήτας καὶ Ποτιδαιάτας· καὶ ὅσα ἄλλα τοιαῦτα, καὶ εἴ τι ἄλλο ἁμάρτημα τοιοῦτον ὑπάρχει αὐτοῖς. Ὡς δ' αὕτως καὶ οἱ κατηγοροῦντες, καὶ οἱ ἀπολογούμενοι, ἐκ

que le savant a recours aux lieux communs et au général, tandis que l'ignorant dit ce qu'il sait, et ce qui touche la question de près. Il ne faut donc pas s'appuyer sur toutes les choses probables, mais bien sur les choses déterminées, admises par ceux qui jugent, ou par ceux dont les juges suivent l'opinion. De cette manière, ce qu'on dit semble évident à tous ou au plus grand nombre. Ajoutons que l'enthymème ne conclut pas seulement du nécessaire, mais encore du probable.

§ II. La première source des enthymèmes est le sujet lui-même.

Il faut premièrement savoir que lorsqu'on doit appuyer son discours ou son raisonnement sur un syllogisme qui tient à la politique ou à une autre matière quelconque, il faut connaître les choses que renferme le sujet, ou toutes, ou quelques-unes ; car si vous ne connaissez aucune de ces choses, vous ne pourrez tirer aucune conclusion. Je demande, par exemple, comment nous pourrons conseiller aux Athéniens de faire ou de ne pas faire la guerre, si nous ne savons pas s'ils sont puissants sur mer ou sur terre, ou l'un et l'autre tout ensemble ; quelle est l'étendue de leur puissance, quels sont les revenus, les amis, les ennemis ; et de plus, quelles guerres ils ont déjà faites, et de quelle manière et ainsi du reste. Comment pourrons-nous louer les Athéniens, si nous ne connaissons, ni le combat naval de Salamine, ni la bataille de Marathon, ni ce que les Athéniens ont fait pour les Héraclides [2], ni les autres choses semblables? car l'éloge se fonde toujours sur ce qui est réellement beau, ou sur ce qui le paraît. De même on blâme par les moyens contraires, en examinant ce qui est ou ce qui semble. On dira, par exemple, que les Athéniens ont asservi les Grecs, qu'ils ont réduit en esclavage les Eginètes et les Potidéens qui avaient combattu contre le Barbare [3], et qui s'étaient distingués dans la lutte ; ainsi du reste, en rappelant les fautes qu'ils peuvent avoir commises. Semblablement, lorsqu'on accuse ou qu'on défend, on ne le fait

τῶν ὑπαρχόντων σποπούμενοι κατηγοροῦσι καὶ ἀπολογοῦνται. Οὐδὲν δὲ διαφέρει περὶ Ἀθηναίων, ἢ Λακεδαιμονίων, ἢ ἀνθρώπου, ἢ θεοῦ, ταὐτὸ τοῦτο δρᾷν. Καὶ γὰρ συμβουλεύοντα τῷ Ἀχιλλεῖ, καὶ ἐπαινοῦντα καὶ ψέγοντα, καὶ κατηγοροῦντα καὶ ἀπολογούμενον ὑπὲρ αὐτοῦ, τὰ ὑπάρχοντα ἢ δοκοῦντα ὑπάρχειν ληπτέον, ἵν' ἐκ τούτων λέγωμεν ἐπαινοῦντες ἢ ψέγοντες, εἴ τι καλὸν ὑπάρχει ἢ αἰσχρόν· κατηγοροῦντες δὲ ἢ ἀπολογούμενοι, εἴ τι δίκαιον ἢ ἄδικον· συμβουλεύοντες δὲ, εἴ τι συμφέρον ἢ βλαβερόν. Ὁμοίως δὲ τούτοις καὶ περὶ πράγματος ὁτουοῦν· οἷον περὶ δικαιοσύνης, εἰ ἀγαθὸν ἢ μὴ ἀγαθόν, ἐκ τῶν ὑπαρχόντων τῇ δικαιοσύνῃ, ἢ τῷ ἀγαθῷ. Ὥστ' ἐπειδὴ καὶ πάντες οὕτω φαίνονται ἀποδεικνύντες, ἐάν τε ἀκριβέστερον, ἐάν τε μαλακώτερον συλλογίζωνται· οὐ γὰρ ἐξ ἁπάντων λαμβάνουσιν, ἀλλ' ἐκ τῶν περὶ ἕκαστον ὑπαρχόντων· καὶ διὰ τοῦ λόγου· δῆλον γὰρ, ὅτι ἀδύνατον ἄλλως δεικνύναι· φανερὸν ὅτι ἀναγκαῖον, ὥσπερ ἐν τοῖς τοπικοῖς, πρῶτον περὶ ἕκαστον ἔχειν ἐξειλεγμένα περὶ τῶν ἐνδεχομένων καὶ τῶν ἐπικαιροτάτων. Περὶ δὲ τῶν ἐξ ὑπογυίου γιγνομένων, ζητεῖν τὸν αὐτὸν τρόπον, ἀποβλέποντα μὴ εἰς ἀόριστα, ἀλλ' εἰς τὰ ὑπάρχοντα, περὶ ὧν ὁ λόγος· καὶ περιγράφοντας ὅτι πλεῖστα καὶ ἐγγύτατα τοῦ πράγματος· ὅσῳ μὲν γὰρ ἂν πλείω ἔχηται τῶν ὑπαρχόντων, τοσούτῳ ῥᾷον δεικνύναι· ὅσῳ δ' ἐγγύτερον, τοσούτῳ οἰκειότερα, καὶ ἧττον κοινά. Λέγω δὲ, κοινὰ μὲν, τὸ ἐπαινεῖν τὸν Ἀχιλλέα ὅτι ἄνθρωπος, καὶ ὅτι τῶν ἡμιθέων, καὶ ὅτι ἐπὶ τὸ Ἴλιον ἐστρατεύσατο· ταῦτα γὰρ καὶ ἄλλοις ὑπάρχει πολλοῖς· ὥστ' οὐδὲν μᾶλλον ὁ τοιοῦτος Ἀχιλλέα ἐπαινεῖ, ἢ Διομήδην· ἴδια δὲ, ἃ μηδενὶ ἄλλῳ συμβέβηκεν, ἢ τῷ Ἀχιλλεῖ, οἷον τὸ ἀποκτεῖναι τὸν Ἕκτορα, τὸν ἄριστον τῶν Τρώων· καὶ τὸν Κύκνον, ὃς ἐκώλυσεν ἅπαντας ἀποβαίνειν,

qu'en examinant les circonstances inhérentes au sujet. Peu importe qu'il s'agisse des Athéniens ou des Lacédémoniens, d'un homme ou d'un Dieu ; c'est toujours le même procédé. Faut-il donner des conseils à Achille, le louer ou le blâmer, l'accuser ou le défendre, recueillons tout ce qu'il y a de réel ou d'apparent dans la question ; et, dans notre discours, louons ou blâmons, selon qu'une chose est honnête ou honteuse ; accusons ou défendons, selon qu'elle est juste ou injuste ; et donnons des conseils, selon qu'elle est utile ou nuisible. De même pour tout. Par exemple, la justice est elle ou n'est-elle pas un bien, examinons les choses que renferme la justice ou le bien en général. Ainsi, puisqu'on voit ce procédé constamment suivi dans la démonstration, et lorsque l'argumentation est plus rigoureuse, et lorsqu'elle est plus lâche ; puisqu'on ne tire pas les arguments de toutes les choses indistinctement, mais bien de celles qui sont inhérentes au sujet ; puisque la raison elle-même prouve avec évidence qu'il est impossible de démontrer d'une autre manière ; il est clair qu'il faut, comme dans les topiques [4], avoir d'abord fait, dans chaque sujet, un choix parmi les preuves qui se présentent et qui conviennent le mieux. Quant à celles que l'on emploie dans l'improvisation, il faut les traiter de la même manière, et jeter les yeux, non sur celles qui sont indéterminées, mais sur celles qui se trouvent dans le sujet même qu'on traite. Il faut aussi en parcourir le plus grand nombre possible, et surtout celles qui tiennent intimement à la question ; car plus on a de ces preuves intrinsèques, et plus facilement on démontre ; plus ces preuves tiennent au sujet, plus elles sont propres, et moins elles sont communes. J'appelle preuves communes, par exemple, louer Achille, en disant qu'il est homme, qu'il est un des demi-dieux, qu'il alla à la guerre de Troie ; car tout cela convient à beaucoup d'autres ; de sorte que cet éloge ne convient pas plus à Achille qu'à Diomède. J'appelle particulières les choses qui ne sont arrivées qu'à Achille, comme d'avoir tué Hector le plus brave des Troyens, et Cycnus [5], qui étant invulnérable, voulait s'opposer seul au débarquement de tous les Grecs ; d'être allé à cette guerre,

248 ΡΗΤΟΡΙΚΗ.

ἄτρωτος ὤν· καὶ ὅτι νεώτατος καὶ οὐκ ἔνορκος ὢν ἐστράτευσε· καὶ ὅσα ἄλλα τοιαῦτα. Εἷς μὲν οὖν τρόπος τῆς ἐκλογῆς, καὶ πρῶτος οὗτος ὁ τοπικός.

Γ'. Τὰ δὲ στοιχεῖα τῶν ἐνθυμημάτων λέγωμεν· στοιχεῖον δὲ λέγω καὶ τόπον ἐνθυμήματος τὸ αὐτό. Πρῶτον δ'. εἴπωμεν, περὶ ὧν ἀναγκαῖον εἰπεῖν πρῶτον. Ἔστι γὰρ τῶν ἐνθυμημάτων, εἴδη δύο· τὰ μὲν γὰρ, δεικτικά ἐστιν, ὅτι ἔστιν, ἢ οὐκ ἔστι· τὰ δὲ, ἐλεγκτικά· καὶ διαφέρει, ὥσπερ ἐν τοῖς διαλεκτικοῖς, ἔλεγχος καὶ συλλογισμός. Ἔστι δὲ, τὸ μὲν δεικτικὸν ἐνθύμημα, τὸ ἐξ ὁμολογουμένων συνάγειν· τὸ δὲ ἐλεγκτικόν, τὸ τὰ ἀνομολογούμενα συνάγειν. Σχεδὸν μὲν οὖν ἡμῖν περὶ ἑκάστων τῶν εἰδῶν τῶν χρησίμων καὶ ἀναγκαίων ἔχονται οἱ τόποι· ἐξειλεγμέναι γὰρ αἱ προτάσεις περὶ ἕκαστόν εἰσιν· ὥστ' ἐξ ὧν δεῖ φέρειν τὰ ἐνθυμήματα τόπων, περὶ ἀγαθοῦ ἢ κακοῦ, ἢ καλοῦ ἢ αἰσχροῦ, ἢ δικαίου ἢ ἀδίκου, καὶ περὶ τῶν ἠθῶν καὶ παθημάτων, καὶ ἕξεων, ὡσαύτως εἰλημμένοι ἡμῖν ὑπάρχουσι πρότερον οἱ τόποι. Ἔτι δὲ καὶ ἄλλον τρόπον καθόλου περὶ ἁπάντων λάβωμεν, καὶ λέγωμεν, παρασημαινόμενοι τοὺς ἐλεγκτικοὺς καὶ τοὺς ἀποδεικτικούς, καὶ τοὺς τῶν φαινομένων ἐνθυμημάτων, οὐκ ὄντων δὲ ἐνθυμημάτων, ἐπείπερ οὐδὲ συλλογισμῶν. Δηλωθέντων δὲ τούτων, περὶ τῶν λύσεων καὶ ἐνστάσεων διορίσωμεν, πόθεν δεῖ πρὸς τὰ ἐνθυμήματα φέρειν.

ΚΕΦΑΛΑΙΟΝ ΚΓ'.

Α'. Ἔστι δὲ εἷς μὲν τόπος τῶν δεικτικῶν, ἐκ τῶν ἐναντίων· δεῖ γὰρ σκοπεῖν, εἰ τῷ ἐναντίῳ τὸ ἐναντίον ὑπάρχει· ἀναιροῦντα

encore très jeune et sans avoir prêté serment; et toutes les autres choses semblables. Le choix des preuves se fait de cette manière ; c'est le premier des procédés indiqués dans les topiques.

§ III. Deux espèces d'enthymèmes.

Faisons maintenant connaître les éléments des enthymèmes. Pour moi, élément et lieu d'enthymème sont la même chose. Mais parlons d'abord de ce que nous devons dire d'abord. Il y a deux espèces d'enthymèmes : les uns sont démonstratifs et prouvent qu'une chose est ou n'est pas ; les autres servent à réfuter. Ils diffèrent de même que, dans la dialectique, l'argument qui réfute diffère du syllogisme. L'enthymème démonstratif tire la conclusion de prémisses qui ne sont pas contestées ; l'enthymème qui réfute conclut ce qui est contesté. Nous connaissons à peu près tous les lieux d'arguments utiles ou nécessaires dans chaque genre ; car nous avons fait un choix des propositions qui se rapportent à chacun de ces genres; de sorte que nous avons déjà établi tous les lieux où l'on peut puiser les enthymèmes sur le bon ou le mauvais, le beau ou son contraire, le juste ou l'injuste, les mœurs, les passions et les habitudes. Examinons maintenant les enthymèmes en général sous un autre point de vue, et faisons remarquer ceux qui servent à réfuter ceux qui servent à démontrer ; disons aussi quels sont les enthymèmes apparents qui ne sont pas réellement enthymèmes, puisqu'ils ne sont pas réellement syllogismes. Cela démontré, nous tracerons les règles relatives aux solutions et aux objections, d'où l'on peut tirer des raisons contre les enthymèmes.

CHAPITRE XXIII.

Lieux des enthymèmes.

§ I. Contraires.

Un des lieux des enthymèmes qui servent à prouver se trouve dans les contraires. Il faut voir en effet, si l'un des deux con-

μὲν, εἰ μὴ ὑπάρχει· κατασκευάζοντα δὲ, εἰ ὑπάρχει· οἷον, ὅτι τὸ σωφρονεῖν, ἀγαθόν· τὸ γὰρ ἀκολασταίνειν, βλαβερόν. Ἢ ὡς ἐν τῷ Μεσσηνιακῷ, Εἰ γὰρ ὁ πόλεμος αἴτιος τῶν παρόντων κακῶν, μετὰ τῆς εἰρήνης δεῖ ἐπανορθώσασθαι. Καί·

    Εἴπερ γὰρ οὐδὲ τοῖς κακῶς δεδρακόσιν
    Ἀκουσίως δίκαιον εἰς ὀργὴν πεσεῖν,
    Οὐδ' εἴγ' ἀναγκασθείς τις εὖ δράσει τινὰ,
    Προσῆκόν ἐστι τῷδ' ὀφείλεσθαι χάριν.

Καί·
    Ἀλλ' εἴπερ ἔστιν ἐν βροτοῖς ψευδηγορεῖν
    Πιθανὸν, νομίζειν χρή γε καὶ τοὐναντίον,
    Ἄπιστ' ἀληθῆ πολλὰ συμβαίνειν βροτοῖς.

Β'. Ἄλλος ἐκ τῶν ὁμοίων πτώσεων· ὁμοίως γὰρ δεῖ ὑπάρχειν, ἢ μὴ ὑπάρχειν· οἷον, ὅτι τὸ δίκαιον οὐ πᾶν, ἀγαθόν· καὶ γὰρ ἂν τὸ δικαίως· νῦν δ' οὐχ αἱρετὸν τὸ δικαίως ἀποθανεῖν.

Γ'. Ἄλλος ἐκ τῶν πρὸς ἄλληλα. Εἰ γὰρ θατέρῳ ὑπάρχει τὸ καλῶς ἢ τὸ δικαίως ποιῆσαι, θατέρῳ τὸ πεπονθέναι. Καὶ εἰ κελεῦσαι, καὶ τὸ πεποιηκέναι· οἷον ὡς ὁ τελώνης Διομέδων περὶ τῶν τελῶν, «Εἰ γὰρ μηδ' ὑμῖν αἰσχρὸν τὸ πωλεῖν, οὐδ' ἡμῖν τὸ ὠνεῖσθαι.» Καὶ εἰ τῷ πεπονθότι τὸ καλῶς ἢ δικαίως ὑπάρχει, καὶ τῷ ποιήσαντι· καὶ εἰ τῷ ποιήσαντι, καὶ τῷ πεπονθότι. Ἔστι δ' ἐν τούτῳ παραλογίσασθαι. Εἰ γὰρ δικαίως ἔπαθέν τι, δικαίως πέπονθεν, ἀλλ' ἴσως οὐχ ὑπὸ σοῦ. Διὸ δεῖ σκοπεῖν χωρίς, εἰ ἄξιος ὁ παθὼν παθεῖν, καὶ ὁ ποιήσας ποιῆσαι· εἶτα χρῆσθαι, ὁποτέρως ἁρμάττει. Ἐνίοτε γὰρ διαφωνεῖ τὸ τοι-

traires est contenu dans l'autre : s'il n'y est pas contenu, dans le cas où on nie ; s'il y est contenu, dans le cas où on prouve. Par exemple : la tempérance est un bien, car l'intempérance est nuisible ; ou comme dans le discours Messéniaque [1] : « Si la guerre est la cause des malheurs présents, nous devons en chercher le remède dans la paix. » Ou bien : « Puisqu'il ne faut pas s'irriter contre ceux qui ont fait le mal sans le vouloir, il ne convient pas de se montrer reconnaissant envers celui qui ne nous a fait du bien que par force. » Ou bien encore : « Puisque le mensonge trouve créance parmi les hommes, vous devez aussi admettre le contraire, c'est-à-dire, que l'homme souvent n'ajoute aucune foi à la vérité [2]. »

§ II. Cas semblables.

Un autre lieu est celui des cas semblables, dans lesquels le semblable est nécessairement ou n'est pas contenu. Par exemple : le juste n'est pas toujours un bien, car il en serait de même de ce qui arrive justement ; or, mourir justement, n'est pas une chose désirable [3].

§ III. Relatifs.

Un autre lieu se tire des relatifs. Une chose est-elle belle et juste pour celui qui l'a faite, elle l'est également pour celui qui l'a soufferte. La même relation existe entre celui qui a ordonné et celui qui a exécuté. C'est ce qui faisait dire au fermier Diomédon à propos des impôts : « S'il n'est pas honteux pour vous de vendre, il ne l'est pas pour nous d'acheter. » Une chose est-elle belle et juste pour celui qui l'a soufferte, elle l'est également pour celui qui l'a faite ; et si elle est belle et juste pour celui qui l'a faite, elle l'est aussi pour celui qui l'a soufferte. Cependant ce lieu peut amener un paralogisme. Un homme a souffert justement, donc il a souffert justement ; mais peut-être n'est-ce pas justement qu'il a souffert par vous. Il faut donc examiner séparément si celui qui a souffert a souffert justement, et si celui qui a fait souffrir a agi justement, et puis tirer de cet examen le parti

οὗτο· καὶ οὐδὲν κωλύει, ὥσπερ ἐν τῷ Ἀλκμαίωνι τῷ Θεοδέκτου,

Μητέρα δὲ τὴν σὴν οὔτις ἐστύγει βροτῶν;

Φησὶ δ' ἀποκρινόμενος,

Ἀλλὰ διαλαβόντα χρὴ σκοπεῖν.

Ἐρομένης δὲ τῆς Ἀλφεσιβοίας, πῶς; ὑπολαβών φησι,

Τὴν μὲν θανεῖν ἔκριναν, ἐμὲ δὲ μὴ κτανεῖν.

Καὶ οἷον ἡ περὶ Δημοσθένους δίκη, καὶ τῶν ἀποκτεινάντων Νικάνορα· ἐπεὶ γὰρ δικαίως ἐκρίθησαν ἀποκτεῖναι, δικαίως ἔδοξεν ἀποθανεῖν. Καὶ περὶ τοῦ Θήβησιν ἀποθανόντος, περὶ οὗ ἐκέλευε κρῖναι, εἰ δίκαιος ἦν ἀποθανεῖν, ὡς οὐκ ἄδικον ὂν ἀποκτεῖναι τὸν δικαίως ἀποθανόντα.

Δ'. Ἄλλος, ἐκ τοῦ *μᾶλλον καὶ ἧττον*· οἷον, « εἰ μηδ' οἱ θεοὶ πάντα ἴσασι, σχολῇ οἵ γ' ἄνθρωποι» τοῦτο γάρ ἐστιν, εἰ, ᾧ μᾶλλον ἂν ὑπάρχοι, μὴ ὑπάρχει, δῆλον ὅτι οὐδ' ᾧ ἧττον. Τὸ δ' ὅτι τοὺς πλησίον τύπτει, ὅς γε καὶ τὸν πατέρα τύπτει, ἐκ τοῦ, εἰ τὸ ἧττον ὑπάρχει, καὶ τὸ μᾶλλον ὑπάρχει· καθ' ὁπότερον ἂν δέῃ δεῖξαι, εἴθ' ὅτι ὑπάρχει, εἴθ' ὅτι οὔ. Ἔτι εἰ μήτε μᾶλλον, μήτε ἧττον· ὅθεν εἴρηται·

Καὶ σὸς μὲν οἰκτρὸς παῖδας ἀπολέσας πατήρ,
Οἰνεὺς δ' ἄρ' οὐχί, τὸν Ἑλλάδος ἀπολέσας
Κλεινότατον γόνον;

Καὶ ὅτι, εἰ μηδὲ Θησεὺς ἠδίκησεν, οὐδ' Ἀλέξανδρος. Καὶ εἰ μὴ οἱ Τυνδαρίδαι, οὐδ' Ἀλέξανδρος. Καὶ εἰ Πάτροκλον Ἕκτωρ, καὶ Ἀχιλλέα Ἀλέξανδρος. Καὶ εἰ μηδ' οἱ ἄλλοι τεχνῖται φαῦλοι, οὐδ' οἱ φιλόσοφοι. Καὶ εἰ μηδ' οἱ στρατηγοὶ φαῦλοι, ὅτι ἡττῶνται πολλάκις, οὐδ' οἱ σοφισταί. Καὶ ὅτι, εἰ δεῖ τὸν ἰδιώτην τῆς ὑμετέρας δόξης ἐπιμελεῖσθαι, καὶ ὑμᾶς τῆς τῶν Ἑλλήνων.

qui convient. Quelquefois, en effet, ces deux choses ne s'accordent pas entr'elles, et rien n'empêche le raisonnement qu'on lit dans l'*Alcméon* de Théodecte [4] : « Quel est l'homme qui ne détestait pas ta mère ? » Alcméon répond : « Il y a ici deux choses à examiner. — Comment ! » dit Alphésibée. Alcméon reprend : « On la condamna à mourir, mais ce n'était pas à moi à la tuer. » On en trouve un exemple dans le procès de Démosthène et de ceux qui avaient tué Nicanor [5]. Comme il fut décidé qu'ils l'avaient tué justement, il parut qu'il était mort justement. Ajoutons-y l'exemple de celui qui mourut à Thèbes [6]. On donna ordre de décider s'il avait mérité la mort, celui qui mérite la mort pouvant être tué sans injustice.

§ IV. Le plus et le moins.

Un autre lieu consiste dans le plus ou le moins. Ainsi, les dieux mêmes ne savent pas tout, à plus forte raison les hommes. Cela revient à dire : ce qui n'est pas dans celui qui a plus, n'est pas évidemment dans celui qui a moins. Mais dire qu'un homme qui bat son père peut aussi battre son voisin, c'est dire que si on admet ce qui arrive moins, il faut aussi admettre ce qui arrive plus. Prenez l'un ou l'autre de ces raisonnements selon qu'il faut prouver qu'une chose est ou n'est pas. Ce lieu existe encore, bien qu'il n'y ait ni plus ni moins. C'est ainsi qu'on a dit : « Ton père est digne de pitié parce qu'il a perdu ses enfants ; mais Onée ne l'est-il pas aussi, lui qui a perdu un fils, l'honneur de la Grèce [7] ? » Voici d'autres exemples : Si Thésée fut innocent, Pâris le fut aussi [8] ; si les Tyndarides ne furent pas coupables, Pâris ne le fut pas non plus ; si Hector a pu sans crime tuer Patrocle, Pâris a pu tuer Achille ; si les autres professions ne sont pas méprisables, celle de philosophe ne l'est pas non plus ; si les généraux ne perdent pas toute estime, quoique souvent ils soient battus, il en est de même des sophistes ; si chaque citoyen en particulier doit défendre votre honneur, c'est à vous tous de défendre celui de la Grèce.

Ε'. Ἄλλος, ἐκ τοῦ τὸν χρόνον σκοπεῖν· οἷον ὡς Ἰφικράτης ἐν τῇ πρὸς Ἁρμόδιον, ὅτι, «εἰ πρὶν ποιῆσαι ἠξίουν τῆς εἰκόνος τυχεῖν, ἐὰν ποιήσω, ἔδοτε ἄν· ποιήσαντι δὲ, ἆρ' οὐ δώσετε; Μὴ τοίνυν μέλλοντες μὲν, ὑπισχνεῖσθε· παθόντες δ', ἀφαιρεῖσθε.» Καὶ πάλιν πρὸς τὸ Θηβαίους Φίλιππον διεῖναι εἰς τὴν Ἀττικήν, ὅτι εἰ πρὶν βοηθῆσαι εἰς Φωκεῖς ἠξίου, ὑπέσχοντο ἄν· ἄτοπον οὖν, εἰ διότι προεῖτο καὶ ἐπίστευσε, μὴ διήσουσιν.

ΣΤ'. «Ἄλλος, ἐκ τῶν εἰρημένων καθ' αὑτοὺς πρὸς τὸν εἰπόντα· διαφέρει δὲ ὁ τρόπος, οἷον ἐν τῷ Τεύκρῳ, καὶ ᾧ ἐχρήσατο Ἰφικράτης πρὸς Ἀριστοφῶντα, ἐπερόμενος, εἰ προδοίη ἂν τὰς ναῦς ἐπὶ χρήμασιν; οὐ φάσκοντος δὲ, εἶτα εἶπε, Σὺ μὲν Ἀριστοφῶν ὢν, οὐκ ἂν προδοίης, ἐγὼ δ' ὢν Ἰφικράτης; Δεῖ δ' ὑπάρχειν μᾶλλον ἂν δοκοῦντα ἀδικῆσαι ἐκεῖνον· εἰ δὲ μὴ, γελοῖον ἂν φανείη, εἰ πρὸς Ἀριστείδην κατηγοροῦντα, τοῦτό τις ἂν εἴπειεν, ἀλλὰ πρὸς ἀπιστίαν τοῦ κατηγόρου. Ὅλως γὰρ βούλεται ὁ κατηγορῶν βελτίων εἶναι τοῦ φεύγοντος· τοῦτ' οὖν ἐξελέγχειν ἀεί. Καθόλου δ' ἄτοπος οὗτός ἐστιν, ὅταν τις ἐπιτιμᾷ ἄλλοις, ἃ αὐτὸς ποιεῖ, ἢ ποιήσειεν ἄν· ἢ προτρέπῃ ποιεῖν, ἃ αὐτὸς μὴ ποιεῖ, μηδὲ ποιήσειεν ἄν.

Ζ'. Ἄλλος, ἐξ ὁρισμοῦ· οἷον, ὅτι τὸ δαιμόνιον οὐδὲν ἐστιν,

§. V. Le temps.

Un autre lieu se tire de la considération du temps. C'est ainsi qu'Iphicrate, dans son discours contre Harmodius [9], dit : « Si avant d'agir, je vous avais demandé une statue, dans le cas où je réussirais, vous me l'auriez accordée ; et maintenant que j'ai réussi, vous ne me la donnerez pas ? Ne promettez pas quand vous attendez, et ne refusez pas quand vous avez reçu. » On veut conseiller aux Thébains de donner à Philippe la permission de passer en Attique ; on leur dit que si Philippe leur avait fait cette demande, avant de les secourir contre les Phocidiens, ils le lui auraient permis ; il serait donc étrange qu'ils ne le lui permissent pas, quand il s'était confié à eux avec abandon.

§ VI. L'argument personnel.

Un autre lieu consiste à retourner contre l'adversaire ce qu'il a dit contre nous. Cette manière de rétorquer est un argument des plus forts. On en voit un exemple dans la tragédie de *Teucer*. Iphicrate se servit de cet argument contre Aristophon [10], quand il lui demanda s'il aurait livré la flotte pour de l'argent ; Aristophon ayant répondu que non : « Eh quoi ! reprit Iphicrate, toi, Aristophon, tu ne l'aurais pas livrée, et moi, Iphicrate, je l'aurais fait ! » Mais il faut alors que l'accusateur semble capable de commettre une injustice plutôt que celui qui rétorque ; si non, ce moyen serait ridicule ; comme si on allait, par exemple, l'employer contre un accusateur tel qu'Aristide. Il sert à prouver la mauvaise foi de l'accusateur. Ne faut-il pas en effet que celui qui accuse soit meilleur que celui qui se défend ? C'est donc ainsi qu'on doit toujours le convaincre. En général, c'est une chose étrange de blâmer dans les autres ce qu'on fait ou qu'on ferait soi-même, ou d'engager les autres à faire ce qu'on ne fait pas ou qu'on ne ferait pas soi-même.

§ VII. La définition.

La définition est aussi un lieu d'enthymèmes. Par exemple :

ἀλλ' ἢ θεὸς, ἢ θεοῦ ἔργον. Καίτοι ὅστις οἴεται θεοῦ ἔργον εἶναι, τοῦτον ἀνάγκη οἴεσθαι καὶ θεοὺς εἶναι. Καὶ ὡς Ἰφικράτης, ὅτι γενναιότατος ὁ βέλτιστος· καὶ γὰρ Ἁρμοδίῳ καὶ Ἀριστογείτονι οὐδὲν πρότερον ὑπῆρχε γενναῖον, πρὶν γενναῖόν τι πρᾶξαι. Καὶ ὅτι συγγενέστερος αὐτός· « Τὰ γοῦν ἔργα συγγενέστερά ἐστι τὰ ἐμὰ τοῖς Ἁρμοδίου καὶ Ἀριστογείτονος, ἢ τὰ σά. Καὶ ὡς ἐν τῷ Ἀλεξάνδρῳ, ὅτι πάντες ἂν ὁμολογήσειαν τοὺς μὴ κοσμίους οὐχ ἑνὸς σώματος ἀγαπᾶν ἀπόλαυσιν· καὶ διὸ Σωκράτης οὐκ ἔφη βαδίζειν ὡς Ἀρχέλαον· ὕβριν γὰρ ἔφη εἶναι, τὸ μὴ δύνασθαι ἀμύνασθαι ὁμοίως εὖ παθόντα, ὥσπερ καὶ κακῶς· πάντες γὰρ οὗτοι ὁρισάμενοι, καὶ λαβόντες τὸ τί ἐστι, συλλογίζονται περὶ ὧν λέγουσιν.

Η'. Ἄλλος ἐκ τοῦ ποσαχῶς· οἷον ἐν τοῖς τοπικοῖς, περὶ τοῦ ὀρθῶς.

Θ'. Ἄλλος ἐκ διαιρέσεως· οἷον, εἰ πάντες τριῶν ἕνεκεν ἀδικοῦσιν· ἢ τοῦδε γὰρ ἕνεκα, ἢ τοῦδε, ἢ τοῦδε· καὶ διὰ μὲν τὰ δύο, ἀδύνατον; διὰ δὲ τὸ τρίτον, οὐδ' αὐτοί φασιν.

Ι'. Ἄλλος ἐξ ἐπαγωγῆς· οἷον ἐκ τῆς Πεπαρηθίας, ὅτι περὶ τῶν τέκνων αἱ γυναῖκες πανταχοῦ διορίζουσι τἀληθές. Τοῦτο μὲν γὰρ Ἀθήνησι Μαντίᾳ τῷ ῥήτορι ἀμφισβητοῦντι πρὸς τὸν υἱὸν, ἡ μήτηρ ἀπέφηνε· τοῦτο δὲ Θήβησιν Ἰσμηνίου καὶ Στίλβωνος

ce que vous appelez démon ne peut être autre chose qu'un Dieu ou la créature d'un Dieu ; mais celui qui pense qu'un démon est la créature d'un Dieu, doit nécessairement penser qu'il existe des dieux [11]. Iphicrate veut prouver que l'homme le meilleur est aussi le plus noble : « Il n'y eut, dit il, rien de noble dans Harmodius, ni dans Aristogiton, avant leur noble conduite. Je suis moi-même uni à eux par une parenté plus proche que la tienne ; car mes actions se rapprochent plus que les tiennes de celles d'Harmodius et d'Aristogiton [12]. On peut dire aussi, en faveur de Pâris, que le monde s'accorde à ne regarder comme déréglé que celui qui ne se contente pas de l'amour d'une seule femme [13]. C'est aussi ce qui fit dire à Socrate, refusant de se rendre auprès d'Archélaüs, qu'il était honteux de ne pouvoir rendre le bien comme le mal. Dans tous ces cas, c'est par la définition, et en faisant connaître ce que la chose est en elle-même, qu'on trouve des arguments sur tous les sujets qu'on traite.

§ VIII. Sens multiple d'un mot.

Un autre lieu se tire des sens multiples d'un mot, comme nous l'avons remarqué dans les *topiques*, sur le mot ὀρθῶς [14].

§ IX. Division.

Un autre, de la division. Par exemple : tous les hommes sont poussés au crime par trois motifs, ou par celui-ci, ou par celui-là, ou par cet autre. Quant aux deux premiers, il est impossible de les supposer, et le troisième n'est pas allégué, même par les accusateurs [15].

§ X. Induction.

Un autre, de l'induction ; comme dans ce passage du discours pour la Péparéthienne [16], où l'on veut prouver que, dans les questions de paternité, on s'en rapporte partout à la déclaration des femmes : « Dans Athènes, ce principe fut opposé par la mère au rhéteur Mantias, plaidant dans une question semblable ; à

ἀμφισβητούντων, ἡ Δωδωνὶς ἀπέδειξεν Ἰσμηνίου τὸν υἱόν· καὶ διὰ τοῦτο Θεσσαλίσκον Ἰσμηνίου ἐνόμιζον. Καὶ πάλιν ἐκ τοῦ νόμου τοῦ Θεοδέκτου, « Εἰ τοῖς κακῶς ἐπιμεληθεῖσι τῶν ἀλλοτρίων ἵππων, οὐ παραδιδόασι τοὺς οἰκείους, οὐδὲ τοῖς ἀνατρέψασι τὰς ἀλλοτρίας ναῦς· οὐκοῦν εἰ ὁμοίως ἐφ᾽ ἁπάντων, καὶ τοῖς κακῶς φυλάξασι τὴν ἀλλοτρίαν, οὐ χρηστέον ἐστὶν εἰς τὴν οἰκείαν σωτηρίαν.» Καὶ ὡς Ἀλκιδάμας, ὅτι πάντες τοὺς σοφοὺς τιμῶσι. «Πάριοι γοῦν Ἀρχίλοχον, καίπερ βλάσφημον ὄντα, τετιμήκασι· καὶ Χῖοι Ὅμηρον, οὐκ ὄντα πολίτην· καὶ Μιτυληναῖοι Σαπφώ, καίπερ οὖσαν γυναῖκα· καὶ Λακεδαιμόνιοι Χίλωνα τῶν γερόντων ἐποίησαν, ἥκιστα φιλόλογοι ὄντες· καὶ Ἰταλιῶται Πυθαγόραν, καὶ Λαμψακηνοὶ Ἀναξαγόραν ξένον ὄντα ἔθαψαν, καὶ τιμῶσιν ἔτι καὶ νῦν· καὶ Ἀθηναῖοι τοῖς Σόλωνος χρησάμενοι νόμοις, εὐδαιμόνησαν· καὶ Λακεδαιμόνιοι τοῖς Λυκούργου· καὶ Θήβησιν ἅμα οἱ προστάται φιλόσοφοι ἐγένοντο, καὶ εὐδαιμόνησεν ἡ πόλις. »

ΙΑ΄. Ἄλλος ἐκ κρίσεως περὶ τοῦ αὐτοῦ, ἢ ὁμοίου, ἢ ἐναντίου· μάλιστα μὲν, εἰ πάντες καὶ αἰεί· εἰ δὲ μὴ, ἀλλ᾽ οἵ γε πλεῖστοι, ἢ σοφοί, ἢ πάντες ἢ οἱ πλεῖστοι, ἢ ἀγαθοί· ἢ εἰ αὐτοὶ οἱ κρίνοντες, ἢ οὓς ἀποδέχονται οἱ κρίνοντες, ἢ οἷς μὴ οἷόν τε ἐναντίον κρίνειν· οἷον τοῖς κυρίοις· ἢ οἷς μὴ καλὸν τὰ ἐναντία κρίνειν· οἷον θεοῖς, ἢ πατρί, ἢ διδασκάλοις· ὥσπερ τὸ εἰς Μιξιδημίδην εἶπεν Αὐτοκλῆς, Εἰ ταῖς μὲν σεμναῖς θεαῖς καλῶς εἶχεν ἐν Ἀρείῳ πάγῳ δοῦναι δίκην, Μιξιδημίδῃ δ᾽ οὔ; Ἢ ὥσπερ Σαπφώ, Ὅτι τὸ ἀποθνήσκειν κακόν· οἱ θεοὶ γὰρ οὕτω κεκρίκασιν· ἀπέθνησκον γὰρ ἄν. Ἢ ὡς Ἀρίστιππος πρὸς Πλάτωνα

Thèbes, dans le procès d'Isménias et de Stilbon, Dodonis déclara que l'enfant était d'Isménias, et cette déclaration fit décider que Thessaliscus avait Isménias pour père. Voici un autre exemple tiré de la loi de Théodecte [47] : « Si nous ne confions pas nos propres chevaux à ceux qui ont mal soigné les chevaux des autres, ni nos propres navires à ceux qui ont perdu les navires d'autrui ; s'il en est ainsi pour tout, nous ne devons pas confier notre salut à ceux qui ont mal défendu les autres. » De même Alcidamas voulant prouver que les sages sont partout honorés : « Les habitants de Paros, dit-il, honorèrent Archiloque, quoiqu'il fût médisant ; ceux de Chio, Homère, qui n'était pas leur concitoyen ; ceux de Mitylène, Sapho, quoiqu'elle fût une femme ; les Lacédémoniens, si peu amis des lettres, mirent Chilon au nombre des sénateurs ; les Italiotes élevèrent un tombeau à Pythagore, et les habitants de Lampsaque à Anaxagore qui était étranger, et ils l'honorent encore aujourd'hui. Les Athéniens furent heureux tant qu'ils vécurent sous les lois de Solon, et les Lacédémoniens sous celles de Lycurgue. A Thèbes, aussitôt que les philosophes eurent la conduite des affaires, la république devint florissante. »

§ XI. La chose jugée.

Un autre lieu se tire de la chose jugée, qu'elle soit la même, ou semblable, ou contraire, surtout quand le jugement est toujours ou partout le même ; sinon, quand ce jugement est au moins celui du plus grand nombre, des sages, de tous ou de la plupart, ou des gens de bien, ou des juges eux-mêmes ou de ceux que les juges acceptent pour arbitres ; ou de ceux dont il n'est pas possible de contredire le jugement, les maîtres, par exemple ; ou de ceux contre le jugement desquels il ne convient pas de se déclarer, par exemple, les dieux, un père, ou ceux qui nous ont donné la science. Telles sont les paroles d'Autoclès contre Mixidémide [48] : « Les vénérables déesses purent avec honneur comparaître devant l'aréopage, et Mixidémide ne le pourrait pas ? » Sappho veut prouver que mourir est un mal :

ἐπαγγελτικώτερόν τι εἰπόντα, ὡς ᾤετο, «Ἀλλὰ μὴν ὅ γ' ἑταῖρος ἡμῶν, ἔφη, οὐδὲν τοιοῦτον·» λέγων τὸν Σωκράτην. Καὶ Ἡγήσιππος ἐν Δελφοῖς ἐπηρώτα τὸν θεὸν κεχρημένος πρότερον Ὀλυμπίασιν, Εἰ αὐτῷ ταὐτὰ δοκεῖ, ἅπερ τῷ πατρί· ὡς αἰσχρὸν ὂν, τἀναντία εἰπεῖν. Καὶ περὶ τῆς Ἑλένης, ὡς Ἰσοκράτης ἔγραψεν, ὅτι σπουδαῖα, εἴπερ Θησεὺς ἔκρινε· καὶ περὶ Ἀλεξάνδρου, ὃν αἱ θεαὶ προέκριναν. Καὶ περὶ Εὐαγόρου, ὅτι σπουδαῖος, ὥσπερ Ἰσοκράτης φησί· Κόνων γοῦν δυστυχήσας, πάντας τοὺς ἄλλους παραλιπὼν, ὡς Εὐαγόραν ἦλθεν.

ΙΒ'. Ἄλλος ἐκ τῶν μερῶν, ὅσπερ ἐν τοῖς τοπικοῖς, ποία κίνησις ἡ ψυχή· ἥδε γὰρ, ἢ ἥδε. Παράδειγμα ἐκ τοῦ Σωκράτους τοῦ Θεοδέκτου, Εἰς ποῖον ἱερὸν ἠσέβηκεν; τίνας θεῶν οὐ τετίμηκεν, ὧν ἡ πόλις νομίζει;

ΙΓ'. Ἄλλος, ἐπειδὴ ἐπὶ τῶν πλείστων συμβαίνει, ὥσθ' ἕπεσθαί τι αὐτοῖς ἀγαθὸν καὶ κακὸν, ἐκ τοῦ ἀκολουθοῦντος προτρέπειν ἢ ἀποτρέπειν καὶ κατηγορεῖν ἢ ἀπολογεῖσθαι, καὶ ἐπαινεῖν ἢ ψέγειν. Οἷον, τῇ παιδεύσει τὸ φθονεῖσθαι ἀκολουθεῖ κακόν· τὸ δὲ σοφὸν εἶναι ἀγαθόν· οὐ τοίνυν δεῖ παιδεύεσθαι· φθονεῖσθαι γὰρ οὐ δεῖ· δεῖ μὲν οὖν παιδεύεσθαι· σοφὸν γὰρ εἶναι δεῖ. Ὁ τόπος οὗτός ἐστιν ἡ Καλλίππου τέχνη, προσλαβοῦσα καὶ τὸ δυνατὸν, καὶ τἆλλα, ὡς εἴρηται.

ΙΔ'. Ἄλλος, ὅταν περὶ δυοῖν καὶ ἀντικειμένοιν ἢ προτρέπειν ἢ ἀποτρέπειν δέῃ, καὶ τῷ πρότερον εἰρημένῳ τρόπῳ ἐπ' ἀμφοῖν χρῆσθαι. Διαφέρει δὲ, ὅτι ἐκεῖ μὲν τὰ τυχόντα ἀντιτίθεται,

« Les dieux l'ont ainsi jugé, dit-elle, car autrement ils mourraient. » Platon ayant parlé avec trop de présomption, au jugement d'Aristippe, celui-ci lui dit : « Notre ami ne parlait pas ainsi. » Il voulait dire Socrate. Hégésippe [19], ayant d'abord consulté le dieu d'Olympie, demandait au dieu de Delphes, s'il était du même avis que son père, estimant qu'il serait honteux pour lui de le contredire. Hélène avait du mérite, écrit Isocrate, puisque Thésée l'avait ainsi jugé. Il en est de même de Pâris, puisque les déesses le choisirent pour juge. Evagoras était vertueux, comme le dit Isocrate, puisque Conon, dans son malheur, laissant tous les autres de côté, alla trouver Evagoras [20].

§ XII. L'énumération des parties.

Un autre lieu se tire de l'énumération des parties, comme dans les *Topiques* [21] : Quelle espèce de mouvement est l'âme ? C'est en effet celui-ci ou celui-là. On en voit un exemple dans le *Socrate* de Théodecte : « Quelle chose sainte a-t-il profanée ? Quels sont les dieux reconnus par l'État qu'il n'ait pas honorés ? »

§ XIII. La conséquence.

Comme il arrive, dans la plupart des choses humaines, qu'elles sont suivies d'un bien et d'un mal, un autre lieu consiste à se servir de la conséquence pour conseiller ou dissuader, accuser ou défendre, louer ou blâmer. Par exemple, l'instruction est suivie d'une mauvaise chose, l'envie, et d'une bonne, la sagesse ; il ne faut donc pas s'instruire, car il faut échapper à l'envie ; mais il faut s'instruire, car il faut être sage. Ajoutez à ce lieu le possible, et les autres lieux communs dont nous avons parlé, et vous aurez toute la rhétorique de Callippe [22].

§ XIV. Les choses opposées.

Un autre lieu consiste à conseiller ou dissuader, en examinant deux choses opposées. Il faut employer ce lieu de la même manière que le précédent, à double fin. Il en diffère, en ce que dans le premier on oppose deux choses quelconques, et dans celui-ci deux

ἐνταῦθα δὲ τἀναντία. Οἷον, ἱέρεια οὐκ εἴα τὸν υἱὸν δημηγορεῖν· Ἐὰν μὲν γὰρ, ἔφη, τὰ δίκαια λέγῃς, οἱ ἄνθρωποί σε μισήσουσιν· ἐὰν δὲ τὰ ἄδικα, οἱ Θεοί. Δεῖ μὲν οὖν δημηγορεῖν· ἐὰν μὲν γὰρ τὰ δίκαια λέγῃς, οἱ Θεοί σε φιλήσουσιν· ἐὰν δὲ τὰ ἄδικα, οἱ ἄνθρωποι. Τοῦτο δ' ἐστὶ ταὐτὸ τῷ λεγομένῳ, τὸ ἕλος πρίασθαι καὶ τοὺς ἅλας. Καὶ ἡ βλαίσωσις τοῦτ' ἔστιν, ὅταν δυοῖν ἐναντίοιν, ἑκατέρῳ ἀγαθὸν καὶ κακὸν ἔπηται, ἐναντία ἑκάτερα ἑκατέροις.

ΙΕ'. Ἄλλος, ἐπειδὴ οὐ τὰ αὐτὰ φανερῶς ἐπαινοῦσι καὶ ἀφανῶς· ἀλλὰ φανερῶς μὲν, τὰ δίκαια καὶ τὰ καλὰ ἐπαινοῦσι μάλιστα· ἰδίᾳ δὲ, τὰ συμφέροντα μᾶλλον βούλονται· ἐκ τούτων πειρᾶσθαι συνάγειν θάτερον· τῶν γὰρ παραδόξων οὗτος ὁ τόπος κυριώτατός ἐστιν.

ΙΣΤ'. Ἄλλος, ἐκ τοῦ ἀνάλογον ταῦτα συμβαίνειν· οἷον, ὁ Ἰφικράτης τὸν υἱὸν αὐτοῦ νεώτερον ὄντα τῆς ἡλικίας, ὅτι μέγας ἦν, λειτουργεῖν ἀναγκαζόντων, εἶπεν, Ὅτι εἰ τοὺς μεγάλους τῶν παίδων ἄνδρας νομίζουσι, τοὺς μικροὺς τῶν ἀνδρῶν παῖδας εἶναι ψηφιοῦνται. Καὶ ὁ Θεοδέκτης ἐν τῷ νόμῳ, Ὅτι πολίτας μὲν ποιεῖσθε τοὺς μισθοφόρους, οἷον Στράβακα καὶ Χαρίδημον, διὰ τὴν ἐπιείκειαν· φυγάδας δ' οὐ ποιήσετε, τοὺς ἐν τοῖς μισθοφόροις ἀνήκεστα διαπεπραγμένους;

ΙΖ'. Ἄλλος, ἐκ τοῦ, τὸ συμβαῖνον ἐὰν ᾖ ταὐτόν, ὅτι καὶ, ἐξ ὧν συμβαίνει, ταὐτά· οἷον Ξενοφάνης ἔλεγεν, Ὅτι ὁμοίως ἀσεβοῦσιν οἱ γενέσθαι φάσκοντες τοὺς Θεοὺς, τοῖς ἀποθανεῖν

choses contraires. Par exemple, une prêtresse ne voulait pas laisser son fils parler en public : « Si tu dis des choses justes, lui disait-elle, les hommes te haïront ; si tu dis des choses injustes, ce seront les dieux. » « Il faut donc parler en public, disait un autre, car si ce que tu dis est juste, tu seras aimé des dieux ; si c'est injuste, tu le seras des hommes. » C'est la même chose que le proverbe : « acheter le marais et le sel [23]. » C'est pour ainsi dire, tourner les pieds en dehors [24], quand deux choses étant contraires, un bien et un mal suivent chacune d'elles opposées réciproquement l'une à l'autre.

§ XV. Conclure d'après le juste ou d'après l'utile.

Comme on ne loue pas les mêmes choses en public et en secret, mais qu'en public on loue surtout les choses justes et belles, tandis qu'en particulier on veut plutôt les choses utiles, un autre lieu consiste à tirer de ces choses une des deux conclusions. C'est le lieu le plus puissant pour établir ce qui est contraire à l'opinion.

§ XVI. L'analogie.

Un autre lieu se tire de l'analogie qui se trouve dans les choses. On en trouve un exemple dans ce que dit Iphicrate, quand on voulut forcer son fils à supporter les charges publiques, et cela parce qu'il était grand : « Si vous prenez pour des hommes les enfants qui sont grands, vous déciderez que les hommes petits sont des enfants. » De même Théodecte, dans sa loi : « Puisque vous donnez le droit de cité à des soldats mercenaires, comme Strabax et Charidème [25], à cause de leur mérite, ne condamnerez-vous pas à l'exil ceux de ses soldats qui ont causé des malheurs irréparables ? »

§ XVII. L'identité des causes ou des effets.

Un autre lieu consiste en ce que de l'identité des résultats on peut conclure l'identité des choses qui les produisent. C'est ainsi que Xénophane disait [26] : « Il y a autant d'impiété à soutenir que les dieux naissent, qu'à dire qu'ils meurent ; car d'une

λέγουσιν· ἀμφοτέρως γὰρ συμβαίνει, μὴ εἶναί ποτε τοὺς θεούς. Καὶ ὅλως δὲ, τὸ συμβαῖνον ἐξ ἑκατέρου, λαμβάνειν ὡς ταὐτὸ αἰεί· «Μέλλετε δὲ κρίνειν, οὐ περὶ Σωκράτους, ἀλλὰ περὶ ἐπιτηδεύματος, εἰ χρὴ φιλοσοφεῖν.» Καὶ ὅτι τὸ διδόναι γῆν καὶ ὕδωρ, δουλεύειν ἐστί· καὶ τὸ μετέχειν τῆς κοινῆς εἰρήνης, ποιεῖν τὸ προστατόμενον. Ληπτέον δ᾽ ὁπότερον ἂν ᾖ χρήσιμον.

ΙΗ΄. Ἄλλος, ἐκ τοῦ μὴ ταὐτὸ τοὺς αὐτοὺς αἰεὶ αἱρεῖσθαι, ὕστερον ἢ πρότερον, ἀλλ᾽ ἀνάπαλιν· οἷον τόδε τὸ ἐνθύμημα, «Εἰ φεύγοντες μὲν ἐμαχόμεθα, ὅπως κατέλθωμεν· κατελθόντες δὲ φευξόμεθα, ὅπως μὴ μαχώμεθα;» Ὁτὲ μὲν γὰρ τὸ μένειν ἀντὶ τοῦ μάχεσθαι ᾑροῦντο· ὁτὲ δὲ τὸ μὴ μάχεσθαι ἀντὶ τοῦ μὴ μένειν.

ΙΘ΄. Ἄλλος, τὸ οὗ ἕνεκα ἂν εἴη, εἰ μὴ γένοιτο, τούτου ἕνεκα φάναι εἶναι, ἢ γεγενῆσθαι· οἷον, εἰ δοίη ἄν τις τινί, ἵνα ἀφελόμενος λυπήσῃ. Ὅθεν καὶ τοῦτ᾽ εἴρηται,

Πολλοῖς ὁ δαίμων οὐ κατ᾽ εὔνοιαν φέρων,
Μεγάλα δίδωσιν εὐτυχήματ᾽, ἀλλ᾽ ἵνα
Τὰς συμφορὰς λάβωσιν ἐπιφανεστέρας.

Καὶ τὸ ἐκ τοῦ Μελεάγρου τοῦ Ἀντιφῶντος,

Οὐχ ἵνα κτάνωσι θῆρ᾽, ὅπως δὲ μάρτυρες
Ἀρετῆς γένωνται Μελεάγρῳ πρὸς Ἑλλάδα.

Καὶ τὸ ἐκ τοῦ Αἴαντος τοῦ Θεοδέκτου, ὅτι ὁ Διομήδης προείλετο Ὀδυσσέα, οὐ τιμῶν, ἀλλ᾽ ἵνα ἥττων ᾖ ὁ ἀκολουθῶν· ἐνδέχεται γὰρ τούτου ἕνεκα ποιῆσαι.

manière ou d'autre, c'est supposer qu'il y a un temps où les dieux n'existent pas. » On peut aussi, d'une manière absolue, considérer toujours comme identiques les résultats produits par l'une ou l'autre de deux causes identiques. » Vous allez juger, non pas Socrate, mais la science elle-même, et décider s'il faut étudier la philosophie [27]. Donner la terre et l'eau, c'est se soumettre à l'esclavage. Etre compris dans la paix générale, c'est en accepter les conditions. Des deux conclusions, prenez celle qui peut vous servir.

§ XVIII. L'inconstance des opinions.

Un autre lieu consiste en ce que les mêmes hommes, avant ou après, ne donnent pas la préférence à la même chose; au contraire. En voici un exemple dans cet enthymème : « Exilés, nous combattions pour rentrer dans la patrie; et après notre retour, nous nous exilerons pour ne pas combattre [28] ! » C'est que tantôt ils préféraient le séjour de la patrie à la nécessité de se battre; tantôt ils aimaient mieux ne pas se battre que vivre dans la patrie. »

§ XIX. La cause apparente.

Un autre lieu consiste à regarder comme cause de ce qui est ou a été, une chose qui pourrait l'être, quoiqu'elle ne le soit pas. Par exemple : donner à une personne, pour l'affliger en retirant le don. Ce qui a fait dire aussi : « Ce n'est pas par bienveillance que la fortune accorde souvent de grandes faveurs, mais afin que les hommes éprouvent des malheurs plus éclatants [29]. » Et ce passage du *Méléagre* d'Antiphon : « Ce n'est pas pour tuer le monstre, mais pour attester à la Grèce la valeur de Méléagre. » Ajoutons-y ce que nous voyons dans l'*Ajax* de Théodecte : Diomède choisit Ulysse, non pour lui faire honneur, mais pour être au-dessus de son compagnon. Car tel pouvait être le motif de sa détermination.

Κ'. Ἄλλος κοινὸς καὶ τοῖς ἀμφισβητοῦσι, καὶ τοῖς συμβουλεύουσι, σκοπεῖν τὰ προτρέποντα καὶ ἀποτρέποντα, καὶ ὦν ἕνεκα καὶ πράττουσι καὶ φεύγουσι· ταῦτα γάρ ἐστιν, ἅ, ἐὰν μὲν ὑπάρχῃ, δεῖ πράττειν· οἷον, εἰ δυνατὸν, καὶ ῥᾴδιον, καὶ ὠφέλιμον ἢ αὐτῷ, ἢ φίλοις· ἢ βλαβερὸν ἐχθροῖς καὶ ἐπιζήμιον· ἢ ἐλάττων ἡ ζημία τοῦ πράγματος. Καὶ προτρέπονται δ' ἐκ τούτων, καὶ ἀποτρέπονται ἐκ τῶν ἐναντίων· ἐκ δὲ τῶν αὐτῶν τούτων καὶ κατηγοροῦσι, καὶ ἀπολογοῦνται· ἐκ μὲν τῶν ἀποτρεπόντων, ἀπολογοῦνται· ἐκ δὲ τῶν προτρεπόντων, κατηγοροῦσιν. Ἔστι δ' ὁ τόπος οὗτος, ὅλη τέχνη, ἥ τε Παμφίλου, καὶ ἡ Καλλίππου.

ΚΑ'. Ἄλλος, ἐκ τῶν δοκούντων μὲν γίγνεσθαι, ἀπίστων δὲ, ὅτι οὐκ ἂν ἔδοξαν, εἰ μὴ ἦν, ἢ ἐγγὺς ἦν· καὶ ὅτι μᾶλλον· ἢ γὰρ τὰ ὄντα, ἢ τὰ εἰκότα ὑπολαμβάνουσιν· εἰ οὖν ἄπιστον, καὶ μὴ εἰκός, ἀληθὲς ἂν εἴη· οὐ γὰρ διά γε τὸ εἰκὸς καὶ πιθανόν, δοκεῖ οὕτως. Οἷον, Ἀνδροκλῆς ἔλεγεν ὁ Πιτθεὺς κατηγορῶν τοῦ νόμου, ἐπεὶ ἐθορύβησαν αὐτῷ εἰπόντι· «Δέονται οἱ νόμοι νόμου τοῦ διορθώσοντος· καὶ γὰρ οἱ ἰχθύες ἁλός· καίτοι οὐκ εἰκός, οὐδὲ πιθανόν, ἐν ἅλμῃ τρεφομένους δεῖσθαι ἁλός· καὶ τὰ στέμφυλα ἐλαίου· καίτοι ἄπιστον, ἐξ ὧν ἔλαιον γίγνεται, ταῦτα δεῖσθαι ἐλαίου.»

ΚΒ'. Ἄλλος ἐλεγκτικός, τὸ τὰ ἀνομολογούμενα σκοπεῖν,

§ XX. Les motifs.

Un autre lieu commun au genre judiciaire et au genre délibératif, consiste à examiner ce qui nous porte vers une chose ou nous en détourne, et les motifs qui font que nous agissons ou que nous n'agissons pas. Or, ces motifs, qui sont déterminants quand ils existent, sont, par exemple, si la chose est possible, facile, utile à nous-mêmes ou à nos amis, nuisible et préjudiciable à nos ennemis, ou si le dommage est moindre que le profit. On conseille par ces motifs, on dissuade par les motifs contraires. C'est par ces mêmes motifs qu'on accuse et qu'on défend ; car les motifs qui nous portent à une chose, servent aussi à défendre ; et ceux qui nous en détournent, servent à accuser. Ce lieu est au reste tout ce que renferme la *Rhétorique* de Pamphile [30], et celle de Callippe.

§ XXI. L'invraisemblable.

Un autre lieu se tire des choses qui semblent être arrivées, mais qui sont incroyables, dans ce sens qu'on n'y ajouterait pas foi, si elles n'étaient réellement, ou si elles n'étaient sur le point d'être ; et même ces choses obtiennent plus de créance. En effet, nous ne présumons que ce qui est ou ce qui est probable. Si donc une chose est incroyable, si elle n'est probable, elle doit être vraie ; car ce n'est pas parce qu'elle est probable ou croyable, qu'elle nous semble vraie. Ainsi Androclès de Pitthée [31], parlant contre la loi, et étant interrompu par des murmures, dit : « Les lois ont besoin d'une loi qui les corrige. Les poissons n'ont-ils pas besoin de sel? Cependant il n'est pas probable, il n'est pas croyable que les poissons, nourris dans l'eau salée, aient besoin de sel. Les olives ont besoin d'huile [32] ; et cependant il n'est pas croyable que le fruit d'où nous retirons l'huile, ait lui-même besoin d'huile.

§ XXII. Les choses qui répugnent entre elles.

Un autre lieu, propre à la réfutation, consiste à examiner les

εἴ τι ἀνομολογούμενον ἐκ πάντων καὶ χρόνων, καὶ πράξεων, καὶ λόγων· χωρὶς μὲν, ἐπὶ τοῦ ἀμφισβητοῦντος· οἷον, Καὶ φησὶ μὲν φιλεῖν ὑμᾶς, συνώμοσε δὲ τοῖς τριάκοντα· χωρὶς δ᾽ ἐπ᾽ αὐτοῦ, Καὶ φησὶ μὲν εἶναί με φιλόδικον, οὐκ ἔχει δὲ ἀποδεῖξαι δεδικασμένον οὐδεμίαν δίκην· χωρὶς δ᾽ ἐπ᾽ αὐτοῦ καὶ τοῦ ἀμφισβητοῦντος, Καὶ οὗτος μὲν οὐ δεδάνεικε πώποτ᾽ οὐδέν· ἐγὼ δὲ καὶ πολλοὺς λέλυμαι ὑμῶν.

ΚΓ΄. Ἄλλος, τοῖς προδιαβεβλημένοις, καὶ ἀνθρώποις καὶ πράγμασι, ἢ δοκοῦσι, τὸ λέγειν τὴν αἰτίαν τοῦ παραδόξου· ἔστι γάρ τι, δι᾽ ὃ φαίνεται· οἷον ὑποβεβλημένης τινὸς τὸν αὑτῆς υἱὸν, διὰ τὸ ἀσπάζεσθαι, ἐδόκει συνεῖναι τῷ μειρακίῳ· λεχθέντος δὲ τοῦ αἰτίου, ἐλύθη ἡ διαβολή. Καὶ οἷον ἐν τῷ Αἴαντι τῷ Θεοδέκτου, Ὀδυσσεὺς λέγει πρὸς τὸν Αἴαντα, διότι, ἀνδρειότερος ὢν τοῦ Αἴαντος, οὐ δοκεῖ.

ΚΔ΄. Ἄλλος, ἀπὸ τοῦ αἰτίου, ἄν τε ὑπάρχῃ, ὅτι ἐστί· κἂν μὴ ὑπάρχῃ, ὅτι οὐκ ἔστιν· ἅμα γὰρ τὸ αἴτιον καὶ οὗ αἴτιον, καὶ ἄνευ αἰτίου, οὐδέν ἐστιν. Οἷον Λεωδάμας ἀπολογούμενος ἔλεγε, κατηγορήσαντος Θρασυβούλου, ὅτι ἦν στηλίτης γεγονὼς ἐν τῇ ἀκροπόλει· ἀλλ᾽ ἐκκόψαι ἐπὶ τῶν τριάκοντα· Οὐκ ἐνδέχεσθαι, ἔφη· μᾶλλον γὰρ ἂν πιστεύειν αὐτῷ τοὺς τριάκοντα, ἐγγεγραμμένης τῆς ἔχθρας πρὸς τὸν δῆμον.

ΚΕ΄. Ἄλλος, εἰ ἐνεδέχετο βέλτιον ἄλλως, ἢ ἐνδέχεται, ὧν ἢ συμβουλεύει, ἢ πράττει, ἢ πέπραχε, σκοπεῖν· φανερὸν γάρ, ὅτι εἰ οὕτως ἔχει, οὐ πέπραχεν· οὐδεὶς γὰρ ἑκὼν

choses qui répugnent entre elles, pour voir s'il ne s'en trouve pas quelqu'une dans les circonstances du temps, dans les actions, dans les paroles. On examine séparément ce lieu : dans la personne de l'adversaire ; par exemple : il dit qu'il vous aime, et cependant il a prêté serment aux Trente : dans sa propre personne ; il dit que j'aime les procès, et il ne peut prouver que j'en ai intenté un seul : dans la personne de l'adversaire et dans soi-même ; il n'a jamais rien prêté, et moi j'ai délivré beaucoup d'entre vous.

§ XXIII. Les apparences.

Un autre lieu consiste, quand la calomnie attaque ou semble attaquer les hommes ou les choses, à faire connaître la cause de cette fausse opinion; car il faut un prétexte à la calomnie pour se montrer. Ainsi, une femme fut calomniée à l'occasion de son fils. Les embrassements qu'elle donnait au jeune homme firent croire qu'elle avait des relations avec lui ; mais quand on eut expliqué pourquoi, la calomnie fut détruite. Dans l'*Ajax* de Théodecte, Ulysse explique à Ajax comment, sans le paraître, lui Ulysse est plus courageux qu'Ajax.

§ XXIV. Les causes.

Un autre lieu se tire de la cause. Si la cause existe, l'effet existe ; si la cause n'existe pas, l'effet n'existe pas. Car l'effet existe avec la cause ; et sans cause, il n'y a rien. Voici un exemple, pris de la défense de Léodamas. Thrasybule l'accusait d'avoir eu son nom inscrit sur la colonne de l'Acropole, et de l'avoir effacé sous les Trente. « Ce n'est pas possible, dit Léodamas, car les Trente auraient eu plus de confiance en moi, si ma haine contre le peuple eût été gravée sur la pierre. »

§ XXV. Les préférences.

Un autre consiste à examiner s'il ne s'est pas présenté ou s'il ne se présente pas une chose préférable à celle qui est conseillée, qui est ou qui a été faite. Car il est évident que, s'il en est ainsi, on n'a pas agi, personne de son gré ou de son escient ne

τὰ φαῦλα καὶ γιγνώσκων προαιρεῖται. Ἔστι δὲ τοῦτο ψεῦδος· πολλάκις γὰρ ὕστερον γίγνεται δῆλον, πῶς ἦν πρᾶξαι βέλτιον· πρότερον δὲ ἄδηλον.

ΚϚ'. Ἄλλος, ὅταν τι ἐναντίον μέλλῃ πράττεσθαι τοῖς πεπραγμένοις, ἅμα σκοπεῖν· οἷον Ξενοφάνης Ἐλεάταις ἐρωτῶσιν, εἰ θύωσι τῇ Λευκοθέᾳ, καὶ θρηνῶσιν, ἢ μὴ, συνεβούλευεν, εἰ μὲν θεὸν ὑπολαμβάνουσι, μὴ θρηνεῖν, εἰ δ' ἄνθρωπον, μὴ θύειν.

ΚΖ'. Ἄλλος τόπος, τὸ ἐκ τῶν ἁμαρτηθέντων κατηγορεῖν ἢ ἀπολογεῖσθαι· οἷον ἐν τῇ Καρκίνου Μηδείᾳ, οἱ μὲν κατηγοροῦσιν, ὅτι τοὺς παῖδας ἀπέκτεινεν· οὐ φαίνεσθαι γοῦν αὐτούς· ἥμαρτε γὰρ ἡ Μήδεια περὶ τὴν ἀποστολὴν τῶν παίδων· ἡ δ' ἀπολογεῖται, ὅτι οὐκ ἂν τοὺς παῖδας, ἀλλὰ τὸν Ἰάσονα ἂν ἀπέκτεινε· τοῦτο γὰρ ἥμαρτεν ἂν μὴ ποιήσασα, εἴπερ καὶ θάτερον ἐποίησεν. Ἔστι δ' ὁ τόπος οὗτος τοῦ ἐνθυμήματος, καὶ τὸ εἶδος ὅλη ἡ πρότερον Θεοδώρου τέχνη.

ΚΗ'. Ἄλλος, ἀπὸ τοῦ ὀνόματος· οἷον, ὡς ὁ Σοφοκλῆς,
Σαφῶς Σιδηρὼ, καὶ φοροῦσα τοὔνομα.

Καὶ ὡς ἐν τοῖς τῶν θεῶν ἐπαίνοις εἰώθασι λέγειν· καὶ ὡς Κόνων Θρασύβουλον Θρασύβουλον ἐκάλει· καὶ Ἡρόδικος Θρασύμαχον, αἰεὶ θρασύμαχος εἶ· καὶ Πῶλον, αἰεὶ σὺ πῶλος εἶ· καὶ Δράκοντα τὸν νομοθέτην, ὅτι οὐκ ἂν ἀνθρώπου οἱ νόμοι, ἀλλὰ δράκοντος· χαλεποὶ γάρ· καὶ ὡς Εὐριπίδου Ἑκάβη εἰς τὴν Ἀφροδίτην,

Καὶ τοὔνομ' ὀρθῶς ἀφροσύνης ἄρχει θεᾶς·
καὶ ὡς Χαιρήμων,

Πενθεὺς, ἐσομένης συμφορᾶς ἐπώνυμος.

préférant ce qui est mauvais. Cependant ce raisonnement peut être faux ; car bien souvent ce n'est qu'après avoir agi qu'on voit clairement quel était le parti le meilleur ; auparavant on n'en savait rien.

§ XXVI. Réunion des contraires.

Un autre consiste, lorsqu'une chose va être faite, contraire à celles qui sont faites déjà, à examiner le tout ensemble. Les Eléates demandant à Xénophane s'ils devaient sacrifier à Leucothée, et verser des larmes ou non, Xénophane répondit que s'ils la croyaient déesse, ils ne devaient pas pleurer ; que s'ils la croyaient mortelle, ils ne devaient pas lui sacrifier [33].

§ XXVII. Les fautes commises.

Un autre lieu consiste à se servir des fautes commises pour accuser ou pour se défendre. Ainsi, dans la *Médée* de Carcinus [34], d'un côté on accuse Médée d'avoir tué ses enfants, parce qu'ils ont disparu ; car Médée avait fait une faute en les faisant partir : d'un autre côté, Médée se justifie en disant qu'elle aurait tué, non pas ses enfants, mais Jason ; elle aurait commis une faute, si elle ne l'avait pas fait mourir, après avoir commis l'autre crime qu'on lui imputait. Ce lieu, cette espèce d'enthymème est le sujet de tout le premier traité de Théodore [35].

§ XXVIII. Le nom.

Un autre lieu se tire du nom. C'est ainsi que Sophocle dit : « Oui, tu es Sidero [36], c'est bien là ton nom. » On l'emploie ordinairement dans les louanges des dieux. Conon appelait Thrasybule, l'homme aux hardis conseils. Hérodicus [37] disait à Thrasymaque : « Tu es toujours audacieux dans la lutte, » et à Polus, » Tu seras toujours un poulain. » On a dit de Dracon le législateur [38], que ses lois étaient, non les lois d'un homme, mais celles d'un dragon ; tant elles étaient rigoureuses. Hécube, dans Euripide, dit à Vénus : « C'est avec raison que ton nom commence comme celui de la folie [39]. » Et Chérémon [40] : « Penthée, qui porte le nom de son malheureux futur. »

ΚΘ'. Εὐδοκιμεῖ δὲ μᾶλλον τῶν ἐνθυμημάτων τὰ ἐλεγκτικὰ τῶν ἀποδεικτικῶν· διὰ τὸ, συναγωγὴν μὲν ἐναντίων εἶναι ἐν μικρῷ τὸ ἐλεγκτικὸν ἐνθύμημα, παράλληλα δὲ φανερὰ εἶναι τῷ ἀκροατῇ μᾶλλον. Πάντων δὲ καὶ τῶν ἐλεγκτικῶν καὶ τῶν δεικτικῶν συλλογισμῶν, θορυβεῖται μάλιστα τὰ τοιαῦτα, ὅσα ἀρχόμενα προορῶσι, μὴ τῷ ἐπιπολῆς εἶναι· ἅμα γὰρ καὶ αὐτοὶ ἐφ' αὐτοῖς χαίρουσι προαισθανόμενοι· καὶ ὅσων τοσοῦτον ὑστερίζουσιν, ὥσθ' ἅμα εἰρημένων γνωρίζειν.

ΚΕΦΑΛΑΙΟΝ ΚΔ'.

Λ'. Ἐπεὶ δ' ἐνδέχεται, τὸν μὲν εἶναι συλλογισμὸν, τὸν δὲ μὴ εἶναι μὲν, φαίνεσθαι δέ· ἀνάγκη καὶ ἐνθύμημα, τὸ μὲν εἶναι ἐνθύμημα, τὸ δὲ μὴ εἶναι, φαίνεσθαι δέ· ἐπείπερ τὸ ἐνθύμημα, συλλογισμός τις.

Β'. Τόποι δ' εἰσὶ τῶν φαινομένων ἐνθυμημάτων, εἷς μὲν, ὁ παρὰ τὴν λέξιν· καὶ τούτου ἓν μὲν μέρος, ὥσπερ ἐν τοῖς διαλεκτικοῖς, τὸ μὴ συλλογισάμενον συμπερασματικῶς τὸ τελευταῖον εἰπεῖν, Οὐκ ἄρα τὸ καὶ τό· ἀνάγκη ἄρα τὸ καὶ τό. Καὶ τὸ τοῖς ἐνθυμήμασι συνεστραμμένως καὶ ἀντικειμένως εἰπεῖν, φαίνεται ἐνθύμημα· ἡ γὰρ τοιαύτη λέξις, χώρα ἐστὶν ἐνθυμήματος· καὶ ἔοικε τὸ τοιοῦτον εἶναι παρὰ τὸ σχῆμα τῆς λέξεως. Ἔστι δὲ εἰς τὸ τῇ λέξει συλλογιστικῶς λέγειν χρήσιμον, τὸ συλλογισμῶν πολλῶν κεφάλαια λέγειν· Ὅτι τοὺς

§ XXIX. Avantage des enthymèmes réfutatifs.

Les enthymèmes qui servent à réfuter sont plus estimés que ceux qui servent à démontrer. En effet, l'enthymème réfutatif réunit les contraires dans un espace resserré, et ce rapprochement frappe l'auditeur plus vivement. Mais de tous les arguments qui réfutent ou qui démontrent, ceux-là font l'impression la plus forte, qui, sans être superficiels, sont néanmoins prévus aussitôt que l'orateur commence à les produire. L'auditeur éprouve du plaisir à les pressentir lui-même. Ajoutons-y tous ceux qui, sans être prévus comme ceux-là, sont néanmoins connus aussitôt qu'exprimés.

CHAPITRE XXIV.

Lieux des enthymèmes apparents.

§ I. Enthymèmes apparents.

Comme il se trouve que, parmi les syllogismes, les uns sont réels, tandis que les autres ne sont qu'apparents, il faut qu'il y ait aussi des enthymèmes réels, et d'autres qui ne sont qu'apparents ; car l'enthymème est un syllogisme.

§ II. Conclure sans qu'il y ait enthymème.

Or, voici quels sont les lieux des enthymèmes apparents. Il y en a un qui se tire de l'expression, et qui se divise en deux espèces. La première consiste, comme dans la dialectique, à finir par une conclusion, quoiqu'il n'y ait pas de syllogisme : ce n'est ni ceci ni cela, c'est donc ceci et cela. Dans l'argumentation de la rhétorique, on semble faire un enthymème quand on parle par conversion ou par antithèse ; car l'enthymème trouve à se placer dans ces façons de parler, et l'argument semble consister dans la forme de l'expression. Pour trouver la matière d'un syllogisme qui ne soit que dans l'expression, il est utile de réunir les majeures de plusieurs syllogismes : il a sauvé ceux-ci,

μὲν ἔσωσε, τοῖς δ' ἑτέροις ἐτιμώρησε, τοὺς δ' Ἕλληνας ἠλευθέρωσεν. Ἕκαστον μὲν γὰρ τούτων ἐξ ἄλλων ἀπεδείχθη· συντεθέντων δὲ, φαίνεται καὶ ἐκ τούτων τι γίγνεσθαι.

Γ'. Ἓν δὲ, τὸ παρὰ τὴν ὁμωνυμίαν, ὡς τὸ φάναι σπουδαῖον εἶναι μῦν, ἀφ' οὗ γ' ἐστὶν ἡ τιμιωτάτη πασῶν τελετή· τὰ γὰρ μυστήρια πασῶν τιμιωτάτη τελετή. Ἢ εἴ τις τὸν κύνα ἐγκωμιάζων, τὸν ἐν τῷ οὐρανῷ συμπαραλαμβάνει· ἢ τὸν Πᾶνα; ὅτι Πίνδαρος ἔφη,

Ὦ μάκαρ, ὃν τε μεγάλας θεοῦ κύνα παντοδαπὸν
Καλέουσιν Ὀλύμπιοι·

ἢ ὅτι τὸ μηδένα εἶναι κύνα, ἀτιμότατόν ἐστιν· ὥστε τὸ κύνα δηλονότι τίμιον. Καὶ τὸ κοινωνικὸν φάναι τὸν Ἑρμῆν εἶναι μάλιστα τῶν θεῶν· μόνος γὰρ καλεῖται κοινὸς Ἑρμῆς. Καὶ τὸ τὸν λόγον εἶναι σπουδαιότατον· ὅτι οἱ ἀγαθοὶ ἄνδρες οὐ χρημάτων, ἀλλὰ λόγου εἰσὶν ἄξιοι· τὸ γὰρ λόγου ἄξιον, οὐχ ἁπλῶς λέγεται.

Δ'. Ἄλλος, τὸ διῃρημένον συντιθέντα λέγειν, ἢ τὸ συγκείμενον διαιροῦντα. Ἐπεὶ γὰρ ταὐτὸν δοκεῖ εἶναι οὐκ ὂν ταὐτὸν πολλάκις, ὁπότερον χρησιμώτερον, τοῦτο δεῖ ποιεῖν. Ἔστι δὲ τοῦτο Εὐθυδήμου λόγος· οἷον, τὸ εἰδέναι, ὅτι τριήρης ἐν Πειραιεῖ ἐστίν· ἕκαστον γὰρ οἶδε· καὶ τὸν τὰ στοιχεῖα ἐπιστάμενον, ὅτι τὸ ἔπος οἶδε· τὸ γὰρ ἔπος τὸ αὐτό ἐστι. Καὶ ἐπεὶ τὸ δὶς τοσοῦτον νοσῶδες, μηδὲ τὸ ἓν φάναι ὑγιεινὸν εἶναι· ἄτοπον γὰρ, εἰ τὰ δύο ἀγαθὰ ἓν κακόν ἐστιν. Οὕτω μὲν οὖν ἐλεγκτικόν· ὧδε δὲ δεικτικόν ἐστιν· οὐ γάρ ἐστιν ἓν ἀγαθὸν δύο κακά. Ὅλος δὲ ὁ τό-

il a vengé les autres, il a affranchi les Grecs. Chacune de ces propositions a été démontrée par d'autres, mais de leur réunion il semble naître un nouvel argument.

§ III. L'homonymie.

La seconde espèce de ce lieu vient de l'homonymie : si on disait, par exemple, que le rat est un animal important, puisque c'est de lui (μῦς) que vient la plus solennelle des fêtes, celle des mystères; ou bien, si pour faire l'éloge d'un chien, on le rapprochait de celui qui est au ciel, ou du Dieu Pan, parce que Pindare a dit : « Heureuse Divinité, que les habitants de l'Olympe appellent le chien aux mille formes de la Grande Déesse [1]; » ou bien, si on disait que le chien est un animal honorable, parce que l'homme qui n'a pas le signe de la virilité (τὸν κύνα), est par cela même couvert d'infamie [2]. C'est encore comme si on disait que Mercure est le plus communicatif des Dieux, parce que seul il est appelé Mercure *commun* [3]; et que l'estime, ou la raison (λόγος) est ce qu'il y a de plus précieux au monde, puisque les honnêtes gens sont réputés dignes d'estime, et non dignes de richesses; car l'expression λόγου ἄξιος a une double signification.

§ IV. Réunir ce qui est divisé, et *vice versa*.

Un autre lieu consiste à réunir ce qui est divisé, ou à diviser ce qui est réuni. En effet, comme souvent une chose qui n'est pas la même qu'une autre, semble néanmoins être la même, il faut alors prendre le sens qui est le plus utile. Tel est le raisonnement d'Euthydème, pour prouver qu'on sait qu'une galère est dans le Pirée, puisqu'on connaît et la galère et le Pirée [4]; ou bien que celui qui connaît les lettres, connaît aussi le vers qui en est formé, car le vers et les lettres, c'est une même chose. Un remède pris à double dose fait du mal; on peut dire qu'une simple dose ne sera pas salutaire; car il serait étrange que le tout fût mauvais, et que les deux moitiés fussent bonnes. Présenté ainsi, l'argument est propre à la réfutation. Voici comment il

πος παραλογιστικός. Πάλιν τὸ Πολυκράτους εἰς Θρασύβουλον, ὅτι τριάκοντα τυράννους κατέλυσε· συντίθησι γάρ. Ἢ τὸ ἐν τῷ Ὀρέστῃ τῷ Θεοδέκτου· ἐκ διαιρέσεως γάρ ἐστιν.

Δίκαιόν ἐστιν, εἴ τις ἂν κτείνῃ πόσιν.
ἀποθνήσκειν ταύτην,
Καὶ τῷ πατρί γε τιμωρεῖν τὸν υἱόν.

Οὐκοῦν καὶ ταῦτα πέπρακται· συντεθέντα γάρ, ἴσως οὐκέτι δίκαιον. Εἴη δ' ἂν καὶ παρὰ τὴν ἔλλειψιν· ἀφαιρεῖται γάρ τὸ ὑπὸ τίνος.

Ε΄. Ἄλλος δὲ τόπος, τὸ δεινώσει κατασκευάζειν, ἢ ἀνασκευάζειν. Τοῦτο δ' ἐστίν, ὅταν μὴ δείξας ὅτι ἐποίησεν, αὐξήσῃ τὸ πρᾶγμα· ποιεῖ γὰρ φαίνεσθαι ἢ ὡς οὐ πεποίηκεν, ὅταν ὁ τὴν αἰτίαν ἔχων, αὔξῃ· ἢ ὡς πεποίηκεν, ὅταν ὁ κατηγορῶν ὀργίζηται. Οὔκουν ἐστὶν ἐνθύμημα· παραλογίζεται γὰρ ὁ ἀκροατής, ὅτι ἐποίησεν, ἢ οὐκ ἐποίησεν, οὐ δεδειγμένου.

ΣΤ΄. Ἄλλος, τὸ ἐκ σημείου· ἀσυλλόγιστον γὰρ καὶ τοῦτο· οἷον, εἴ τις λέγοι, Ταῖς πόλεσι συμφέρουσιν οἱ ἐρῶντες· ὁ γὰρ Ἁρμοδίου καὶ Ἀριστογείτονος ἔρως κατέλυσε τὸν τύραννον Ἵππαρχον· ἢ εἴ τις λέγοι, Ὅτι κλέπτης Διονύσιος· πονηρὸς γάρ· ἀσυλλόγιστον γὰρ καὶ τοῦτο· οὐ γὰρ πᾶς πονηρὸς κλέπτης· ἀλλ' ὁ κλέπτης πᾶς, πονηρός.

Ζ΄. Ἄλλος, διὰ τὸ συμβεβηκός· οἷον, ὃ λέγει Πολυκράτης εἰς τοὺς μῦς, ὅτι ἐβοήθησαν διατραγόντες τὰς νευράς. Ἢ εἴ τις φαίη, τὸ ἐπὶ δεῖπνον κληθῆναι, τιμιώτατον· διὰ γὰρ τὸ

pourrait servir à la démonstration : il ne peut pas se faire que le tout soit bon et les deux moitiés mauvaises. Tout ce lieu tend au paralogisme. On peut citer ici ce que dit Polycrate[5] de Thrasybule, qu'il a détruit trente tyrans ; ici, il y a réunion. Voici un exemple de la division, pris de l'*Oreste* de Théodecte[6] : « Il est juste de faire mourir la femme qui a tué son mari ; il est juste qu'un fils venge son père. Or voilà ce qui a été fait. » Mais si on réunit ces deux choses, il n'y a peut-être plus de justice. Le raisonnement pécherait aussi par omission, car on ne dit pas quel est celui qui a tué Clytemnestre.

§ V. Amplifier sans prouver.

Un autre lieu consiste à prouver ou à réfuter par le moyen de l'amplification ; ce qui arrive, quand l'orateur augmente le fait sans l'avoir établi. Il semble alors, ou que l'accusé n'est pas coupable, quand c'est lui même qui a recours à l'amplification ; ou bien qu'il est coupable, quand c'est l'accusateur qui s'indigne. Il n'y a donc pas d'enthymème ; car l'auditeur porte un faux jugement en croyant, sans démonstration, que l'accusé a ou n'a pas fait.

§ VI. Le signe.

Un autre se tire d'un signe ; car un pareil argument ne saurait conclure ; si on disait, par exemple, que ceux qui s'aiment sont utiles aux cités, puisque l'amour d'Harmodius et d'Aristogiton renversa le tyran Hipparque ; ou bien que Denys est un voleur parce qu'il est méchant ; l'argument ne conclut pas. En effet, tout méchant n'est pas voleur, quoique tout voleur soit méchant.

§ VII. L'accident.

Un autre vient de l'accident. C'est ainsi que Polycrate dit que les rats ont été d'utiles auxiliaires, en rongeant les cordes des arcs[7]. Il en serait de même si on disait que rien n'est plus honorable que d'être invité à un festin, puisque c'est pour n'avoir pas été invité qu'Achille se mit en colère contre les Grecs à Té-

μὴ κληθῆναι ὁ Ἀχιλλεὺς ἐμήνισε τοῖς Ἀχαιοῖς ἐν Τενέδῳ· ὁ δ' ὡς ἀτιμαζόμενος ἐμήνισε· συνέβη δὲ τοῦτο ἐπὶ τοῦ μὴ κληθῆναι.

Η'. Ἄλλος, τὸ παρὰ τὸ ἑπόμενον· οἷον, ἐν τῷ Ἀλεξάνδρῳ, ὅτι μεγαλόψυχος· ὑπεριδὼν γὰρ τὴν πολλῶν ὁμιλίαν, ἐν τῇ Ἴδῃ διέτριβε καθ' αὑτόν· ὅτι γὰρ οἱ μεγαλόψυχοι τοιοῦτοι, καὶ οὗτος μεγαλόψυχος δόξειεν ἄν. Καὶ ἐπεὶ καλλωπιστὴς, καὶ νύκτωρ πλανᾶται, μοιχός· ὅτι καὶ οἱ μοιχοὶ τοιοῦτοι. Ὅμοιον δὲ καὶ ὅτι ἐν τοῖς ἱεροῖς οἱ πτωχοὶ καὶ ᾄδουσι, καὶ ὀρχοῦνται· καὶ ὅτι τοῖς φυγάσιν ἔξεστιν οἰκεῖν, ὅπου ἂν θέλωσιν· ὅτι γὰρ τοῖς δοκοῦσιν εὐδαιμονεῖν ὑπάρχει ταῦτα, καὶ οἷς ὑπάρχει ταῦτα, δόξαιεν ἂν εὐδαιμονεῖν. Διαφέρει δὲ τῷ πῶς· διὸ καὶ εἰς τὴν ἔλλειψιν ἐμπίπτει.

Θ'. Ἄλλος, παρὰ τὸ ἀναίτιον, ὡς αἴτιον· οἷον τὸ ἅμα, ἢ μετὰ τοῦτο γεγονέναι· τὸ γὰρ μετὰ τοῦτο, ὡς διὰ τοῦτο λαμβάνουσι, καὶ μάλιστα οἱ ἐν ταῖς πολιτείαις· οἷον ὡς ὁ Δημάδης τὴν Δημοσθένους πολιτείαν, πάντων τῶν κακῶν αἰτίαν· μετ' ἐκείνην γὰρ συνέβη ὁ πόλεμος.

Ι'. Ἄλλος, παρὰ τὴν ἔλλειψιν τοῦ πότε, καὶ πῶς· οἷον, ὅτι δικαίως Ἀλέξανδρος ἔλαβε τὴν Ἑλένην· αἵρεσις γὰρ αὐτῇ ἐδόθη παρὰ τοῦ πατρός· οὐ γὰρ ἀεὶ ἴσως, ἀλλὰ τὸ πρῶτον· καὶ γὰρ ὁ πατὴρ, μέχρι τούτου κύριος. Ἢ εἴ τις φαίη τὸ τύπτειν τοὺς

nédos[8]. Mais le courroux d'Achille venait de ce qu'il avait reçu un affront. Il se rencontra, par accident, qu'il était en colère, et qu'il ne fut pas invité.

§ VIII. La fausse conséquence.

Un autre lieu se tire de la conséquence ; comme si on disait en parlant de Pâris, qu'il avait une grande âme, puisque méprisant le commerce de la foule, il se retira sur l'Ida, pour y vivre seul. Comme ceux qui ont l'âme grande agissent ainsi, il pourrait sembler que Pâris aussi l'avait grande. Un homme soigne sa mise, il erre pendant la nuit, donc il est libertin, car c'est ainsi qu'agissent les libertins. Les pauvres chantent et dansent dans les temples ; les exilés peuvent habiter le pays qu'ils veulent ; et comme ces deux choses semblent être deux éléments de bonheur, on pourrait croire que ceux qui les possèdent sont heureux. Mais ce qu'il importe de considérer, ce sont les diverses conditions. C'est aussi pour cela que ce lieu retombe dans celui de l'omission.

§ IX. Prendre pour cause ce qui n'est pas cause.

Un autre lieu consiste à prendre pour cause ce qui n'est pas cause, comme quand une chose est arrivée en même temps qu'une autre ou après une autre. Car la chose qui vient après, on la croit produite par l'autre, surtout dans les affaires politiques. C'est ainsi que Démade prétendait que la politique de Démosthène était la cause de tous les malheurs, parce que cette politique avait été suivie de la guerre

§ X. L'omission des circonstances.

Un autre lieu consiste à omettre de dire quand et comment. Par exemple : c'est sans injustice que Pâris a enlevé Hélène, puisque le choix d'un époux avait été donné à Hélène par son père[9]. Mais ce n'était pas peut-être pour toujours, mais bien pour une première fois ; car c'est là que s'arrête le droit du père. C'est aussi comme si on disait que c'est une injure de

ἐλευθέρους, ὕβριν εἶναι· οὐ γὰρ πάντως· ἀλλ᾽ ὅταν ἄρχῃ χειρῶν ἀδίκων.

ΙΑ'. Ἔτι, ὥσπερ ἐν τοῖς ἐριστικοῖς παρὰ τὸ ἁπλῶς καὶ μὴ ἁπλῶς, ἀλλὰ κατά τι γίγνεται φαινόμενος συλλογισμός· οἷον ἐν μὲν τοῖς διαλεκτικοῖς, ὅτι ἐστὶ τὸ μὴ ὄν· ἔστι γὰρ τὸ μὴ ὄν, μὴ ὄν· καὶ ὅτι ἐπιστητὸν τὸ ἄγνωστον· ἔστι γὰρ ἐπιστητὸν τὸ ἄγνωστον, ὅτι ἄγνωστον. Οὕτω καὶ ἐν τοῖς ῥητορικοῖς ἐστὶ φαινόμενον ἐνθύμημα, παρὰ τὸ μὴ ἁπλῶς εἰκός, ἀλλά τι εἰκός. Ἔστι δὲ τοῦτο οὐ καθόλου, ὥσπερ καὶ Ἀγάθων λέγει,

Τάχ᾽ ἄν τις εἰκὸς αὐτὸ τοῦτ᾽ εἶναι λέγοι,
Βροτοῖσι πολλὰ τυγχάνειν οὐκ εἰκότα.

Γίγνεται γὰρ τὸ παρὰ τὸ εἰκός· ὥστ᾽ εἰκός, καὶ τὸ παρὰ τὸ εἰκός. Εἰ δὲ τοῦτο, ἔσται τὸ μὴ εἰκός, εἰκός· ἀλλ᾽ οὐχ ἁπλῶς· ἀλλ᾽ ὥσπερ καὶ ἐπὶ τῶν ἐριστικῶν, τὸ κατὰ τί, καὶ πρὸς τί, καὶ πῆ, οὐ προστιθέμενα, ποιεῖ συκοφαντίαν, καὶ ἐνταῦθα, παρὰ τὸ εἰκὸς εἶναι μὴ ἁπλῶς, ἀλλά τι εἰκός. Ἔστι δ᾽ ἐκ τούτου τοῦ τόπου ἡ Κόρακος τέχνη συγκειμένη· ἄν τε γὰρ μὴ ἔνοχος ᾖ τῇ αἰτίᾳ, οἷον ἀσθενὴς ὤν, αἰκίαν φεύγει· οὐ γὰρ εἰκός· κἂν ἔνοχος ὤν, οἷον ἂν ἰσχυρὸς ὤν· οὐ γὰρ εἰκός, ὅτι εἰκὸς ἔμελλε δόξειν. Ὁμοίως δὲ καὶ ἐπὶ τῶν ἄλλων· ἢ γὰρ ἔνοχον ἀνάγκη, ἢ μὴ ἔνοχον εἶναι τῇ αἰτίᾳ. Φαίνεται μὲν οὖν ἀμφότερα εἰκότα· ἔστι δὲ τὸ μέν, εἰκός· τὸ δέ, οὐχ ἁπλῶς, ἀλλ᾽ ὥσπερ εἴρηται· καὶ τὸ τὸν ἥττω δὲ λόγον κρείττω ποιεῖν, τοῦτ᾽ ἐστί. Καὶ ἐντεῦθεν δικαίως ἐδυσχέραινον οἱ ἄνθρωποι τὸ Πρωταγόρου ἐπάγγελμα· ψεῦδός τε γάρ ἐστι, καὶ οὐκ ἀλη-

frapper une personne libre ; car ce n'est pas absolument vrai ; mais seulement quand on est injuste agresseur.

§ XI. La chose considérée simplement ou sans condition.

Le syllogisme apparent vient aussi de ce que la chose, comme dans les controverses sophistiques, peut être considérée ou simplement, ou non simplement, mais sous condition. Ainsi dans la dialectique, on prouve que ce qui n'est pas est cependant ; car ce qui n'est pas est ce qui n'est pas. On prouve aussi qu'on peut savoir ce qui est inconnu, puisqu'on peut savoir que ce qui est inconnu est inconnu. De même, dans la rhétorique, l'enthymème apparent vient de ce qui n'est pas simplement probable, mais de ce qui ne l'est que sous condition. Mais il ne faut pas entendre ceci d'une manière générale, comme le dit Agathon : « On pourrait dire peut-être qu'il est probable qu'il arrive aux hommes beaucoup de choses qui ne sont pas probables [10]. » En effet, ce qui est contre la probabilité, arrive néanmoins, de sorte que ce qui est contre la probabilité, est cependant probable. S'il en est ainsi, le non probable sera probable, mais il ne le sera pas simplement. Et comme, dans les discussions sophistiques, l'argument devient captieux quand on ne pose pas d'abord la question, le but ou les moyens, de même ici il le deviendra, parce que le probable n'est pas probable simplement, mais sous condition. C'est de ce lieu que se compose toute la rhétorique de Corax [11]. Si un homme ne peut être convaincu de ce dont on l'accuse, par exemple, si étant faible, il est prévenu d'avoir battu, il sera absous, car le crime n'est pas probable ; et s'il peut être convaincu, parce qu'il est fort ; on peut dire que le crime n'est pas probable, par cela même qu'il devait paraître probable. Il en est de même dans les autres cas ; car nécessairement on peut être convaincu, ou on ne peut pas l'être. Or, dans les deux suppositions, il y a probabilité ; mais l'une est probable simplement, tandis que l'autre ne l'est pas simplement, mais de la manière que nous venons de dire. C'est ainsi que l'on fait triompher la mauvaise cause. On a donc justement repoussé les

θὲς, ἀλλὰ φαινόμενον εἰκός, καὶ ἐν οὐδεμιᾷ τέχνῃ, ἀλλ' ἐν ῥητορικῇ καὶ ἐριστικῇ. Καὶ περὶ μὲν ἐνθυμημάτων, καὶ τῶν ὄντων καὶ τῶν φαινομένων, εἴρηται.

ΚΕΦΑΛΑΙΟΝ ΚΕ'.

Α'. Περὶ δὲ λύσεων ἐχόμενόν ἐστι τῶν εἰρημένων εἰπεῖν. Ἔστι δὲ λύειν, ἢ ἀντισυλλογισάμενον, ἢ ἔνστασιν ἐνεγκόντα. Τὸ μὲν οὖν ἀντισυλλογίζεσθαι, δῆλον ὅτι ἐκ τῶν αὐτῶν τόπων ἐνδέχεται ποιεῖν· οἱ μὲν γὰρ συλλογισμοὶ, ἐκ τῶν ἐνδόξων· δοκοῦντα δὲ πολλὰ, ἐναντία ἀλλήλοις ἐστίν.

Β'. Αἱ δ' ἐνστάσεις φέρονται, καθάπερ καὶ ἐν τοῖς τοπικοῖς, τετραχῶς· ἢ γὰρ ἐξ ἑαυτοῦ, ἢ ἐκ τοῦ ὁμοίου, ἢ ἐκ τοῦ ἐναντίου, ἢ ἐκ τῶν κεκριμένων. Λέγω δὲ ἀφ' ἑαυτοῦ μὲν, οἷον, εἰ περὶ ἔρωτος εἴη τὸ ἐνθύμημα, ὡς σπουδαῖος, ἡ ἔνστασις διχῶς· ἢ γὰρ καθόλου εἰπόντα, ὅτι πᾶσα ἔνδεια πονηρόν· ἢ κατὰ μέρος, ὅτι οὐκ ἂν ἐλέγετο Καύνιος ἔρως, εἰ μὴ ἦσαν καὶ πονηροὶ ἔρωτες. Ἐπὶ δὲ τοῦ ἐναντίου, ἔνστασις φέρεται· οἷον εἰ τὸ ἐνθύμημα ἦν, ὅτι ὁ ἀγαθὸς ἀνὴρ πάντας τοὺς φίλους εὖ ποιεῖ· ἀλλ' οὐδ' ὁ μοχθηρὸς κακῶς. Ἐπὶ δὲ τῶν ὁμοίων, εἰ ἦν τὸ ἐνθύμημα, ὅτι οἱ κακῶς πεπονθότες αἰεὶ μισοῦσιν, ὅτι ἀλλ' οὐδὲ οἱ εὖ πεπονθότες αἰεὶ φιλοῦσιν. Αἱ δὲ κρίσεις αἱ ἀπὸ τῶν γνωρίμων ἀνδρῶν· οἷον, εἴ τις ἐνθύμημα εἶπεν, ὅτι τοῖς μεθύουσι δεῖ συγγνώμην ἔχειν· ἀγνοοῦντες γὰρ ἁμαρτάνουσιν·

pompeuses promesses de Protagoras [12]. C'est un mensonge, qui n'a rien de réel, une apparence de probabilité, bannie de tous les arts, excepté de la rhétorique et de la sophistique. Voilà ce que nous avions à dire sur les enthymèmes, réels ou apparents.

CHAPITRE XXV.

Des solutions.

§ I. La réfutation.

Parler des solutions est une suite de ce que nous venons de dire [1]. On peut résoudre un argument, ou par un argument contraire, ou par une objection. Il est clair que les mêmes lieux peuvent fournir des arguments contraires; car les arguments se tirent des choses probables, et beaucoup de choses probables sont contraires les unes aux autres.

§ II. Quatre espèces d'objections.

Quant aux objections, elles se font, comme dans les topiques, de quatre manières; elles se tirent, ou du même, ou du semblable, ou du contraire, ou de la chose jugée. Je dis d'abord du même; si, par exemple, l'enthymème tendait à prouver que l'amour est une chose honnête, l'objection serait double. On pourrait dire, en général, que tout besoin est mauvais, et en particulier, que, s'il n'y avait pas d'amour mauvais, on ne parlerait pas de l'amour Caunien [2]. L'objection se tire aussi du contraire. Si l'enthymème disait que l'homme de bien fait toujours du bien à tous ses amis, on pourrait dire que l'homme méchant ne fait pas de mal aux siens. Elle se tire encore du semblable. L'enthymème a-t-il pour but d'établir que ceux qui ont reçu du mal sont toujours animés de sentiments de haine, on objecte que ceux qui ont reçu du bien ne sont pas toujours animés du sentiment contraire. Elle se tire enfin des jugements portés par des hommes connus. Ainsi, supposé qu'on prouve par un enthymème qu'il faut avoir de l'indulgence pour ceux qui sont ivres, parce qu'ils n'ont pas la conscience de leurs fautes, on objectera que

ἔνστασις, ὅτι οὔκουν ὁ Πιττακὸς αἰνετός· οὐ γὰρ ἂν μείζους ζημίας ἐνομοθέτησεν, ἐάν τις μεθύων ἁμαρτάνῃ.

Γ΄. Ἐπεὶ δὲ τὰ ἐνθυμήματα λέγεται ἐκ τεττάρων· τὰ δὲ τέτταρα ταῦτά ἐστιν, εἰκός, παράδειγμα, τεκμήριον, σημεῖον· ἔστι δὲ, τὰ μὲν ἐκ τῶν ὡς ἐπὶ τὸ πολὺ, ἢ ὄντων, ἢ δοκούντων, συνηγμένα ἐνθυμήματα ἐκ τῶν εἰκότων· τὰ δὲ δι' ἐπαγωγῆς, διὰ τοῦ ὁμοίου, ἢ ἑνὸς, ἢ πλειόνων, ὅταν λαβὼν τὸ καθόλου, εἶτα συλλογίσηται τὰ κατὰ μέρος, διὰ παραδείγματος· τὰ δὲ δι' ἀναγκαίου, καὶ ὄντος, διὰ τεκμηρίου· τὰ δὲ, διὰ τοῦ καθόλου, ἢ τοῦ ἐν μέρει ὄντος, ἐάν τε ὂν, ἐάν τε μὴ, διὰ σημείων· τὸ δὲ εἰκὸς, οὐ τὸ αἰεὶ, ἀλλὰ τὸ ὡς ἐπὶ τὸ πολύ· φανερὸν ὅτι τὰ τοιαῦτα μὲν τῶν ἐνθυμημάτων αἰεί ἐστι λύειν, φέροντα ἔνστασιν.

Δ΄. Ἡ δὲ λύσις φαινομένη, ἀλλ' οὐκ ἀληθὴς αἰεί· οὐ γὰρ ὅτι οὐκ εἰκὸς, λύει ὁ ἐνιστάμενος, ἀλλ' ὅτι οὐκ ἀναγκαῖον. Διὸ καὶ ἀεί ἐστι πλεονεκτεῖν ἀπολογούμενον μᾶλλον ἢ κατηγοροῦντα, διὰ τοῦτον τὸν παραλογισμόν. Ἐπεὶ γὰρ ὁ μὲν, κατηγορῶν δι' εἰκότων ἀποδείκνυσιν· ἔστι δὲ οὐ ταὐτὸ λῦσαι, ἢ ὅτι οὐκ εἰκὸς, ἢ ὅτι οὐκ ἀναγκαῖον· ἀεὶ δὲ ἔχει ἔνστασιν τὸ ὡς ἐπὶ τὸ πολύ· οὐ γὰρ ἂν ἦν εἰκὸς, ἀλλ' ἀεὶ καὶ ἀναγκαῖον· ὁ δὲ κριτὴς οἴεται, ἂν οὕτως ἐλύθη, ἢ οὐκ εἰκὸς εἶναι, ἢ οὐχ αὑτῷ κριτέον, παραλογιζόμενος, ὥσπερ ἐλέγομεν. Οὐ γὰρ ἐκ τῶν ἀναγκαίων δεῖ αὐτὸν μόνον κρίνειν, ἀλλὰ καὶ ἐκ τῶν εἰκότων· τοῦτο γάρ ἐστι τὸ γνώμῃ τῇ ἀρίστῃ κρίνειν· οὔκουν ἱκανὸν, ἂν λύσῃ, ὅτι οὐκ

Pittacus n'est donc pas digne de louange; car il n'aurait pas porté des peines plus sévères contre ceux qui commettent une faute en état d'ivresse [3].

§ III. Matière des enthymèmes.

Quatre choses fournissent la matière des enthymèmes. Ces quatre choses sont : le probable, l'exemple, l'indice véritable et le signe. Les enthymèmes dérivent du probable, quand ils sont fondés sur les choses qui sont ou semblent être le plus souvent; de l'exemple, quand ils viennent de l'induction, au moyen d'une ou plusieurs choses semblables, et qu'on prend le général pour en conclure ensuite le particulier; de l'indice véritable, quand ils sont fondés sur le nécessaire et sur le réel; du signe, quand ils ont pour matière le général ou le particulier, réel ou non. Le probable n'est pas ce qui est toujours, mais ce qui est le plus souvent. Les enthymèmes étant ainsi formés, il suit qu'on peut toujours les résoudre en portant une objection.

§ IV. Comment on peut faire et résoudre les objections.

Mais la solution est souvent apparente, elle n'est pas toujours vraie; car celui qui fait l'objection tend à établir, non pas que l'argument n'est pas probable, mais qu'il n'est pas nécessaire. Aussi, grâce à ce paralogisme, celui qui défend a-t-il toujours plus d'avantage que celui qui accuse. En effet celui qui accuse s'appuie sur des arguments probables. Attaquer un argument, ou parce qu'il n'est pas probable, ou parce qu'il n'est pas nécessaire, ce n'est pas la même chose. Ce qui est le plus souvent, est toujours sujet à objection; autrement ce ne serait pas le probable, mais le constant et le nécessaire. Quand la solution de l'argument se fait ainsi, le juge pense ou que l'argument n'est pas probable, ou que lui-même ne doit pas juger. Il tombe ainsi dans un paralogisme, comme nous venons de le dire; car son jugement ne doit pas seulement se fonder sur des arguments nécessaires, mais encore sur des arguments probables; et c'est là ce qu'on entend par juger en conscience. Il ne suffit donc pas d'attaquer un argument en disant qu'il n'est pas nécessaire; il faut aussi démontrer qu'il n'est pas

ἀναγκαῖον· ἀλλὰ δεῖ λύειν, ὅτι οὐκ εἰκός. Τοῦτο δὲ συμβήσεται, ἐὰν ᾖ ἡ ἔνστασις μᾶλλον ὡς ἐπὶ τὸ πολύ. Ἐνδέχεται δὲ εἶναι τοιαύτην διχῶς, ἢ τῷ χρόνῳ, ἢ τοῖς πράγμασι· τὰ κυριώτατα δὲ, εἰ ἀμφοῖν· εἰ γὰρ τὰ πλεονάκις οὕτω, τοῦτ᾽ ἔστιν εἰκὸς μᾶλλον. Λύεται δὲ καὶ τὰ σημεῖα, καὶ τὰ διὰ σημείου ἐνθυμήματα εἰρημένα, κἂν ᾖ ὑπάρχοντα, ὥσπερ ἐλέχθη ἐν τοῖς πρώτοις· ὅτι γὰρ ἀσυλλόγιστόν ἐστι πᾶν σημεῖον, δῆλον ἡμῖν ἐκ τῶν ἀναλυτικῶν. Πρὸς δὲ τὰ παραδειγματώδη ἡ αὐτὴ λύσις, καὶ τὰ εἰκότα. ἐάν τε γὰρ ἔχωμέν τι οὐχ οὕτω, λέλυται, ὅτι οὐκ ἀναγκαῖον, ἢ καὶ τὰ πλείω καὶ πλεονάκις, ἄλλως· ἐὰν δὲ καὶ τὰ πλείω καὶ τὰ πλεονάκις, οὕτω μαχητέον, ἢ ὅτι τὸ παρὸν οὐχ ὅμοιον, ἢ οὐχ ὁμοίως, ἢ διαφοράν γέ τινα ἔχει. Τὰ δὲ τεκμήρια, καὶ τεκμηριώδη ἐνθυμήματα, κατὰ μὲν τὸ ἀσυλλόγιστον, οὐκ ἔσται λῦσαι. Δῆλον δὲ καὶ τοῦθ᾽ ἡμῖν ἐκ τῶν ἀναλυτικῶν. Λείπεται δ᾽ ὡς οὐχ ὑπάρχει τὸ λεγόμενον δεικνύναι. Εἰ δὲ φανερόν, καὶ ὅτι ὑπάρχει, καὶ ὅτι τεκμήριον, ἄλυτον ἤδη γίγνεται τοῦτο· πάντα γὰρ γίγνεται ἀποδείξει ἤδη φανερά.

ΚΕΦΑΛΑΙΟΝ ΚΣΤ΄.

Α΄. Τὸ δ᾽ αὔξειν καὶ μειοῦν, οὐκ ἔστιν ἐνθυμήματος στοιχεῖον· τὸ γὰρ αὐτὸ λέγω στοιχεῖον καὶ τόπον. Ἔστι γὰρ στοιχεῖον καὶ τόπος, εἰς ὃ πολλὰ ἐνθυμήματα ἐμπίπτει. Τὸ δ᾽ αὔξειν καὶ μειοῦν, ἔστιν ἐνθυμήματα πρὸς τὸ δεῖξαι, ὅτι μέγα ἢ μικρόν, ὥσπερ καὶ ὅτι ἀγαθὸν ἢ κακόν, ἢ δίκαιον ἢ ἄδικον, καὶ τῶν

probable. On y parviendra en faisant une objection qui repose elle-même sur ce qui arrive le plus souvent. Or cette objection peut être telle pour deux raisons, ou à cause du temps, ou à cause des choses elles-mêmes. Les plus fortes sont celles qui réunissent ces deux conditions; car une chose est plus probable, quand elle arrive plus souvent, et d'une certaine manière. Les signes, et les enthymèmes qui en sont formés, se résolvent, même quand ils sont réels, de la manière que nous avons dite précédemment; car nous avons établi dans nos *Analytiques*, qu'aucun signe ne peut conclure. Pour les enthymèmes formés de l'exemple, la solution est la même que pour le probable. Car si nous avons un fait qui ne soit pas conforme à l'exemple qu'on nous oppose, l'argument est résolu, parce qu'il n'est plus nécessaire, quoique les choses soient le plus souvent autres que le fait que nous alléguons. Si la plupart des choses sont le plus souvent autres que nous le prétendons, il faut soutenir alors, que la chose présente n'est pas semblable, ou qu'elle n'a pas eu lieu d'une manière semblable, ou qu'il y a quelque différence. Quant aux indices véritables, et aux enthymèmes qui en dérivent, il n'est pas possible de les résoudre en disant qu'ils ne concluent pas. Nous avons aussi établi cela dans nos *Analytiques*. Il reste alors à démontrer que ce qu'on dit n'est pas. Mais s'il est évident que la chose est, et qu'elle est un indice véritable, l'argument est désormais insoluble, car tout devient évident par la démonstration.

CHAPITRE XXVI.

Des moyens d'augmenter et de diminuer.

Augmenter et diminuer, ce n'est pas un élément de l'enthymème. Pour moi élément et lieu sont une même chose. En effet, un élément, un lieu, c'est ce qui contient plusieurs arguments. Mais augmenter et diminuer se dit des enthymèmes qui servent à démontrer qu'une chose est grande ou petite, de même qu'on démontre qu'elle est bonne ou mauvaise, juste ou injuste, ou

ἄλλων ὁτιοῦν. Ταῦτα δ' ἔστι πάντα, περὶ ἃ οἱ συλλογισμοί, καὶ τὰ ἐνθυμήματα· ὥστ' εἰ μηδὲ τούτων ἕκαστον ἐνθυμήματος τόπος, οὐδὲ τὸ αὔξειν καὶ μειοῦν. Οὐδὲ τὰ λυτικὰ ἐνθυμήματος εἶδός τι ἐστιν ἄλλο, τῶν κατασκευαστικῶν· δῆλον γὰρ, ὅτι λύει μὲν, ἢ ὁ δείξας, ἢ ὁ ἔνστασιν ἐνεγκών· ἀνταποδεικνύουσι δὲ τὸ ἀντικείμενον· οἷον, εἰ ἔδειξεν ὅτι γέγονεν, οὗτος ὅτι οὐ γέγονεν· εἰ δὲ, ὅτι οὐ γέγονεν, οὗτος ὅτι γέγονεν. Ὥστε αὕτη μὲν οὐκ ἂν εἴη ἡ διαφορά· τοῖς αὐτοῖς γὰρ χρῶνται ἀμφότεροι· ὅτι γὰρ οὐκ ἔστιν, ἢ ἔστιν, ἐνθυμήματα φέρουσιν. Ἡ δ' ἔνστασις, οὐκ ἔστιν ἐνθύμημα, ἀλλὰ καθάπερ ἐν τοῖς τοπικοῖς τὸ εἰπεῖν δόξαν τινὰ, ἐξ ἧς ἔσται δῆλον, ὅτι οὐ συλλελόγισται, ἢ ὅτι ψεῦδός τι εἴληφεν. Ἐπεὶ δὲ δὴ τρία ἐστιν ἃ δεῖ πραγματευθῆναι περὶ τὸν λόγον, ὑπὲρ μὲν παραδειγμάτων, καὶ γνωμῶν, καὶ ἐνθυμημάτων, καὶ ὅλως τῶν περὶ τὴν διάνοιαν, ὅθεν τε εὐπορήσομεν, καὶ ὡς αὐτὰ λύσομεν, εἰρήσθω ἡμῖν τοσαῦτα. Λοιπὸν δὲ διελθεῖν περὶ λέξεως καὶ τάξεως.

qu'elle a tout autre qualité. Toutes ces choses sont la matière des syllogismes et des enthymèmes. De sorte que si aucune d'elles n'est un lieu d'enthymèmes, il en sera de même de l'augmentation et de la diminution. Les enthymèmes qui servent à résoudre ne sont pas d'une autre espèce que ceux qui servent à démontrer; car il est évident que celui qui démontre, et celui qui porte une objection, résolvent également. Contre l'adversaire on démontre ce qui est opposé; a-t-il démontré que la chose est, on prouve qu'elle n'est pas; a-t-il démontré qu'elle n'est pas, on prouve qu'elle est. De sorte que cette différence entr'eux n'en serait pas une. Ils emploient tous deux les mêmes moyens; car ils produisent des enthymèmes pour prouver que la chose est, ou qu'elle n'est pas. Au reste l'objection n'est pas une enthymème; mais, comme nous l'avons dit dans les *Topiques*, c'est une opinion qu'on allègue pour établir clairement que l'argument n'est pas concluant, ou qu'il renferme une proposition fausse. Voilà ce que nous avions à dire sur les trois choses qu'il faut considérer relativement au discours, les exemples, les sentences, les enthymèmes, et en un mot, sur la réflexion qui fournit les arguments et sur la manière de les résoudre. Il nous reste à parler de l'élocution et de la disposition.

ΤΕΧΝΗΣ ΡΗΤΟΡΙΚΗΣ Γ'.

ΚΕΦΑΛΑΙΟΝ Α'.

Α'. Ἐπειδὴ τρία ἐστὶν ἃ δεῖ πραγματευθῆναι περὶ τὸν λόγον· ἓν μὲν, ἐκ τίνων αἱ πίστεις ἔσονται· δεύτερον δὲ περὶ τὴν λέξιν· τρίτον δὲ, πῶς χρὴ τάξαι τὰ μέρη τοῦ λόγου· περὶ μὲν τῶν πίστεων εἴρηται, καὶ ἐκ πόσων, ὅτι ἐκ τριῶν εἰσὶ, καὶ ταῦτα ποῖα, καὶ διὰ τί τοσαῦτα μόνα· ἢ γὰρ τῷ αὐτοί τι πεπονθέναι οἱ κρίνοντες, ἢ τῷ ποιούς τινας ὑπολαμβάνειν τοὺς λέγοντας, ἢ τῷ ἀποδεδεῖχθαι πείθονται πάντες. Εἴρηται δὲ καὶ, τὰ ἐνθυμήματα πόθεν δεῖ πορίζεσθαι· ἔστι γάρ, τὰ μὲν, εἴδη τῶν ἐνθυμημάτων· τὰ δὲ, τόποι. Περὶ δὲ τῆς λέξεως ἐχόμενόν ἐστιν εἰπεῖν· οὐ γὰρ ἀπόχρη τὸ ἔχειν ἃ δεῖ λέγειν, ἀλλ' ἀνάγκη καὶ ταῦτα ὡς δεῖ εἰπεῖν· καὶ συμβάλλεται πολλὰ πρὸς τὸ φανῆναι ποιόν τινα τὸν λόγον. Τὸ μὲν οὖν πρῶτον ἐζητήθη κατὰ φύσιν, ὅπερ πέφυκε πρῶτον, αὐτὰ τὰ πράγματα ἐκ τίνων ἔχει τὸ πιθανόν· δεύτερον δὲ, τὸ ταῦτα τῇ λέξει διαθέσθαι· τρίτον δὲ τούτων, ὃ δύναμιν μὲν ἔχει μεγίστην, οὔπω δ' ἐπικεχείρηται, τὰ περὶ τὴν ὑπόκρισιν. Καὶ γὰρ εἰς τὴν τραγικὴν καὶ ῥαψῳδίαν ὀψὲ παρῆλθεν· ὑπεκρίνοντο γὰρ αὐτοὶ τραγῳδίας οἱ ποιηταὶ τὸ πρῶτον.

Β'. Δῆλον οὖν ὅτι καὶ περὶ τὴν ῥητορικήν ἐστι τὸ τοιοῦτον, ὥσπερ καὶ περὶ τὴν ποιητικήν· ὅπερ ἕτεροί τινες ἐπραγματεύθη-

LIVRE TROISIÈME.

CHAPITRE PREMIER.

Des différentes parties de la rhétorique.

§ I. De l'élocution.

L'orateur doit considérer trois choses : premièrement, les moyens de persuader ; secondement, l'élocution ; troisièmement, l'ordre dans lequel il faut placer les parties du discours. Nous avons parlé des moyens de persuader. Nous avons dit qu'ils sont au nombre de trois, en quoi ils consistent, et pourquoi il n'y en a que trois. En effet, c'est toujours ou de la manière dont les juges sont affectés, ou de l'opinion qu'ils conçoivent de l'orateur, ou de la démonstration de la vérité, que vient la persuasion. Nous avons dit aussi à quelles sources il faut puiser les enthymèmes ; car il y en a de spéciaux ; les lieux communs fournissent les autres. C'est donc de l'élocution qu'il faut parler maintenant ; car il ne suffit pas de savoir ce qu'il faut dire ; on doit encore le dire comme il faut ; et cela est d'une grande importance pour le succès du discours. Nous avons premièrement, selon l'ordre indiqué par la nature, étudié ce qui se présente tout d'abord, savoir, ce que les choses renferment en elles-mêmes de propre à persuader, en second lieu se présente l'élocution qui dispose ces mêmes choses ; et en troisième lieu ce qui concerne l'action, la partie qui a le plus d'importance, et que personne n'a encore traitée [1]. En effet, la déclamation a paru tard sur le théâtre tragique et dans la rhapsodie ; car dans le principe, les poètes eux-mêmes représentaient les tragédies.

§ II. De l'action.

Il y a donc pour la rhétorique, on ne saurait le nier, quelque chose de semblable à ce qui existe pour la poésie, et que Glau-

σαν, καὶ Γλαύκων ὁ Τήϊος. Ἔστι δὲ αὕτη μὲν ἐν τῇ φωνῇ, πῶς αὐτῇ δεῖ χρῆσθαι πρὸς ἕκαστον πάθος· οἷον, πότε μεγάλῃ, καὶ πότε μικρᾷ, καὶ πότε μέσῃ· καὶ πῶς τοῖς τόνοις· οἷον ὀξείᾳ, καὶ βαρείᾳ, καὶ μέσῃ· καὶ ῥυθμοῖς τίσι πρὸς ἕκαστα· τρία γάρ ἐστι περὶ ὧν σκοποῦσι· ταῦτα δ᾽ ἐστί, μέγεθος, ἁρμονία, ῥυθμός. Τὰ μὲν οὖν ἆθλα σχεδὸν ἐκ τῶν ἀγώνων οὗτοι λαμβάνουσι. Καὶ καθάπερ ἐκεῖ μεῖζον δύνανται νῦν τῶν ποιητῶν οἱ ὑποκριταί, καὶ κατὰ τοὺς πολιτικοὺς ἀγῶνας, διὰ τὴν μοχθηρίαν τῶν πολιτειῶν. Οὔπω δὲ σύγκειται τέχνη περὶ αὐτῶν, ἐπεὶ καὶ τὸ περὶ τὴν λέξιν ὀψὲ προῆλθε· καὶ δοκεῖ φορτικὸν εἶναι, καλῶς ὑπολαμβανόμενον.

Γ΄. Ἀλλ᾽ ὅλης οὔσης πρὸς δόξαν τῆς πραγματείας τῆς περὶ τὴν ῥητορικὴν, οὐκ ὀρθῶς ἔχοντος, ἀλλ᾽ ὡς ἀναγκαίου τὴν ἐπιμέλειαν ποιητέον· ἐπεὶ τό γε δίκαιον, μηδὲν πλείω ζητεῖν περὶ τὸν λόγον, ἢ ὡς μήτε λυπεῖν, μήτ᾽ εὐφραίνειν· δίκαιον γὰρ, αὐτοῖς ἀγωνίζεσθαι τοῖς πράγμασιν· ὥστε τἆλλα ἔξω τοῦ ἀποδεῖξαι, περίεργά ἐστιν· ἀλλ᾽ ὅμως μέγα δύναται, καθάπερ εἴρηται, διὰ τὴν τοῦ ἀκροατοῦ μοχθηρίαν. Τὸ μὲν οὖν τῆς λέξεως ἔχει τι μικρὸν ἀναγκαῖον ἐν πάσῃ διδασκαλίᾳ· διαφέρει γάρ τι πρὸς τὸ δηλῶσαι, ὡδὶ ἢ ὡδὶ εἰπεῖν, οὐ μέντοι τοσοῦτον· ἀλλ᾽ ἅπαντα φαντασία ταῦτά ἐστι καὶ πρὸς τὸν ἀκροατήν· διὸ οὐδεὶς οὕτω γεωμετρεῖν διδάσκει. Ἐκείνη μὲν οὖν ὅταν ἔλθῃ, ταὐτὸ ποιήσει τῇ ὑποκριτικῇ. Ἐγκεχειρήκασι δὲ ἐπ᾽ ὀλίγον περὶ αὐτῆς εἰπεῖν τινές· οἷον Θρασύμαχος ἐν τοῖς Ἐλέοις. Καὶ ἔστι φύσεως, τὸ ὑποκριτικὸν εἶναι, καὶ ἀτεχνότερον· περὶ δὲ τὴν λέξιν ἔντεχνον. Διὸ καὶ τοῖς τοῦτο δυναμένοις γίγνεται πάλιν ἆθλα, καθάπερ

con de Téos a traité avec quelques autres [2]. L'action traite de la voix ; elle dit l'usage qu'il faut en faire pour chaque passion en particulier, dans quel cas elle doit être forte, contenue, ou naturelle ; comment il faut employer les tons, aigu, grave, ou moyen ; et les rhythmes, suivant les circonstances. Car il y a trois qualités à considérer dans la voix, l'étendue, l'harmonie et le rhythme. Celui qui les possède obtient presque toujours le prix de l'éloquence, et ce qui arrive aujourd'hui au théâtre, où les comédiens l'emportent sur les poètes [3], arrive aussi dans les débats politiques, à cause de la corruption des cités. On n'a pas encore composé de traité là dessus. Bien plus, ce qui concerne l'élocution n'a paru que tard ; et, à le bien prendre, tout cela paraît méprisable.

§ III. Importance de l'élocution.

Mais comme le but de la rhétorique est seulement d'agir sur l'opinion, nous devons nous en occuper, non comme d'une chose louable, mais comme d'une chose nécessaire. Il serait juste en effet de ne pas chercher, au moyen de la parole, à exciter la douleur ou la joie ; il serait juste de ne combattre que par les choses elles-mêmes. Tout ce qui est en dehors de la démonstration est donc inutile ; et cependant, à cause de la corruption de l'auditeur, comme nous venons de le dire, tout cela est d'une grande importance [4]. Dans tout enseignement, il y a une certaine nécessité à s'occuper du style ; car, pour démontrer, il importe jusqu'à un certain point de parler de telle ou telle manière ; mais cela n'est pas absolument nécessaire. C'est plutôt une fantaisie, un désir de plaire à l'auditeur. Aussi n'est-ce pas de cette manière qu'on enseigne la géométrie. Lorsque l'élocution sera devenue un art, elle aura le même effet que l'action. Quelques écrivains ont essayé d'en dire quelques mots, par exemple, Thrasymaque, dans son *Traité du pathétique* [5]. L'action est un talent de nature qui dépend peu de l'art, tandis que c'est de l'art que vient l'élocution. Aussi l'orateur habile dans cette partie obtiendra à son tour le prix de l'éloquence, comme celui qui se

καὶ τοῖς κατὰ τὴν ὑπόκρισιν ῥήτορσιν· οἱ γὰρ γραφόμενοι λόγοι μεῖζον ἰσχύουσι διὰ τὴν λέξιν, ἢ διὰ τὴν διάνοιαν.

Δ'. Ἤρξαντο μὲν οὖν κινῆσαι τὸ πρῶτον, ὥσπερ πέφυκεν, οἱ ποιηταί· τὰ γὰρ ὀνόματα, μιμήματά ἐστιν· ὑπῆρξε δὲ καὶ ἡ φωνὴ πάντων μιμητικώτατον τῶν μορίων ἡμῖν· διὸ καὶ αἱ τέχναι συνέστησαν, ἥ τε ῥαψῳδία, καὶ ἡ ὑποκριτικὴ, καὶ ἄλλαι γε. Ἐπεὶ δὲ οἱ ποιηταὶ λέγοντες εὐήθη, διὰ τὴν λέξιν ἐδόκουν πορίσασθαι τήνδε τὴν δόξαν, διὰ τοῦτο ποιητικὴ πρώτη ἐγένετο ἡ λέξις, οἷον ἡ Γοργίου. Καὶ νῦν ἔτι οἱ πολλοὶ τῶν ἀπαιδεύτων τοὺς τοιούτους οἴονται διαλέγεσθαι κάλλιστα· τοῦτο δ' οὐκ ἔστιν, ἀλλ' ἑτέρα λόγου καὶ ποιήσεως λέξις ἐστί· δηλοῖ δὲ τὸ συμβαῖνον· οὐδὲ γὰρ οἱ τὰς τραγῳδίας ποιοῦντες ἔτι χρῶνται τὸν αὐτὸν τρόπον· ἀλλ' ὥσπερ καὶ ἐκ τῶν τετραμέτρων εἰς τὸ ἰαμβεῖον μετέβησαν, διὰ τὸ τῷ λόγῳ τοῦτο τῶν μέτρων ὁμοιότατον εἶναι τῶν ἄλλων· οὕτω καὶ τῶν ὀνομάτων ἀφείκασιν, ὅσα παρὰ τὴν διάλεκτόν ἐστιν· οἷς δ' οἱ πρῶτον ἐκόσμουν, καὶ ἔτι νῦν οἱ τὰ ἑξάμετρα ποιοῦντες, ἀφείκασι· διὸ γελοῖον μιμεῖσθαι τούτους, οἳ αὐτοὶ οὐκ ἔτι χρῶνται ἐκείνῳ τῷ τρόπῳ. Ὥστε φανερὸν, ὅτι οὐχ ἅπαντα ὅσα περὶ λέξεώς ἐστιν εἰπεῖν, ἀκριβολογητέον ἡμῖν· ἀλλ' ὅσα περὶ τοιαύτης, οἵας λέγομεν· περὶ δ' ἐκείνης εἴρηται ἐν τοῖς περὶ ποιητικῆς.

ΚΕΦΑΛΑΙΟΝ Β'.

Α'. Ἔστω οὖν ἐκεῖνα τεθεωρημένα· καὶ ὡρίσθω λέξεως ἀρετὴ, σαφῆ εἶναι· σημεῖον γὰρ, ὅτι ὁ λόγος, ἐὰν μὴ δηλοῖ, οὐ

distingue par son action. En effet, les discours écrits valent moins par les pensées que par le style.

§ IV. Distinction du style oratoire et du style poétique.

Les poëtes furent donc les premiers à mettre du mouvement dans le style, et c'était naturel ; car les mots sont des imitations, et de toutes les parties qui nous composent, il n'en est pas de plus propre à l'imitation que la voix. De là se sont formés l'art des rhapsodes, celui des comédiens et d'autres encore. Et comme on voyait les poëtes, tout en disant des choses vides de sens, arriver par l'expression à cette gloire dont ils jouissent encore, les premiers écrivains, Gorgias, par exemple, employèrent l'élocution poétique. Aujourd'hui encore la plupart des ignorants pensent que c'est la plus belle manière de s'exprimer. Mais il n'en est rien. Le langage de la prose est autre que celui de la poésie. Un fait le prouve. Ceux qui composent des tragédies ne les écrivent plus de la même manière. Mais de même qu'ils ont quitté le tétramètre pour l'iambique [6], celui de tous les vers qui se rapproche le plus de la prose [7], de même ils ont abandonné les expressions qui sont en dehors de la conversation ordinaire, ces expressions dont se paraient les premiers poëtes, et qu'emploient encore ceux qui écrivent des vers hexamètres. Il est donc ridicule d'imiter une manière d'écrire à laquelle les poëtes eux-mêmes ont renoncé. Il est évident par conséquent que nous n'avons pas à approfondir tout ce qu'on pourrait dire sur l'élocution, mais seulement ce qui se rapporte au style oratoire. Quant au style de la poésie, nous en avons parlé dans la *Poétique* [8].

CHAPITRE II.

Des qualités du style.

§ I. La clarté et la convenance.

Après ces observations, nous devons déterminer les qualités du style. Il doit être clair [1] ; ce qui le prouve, c'est que la

ποιήσει τὸ ἑαυτοῦ ἔργον· καὶ μήτε ταπεινὴν, μήτε ὑπὲρ τὸ ἀξίωμα, ἀλλὰ πρέπουσαν· ἡ γὰρ ποιητικὴ ἴσως οὐ ταπεινὴ, ἀλλ' οὐ πρέπουσα λόγῳ. Τῶν δ' ὀνομάτων καὶ ῥημάτων σαφῆ μὲν ποιεῖ τὰ κύρια· μὴ ταπεινὴν δὲ, ἀλλὰ κεκοσμημένην, τἄλλα ὀνόματα, ὅσα εἴρηται ἐν τοῖς περὶ ποιητικῆς· τὸ γὰρ ἐξαλλάξαι ποιεῖ φαίνεσθαι σεμνοτέραν· ὅπερ γὰρ πρὸς τοὺς ξένους οἱ ἄνθρωποι καὶ πρὸς τοὺς πολίτας, τὸ αὐτὸ πάσχουσι καὶ πρὸς τὴν λέξιν. Διὸ δεῖ ποιεῖν ξένην τὴν διάλεκτον· θαυμασταὶ γὰρ τῶν ἀπόντων εἰσί· ἡδὺ δὲ τὸ θαυμαστόν. Ἐπὶ μὲν οὖν τῶν μέτρων πολλά τε ποιεῖ τοῦτο, καὶ ἁρμόττει ἐκεῖ· πλέον γὰρ ἐξέστηκε, περὶ ἃ, καὶ περὶ οὓς ὁ λόγος· ἐν δὲ τοῖς ψιλοῖς λόγοις πολλῷ ἐλάττω εἰσίν· ἡ γὰρ ὑπόθεσις ἐλάττων· ἐπεὶ καὶ ἐνταῦθα, εἰ δοῦλος καλλιεποῖτο, ἢ λίαν νέος, ἀπρεπέστερον, ἢ περὶ λίαν μικρῶν· ἀλλ' ἔστι καὶ ἐν τούτοις ἐπισυστελλόμενον καὶ αὐξανόμενον τὸ πρέπον. Διὸ δεῖ λανθάνειν ποιοῦντας, καὶ μὴ δοκεῖν λέγειν πεπλασμένως, ἀλλὰ πεφυκότως· τοῦτο γὰρ πιθανόν, ἐκεῖνο δὲ τοὐναντίον· ὡς γὰρ πρὸς ἐπιβουλεύοντα διαβάλλονται, καθάπερ πρὸς τοὺς οἴνους τοὺς μεμιγμένους· καὶ οἷον ἡ Θεοδώρου φωνὴ πέπονθε πρὸς τὴν τῶν ἄλλων ὑποκριτῶν· ἡ μὲν γὰρ, τοῦ λέγοντος ἔοικεν εἶναι· αἱ δ', ἀλλότριαι. Κλέπτεται δ' εὖ, ἐάν τις ἐκ τῆς εἰωθυίας διαλέκτου ἐκλέγων συντιθῇ· ὅπερ Εὐριπίδης ποιεῖ, καὶ ὑπέδειξε πρῶτος.

Β'. Ὄντων δ' ὀνομάτων καὶ ῥημάτων, ἐξ ὧν ὁ λόγος συνέστηκε, τῶν δὲ ὀνομάτων τοσαῦτ' ἐχόντων εἴδη, ὅσα τεθεώρηται ἐν τοῖς περὶ ποιήσεως· τούτων γλώτταις μὲν, καὶ διπλοῖς ὀνόμα-

phrase ne fait pas son office, si elle ne montre pas la pensée. Il doit aussi n'être ni bas, ni trop relevé, mais convenable. L'élocution poétique est assurément sans bassesse, mais elle ne convient pas à la prose. Ce sont les mots propres, noms ou verbes, qui produisent la clarté. La noblesse et les ornements du style proviennent des autres mots dont nous avons parlé dans la *Poétique*[2]. En effet, s'éloigner des locutions communes fait paraître le style plus digne. Nous éprouvons à cet égard les mêmes impressions qu'en présence des étrangers ou de nos concitoyens. Il faut par conséquent donner au style un air étranger; car ce qui vient de loin excite l'admiration, et ce qui excite l'admiration est agréable. La poésie a plusieurs avantages qui concourent à ce résultat et qui lui conviennent à merveille. Les choses et les personnes dont on y parle sont plus loin de nous. Mais dans la prose, ces avantages sont bien moins nombreux; le sujet qu'on traite est moins relevé, et le défaut de convenance serait plus grand, si on donnait un langage brillant à un esclave, à un personnage trop jeune, et dans un sujet qui n'en vaudrait pas la peine. Cependant, même dans ces cas, la convenance permet de donner au style plus de nerf et plus de dignité. Si on le fait, il faut que l'art reste caché, que nos paroles ne sentent pas l'artifice, mais qu'elles soient naturelles. En effet, le naturel persuade, l'artifice fait le contraire. On tient l'orateur pour suspect, on se défie de ses embûches, comme on se défie des vins mélangés. N'oublions pas l'effet produit par la voix de Théodore[3], comparée à celle des autres comédiens; on croyait entendre la voix du personnage même; celle des autres paraissait contrefaite. L'art est heureusement caché, quand on compose son style d'expressions choisies dans le langage commun, comme faisait Euripide, qui en a le premier donné l'exemple.

§ II. *Différentes espèces de noms.*

Les noms et les verbes étant les parties dont se compose le discours, et les noms étant d'autant d'espèces que nous en avons reconnues dans la *Poétique*[4], on ne doit employer que rare-

σι, καὶ πεποιημένοις, ὀλιγάκις καὶ ὀλιγαχοῦ χρηστέον· ὅπου δὲ, ὕστερον ἐροῦμεν· τὸ δὲ διὰ τί εἴρηται· ἐπὶ τὸ μεῖζον γὰρ ἐξαλλάττει τοῦ πρέποντος. Τὸ δὲ κύριον, καὶ τὸ οἰκεῖον, καὶ μεταφορὰ μόναι χρήσιμοι πρὸς τὴν τῶν ψιλῶν λόγων λέξιν· σημεῖον δὲ, ὅτι τούτοις μόνοις πάντες χρῶνται· πάντες γὰρ μεταφοραῖς διαλέγονται, καὶ τοῖς οἰκείοις, καὶ τοῖς κυρίοις. Ὦστε δῆλον, ὡς, ἐὰν εὖ ποιῇ τις, ἔσται τε ξενικὸν, καὶ λανθάνειν ἐνδέχεται, καὶ σαφηνιεῖ· αὕτη δ' ἦν τοῦ ῥητορικοῦ λόγου ἀρετή. Τῶν δ' ὀνομάτων, τῷ μὲν σοφιστῇ ὁμωνυμίαι χρήσιμοι· παρὰ ταύτας γὰρ κακουργεῖ· τῷ ποιητῇ δὲ συνωνυμίαι. Λέγω δὲ κύριά τε καὶ συνώνυμα, οἷον τὸ πορεύεσθαί τε καὶ τὸ βαδίζειν· ταῦτα γὰρ ἀμφότερα, καὶ κύρια, καὶ συνώνυμα ἀλλήλοις.

Γ'. Τί μὲν οὖν τούτων ἕκαστόν ἐστι, καὶ πόσα εἴδη μεταφορᾶς, καὶ ὅτι τοῦτο πλεῖστον δύναται, καὶ ἐν ποιήσει καὶ ἐν λόγοις, αἱ μεταφοραί, εἴρηται, καθάπερ ἐλέγομεν ἐν τοῖς περὶ ποιητικῆς. Τοσούτῳ δ' ἐν λόγῳ δεῖ μᾶλλον φιλοπονεῖσθαι περὶ αὐτῶν, ὅσῳ ἐξ ἐλαττόνων βοηθημάτων ὁ λόγος ἐστὶ τῶν μέτρων. Καὶ τὸ σαφές, καὶ τὸ ἡδὺ, καὶ τὸ ξενικὸν ἔχει μάλιστα ἡ μεταφορά. Καὶ λαβεῖν οὐκ ἔστιν αὐτὴν παρ' ἄλλου. Δεῖ δὲ καὶ τὰ ἐπίθετα, καὶ τὰς μεταφορὰς ἁρμοττούσας λέγειν· τοῦτο δ' ἔσται ἐκ τοῦ ἀνάλογον· εἰ δὲ μὴ, ἀπρεπὲς φανεῖται, διὰ τὸ παράλληλα τὰ ἐναντία μάλιστα φαίνεσθαι. Ἀλλὰ δεῖ σκοπεῖν, ὡς νέῳ φοινικὶς, οὕτω γέροντι τί· οὐ γὰρ ἡ αὐτὴ πρέπει ἐσθής. Καὶ ἐάν τε κοσμεῖν βούλῃ, ἀπὸ τῶν βελτιόνων τῶν ἐν ταὐτῷ γένει φέρειν τὴν μεταφοράν, ἐάν τε ψέγειν, ἀπὸ τῶν χειρόνων. Λέγω δ' οἷον, ἐπεὶ τὰ ἐναντία ἐν τῷ αὐτῷ γένει, τὸ φάναι τὸν

LIVRE III, CHAPITRE II. 299

ment et en peu d'endroits les mots étrangers, les noms doubles et les noms forgés. Nous dirons plus bas où on doit les employer [5]. Nous avons déjà dit pourquoi il faut s'en servir rarement; c'est qu'on s'éloigne du langage ordinaire plus qu'il ne convient. Le nom propre, le nom usité, la métaphore, suffisent au style de la prose; et la preuve, c'est que personne n'emploie autre chose. Nous nous servons tous dans la conversation de métaphores, de noms usités et de noms propres. Il est donc évident que, si on en fait un bon usage, le discours aura un certain air étranger, tout en cachant les procédés de l'art, et qu'il sera clair. Or, ce sont là, avons-nous dit, les qualités du style oratoire. Au sujet des noms, les homonymes sont utiles au sophiste, qui s'en sert pour tromper, les synonymes sont utiles au poëte. J'appelle propres et synonymes, par exemple, marcher (πορεύεσθαι) et cheminer (βαδίζειν); car ces deux mots sont propres et synonymes entre eux.

§ III. La métaphore.

Nous avons expliqué dans la *Poétique*, comme nous venons de le dire, quelle est la valeur de chacun de ces termes, combien il y a d'espèces de métaphore, et nous avons dit que la métaphore est ce qu'il y a de plus important dans la poésie et dans la prose [6]. Mais l'orateur doit d'autant plus travailler les métaphores, que la prose a moins de ressources que la poésie. C'est la métaphore surtout qui donne au style la clarté, l'agrément, un certain air de nouveauté; car on n'a pas besoin de l'emprunter d'une autre chose. Mais il faut choisir des épithètes et des métaphores qui conviennent. Pour cela, il faut avoir recours à la proportion [7]; si non, il y aura défaut de convenance, parce que c'est en rapprochant les contraires qu'on les met en évidence. Prenez garde cependant; la pourpre convient au jeune homme et non au vieillard; le même habit ne sied pas à l'un et à l'autre. Voulez-vous orner le discours, demandez à la métaphore ce qu'il y a de meilleur dans le même genre; voulez-vous blâmer, ce qu'il y a de pire. Je dis qu'en prenant les con-

μὲν πτωχεύοντα εὔχεσθαι, τὸν δ' εὐχόμενον πτωχεύειν, ὅτι ἄμφω αἰτήσεις, τὸ εἰρημένον ἐστὶ ποιεῖν· ὡς καὶ Ἰφικράτης Καλλίαν μητραγύρτην, ἀλλ' οὐ δᾳδοῦχον· ὁ δὲ ἔφη ἀμύητον αὐτὸν εἶναι· οὐ γὰρ ἂν μητραγύρτην αὐτὸν καλεῖν, ἀλλὰ δᾳδοῦχον· ἄμφω γὰρ περὶ θεόν· ἀλλὰ τὸ μὲν τίμιον, τὸ δὲ ἄτιμον. Καὶ οἱ μὲν διονυσοκόλακας, αὐτοὶ δ' αὑτοὺς τεχνίτας καλοῦσι· ταῦτα δ' ἄμφω, μεταφοραί· ἡ μὲν ῥυπαινόντων, ἡ δὲ τοὐναντίον. Καὶ οἱ μὲν λῃσταὶ, αὑτοὺς ποριστὰς καλοῦσι νῦν. Διὸ ἔξεστι λέγειν, τὸν ἀδικήσαντα μὲν ἁμαρτάνειν, τὸν δὲ ἁμαρτάνοντα ἀδικῆσαι· καὶ τὸν κλέψαντα, καὶ λαβεῖν καὶ πορθῆσαι· Τὸ δὲ, ὡς ὁ Τήλεφος Εὐριπίδου φησί·

Κώπας ἀνάσσειν κἀποβὰς εἰς Μυσίαν,

Ἀπρεπὲς, ὅτι μεῖζον τὸ ἀνάσσειν, ἢ κατ' ἀξίαν· οὐ κέκλεπται οὖν. Ἔστι δὲ καὶ ἐν ταῖς συλλαβαῖς ἁμαρτία, ἐὰν μὴ ἡδείας ᾖ σημεῖα φωνῆς· οἷον Διονύσιος προσαγορεύει ὁ Χαλκοῦς ἐν τοῖς ἐλεγείοις, κραυγὴν Καλλιόπης τὴν ποίησιν, ὅτι ἄμφω φωναί· φαύλη δὲ ἡ μεταφορὰ ταῖς ἀσήμοις φωναῖς. Ἔτι δὲ, οὐ πόρρωθεν δεῖ, ἀλλ' ἐκ τῶν συγγενῶν καὶ τῶν ὁμοειδῶν μεταφέρειν τὰ ἀνώνυμα ὠνομασμένως, ὃ λεχθὲν δῆλόν ἐστιν ὅτι συγγενές· οἷον ἐν τῷ αἰνίγματι τῷ εὐδοκιμοῦντι,

Ἄνδρ' εἶδον πυρὶ χαλκὸν ἐπ' ἀνέρι κολλήσαντα·

ἀνώνυμον γὰρ τὸ πάθος. Ἔστι δ' ἄμφω πρόσθεσίς τις. Κόλλησιν τοίνυν εἶπε, τὴν τῆς συκίας προσβολήν. Καὶ ὅλος ἐκ τῶν εὖ ᾐνιγμένων ἔστι μεταφορὰς λαβεῖν ἐπιεικεῖς· μεταφοραὶ γὰρ αἰνίττονται· ὥστε δῆλον ὅτι εὖ μετενήνεκται. Καὶ ἀπὸ καλῶν· κάλλος δὲ ὀνόματος, τὸ μὲν, ὥσπερ Λικύμνιος λέγει, ἐν τοῖς

traires dans un même genre, en disant, par exemple, que mendier c'est prier, et que prier c'est mendier, vous ferez précisément ce que je conseille, parce que, dans les deux cas, on demande. Iphicrate appelait Callias *quêteur de Cybèle* (μητραγύρτην), et non pas *porte-flambeau* (δᾳδοῦχον). Callias répondit que son adversaire n'était pas initié; qu'autrement il l'aurait appelé, non pas *quêteur*, mais *porte-flambeau*. Ces deux emplois ont rapport au culte de la divinité; mais l'un est honorable, l'autre ne l'est pas. On disait les *Flatteurs de Denys* [8], mais ceux-ci prenaient le nom d'*habiles*. Voilà des métaphores; mais l'une est une accusation de bassesse, et l'autre, non. Les voleurs se donnent le nom d'industriels. Il est permis de même d'appeler faute une injustice, et injustice une faute, de dire qu'un homme qui a volé a pris, ou qu'il a ravi. Mais il y a défaut de convenance dans ce que dit Télèphe dans Euripide : « Il règne sur les rames et il descend en Mysie. » L'expression de régner est plus grande qu'il ne faut; l'artifice s'y montre à découvert. Il y a faute, même dans les syllabes, si elles n'expriment pas un son agréable. Par exemple, dans ses vers élégiaques, Denys, l'homme d'airain [9], appelle la poésie *la clameur de Calliope*. Les deux mots ont rapport au son, il est vrai; mais la métaphore est mauvaise, parce que le son des syllabes n'exprime pas la douceur de la poésie. Il ne faut pas non plus, quand le nom d'une chose n'existe pas, tirer la métaphore de loin, mais s'en tenir aux choses du même genre et d'une espèce semblable, de sorte qu'on saisisse le rapport de l'expression nouvelle, comme dans la célèbre énigme : « J'ai vu un homme qui avec du feu collait de l'airain sur un autre homme [10]. » Il n'y avait pas de nom pour cette opération; mais comme, dans les deux cas, il y a apposition, on a pu dire, en parlant d'une ventouse, coller au lieu d'appliquer. En général, les énigmes bien faites peuvent fournir des métaphores convenables; et ce qui prouve que ces métaphores sont bonnes, c'est que l'énigme est une métaphore. Il faut aussi prendre des mots qui soient beaux. Or, la beauté d'un mot, comme le dit Licymnius [11], se trouve

ψόφοις ἢ τῷ σημαινομένῳ· καὶ αἶσχος δὲ ὡσαύτως· ἔτι δὲ τρίτον, ὃ λύει τὸν σοφιστικὸν λόγον· οὐ γάρ, ὡς ἔφη Βρύσων, οὐδένα αἰσχρολογεῖν, εἴπερ τὸ αὐτὸ σημαίνει, τόδε ἀντὶ τοῦ τόδε εἰπεῖν· τοῦτο γὰρ ἐστί ψεῦδος· ἔστι γὰρ ἄλλο ἄλλου κυριώτερον, καὶ ὡμοιωμένον μᾶλλον, καὶ οἰκειότερον τῷ ποιεῖν τὸ πρᾶγμα πρὸ ὀμμάτων. Ἔτι δὲ οὐχ ὁμοίως ἔχον, σημαίνει τόδε καὶ τόδε· ὥστε καὶ οὕτως ἄλλο ἄλλου κάλλιον, καὶ αἴσχιον θετέον· ἄμφω μὲν γάρ, τὸ καλὸν καὶ τὸ αἰσχρὸν σημαίνουσιν· ἀλλ' οὐχ ᾗ καλὸν ἢ οὐχ ᾗ αἰσχρόν· ἢ ταῦτα μέν, ἀλλὰ μᾶλλον καὶ ἧττον. Τὰς δὲ μεταφορὰς ἐντεῦθεν οἰστέον, ἀπὸ καλῶν, ἢ τῇ φωνῇ, ἢ τῇ δυνάμει, ἢ τῇ ὄψει, ἢ ἄλλῃ τινὶ αἰσθήσει. Διαφέρει δ' εἰπεῖν, οἷον ῥοδοδάκτυλος Ἠὼς μᾶλλον ἢ φοινικοδάκτυλος, ἢ ἔτι φαυλότερον, ἐρυθροδάκτυλος.

Δ'. Καὶ ἐν τοῖς ἐπιθέτοις, ἔστι μὲν τὰς ἐπιθέσεις ποιεῖσθαι ἀπὸ φαύλου ἢ αἰσχροῦ· οἷον, ὁ μητροφόντης· ἔστι δ' ἀπὸ τοῦ βελτίονος· οἷον, ὁ πατρὸς ἀμύντωρ. Καὶ ὁ Σιμωνίδης, ὅτε μὲν ἐδίδου μισθὸν ὀλίγον αὐτῷ ὁ νικήσας τοῖς ὀρεῦσιν, οὐκ ἤθελε ποιεῖν, ὡς δυσχεραίνων εἰς ἡμιόνους ποιεῖν· ἐπεὶ δ' ἱκανὸν ἔδωκεν, ἐποίησε,

    Χαίρετ' ἀελλοπόδων θύγατρες ἵππων·

καίτοι καὶ τῶν ὄνων θυγατέρες ἦσαν. Ἔτι, τὸ αὐτὸ ὑποκορίζεσθαι. Ἔστι δὲ ὁ ὑποκορισμός, ὃς ἔλαττον ποιεῖ καὶ τὸ κακὸν καὶ τὸ ἀγαθόν· ὥσπερ καὶ Ἀριστοφάνης σκώπτει ἐν τοῖς Βαβυλωνίοις, ἀντὶ μὲν χρυσίου χρυσιδάριον, ἀντὶ δ' ἱματίου ἱματιδάριον, ἀντὶ δὲ λοιδορίας λοιδορημάτιον· καὶ νοσημάτιον. Εὐλαβεῖσθαι δὲ δεῖ καὶ παρατηρεῖν ἐν ἀμφοῖν τὸ μέτριον.

dans le son ou dans la signification; et on peut en dire autant de la laideur. Il est encore une troisième condition, qui sert à détruire les artifices des sophistes. Car il n'est pas vrai, comme le dit Bryson [12], qu'il n'y ait pas d'inconvenance à se servir d'un mot ou d'un autre, pourvu qu'on exprime la même chose. Un mot est plus usité qu'un autre, plus juste, plus propre à mettre l'objet sous les yeux. Ajoutez que deux mots ne peuvent avoir une signification semblable, et que par conséquent, il faut admettre que l'un est plus ou moins beau que l'autre. Tous deux en effet expriment le beau et le laid, mais non en tant que beau ou en tant que laid; ou s'ils le font, c'est en plus ou en moins. Prenez vos métaphores dans les mots qui tirent leur beauté de l'euphonie ou de la force de leur signification, et qui réveillent une sensation agréable à la vue ou à un autre sens. Il y a une différence entre l'Aurore *aux doigts de rose* et l'Aurore *aux doigts de pourpre*; il serait encore plus mauvais de dire *aux doigts rouges*.

§ IV. Épithètes.

Quant aux épithètes, elles peuvent exprimer une chose vile et honteuse, comme quand on dit [d'Oreste] *l'assassin de sa mère* [13]; ou une chose plus honnête, quand on dit *le vengeur de son père*. Un vainqueur à la course des mules [14], offrant à Simonide une faible somme d'argent, le poëte refusa, disant qu'il ne pouvait se résoudre à chanter des animaux qui sont ânes à moitié. Mais ayant reçu une somme suffisante, il s'écria : « Salut, filles des cavales aux pieds ailés; » et cependant ces mules étaient aussi filles des ânes. On peut encore employer les diminutifs pour le même effet. C'est au moyen des diminutifs qu'on atténue ce qui est mal et ce qui est bien. Aristophane, par exemple, s'amuse dans ses *Babyloniens* [15], à employer les diminutifs des mots suivants : *Or* (χρυσιδάριον), *habit*, (ἱματιδάριον), *injure* (λοιδορημάτιον), *maladie* (νοσημάτιον). Mais il faut user sagement des épithètes et des diminutifs, et garder la mesure.

ΚΕΦΑΛΑΙΟΝ Γ'.

Α'. Τὰ δὲ ψυχρὰ ἐν τέτταρσι γίγνεται κατὰ τὴν λέξιν, ἔν τε τοῖς διπλοῖς ὀνόμασιν· οἷον Λυκόφρων τὸν πολυπρόσωπον οὐρανὸν τῆς μεγαλοκορύφου γῆς, καὶ ἀκτὴν δὲ στενοπόρον· καὶ Γοργίας ὠνόμαζε, πτωχόμουσος κόλαξ, ἐπιορκίσαντας καὶ κατευορκίσαντας. Καὶ ὡς Ἀλκιδάμας, μένους μὲν τὴν ψυχὴν πληρουμένην, πυρίχρων δὲ τὴν ὄψιν γιγνομένην· καὶ τελεσφόρον ᾠήθη τὴν προθυμίαν αὐτῶν γενήσεσθαι· καὶ τελεσφόρον τὴν πειθὼ τῶν λόγων κατέστησε· καὶ κυανόχρων, τὸ τῆς θαλάττης ἔδαφος. Πάντα γὰρ ταῦτα ποιητικὰ διὰ τὴν δίπλωσιν φαίνεται.

Β'. Μία μὲν οὖν αὕτη αἰτία· μία δὲ τὸ χρῆσθαι γλώτταις· οἷον, Λυκόφρων Ξέρξην, πέλωρον ἄνδρα· καὶ Σκίρων, σίννις ἀνήρ· καὶ Ἀλκιδάμας, ἄθυρμα τῇ ποιήσει, καὶ τὴν τῆς φύσεως ἀτασθαλίαν, καὶ ἀκράτῳ τῆς διανοίας ὀργῇ τεθηγμένον.

Γ'. Τρίτον δ' ἐν τοῖς ἐπιθέτοις, τὸ, ἢ μακροῖς, ἢ ἀκαίροις, ἢ πυκνοῖς χρῆσθαι· ἐν μὲν γὰρ ποιήσει πρέπει γάλα λευκὸν εἰπεῖν· ἐν δὲ λόγῳ, τὰ μὲν ἀπρεπέστερα· τὰ δὲ ἂν ᾖ κατακορῆ, ἐξελέγχει, καὶ ποιεῖ φανερὸν, ὅτι ποίησίς ἐστιν· ἐπεὶ δεῖ γε χρῆσθαι αὐτῇ· ἐξαλλάττει γὰρ τὸ εἰωθὸς, καὶ ξενικὴν

CHAPITRE III.

Du style froid.

§ I. Mots doubles.

Quatre causes produisent la froideur dans le style. D'abord, les mots doubles [1]. Lycophron [2] disait : *le ciel à plusieurs faces* (πολυπρόσωπον), la terre *aux grandes montagnes* (μεγαλοκορύφου), *un rivage à l'étroit passage* (στενοπόρον). Gorgias disait : un flatteur *habile à mendier* (πτωχόμουσος), *ayant exigé le serment* (ἐπιορκίσαντας), et *ayant respecté le serment* (κατευορκίσοντας). Alcidamas a dit : l'âme pleine de colère et le visage *couleur de feu* (πυρίχρων); « Il pensa que son ardeur arriverait à les porter au but (τελεσφόρον..... γενήσεσθαι) » et « Il rendit la persuasion des paroles *capable de conduire au but* (τελεσφόρον). Il dit aussi : « La plaine de la mer *à la couleur azurée* (κυανόχρων). Tous ces mots semblent poétiques parce qu'ils sont doubles [3].

§ II. Mots étrangers.

Voilà une première cause. On en trouve un autre dans l'emploi des mots étrangers. Lycophron appelle Xerxès *l'homme-colosse* (πέλωρον ἄνδρα); pour lui, Sciron est un *homme-fléau* (σίννις ἀνήρ); Alcidamas trouve dans la poésie un *passe-temps* (ἄθυρμα) [4]; il parle de la folie de la nature (ἀτασθαλίαν); d'un homme excité (τεθηγμένον) par l'indomptable fureur de la pensée.

§ III. Abus des épithètes.

La troisième cause est dans l'emploi des épithètes, ou longues ou intempestives, ou trop fréquentes. On peut bien, en poésie, dire *le lait blanc;* mais, en prose, ou bien les épithètes conviennent moins, ou bien, si on les emploie à satiété, elles annoncent le travail, et font évidemment l'effet de la poésie. On peut sans doute faire usage de la poésie, qui rend le style moins

ποιεῖ τὴν λέξιν. Ἀλλὰ δεῖ στοχάζεσθαι τοῦ μετρίου· ἐπεί μεῖζον ποιεῖ κακὸν τοῦ εἰκῆ λέγειν. Ἡ μὲν γὰρ οὐκ ἔχει τὸ εὖ· ἡ δὲ, τὸ κακῶς. Διὸ τὰ Ἀλκιδάμαντος ψυχρὰ φαίνεται ·οὐ γὰρ ἡδύσματι χρῆται, ἀλλ' ὡς ἐδέσματι, τοῖς ἐπιθέτοις, οὕτω πυκνοῖς, καὶ μείζοσι, καὶ ἐπιδήλοις· οἷον, οὐχ ἱδρῶτα, ἀλλὰ τὸν ὑγρὸν ἱδρῶτα· καὶ οὐκ, εἰς Ἴσθμια, ἀλλ' εἰς τὴν τῶν Ἰσθμίων πανήγυριν· καὶ οὐχὶ νόμους, ἀλλὰ τοὺς τῶν πόλεων βασιλεῖς νόμους· καὶ οὐ δρόμῳ, ἀλλὰ δρομαίᾳ τῇ τῆς ψυχῆς ὁρμῇ· καὶ οὐχὶ μουσεῖον, ἀλλὰ τὸ τῆς φύσεως παραλαβὼν μουσεῖον· καὶ σκυθρωπὸν τὴν φροντίδα τῆς ψυχῆς· καὶ οὐ χάριτος, ἀλλὰ πανδήμου χάριτος δημιουργός· καὶ οἰκονόμος τῆς τῶν ἀκουόντων ἡδονῆς· καὶ οὐ κλάδοις, ἀλλὰ τοῖς τῆς ὕλης κλάδοις ἀπέκρυψε· καὶ οὐ, τὸ σῶμα παρήμπισχεν, ἀλλὰ τὴν τοῦ σώματος αἰσχύνην, καὶ ἀντίμιμον τὴν τῆς ψυχῆς ἐπιθυμίαν· (τοῦτο δ' ἅμα καὶ διπλοῦν καὶ ἐπίθετον, ὥστε ποίημα γίγνεται), καὶ οὕτως ἔξεδρον τὴν τῆς μοχθηρίας ὑπερβολήν. Διὸ ποιητικῶς λέγοντες, τῇ ἀπρεπείᾳ τὸ γελοῖον καὶ τὸ ψυχρὸν, ἐμποιοῦσι, καὶ τὸ ἀσαφὲς διὰ τὴν ἀδολεσχίαν· ὅταν γὰρ γιγνώσκοντι ἐπεμβάλλῃ, διαλύει τὸ σαφὲς τῷ ἐπισκοτεῖν. Οἱ δὲ ἄνθρωποι τοῖς διπλοῖς χρῶνται, ὅταν ἀνώνυμον ᾖ, καὶ ὁ λόγος εὐσύνθετος, οἷον τὸ χρονοτριβεῖν· ἀλλ' ἂν πολὺ, πάντως ποιητικόν. Διὸ χρησιμωτάτη ἡ διπλῆ λέξις τοῖς διθυραμβοποιοῖς· οὗτοι γὰρ ψοφώδεις· αἱ δὲ γλῶτται τοῖς ἐποποιοῖς· σεμνὸν γὰρ καὶ αὔθαδες· μεταφορὰ δὲ τοῖς ἰαμβείοις· τούτοις γὰρ νῦν χρῶνται, ὥσπερ εἴρηται.

Δ'. Καὶ ἔτι τέταρτον, τὸ ψυχρὸν ἐν ταῖς μεταφοραῖς γίγνεται· εἰσὶ γὰρ καὶ μεταφοραὶ ἀπρεπεῖς, αἱ μὲν διὰ τὸ γε-

commun, et lui donne un air de nouveauté; mais il ne faut pas perdre la mesure de vue. Autrement mieux vaudrait encore parler sans préparation ; dans ce dernier cas, on ne parle pas bien; mais dans l'autre on parle mal. Voilà pourquoi le style d'Alcidamas semble froid ; il n'est seulement assaisonné, mais nourri d'épithètes trop fréquentes, exagérées, trop vraies. Il ne dit pas *la sueur*, mais *la sueur humide* ; il ne dit pas *aux jeux Isthmiques*, mais *dans l'assemblée solennelle des jeux Isthmiques;* il ne dit pas *les lois*, mais *les lois reines des cités;* il ne dit pas *le musée*, mais *ayant reçu le musée de la nature;* il dit aussi *la triste préoccupation de l'âme;* il ne dit pas *de la grâce,* » mais *il est dans ses discours le créateur de la grâce populaire et le dispensateur du plaisir des auditeurs;* il ne dit pas *dans des branches,* mais « *il le cacha dans les branches de la forêt;* il ne dit pas *il lui voila le corps*, mais *la pudeur du corps.* Il appelle aussi le désir le *contre imitateur de l'âme;* cette expression est à la fois un mot double et une épithète ; c'est donc de la poésie. C'est lui qui a dit aussi : « L'excès de sa méchanceté a tellement franchi les bornes. » Ces expressions poétiques rendent par leur inconvenance le style ridicule et froid, et ce bavardage engendre l'obscurité [5]. Car ce langage, s'adressant à un auditeur qui sait, couvre de nuages un sens qui était clair. On emploie les mots doubles, quand le nom d'une chose n'existe pas, et que le mot est facile à composer, comme χρονοτριβεῖν, perdre le temps. Mais si vous en abusez, le style devient tout à fait poétique. C'est pourquoi les mots doubles sont employés surtout par les poètes dithyrambiques [6], dont la versification est sonore et bruyante ; les mots étrangers par les poëtes épiques, qui aiment la dignité et l'audace ; la métaphore convient à la poésie iambique, aujourd'hui en usage, comme nous l'avons déjà dit.

§ IV. Métaphores vicieuses.

La quatrième cause de la froideur du style est dans les métaphores. En effet, il est des métaphores inconvenantes ; les unes,

λοῖον· χρῶνται γὰρ καὶ οἱ κωμῳδοποιοὶ μεταφοραῖς· αἱ δὲ διὰ τὸ σεμνὸν ἄγαν καὶ τραγικόν· ἀσαφεῖς δὲ, ἂν πόρρωθεν. Οἷον Γοργίας, χλωρὰ καὶ ἔναιμα τὰ πράγματα· σὺ δὲ ταῦτα αἰσχρῶς μὲν ἔσπειρας, κακῶς δὲ ἐθέρισας· ποιητικῶς γὰρ ἄγαν. Καὶ ὡς Ἀλκιδάμας, τὴν φιλοσοφίαν, ἐπιτείχισμα τῶν νόμων· καὶ τὴν Ὀδύσσειαν, καλὸν ἀνθρωπίνου βίου κάτοπτρον. Καὶ, οὐδὲν τοιοῦτον ἄθυρμα τῇ ποιήσει προσφέρων· ἅπαντα γὰρ ταῦτα ἀπίθανα διὰ τὰ εἰρημένα. Τὸ δὲ Γοργίου εἰς τὴν χελιδόνα, ἐπεὶ κατ' αὐτοῦ πετομένη ἀφῆκε τὸ περίττωμα, ἄριστα τῶν τραγικῶν· εἶπε γὰρ, Αἰσχρόν γε, ὦ Φιλομήλα· ὄρνιθι μὲν γὰρ, εἰ ἐποίησεν, οὐκ αἰσχρόν· παρθένῳ δὲ, αἰσχρόν. Εὖ οὖν ἐλοιδόρησεν, εἰπὼν, ὃ ἦν, ἀλλ' οὐχ ὃ ἔστιν.

ΚΕΦΑΛΑΙΟΝ Δ'.

Α'. Ἔστι δὲ καὶ ἡ εἰκὼν μεταφορά· διαφέρει γὰρ μικρόν· ὅταν μὲν γὰρ εἴπῃ τὸν Ἀχιλλέα, ὡς δὲ λέων ἐπόρουσεν, εἰκών ἐστιν· ὅταν δὲ, λέων ἐπόρουσε, μεταφορά· διὰ γὰρ τὸ ἄμφω ἀνδρείους εἶναι, προσηγόρευσε, μετενέγκας λέοντα, τὸν Ἀχιλλέα. Χρήσιμον δὲ ἡ εἰκὼν καὶ ἐν λόγῳ· ὀλιγάκις δέ· ποιητικὸν γάρ. Οἰστέαι δὲ, ὥσπερ αἱ μεταφοραί· μεταφοραὶ γάρ εἰσι διαφέρουσαι τῷ εἰρημένῳ. Εἰσὶ δ' εἰκόνες· οἷον ἦν Ἀνδροτίων εἰς Ἰδριέα, ὅτι ὅμοιος τοῖς ἐκ τῶν δεσμῶν κυνιδίοις· ἐκεῖνά τε γὰρ προσπίπτοντα δάκνει, καὶ Ἰδριέα λυθέντα ἐκ τῶν δεσμῶν εἶναι χαλεπόν. Καὶ ὡς Θεοδάμας εἴκαζεν Ἀρχίδαμον Εὐξένῳ, γεωμετρεῖν οὐκ ἐπισταμένῳ. Καὶ ἐκ τοῦ ἀνάλογον· ἔσται γὰρ

parce qu'elles sont ridicules, les poètes comiques employant aussi les métaphores ; les autres, parce qu'elles ont trop de dignité et quelques chose de tragique ; or, la métaphore est obscure, si on la tire de loin. Gorgias a dit, par exemple : « Les affaires pâles et sanglantes..... vous avez semé la honte, vous avez moissonné le malheur. » Il y a là trop de poésie. Alcidamas appelle la philosophie *le boulevard des lois*, et l'Odyssée, *un beau miroir de la vie humaine* [7]. Il dit aussi : « N'ajoutant à la poésie aucun divertissement semblable. » Aucune de ces expressions ne peut servir à persuader ; nous avons dit pourquoi. Quant au mot de Gorgias [8] sur une hirondelle, qui, volant sur sa tête, avait laissé tomber une ordure sur lui, ce mot conviendrait parfaitement aux poètes tragiques. En effet, il s'écria : « C'est honteux, ô Philomèle ! » Cet acte n'avait rien de honteux pour un oiseau ; il serait honteux pour une jeune fille. Le reproche de Gorgias avait un sens convenable, adressé à ce que Philomèle fut autrefois, non à ce qu'elle est aujourd'hui.

CHAPITRE IV.

De l'image ou comparaison.

§ I. Comparaison.

La comparaison est une métaphore ; car elle en diffère peu. Lorsque le poëte dit d'Achille : « Il s'élance comme un lion, » c'est une comparaison ; s'il dit : « ce lion s'élance, » c'est une métaphore. Comme il y a courage des deux côtés, il fait une métaphore, et appelle Achille lion. La comparaison s'emploie même dans la prose, mais rarement, parce qu'elle a quelque chose de poétique. Il faut en user comme des métaphores, dont elles ne diffèrent que parce que nous venons de dire. Voici des exemples de comparaison. Androtion [1] disait qu'Idriée ressemblait aux chiens qu'on vient de lâcher ; de même qu'ils se jettent sur le premier venu pour le mordre, de même Idriée est dangereux quand il est délivré de ses chaînes. Théodamas disait qu'Archidamus serait un Euxénus, si celui-ci ignorait la géométrie ; il y a

καὶ ὁ Εὔξενος Ἀρχίδαμος γεωμετρικός. Καὶ τὸ ἐν τῇ πολιτείᾳ τῇ Πλάτωνος, ὅτι οἱ τοὺς τεθνεῶτας σκυλεύοντες ἐοίκασι τοῖς κυνιδίοις, ἃ τοὺς λίθους δάκνει, τῶν βαλόντων οὐχ ἁπτόμενα. Καὶ ἡ εἰς τὸν δῆμον, ὅτι ὅμοιος ναυκλήρῳ, ἰσχυρῷ μὲν, ὑποκώφῳ δέ. Καὶ ἡ εἰς τὰ μέτρα τῶν ποιητῶν, ὅτι ἔοικε τοῖς ἄνευ κάλλους ὡραίοις· οἱ μὲν γὰρ ἀπανθήσαντες, τὰ δὲ διαλυθέντα, οὐχ ὅμοια φαίνεται. Καὶ ἡ Περικλέους εἰς Σαμίους, ἐοικέναι αὐτοὺς τοῖς παιδίοις, ἃ τὸν ψωμὸν δέχεται μὲν, κλαίοντα δέ· καὶ εἰς Βοιωτοὺς, ὅτι ὅμοιοι τοῖς πρίνοις· τούς τε γὰρ πρίνους ὑφ' αὑτῶν κατακόπτεσθαι, καὶ τοὺς Βοιωτοὺς πρὸς ἀλλήλους μαχομένους. Καὶ ὁ Δημοσθένης τὸν δῆμον, ὅτι ὅμοιός ἐστι τοῖς ἐν τοῖς πλοίοις ναυτιῶσι. Καὶ ὡς ὁ Δημοκράτης εἴκασε τοὺς ῥήτορας ταῖς τίτθαις, αἳ τὸ ψώμισμα καταπίνουσαι, τῷ σιάλῳ τὰ παιδία παραλείφουσι. Καὶ ὡς Ἀντισθένης Κηφισόδοτον τὸν λεπτὸν λιβανωτῷ εἴκασεν, ὅτι ἀπολλύμενος εὐφραίνει. Πάσας γὰρ ταύτας, καὶ ὡς εἰκόνας, καὶ ὡς μεταφορὰς ἔξεστι λέγειν. Ὥστε ὅσαι ἂν εὐδοκιμῶσιν, ὡς μεταφοραὶ λεχθεῖσαι, δῆλον ὅτι αὗται καὶ εἰκόνες ἔσονται, καὶ αἱ εἰκόνες, μεταφοραὶ λόγου δεόμεναι. Αἰεὶ δὲ δεῖ τὴν μεταφορὰν τὴν ἐκ τοῦ ἀνάλογον, ἀνταποδιδόναι, καὶ ἐπὶ θάτερα, καὶ ἐπὶ τῶν ὁμογενῶν· οἷον, εἰ ἡ φιάλη ἀσπὶς Διονύσου, καὶ τὴν ἀσπίδα ἁρμόττει λέγεσθαι φιάλην Ἄρεως. Ὁ μὲν οὖν λόγος συντίθεται ἐκ τούτων.

ΚΕΦΑΛΑΙΟΝ Ε'.

Α'. Ἔστι δ' ἀρχὴ τῆς λέξεως, τὸ ἑλληνίζειν· τοῦτο δ' ἐστὶν ἐν πέντε. Πρῶτον μὲν ἐν τοῖς συνδέσμοις, ἂν ἀποδιδῷ τις ὡς

proportion; car Euxénus serait un Archidamus, si celui-ci connaissait la géométrie. Platon, dans sa *République* [2], compare ceux qui dépouillent les morts à ces chiens sans courage qui mordent les pierres et n'attaquent pas ceux qui les lancent. Il disait que le peuple est semblable à un pilote vigoureux, mais un peu sourd [3]. Il disait aussi que les vers des poëtes ressemblent aux jeunes gens à la fleur de l'âge, mais sans beauté; que le jeune homme perde sa fleur, et le vers sa mesure, ils ne sont ni l'un ni l'autre ce qu'ils étaient d'abord [4]. Périclès disait que les Samiens étaient comme les enfants, qui pleurent tout en prenant la nourriture qu'on leur donne. Il comparait aussi les Béotiens aux chênes verts; de même que ces arbres se brisent en se heurtant les uns contre les autres, de même les Béotiens en se battant entre eux. Démosthène comparait le peuple à un homme qui a des nausées sur un vaisseau [5]. Démocrate disait que les orateurs ressemblent aux nourrices qui avalent les morceaux et frottent de salive les lèvres des nourrissons [6]. Antisthène, voyant Céphisodote maigrir, le comparait à l'encens qui fait plaisir quand il se consume. Toutes ces expressions peuvent être employées et comme comparaisons et comme métaphores. Si une expression est bonne comme métaphore, il est évident qu'elle le sera comme comparaison. En effet, ajoutez un mot, et au lieu de la métaphore, vous avez une comparaison. Il faut dans tous les cas que la métaphore soit fondée sur la proportion [7], qu'elle soit réciproque, et tirée des choses du même genre. Si vous dites, par exemple, que la coupe est le bouclier de Bacchus, vous pourrez dire que le bouclier est la coupe de Mars [8]. Voilà quels sont les éléments du style.

CHAPITRE V.

De la pureté du style.

§ I. L'emploi des conjonctions.

Avant tout, il faut parler grec; et pour cela il y a cinq règles à observer. La première est celle des conjonctions, qu'il faut

πεφύκασι πρότεροι καὶ ὕστεροι γίγνεσθαι ἀλλήλων, οἷον ἔνιοι ἀπαιτοῦσιν· ὥσπερ ὁ ΜΕΝ, καὶ ὁ ΕΓΩ ΜΕΝ ἀπαιτεῖ τὸν ΔΕ, καὶ τὸν Ο ΔΕ. Δεῖ δὲ, ἕως μέμνηται, ἀνταποδιδόναι ἀλλήλοις, καὶ μήτε μακρὰν ἀπαρτᾶν, μήτε σύνδεσμον πρὸ συνδέσμου ἀποδιδόναι τοῦ ἀναγκαίου· ὀλιγαχοῦ γὰρ ἁρμόττει. Ἐγὼ δ᾽, ἐπεί μοι εἶπεν· ἦλθε γὰρ Κλέων δεόμενός τε καὶ ἀξιῶν· ἐπορευόμην παραλαβὼν αὐτούς. Ἐν τούτοις γὰρ πολλοὶ πρὸ τοῦ ἀποδοθησομένου συνδέσμου, προεμβέβληνται σύνδεσμοι. Ἂν δὲ πολὺ τὸ μεταξὺ γένηται τοῦ ἐπορευόμην, ἀσαφές.

Β΄. Ἓν μὲν δὴ τὸ εὖ ἐν τοῖς συνδέσμοις. Δεύτερον δὲ, τὸ τοῖς ἰδίοις ὀνόμασι λέγειν, καὶ μὴ τοῖς περιέχουσι.

Γ΄. Τρίτον, μὴ ἀμφιβόλοις· ταῦτα δὲ, ἂν μὴ τὰ ἐναντία προαιρῆται· ὅπερ ποιοῦσιν, ὅταν μηδὲν μὲν ἔχωσι λέγειν, προσποιῶνται δέ τι λέγειν· οἱ γὰρ τοιοῦτοι ἐν ποιήσει λέγουσι ταῦτα, οἷον Ἐμπεδοκλῆς. Φενακίζει γὰρ τὸ κύκλῳ πολὺ ὄν, καὶ πάσχουσιν οἱ ἀκροαταί, ὅπερ οἱ πολλοὶ παρὰ τοῖς μάντεσιν· ὅταν γὰρ λέγωσιν ἀμφίβολα, συμπαρανεύουσι.

Κροῖσος Ἅλυν διαβὰς, μεγάλην ἀρχὴν καταλύσει.

Καὶ διὰ τὸ ὅλως ἔλαττον εἶναι ἁμάρτημα, διὰ τῶν γενῶν τοῦ πράγματος λέγουσιν οἱ μάντεις. Τύχοι γὰρ ἄν τις ἐν τοῖς ἀρτιασμοῖς, ἄρτια ἢ περισσὰ εἰπὼν μᾶλλον ἢ πόσα ἔχει· καὶ τὸ ὅτι ἔσται, ἢ τὸ πότε. Διὸ οἱ χρησμολόγοι οὐ προσορίζονται τὸ πότε. Ἅπαντα δὴ ταῦτα ὅμοια· ὥστ᾽, ἂν μὴ τοιούτου τινὸς ἕνεκα, φευκτέον.

placer dans leur ordre naturel, les unes avant, les autres après, comme quelques unes le demandent [1]. Ainsi μέν et ἐγὼ μέν veulent être suivies de δέ et de ἐγὼ δέ. Il faut, pour que la mémoire puisse retenir la correspondance des conjonctions, ne pas mettre entre elles une trop grande distance, et ne pas employer une conjonction devant une autre conjonction nécessaire ; car cela convient rarement [2]. Ne dites pas : « Pour moi, lorsqu'il m'eut dit, en effet, Cléon vint me suppliant et me conjurant, je partis après m'être joint à eux. » Dans cette phrase, il y a un grand nombre de conjonctions jetées avant celle qui doit nécessairement venir ; et si vous en mettez un grand nombre avant *je partis*, le sens est obscur.

§ II. Le mot propre.

La première règle consiste donc à faire un bon usage des conjonctions. La seconde consiste à employer le mot propre et non des périphrases.

§ III. Les équivoques.

La troisième consiste à éviter les équivoques, à moins que le contraire ne soit préférable ; comme font ceux qui n'ayant rien à dire, veulent avoir l'air de dire quelque chose. Ils se servent alors de tournures poétiques, à la manière d'Empédocle. On est dupe d'une longue circonlocution. Les auditeurs se trouvent dans la situation de la multitude qui entoure les devins ; ils entendent des équivoques et se décident témérairement. Par exemple : « Crésus ayant traversé l'Halys, détruira une grande puissance [3]. » Comme il y a moins de chances de se tromper en parlant d'une manière générale, les devins ont recours aux genres des choses. Au jeu de pair ou non [4], on se trompe moins en disant pair ou non, qu'en déterminant un nombre. On devine plus facilement en disant qu'une chose arrivera, qu'en disant à quelle époque elle arrivera. Aussi les devins ne déterminent pas l'époque. Toutes ces équivoques se ressemblent ; il faut donc les éviter, à moins de raison contraire.

ΡΗΤΟΡΙΚΗ.

Δ'. Τέταρτον, ὡς Πρωταγόρας τὰ γένη τῶν ὀνομάτων διῄρει ἄρρενα, καὶ θήλεα, καὶ σκεύη· δεῖ γὰρ ἀποδιδόναι καὶ ταῦτα ὀρθῶς· Ἡ δ' ἐλθοῦσα, καὶ διαλεχθεῖσα ᾤχετο.

Ε'. Πέμπτον, ἐν τῷ τὰ πολλὰ καὶ ὀλίγα, καὶ ἓν ὀρθῶς ὀνομάζειν· Οἱ δ' ἐλθόντες, ἔτυπτόν με.

ΣΤ'. Ὅλως δὲ δεῖ εὐανάγνωστον εἶναι τὸ γεγραμμένον, καὶ εὔφραστον. Ἔστι δὲ τὸ αὐτό· ὅπερ οἱ πολλοὶ σύνδεσμοι οὐκ ἔχουσιν· οὐδ' ἃ μὴ ῥᾴδιον διαστίξαι, ὥσπερ τὰ Ἡρακλείτου. Τὰ γὰρ Ἡρακλείτου διαστίξαι, ἔργον, διὰ τὸ ἄδηλον εἶναι, ποτέρῳ πρόσκειται, τῷ ὕστερον, ἢ τῷ πρότερον. Οἷον ἐν τῇ ἀρχῇ αὐτοῦ τοῦ συγγράμματος· φησὶ γὰρ, Τοῦ λόγου τοῦδ' ἐόντος αἰεὶ ἀξύνετοι ἄνθρωποι γίγνονται. Ἄδηλον γὰρ, τὸ αἰεὶ πρὸς ὁποτέρῳ διαστίξαι. Ἔτι δὲ ποιεῖ σολοικίζειν, τὸ μὴ ἀποδιδόναι, ἐὰν μὴ ἐπιζευγνύῃς ἀμφοῖν, ὃ ἁρμόττει. οἷον ἢ ψόφον, ἢ χρῶμα, τὸ μὲν ἰδὼν, οὐ κοινόν· τὸ δ' αἰσθόμενος, κοινόν. Ἀσαφῆ δὲ, ἃ μὴ προθεὶς εἴπῃς, μέλλων πολλὰ μεταξὺ ἐμβάλλειν· οἷον, Ἔμελλον γὰρ διαλεχθεὶς ἐκείνῳ τάδε καὶ τάδε, καὶ ὧδε πορεύεσθαι· ἀλλὰ μὴ, Ἔμελλον γὰρ διαλεχθεὶς πορεύεσθαι, εἶτα τάδε καὶ τάδε, καὶ ὧδε ἐγένετο.

§ IV. Genres.

La quatrième règle consiste à bien distinguer les genres, masculin, féminin et neutre, comme l'a fait Protagoras [5]. Il faut les employer à propos : « Cette femme est venue, et s'étant entretenue avec moi, elle est partie. »

§ V. Nombres.

La cinquième règle consiste à observer les nombres, selon qu'il est question de plusieurs, de quelques uns, ou d'un seul : « ceux-ci étant venus me frappèrent. »

§ VI. Ponctuation et construction.

Il faut en général que ce qui est écrit soit facile à lire et à prononcer, ce qui est la même chose. Or, cela n'a pas lieu quand il y a beaucoup de conjonctions, et que la ponctuation est difficile, comme dans les ouvrages d'Héraclite. La ponctuation dans Héraclite, est toute une affaire, parce qu'on ne voit pas si tel mot se rattache à ce qui suit ou à ce qui précède. Ainsi, au commencement de son ouvrage, il dit : « Cette raison qui existe toujours les hommes la méconnaissent. » On ne sait s'il faut ponctuer avant ou après *toujours* [6]. De plus, il y a solécisme, lorsque dans la construction vous n'établissez pas entre deux mots le rapport qu'ils demandent. S'il est question d'un bruit ou d'une couleur, ne dites pas *voir*, qui ne convient pas aux deux choses, mais *éprouver une sensation*, qui convient à l'une et à l'autre [7]. Le sens est obscur, si vous ne dites pas d'abord ce qu'il faut dire, alors que vous avez beaucoup de choses à placer au milieu d'une phrase ; si vous dites, par exemple : « Je devais, après m'être entretenu avec cette personne, de ceci et de cela, et de telle manière, partir ensuite, » au lieu de dire : « Je devais partir après m'être entretenu de ceci et de cela, et c'est ce qui est arrivé. »

ΚΕΦΑΛΑΙΟΝ ΣΤ'.

Α'. Εἰς ὄγκον δὲ τῆς λέξεως συμβάλλεται τάδε, τὸ λόγῳ χρῆσθαι ἀντ' ὀνόματος· οἷον, μὴ κύκλον, ἀλλ' ἐπίπεδον, τὸ ἐκ τοῦ μέσου ἴσον. Εἰς δὲ συντομίαν τὸ ἐναντίον, ἀντὶ τοῦ λόγου ὄνομα. Καὶ ἐὰν αἰσχρὸν, ἢ ἀπρεπές· ἐὰν μὲν ἐν τῷ λόγῳ ᾖ αἰσχρὸν, τοὔνομα λέγειν· ἐὰν δὲ ἐν τῷ ὀνόματι, τὸν λόγον. Καὶ μεταφοραῖς δηλοῦν, καὶ τοῖς ἐπιθέτοις, εὐλαβούμενον τὸ ποιητικόν. Καὶ τὸ ἓν πολλὰ ποιεῖν, ὅπερ οἱ ποιηταὶ ποιοῦσιν· ἑνὸς ὄντος λιμένος, ὅμως λέγουσι λιμένας εἰς Ἀχαϊκοὺς, καὶ,

Δέλτου μὲν αἵδε πολύθυροι διαπτυχαί.

Καὶ μὴ ἐπιζευγνύναι, ἀλλ' ἑκατέρῳ ἑκάτερον, Τῆς γυναικὸς τῆς ἡμετέρας· ἐὰν δὲ συντόμως, τὸ ἐναντίον, Τῆς ἡμετέρας γυναικός. Καὶ μετὰ συνδέσμου λέγειν· ἐὰν δὲ συντόμως, ἄνευ μὲν συνδέσμου, μὴ ἀσύνδετα δέ· οἷον, πορευθεὶς καὶ διαλεχθεὶς, πορευθεὶς διελέχθην. Καὶ τὸ Ἀντιμάχου χρήσιμον, ἐξ ὧν μὴ ἔχει λέγειν, ὃ ἐκεῖνος ποιεῖ ἐπὶ τοῦ Τευμησσοῦ,

Ἔστι τις ἠνεμόεις ὀλίγος λόφος·

αὔξεται γὰρ οὕτως εἰς ἄπειρον. Ἔστι δὲ τοῦτο καὶ ἐπὶ ἀγαθῶν καὶ κακῶν, ὅπως οὐκ ἔχει, ὁποτέρως ἂν ᾖ χρήσιμον. Ὅθεν καὶ τὰ ὀνόματα οἱ ποιηταὶ φέρουσι, τὸ ἄχορδον, καὶ τὸ ἄλυρον μέλος· ἐκ τῶν στερήσεων γὰρ ἐπιφέρουσιν· εὐδοκιμεῖ γὰρ τοῦτο ἐν ταῖς μεταφοραῖς λεγόμενον, ταῖς ἀνάλογον· οἷον τὸ φάναι, τὴν σάλπιγγα εἶναι μέλος ἄλυρον.

CHAPITRE VI.

De l'ampleur du style.

§ I. Moyens de rendre le style plus ample.

Voulez-vous donner de l'ampleur au style, servez-vous de la définition au lieu du nom. Par exemple, ne dites pas *un cercle*, mais *un plan terminé par une courbe dont tous les points sont également distants du centre*. Pour abréger au contraire, prenez le nom au lieu de la définition. Faites de même pour exprimer une chose déshonnête ou inconvenante. Si c'est la définition qui est déshonnête, prenez le nom; si c'est le nom, prenez la définition. Ornez aussi le style des métaphores et d'épithètes; évitez néanmoins le langage poétique. Employez le pluriel pour le singulier, comme font les poëtes. Bien qu'il n'y ait qu'un port, ils disent : « Dans les ports des Achéens. » Et encore : « Voici les plis nombreux d'une tablette[1]. » Vous pouvez encore ne pas unir les mots, mais les déterminer chacun à part, et dire : *cette femme, la nôtre;* et au contraire, pour être court, *notre femme*. Faites usage des conjonctions; ou bien supprimez-les, si vous voulez abréger, mais sans hacher le style; par exemple, *étant allé et ayant conversé avec lui,* ou bien, *étant allé, je conversai avec lui*. On peut aussi faire connaître une chose par les qualités qui lui manquent, à la manière d'Antimaque, qui a dit en parlant du mont Teumesse[2] : « Il est une petite colline exposée au vent, etc. » Vous pouvez ainsi amplifier à l'infini. Ce moyen, qui consiste à dire ce qu'une chose n'est pas, s'applique selon le besoin, au bien et au mal. Les poëtes s'en servent pour forger des mots, comme *une mélodie sans cordes* (ἄχορδον), ou sans lyre (ἄλυρον). Ils emploient pour cela les particules privatives, et ce procédé réussit dans les métaphores fondées sur la proportion ; comme, par exemple, si on disait : le son de la trompette est une mélodie sans lyre (ἄλυρον).

ΚΕΦΑΛΑΙΟΝ Ζ'.

Α' Τὸ δὲ πρέπον ἕξει ἡ λέξις, ἐὰν ᾖ παθητική τε καὶ ἠθική, καὶ τοῖς ὑποκειμένοις πράγμασιν ἀνάλογον. Τὸ δ' ἀνάλογόν ἐστιν, ἐὰν μήτε περὶ εὐόγκων αὐτοκαβδάλως λέγηται, μήτε περὶ εὐτελῶν σεμνῶς· μηδ' ἐπὶ τῷ εὐτελεῖ ὀνόματι ἐπῇ κόσμος· εἰ δὲ μή, κωμῳδία φαίνεται· οἷον ποιεῖ Κλεοφῶν· ὁμοίως γὰρ ἔνια ἔλεγεν, καὶ εἰ εἴπειεν ἄν, πότνια συκῆ. Παθητικὴ δέ, ἐὰν μὲν ᾖ ὕβρις, ὀργιζομένου λέξις· ἐὰν δὲ ἀσεβῆ καὶ αἰσχρά, δυσχεραινόντως καὶ εὐλαβουμένως λέγειν· ἐὰν δὲ ἐπαινετά, ἀγαμένως· ἐὰν δὲ ἐλεεινά, ταπεινῶς, καὶ ἐπὶ τῶν ἄλλων δὲ ὁμοίως. Πιθανοῖ δὲ τὸ πρᾶγμα καὶ ἡ οἰκεία λέξις· παραλογίζεται γὰρ ἡ ψυχὴ ὡς ἀληθῶς λέγοντος, ὅτι ἐπὶ τοῖς τοιούτοις οὕτως ἔχουσιν, ὥστ' οἴονται, εἰ καὶ μὴ οὕτως ἔχει, ὡς ὁ λέγων τὰ πράγματα οὕτως ἔχειν. Καὶ συνομοιοπαθεῖ ὁ ἀκούων ἀεὶ τῷ παθητικῶς λέγοντι, κἂν μηδὲν λέγῃ· διὸ πολλοὶ καταπλήττουσι τοὺς ἀκροατὰς θορυβοῦντες.

Β'. Καὶ ἠθικὴ δὲ αὕτη ἡ ἐκ τῶν σημείων δεῖξις, ὅτι ἀκολουθεῖ ἡ ἁρμόττουσα ἑκάστῳ γένει καὶ ἕξει. Λέγω δὲ γένος μὲν καθ' ἡλικίαν, οἷον παῖς, ἢ ἀνήρ, ἢ γέρων· καὶ γυνή, ἢ ἀνήρ· καὶ Λάκων, ἢ Θετταλός. Ἕξεις δέ, καθ' ἃς ποιός τις τῷ βίῳ· οὐ γὰρ καθ' ἅπασαν ἕξιν οἱ βίοι ποιοί τινες· ἐὰν οὖν

CHAPITRE VII.

De la convenance du style.

§ I. Le style doit exprimer les mœurs et les passions.

Le style sera convenable s'il exprime les passions et les mœurs, et s'il est proportionné au sujet. Il est proportionné au sujet, lorsqu'on ne parle pas des choses grandes avec bassesse, des petites avec emphase, lorsqu'on ne donne pas à un mot familier un ornement ambitieux ; sinon, on tombe dans le comique, ainsi que fait Cléophon [1], dans lequel on trouve des passages qui rappellent cette expression, *une auguste figue*. Le discours est conforme aux passions, quand on parle d'une injure avec colère, d'une chose impie ou honteuse avec indignation ou avec réserve, de ce qui est louable avec admiration, de ce qui doit exciter la pitié avec une humble simplicité, et ainsi du reste. Le style approprié à chaque passion rend le discours persuasif. L'esprit de l'auditeur est séduit [2] ; il semble que l'orateur dit vrai, parce que, dans les mêmes circonstances, nous sommes affectés comme lui ; et on croit que les choses sont telles qu'il les présente, quoi qu'il n'en soit pas ainsi. On ressent les mêmes passions que lui, quand il parle d'une manière pathétique, bien qu'au fond il ne dise rien. Aussi un grand nombre d'orateurs cherchent-ils par beaucoup de bruit à frapper d'étonnement l'esprit des auditeurs.

§ II. Comment le style peut exprimer les mœurs.

On reconnaît à certains signes si le style exprime les mœurs, parce que, chaque genre, chaque habitude a un langage qui lui convient en propre. Je dis *genre* par rapport à l'âge, un enfant, un homme fait, un vieillard ; au sexe, une femme, un homme ; au pays, un Lacédémonien, un Thessalien. J'appelle *habitudes*, ce qui fait qu'un homme est tel ou tel dans sa vie ; car toute habitude ne détermine pas le genre de vie. Si donc on

ΡΗΤΟΡΙΚΗ.

καὶ τὰ ὀνόματα οἰκεῖα λέγῃ τῇ ἕξει, ποιήσει τὸ ἦθος· οὐ γὰρ ταὐτὰ οὐδ' ὡσαύτως ἄγροικος ἂν καὶ πεπαιδευμένος εἴπειεν. Πάσχουσι δέ τι οἱ ἀκροαταὶ, καὶ ᾧ κατακόρως χρῶνται οἱ λογογράφοι· τίς δ' οὐκ οἶδεν; ἅπαντες ἴσασιν· ὁμολογεῖ γὰρ ὁ ἀκούων αἰσχυνόμενος, ὅπως μετέχῃ οὗπερ καὶ οἱ ἄλλοι πάντες.

Γ΄. Τὸ δ' εὐκαίρως ἢ μὴ εὐκαίρως χρῆσθαι, κοινὸν ἁπάντων τῶν εἰδῶν ἐστίν. Ἄκος δ' ἐπὶ πάσῃ ὑπερβολῇ, τὸ θρυλλούμενον· δεῖ γὰρ αὐτὸν αὑτῷ προσεπιπλήττειν· δοκεῖ γὰρ ἀληθὲς εἶναι, ἐπεὶ οὐ λανθάνει γε ὃ ποιεῖ, τὸν λέγοντα. Ἔτι τοῖς ἀνάλογον μὴ πᾶσιν ἅμα χρήσασθαι· οὕτω γὰρ κλέπτεται ὁ ἀκροατής. Λέγω δὲ, οἷον ἐὰν τὰ ὀνόματα σκληρὰ ᾖ, μὴ καὶ τῇ φωνῇ, καὶ τῷ προσώπῳ, καὶ τοῖς ἁρμόττουσιν· εἰ δὲ μὴ, φανερὸν γίγνεται ἕκαστον ὅ ἐστιν. Ἐὰν δὲ τὸ μὲν, τὸ δὲ μὴ, λανθάνῃ ποιῶν τὸ αὐτό. Ἐὰν οὖν τὰ μαλακὰ σκληρῶς, καὶ τὰ σκληρὰ μαλακῶς λέγηται, ἀπίθανον γίγνεται.

Δ΄. Τὰ δὲ ὀνόματα τὰ διπλᾶ καὶ τὰ ἐπίθετα πλείω, καὶ τὰ ξένα μάλιστα ἁρμόττει λέγοντι παθητικῶς· συγγνώμη γὰρ ὀργιζομένῳ κακὸν φάναι οὐρανόμηκες, ἢ πελώριον εἰπεῖν. Καὶ ὅταν ἔχῃ ἤδη τοὺς ἀκροατὰς, καὶ ποιήσῃ ἐνθουσιάσαι, ἢ ἐπαίνοις ἢ ψόγοις, ἢ ὀργῇ ἢ φιλίᾳ· οἷον καὶ Ἰσοκράτης ποιεῖ ἐν τῷ πανηγυρικῷ ἐπὶ τέλει, Φήμην δὲ καὶ μνήμην· καὶ, Οἵ τινες ἔτλησαν. Φθέγγονταί τε γὰρ τὰ τοιαῦτα ἐνθου-

fait parler à chaque habitude le langage qui lui convient, on exprime les mœurs. En effet, un homme grossier et un homme bien élevé ne diront pas les mêmes choses, ni de la même manière. Les auditeurs éprouvent une certaine impression de ces manières de parler que les orateurs emploient à satiété : « Qui ne connaît, tout le monde sait [3]. » L'auditeur donne son consentement, parce qu'il rougirait d'ignorer ce que savent tous les autres.

§ III. L'art doit être caché.

Tous ces procédés de l'art, on les emploie mal à propos, ou à propos. Mais toutes les fois qu'on est allé trop loin, on trouve le remède dans le précepte si connu : chacun doit se reprendre soi-même. Et alors, il semble que l'orateur dit vrai, parce qu'on voit qu'il n'ignore pas ce qu'il fait. Il ne faut pas non plus établir en tout une correspondance parfaite ; c'est le moyen de tromper l'auditeur. Je veux dire ; par exemple, que si notre langage est dur, nous ne devons pas pour cela mettre de la dureté dans la voix, dans la physionomie, dans les gestes ; si non, l'art se montre tel qu'il est. Mais si vous faites ceci et non cela, vous cachez l'art et vous obtenez le même résultat. Néanmoins on ne pourrait persuader, si on exprimait les sentiments doux avec dureté, et avec douceur les sentiments rudes.

§ IV. L'emploi des mots doubles et étrangers.

Les mots doubles, les épithètes plus nombreuses, les mots étrangers surtout, conviennent au langage pathétique. On permet à un orateur entraîné par la passion de dire qu'un malheur est aussi grand que le ciel (οὐρανόμηκες), ou qu'il est immense (πελώριον). On peut le faire aussi, quand on s'est emparé des auditeurs, et qu'on les a remplis d'enthousiasme, par le moyen de l'éloge, du blâme, de la colère, de l'amitié, comme le fait Isocrate à la fin de son *Panégyrique*, dans ce passage : « Quelle renommée, quels souvenirs [4] ! » et dans cet autre : « Ceux qui ont supporté, etc. » C'est ainsi qu'on parle dans l'enthousiasme, et c'est aussi avec un pareil sentiment d'enthousiasme que les

σιάζοντες· ὥστε καὶ ἀποδέχονται δηλονότι ὁμοίως ἔχοντες. Διὸ καὶ τῇ ποιήσει ἥρμοσεν· ἔνθεον γὰρ ἡ ποίησις. Ἢ δὴ οὕτω δεῖ, ἢ μετ᾽ εἰρωνείας, ὅπερ Γοργίας ἐποίει, καὶ τὰ ἐν τῷ Φαίδρῳ.

ΚΕΦΑΛΑΙΟΝ Ηʹ.

Αʹ. Τὸ δὲ σχῆμα τῆς λέξεως δεῖ μήτε ἔμμετρον εἶναι, μήτε ἄρρυθμον· τὸ μὲν γὰρ ἀπίθανον· πεπλάσθαι γὰρ δοκεῖ, καὶ ἅμα καὶ ἐξίστησι· προσέχειν γὰρ ποιεῖ τῷ ὁμοίῳ, πότε πάλιν ἥξει. Ὥσπερ οὖν τῶν κηρύκων προλαμβάνουσι τὰ παιδία, τὸ, τίνα αἱρεῖται ἐπίτροπον ὁ ἀπελευθερούμενος; Κλέωνα. Τὸ δὲ ἄρρυθμον, ἀπέραντον. Δεῖ δὲ πεπεράνθαι μὲν, μὴ μέτρῳ δέ· ἀηδὲς γὰρ καὶ ἄγνωστον, τὸ ἄπειρον. Περαίνεται δὲ ἀριθμῷ πάντα· ὁ δὲ τοῦ σχήματος τῆς λέξεως ἀριθμὸς, ῥυθμός ἐστιν, οὗ καὶ τὰ μέτρα τμητά. Διὸ ῥυθμὸν δεῖ ἔχειν τὸν λόγον, μέτρον δὲ μή· ποίημα γὰρ ἔσται· ῥυθμὸν δὲ μὴ ἀκριβῶς· τοῦτο δὲ ἔσται, ἐὰν μέχρι του ᾖ.

Βʹ. Τῶν δὲ ῥυθμῶν, ὁ μὲν ἡρῷος, σεμνὸς καὶ οὐ λεκτικός, καὶ ἁρμονίας δεόμενος· ὁ δ᾽ ἴαμβος, αὐτή ἐστιν ἡ λέξις ἡ τῶν πολλῶν· διὸ μάλιστα πάντων τῶν μέτρων ἰαμβεῖα φθέγγονται λέγοντες. Δεῖ δὲ σεμνότητα γενέσθαι καὶ ἐκστῆσαι. Ὁ δὲ τροχαῖος, κορδακικώτερος· δηλοῖ δὲ τὰ τετράμετρα· ἔστι γὰρ τροχεὸς ῥυθμὸς, τὰ τετράμετρα.

auditeurs entendent ces paroles. Dans ces passages, le style s'est rapproché de la poésie, parce qu'il y a comme un souffle divin dans la poésie. Mais ce n'est que dans ce cas qu'il faut s'exprimer ainsi, ou bien lorsqu'on parle avec ironie, comme Gorgias ou Platon dans le *Phèdre*. [5].

CHAPITRE VIII.

Du rhythme.

§ I. Définition du rhythme.

Le style, dans sa forme extérieure, ne doit être ni mesuré, ni manquer de rhythme. S'il est mesuré, il excite la défiance en montrant l'artifice; et en même temps il détourne l'attention, en faisant que l'auditeur s'applique à épier le retour de telle ou telle cadence; c'est ainsi que les crieurs publics demandant quel est le patron choisi par l'affranchi, les enfants le préviennent en disant, « Cléon. » Si le style est sans rhythme, il manque de cadence. Or, il faut que, sans être mesuré, il ait une cadence; autrement il est désagréable et confus [1]. Le nombre est la mesure de toute chose; et le nombre qui convient à la forme extérieure du style, c'est le rhythme, dont les mètres sont les divisions [2]. Ainsi donc, la prose doit avoir un rhythme, mais point de mesure; sans quoi elle deviendrait poésie. Et ce rhythme ne doit pas être rigoureux, c'est à dire qu'il doit être contenu dans certaines bornes.

§ II. Différentes espèces de rhythme.

Parmi les différents rhythmes, l'héroïque a de la dignité; il est au-dessus du ton de la conversation [3], et demande le concours de l'harmonie. L'iambique n'est que le langage ordinaire; voilà pourquoi ce sont surtout des vers iambiques qui nous échappent dans la conversation; mais le style de l'orateur doit être digne et au-dessus du commun. Le trochaïque s'accommode mieux aux danses bouffonnes [4]; ce qui le prouve, c'est que les tétramètres dont il se compose forment un rhythme précipité.

Γ'. Λείπεται δὲ παιὰν, ᾧ ἐχρῶντο μὲν ἀπὸ Θρασυμάχου ἀρξάμενοι· οὐκ εἶχον δὲ λέγειν, τίς ἦν. Ἔστι δὲ τρίτος ὁ παιὰν, καὶ ἐχόμενος τῶν εἰρημένων· τρία γὰρ πρὸς δύο ἐστίν. Ἐκείνων δὲ ὁ μὲν, ἓν πρὸς ἕν· ὁ δὲ, δύο πρὸς ἕν. Ἔχεται δὲ τῶν λόγων τούτων ὁ ἡμιόλιος· οὗτος δ' ἐστὶν ὁ παιάν. Οἱ μὲν οὖν ἄλλοι, διά τε τὰ εἰρημένα ἀφετέοι, καὶ διότι μετρικοί· ὁ δὲ παιὰν, ληπτέος· ἀπὸ μόνου γὰρ οὐκ ἔστι μέτρον τῶν ῥηθέντων ῥυθμῶν· ὥστε μάλιστα λανθάνειν. Νῦν μὲν οὖν χρῶνται τῷ ἑνὶ παιᾶνι καὶ ἀρχόμενοι. Δεῖ δὲ διαφέρειν τὴν τελευτὴν τῆς ἀρχῆς. Ἔστι δὲ παιᾶνος δύο εἴδη, ἀντικείμενα ἀλλήλοις· ὧν τὸ μὲν ἓν, ἀρχῇ ἁρμόττει, ὥσπερ καὶ χρῶνται· οὗτος δ' ἐστὶν, οὗ ἄρχει μὲν ἡ μακρά, τελευτῶσι δὲ τρεῖς βραχεῖαι.

Δαλογενὲς, εἴτε Λυκίαν.

Καὶ,

Χρυσεοκόμα Ἕκατε, παῖ Διός.

Ἕτερος δ' ἐξ ἐναντίας, οὗ βραχεῖαι ἄρχουσι τρεῖς· ἡ δὲ μακρὰ τελευταία.

Μετὰ δὲ γᾶν ὕδατά τ' ὠκεανὸν ἠφάνισε νύξ.

Οὗτος δὲ τελευτὴν ποιεῖ· ἡ γὰρ βραχεῖα, διὰ τὸ ἀτελὴς εἶναι, ποιεῖ κολοβόν. Ἀλλὰ δεῖ τῇ μακρᾷ ἀποκόπτεσθαι, καὶ δήλην εἶναι τὴν τελευτὴν, μὴ διὰ τὸν γραφέα, μηδὲ διὰ τὴν παραγραφὴν, ἀλλὰ διὰ τὸν ῥυθμόν. Ὅτι μὲν οὖν εὔρυθμον δεῖ εἶναι τὴν λέξιν, καὶ μὴ ἄρρυθμον, καὶ τίνες εὔρυθμον ποιοῦσι ῥυθμοί, καὶ πῶς ἔχοντες, εἴρηται.

§ III. Le pæan.

Reste le pæan, dont on s'est servi à partir de Thrasymaque[5], mais sans bien s'en rendre compte. Le pæan est une troisième espèce de rhythme, qui se rattache aux deux précédents. Il exprime le rapport de trois à deux, tandis que les deux premiers expriment, l'un le rapport de un à un, l'autre le rapport de deux à un. Le pæan qui est en proportion sesqui-altère, se rattache à l'un et à l'autre[6]. Il faut donc laisser les autres rhythmes pour les raisons que nous venons de dire, et parce qu'ils ont une mesure certaine; et il faut prendre le pæan, parce qu'il est le seul de tous ceux dont nous avons parlé qui n'ait pas de mesure, et qu'on puisse facilement dissimuler. Aujourd'hui donc on se sert d'une seule espèce de pæan, et cela au commencement; mais la fin doit différer du commencement. Or, il y a deux espèces de pæans opposés l'un à l'autre. L'un convient au commencement; c'est celui dont on fait usage. Il commence par une longue et finit par trois brèves.

et
$$\Delta\alpha\lambda\circ\gamma\varepsilon\nu\varepsilon\varsigma\ \varepsilon\iota\tau\varepsilon\ \Lambda\upsilon\varkappa\iota\alpha\nu$$

$$\text{Χρυσεοκομα Ἑκατε παι Διος.}$$

L'autre, au contraire, commence par trois brèves et finit par une longue :

$$\text{Μετα δε γαν ὑδατα τ'ωκεανον ηφανισε νυξ}[7].$$

Celui-ci convient à la fin, parce que la brève, ne formant pas un temps complet, produit une cadence tronquée[8]. Il faut donc couper la phrase par une longue, et bien marquer la fin, non par le secours du copiste, ou de quelque signe d'écriture, mais au moyen du rhythme. Nous venons de dire que le style doit avoir un rhythme, et un rhythme qui lui convienne, et nous avons dit en même temps qu'elle est l'espèce de mètre qui forme le rhythme oratoire.

ΚΕΦΑΛΑΙΟΝ Θ'.

Α'. Τὴν δὲ λέξιν ἀνάγκη εἶναι ἢ εἰρομένην καὶ τῷ συνδέσμῳ μίαν, ὥσπερ αἱ ἐν τοῖς διθυράμβοις ἀναβολαί· ἢ κατεστραμμένην καὶ ὁμοίαν ταῖς τῶν ἀρχαίων ποιητῶν ἀντιστρόφοις. Ἡ μὲν οὖν εἰρομένη λέξις, ἡ ἀρχαία ἐστίν· Ἡροδότου Θουρίου ἥδ' ἱστορίης ἀπόδεξις. Ταύτῃ γὰρ πρότερον μὲν ἅπαντες, νῦν δὲ οὐ πολλοὶ χρῶνται. Λέγω δὲ εἰρομένην, ἢ οὐδὲν ἔχει τέλος καθ' αὑτὴν, ἂν μὴ τὸ πρᾶγμα λεγόμενον τελειωθῇ. Ἔστι δὲ ἀηδὴς, διὰ τὸ ἄπειρον· τὸ γὰρ τέλος πάντες βούλονται καθορᾶν. Διόπερ ἐπὶ τοῖς καμπτῆρσιν ἐκπνέουσι καὶ ἐκλύονται· προορῶντες γὰρ τὸ πέρας, οὐ κάμνουσι πρότερον. Ἡ μὲν οὖν εἰρομένη τῆς λέξεως, ἔστιν ἥδε.

Β'. Κατεστραμμένη δὲ, ἡ ἐν περιόδοις· λέγω δὲ περίοδον, λέξιν ἔχουσαν ἀρχὴν καὶ τελευτὴν αὐτὴν καθ' αὑτὴν, καὶ μέγεθος εὐσύνοπτον· ἡδεῖα δ' ἡ τοιαύτη, καὶ εὐμαθής · ἡδεῖα μὲν, διὰ τὸ ἐναντίως ἔχειν τῷ ἀπεράντῳ· καὶ ὅτι αἰεί τι οἴεται ἔχειν ὁ ἀκροατὴς, τῷ αἰεὶ πεπεράνθαι τι αὐτῷ· τὸ δὲ μηδὲν προνοεῖν εἶναι, μηδὲ ἀνύειν, ἀηδές. Εὐμαθὴς δὲ, ὅτι εὐμνημόνευτος· τοῦτο δὲ, ὅτι ἀριθμὸν ἔχει ἡ ἐν περιόδοις λέξις, ὃ πάντων εὐμνημονευτότατον. Διὸ καὶ τὰ μέτρα πάντες μνημονεύουσι μᾶλλον τῶν χύδην· ἀριθμὸν γὰρ ἔχει ᾧ μετρεῖται. Δεῖ δὲ τὴν περίοδον καὶ τῇ διανοίᾳ τετελειώ-

CHAPITRE IX.

Deux espèces de style.

§ I. Style continu.

Le style est nécessairement, ou bien continu et lié par des conjonctions [1], comme les préludes des dithyrambes, ou bien assujéti à certains tours [2] et semblable aux antistrophes des anciens poëtes. Le style continu est le style ancien; par exemple : « Voici l'exposition de l'histoire d'Hérodote de Thurium [3]. » C'était autrefois le style de tous les écrivains, mais aujourd'hui il est peu en usage. J'appelle continu le style qui n'a pas de fin par lui-même, et qui ne s'arrête que lorsque le sens est complet [4]. Ce style est désagréable, parce qu'il n'a pas de fin par lui-même, et qu'en tout nous voulons voir la fin. C'est pour cela que les coureurs, arrivés à la fin du stade, sont essoufflés et ne se soutiennent plus, tandis qu'avant d'y être ils ne sentent pas la fatigue, tant qu'ils ont la borne devant les yeux. Voilà donc en quoi consiste le style continu.

§ II. Période.

L'autre espèce de style prend sa forme de la période. J'appelle période une phrase ayant par elle-même un commencement, une fin, et une étendue qu'on puisse facilement embrasser [5]. Une phrase dans ces conditions est agréable et facile à retenir. Elle est agréable, parce qu'elle est le contraire de celle qui ne finit pas par elle-même, et parce que l'auditeur croit à chaque instant saisir quelque chose dans ces phrases qui finissent à chaque instant; il est désagréable au contraire de ne rien pressentir, de ne voir fin à rien. Elle est facile à saisir, parce que la mémoire la retient facilement. Cela vient de ce que le style périodique a du nombre, et que rien ne se retient aussi facilement que le nombre. C'est pour cela que nous apprenons les vers plus facilement que la prose, les vers ayant un nombre qui les mesure.

σθαι, καὶ μὴ διακόπτεσθαι, ὥσπερ τὰ Σοφοκλέους ἰαμβεῖα·

Καλυδὼν μὲν ἥδε, γαῖα Πελοπείας χθονός.

Τοὐναντίον γάρ ἐστιν ὑπολαβεῖν τῷ διαιρεῖσθαι, ὥσπερ καὶ ἐπὶ τοῦ εἰρημένου, τὴν Καλυδῶνα εἶναι τῆς Πελοποννήσου.

Γ΄. Περίοδος δὲ, ἡ μὲν, ἐν κώλοις· ἡ δὲ ἀφελής. Ἔστι δὲ ἐν κώλοις μὲν, λέξις ἡ τετελειωμένη τε καὶ διῃρημένη, καὶ εὐανάπνευστος, μὴ ἐν τῇ διαιρέσει, ὥσπερ ἡ εἰρημένη περίοδος, ἀλλ᾽ ὅλη. Κῶλον δ᾽ ἐστὶ, τὸ ἕτερον μόριον ταύτης. Ἀφελῆ δὲ λέγω τὴν μονόκωλον. Δεῖ δὲ καὶ τὰ κῶλα, καὶ τὰς περιόδους, μήτε μειούρους εἶναι, μήτε μακράς. Τὸ μὲν γὰρ μικρὸν, προσπταίειν πολλάκις ποιεῖ τὸν ἀκροατήν· ἀνάγκη γὰρ, ὅταν ἔτι ὁρμῶν ἐπὶ τὸ πόρρω, καὶ τὸ μέτρον, οὗ ἔχει ἐν ἑαυτῷ ὅρον, ἀντισπασθῇ παυσαμένου, οἷον προσπταίειν γίγνεσθαι διὰ τὴν ἀντίκρουσιν. Τὰ δὲ μακρὰ ἀπολείπεσθαι ποιεῖ, ὥσπερ οἱ ἐξωτέρω ἀποκάμπτοντες τοῦ τέρματος· ἀπολείπουσι γὰρ καὶ οὗτοι τοὺς συμπεριπατοῦντας. Ὁμοίως δὲ καὶ αἱ περίοδοι αἱ μακραὶ οὖσαι, λόγος γίγνεται καὶ ἀναβολῇ ὅμοιον. Ὥστε γίγνεται, ὃ ἔσκωψε Δημόκριτος ὁ Χῖος εἰς Μελανιππίδην, ποιήσαντα ἀντὶ τῶν ἀντιστρόφων ἀναβολάς·

Οἵ τ᾽ αὐτῷ κακὰ τεύχει ἀνὴρ, ἄλλῳ κακὰ τεύχων·
Ἡ δὲ μακρ᾽ ἀναβολὴ τῷ ποιήσαντι κακίστη.

Ἁρμόττει γὰρ τὸ τοιοῦτον καὶ εἰς τοὺς μακροκώλους λέγειν. Αἱ δὲ λίαν βραχύκωλοι, οὐ περίοδος γίγνεται· προπετῆ οὖν ἄγει τὸν ἀκροατήν.

Mais il faut arrêter la période avec le sens, et ne pas la couper comme dans ces iambes de Sophocle [6] :

Καλυδὼν μὲν ἥδε γαῖα Πελοπείας χθονός,

« Calydon, ce pays de la terre de Pélops, etc. » En divisant ainsi, on peut faire entendre le contraire de ce qu'on dit. Ainsi, dans le passage qui précède, il semble que Calydon est dans le Péloponèse.

§ III. Éléments de la période.

La période est composée de membres, ou elle est simple. La période à membres est une phrase complète, formée de parties distinctes, et facile à prononcer, non lorsqu'elle est divisée comme la période citée plus haut, mais quand elle est prise tout entière. J'appelle membre une des deux parties de la période, et j'appelle période simple celle qui n'a qu'un membre. Il faut que les membres, aussi bien que les périodes, ne soient ni écourtés, ni longs. Trop courts, ils font souvent broncher l'auditeur. En effet, l'esprit se portant en avant vers la mesure dont il a conçu l'idée, si vous le tirez en arrière en cessant de parler, il faut bien qu'il se heurte contre l'obstacle qui le repousse. Trop longs, ils laissent l'auditeur en route, comme font ceux qui, dans une promenade, dépassent le terme ordinaire, et laissent en arrière ceux qui se promènent avec eux. Il en est de même des longues périodes ; elles prennent les proportions d'un discours : et deviennent semblables aux préludes des dithyrambes. Il arrive alors ce que Démocrite de Chio reprocha plaisamment à Mélanippide [7], qui avait, au lieu d'antistrophes, composé des préludes dithyrambiques : « L'homme se fait du mal à lui même en faisant du mal à autrui, et les longs préludes sont funestes à celui qui les a faits. » On peut appliquer ces vers à ceux qui font les membres de la période trop longs. S'ils les font trop courts, ce n'est plus une période, et l'auditeur lui-même est entraîné dans la chûte.

Δ'. Τῆς δὲ ἐν κώλοις λέξεως, ἡ μὲν, διῃρημένη ἐστίν· ἡ δὲ, ἀντικειμένη. Διῃρημένη μὲν, οἶον, «Πολλάκις ἐθαύμασα τῶν τὰς πανηγύρεις συναγαγόντων, καὶ τοὺς γυμνικοὺς ἀγῶνας καταστησάντων.» Ἀντικειμένη δὲ, ἐν ᾗ ἑκατέρῳ τῷ κώλῳ, ἢ πρὸς ἐναντίῳ ἐναντίον σύγκειται, ἢ ταὐτὸ ἐπέζευκται τοῖς ἐναντίοις· οἷον, «Ἀμφοτέρους δ' ὤνησαν, καὶ τοὺς ὑπομείναντας, καὶ τοὺς ἀκολουθήσαντας· τοῖς μὲν γὰρ, πλείω τῆς οἴκοι προσεκτήσαντο· τοῖς δὲ, ἱκανὴν τὴν οἴκοι κατέλιπον.» Ἐναντία, ὑπομονὴ, ἀκολούθησις· ἱκανὸν, πλεῖον. «Ὥστε καὶ τοῖς χρημάτων δεομένοις, καὶ τοῖς ἀπολαῦσαι βουλομένοις·» ἀπόλαυσις κτήσει ἀντίκειται. Καὶ ἔτι, «Συμβαίνει πολλάκις ἐν ταύταις, καὶ τοὺς φρονίμους ἀτυχεῖν, καὶ τοὺς ἄφρονας κατορθοῦν». «Εὐθὺς μὲν τῶν ἀριστείων ἠξιώθησαν, οὐ πολὺ δὲ ὕστερον τὴν ἀρχὴν τῆς θαλάσσης ἔλαβον». «Πλεῦσαι μὲν διὰ τῆς ἠπείρου, πεζεῦσαι δὲ διὰ τῆς θαλάττης, τὸν μὲν Ἑλλήσποντον ζεύξας, τὸν δ' Ἄθω διορύξας.» «Καὶ φύσει πολίτας ὄντας, νόμῳ τῆς πόλεως στέρεσθαι.» «Οἱ μὲν γὰρ αὐτῶν, κακῶς ἀπώλοντο· οἱ δ' αἰσχρῶς ἐσώθησαν.» «Ἰδίᾳ μὲν, τοῖς βαρβάροις οἰκέταις χρῆσθαι· κοινῇ δὲ, πολλοὺς τῶν συμμάχων περιορᾶν δουλεύοντας». «Ἢ ζῶντας ἕξειν, ἢ τελευτήσαντας καταλείψειν». Καὶ ὁ εἰς Πειθόλαόν τις εἶπε καὶ Λυκόφρονα ἐν τῷ δικαστηρίῳ, «Οὗτοι δ' ὑμᾶς, οἴκοι μὲν ὄντες, ἐπώλουν, ἐλθόντες δ' ὡς ἡμᾶς, ἐώνηνται.» Ἅπαντα γὰρ ταῦτα ποιεῖ τὸ εἰρημένον. Ἡδεῖα δέ ἐστιν ἡ τοιαύτη λέξις, ὅτι τὰ ἐναντία γνωριμώτατα, καὶ παράλληλα μᾶλλον γνώριμα· καὶ ὅτι ἔοικε συλλογισμῷ· ὁ γὰρ ἔλεγχος, συναγωγὴ τῶν ἀντικειμένων ἐστίν.

§ IV. Division et antithèse.

Les membres de la période sont divisés ou opposés : divisés, comme dans la phrase suivante : « Je me suis souvent étonné que ceux qui ont établi ces réunions solennelles, et qui ont institué les jeux gymniques [8], etc. » : opposés, lorsque dans deux membres, le contraire est mis en regard du contraire, ou, lorsque, dans un seul, les contraires sont réunis ; par exemple : « Ils furent utiles aux uns et aux autres, et à ceux qui restèrent, et à ceux qui les suivirent ; à ceux-ci ils donnèrent des possessions plus grandes qu'ils n'en avaient chez eux ; à ceux-là ils en laissèrent de suffisantes dans leur propre pays, » *Restèrent, suivirent, plus grandes, suffisantes*, sont des contraires. « Notre république convient à ceux qui ont besoin d'acquérir, et à ceux qui veulent jouir. » *Acquérir* et *jouir* sont opposés. « Il arrive souvent en ceci que les sages se trompent et que les insensés réussissent. — Ils reçurent aussitôt le prix de leur valeur, et bientôt après ils obtinrent l'empire de la mer. — Pour naviguer sur le continent, pour marcher sur la mer, il unit les deux rives de l'Hellespont, il perça le mont Athos. — La nature les fait citoyens, et la loi les prive de l'administration de la cité. — Les uns périrent misérablement, les autres se sauvèrent honteusement. — Il est honteux que les simples particuliers se fassent servir par des barbares, et que l'État voie avec indifférence plusieurs des alliés soumis à l'esclavage. — Quelles actions pendant leur vie, quels souvenirs après leur mort ! » Un orateur parlant de Pitholaüs et de Lycophron [9], s'écria devant le tribunal : « Ces hommes vous vendaient chez eux, et ils sont venus se vendre chez vous. » Dans tous ces exemples, on voit ce que nous avons dit. Ces phrases ont de l'agrément, parce que les contraires sont très faciles à saisir ; et ils le sont d'autant plus qu'on les place en regard. De plus, elles ressemblent au syllogisme ; car pour réfuter, on rapproche les choses opposées entre elles.

Ε'. Ἀντίθεσις μὲν οὖν τὸ τοιοῦτόν ἐστι· παρίσωσις δὲ, ἐὰν ἴσα τὰ κῶλα· παρομοίωσις δὲ, ἂν ὅμοια τὰ ἔσχατα ἔχῃ ἑκάτερον τῶν κώλων. Ἀνάγκη δὲ ἢ ἐν ἀρχῇ, ἢ ἐπὶ τελευτῆς ἔχειν. Καὶ ἀρχὴ μὲν αἰεὶ τὰ ὀνόματα· ἡ δὲ τελευτὴ, τὰς ἐσχάτας συλλαβὰς, ἢ τοῦ αὐτοῦ ὀνόματος πτώσεις, ἢ τὸ αὐτὸ ὄνομα. Ἐν ἀρχῇ μὲν τὰ τοιαῦτα. Ἀγρὸν γὰρ ἔλαβεν ἀργὸν παρ' αὐτοῦ.

Δωρητοί τ' ἐπέλοντο, παράρρητοί τ' ἐπέεσσιν.

Ἐπὶ τελευτῆς δὲ, Ὠιήθησαν αὐτὸν παιδίον τετοκέναι, ἀλλ' αὐτοῦ αἴτιον γεγονέναι. Ἐν πλείσταις δὲ φροντίσι, καὶ ἐν ἐλαχίσταις ἐλπίσι. Πτῶσις δὲ ταὐτοῦ, Ἄξιος δὲ σταθῆναι χαλκοῦς, οὐκ ἄξιος ὢν χαλκοῦ. Ταὐτὸ δ' ὄνομα, Σὺ δ' αὐτὸν καὶ ζῶντα ἔλεγες κακῶς, καὶ νῦν ἀποθανόντα γράφεις κακῶς. Ἀπὸ συλλαβῆς δὲ, Τί ἂν ἔπαθες δεινὸν, εἰ ἄνδρ' εἶδες ἀργόν; Ἔστι δὲ ἅμα πάντ' ἔχειν ταὐτὸ καὶ ἀντίθεσιν εἶναι τὸ αὐτὸ, καὶ πάρισον, καὶ ὁμοιοτέλευτον. Αἱ δ' ἀρχαὶ τῶν περιόδων σχεδὸν ἐν τοῖς Θεοδεκτείοις ἐξηρίθμηνται. Εἰσὶ δὲ καὶ ψευδεῖς ἀντιθέσεις, οἷον καὶ Ἐπίχαρμος ἐποίει,

Τόκα μὲν ἐν τήνων ἐγὼν ἦν· τόκα δὲ παρὰ τήνοις ἐγώ.

ΚΕΦΑΛΑΙΟΝ Ι'.

Α'. Ἐπεὶ δὲ διώρισται περὶ τούτων, πόθεν λέγεται τὰ ἀστεῖα, καὶ τὰ εὐδοκιμοῦντα, λεκτέον. Ποιεῖν μὲν οὖν ἐστι τοῦ εὐφυοῦς, ἢ τοῦ γεγυμνασμένου· δεῖξαι δὲ, τῆς μεθόδου ταύτης. Εἴπωμεν

LIVRE III, CHAPITRE IX.

§. V. Parisose et paromœose.

Il y a antithèse quand la période est ainsi construite, parisose quand les membres sont égaux, paromœose quand les syllabes extrêmes de deux membres sont semblables. Or, ceci doit arriver au commencement ou à la fin. Au commencement, la ressemblance doit toujours s'étendre aux mots; à la fin, il suffit des dernières syllabes, ou des inflexions d'un même mot, ou de la répétition du mot. Par exemple, au commencement: « Ἀγρὸν γὰρ ἔλαβεν ἀργὸν παρ' αὐτοῦ; il reçut de lui une terre stérile. — Δωρητοί τ'ἐπέλοντο παράρρητοί τ'ἐπέεσσιν; ils acceptaient des présents et se laissaient fléchir par les prières [10]. » A la fin: « Ὠήθησαν αὐτὸν παιδίον τετοκέναι, ἀλλ' αὐτοῦ αἴτιον γεγονέναι [11]? — Ἐν πλείσταις δὲ φροντίσι καὶ ἐν ἐλαχίσταις ἐλπίσιν; les plus grandes inquiétudes et les plus petites espérances. » Inflexion du mot: « Ἄξιος δὲ σταθῆναι χαλκοῦς, οὐκ ἄξιος χαλκοῦ; se croyant digne d'une statue d'airain, et ne valant pas un chalcos. » Répétition d'un mot: « Quand il vivait tu en disais du mal, et aujourd'hui qu'il est mort, tu en écris du mal. » Ressemblance d'une syllabe: « Τί ἂν ἔπαθες δεινὸν εἰ ἄνδρ' εἶδες ἀργόν; quel mal as-tu éprouvé pour avoir vu un homme oisif? » Tout cela peut se trouver ensemble, antithèse, égalité de membres, ressemblance des désinences. Dans notre *Rhétorique à Théodecte* [12], nous avons presque compté les diverses manières dont les périodes commencent. Il y a aussi de fausses antithèses, comme celle-ci d'Épicharme : « Tantôt j'étais avec eux, et tantôt auprès d'eux. »

CHAPITRE X.

De l'esprit dans le style et de la beauté de l'expression.

§ I. L'expression considérée dans le sens.

Cela établi, nous devons dire d'où viennent l'élégance et la beauté de l'expression. On parvient à ces qualités par une heureuse disposition et par l'exercice; mais c'est à la rhétorique à dire ce qu'elles sont. Pour en parler avec détail, posons d'abord

οὖν καὶ διαριθμησώμεθα· ἀρχὴ δ' ἔστω ἡμῖν αὕτη. Τὸ γὰρ μανθάνειν ῥᾳδίως, ἡδὺ φύσει πᾶσίν ἐστι· τὰ δὲ ὀνόματα σημαίνει τι· ὥστε ὅσα τῶν ὀνομάτων ποιεῖ ἡμῖν μάθησιν, ἥδιστα. Αἱ μὲν οὖν γλῶτται, ἀγνῶτες· τὰ δὲ κύρια, ἴσμεν. Ἡ δὲ μεταφορὰ ποιεῖ τοῦτο μάλιστα· ὅταν γὰρ εἴπῃ τὸ γῆρας καλάμην, ἐποίησε μάθησιν καὶ γνῶσιν διὰ τοῦ γένους· ἄμφω γὰρ ἀπηνθηκότα. Ποιοῦσι μὲν οὖν καὶ αἱ τῶν ποιητῶν εἰκόνες τὸ αὐτό· διόπερ, ἂν εὖ, ἀστεῖον φαίνεται. Ἔστι γὰρ ἡ εἰκών, καθάπερ εἴρηται πρότερον, μεταφορὰ διαφέρουσα προσθέσει· διὸ ἧττον ἡδὺ, ὅτι μακροτέρως· καὶ οὐ λέγει ὡς τοῦτο ἐκεῖνο· οὔκουν οὐδὲ ζητεῖ τοῦτο ἡ ψυχή. Ἀνάγκη δὴ, καὶ λέξιν καὶ ἐνθυμήματα ταῦτα εἶναι ἀστεῖα, ὅσα ποιεῖ ἡμῖν μάθησιν ταχεῖαν· διὸ οὔτε τὰ ἐπιπόλαια τῶν ἐνθυμημάτων εὐδοκιμεῖ· ἐπιπόλαια γὰρ λέγομεν τὰ παντὶ δῆλα, καὶ ἃ μηδὲν δεῖ ζητῆσαι· οὔτε ὅσα εἰρημένα, ἀγνοούμενά ἐστιν, ἀλλ' ὅσων ἢ ἅμα λεγομένων ἡ γνῶσις γίγνεται, καὶ εἰ μὴ πρότερον ὑπῆρχεν, ἢ μικρὸν ὑστερίζει ἡ διάνοια· γίγνεται γὰρ οἷον μάθησις· ἐκείνως δὲ, οὐδέτερον.

Β'. Κατὰ μὲν οὖν τὴν διάνοιαν τοῦ λεγομένου, τὰ τοιαῦτα εὐδοκιμεῖ τῶν ἐνθυμημάτων. Κατὰ δὲ τὴν λέξιν, τῷ μὲν σχήματι, ἐὰν ἀντικειμένως λέγηται· οἷον, Καὶ τὴν τοῖς ἄλλοις κοινὴν εἰρήνην νομιζόντων τοῖς αὑτῶν ἰδίοις πόλεμον· ἀντίκειται πόλεμος εἰρήνῃ. Τοῖς δ' ὀνόμασιν, ἐὰν ἔχῃ μεταφοράν· καὶ ταύτην μήτ' ἀλλοτρίαν· χαλεπὸν γὰρ συνιδεῖν· μήτ' ἐπιπόλαιον·

en principe, qu'apprendre facilement est un plaisir naturel pour tous les hommes, que les mots signifient quelque chose, et que les mots les plus agréables sont ceux qui nous donnent une connaissance nouvelle. Or, nous ignorons le sens des mots étrangers, et nous connaissons celui des mots vulgaires. C'est donc surtout la métaphore qui nous apprend quelque chose; si on appelle la vieillesse une paille flétrie [1], cette expression nous donne une connaissance, une notion, par le moyen du genre; ce sont, en effet, deux choses qui ont perdu leur fleur. Les comparaisons des poëtes produisent aussi le même effet; c'est pourquoi, bien placées, elles semblent une élégance. La comparaison, comme nous l'avons dit plus haut, diffère de la métaphore par l'addition d'un mot. Elle est donc moins agréable, parce qu'elle procède plus lentement; elle ne dit pas que ceci est cela, et l'esprit par conséquent n'a pas à chercher. Il y a donc nécessairement de l'élégance dans une expression, dans des enthymèmes, qui nous donnent une connaissance rapide. Aussi ne remarque-t-on, ni les enthymèmes vulgaires, et j'appelle ainsi ceux qui sont évidents pour tout le monde, et qui ne donnent aucun travail à l'esprit; ni ceux dont l'expression ne fait pas connaître le sens; mais bien ceux dont le sens est connu aussitôt qu'ils sont exprimés, ou ceux dont le sens ne tarde pas à venir, s'il ne s'est pas présenté tout d'abord. A ces conditions, il y a connaissance nouvelle; autrement, non.

§ II. L'expression considérée dans sa forme extérieure.

C'est en cela que consiste la beauté des enthymèmes, si on considère le sens de l'expression. Si on considère l'expression elle-même dans sa forme extérieure, cette beauté consiste: dans l'opposition, comme dans cette phrase: « Ils voient dans la paix commune une guerre faite à leurs propres intérêts [2], » où la guerre est opposée à la paix: dans les mots, quand il y a métaphore, pourvu que la métaphore ne soit, ni étrange, car elle est difficile à comprendre, ni vulgaire, car elle ne fait aucune impression. L'expression est encore belle, quand elle met

ΡΗΤΟΡΙΚΗ.

οὐδὲν γὰρ ποιεῖ πάσχειν. Ἔτι εἰ πρὸ ὀμμάτων ποιεῖ· ὁρᾷν γὰρ δεῖ τὰ πραττόμενα μᾶλλον, ἢ μέλλοντα. Δεῖ ἄρα τούτων στοχάζεσθαι τριῶν, μεταφορᾶς, ἀντιθέσεως, ἐνεργείας.

Γ'. Τῶν δὲ μεταφορῶν τεττάρων οὐσῶν, εὐδοκιμοῦσι μάλιστα αἱ κατὰ ἀναλογίαν· ὥσπερ Περικλῆς ἔφη τὴν νεότητα τὴν ἀπολομένην ἐν τῷ πολέμῳ, οὕτως ἠφανίσθαι ἐκ τῆς πόλεως, ὥσπερ εἴ τις τὸ ἔαρ ἐκ τοῦ ἐνιαυτοῦ ἐξέλοι. Καὶ Λεπτίνης περὶ Λακεδαιμονίων, οὐκ ἐᾶν περιϊδεῖν τὴν Ἑλλάδα ἑτερόφθαλμον γενομένην. Καὶ Κηφισόδοτος, σπουδάζοντος Χάρητος εὐθύνας δοῦναι περὶ τὸν Ὀλυνθιακὸν πόλεμον, ἠγανάκτει, φάσκων εἰς πνίγμα τὸν δῆμον ἔχοντα, τὰς εὐθύνας πειρᾶσθαι δοῦναι. Καὶ παρακαλῶν ποτὲ τοὺς Ἀθηναίους εἰς Εὔβοιαν ἐπισιτισαμένους, ἔφη, δεῖν ἐξιέναι τὸ Μιλτιάδου ψήφισμα. Καὶ Ἰφικράτης, σπεισαμένων Ἀθηναίων πρὸς Ἐπίδαυρον καὶ τὴν παραλίαν, ἠγανάκτει, φάσκων αὐτοὺς τὰ ἐφόδια τοῦ πολέμου παρηρῆσθαι. Καὶ Πειθόλαος τὴν πάραλον, ῥόπαλον τοῦ δήμου, Σηστὸν δὲ, τηλείαν τοῦ Πειραιέως. Καὶ Περικλῆς τὴν Αἴγιναν ἀφελεῖν ἐκέλευσε, τὴν λήμην τοῦ Πειραιέως. Καὶ Μοιροκλῆς, οὐθὲν ἔφη πονηρότερος εἶναι, ὀνομάσας τινὰ τῶν ἐπιεικῶν· ἐκεῖνον μὲν γὰρ ἐπὶ τρίτων τόκων πονηρεύεσθαι, αὐτὸν δὲ ἐπὶ δεκάτων. Καὶ τὸ Ἀναξανδρίδου ἰαμβεῖον ὑπὲρ τῶν θυγατέρων πρὸς τὸν γάμον ἐγχρονιζουσῶν,

Ὑπερήμεροί μοι τῶν γάμων αἱ παρθένοι.

Καὶ τὸ Πολυεύκτου εἰς ἀποπληκτικόν τινα Σπεύσιππον, τὸ μὴ δύνασθαι ἡσυχίαν ἄγειν ὑπὸ τῆς τύχης, ἐν πεντεσυρίγγῳ νόσῳ δεδεμένον. Καὶ Κηφισόδοτος τὰς τριήρεις ἐκάλει μύλωνας

l'objet sous les yeux; car il est tout simple qu'on voie mieux ce qui se fait que ce qui doit se faire. Il faut donc considérer trois choses dans l'expression : la métaphore, l'antithèse et l'énergie.

§III. La métaphore et l'antithèse.

Des quatre espèces de métaphores qui existent, les plus remarquables sont celles qui sont fondées sur la proportion. C'est ainsi que Périclès disait que la jeunesse qui avait péri pendant la guerre avait disparu de l'État, comme si de l'année on avait retranché le printemps [3]. Leptine, parlant de Lacédémone, disait qu'il ne fallait pas permettre que la Grèce perdît un de ses yeux [4]. Charès voulant s'empresser de rendre ses comptes au moment de la guerre d'Olynthe, Céphisodote s'écriait avec indignation, qu'il essayait de rendre ses comptes, au moment où il tenait le peuple enfermé dans un four [5]. Le même orateur, engageant les Athéniens à s'approvisionner pour faire une expédition en Eubée, dit qu'il fallait aller mettre à exécution le décret de Miltiade [6]. Les Athéniens ayant traité avec Épidaure et les cités maritimes, Iphicrate disait avec indignation qu'ils s'étaient enlevé à eux-mêmes les approvisionnements de la guerre. Pitholaüs appelait la galère paralienne [7], la massue du peuple, et Sestos le grenier du Pirée [8]. Périclès demandait qu'on détruisît Égine, la chassie du Pirée. Mœroclès [9], ayant nommé quelqu'un qui passait pour honnête, prétendait ne pas être plus méchant que lui, parce que cet homme demandait méchamment un intérêt représentant le tiers du capital, tandis que lui-même se contentait du dixième. Tel est aussi l'iambe d'Anaxandride [10], sur ses filles qui tardaient à se marier : « Mes filles ont laissé passer l'échéance des noces. » Et le mot de Polyeucte contre un certain Speusippe, frappé d'apoplexie : « Il ne peut rester en repos, quoique la fortune l'ait enchaîné dans une maladie *pentésyringe* [11]. Céphisodote donnait aux galères le nom de moulins peints, et Diogène le cynique disait que les cabarets étaient les tables communes d'Athènes [12]. Æsion disait que la républi-

ποικίλους· ὁ Κύων δὲ τὰ καπηλεῖα, τὰ Ἀττικὰ φειδίτια. Αἰσίων δὲ, ὅτι εἰς Σικελίαν τὴν πόλιν ἐξέχεαν· τοῦτο γὰρ μεταφορὰ καὶ πρὸ ὀμμάτων· καὶ ὥστε βοῆσαι τὴν Ἑλλάδα· καὶ τοῦτο τρόπον τινὰ μεταφορὰ, καὶ πρὸ ὀμμάτων. Καὶ ὥσπερ Κηφισόδοτος εὐλαβεῖσθαι ἐκέλευε, μὴ πολλὰς ποιήσωσι τὰς συνδρομὰς ἐκκλησίας. Καὶ Ἰσοκράτης πρὸς τοὺς συντρέχοντας ἐν ταῖς πανηγύρεσι. Καὶ οἷον ἐν τῷ ἐπιταφίῳ, διότι ἄξιον ἦν ἐπὶ τῷ τάφῳ τῷ τῶν ἐν Σαλαμῖνι τελευτησάντων κείρασθαι τὴν Ἑλλάδα, ὡς συγκαταθαπτομένης τῇ ἀρετῇ αὐτῶν τῆς ἐλευθερίας. Εἰ μὲν γὰρ εἶπεν, ὅτι ἄξιον δακρῦσαι, συγκαταθαπτομένης τῆς ἀρετῆς, μεταφορὰ, καὶ πρὸ ὀμμάτων· τὸ δὲ, τῇ ἀρετῇ τῆς ἐλευθερίας, ἀντίθεσίν τινα ἔχει. Καὶ ὡς Ἰφικράτης εἶπεν· «Ἡ γὰρ ὁδός μοι τῶν λόγων διὰ μέσων τῶν Χάρητι πεπραγμένων ἐστί·» μεταφορὰ κατὰ ἀναλογίαν, καὶ τὸ διὰ μέσου, πρὸ ὀμμάτων ποιεῖ. Καὶ τὸ φάναι παρακαλεῖν τοὺς κινδύνους τοῖς κινδύνοις βοηθήσοντας, πρὸ ὀμμάτων μεταφορά. Καὶ Λυκολέων ὑπὲρ Χαβρίου, «Οὐδὲ τὴν ἱκετηρίαν αἰσχυνθέντες αὐτοῦ τὴν εἰκόνα τὴν χαλκῆν·» μεταφορὰ γὰρ ἐν τῷ παρόντι, ἀλλ᾽ οὐκ αἰεί, ἀλλὰ πρὸ ὀμμάτων· κινδυνεύοντος γὰρ αὐτοῦ, ἱκετεύει ἡ εἰκὼν, τὸ ἄψυχον δὴ ἔμψυχον, τὸ ὑπόμνημα τῶν τῆς πόλεως ἔργων. Καὶ, «Πάντα τρόπον μικρὸν φρονεῖν μελετῶντες·» τὸ γὰρ μελετᾶν, αὔξειν τί ἐστι. Καὶ ὅτι τὸν νοῦν ὁ θεὸς φῶς ἀνῆψεν ἐν τῇ ψυχῇ· ἄμφω γὰρ δηλοῖ τι. «Οὐ γὰρ διαλυόμεθα τοὺς πολέμους, ἀλλ᾽ ἀναβαλλόμεθα·» ἄμφω γάρ ἐστι μέλλοντα, καὶ ἡ ἀναβολὴ, καὶ ἡ τοιαύτη εἰρήνη. Καὶ τὸ τὰς συνθήκας φάναι τρόπαιον εἶναι πολὺ κάλλιον τῶν ἐν τοῖς πολέμοις γινομένων· τὰ μὲν γὰρ ὑπὲρ μικρῶν, καὶ μιᾶς τύχης· αὗται δὲ, ὑπὲρ παντὸς τοῦ πολέμου· ἄμφω γὰρ νίκης σημεῖα. Ὅτι καὶ αἱ πόλεις τῷ ψόγῳ τῶν ἀνθρώπων μεγάλας εὐθύνας διδόασιν· ἡ γὰρ εὐθύνη, βλάβη τις δικαία ἐστίν. Ὅτι μὲν οὖν

que avait été versée en Sicile, expression qui renferme une métaphore et qui met la chose sous les yeux. Ces mots : « au point que la Grèce poussa un cri, » sont aussi en quelque façon une métaphore et rendent l'objet présent. Céphisodote conseillait de prendre garde que des assemblées fréquentes ne dégénérassent en chocs et en séditions [13]. Isocrate parlait de même de ceux qui se précipitent en tumulte dans les réunions solennelles. On lit dans l'oraison funèbre : « Il est juste que la Grèce coupe ses cheveux sur le tombeau de ceux qui sont morts à Salamine ; car la liberté est descendue dans la même tombe que leur courage [14]. » Si l'orateur avait dit que la Grèce devait pleurer, leur courage les ayant suivis dans la tombe, ce serait une métaphore qui mettrait l'objet sous les yeux ; mais en disant, la liberté avec leur courage, il fait une certaine antithèse. Iphicrate a dit : « La route de mes paroles passe au milieu des actions de Charès. » C'est une métaphore par proportion, et la chose est rendue présente par ce mot, « au milieu. » Quand on a dit : « Les dangers nous exhortent à repousser les dangers [15] ; » c'est une métaphore qui met l'objet sous les yeux. Lycoléon défendant Chabrias : « Vous n'auriez aucun égard, dit-il, pour les supplications de cette statue d'airain qu'on lui a élevée ! » C'est une métaphore pour la circonstance, et non pour toujours ; de plus, elle rend la chose présente ; Chabrias est en danger, la statue intercède pour lui, un être inanimé s'anime ; c'est le monument de ce que l'État a fait pour lui. « Ils s'appliquent de toute manière à avoir des sentiments bas [16] ; » s'appliquer à une chose, c'est la rendre plus grande. « La raison est un flambeau que Dieu alluma dans notre âme : » Ces deux mots indiquent l'action d'éclairer. « Nous ne terminons pas la guerre, nous la différons [17] : » Les deux idées se rapportent à l'avenir, délai, et paix ainsi faite. On a dit : « Les traités sont un trophée beaucoup plus beau que ceux de la guerre ; ceux-ci ont pour cause de petits avantages, une faveur de la fortune ; ceux-là finissent toute la guerre [18] : » Ces deux choses sont des signes de victoire. « Le blâme des hommes est un grand châtiment pour les cités. » En effet, le châtiment

τὰ ἀστεῖα ἐκ μεταφορᾶς τε τῆς ἀνάλογον λέγεται, καὶ τοῦ πρὸ ὀμμάτων ποιεῖν, εἴρηται.

ΚΕΦΑΛΑΙΟΝ ΙΑ'

Α'. Λεκτέον δὲ, τί λέγομεν πρὸ ὀμμάτων, καὶ τί ποιοῦσι γίγνεται τοῦτο. Λέγω δὴ πρὸ ὀμμάτων ταῦτα ποιεῖν, ὅσα ἐνεργοῦντα σημαίνει· οἷον, τὸν ἀγαθὸν ἄνδρα φάναι εἶναι τετράγωνον, μεταφορά· ἄμφω γὰρ τέλεια· ἀλλ' οὐ σημαίνει ἐνέργειαν. Ἀλλὰ, τὸ ἀνθοῦσαν ἔχοντος τὴν ἀκμὴν, ἐνέργεια. Καὶ τὸ, σὲ δ' ὥσπερ ἄφετον, ἐνέργεια. Καὶ,

Τοὐντεῦθεν οὖν Ἕλληνες ἀΐξαντες ποσί,

Τὸ ἀΐξαντες, ἐνέργεια καὶ μεταφορά. Καὶ ὡς κέχρηται Ὅμηρος πολλαχοῦ τῷ τὰ ἄψυχα ἔμψυχα λέγειν, διὰ τῆς μεταφορᾶς. Ἐν πᾶσι δὲ τὸ ἐνέργειαν ποιεῖν, εὐδοκιμεῖ· οἷον ἐν τοῖσδε,

Αὖθις ἐπὶ δάπεδόν τε κυλίνδετο λάας ἀναιδής.

Καὶ, Ἔπτατ' ὀϊστός.
Καὶ, Ἐπιπτέσθαι μενεαίνων.
Καὶ, Ἐν γαίῃ ἵσταντο λιλαιόμενα χροὸς ἆσαι.
Καὶ, Αἰχμὴ δὲ στέρνοιο διέσσυτο μαιμώωσα.

Ἐν πᾶσι γὰρ τούτοις, διὰ τὸ ἔμψυχα εἶναι, ἐνεργοῦντα φαίνεται· τὸ ἀναισχυντεῖν γὰρ, καὶ μαιμᾶν, καὶ τἆλλα, ἐνέργεια. Ταῦτα δὲ προσῆψε διὰ τῆς κατὰ ἀναλογίαν μεταφορᾶς· ὡς γὰρ ὁ λίθος πρὸς τὸν Σίσυφον, ὁ ἀναισχυντῶν πρὸς τὸν ἀναισχυντούμενον. Ποιεῖ δὲ καὶ ἐν ταῖς εὐδοκιμούσαις εἰκόσιν ἐπὶ τῶν ἀψύχων ταῦτα·

Κυρτὰ, φαληριόωντα· πρὸ μὲν τἆλλ', αὐτὰρ ἐπ' ἄλλα·

κινούμενα γὰρ καὶ ζῶντα ποιεῖ πάντα. Ἡ δ' ἐνέργεια, μίμησις.

est un dommage qui vient de la justice. Nous venons de dire que l'élégance provient de la métaphore par proportion, et des expressions qui mettent la chose sous les yeux.

CHAPITRE XI.

Des moyens de mettre la chose sous les yeux.

§ I. La chose mise sous les yeux.

Disons maintenant ce que nous appelons mettre la chose sous les yeux [1], et comment on y parvient. Je dis que la chose est mise sous les yeux, lorsque les mots expriment une action. Quand on dit que l'honnête homme est un carré [2], il y a métaphore, car les deux termes sont considérés comme parfaits; mais il n'y a pas d'action exprimée. Si vous dites : « Un orateur qui serait à cette époque de la vie où la fleur de l'âge se développe [3] » vous exprimez une action. « Mais vous, comme délivré de vos entraves [4]; » c'est encore une action. « Aussitôt les Grecs s'élancent [5] : » dans ce dernier terme, il y a métaphore et action. On en trouve de nombreux exemples dans Homère, quand par le moyen de la métaphore, il anime les choses inanimées, comme dans ces passages, où la beauté vient de ce que l'expression est, pour ainsi dire, agissante : « La pierre impudente roulait de nouveau dans la plaine [6]. — La flèche vole [7]. — Impatiente d'atteindre la foule [8]. — Les traits s'enfoncent dans la terre, brûlant de déchirer son corps [9]. — La lance impatiente traversa la poitrine [10]. » Dans tous ces exemples, on voit l'action, parce que les objets sont animés. La pierre impudente, la lance impatiente, et le reste; voilà l'action. Homère a rapproché ces mots par le moyen de la métaphore fondée sur la proportion; car l'impudent est pour celui qu'il ne respecte pas ce que la pierre est pour Sisyphe. Ce poëte, dans de belles images, procède de même pour les choses inanimées : « Les vagues recourbées et blanchissantes courent tantôt d'un côté et tantôt de l'autre [11]. » Il donne à tout le mouvement et la vie. Mettre ainsi en action, c'est imiter [12].

Β'. Δεῖ δὲ μεταφέρειν, καθάπερ εἴρηται πρότερον, ἀπὸ οἰκείων, καὶ μὴ φανερῶν· οἷον καὶ ἐν φιλοσοφίᾳ τὸ ὅμοιον, καὶ ἐν πολὺ διέχουσι θεωρεῖν εὐστόχου. Ὥσπερ Ἀρχύτας ἔφη ταὐτὸν εἶναι διαιτητὴν καὶ βωμόν· ἐπ' ἄμφω γὰρ τὸ ἀδικούμενον καταφεύγει. Ἢ εἴ τις φαίη ἄγκυραν καὶ κρεμάστραν τὸ αὐτὸ εἶναι· ἄμφω γὰρ ταὐτό τι· ἀλλὰ διαφέρει τῷ ἄνωθεν καὶ κάτωθεν. Καὶ τὸ ἀνωμαλίσθαι τὰς πόλεις, ἐν πολὺ διέχουσι ταὐτὸ, ἐν ἐπιφανείᾳ καὶ δυνάμεσι τὸ ἴσον.

Γ'. Ἔστι δὲ καὶ τὰ ἀστεῖα τὰ πλεῖστα διὰ μεταφορᾶς, καὶ ἐκ τοῦ προσεξαπατᾶν· μᾶλλον γὰρ γίγνεται δῆλον, ὅτι ἔμαθε παρὰ τὸ ἐναντίως ἔχειν, καὶ ἔοικε λέγειν ἡ ψυχή· ὡς ἀληθῶς, ἐγὼ δὲ ἥμαρτον. Καὶ τῶν ἀποφθεγμάτων δὲ τὰ ἀστεῖά ἐστιν ἐκ τοῦ μὴ ὃ φησι, λέγειν· οἷον τὸ τοῦ Στησιχόρου, ὅτι οἱ τέττιγες ἑαυτοῖς χαμόθεν ᾄσονται. Καὶ τὰ εὖ ᾐνιγμένα διὰ τὸ αὐτὸ ἡδέα· μάθησις γὰρ, καὶ λέγεται μεταφορά. Καὶ ὃ λέγει Θεόδωρος, τὸ καινὰ λέγειν. Γίγνεται δὲ, ὅταν παράδοξον ᾖ, καὶ μὴ, ὡς ἐκεῖνος λέγει, πρὸς τὴν ἔμπροσθεν δόξαν· ἀλλ' ὥσπερ οἱ ἐν τοῖς γελοίοις τὰ παραπεποιημένα. Ὅπερ δύναται καὶ τὰ παρὰ γράμμα σκώμματα· ἐξαπατᾷ γάρ. Καὶ ἐν τοῖς μέτροις· οὐ γὰρ, ὥσπερ ὁ ἀκούων ὑπέλαβεν.

Ἔστειχε δ' ἔχων ὑπὸ ποσσὶ χίμετλα·

§ II. Observation sur les métaphores.

Il faut tirer les métaphores, comme nous l'avons dit plus haut, d'objets qui soient en rapport, mais qui ne soient pas trop connus. Il faut de même, en philosophie, un esprit très pénétrant, pour saisir ce qu'il y a de semblable dans des choses très éloignées l'une de l'autre. C'est ainsi qu'Archytas a dit : « Il n'y a pas de différence entre un arbitre et un autel ; car c'est à l'un et à l'autre qu'on a recours dans l'injustice. » Il en serait de même si on disait qu'une ancre et une crémaillère sont une même chose ; c'est vrai sous un certain rapport ; mais elles diffèrent en ce que l'une suspend par le haut et l'autre par le bas. « Les deux cités sont au même niveau. » Dans deux choses très éloignées l'une de l'autre, une surface et la puissance des États, il y a une chose semblable, c'est l'égalité [13].

§ III. Différentes sources d'élégance.

La plupart des expressions élégantes renferment, outre la métaphore, un artifice qui trompe l'auditeur. En effet, on est plus vivement frappé d'une expression, quand on voit qu'elle est tout autre qu'on se l'était imaginé, et l'esprit semble se dire : Comme c'est vrai ! Je me trompais. Il y a aussi de l'élégance à faire entendre ce qu'on ne dit pas, comme dans ce mot de Stésichore : « Dans leur pays, les cigales chanteront par terre [14]. » C'est encore ce qui fait l'agrément des énigmes bien faites. On y trouve une connaissance nouvelle et une métaphore. Théodore indique encore un moyen, c'est que l'expression soit neuve [15] ; ce qui a lieu, lorsqu'elle semble paradoxale, lorsque, ainsi qu'il le dit, elle n'est pas conforme à l'opinion qu'on avait conçue, comme il arrive dans les plaisanteries où on contrefait les mots. On obtient le même effet dans les jeux de mots qui consistent dans le changement des lettres. Il y a là un artifice qui trompe, même en poésie. En entendant le vers suivant, on ne s'attendait pas à le voir finir ainsi : « Il marchait, ayant au pied des engelures [16]. » On attendait « des

ὁ δ᾽ ᾤετο πέδιλα ἐρεῖν. Τούτου δ᾽ ἅμα λεγομένου, δεῖ δῆλον εἶναι. Τὰ δὲ παρὰ γράμμα ποιεῖ, οὐχ ὃ λέγει λέγειν, ἀλλ᾽ ὃ μεταστρέφει ὄνομα· οἷον τὸ Θεοδώρου εἰς Νίκωνα τὸν κιθαρῳδόν, Θράττει σε· προσποιεῖται γὰρ λέγειν τὸ, Θράττει σε, καὶ ἐξαπατᾷ· ἄλλο γὰρ λέγει· διὸ μαθόντι ἡδύ· ἐπεὶ εἰ μὴ ὑπολαμβάνει Θρᾷκα εἶναι, οὐ δόξει ἀστεῖον εἶναι. Καὶ τὸ, βούλει αὐτὸν πέρσαι. Δεῖ δὲ ἀμφότερα προσηκόντως λεχθῆναι· οὕτω δὲ καὶ τὰ ἀστεῖα· οἷον τὸ φάναι Ἀθηναίοις τὴν τῆς θαλάττης ἀρχὴν, μὴ ἀρχὴν εἶναι τῶν κακῶν· ὄνασθαι γάρ. Ἢ ὥσπερ Ἰσοκράτης τὴν ἀρχὴν τῇ πόλει, ἀρχὴν εἶναι τῶν κακῶν· ἀμφοτέρως γὰρ ὃ οὐκ ἂν ᾠήθη τις ἐρεῖν, τοῦτ᾽ εἴρηται, καὶ ἐγνώσθη ὅτι ἀληθές. Τό τε γὰρ τὴν ἀρχὴν φάναι ἀρχὴν εἶναι, οὐδὲν σοφόν· ἀλλ᾽ οὐχ οὕτω λέγει, καὶ ἀρχὴν, οὐχ ὃ εἶπεν, ἀπόφησιν, ἀλλ᾽ ἄλλως. Ἐν ἅπασι δὲ τούτοις, ἐὰν προσηκόντως τὸ ὄνομα ἐνέγκῃ ὁμωνυμίᾳ ἢ μεταφορᾷ, τότε τὸ εὖ· οἷον, Ἄσχετος οὐκ ἀνάσχετος, ὁμωνυμίαν ἀπέφησεν, ἀλλὰ προσηκόντως, εἰ ἀηδής. Καὶ,

Οὐκ ἂν γένοιο μᾶλλον, ἤ σε δεῖ ξένον,
Ξένος·

ἢ οὐ μᾶλλον, ἤ σε δεῖ, τὸ αὐτό. Καὶ οὐ δεῖ τὸν ξένον, ξένον αἰεὶ εἶναι· ἀλλότριον γὰρ καὶ τοῦτο. Τὸ αὐτὸ καὶ τὸ Ἀναξανδρίδου τὸ ἐπαινούμενον,

Καλόν γ᾽ ἀποθανεῖν, πρὶν θανάτου δρᾶν ἄξιον·

ταὐτὸν γάρ ἐστι τῷ εἰπεῖν, ἄξιον γὰρ ἀποθανεῖν, μὴ ὄντα ἄξιον ἀποθανεῖν· ἢ ἄξιον ἀποθανεῖν, μὴ θανάτου ἄξιον ὄντα, ἢ μὴ ποιοῦντα θανάτου ἄξια. Τὸ μὲν οὖν εἶδος τὸ αὐτὸ τῆς λέξεως

LIVRE III, CHAPITRE XI.   345

chaussures. » Il faut que le jeu de mots soit compris au moment où on l'entend. Le véritable sens du jeu de mots n'est pas celui qui est exprimé, mais celui qui résulte du changement du mot. Ainsi Théodore disant au joueur de cithare Nicon, « Θράττει σε » *il te trouble*, semble dire en effet « Θράττει σε ; » mais il n'en est rien, il veut dire autre chose. Celui qui comprend ce mot le trouve agréable ; mais si on ne sait pas que Nicon est Thrace, on n'y trouvera aucun esprit. Il en est de même de celui-ci : « βούλει αὐτὸν πέρσαι [17] ; » (veux-tu le perdre, ou veux-tu qu'il favorise les Perses?) L'expression doit être convenable dans les deux sens. Il en est de même pour les expressions qui ont du trait et de l'élégance. Si on disait, par exemple : « Ἀθηναίοις τὴν τῆς θαλάττης ἀρχὴν μὴ ἀρχὴν εἶναι τῶν κακῶν· ὄνασθαι γάρ, (l'empire de la mer n'a pas été pour les Athéniens le commencement de leurs malheurs ; car ils en ont retiré un avantage;) ou bien, avec Isocrate : « Τὴν ἀρχὴν τῇ πόλει ἀρχὴν εἶναι τῶν κακῶν, (l'empire de la mer est le commencement des malheurs [18]); dans les deux exemples, c'est ce qu'on n'attendait pas qui est dit et reconnu pour vrai. Car si on disait que l'empire est un empire, il n'y aurait aucun sens. Mais ce n'est pas ce qu'on dit; on ne prend pas ἀρχήν dans le même sens, mais dans un autre. Dans tous ces cas, on réussit quand on emploie à propos un mot qui renferme une homonymie ou une métaphore. Par exemple : Ἄσχετος οὐκ ἀνάσχετος, (Aschétus n'est pas supportable [19];) c'est une homonymie, mais une homonymie convenable, si Aschétus est un homme déplaisant. Οὐκ ἂν γένοιο μᾶλλον ἤ σε δεῖ ξένος ξένος. (Étranger, tu ne seras pas traité en étranger plus qu'il ne faut); ou bien, οὐ μᾶλλον ἤ σε δεῖ, ce qui est la même chose. Et encore : « l'étranger ne doit pas toujours être un étranger, » où le mot répété est pris dans des sens divers. Il en est de même du célèbre vers d'Anaxandride : « Il est beau de mourir sans mériter la mort. » C'est comme si on disait que mourir est une chose digne, quand on n'est pas digne de mourir, ou bien, que c'est une chose digne, de mourir quand on n'est pas digne de

τούτων· ἀλλ' ὅσῳ ἂν ἐλάττονι καὶ ἀντικειμένως λεχθῇ, τοσούτῳ εὐδοκιμεῖ μᾶλλον. Τὸ δ' αἴτιον, ὅτι ἡ μάθησις, διὰ μὲν τὸ ἀντικεῖσθαι, μᾶλλον· διὰ δὲ τὸ ἐν ὀλίγῳ, θᾶττον γίγνεται. Δεῖ δ' αἰεὶ προσεῖναι, ἢ τὸ πρὸς ὃν λέγεται, ἢ τὸ ὀρθῶς λέγεσθαι, εἰ τὸ λεγόμενον ἀληθές, καὶ μὴ ἐπιπόλαιον· ἔστι γὰρ ταῦτα χωρὶς ἔχειν· οἷον, ἀποθνήσκειν δεῖ, μηθὲν ἁμαρτάνοντα· ἀλλ' οὐκ ἀστεῖον. Τὴν ἀξίαν δεῖ γαμεῖν τὸν ἄξιον· ἀλλ' οὐκ ἀστεῖον· ἀλλ' ἐὰν ἅμα ἄμφω ἔχῃ. Ἄξιον γ' ἀποθανεῖν, μὴ ἄξιον ὄντα τοῦ ἀποθανεῖν. Ὅσῳ δ' ἂν πλείω ἔχῃ, τοσούτῳ ἀστειότερον φαίνεται· οἷον, εἰ καὶ τὰ ὀνόματα μεταφορὰ εἴη, καὶ μεταφορὰ τοιαδί, καὶ ἀντίθεσις, καὶ παρίσωσις, καὶ ἔχοι ἐνέργειαν.

Δ'. Εἰσὶ δὲ καὶ αἱ εἰκόνες, ὥσπερ εἴρηται καὶ ἐν τοῖς ἄνω, αἰεὶ εὐδοκιμοῦσαι τρόπον τινὰ μεταφοραί· αἰεὶ γὰρ ἐκ δυοῖν λέγονται, ὥσπερ ἡ ἀνάλογον μεταφορά· οἷον, ἡ ἀσπὶς, φαμὲν, ἐστὶ φιάλη Ἄρεος καὶ τόξον, φόρμιγξ ἄχορδος. Οὕτω μὲν οὖν λέγουσιν οὐχ ἁπλοῦν· τὸ δ' εἰπεῖν τὸ τόξον φόρμιγγα, ἢ τὴν ἀσπίδα φιάλην, ἁπλοῦν. Καὶ εἰκάζουσι δὲ οὕτως, οἷον πιθήκῳ αὐλητήν· λύχνῳ ψακαζομένῳ εἰς μύωπα· ἄμφω γὰρ συνάγεται. Τὸ δ' εὖ ἐστὶν, ὅταν μεταφορὰ ᾖ· ἔστι γὰρ εἰκάσαι τὴν ἀσπίδα, φιάλῃ Ἄρεος· καὶ τὸ ἐρείπιον ῥάκει οἰκίας· καὶ τὸν Νικήρατον φάναι Φιλοκτήτην εἶναι δεδηγμένον ὑπὸ Πράτυος, ὥσπερ εἴκασε Θρασύμαχος, ἰδὼν τὸν Νικήρατον ἡττημένον ὑπὸ Πράτυος ῥαψῳδοῦντα, κομῶντα δὲ καὶ αὐχμηρὸν ἔτι. Ἐν οἷς

mort, ou qu'on ne fait pas des choses dignes de mort. La forme de ces phrases est la même; mais l'expression a d'autant plus d'élégance, qu'elle est plus concise et plus symétrique. La cause en est que la symétrie des contraires fait mieux comprendre la chose, et que la concision donne une connaissance plus rapide. De plus, pour que l'expression soit vraie, pour qu'elle ne soit pas vide de sens, il faut toujours qu'elle s'applique à une personne, et qu'elle soit employée à propos; car l'un peut aller sans l'autre. Par exemple : « Il faut mourir sans avoir commis de faute; » il n'y a là aucune élégance; « Il faut un époux digne à une femme digne; » l'expression manque aussi d'élégance. Elle n'en manquera pas si vous remplissez les deux conditions que nous demandons : « Mourir est une chose digne, quand on n'est pas digne de mourir. » L'expression paraît d'autant plus élégante, qu'on y réunit plus de choses; par exemple, si elle contient une métaphore, et que cette métaphore remplisse certaines conditions, si on y trouve une antithèse, de la symétrie, et si la chose est mise sous les yeux.

§ IV. La comparaison.

Les comparaisons aussi, comme nous l'avons déjà dit plus haut, sont en quelque sorte des métaphores estimées; car elles renferment toujours deux choses, comme la métaphore par proportion. Quand nous disons, par exemple, que le bouclier est la coupe de Mars, et que l'arc est une lyre sans cordes, l'expression n'est pas simple. Elle l'est, quand on dit : l'arc est une lyre, le bouclier est une coupe. La comparaison est présentée aussi sous la forme suivante : Un joueur de flûte a un singe; un myope a un flambeau qui s'éteint en pétillant; ce sont deux exemples de concision. La comparaison est belle, quand il y a métaphore. On peut, par comparaison, dire que le bouclier est la coupe de Mars; que des ruines sont des haillons d'un édifice; que Nicérate est un Philoctète mordu par Pratys, comme le disait Thrasymaque, en voyant que Nicérate,

μάλιστ' ἐκπίπτουσιν οἱ ποιηταὶ, ἐὰν μὴ εὖ, καὶ ἐὰν εὐδοκιμῶσι. Λέγω δ' ὅταν ἀποδιδῶσιν,

Ὥσπερ σέλινον, οὖλα τὰ σκέλη φορεῖ,
Ὥσπερ Φιλάμμων ζυγομαχῶν τῷ κωρύκῳ.

Καὶ τὰ τοιαῦτα πάντ' εἰκόνες εἰσίν. Αἱ δ' εἰκόνες, ὅτι μεταφοραί, εἴρηται πολλάκις.

Ε'. Καὶ αἱ παροιμίαι, μεταφοραὶ ἀπ' εἴδους ἐπ' εἶδός εἰσιν· οἷον, ἄν τις ὡς ἀγαθὸν πεισόμενος αὐτὸς ἐπαγάγηται, εἶτα βλαβῇ, ὡς ὁ Καρπάθιός φησι τὸν λαγώ· ἄμφω γὰρ τὸ εἰρημένον πεπόνθασιν.

ΣΤ'. Ὅθεν μὲν οὖν τὰ ἀστεῖα λέγεται, καὶ διότι, σχεδὸν εἴρηται τὸ αἴτιον. Εἰσὶ δὲ καὶ εὐδοκιμοῦσαι ὑπερβολαί, μεταφοραί· οἷον εἰς ὑπωπιασμένον· Ὠίηθητε γὰρ αὐτὸν εἶναι συκαμίνων τάλαρον· ἐρυθρὸν γάρ τι τὸ ὑπώπιον. Ἀλλὰ τὸ πολὺ σφόδρα. Τὸ δὲ ὥσπερ τὸ καὶ τὸ, ὑπερβολὴ τῇ λέξει διαφέρουσα.

Ὥσπερ Φιλάμμων ζυγομαχῶν τῷ κωρύκῳ·

ᾠήθης· ἂν αὐτὸν Φιλάμμονα εἶναι μαχόμενον τῷ κωρύκῳ.

Ὥσπερ σέλινον οὖλα τὰ σκέλη φορεῖ·

ᾠήθης δ' ἂν οὐ σκέλη, ἀλλὰ σέλινα ἔχειν οὕτως οὖλα. Εἰσὶ δὲ ὑπερβολαὶ μειρακιώδεις· σφοδρότητα γὰρ δηλοῦσιν. Διὸ ὀργιζόμενοι λέγουσι μάλιστα·

Οὐδ' εἴ μοι τόσα δοίη, ὅσα ψάμαθός τε κόνις τε,
Κούρην δ' οὐ γαμέω Ἀγαμέμνονος Ἀτρείδαο,
Οὐδ' εἰ χρυσείῃ Ἀφροδίτῃ κάλλος ἐρίζοι,
Ἔργα δ' Ἀθηναίῃ.

Χρῶνται δὲ μάλιστα τούτῳ οἱ Ἀττικοὶ ῥήτορες· διὸ πρεσβυτέρῳ λέγειν ἀπρεπές.

LIVRE III, CHAPITRE XI.   349

vaincu par Pratys dans un combat de rhapsodes, était encore sale et portait les cheveux longs. C'est en cela surtout que les poëtes échouent, lorsque, tout célèbres qu'ils sont, ils n'observent pas ces règles et qu'ils s'expriment ainsi : « Il porte ses jambes tordues comme le persil, comme Philammon luttant au jeu du ballon. » Tous ces exemples sont des comparaisons, et les comparaisons sont des métaphores, comme nous l'avons dit souvent.

§ V. Les proverbes.

Les proverbes sont des métaphores d'espèce à espèce. Si un homme, par exemple, introduit chez lui une chose dont il attend du bien, et dont il éprouve du dommage, on peut lui dire : « Le Carpathien a voulu le lièvre [20] ; » car l'un et l'autre ont éprouvé le même malheur.

§ VI. L'hyperbole.

Voilà à peu près comment on peut arriver à l'élégance du style, et l'usage qu'on en fait. Les hyperboles non vicieuses sont aussi des métaphores. On peut dire d'un visage meurtri : « Vous le prendriez pour un panier de mûres ; » parce que les meurtrissures ont une couleur rouge ; néanmoins l'exagération est trop forte. Quand on dit : « comme ceci et comme cela, » c'est une hyperbole qui ne diffère que par l'expression. « Comme Philammon, luttant au ballon ; » vous croiriez que c'est Philammon lui-même qui combat avec le ballon ; « comme le persil, portant les jambes tordues ; » on pourrait croire que ce ne sont pas les jambes, mais le persil qui est ainsi tordu. Les hyperboles ont quelque chose de jeune ; elles sont un signe d'ardeur. Aussi en use-t-on surtout dans la colère : « Quand il me donnerait autant d'or qu'il y a de sable et de poussière, je n'épouserai pas une fille d'Agamemnon, fils d'Atrée ; dût-elle par sa beauté le disputer à la blonde Vénus, et par son adresse à Minerve [21]. » L'hyperbole est employée surtout par les orateurs attiques ; il ne convient pas aux vieillards d'en faire usage.

ΚΕΦΑΛΑΙΟΝ ΙΒ'.

Α'. Δεῖ δὲ μὴ λεληθέναι, ὅτι ἄλλη ἑκάστῳ γένει ἁρμόττει λέξις· οὐ γὰρ ἡ αὐτὴ γραφικὴ καὶ ἀγωνιστική· οὐδὲ δημηγορικὴ καὶ δικανική. Ἄμφω δὲ ἀνάγκη εἰδέναι· τὸ μὲν γὰρ, ἔστιν ἑλληνίζειν ἐπίστασθαι· τὸ δὲ, μὴ ἀναγκάζεσθαι κατασιωπᾶν, ἄν τι βούληται μεταδοῦναι τοῖς ἄλλοις· ὅπερ πάσχουσιν οἱ μὴ ἐπιστάμενοι γράφειν. Ἔστι δὲ λέξις, γραφικὴ μὲν, ἡ ἀκριβεστάτη· ἀγωνιστικὴ δὲ, ἡ ὑποκριτικωτάτη. Ταύτης δὲ δύο εἴδη· ἡ μὲν γὰρ, ἠθική· ἡ δὲ, παθητική. Διὸ καὶ οἱ ὑποκριταὶ τὰ τοιαῦτα τῶν δραμάτων διώκουσι; καὶ οἱ ποιηταὶ τοὺς τοιούτους. Βαστάζονται δὲ οἱ ἀναγνωστικοί· οἷον Χαιρήμων· ἀκριβὴς γάρ, ὥσπερ λογογράφος· καὶ Λυκίμνιος τῶν διθυραμβοποιῶν. Καὶ παραβαλλόμενοι, οἱ μὲν τῶν γραφικῶν ἐν τοῖς ἀγῶσι, στενοὶ φαίνονται· οἱ δὲ τῶν ῥητόρων εὖ λεχθέντες, ἰδιωτικοὶ ἐν ταῖς χερσίν. Αἴτιον δὲ, ὅτι ἐν τῷ ἀγῶνι ἁρμόττει. Διὸ καὶ τὰ ὑποκριτικὰ ἀφῃρημένης τῆς ὑποκρίσεως, οὐ ποιοῦντα τὸ αὑτῶν ἔργον, φαίνεται εὐήθη· οἷον τὰ ἀσύνδετα, καὶ τὸ πολλάκις τὸ αὐτὸ εἰπεῖν ἐν τῇ γραφικῇ, ὀρθῶς ἀποδοκιμάζεται· ἐν δὲ ἀγωνιστικῇ καὶ οἱ ῥήτορες χρῶνται· ἔστι γὰρ ὑποκριτικά. Ἀνάγκη δὲ μεταβάλλειν τὸ αὐτὸ λέγοντας· ὅπερ ὡς προοδοποιεῖ τῷ ὑποκρίνεσθαι· Οὗτός ἐστιν ὁ κλέψας ὑμῶν· οὗτός ἐστιν ὁ ἐξαπατήσας· οὗτος ὁ τὸ ἔσχατον προδοῦναι ἐπιχειρήσας. Οἷον καὶ Φιλήμων ὁ ὑποκριτὴς

CHAPITRE XII.

Du style qui convient à chaque genre.

§ I. Du style écrit et du style agonistique.

Il ne faut pas perdre de vue qu'à chaque genre convient un style différent. Celui des ouvrages écrits n'est pas le même que celui des débats publics; celui qui convient au genre délibératif ne convient pas au judiciaire. Il faut être habile dans l'un et dans l'autre. Le premier demande une parfaite connaissance de la langue; grâce au second, nous ne sommes pas forcés de nous arrêter, quand nous voulons communiquer nos idées aux autres; ce qui arrive à ceux qui ne savent pas écrire. Le style des ouvrages écrits exige le plus grand soin; celui des débats publics doit surtout être propre à l'action. Il y a deux espèces de ce dernier : l'un convient à l'expression des mœurs, l'autre à celle des passions. Aussi les comédiens recherchent-ils les drames où se trouvent ces qualités, et les poëtes, les comédiens qui peuvent les faire valoir. Mais on supporte avec peine les poëtes qui ne sont bons que pour la lecture. Tel est Chérémon[1], qui est exact comme un prosateur, et Lycimnius, parmi ceux qui ont écrit des dithyrambes[2]. Si on compare les discours entre eux, ceux qui sont écrits paraissent maigres en public; ceux que les orateurs ont déclamés avec succès semblent ridicules à la lecture. La raison en est qu'ils sont faits pour les luttes publiques. Ils veulent donc le secours de l'action, et l'action disparaissant, ils ne remplissent pas leur fonction, et paraissent insignifiants. Les défauts de liaison, par exemple, les répétitions fréquentes, sont mal venus dans un discours écrit, et avec raison; mais dans les débats d'une assemblée publique, les orateurs en font usage, parce que tout cela se prête à l'action. Il faut varier l'expression quand on répète la même chose; on prépare ainsi les voies à la déclamation : « Voilà celui qui vous a volés, celui qui vous a trompés, celui enfin qui a voulu vous trahir. » C'est ce que

ἐποίει, ἔν τε τῇ Ἀναξανδρίδου γεροντομανίᾳ, ὅτε λέγει Ῥαδάμανθυς καὶ Παλαμήδης, καὶ ἐν τῷ προλόγῳ τῶν Εὐσεβῶν, τὸ Ἐγώ. Ἐὰν γάρ τις τὰ τοιαῦτα μὴ ὑποκρίνηται, γίγνεται ὁ τὸν δοκὸν φέρων· Καὶ τὰ ἀσύνδετα ὡσαύτως· ἦλθον, ἀπῄτησα, ἐδεόμην· ἀνάγκη γὰρ ὑποκρίνεσθαι, καὶ μὴ ὡς ἓν λέγοντα τῷ αὐτῷ ἤθει καὶ τόνῳ εἰπεῖν. Ἔτι ἔχει ἴδιόν τι τὰ ἀσύνδετα· ἐν ἴσῳ γὰρ χρόνῳ πολλὰ δοκεῖ εἰρῆσθαι. Ὁ γὰρ σύνδεσμος ἓν ποιεῖ τὰ πολλά· ὥστε ἐὰν ἐξαιρεθῇ, δῆλον ὅτι τοὐναντίον ἔσται τὸ ἓν πολλά. Ἔχει οὖν αὔξησιν· ἦλθον, διελέχθην, ἱκέτευσα πολλά· δοκεῖ δὲ ὑπεριδεῖν, ὅσα εἶπον, ὅσα φημί. Τοῦτο δὲ βούλεται ποιεῖν καὶ Ὅμηρος ἐν τῷ,

Νιρεὺς δ' αὖ Σύμηθεν·
Νιρεὺς Ἀγλαΐης·
Νιρεύς, ὃς κάλλιστος.

Περὶ οὗ γὰρ πολλὰ εἴρηται, ἀνάγκη καὶ πολλάκις εἰρῆσθαι. Εἰ οὖν καὶ πολλάκις, καὶ πολλὰ δοκεῖ. Ὥστε ηὔξησεν ἅπαξ μνησθεὶς διὰ τὸν παραλογισμὸν, καὶ μνήμην πεποίηκεν, οὐδαμοῦ ὕστερον αὐτοῦ λόγον ποιησάμενος.

Β'. Ἡ μὲν οὖν δημηγορικὴ λέξις, καὶ παντελῶς ἔοικε τῇ σκιαγραφίᾳ· ὅσῳ γὰρ ἂν πλείων ᾖ ὁ ὄχλος, πορρώτερον ἡ θέα· διὸ τὰ ἀκριβῆ περίεργα καὶ χείρω φαίνεται ἐν ἀμφοτέροις. Ἡ δὲ δίκη, ἀκριβέστερον· ἔτι δὲ μᾶλλον, ἡ ἑνὶ κριτῇ· ἐλάχιστον γάρ ἐστιν ἐν ῥητορικοῖς· εὐσύνοπτον γὰρ μᾶλλον τὸ οἰκεῖον τοῦ πράγματος, καὶ τὸ ἀλλότριον· καὶ ὁ ἀγὼν ἄπεστιν· ὥστε καθαρὰ ἡ κρίσις. Διὸ οὐχ οἱ αὐτοὶ ἐν πᾶσι τούτοις

faisait Philémon le comédien dans la *Gérontomanie* d'Anaxandride [3], quand il dit « Rhadamanthys et Palamède ; » de même dans le prologue des *Eusèbes*, quand il répète le mot ἐγώ. Si dans ces passages, la déclamation ne s'anime pas, on pense au proverbe : « Il porte une poutre. » Il en est de même pour les passages où les liaisons manquent : « Je suis venu, je l'ai abordé, je l'ai supplié. » Il faut s'animer alors, et ne pas prononcer ces mots du même ton et avec la même physionomie, comme si on disait une seule chose. Le manque de liaison a encore ceci de particulier ; c'est que, dans un égal espace de temps, il semble qu'on dit plusieurs choses ; en effet, la liaison fait de plusieurs choses une seule ; si donc on la fait disparaître, il est évident que le contraire arrivera, et que d'une chose on en fera plusieurs. Il y a donc là un moyen d'amplification : « Je suis venu, je lui ai parlé, je l'ai supplié. » En s'exprimant ainsi, il semble qu'on laisse de côté beaucoup de choses qu'on a dites. C'est aussi l'intention d'Homère, dans ce passage : « Nirée de Simé, Nirée fils d'Aglaé, Nirée le plus beau [4]..... » Il est nécessaire de nommer plusieurs fois un guerrier dont on rapporte beaucoup d'exploits ; si donc Nirée est nommé plusieurs fois, il semble qu'il a fait beaucoup. Au moyen de cet artifice, Homère agrandit ce guerrier en n'en faisant mention qu'une fois ; il en a perpétué le souvenir, quoiqu'il n'en dise plus rien dans la suite du poëme.

§ II. Style délibératif et judiciaire.

Le style du genre délibératif est entièrement semblable à une décoration où les ombres sont fortement tracées ; plus il y a de confusion dans les masses, plus il faut la regarder de loin ; ici comme là, trop de soin serait inutile et même mauvais. Le style du genre judiciaire est plus soigné ; il l'est encore plus en présence d'un seul juge, parce que l'esprit saisit plus facilement ce qui est propre et ce qui est étranger à l'affaire ; il n'y a pas de lutte, et la vérité du jugement n'est pas altérée. C'est pourquoi les mêmes orateurs n'excellent pas dans tous les genres. Là où

εὐδοκιμοῦσι ῥήτορες· ἀλλ' ὅπου μάλιστα ὑποκρίσεως, ἐνταῦθα ἥκιστα ἀκρίβεια ἔνι. Τοῦτο δὲ, ὅπου φωνῆς, καὶ μάλιστα ὅπου μεγάλης.

Γ'. Ἡ μὲν οὖν ἐπιδεικτικὴ λέξις, γραφικωτάτη· τὸ γὰρ ἔργον αὐτῆς, ἀνάγνωσις· δευτέρα δὲ, ἡ δικανική. Τὸ δὲ προσδιαιρεῖσθαι τὴν λέξιν, ὅτι ἡδεῖαν δεῖ καὶ μεγαλοπρεπῆ, περίεργον· τί γὰρ μᾶλλον ἢ σώφρονα καὶ ἐλευθέριον, καὶ εἴ τις ἄλλη ἤθους ἀρετή; τὸ γὰρ ἡδεῖαν εἶναι, ποιήσει δῆλον ὅτι τὰ εἰρημένα, εἴπερ ὀρθῶς ὥρισται ἡ ἀρετὴ τῆς λέξεως· τίνος γὰρ ἕνεκα δεῖ σαφῆ, καὶ μὴ ταπεινὴν εἶναι, ἀλλὰ πρέπουσαν; Ἄν τε γὰρ ἀδολεσχῇ, οὐ σαφής, οὐδὲ, ἂν σύντομος. Ἀλλὰ δῆλον ὅτι τὸ μέσον ἁρμόττει. Καὶ τὸ ἡδεῖαν τὰ εἰρημένα ποιήσει, ἂν εὖ μιχθῇ τὸ εἰωθὸς, καὶ ξενικὸν, καὶ ὁ ῥυθμὸς, καὶ τὸ πιθανὸν ἐκ τοῦ πρέποντος. Περὶ μὲν οὖν τῆς λέξεως εἴρηται, καὶ κοινῇ περὶ ἁπάντων, καὶ ἰδίᾳ περὶ ἕκαστον γένος. Λοιπὸν δὲ, περὶ τάξεως εἰπεῖν.

ΚΕΦΑΛΑΙΟΝ ΙΓ'.

Α'. Ἔστι δὲ τοῦ λόγου δύο μέρη· ἀναγκαῖον γὰρ τό τε πρᾶγμα εἰπεῖν περὶ οὗ, καὶ τότ' ἀποδεῖξαι. Διὸ εἰπόντα μὴ ἀποδεῖξαι, ἢ ἀποδεῖξαι μὴ προειπόντα, ἀδύνατον. Ὅ τε γὰρ ἀποδεικνύων, τὶ ἀποδείκνυσι· καὶ ὁ προλέγων, ἕνεκα τοῦ ἀποδεῖξαι προλέγει. Τούτων δὲ, τὸ μὲν, πρόθεσίς ἐστι· τὸ δὲ, πίστις. Ὥσπερ ἂν εἴ τις διέλοι, ὅτι τὸ μὲν, πρόβλημα· τὸ δὲ, ἀπόδειξις. Νῦν δὲ διαιροῦσι γελοίως· διήγησις γάρ που τοῦ δικα-

l'action oratoire a le plus d'effet, le style doit être le moins soigné ; ce qui arrive, quand l'orateur doit élever la voix, et surtout quand il doit lui donner tout son développement.

§ III. Du style épidictique.

Le style du genre épidictique convient surtout aux ouvrages écrits, parce qu'il est destiné à la lecture ; vient ensuite celui du genre judiciaire. Quant à rechercher, dans une division nouvelle, s'il doit être agréable et s'il doit être magnifique [5], c'est inutile. Pourquoi cela, plutôt que tempéré, noble, ou tout autre qualité morale ? Il est évident que si nous avons bien défini les qualités du style, ce que nous avons dit suffit pour le rendre agréable. Pourquoi s'enquérir s'il doit être clair, s'il ne doit pas être bas, mais convenable ? Il sera clair, s'il n'est ni diffus, ni concis. C'est évidemment au juste-milieu qu'il faut s'en tenir. Il sera agréable, si conformément à ce que nous avons dit, il renferme un heureux mélange de mots usités et de mots étrangers, s'il a du rhythme, si la convenance le rend persuasif. Voilà ce que nous avions à dire sur le style, sur tous les genres en général, et sur chacun en particulier. Il nous reste à parler de la disposition.

CHAPITRE XIII.

Des parties du discours.

§ I. Parties essentielles.

Le discours a deux parties. En effet, il est nécessaire d'annoncer le sujet, et ensuite de donner les preuves. Il est impossible d'avancer sans prouver, de prouver sans avancer. Celui qui démontre, démontre quelque chose, et celui qui annonce une chose se propose de la prouver. La première de ces parties est la proposition, la seconde est la preuve. En divisant autrement, la première serait un problème, la seconde une démonstration. Aujourd'hui on divise d'une manière ridicule [1]. Et d'abord, la narration n'appartient en quelque sorte qu'au seul genre judiciaire. Com-

νικοῦ λόγου μόνου ἐστίν. Ἐπιδεικτικοῦ δὲ καὶ δημηγορικοῦ, πῶς ἐνδέχεται εἶναι διήγησιν οἵαν λέγουσιν, ἢ τὰ πρὸς τὸν ἀντίδικον, ἢ ἐπίλογον τῶν ἀποδεικτικῶν; Προοίμιον δὲ, καὶ ἀντιπαραβολὴ, καὶ ἐπάνοδος, ἐν ταῖς δημηγορίαις τότε γίγνεται, ὅταν ἀντιλογία ᾖ· καὶ γὰρ ἡ κατηγορία, καὶ ἡ ἀπολογία πολλάκις, ἀλλ' οὐχ ἡ συμβουλή· ἀλλ' ὁ ἐπίλογος. Ἔτι οὐδὲ δικανικοῦ παντὸς, οἷον, ἐὰν μικρὸς ὁ λόγος, ἢ τὸ πρᾶγμα εὐμνημόνευτον· συμβαίνει γὰρ τοῦ μήκους ἀφαιρεῖσθαι.

Β'. Ἀναγκαῖα ἄρα μόρια, πρόθεσις, καὶ πίστις. Ἴδια μὲν οὖν ταῦτα· τὰ δὲ πλεῖστα, προοίμιον, πρόθεσις, πίστις, ἐπίλογος· τὰ γὰρ πρὸς τὸν ἀντίδικον, τῶν πίστεών ἐστι· καὶ ἡ ἀντιπαραβολὴ, αὔξησις τῶν αὐτοῦ, ὥστε μέρος τι τῶν πίστεων· ἀποδείκνυσι γάρ τι ὁ ποιῶν τοῦτο· ἀλλ' οὐ τὸ προοίμιον, οὐδ' ὁ ἐπίλογος, ἀλλ' ἀναμιμνήσκει. Ἔσται οὖν, ἄν τις τὰ τοιαῦτα διαιρῇ, ὅπερ ἐποίουν οἱ περὶ Θεόδωρον, διήγησις ἕτερον, καὶ ἐπιδιήγησις, καὶ προδιήγησις, καὶ ἔλεγχος, καὶ ἐπεξέλεγχος. Δεῖ δὶ εἶδός τι λέγοντα καὶ διαφορὰν, ὄνομα τίθεσθαι· εἰ δὲ μὴ, γίγνεται κενὸν καὶ ληρῶδες, οἷον Λυκίμνιος ποιεῖ ἐν τῇ τέχνῃ, ἐπούρωσιν ὀνομάζων, καὶ ἀποπλάνησιν, καὶ ὄζους.

ΚΕΦΑΛΑΙΟΝ ΙΔ'.

Α'. Τὸ μὲν οὖν προοίμιον, ἔστιν ἀρχὴ λόγου· ὅπερ ἐν ποιήσει πρόλογος, καὶ ἐν αὐλήσει προαύλιον· πάντα γὰρ ἀρχα-

ment admettre dans le genre épidictique, et dans le délibératif, une narration telle qu'on la définit, ou bien une réfutation ou une péroraison dans les discours du genre épidictique ? Le genre délibératif n'admet un exorde, une discussion du pour et du contre et une récapitulation, que tout autant qu'il y a deux opinions contraires. Si souvent, dans ce genre, on accuse ou on défend, ce n'est plus une délibération. La péroraison au contraire ne se trouve pas dans tout discours judiciaire ; par exemple, lorsque le discours n'est pas étendu, ou que la chose est facile à retenir, on peut alors la retrancher pour être court.

§ II. Parties accessoires.

La proposition et la preuve sont donc les parties nécessaires du discours, celles qui lui appartiennent en propre. On peut admettre tout au plus l'exorde, la proposition, la preuve et la péroraison. En effet, la réfutation fait partie de la preuve ; en discutant le pour et le contre, on amplifie ses propres raisons, de sorte que c'est encore une partie de la preuve. En faisant cela, on démontre quelque chose, mais l'exorde et la péroraison ne servent qu'à aider la mémoire. Si on adopte toutes ces divisions, on fera comme les disciples de Théodore [2], qui distinguent une narration, une postnarration et une prénarration, une réfutation et une postréfutation. Mais il ne faut inventer un mot que pour exprimer une espèce distincte, ou une différence essentielle. Sinon, la division devient vide de sens et ridicule, comme celle de Lycimnius, qui, dans sa *Rhétorique*, admet l'interruption, la digression, et les branches.

CHAPITRE XIV.

De l'exorde.

§ I. Définition.

L'exorde est le commencement du discours, comme le prologue en poésie et le prélude en musique. Ce sont autant de com-

ταῦτ' εἰσὶ, καὶ οἷον ὁδοποίησις τῷ ἐπιόντι. Τό μὲν οὖν προαύλιον, ὅμοιον τῷ τῶν ἐπιδεικτικῶν προοιμίῳ· καὶ γὰρ οἱ αὐληταὶ, ὅ τι ἂν ἔχωσιν αὐλῆσαι, τοῦτο προαυλίσαντες, συνῆψαν τῷ ἐνδοσίμῳ· καὶ ἐν τοῖς ἐπιδεικτικοῖς λόγοις δεῖ οὕτω γράφειν· ὅ τι γὰρ ἂν βούληται εὐθὺς εἰπόντα, ἐνδοῦναι καὶ συνάψαι· ὅπερ πάντες ποιοῦσι· παράδειγμα τὸ τῆς Ἰσοκράτους Ἑλένης προοίμιον· οὐδὲν γὰρ οἰκεῖον ὑπάρχει τοῖς ἐριστικοῖς καὶ Ἑλένῃ. Ἅμα δὲ καὶ ἐὰν ἐκτοπίσῃ, ἁρμόττει μὴ ὅλον τὸν λόγον ὁμοειδῆ εἶναι.

Β'. Λέγεται δὲ τὰ τῶν ἐπιδεικτικῶν προοίμια, ἐξ ἐπαίνου ἢ ψόγου· οἷον Γοργίας μὲν ἐν τῷ Ὀλυμπικῷ λόγῳ, «Ὑπὸ πολλῶν ἄξιοι θαυμάζεσθαι, ὦ ἄνδρες Ἕλληνες·» ἐπαινεῖ γὰρ τοὺς τὰς πανηγύρεις συνάγοντας. Ἰσοκράτης δὲ ψέγει, ὅτι τὰς μὲν τῶν σωμάτων ἀρετὰς δωρεαῖς ἐτίμησαν· τοῖς δ' εὖ φρονοῦσιν, οὐδὲν ἆθλον ἐποίησαν. Καὶ ἀπὸ συμβουλῆς, οἷον ὅτι δεῖ τοὺς ἀγαθοὺς τιμᾶν· διὸ καὶ αὐτὸς Ἀριστείδην ἐπαινεῖ· ἢ τοὺς τοιούτους, οἳ μήτε εὐδοκιμοῦσι, μήτε φαῦλοι, ἀλλ' ὅσοι ἀγαθοὶ ὄντες ἄδηλοι, ὥσπερ Ἀλέξανδρος ὁ Πριάμου· οὗτος γὰρ συμβουλεύει. Ἔτι δ' ἐκ τῶν δικανικῶν προοιμίων· τοῦτο δ' ἐστὶν, ἐκ τῶν πρὸς τὸν ἀκροατὴν, εἰ περὶ παραδόξου λόγος, ἢ περὶ χαλεποῦ, ἢ περὶ τεθρυλλημένου πολλοῖς, ὥστε συγγνώμην ἔχειν· οἷον Χοιρίλος,

  Νῦν δ' ὅτε πάντα δέδασται.

Τὰ μὲν οὖν τῶν ἐπιδεικτικῶν λόγων προοίμια, ἐκ τούτων· ἐξ ἐπαίνου, ἐκ ψόγου, ἐκ προτροπῆς, ἐξ ἀποτροπῆς, ἐκ τῶν πρὸς τὸν ἀκροατήν. Δεῖ δὲ ἢ ξένα, ἢ οἰκεῖα εἶναι τὰ ἐνδόσιμα τῷ λόγῳ.

Γ'. Τὰ δὲ τοῦ δικανικοῦ προοίμια, δεῖ λαβεῖν, ὅτι ταὐτὸ δύναται ὅπερ τῶν δραμάτων οἱ πρόλογοι, καὶ τῶν ἐπῶν τὰ

mencements, et comme une introduction à ce qui suit. Le prélude ressemble à l'exorde du genre épidictique. En effet, quand les joueurs de flûte ont un morceau brillant, ils le jouent d'abord et le rattachent à l'ouverture. C'est ainsi qu'il faut écrire les discours du genre épidictique; l'orateur dit d'abord ce qu'il veut en le rattachant à son sujet. Tous font ainsi; par exemple Isocrate, dans l'exorde de l'*Éloge d'Hélène*; en effet, qu'y a-t-il de commun entre les sophistes et Hélène [1]? L'orateur fait bien aussi de sortir du sujet, pour que le discours ne soit pas tout uniforme.

§ II. Sources de l'exorde du genre épidictique.

Dans le genre épidictique, les sources de l'exorde sont l'éloge et le blâme. C'est ainsi que Gorgias, dans son Olympique [2]: « Hommes Hellènes, dit-il, ils méritent l'admiration générale; » et il fait l'éloge de ceux qui on institué les réunions solennelles des jeux. Isocrate les blâme au contraire d'avoir institué des récompenses honorables pour les vertus du corps, et de n'avoir établi aucun prix pour les sages [3]. L'exorde se tire aussi d'un conseil; par exemple: il faut honorer les hommes de bien, c'est pourquoi l'orateur va louer Aristide, ou bien ceux dont la renommée dit du bien et du mal, et dont les vertus restent cachées, comme Pâris, fils de Priam. Il y a là un conseil. L'exorde se tire encore de ce qui est propre au genre judiciaire, c'est-à-dire, de la personne de l'auditeur, si le sujet qu'on traite est extraordinaire, difficile, ou connu du grand nombre. Il faut alors réclamer l'indulgence, comme Chœrile: « Mais aujourd'hui tout a été partagé [4]. » Voici donc les sources de l'exorde dans le genre épidictique: l'éloge, le blâme, le conseil, la dissuasion, la personne de l'auditeur. Les choses par lesquelles le discours commence sont nécessairement ou étrangères ou propres au sujet.

§ III. Sources de l'exorde du genre judiciaire.

Remarquons maintenant, relativement à l'exorde du genre judiciaire, qu'il produit le même effet que les prologues dans les pièces de théâtre, et les préambules dans les poëmes épi-

προοίμια· τὰ μὲν γὰρ τῶν διθυράμβων, ὅμοια τοῖς ἐπιδεικτικοῖς·

Διὰ σὲ καὶ τεὰ δῶρα, εἴ τε σκῦλα.

Ἐν δὲ τοῖς λόγοις καὶ ἔπεσι δεῖγμά ἐστι τοῦ λόγου, ἵνα προΐδωσι, περὶ οὗ ᾖ ὁ λόγος, καὶ μὴ κρέμηται ἡ διάνοια· τὸ γὰρ ἀόριστον, πλανᾷ. Ὁ δοὺς οὖν, ὥσπερ εἰς τὴν χεῖρα, τὴν ἀρχὴν ποιεῖ ἐχόμενον ἀκολουθεῖν τῷ λόγῳ. Διὰ τοῦτο,

Μῆνιν ἄειδε θεά.
Ἄνδρα μοι ἔννεπε Μοῦσα.
Ἡγεό μοι λόγον ἄλλον, ὅπως Ἀσίας ἀπὸ γαίης
Ἦλθεν ἐς Εὐρώπην πόλεμος μέγας.

Καὶ οἱ τραγικοὶ δηλοῦσι περὶ τὸ δρᾶμα, κἂν μὴ εὐθὺς, ὥσπερ Εὐριπίδης· ἀλλ᾽ ἐν τῷ προλόγῳ γέ που δηλοῖ· ὥσπερ καὶ Σοφοκλῆς,

Ἐμοὶ πατὴρ ἦν Πόλυβος·

Καὶ ἡ κωμῳδία ὡσαύτως. Τὸ μὲν οὖν ἀναγκαιότατον ἔργον τοῦ προοιμίου καὶ ἴδιον τοῦτο, δηλῶσαι, τί ἐστι τὸ τέλος, οὗ ἕνεκα ὁ λόγος. Διόπερ ἂν δῆλον ᾖ καὶ μικρὸν τὸ πρᾶγμα, οὐ χρηστέον προοιμίῳ. Τὰ δὲ ἄλλα εἴδη οἷς χρῶνται, ἰατρεύματα, καὶ κοινά. Λέγεται δὲ ταῦτα, ἔκ τε τοῦ λέγοντος, καὶ τοῦ ἀκροατοῦ, καὶ τοῦ πράγματος, καὶ τοῦ ἐναντίου. Περὶ αὐτοῦ μὲν καὶ τοῦ ἀντιδίκου, ὅσα περὶ διαβολὴν λῦσαι καὶ ποιῆσαι. Ἔστι δὲ οὐχ ὁμοίως· ἀπολογουμένῳ μὲν γὰρ, πρῶτον τὰ πρὸς διαβολήν· κατηγοροῦντι δ᾽, ἐν τῷ ἐπιλόγῳ. Δι᾽ ὃ δὲ, οὐκ ἄδηλον· τὸν μὲν γὰρ ἀπολογούμενον, ὅταν μέλλῃ εἰσάγειν αὑτὸν, ἀναγκαῖον ἀνελεῖν τὰ κωλύοντα· ὥστε λυτέον πρῶτον τὴν διαβολήν· τῷ δὲ διαβάλλοντι, ἐν τῷ ἐπιλόγῳ διαβλητέον, ἵνα μνημονεύσωσι μᾶλλον. Τὰ δὲ πρὸς τὸν ἀκροατὴν, ἐκ τοῦ εὔνουν ποιῆσαι, καὶ ἐκ τοῦ ὀργίσαι, καὶ ἐνίοτε δὲ ἐκ τοῦ προσεκτικὸν, ἢ τοὐναντίον· οὐ γὰρ αἰεὶ συμ-

ques. Car, dans les dithyrambes, le début ressemble à l'exorde du genre épidictique : « Pour toi, pour tes présents, pour tes dépouilles [5] » ; mais dans les discours, et dans les poëmes épiques, le début est une indication du sujet, pour qu'il soit connu d'avance, et que la pensée ne reste pas en suspens, l'esprit étant dans le vague, quand il n'y a rien de déterminé. C'est donc un fil conducteur placé dans la main de l'auditeur pour le rendre attentif. De là ces débuts : « Muse, chante la colère ; » « Muse, chante cet homme ; » « Inspire-moi un autre récit, comment de la terre d'Asie, cette grande guerre passa en Europe [6]. » Les poëtes tragiques montrent de même le sujet de leur drame, si non dès le commencement, comme Euripide, du moins quelque part dans le prologue, comme Sophocle : « Mon père fut Polybe [7]. » Il en est de même dans la comédie. La fonction la plus essentielle de l'exorde, celle qui lui est propre, est donc de montrer quel est le but où tend le discours. C'est pourquoi il faut le supprimer, quand le sujet est connu ou peu important. Les autres espèces d'exorde, dont on fait usage, sont des recettes communes à toute espèce de discours. Ces exordes se tirent de la personne de l'orateur, de celle de l'auditeur, du sujet lui-même, de la personne de l'adversaire. On tire de la personne de l'orateur ou de celle de l'adversaire, tout ce qui sert à détruire ou à établir une accusation. Mais il y a une différence. Celui qui se défend va d'abord au devant de l'accusation ; celui qui attaque, le fait dans la péroraison. La raison en est claire. Celui qui se justifie voulant s'insinuer dans les esprits, doit faire disparaître les obstacles, et par conséquent détruire d'abord l'accusation ; celui qui accuse, doit le faire dans la péroraison, pour en laisser un souvenir plus vif. L'exorde tiré de la personne de l'auditeur a pour but de le rendre bienveillant, d'exciter ses passions, et quelquefois de le rendre attentif, ou non ; car il n'importe pas toujours de rendre l'auditeur attentif ; et c'est pour cela que beaucoup d'orateurs cherchent à le faire rire. Tout contribue à rendre l'auditeur docile quand on le veut. Il faut aussi se montrer homme de

φέρει ποιεῖν προσεκτικόν. Διὸ πολλοὶ εἰς γέλωτα πειρῶνται προάγειν. Εἰς δὲ εὐμάθειαν ἅπαντα ἀνάξει, ἐάν τις βούληται· καὶ τὸ ἐπιεικῆ φαίνεσθαι· προσέχουσι γὰρ μᾶλλον τούτοις. Προσεκτικοὶ δὲ τοῖς μεγαλοις, τοῖς ἰδίοις, τοῖς θαυμαστοῖς, τοῖς ἡδέσι. Διὸ δεῖ ἐμποιεῖν, ὡς περὶ τοιούτων ὁ λόγος. Ἐὰν δὲ μὴ προσεκτικούς, ὅτι μικρόν, ὅτι οὐδὲν πρὸς ἐκείνους, ὅτι λυπηρόν. Δεῖ δὲ μὴ λανθάνειν, ὅτι πάντα ἔξω τοῦ λόγου τὰ τοιαῦτα· πρὸς φαῦλον γὰρ ἀκροατὴν, καὶ τὰ ἔξω τοῦ πράγματος ἀκούοντα· ἐπεὶ ἂν μὴ τοιοῦτος ᾖ, οὐδὲν δεῖ προοιμίου, ἀλλ' ἢ ὅσον τὸ πρᾶγμα εἰπεῖν κεφαλαιωδῶς, ἵνα ἔχῃ ὥσπερ σῶμα κεφαλήν. Ἔτι, τὸ προσεκτικοὺς ποιεῖν, πάντων τῶν μερῶν κοινόν, ἐὰν δέῃ· πανταχοῦ γὰρ ἀνιᾶσι μᾶλλον, ἢ ἀρχόμενοι. Διὸ γελοῖον ἐν ἀρχῇ τάττειν, ὅτε μάλιστα πάντες προσέχοντες ἀκροῶνται. Ὥστε ὅπου ἂν ᾖ καιρός, λεκτέον, « Καί μοι προσέχετε τὸν νοῦν· οὐδὲν γὰρ μᾶλλον ἐμόν, ἢ ὑμέτερον· » καί, « Ἐρῶ γὰρ ὑμῖν, οἷον οὐδεπώποτε ἀκηκόατε δεινόν, ἢ οὕτω θαυμαστόν. » Τοῦτο δ' ἐστίν, ὥσπερ ἔφη Πρόδικος, ὅτε νυστάζοιεν οἱ ἀκροαταί, παρεμβάλλειν τῆς πεντηκονταδράχμου αὐτοῖς. Ὅτι δὲ πρὸς τὸν ἀκροατὴν, οὐχ ᾗπερ ὁ ἀκροατής, δῆλον· πάντες γάρ, ἢ διαβάλλουσιν, ἢ φόβους ἀπολύονται ἐν τοῖς προοιμίοις,

Ἄναξ, ἐρῶ μὲν, οὐχ ὅπως σπουδῆς ὕπο —
Τί φροιμιάζῃ;

Καὶ οἱ πονηρὸν τὸ πρᾶγμα ἔχοντες, ἢ δοκοῦντες· πανταχοῦ γὰρ βέλτιον διατρίβειν, ἢ ἐν τῷ πράγματι. Διὸ οἱ δοῦλοι, οὐ τὰ ἐρωτώμενα λέγουσιν, ἀλλὰ τὰ κύκλῳ, καὶ προοιμιάζονται. Πόθεν δ' εὔνους δεῖ ποιεῖν, εἴρηται, καὶ τῶν ἄλλων ἕκαστον τῶν τοιούτων. Ἐπεὶ δὲ εὖ λέγεται,

Δός μ' ἐς Φαίηκας φίλον ἐλθεῖν, ἠδ' ἐλεεινόν,

bien, parce qu'on écoute plus volontiers les orateurs vertueux. L'auditeur est attentif, quand on lui présente des choses grandes, qui le touchent personnellement, qui excitent son admiration, ou lui donnent du plaisir. Il faut donc lui faire croire que telles sont les choses qu'on va lui dire. Pour le rendre inattentif, il faut lui persuader que la question est peu importante, qu'elle ne le touche nullement, qu'elle est triste. Mais il ne faut pas perdre de vue que tout cela est hors du sujet, et s'adresse au jugement perverti d'un auditeur qui écoute volontiers ce qui est en dehors de la cause. Supposez un autre auditeur, vous n'avez plus besoin d'exorde, mais d'un exposé sommaire du sujet, qui soit au discours ce que la tête est au corps. Il faut aussi, au besoin, rendre l'auditeur attentif dans toutes les parties du discours; car l'attention se soutient partout ailleurs moins qu'au commencement. Il est donc ridicule de la recommander au début, lorsque tout le monde écoute avec le plus d'attention. Ainsi, quand le moment est venu, il faut dire : « Prêtez-moi votre attention, car ce n'est pas plus mon affaire que la vôtre ; » ou bien : « Je vous dirai la chose la plus terrible que vous ayez jamais entendue ; » ou « la plus admirable. » C'est faire comme Prodicus, qui, voyant ses auditeurs s'assoupir, s'écria qu'il allait dire une chose qu'il n'enseignait que pour cinquante drachmes [8]. Il est bien évident qu'on ne parle pas ainsi à l'auditeur en tant qu'auditeur ; car l'homme qui commence à parler accuse toujours ou cherche à détruire les motifs de crainte qu'il peut avoir : « Prince, je ne dirai pas que je suis venu avec empressement [9] ; » ou bien ; « Pourquoi ces préambules [10] ? » C'est ce que font aussi ceux qui soutiennent ou semblent soutenir une mauvaise cause. Il vaut mieux alors insister sur tout autre chose que sur la cause elle-même. Aussi les esclaves ne répondent jamais à la question, mais vont chercher des détours et des préambules. Nous avons dit comment on rend l'auditeur bienveillant, et nous avons également fait connaître chacune des choses qui concernent l'exorde. Mais si Homère a dit avec raison : « Faites

Τούτων δεῖ δύο στοχάζεσθαι. Ἐν δὲ τοῖς ἐπιδεικτικοῖς οἴεσθαι δεῖ ποιεῖν συνεπαινεῖσθαι τὸν ἀκροατὴν, ἢ αὐτὸν, ἢ γένος, ἢ ἐπιτηδεύματ' αὐτοῦ, ἢ ἄλλως γέ πως. Ὃ γὰρ λέγει Σωκράτης ἐν τῷ ἐπιταφίῳ, ἀληθὲς, ὅτι οὐ χαλεπὸν Ἀθηναίους ἐν Ἀθηναίοις ἐπαινεῖν, ἀλλ' ἐν Λακεδαιμονίοις.

Δ'. Τὰ δὲ τοῦ δημηγορικοῦ ἐκ τῶν τοῦ δικανικοῦ λόγου ἐστί. Φύσει δὲ ἥκιστα ἔχει· καὶ γὰρ καί, περὶ οὗ, ἴσασι. Καὶ οὐδὲν δεῖται τὸ πρᾶγμα προοιμίου, ἀλλ' ἢ δι' αὐτὸν, ἢ τοὺς ἀντιλέγοντας, ἢ ἐὰν μὴ, ἡλίκον βούλει, ὑπολαμβάνωσιν, ἀλλ' ἢ μεῖζον, ἢ ἔλαττον· διὸ ἢ διαβάλλειν, ἢ ἀπολύεσθαι ἀνάγκη, καὶ ἢ αὐξῆσαι, ἢ μειῶσαι. Τούτων δὲ ἕνεκα, προοιμίου δεῖται, ἢ κόσμου χάριν· ὡς αὐτοκάβδαλα φαίνεται, ἐὰν μὴ ἔχῃ· τοιοῦτον γὰρ τὸ Γοργίου ἐγκώμιον εἰς Ἠλείους· οὐδὲν γὰρ προεξαγκωνίσας, οὐδὲ προανακινήσας, εὐθὺς ἄρχεται, «Ἦλις, πόλις εὐδαίμων.»

ΚΕΦΑΛΑΙΟΝ ΙΕ'.

Α'. Περὶ δὲ διαβολῆς, ἓν μὲν τὸ ἐξ ὧν ἄν τις ὑπόληψιν δυσχερῆ ἀπολύσαιτο· οὐδὲν γὰρ διαφέρει, εἴτε εἰπόντος τινὸς, εἴτε μή· ὥστε τοῦτο καθόλου. Ἄλλος τρόπος, ὥστε πρὸς τὰ ἀμφισβητούμενα ἀπαντᾶν, ἢ ὡς οὐκ ἔστιν, ἢ ὡς οὐ βλαβερὸν, ἢ οὐ τούτῳ, ἢ ὡς οὐ τηλικοῦτον, ἢ οὐκ ἄδικον, ἢ οὐ μέγα, ἢ οὐκ αἰσχρὸν, ἢ οὐκ ἔχον μέγεθος· περὶ γὰρ τοιού-

que je trouve chez les Phéaciens la bienveillance ou la pitié [11]. »
L'orateur doit viser à faire naître ces deux sentiments. Dans le genre épidictique, il faut faire croire à l'auditeur qu'on lui donne une part dans les louanges, ou à lui-même, ou à sa famille, ou à ses habitudes, ou enfin de quelque autre manière. Socrate a raison de dire dans l'*Oraison funèbre* [12], qu'il n'est pas difficile de louer les Athéniens à Athènes, mais à Lacédémone.

IV. Sources de l'exorde du genre délibératif.

Le genre délibératif emprunte au judiciaire ce qui concerne l'exorde. Mais ici l'exorde est naturellement très peu de chose. En effet, les auditeurs savent ce dont il est question, et le sujet par lui-même n'a pas besoin d'exorde. L'orateur peut donc le tirer de sa propre personne, ou de celle des adversaires, ou de l'idée qu'il veut donner de la question, s'il juge qu'on y attache trop ou trop peu d'importance. Il doit par conséquent attaquer ou se défendre, amplifier ou amoindrir. Voilà donc les motifs de l'exorde ; ou bien, ce n'est qu'un ornement, parce que le discours, qui n'aurait pas d'exorde, semblerait écrit à la hâte, comme cet éloge des Éléens, dans lequel Gorgias, sans prélude, sans préparation [13], s'écrie en commençant : « Elis, heureuse ville ! »

CHAPITRE XV.

Des moyens de défense.

§ I. Comment on peut repousser une accusation.

Pour repousser une accusation, il faut d'abord détruire l'opinion fâcheuse qu'on a de nous. Que cette opinion ait ou non pour cause les paroles d'un adversaire, n'importe ; ce moyen est donc d'une application générale. Un autre moyen consiste à aller au devant de ce qui fait l'objet du procès ; à dire que la chose n'est pas, ou qu'elle n'est pas nuisible, ou qu'elle ne l'est pas pour le plaignant ; qu'on exagère ; que le fait n'est ni injuste, ni grand, ni honteux ; qu'il est sans importance. Voilà bien ce qui peut

των ή αμφισβήτησις· ώσπερ Ιφικράτης προς Ναυσικράτην· έφη γὰρ ποιῆσαι ὃ ἔλεγε, καὶ βλάψαι, ἀλλ' οὐκ ἀδικεῖν· ἢ ἀντικαταλλάττεσθαι ἀδικοῦντα· εἰ βλαβερὸν, ἀλλὰ καλόν· εἰ λυπηρὸν, ἀλλ' ὠφέλιμον, ἤ τι ἄλλο τοιοῦτον. Ἄλλος τρόπος, ὡς ἔστιν ἁμάρτημα, ἢ ἀτύχημα, ἢ ἀναγκαῖον· οἷον Σοφοκλῆς ἔφη τρέμειν, οὐχ ὡς ὁ διαβάλλων ἔφη, ἵνα δοκῇ γέρων, ἀλλ' ἐξ ἀνάγκης· οὐ γὰρ ἑκοντί εἶναι αὐτῷ ἔτη ὀγδοήκοντα. Καὶ ἀντικαταλλάττεσθαι τὸ οὗ ἕνεκα, ὅτι οὐ βλάψαι ἐβούλετο, ἀλλὰ τόδε, καὶ οὐ τοῦτο ὃ διεβάλλετο, ποιῆσαι· συνέβη δὲ βλαβῆναι· δίκαιον δὲ μισεῖν, εἰ ὅπως τοῦτο γένηται ἐποίουν. Ἄλλος, εἰ ἐμπεριείληπται ὁ διαβάλλων, ἢ νῦν, ἢ πρότερον, ἢ αὐτὸς, ἢ τῶν ἐγγύς. Ἄλλος, εἰ ἐμπεριλαμβάνονται, οὓς ὁμολογοῦσι μὴ ἐνόχους εἶναι τῇ διαβολῇ· οἷον, εἰ ὅτι καθαρὸς ὁ μοιχὸς, καὶ ὁ δεῖνα ἄρα. Ἄλλος, εἰ ἄλλους διέβαλεν, ἢ ἄλλος αὐτόν, ἢ ἄνευ διαβολῆς ὑπελαμβάνοντο, ὥσπερ αὐτὸς νῦν, οἳ πεφήνασιν οὐκ ἔνοχοι. Ἄλλος ἐκ τοῦ ἀντιδιαβάλλειν τὸν διαβάλλοντα· ἄτοπον γάρ, εἰ ὁ αὐτὸς ἄπιστος, οἱ τούτου λόγοι ἔσονται πιστοί. Ἄλλος, εἰ γέγονε κρίσις· ὥσπερ Εὐριπίδης πρὸς Ὑγιαίνοντα ἐν τῇ Ἀντιδόσει κατηγοροῦντα, ὡς ἀσεβής, ὅς γ' ἐποίησε κελεύων ἐπιορκεῖν·

Ἡ γλῶσσ' ὀμώμοχ', ἡ δὲ φρὴν ἀνώμοτος·

ἔφη γὰρ αὐτὸν ἀδικεῖν, τὰς ἐκ τοῦ Διονυσιακοῦ ἀγῶνος κρίσεις εἰς τὰ δικαστήρια ἄγοντα· ἐκεῖ γὰρ αὐτὸν δεδωκέναι λόγον ἢ δώσειν, εἰ βούλεται κατηγορεῖν. Ἄλλος ἐκ τοῦ διαβολῆς κατηγορεῖν, ἡλίκον· καὶ τοῦτο, ὅτι ἄλλας κρίσεις ποιεῖ, καὶ ὅτι, οὐ πιστεύει τῷ πράγματι. Κοινὸς δ' ἀμφοῖν ὁ τόπος, τὸ σύμβολα

faire l'objet de la contestation. Aussi Iphicrate répondant à Nausicrate[1], disait qu'à la vérité il avait fait ce que celui-ci lui reprochait, qu'il avait causé un dommage ; mais il niait qu'il y eût injustice. On peut dire encore qu'il y a eu compensation, que la chose a été nuisible, mais honorable, fâcheuse mais utile, ou autre chose semblable. Un autre moyen consiste à dire qu'il y a eu faute, malheur ou nécessité. Par exemple, Sophocle disait qu'il tremblait, non pour paraître vieux, comme le prétendait l'accusateur, mais par nécessité ; car c'était bien malgré lui qu'il avait quatre-vingts-ans. On peut aussi substituer un motif à un autre, dire qu'on n'a pas voulu nuire, mais faire telle chose, et non celle qu'on nous reproche ; malheureusement, il y a un préjudice causé : « Mais je mériterais votre haine, si j'avais agi dans le but qu'on me suppose. » Un autre moyen consiste à dire que l'accusateur a été pris en faute, maintenant ou jadis, lui-même ou un de ses proches. Un autre, à citer quelques auteurs du même fait, contre lesquels on avoue qu'on n'intente pas d'accusation ; comme si on disait : « Tel adultère n'a pas été poursuivi, tel autre ne doit pas l'être. » Un autre, à dire que l'accusateur en a accusé d'autres, qu'il a été lui-même accusé, ou bien que d'autres, sans être accusés, ont été soupçonnés comme nous le sommes maintenant, et que leur innocence a été reconnue. Un autre moyen consiste à récriminer contre l'accusateur ; il serait étrange, en effet, d'ajouter foi aux paroles de celui qui est lui-même indigne de foi. Un autre, à dire qu'il y a jugement, ainsi que le fit Euripide dans le plaidoyer relatif à l'échange des biens[2]. Hygiénon l'accusait d'impiété, pour avoir conseillé le parjure dans ce vers : « La langue a juré, mais le cœur n'a pas prêté serment. » Euripide répond que c'est une injustice de transporter dans les tribunaux les décisions du concours de Bacchus ; qu'il s'est justifié devant la commission du concours, et qu'il s'y justifiera de nouveau, si son adversaire veut l'accuser. Un autre moyen consiste à attaquer la calomnie, à dire combien elle est funeste, qu'elle dénature les jugements, et qu'elle ne s'appuie pas sur la réalité. Un moyen, commun aux deux par-

λέγειν· οἷον ἐν τῷ Τεύκρῳ ὁ Ὀδυσσεὺς, ὅτι οἰκεῖος τῷ Πριάμῳ· ἡ γὰρ Ἡσιόνη ἀδελφή· ὁ δὲ, ὅτι ὁ πατὴρ ἐχθρὸς τῷ Πριάμῳ, ὁ Τελαμών· καὶ ὅτι οὐ κατεῖπε τῶν κατασκόπων. Ἄλλος, τῷ διαβάλλοντι, τὸ ἐπαινοῦντι μικρὸν, μακρῶς ψέξαι, μέγα, συντόμως, ἢ πολλὰ ἀγαθὰ προθέντα, ὃ εἰς τὸ πρᾶγμα προφέρει, ἓν ψέξαι. Τοιοῦτοι δὲ οἱ τεχνικώτατοι καὶ ἀδικώτατοι· τοῖς ἀγαθοῖς γὰρ βλάπτειν πειρῶνται, μιγνύντες αὐτὰ τῷ κακῷ. Κοινὸν δὲ τῷ διαβάλλοντι καὶ τῷ ἀπολυομένῳ, ἐπειδὴ τὸ αὐτὸ ἐνδέχεται πλειόνων ἕνεκα πραχθῆναι, τῷ μὲν διαβάλλοντι, κακοηθιστέον ἐπὶ τὸ χεῖρον ἐκλαμβάνοντι· τῷ δὲ ἀπολυομένῳ, ἐπὶ τὸ βέλτιον· οἷον ὅτι ὁ Διομήδης τὸν Ὀδυσσέα προείλετο, τῷ μὲν, ὅτι διὰ τὸ ἄριστον ὑπολαμβάνειν τὸν Ὀδυσσέα· τῷ δὲ, ὅτι οὔ· ἀλλὰ διὰ τὸ μόνον μὴ ἀνταγωνιστὴν, ὡς φαῦλον. Καὶ περὶ μὲν διαβολῆς εἰρήσθω τοσαῦτα.

ΚΕΦΑΛΑΙΟΝ ΙϚ'.

Α'. Διήγησις δ' ἐν μὲν τοῖς ἐπιδεικτικοῖς ἐστὶν οὐκ ἐφεξῆς, ἀλλὰ κατὰ μέρος· δεῖ μὲν γὰρ τὰς πράξεις διελθεῖν, ἐξ ὧν ὁ λόγος· σύγκειται γὰρ ἔχων ὁ λόγος, τὸ μὲν, ἄτεχνον, οὐδὲν γὰρ αἴτιος ὁ λέγων τῶν πράξεων· τὸ δὲ, ἐκ τῆς τέχνης· τοῦτο δ' ἐστὶν, ἢ ὅτι ἐστὶ δεῖξαι ἐὰν ᾖ ἄπιστον, ἢ ὅτι ποῖον, ἢ ὅτι πόσον, ἢ καὶ ἅπαντα. Διὰ δὲ τοῦτ' ἐνίοτε οὐκ ἐφεξῆς δεῖ διηγεῖσθαι πάντα, ὅτι δυσμνημόνευτον τὸ δεικνύναι οὕτως. Ἐκ μὲν οὖν τούτων, ἀνδρεῖος· ἐκ δὲ τῶνδε, σοφὸς, ἢ δίκαιος. Καὶ ἁπλούστερος

ties, consiste à faire des conjectures. Ainsi dans le *Teucer*[3] [de Sophocle], Ulysse reproche à ce guerrier d'être parent de Priam, qui est frère d'Hésione sa mère ; Teucer répond que son père Télamon est ennemi de Priam, et que lui-même n'a pas dénoncé les espions. Un autre moyen, propre à l'accusateur, consiste à louer un peu pour blâmer beaucoup, à passer rapidement sur ce que l'accusé a fait de grand, à mettre en avant beaucoup de choses louables, pour en blâmer une seule qui se rapporte à l'affaire. Ce moyen est plein d'artifice et d'injustice ; car on essaie de nuire au bien, en le mêlant avec le mal. Il est un autre moyen, commun à l'accusation et à la défense : comme la même chose peut avoir été faite pour plusieurs motifs, l'accusateur doit supposer le pire pour blâmer la partie adverse ; l'accusé doit alléguer le meilleur. Ainsi, lorsque Diomède choisit Ulysse, on pouvait dire d'un côté qu'il le choisissait comme le plus brave ; mais d'un autre côté, que c'était parce que Ulysse était le seul qui ne pouvait, à cause de sa lâcheté, devenir son rival[4]. Voilà ce que nous avions à dire touchant l'accusation.

CHAPITRE XVI.

De la narration.

§ I. De la narration dans le genre épidictique.

Dans le genre épidictique, la narration n'est pas toute d'une pièce, mais distribuée en plusieurs parties. En effet, il faut raconter les actions qui font le sujet du discours ; et par conséquent, le discours se compose d'une partie indépendante de l'art, puisque l'orateur n'est pour rien dans les actions qu'il raconte, et d'une partie qui dépend de l'art. Celle-ci consiste à prouver ce qui en a besoin, à démontrer que l'action est telle, ou aussi grande qu'on le dit, ou tout cela à la fois. C'est pour cela qu'il ne faut pas quelquefois tout raconter de suite, parce que la mémoire retient difficilement une démonstration ainsi faite : ceci prouve le courge, cela prouve la sagesse et la justice. D'ail-

ὁ λόγος οὗτος· ἐκεῖνος δὲ, ποικίλος, καὶ οὐ λιτός. Δεῖ δὲ, τὰς μὲν γνωρίμους ἀναμιμνήσκειν· διὸ οἱ πολλοὶ οὐδὲν δέονται διηγήσεως· οἷον, εἰ θέλεις Ἀχιλλέα ἐπαινεῖν· ἴσασι γὰρ πάντες τὰς πράξεις· ἀλλὰ χρῆσθαι αὐταῖς δεῖ· ἐὰν δὲ Κριτίαν, δεῖ· οὐ γὰρ πολλοὶ ἴσασιν.

Βʹ. Νῦν δὲ γελοίως τὴν διήγησίν φασι δεῖν εἶναι ταχείαν. Καίτοι ὥσπερ ὁ τῷ μάττοντι ἐρομένῳ, πότερον σκληρὰν ἢ μαλακὴν μάξῃ, τί δ', ἔφη, εὖ ἀδύνατον; καὶ ἐνταῦθα ὁμοίως· δεῖ γὰρ μὴ μακρῶς διηγεῖσθαι, ὥσπερ οὐδὲ προοιμιάζεσθαι μακρῶς, οὐδὲ τὰς πίστεις λέγειν· οὐδὲ γὰρ ἐνταῦθά ἐστι τὸ εὖ, ἢ τὸ ταχὺ, ἢ τὸ συντόμως, ἀλλὰ τὸ μετρίως· τοῦτο δ' ἐστὶ, τὸ λέγειν ὅσα δηλώσει τὸ πρᾶγμα, ἢ ὅσα ποιήσει ὑπολαβεῖν γεγονέναι, ἢ βεβλαφέναι, ἢ ἠδικηκέναι, ἢ τηλικαῦτα ἡλίκα βούλει· τῷ δὲ ἐναντίῳ τὰ ἐναντία. Παραδιηγεῖσθαι δὲ, ὅσα εἰς τὴν σὴν ἀρετὴν φέρει· οἷον, Ἐγὼ δ' ἐνουθέτουν αἰεὶ τὰ δίκαια, λέγων μὴ τὰ τέκνα ἐγκαταλείπειν. Ἢ θατέρου κακίαν· Ὁ δὲ ἀπεκρίνατό μοι, ὅτι οὗ ἂν ᾖ αὐτὸς, ἔσται ἄλλα παιδία· ὃ τοὺς ἀφισταμένους Αἰγυπτίους ἀποκρίνασθαί φησιν ὁ Ἡρόδοτος. Ἢ ὅσα ἡδέα τοῖς δικασταῖς. Ἀπολογουμένῳ δὲ, ἐλάττων ἡ διήγησις. Αἱ δ' ἀμφισβητήσεις, ἢ μὴ γεγονέναι, ἢ μὴ βλαβερὸν εἶναι, ἢ μὴ ἄδικον, ἢ μὴ τηλικοῦτον· ὥστε περὶ τὸ ὁμολογούμενον οὐ διατριπτέον, ἐὰν μή τι εἰς ἐκεῖνο συντείνῃ, οἷον, εἰ πέπρακται, ἀλλ' οὐκ ἄδικον. Ἔτι πεπραγμένα δεῖ λέγειν, ὅσα μὴ πραττόμενα, ἢ οἶκτον, ἢ δείνωσιν φέρει. Παράδειγμα ὁ Ἀλκίνου ἀπόλογος, ὅτι πρὸς τὴν Πενελόπην ἐν ἑξήκοντα ἔπεσι πεποίηται. Καὶ ὡς Φάϋλλος τὸν κύκλον, καὶ ὁ ἐν τῷ Οἰνεῖ πρόλογος.

leurs de cette manière le discours est trop simple, tandis que de l'autre, il est varié et nourri. On n'a besoin que de rappeler les actions célèbres; la narration alors est inutile au plus grand nombre; par exemple, si on veut louer Achille, tout le monde connaît ses actions, et on n'a qu'à les faire valoir. Mais si on loue Critias, il faut une narration, car la plupart ignorent ce qu'il a fait.

§ II. La narration doit être d'une juste mesure.

Aujourd'hui, on soutient ridiculement que la narration doit être courte. Un boulanger demandait à son ouvrier s'il faisait la pâte dure ou molle : « Eh quoi! dit celui-ci, il est donc impossible de bien faire! » Il en est de même ici. Il ne faut pas que la narration soit longue, pas plus que l'exorde ou la preuve. Le mérite n'est pas d'être long, ou court, ou concis, mais de garder la mesure; et pour cela il faut dire tout ce qui prouve le fait, tout ce qui peut faire croire qu'il a été nuisible ou injuste, ou que les choses sont aussi grandes que nous voulons le dire. La partie adverse doit faire le contraire. Ajoutez à la narration tout ce qui montre votre vertu, comme : « Je lui recommandais sans cesse la justice; je lui disais de ne pas abandonner ses enfants; » ou la méchanceté de l'adversaire, comme : « Il me répondit que partout où il serait, il trouverait d'autres enfants; » réponse qu'Hérodote attribue aux Egyptiens rebelles [1]. Dites aussi tout ce qui peut être agréable aux juges. Dans la défense, la narration tient moins de place. On y conteste ou que le fait soit vrai, ou qu'il soit nuisible, injuste, aussi important qu'on le dit. Ne perdez donc pas le temps à raconter ce dont on demeure d'accord, à moins qu'une circonstance ne tende à établir que si le fait est vrai, il n'est pas injuste. Racontez aussi les circonstances qui n'excitent ni pitié, ni indignation au moment où elles se présentent. Vous en avez des exemples dans le récit chez Alcinoüs [2], réduit à soixante vers en présence de Pénélope; dans le poëme cyclique de Phayllus, et dans le prologue de la tragédie d'Œnée [3].

Γ'. Ἠθικὴν δὲ δεῖ τὴν διήγησιν εἶναι. Ἔσται δὲ τοῦτο, ἂν εἰδῶμεν τί ἦθος ποιεῖ. Ἓν μὲν δὴ, τὸ προαίρεσιν δηλοῦν· ποιὸν δὲ τὸ ἦθος, τῷ ποιὰν ταύτην. Ἡ δὲ προαίρεσις ποιὰ τῷ τέλει· διὰ τοῦτο οὐκ ἔχουσιν οἱ μαθηματικοὶ λόγοι ἤθη, ὅτι οὐδὲ προαίρεσιν· τὸ γὰρ οὗ ἕνεκα οὐκ ἔχουσιν· ἀλλ' οἱ Σωκρατικοί· περὶ τοιούτων γὰρ λέγουσιν. Ἀλλὰ ἠθικὰ τὰ ἑπόμενα ἑκάστῳ ἤθει· οἷον, ὅτι ἅμα λέγων ἐβάδιζε· δηλοῖ γὰρ θρασύτητα καὶ ἀγροικίαν ἤθους. Καὶ μὴ ὡς ἀπὸ διανοίας λέγειν, ὥσπερ οἱ νῦν, ἀλλ' ὡς ἀπὸ προαιρέσεως. Ἐγὼ δὲ ἐβουλόμην, καὶ προειλόμην γὰρ τοῦτο· ἀλλ' εἰ μὴ ὠνήμην, βέλτιον· τὸ μὲν γὰρ φρονίμου· τὸ δὲ, ἀγαθοῦ· φρονίμου μὲν γὰρ, ἐν τῷ τὸ ὠφέλιμον διώκειν· ἀγαθοῦ δὲ, ἐν τῷ τὸ καλόν.

Δ'. Ἂν δ' ἄπιστον ᾖ, τότε τὴν αἰτίαν ἐπιλέγειν· ὥσπερ Σοφοκλῆς ποιεῖ παράδειγμα, τὸ ἐκ τῆς Ἀντιγόνης, ὅτι μᾶλλον τοῦ ἀδελφοῦ ἐκήδετο, ἢ ἀνδρὸς, ἢ τέκνων· τὰ μὲν γὰρ ἂν γενέσθαι ἀπολόμενα,

Μητρὸς δ' ἐν ᾅδου καὶ πατρὸς βεβηκότων,
Οὐκ ἔστ' ἀδελφὸς ὅστις ἂν βλάστοι ποτέ.

Ἐὰν δὲ μὴ ἔχῃς αἰτίαν, ἀλλ' ὅτι οὐκ ἀγνοεῖς ἄπιστα λέγων, ἀλλὰ φύσει τοιοῦτος εἶ· ἀπιστοῦσι γὰρ ἄλλο τι πράττειν ἑκόντα, πλὴν τὸ συμφέρον.

Ε'. Ἔτι ἐκ τῶν παθητικῶν λέγειν, διηγούμενον καὶ τὰ

§ III. Elle doit être morale.

La narration doit être morale ; et pour cela, il faut savoir ce qui lui donne ce caractère. Nous devons d'abord faire connaître quelle est notre détermination ; car telle détermination, telles mœurs ; telle fin, telle détermination. C'est pour cela que les démonstrations mathématiques n'ont pas de caractère moral ; parce que, n'ayant ni pour ni contre, elles ne laissent pas de place à la liberté de la détermination. Il n'en est pas de même des discours socratiques, où l'on discute le pour et le contre. Ce qui est une conséquence de tel ou tel caractère sert aussi à exprimer les mœurs, comme : « Il parlait et marchait en même temps, » ce qui est le signe d'un caractère arrogant et grossier. Il ne faut pas non plus, comme on le fait aujourd'hui, que nos paroles indiquent la réflexion, mais une détermination spontanée : « C'est ce que je voulais ; ce parti me semblait préférable ; mais si l'autre n'était pas avantageux, il me semblait plus honnête. » La première partie de la phrase annonce la prudence, la seconde la vertu ; car l'homme prudent recherche l'utile ; l'homme vertueux, l'honnête.

§ IV. Vraisemblable.

Si on affirme une chose incroyable, il faut ajouter la preuve. Sophocle en donne un exemple dans ce passage où Antigone dit qu'elle a eu plus d'amour pour un frère qu'elle n'en aurait eu pour un époux ou pour des enfants ; ceux-ci morts, on peut les remplacer : « Mais quand une mère et un père sont descendus dans la demeure de Pluton, la perte d'un frère n'est plus réparable[4]. » Si vous n'avez pas de raison à donner, dites que vous n'ignorez pas que ce que vous avancez est incroyable, mais que telle est votre nature ; car on ne croit pas que l'on puisse faire volontiers autre chose que ce qui est utile.

§ V. Pathétique.

De plus la narration sera pathétique, si elle rappelle les con-

ἑπόμενα, καὶ τὰ ἃ ἴσασι, καὶ τὰ ἰδίᾳ ἢ αὐτῷ, ἢ ἐκείνῳ προσόντα· «ὁ δ᾽ ᾤχετό με ὑποβλέψας.» Καὶ ὡς περὶ Κρατύλου Αἰσχίνης, ὅτι διασίζων καὶ ταῖν χεροῖν διασείων· πιθανὰ γάρ· διότι σύμβολα γίγνεται ταῦτα ἃ ἴσασιν, ἐκείνων ὧν οὐκ ἴσασι. Πλεῖστα δὲ τοιαῦτα λαβεῖν ἐξ Ὁμήρου ἐστίν.

Ὣς ἄρ᾽ ἔφη, γρῆϋς δὲ κατέσχετο χερσὶ πρόσωπα·

οἱ γὰρ δακρύειν ἀρχόμενοι, ἐπιλαμβάνονται τῶν ὀφθαλμῶν. Καὶ εὐθὺς εἰσάγαγε σεαυτὸν ποιόν τινα, ἵνα ὡς τοιοῦτον θεωρῶσι καὶ τὸν ἀντίδικον· λανθάνων δὲ ποίει. Ὅτι δὲ ῥᾴδιον, ὁρᾷν δεῖ ἐκ τῶν ἀπαγγελλόντων· περὶ ὧν γὰρ μηδὲν ἴσμεν, ὅμως λαμβάνομεν ὑπόληψίν τινα.

ϛʹ. Πολλαχοῦ δὲ δεῖ διηγεῖσθαι, καὶ ἐνίοτε καὶ ἐν ἀρχῇ. Ἐν δὲ δημηγορίᾳ ἥκιστα διήγησίς ἐστιν, ὅτι περὶ τῶν μελλόντων οὐδεὶς διηγεῖται· ἀλλ᾽ ἐάν περ διήγησις ᾖ, τῶν γενομένων ἔσται, ἵνα ἀναμνησθέντες ἐκείνων, βέλτιον βουλεύσωνται περὶ τῶν ὕστερον, ἢ διαβάλλοντες, ἢ ἐπαινοῦντες. Ἀλλὰ τότε, οὐ τὸ τοῦ συμβούλου ποιεῖ ἔργον. Ἂν δ᾽ ᾖ ἄπιστον, ὑπισχνεῖσθαί τε καὶ αἰτίαν λέγειν εὐθὺς, καὶ διατάττειν οἷς βούλονται· οἷον, ἡ Ἰοκάστη ἡ Καρκίνου ἐν τῷ Οἰδίποδι ἀεὶ ὑπισχνεῖται, πυνθανομένου τοῦ ζητοῦντος τὸν υἱόν. Καὶ ὁ Αἵμων ὁ Σοφοκλέους.

ΚΕΦΑΛΑΙΟΝ ΙΖʹ.

Αʹ. Τὰς δὲ πίστεις δεῖ ἀποδεικτικὰς εἶναι· ἀποδεικνύναι δὲ χρὴ, ἐπεὶ περὶ τεττάρων ἡ ἀμφισβήτησις, περὶ τοῦ ἀμφισβη-

séquences, les choses connues, celles qui concernent en particulier l'orateur lui-même ou l'adversaire: « Il s'éloignait après m'avoir regardé de travers. » Eschine [5] dit de Cratyle qu'il sifflait, qu'il agitait les mains. Ces détails inspirent la confiance, parce qu'étant connus de l'auditeur, ils deviennent les signes de ce qu'il ne sait pas. On en voit de nombreux exemples dans Homère : « Ainsi parle [Pénélope], et la vieille [Euryclée] cache son visage dans les mains. » En effet, ceux qui commencent à pleurer portent les mains aux yeux. Aussitôt insinue-toi dans l'esprit des auditeurs, pour donner telle ou telle opinion de toi ou de l'adversaire ; mais fais-le d'une manière inaperçue. Cela est facile. Vois ceux qui apportent une nouvelle; nous ne savons pas encore ce qu'ils vont dire, et cependant nous commençons à le soupçonner.

§ VI. Place qui convient à la narration.

Il faut raconter en beaucoup d'endroits, quelquefois même au commencement. La narration est très rare dans le genre délibératif, parce qu'on ne raconte pas ce qui doit être. S'il y en a une, elle raconte les choses passées, afin que le souvenir d'un passé, qu'on blâme ou qu'on loue, inspire de meilleurs conseils pour l'avenir. Mais dans ce cas, l'orateur n'est plus dans le genre délibératif. Si vous racontez une chose incroyable, engagez-vous aussitôt à en donner la preuve, ou à vous en remettre à la décision de qui on voudra. C'est ainsi que dans l'*OEdipe* de Carcinus [7], Jocaste promet sans cesse, quand on lui demande ce qu'elle a fait de son fils. Ainsi fait Hémon dans Sophocle [8].

CHAPITRE XVII.

De la preuve.

§ I. Différentes espèces de questions.

Les preuves doivent être démonstratives; et, comme il y a quatre espèces de questions, la démonstration doit porter sur

τουμένου φέροντα τὴν ἀπόδειξιν· οἷον, εἰ ὅτι οὐ γέγονεν, ἀμφισβητεῖ, ἐν τῇ κρίσει δεῖ τούτου μάλιστα τὴν ἀπόδειξιν φέρειν· εἰ δ' ὅτι οὐκ ἔβλαψε, τούτου, καὶ ὅτι οὐ τοσόνδε, ἢ ὅτι δικαίως. Ὡσαύτως καὶ εἰ περὶ τοῦ γενέσθαι τοῦτο ἡ ἀμφισβήτησις. Μὴ λανθανέτω δὲ, ὅτι ἀναγκαῖον ἐν ταύτῃ τῇ ἀμφισβητήσει μόνῃ, τὸν ἕτερον εἶναι πονηρόν· οὐ γάρ ἐστιν ἄγνοια αἰτία, ὥσπερ ἂν εἴ τινες περὶ τοῦ δικαίου ἀμφισβητοῖεν. Ὥστ' ἐν τούτῳ χρονιστέον· ἐν δὲ τοῖς ἄλλοις, οὔ. Ἐν δὲ τοῖς ἐπιδεικτικοῖς, τὸ πολὺ, ὅτι καλὰ καὶ ὠφέλιμα, ἡ αὔξησις ἔσται· τὰ γὰρ πράγματα δεῖ πιστεύεσθαι· ὀλιγάκις γὰρ καὶ τούτων ἀποδείξεις φέρουσιν, ἐὰν ἄπιστα ᾖ, ἢ ἐὰν ἄλλος αἰτίαν ἔχῃ. Ἐν δὲ τοῖς δημηγορικοῖς, ἢ ὡς οὐκ ἔσται, ἀμφισβητήσειεν ἄν τις· ἢ ὡς ἔσται μὲν ἃ κελεύει, ἀλλ' οὐ δίκαια ἢ οὐκ ὠφέλιμα, ἢ οὐ τηλικαῦτα. Δεῖ δὲ καὶ ὁρᾶν, εἴ τι ψεύδεται ἐκτὸς τοῦ πράγματος· τεκμήρια γὰρ ταῦτα φαίνεται καὶ τῶν ἄλλων, ὅτι ψεύδεται.

Β'. Ἔστι δὲ, τὰ μὲν παραδείγματα, δημηγορικώτατα· τὰ δ' ἐνθυμήματα, δικανικώτερα. Ἡ μὲν γὰρ περὶ τὸ μέλλον· ὥστ' ἐκ τῶν γενομένων ἀνάγκη παραδείγματα λέγειν· ἡ δὲ περὶ ὄντων ἢ μὴ ὄντων, οὗ μᾶλλον ἀπόδειξίς ἐστι καὶ ἀνάγκη· ἔχει γὰρ τὸ γεγονὸς ἀνάγκην.

Γ'. Οὐ δεῖ δὲ ἐφεξῆς λέγειν τὰ ἐνθυμήματα, ἀλλ' ἀναμιγνύναι· εἰ δὲ μὴ, καταβλάπτει ἄλληλα· ἔστι γὰρ καὶ τοῦ ποσοῦ ὅρος.

Ὦ φίλ', ἐπεὶ τόσα εἶπες, ὅσ' ἂν πεπνυμένος ἀνήρ.

Ἀλλ' οὐ τοιαῦτα. Καὶ μὴ περὶ πάντων ἐνθυμήματα ζητεῖν· εἰ δὲ μὴ, ποιήσεις ὅπερ ἔνιοι ποιοῦσι τῶν φιλοσοφούντων, οἳ

celle où se trouve le point en litige. Si on soutient que l'action n'a pas été nuisible, qu'elle n'a pas l'importance qu'on lui donne, qu'elle est juste, ces points doivent être discutés comme la question de fait. N'oubliez pas que la question de fait est la seule où l'une des deux parties est nécessairement de mauvaise foi; car on ne saurait, par exemple dans une question de droit, mettre l'ignorance en cause. Il faut donc insister sur la mauvaise foi, et non sur le reste. Dans le genre épidictique, l'amplification des preuves roule ordinairement sur l'honnête et sur l'utile. Il faut que les faits soient admis comme vrais, car on donne rarement les preuves. Il faut pour cela qu'ils soient incroyables, ou qu'on les attribue à un autre. Dans le genre délibératif, on peut soutenir, ou que la chose n'arrivera pas, ou bien que la chose qu'on propose arrivera, il est vrai, mais qu'elle n'est pas juste, ou utile ou importante. Il faut aussi voir si l'adversaire ne cherche pas hors du sujet quelque moyen de tromper; ce serait une preuve qu'il trompe dans le reste.

§ II. A quel genre conviennent les exemples et les enthymèmes.

Les exemples conviennent surtout au genre délibératif; les enthymèmes conviennent mieux au judiciaire. Le premier se rapportant à l'avenir, il faut prendre ses preuves dans les exemples du passé; le second cherchant à établir que les choses sont ou ne sont pas, l'argumentation s'y trouve mieux placée; elle y est même obligée, parce qu'il y a dans le passé une sorte de nécessité.

§ III. Fautes à éviter dans l'emploi des enthymèmes.

Il ne faut pas entasser les enthymèmes, mais les entremêler; sinon, ils se nuisent mutuellement; car il y a une mesure dans le nombre des choses : « Ami, tu n'as dit que ce qu'aurait dit un homme sage [1]. » Homère ne dit pas, « tout ce qu'aurait dit. » Ne cherchez pas des enthymèmes pour tout; sinon, vous ferez comme certains philosophes, qui prouvent par syllogismes

συλλογίζονται τὰ γνωριμώτερα καὶ πιστότερα, ἢ ἐξ ὧν λέγουσι. Καὶ ὅταν πάθος ποιῇς, μὴ λέγε ἐνθύμημα· ἢ γὰρ ἐκκρούσει τὸ πάθος, ἢ μάτην εἰρημένον ἔσται τὸ ἐνθύμημα· ἐκκρούουσι γὰρ αἱ κινήσεις ἀλλήλας αἱ ἅμα, καὶ ἢ ἀφανίζουσιν, ἢ ἀσθενεῖς ποιοῦσιν. Οὐδ' ὅταν ἠθικὸν τὸν λόγον, οὐ δεῖ ἐνθύμημά τι ζητεῖν ἅμα· οὐ γὰρ ἔχει οὔτε ἦθος, οὔτε προαίρεσιν ἡ ἀπόδειξις.

Δ'. Γνώμαις δὲ χρηστέον καὶ ἐν διηγήσει, καὶ ἐν πίστει· ἠθικὸν γάρ· « Καὶ ἐγὼ δέδωκα, καὶ ταῦτ' εἰδὼς, ὡς οὐ δεῖ πιστεύειν. » Ἐὰν δὲ παθητικῶς, « Καὶ οὐ μεταμέλει μοι, καίπερ ἠδικημένῳ· τούτῳ μὲν γὰρ περίεστι τὸ κέρδος, ἐμοὶ δὲ τὸ δίκαιον. »

Ε'. Τὸ δὲ δημηγορεῖν χαλεπώτερον τοῦ δικάζεσθαι, εἰκότως· διότι περὶ τὸ μέλλον· ἐκεῖ δὲ περὶ τὸ γεγονός, ὃ ἐπιστητὸν ἤδη καὶ τοῖς μάντεσιν, ὡς ἔφη Ἐπιμενίδης ὁ Κρής· ἐκεῖνος γὰρ περὶ τῶν ἐσομένων οὐκ ἐμαντεύετο, ἀλλὰ περὶ τῶν γεγονότων μὲν, ἀδήλων δέ. Καὶ ὁ νόμος, ὑπόθεσις ἐν τοῖς δικανικοῖς. Ἔχοντα δὲ ἀρχὴν ῥᾷον εὑρεῖν ἀπόδειξιν, καὶ οὐκ ἔχει πολλὰς διατριβάς· οἷον, πρὸς ἀντίδικον, ἢ περὶ αὑτοῦ, ἢ παθητικὸν ποιεῖν. Ἀλλ' ἥκιστα πάντων, ἂν μὴ ἐξίστηται. Δεῖ οὖν ἀποροῦντα τοῦτο ποιεῖν, ὅπερ οἱ Ἀθήνῃσι ῥήτορες ποιοῦσι· καὶ Ἰσοκράτης· καὶ γὰρ συμβουλεύων κατηγορεῖ, οἷον Λακεδαιμονίων μὲν, ἐν τῷ Πανηγυρικῷ· Χάρητος δὲ, ἐν τῷ Συμμαχικῷ.

des choses plus connues et plus certaines que les raisons qu'ils en donnent². Quand vous voudrez exciter une passion, ne faites pas d'enthymème. Ou bien votre argument arrête la passion, ou il ne sert à rien. Les mouvements se contrarient quand ils sont simultanés ; ils se détruisent ou s'affaiblissent. Il ne faut pas non plus se mettre à la recherche d'un enthymème, quand on veut exprimer les mœurs ; un argument ne peut faire connaître ni les mœurs, ni l'intention.

§ IV. Usage des sentences dans la preuve.

Quant aux sentences, on peut en faire usage dans la narration et dans la preuve. En effet, elles expriment les mœurs : « Oui, je lui ai donné cet argent, et cependant je savais qu'il ne faut pas être confiant. » Elles expriment aussi les passions : « Je n'ai aucun regret, quoique victime d'une injustice ; à lui le profit, à moi le droit. »

§ V. La preuve dans les deux genres, délibératif et judiciaire.

Le genre délibératif est plus difficile que le judiciaire ; c'est tout simple ; il a pour objet l'avenir. Le judiciaire a pour objet le passé, qui peut être connu même par les devins, comme le dit Epiménide de Crète, qui devinait, non pas l'avenir, mais seulement ce qu'il y a d'obscur dans le passé. La loi est d'ailleurs le fondement du genre judiciaire ; et quand on s'appuie sur un principe, l'argumentation est facile. Le genre délibératif n'admet pas de nombreuses digressions, comme sont les invectives contre l'adversaire, et ce qu'on peut dire de soi-même, ou pour exciter les passions. Ici, moins que partout ailleurs, on ne met de digressions, qu'en sortant du genre lui-même. Ce n'est donc qu'à défaut d'autre moyen qu'il faut recourir à celui-ci, comme font les orateurs d'Athènes, entr'autres Isocrate, qui, dans le genre délibératif, accuse, par exemple, les Lacédémoniens dans son *Panégyrique*, et Charès, dans son *Discours pour les alliés* ³.

ϛ'. Ἐν δὲ τοῖς ἐπιδεικτικοῖς, δεῖ τὸν λόγον ἐπεισοδιοῦν ἐπαίνοις, οἷον Ἰσοκράτης ποιεῖ· αἰεὶ γάρ τινα εἰσάγει. Καὶ ὃ ἔλεγε Γοργίας, ὅτι οὐχ ὑπολείπει αὐτὸν ὁ λόγος, τοῦτό ἐστιν· εἰ γὰρ Ἀχιλλέα λέγει, Πηλέα ἐπαινεῖ, εἶτα Αἰακὸν, εἶτα τὸν Θεόν. Ὁμοίως δὲ καὶ ἀνδρίαν· ἢ τὰ καὶ τὰ ποιεῖ· ὁ τοιόνδε ἐστίν. Ἔχοντα μὲν οὖν ἀποδείξεις, καὶ ἠθικῶς λεκτέον, καὶ ἀποδεικτικῶς. Ἐὰν δὲ μὴ ἔχῃς ἐνθυμήματα, ἠθικῶς· καὶ μᾶλλον τῷ ἐπιεικεῖ ἁρμόττει χρηστὸν φαίνεσθαι, ἢ τὸν λόγον ἀκριβῆ.

Ζ'. Τῶν δὲ ἐνθυμημάτων τὰ ἐλεγκτικὰ μᾶλλον εὐδοκιμεῖ τῶν δεικτικῶν· ὅτι ὅσα ἔλεγχον ποιεῖ, μᾶλλον δῆλον ὅτι συλλελόγισται· παράλληλα γὰρ μᾶλλον τἀναντία γνωρίζεται. Τὰ δὲ πρὸς τὸν ἀντίδικον, οὐχ ἕτερόν τι εἶδος, ἀλλὰ τῶν πίστεών ἐστι, τὰ μὲν λῦσαι ἐνστάσει, τὰ δὲ συλλογισμῷ. Δεῖ δὲ καὶ ἐν συμβουλῇ, καὶ ἐν δίκῃ, ἀρχόμενον μὲν λέγειν τὰς ἑαυτοῦ πίστεις πρότερον· ὕστερον δὲ, πρὸς τἀναντία ἀπαντᾶν λύοντα καὶ προδιασύροντα. Ἂν δὲ πολύχους ᾖ ἡ ἐναντίωσις, πρότερον τὰ ἐναντία· οἷον ἐποίησε Καλλίστρατος ἐν τῇ Μεσσηνιακῇ ἐκκλησίᾳ· ἃ γὰρ ἐροῦσι, προανελὼν οὕτως τότε αὐτὸς εἶπεν. Ὕστερον δὲ λέγοντα, πρῶτον τὰ πρὸς τὸν ἐναντίον λόγον λεκτέον, λύοντα καὶ ἀντισυλλογιζόμενον, καὶ μάλιστα ἂν εὐδοκιμηκότα ᾖ· ὥσπερ γὰρ ἄνθρωπον προδιαβεβλημένον οὐ δέχεται ἡ ψυχὴ, τὸν αὐτὸν τρόπον οὐδὲ λόγον, ἐὰν ὁ ἐναντίος εὖ δοκῇ εἰρηκέναι. Δεῖ οὖν χώραν ποιεῖν ἐν τῷ ἀκροατῇ τῷ μέλλοντι λόγῳ. Ἔσται δὲ, ἂν ἀνέλῃς· διὸ ἢ πρὸς πάντα, ἢ

§ VI. Dans le genre épidictique.

Dans le genre épidictique, il faut semer l'éloge sur sa route, comme le fait Isocrate, qui a toujours quelque louange à donner. C'est pour cela que Gorgias disait que la matière ne lui manquerait pas; s'il parle d'Achille, il loue Pélée, ensuite Éaque, ensuite le Dieu. De même pour le courage : Achille fait ceci, et puis cela. C'est toujours le même moyen. Si donc vous avez des preuves, recourez aux mœurs et aux arguments; si vous n'avez pas d'enthymèmes, aux mœurs seulement. D'ailleurs, il est convenable pour l'honnête homme de paraître vertueux plutôt qu'éloquent.

§ VII. Réfutation.

Les enthymèmes ont plus de force pour réfuter que pour prouver. Il est évident que, dans la réfutation, le raisonnement est plus serré ; car les contraires sont mieux connus quand on les rapproche. La réfutation n'est pas une chose à part; elle fait partie de la preuve, s'appuyant tantôt sur des objections, tantôt sur des arguments contraires. Dans le genre délibératif et dans le judiciaire, celui qui parle le premier doit d'abord donner ses preuves, et aller ensuite au devant des preuves contraires, pour les détruire ou les affaiblir. Mais s'il y a beaucoup de choses à réfuter, il faut d'abord détruire les preuves contraires, comme le fit Callistrate, dans l'assemblée des Messéniens [4]. En effet, ce ne fut qu'après avoir réfuté à l'avance ce qu'on devait lui dire, qu'il donna ses preuves. Celui qui parle le second doit d'abord réfuter le discours de l'adversaire, détruire ses preuves par des preuves contraires, surtout lorsqu'elles ont fait impression. De même que l'esprit est mal disposé contre un homme accusé d'un crime, de même il l'est contre nos raisons, quand celles de l'adversaire ont paru solides. Il faut donc, dans l'esprit de l'auditeur, faire la place du discours qu'il va entendre ; et pour cela, il faut détruire l'impression reçue. Ce n'est donc qu'après avoir combattu, ou

τὰ μέγιστα, ἢ τὰ εὐδοκιμοῦντα, ἢ τὰ εὐέλεγκτα μαχεσάμενον, οὕτω τὰ αὑτοῦ πιστὰ ποιητέον.

Ταῖς θεαῖσι πρῶτα σύμμαχος γενήσομαι·
Ἐγὼ γὰρ Ἥραν —

Ἐν τούτοις ἥψατο πρῶτον τοῦ εὐηθεστάτου.

Η'. Περὶ μὲν οὖν πίστεων ταῦτα. Εἰς δὲ τὸ ἦθος, ἐπειδὴ ἔνια περὶ αὑτοῦ λέγειν, ἢ ἐπίφθονον, ἢ μακρολογίαν, ἢ ἀντιλογίαν ἔχει· καὶ περὶ ἄλλου, ἢ λοιδορίαν, ἢ ἀγροικίαν· ἕτερον χρὴ λέγοντα ποιεῖν, ὅπερ Ἰσοκράτης ποιεῖ ἐν τῷ Φιλίππῳ, καὶ ἐν τῇ Ἀντιδόσει· καὶ ὡς ὁ Ἀρχίλοχος ψέγει· ποιεῖ γὰρ τὸν πατέρα λέγοντα περὶ τῆς θυγατρὸς ἐν τῷ ἰάμβῳ,

Χρημάτων δ'
Ἄελπτον οὐθέν ἐστιν, οὐδ' ἀπώμοτον.

Καὶ τὸν Χάρωνα τὸν τέκτονα ἐν τῷ ἰάμβῳ οὗ ἡ ἀρχή,

Οὔ μοι τὰ Γύγεω.

Καὶ ὡς Σοφοκλῆς τὸν Αἵμονα ὑπὲρ τῆς Ἀντιγόνης πρὸς τὸν πατέρα, ὡς λεγόντων ἑτέρων.

Θ'. Δεῖ δὲ καὶ μεταβάλλειν τὰ ἐνθυμήματα, καὶ γνώμας ποιεῖν ἐνίοτε· οἷον, « Χρὴ δὲ τὰς διαλλαγὰς ποιεῖν τοὺς νοῦν ἔχοντας εὐτυχοῦντας· οὕτω γὰρ ἂν μέγιστα πλεονεκτοῖεν. » Ἐνθυμηματικῶς δέ· « Εἰ γὰρ δεῖ, ὅταν ὠφελιμώταται ὦσι καὶ πλεονεκτικώταται αἱ καταλλαγαί, τότε καταλλάττεσθαι, εὐτυχοῦντας δεῖ καταλλάττεσθαι. »

toutes les preuves, ou les plus importantes, ou celles qui ont fait impression, ou les plus faciles à réfuter, qu'on donnera les siennes. « Je prendrai d'abord la défense des déesses ; non, je ne crois pas que Junon ⁵.... » Dans ce passage, le poëte touche d'abord ce qu'il y a de plus facile.

§ VIII. Règle concernant les mœurs.

Voilà ce qui concerne la preuve. Quant aux mœurs, puisqu'en parlant quelquefois de nous-mêmes, nous nous exposons à l'envie, à la prolixité, à la contradiction, et qu'en parlant d'autrui nous pouvons être accusés d'insolence ou de grossièreté, nous devons faire parler un autre personnage à notre place, comme le fait Isocrate dans le *Discours à Philippe*, et dans celui relatif à l'échange des biens [6]. Archiloque use de ce moyen pour blâmer. Il introduit dans ses *Iambes* le père parlant de sa fille : « Il n'est rien qu'on ne puisse espérer pour de l'argent, rien qu'on ne doive nier avec serment. » Tel est le langage qu'il prête à l'ouvrier Charon dans l'iambe qui commence par ces mots : « Je me moque des biens de Gygès [7]. » Sophocle fait de même, lorsque Hémon, en présence de son père, défendant Antigone, déclare qu'il répète ce que disent les autres.

§ IX. Changement des enthymèmes en sentences.

Il faut aussi changer les enthymèmes et en faire quelquefois des sentences ; par exemple : « Les hommes de sens doivent faire des traités dans la bonne fortune ; car ils peuvent alors obtenir les plus grands avantages. » Voici l'enthymème : « S'il faut faire les traités lorsqu'ils doivent être les plus utiles et les plus avantageux, il faut traiter dans la bonne fortune.

ΚΕΦΑΛΑΙΟΝ ΙΗ'.

Α'. Περὶ δὲ ἐρωτήσεως, εὔκαιρόν ἐστι ποιεῖσθαι, μάλιστα μὲν, ὅταν τὸ ἕτερον εἰρηκὼς ᾖ, ὥστε ἑνὸς προσερωτηθέντος, συμβαίνει τὸ ἄτοπον· οἷον Περικλῆς Λάμπωνα ἐπήρετο περὶ τῆς τελετῆς τῶν τῆς Σωτείρας ἱερῶν· εἰπόντος δὲ, ὅτι οὐχ οἷόν τε ἀτέλεστον ἀκούειν, ἤρετο, εἰ οἶδεν αὐτός; φάσκοντος δὲ, « Καὶ πῶς ἀτέλεστος ὤν;» Δεύτερον δὲ, ὅταν τὸ μὲν, φανερὸν ᾖ· τὸ δὲ, ἐρωτήσαντι δῆλον ᾖ ὅτι δώσει· πυθόμενον γὰρ δεῖ τὴν μίαν πρότασιν, μὴ προσερωτᾷν τὸ φανερόν, ἀλλὰ τὸ συμπέρασμα εἰπεῖν· οἷον Σωκράτης, Μελίτου οὐ φάσκοντος αὐτὸν Θεοὺς νομίζειν, εἴρηκεν, εἰ δαιμόνιόν τι λέγοι. Ὁμολογήσαντος δὲ, ἤρετο, εἰ οὐχ οἱ δαίμονες, ἤτοι Θεῶν παῖδες εἶεν, ἢ Θεῖόν τι; Φήσαντος δὲ, « Ἔστιν οὖν, ἔφη, ὅστις Θεῶν μὲν παῖδας οἴεται εἶναι, Θεοὺς δὲ οὔ;» Ἔτι, ὅταν μέλλῃ ἢ ἐναντία λέγοντα δείξειν, ἢ παράδοξον. Τέταρτον δὲ, ὅταν μὴ ἐνῇ, ἀλλ' ἢ σοφιστικῶς, ἀποκρινάμενον λῦσαι· ἐὰν γὰρ οὕτως ἀποκρίνηται, ὅτι ἔστι μὲν, ἔστι δ' οὔ· ἢ, τὰ μὲν, τὰ δ' οὔ· ἢ, πῇ μὲν, πῇ δ' οὔ· θορυβοῦσιν ὡς ἀποροῦντες. Ἄλλως δὲ μὴ ἐγχειρεῖν· ἐὰν γὰρ ἐνστῇ, κεκρατῆσθαι δοκεῖ· οὐ γὰρ οἷόν τε πολλὰ ἐρωτᾷν, διὰ τὴν ἀσθένειαν τοῦ ἀκροατοῦ. Διὸ καὶ τὰ ἐνθυμήματα ὅτι μάλιστα συστρέφειν δεῖ.

CHAPITRE XVIII.

De l'interrogation et du ridicule.

§I. Interrogation.

Quant à l'interrogation [1], il est surtout à propos de s'en servir lorsque l'adversaire a concédé un point, de telle sorte qu'en ajoutant une question, on arrive à l'absurde. Périclès interrogeait Lampon sur la célébration des mystères de la Déesse Conservatrice [2]. Celui-ci ayant répondu qu'on ne pouvait en entendre parler sans être initié, Périclès lui demanda s'il connaissait lui-même ces mystères : « Oui, répondit Lampon. — Comment, sans être initié ? » Secondement, on doit s'en servir, lorsque l'une des deux propositions est évidente, et que l'interrogateur a la certitude que l'adversaire accordera l'autre. Mais il faut que l'interrogation porte sur une seule proposition, et sans faire de question sur celle qui est évidente, on doit tirer la conclusion. Socrate, accusé par Mélitus de ne pas admettre de dieux, lui dit : « Est-il vrai que j'admets un démon ? » Celui-ci en étant convenu, Socrate lui demanda si les démons n'étaient pas fils des dieux, ou quelque chose de divin. « Oui, répondit Mélitus. — Il se trouve donc un homme, dit alors Socrate, qui admet les fils des dieux, sans admettre les dieux [3]. » Troisièmement, pour montrer que l'adversaire se contredit ou avance un paradoxe. Quatrièmement, lorsque l'adversaire ne peut faire autre chose que répondre par une solution sophistique ; car s'il répond ainsi : La chose est et n'est pas ; ceci est et cela n'est pas ; c'est vrai d'une manière, mais d'une autre, non ; alors l'auditeur se trouble et ne sait que penser. C'est dans ces cas seulement qu'il faut essayer de l'interrogation ; car si l'adversaire donne une réponse solide, il semble qu'on a été vaincu ; et il n'est pas possible de multiplier les questions à cause de la faiblesse de l'auditeur. C'est pour cela aussi qu'il faut, autant que possible, serrer les enthymèmes.

Β'. Ἀποκρίνασθαι δὲ δεῖ, πρὸς μὲν τὰ ἀμφίβολα, διαιροῦντα λόγῳ, καὶ μὴ συντόμως· πρὸς δὲ τὰ δοκοῦντα ἐναντία, τὴν λύσιν φέροντα εὐθὺς τῇ ἀποκρίσει, πρὶν ἐπερωτῆσαι τὸ ἐπιὸν, ἢ συλλογίσασθαι· οὐ γὰρ χαλεπὸν προορᾶν, ἐν τίνι ὁ λόγος. Φανερὸν δ' ἡμῖν ἔστω ἐκ τῶν τοπικῶν καὶ τοῦτο, καὶ αἱ λύσεις. Καὶ συμπεραινόμενον, ἐὰν ἐρώτημα ποιῇ τὸ συμπέρασμα, τὴν αἰτίαν εἰπεῖν· οἷον Σοφοκλῆς ἐρωτώμενος ὑπὸ Πεισάνδρου, εἰ ἔδοξεν αὐτῷ, ὥσπερ καὶ τοῖς ἄλλοις προβούλοις, καταστῆσαι τοὺς τετρακοσίους, ἔφη, « Τί δὲ, οὐ πονηρά σοι ταῦτα ἐδόκει εἶναι;» ἔφη· «Οὐκοῦν, σὺ ταῦτα ἔπραξας τὰ πονηρά;» «Ναί, ἔφη· οὐ γὰρ ἦν ἄλλα βελτίω.» Καὶ ὡς ὁ Λάκων εὐθυνόμενος τῆς ἐφορείας, ἐρωτώμενος εἰ δοκοῦσιν αὐτῷ δικαίως ἀπολωλέναι ἅτεροι, ἔφη· ὁ δὲ, «Οὐκοῦν σὺ ταὐτὰ τούτοις ἔθου;» καὶ ὡς ἔφη, «Οὐκοῦν δικαίως ἂν, ἔφη, καὶ σὺ ἀπόλοιο;» «Οὐ δῆτα, ἔφη· οἱ μὲν γὰρ χρήματα λαβόντες, ταῦτα ἔπραξαν· ἐγὼ δὲ, οὔ· ἀλλὰ γνώμῃ.» Διὸ οὔτε ἐπερωτᾶν δεῖ μετὰ τὸ συμπέρασμα, οὔτε τὸ συμπέρασμα ἐπερωτᾶν, ἐὰν μὴ τὸ πολὺ περιῇ τοῦ ἀληθοῦς.

Γ'. Περὶ δὲ τῶν γελοίων, ἐπειδή τινα δοκεῖ χρῆσιν ἔχειν ἐν τοῖς ἀγῶσι, καὶ δεῖν ἔφη Γοργίας, τὴν μὲν σπουδὴν διαφθείρειν τῶν ἐναντίων γέλωτι, τὸν δὲ γέλωτα σπουδῇ, ὀρθῶς λέγων, εἴρηται πόσα εἴδη γελοίων ἐστίν, ἐν τοῖς περὶ ποιητικῆς· ὧν τὸ μὲν, ἁρμόττει ἐλευθέρῳ· τὸ δὲ, οὔ. Ὅπως οὖν τὸ ἁρμόττον αὑτῷ λήψεται. Ἔστι δ' ἡ εἰρωνεία τῆς βωμολοχίας ἐλευθεριώτερον· ὁ μὲν γὰρ αὑτοῦ ἕνεκα ποιεῖ τὸ γελοῖον· ὁ δὲ βωμολόχος, ἑτέρου.

§ II. Réponse.

Si la question renferme une équivoque, nous devons distinguer en répondant, et ne pas le faire d'une manière concise. Si elle paraît nous être contraire, il faut sur-le-champ donner la solution dans la réponse, sans laisser à l'adversaire le temps de continuer ou de conclure; car il n'est pas difficile de voir à l'avance où il veut en venir. On trouvera, dans nos *Topiques*, des éclaircissements sur ce que nous disons ici, et sur les solutions. Si on conclut contre nous, et que la conclusion soit une question, nous devons donner nos motifs. Pisandre demandait à Sophocle, s'il n'avait pas voté avec ses collègues l'institution des Quatre-Cents [4]. Celui-ci en convient : « Eh quoi! cette décision ne te semblait-elle pas mauvaise? » Il en convient encore. « Tu as donc fait une chose mauvaise? — Sans doute, dit Sophocle, mais il n'y avait rien de mieux à faire. » On demandait à un Lacédémonien, obligé de rendre compte de ses fonctions d'éphore, si la condamnation de ses collègues ne lui semblait pas juste : « Elle est juste, dit-il. — Mais n'as-tu pas fait comme eux? — Sans doute, répondit-il. — Par conséquent, ne serais-tu pas justement condamné toi-même? — Non, dit-il, car mes collègues ont reçu de l'or, et moi j'ai agi par conscience. » C'est pourquoi il ne faut interroger, ni après la conclusion ni dans la conclusion même, à moins que la vérité ne soit évidemment de notre côté.

§ III. Du ridicule.

Quant au ridicule, il peut être quelquefois utile dans la discussion, et Gorgias avait raison de dire qu'il faut confondre le sérieux de l'adversaire par la plaisanterie, et la plaisanterie par le sérieux. Nous avons dit, dans la *Poétique*[5], combien il y a d'espèces de ridicule, dont l'une convient à l'honnête homme et l'autre non. Choisissez donc l'espèce qui convient. L'ironie est plus noble que la bouffonnerie. On emploie la première pour son plaisir, la seconde, pour faire rire les autres.

ΚΕΦΑΛΑΙΟΝ ΙΘ'.

Α'. Ὁ δ' ἐπίλογος σύγκειται ἐκ τεττάρων, ἔκ τε τοῦ πρὸς ἑαυτὸν κατασκευάσαι εὖ τὸν ἀκροατὴν, καὶ τὸν ἐναντίον φαύλως· καὶ ἐκ τοῦ αὐξῆσαι καὶ ταπεινῶσαι· καὶ ἐκ τοῦ εἰς τὰ πάθη τὸν ἀκροατὴν καταστῆσαι· καὶ ἐξ ἀναμνήσεως. Πέφυκε γὰρ μετὰ τὸ ἀποδεῖξαι, αὑτὸν μὲν ἀληθῆ, τὸν δὲ ἐναντίον ψευδῆ, οὕτω τὸ ἐπαινεῖν, καὶ ψέγειν, καὶ ἐπιχαλκεύειν. Δυοῖν δὲ θατέρου δεῖ στοχάζεσθαι, ἢ ὅτι τούτοις ἀγαθὸς, ἢ ὅτι ἁπλῶς· ὁ δὲ, ὅτι κακὸς τούτοις, ἢ ὅτι ἁπλῶς. Ἐξ ὧν δὲ δὴ τοιούτους κατασκευάζειν δεῖ, εἴρηνται οἱ τόποι, πόθεν σπουδαίους δεῖ κατασκευάζειν καὶ φαύλους.

Β'. Τὸ δὲ μετὰ τοῦτο, δεδειγμένων ἤδη, αὔξειν ἐστὶ κατὰ φύσιν, καὶ ταπεινοῦν· δεῖ γὰρ τὰ πεπραγμένα ὁμολογεῖσθαι, εἰ μέλλει τὸ ποσὸν ἐρεῖν· καὶ γὰρ ἡ τῶν σωμάτων αὔξησις, ἐκ προϋπαρχόντων ἐστίν. Ὅθεν δὲ δεῖ αὔξειν καὶ ταπεινοῦν, ἔκκεινται οἱ τόποι πρότερον.

Γ'. Μετὰ δὲ ταῦτα, δήλων ὄντων καὶ οἷα καὶ ἡλίκα, εἰς τὰ πάθη ἄγειν τὸν ἀκροατήν· ταῦτα δ' ἐστὶν, ἔλεος καὶ δείνωσις, καὶ ὀργὴ, καὶ μῖσος, καὶ φθόνος, καὶ ζῆλος, καὶ ἔρις· εἴρηνται δὲ καὶ τούτων οἱ τόποι πρότερον.

Δ'. Ὥστε λοιπὸν, ἀναμνῆσαι τὰ προειρημένα. Τοῦτο δὲ ἁρμόττει ποιεῖν οὕτως, ὥσπερ φασὶν ἐν τοῖς προοιμίοις, οὐκ

CHAPITRE XIX.

De la péroraison.

§ 1. Rendre l'auditeur bienveillant.

L'orateur a quatre choses à faire dans la péroraison : rendre l'auditeur bienveillant pour lui, mal disposé pour l'adversaire; amplifier et atténuer; exciter les passions de l'auditeur; enfin récapituler. Après avoir prouvé qu'on a dit vrai, et que l'adversaire a dit faux, on doit, selon l'ordre naturel, louer, blâmer, donner le dernier coup de main. Il faut se proposer d'établir de deux choses l'une : qu'on veut le bien de l'auditeur, ou simplement qu'on est bon; ou bien que l'adversaire veut son mal, ou simplement qu'il est méchant. Nous avons fait connaître les lieux qui servent à faire naître ces dispositions, et nous avons dit comment on fait paraître les hommes vertueux ou méchants.

§ II. Amplifier et atténuer.

Après cela, une fois la preuve faite, il faut naturellement amplifier ou atténuer; car il faut que les faits soient reconnus avant de discuter leur importance. Dans les corps même, l'accroissement ne peut venir que des qualités qu'ils possèdent déjà. Nous avons fait connaître les lieux de l'amplification et de l'atténuation,

§ III. Émouvoir les passions.

Ensuite, quand la qualité et l'importance des faits sont bien connues, on doit émouvoir les passions de l'auditeur. Ces passions sont, la piété, l'indignation, la colère, la haine, l'envie, le zèle, l'animosité. Nous avons aussi fait connaître les lieux qui enseignent à exciter ces passions.

§ IV. Récapitulation.

Il ne reste plus alors qu'à récapituler ce qui a été dit. Il convient pour cela d'employer le procédé que certains rhé-

ὀρθῶς λέγοντες· ἵνα γὰρ εὐμαθῆ ᾖ, κελεύουσι πολλάκις εἰπεῖν. Ἐκεῖ μὲν οὖν δεῖ τὸ πρᾶγμα εἰπεῖν, ἵνα μὴ λανθάνῃ περὶ οὗ ἡ κρίσις· ἐνθαῦθα δὲ, δι' ὧν δέδεικται, κεφαλαιωδῶς. Ἀρχὴ δὲ, διότι ἃ ὑπέσχετο, ἀπέδωκεν· ὥστε ἅ τε, καὶ δι' ὃ, λεκτέον. Λέγεται δὲ ἐξ ἀντιπαραβολῆς τοῦ ἐναντίου. Παραβάλλειν δὲ, ἢ ὅσα περὶ τὸ αὐτὸ ἄμφω εἶπον, ἢ μὴ κατ' ἀντικρύ. « Ἀλλ' οὗτος μὲν τάδε περὶ τούτου· ἐγὼ δὲ, ταδὶ, καὶ διὰ ταῦτα. » Ἢ ἐξ εἰρωνείας, οἷον, « Οὗτος γὰρ τάδ' εἶπεν, ἐγὼ δὲ τάδε. Καί τι ἂν ἐποίει, εἰ τάδε ἔδειξεν, ἀλλὰ μὴ τάδε; » Ἢ ἐξ ἐρωτήσεως· « Τί οὐ δέδεικται; ἢ οὗτος τί ἔδειξεν; » Ἢ δὴ οὕτως, ἢ ἐκ παραβολῆς, ἢ κατὰ φύσιν, ὡς ἐλέχθη, οὕτω, τὰ αὑτοῦ· καὶ πάλιν, ἐὰν βούλῃ, χωρὶς τὰ τοῦ ἐναντίου λόγου. Τελευτὴ δὲ τῆς λέξεως ἁρμόττει ἡ ἀσύνδετος, ὅπως ἐπίλογος, ἀλλὰ μὴ λόγος ᾖ· « εἴρηκα, ἀκηκόατε, ἔχετε, κρίνατε. »

ΤΕΛΟΣ.

theurs ont tort de conseiller pour l'exorde. En effet, ils recommandent de répéter souvent. Mais dans l'exorde, il faut annoncer le sujet, afin que l'objet du jugement soit connu, et dans la péroraison, il faut donner le sommaire des preuves. L'orateur doit commencer par dire qu'il a tenu ce qu'il avait promis ; il doit donc rappeler quelle chose il a voulu prouver, et quels moyens il a employés. Il mettra ses preuves en regard de celles de l'adversaire ; ou bien il opposera les motifs qu'ils ont fait valoir l'un et l'autre sur le même sujet, ou bien il les rappellera séparément : « Mon adversaire, dira-t-il, a soutenu cela, et moi ceci ; vous connaissez mes raisons. » Il se servira de l'ironie : « Voilà ce qu'il a dit, voici ce que j'ai répondu. Qu'aurait-il fait, s'il avait prouvé ceci, et non cela ? » ou de l'interrogation : « Que me reste-t-il à prouver ? » ou bien : « Qu'a prouvé mon adversaire ? » Il résumera donc ainsi, en opposant preuve à preuve ; ou bien, selon l'ordre naturel que nous avons indiqué, il résumera les siennes, et ensuite, s'il veut, il rappellera à part celles de l'adversaire. Il convient, en terminant, de supprimer les conjonctions, afin que la péroraison ne soit pas le discours même : « J'ai dit, vous avez entendu; vous voilà instruits, jugez [1]. »

FIN DE LA RHÉTORIQUE D'ARISTOTE.

NOTES.

Nota. Les chiffres arabes, qui se trouvent après les indications des paragraphes en chiffres romains, correspondent aux chiffres de renvoi placés dans le corps de la traduction. La série des chiffres recommence à chaque chapitre.

LIVRE I, CHAP. I, PAGES 3-13.

§ I, 1. M. Rossignol a donné, dans le *Journal des Savants* (septembre 1842), une explication très satisfaisante du mot ἀντίστροφος; nous la reproduisons en partie : « Le mot ἀντίστροφος paraît n'avoir primitivement désigné que l'évolution par laquelle le chœur, après être allé de droite à gauche autour de l'autel, retournait de gauche à droite. Un peu plus tard, en vertu de la même signification, il désigna, dans la langue des philosophes : 1° la conversion qui, dans certaines propositions, substitue le sujet à l'attribut ou l'attribut au sujet; 2° la rétorsion qui, dans l'argumentation, consiste à retourner contre l'adversaire les armes dont il s'est servi pour attaquer. Les grammairiens, s'emparant à leur tour d'ἀντίστροφος, l'employèrent pour signifier le rapport de deux mots composés en sens inverse, comme Θηρυκλῆς et Κλεισιθήρα, Πάτροκλος et Κλεοπάτρα. Cependant, comme la préposition qui entre dans ἀντίστροφος a aussi le pouvoir d'exprimer la position de deux objets qui font face et correspondent l'un à l'autre, ce mot fut encore employé pour désigner une ressemblance réelle ou apparente. Mais la signification sous laquelle on le rencontre le plus fréquemment, c'est la signification qui indique une ressemblance apparente. »

§ I, 2. Εἰκῆ ταῦτα δρῶσιν. — Hésychius, εἰκῆ, ὡς ἔτυχεν. Εἰκῆ a le même sens que ἀπὸ ταὐτομάτου, qui est quelques lignes plus bas, et que ἀτεχνῶς, Soph. Elench., XI, 9.

§ I, 3. Cicéron a reproduit les mêmes idées, De Oratore, II, 8. « Etenim cum plerique temere ac nullâ ratione causas in foro dicant, nonnulli autem propter exercitationem aut propter consuetudinem aliquam callidius id faciant, non dubium, quin, si quis animadverterit, quid sit, quare alii melius, quam alii dicant, id possit notare. Ergo id qui toto in genere fecerit, is, si non plane artem, at quasi artem quandam invenerit. » Ὁδοποιεῖν signifie *rédiger en art*, soumettre à une marche certaine et à des règles droites et sûres. Cicéron a dit de même : « Si optimarum artium vias traderem civibus meis. » *De Divinatione*, II, 1.

§ II, 4. Aristote considère l'enthymème dans son principe et non dans sa forme. Pour lui, cet argument n'est pas un syllogisme dont une des prémisses est sous-entendue. Que l'argument se compose de deux ou de trois propositions, n'importe. Il y a enthymème toutes les fois que la conclusion est tirée non du certain, mais du probable. Nous ne pouvons mieux faire comprendre cette distinction importante, qu'en citant textuellement ce qu'en dit M. Havet dans son remarquable travail sur la *Rhétorique* d'Aristote. « Le mot d'enthymème n'exprime pas simplement, comme chez nous, un accident extérieur du raisonnement, qui consiste en ce qu'une des deux prémisses n'est pas exprimée ; c'est là une distinction superficielle et sans aucune importance. Quand Aristote appelle l'enthymème le *syllogisme oratoire*, il entend par syllogisme une déduction rigoureuse et scientifique, par enthymème, un raisonnement fondé sur l'opinion et sur ces probabilités qui suffisent dans la pratique des affaires. C'est ce que toute la Rhétorique fait entendre, et ce qu'il a exprimé positivement dans les *Premiers analytiques*, II, 29, 2 : « L'enthymème est un syllogisme fait avec des vraisemblances, Ἐνθύμημα μὲν οὖν ἐστι συλλογισμὸς ἐξ εἰκότων. » (Havet, *Étude sur la Rhétorique d'Aristote*, Paris, Jules Delalain, 1846, p. 33.) M. Rossignol a parfaitement défini ces deux caractères de l'enthymème, considéré dans sa forme ou dans son principe, dans un article du *Journal des Savants* (octobre 1840).

CHAP. I, PAGES 3-13. 395

§ II, 5. Dans un dialogue où Solon explique à Anacharsis l'utilité des exercices du gymnase, Lucien donne quelques détails curieux sur la police des audiences de l'Aréopage : « L'accusateur parle le premier, dit Solon, ensuite l'accusé. Ils peuvent porter eux-mêmes la parole, ou faire monter à leur place des orateurs qui les défendent. Tant que les orateurs, se renferment dans leur cause, le sénat les écoute avec patience et tranquillité ; mais s'ils veulent faire précéder leur discours d'un exorde, afin de disposer les juges en leur faveur ; s'ils cherchent à exciter la compassion ou à réveiller l'indignation par des moyens étrangers à l'affaire, ce que font souvent les orateurs pour séduire les magistrats, aussitôt un héraut, s'avançant vers eux, leur impose silence, et ne leur permet pas de dire des inepties en présence du sénat, ni d'embrouiller l'affaire par des raisonnements vagues. (Lucien, Ἀνάχαρσις ἢ περὶ Γυμνασίων, trad. de Belin de Ballu.) A l'entrée du tribunal on lisait cette inscription : μὴ προοιμιάζε, μηδ' ἐπίλεγε. Voyez aussi Quintilien, *Inst. orat.* lib. VI, et Pollux, VIII, 10.

§ III, 6. C'est à tort que Sturmius et la plupart des commentateurs entendent le mot ἐκκλησιαστής dans le sens de *juge* ou *sénateur*. Ce mot désigne le citoyen, en tant qu'il fait partie de l'assemblée du peuple délibérant sur les affaires publiques.

§ IV, 7. Aristote donne ici le nom de juge, κριτής, au citoyen qui délibère dans l'assemblée du peuple, à celui qu'il a désigné un peu plus haut par le nom d'*ecclésiaste*. C'est que l'ecclésiaste est un juge, dans l'acception générale du mot ; son suffrage est une sentence qu'il porte dans une affaire où il est lui-même intéressé en tant que membre de l'État. Dans la phrase suivante, Aristote donne au juge véritable le nom d'auditeur, ἀκροατής ; et ce n'est pas sans raison. Le juge, en effet, prononce dans des affaires particulières, auxquelles il n'a pas d'intérêt personnel. Il a donc toute liberté d'esprit pour écouter les digressions éloquentes d'un orateur qui sort du fait ou de la question, τὰ ἔξω τοῦ πράγματος.

§ V, 8. Ἀπόδειξίς τις, *une espèce de démonstration*. En effet, on démontre de plusieurs manières, selon qu'on s'appuie : ou sur

les propositions nécessaires, ἐκ τῶν ἀναγκαίων, comme dans les sciences mathématiques ; ou bien sur des propositions généralement admises, ἐξ ἐνδόξων, comme dans la dialectique. Le premier genre de démonstration est, sans contredit, le meilleur ; le second, qui a moins de force, est appelé pour cette raison, par Galien, ἐγγὺς ἀποδείξεως, *près de la démonstration*. Le troisième est la démonstration oratoire, qui est appelée πορρώτερον ἀποδείξεως. Celui-ci est double : ou bien la démonstration s'appuie sur des propositions probables et propres à la persuasion, ἐκ τῶν πιθανῶν, c'est celle de la rhétorique véritable ; ou bien elle tire ses conclusions de quelques signes seulement ou de propositions moins probables : c'est celle de la sophistique.

§ V, 9. L'ensemble de la dialectique se divise, dans Aristote, en quatre parties distinctes : les *premiers analytiques*, où il traite du syllogisme en général ; les *seconds analytiques*, où il ne parle que du syllogisme démonstratif ; les *topiques*, où il étudie le syllogisme comme instrument particulier de la dialectique et de la rhétorique ; et enfin les *réfutations des sophistes*, où il traite du syllogisme apparent, c'est-à-dire des sophismes.

§ VI, 10. *Topiques*, I, 2.

§ VI, 11. Aristote a posé jusqu'ici, d'une manière ferme et rigoureuse, les principes sévères qui dominent l'art de la parole. Selon lui, l'orateur ne doit jamais sortir de la question, ni chercher à entraîner le juge, en faisant entendre le langage de l'intérêt ou de la passion. Pourquoi donc semble-t-il admettre maintenant que l'orateur doit être en état de prouver le pour et le contre? La contradiction n'est qu'apparente ; elle est d'ailleurs facile à expliquer. Dans son début, Aristote déclare ce qui doit être ; ici, il dit ce qui est. Il ne veut pas tracer l'*idée* même de l'éloquence, comme Platon l'a fait dans le *Phèdre*, mais écrire un traité qui convienne à son siècle et à ses concitoyens, dont le goût dépravé force l'orateur à certaines concessions (Cf. liv. III, 1, 14.) C'est pour donner à ce traité ce caractère pratique, que, dans le premier livre, il traite de l'honnête, du juste, de l'utile et de l'agréable ; que, dans le second, il décrit les passions et les troubles de l'âme, et que, dans le troisième, il s'occupe des orne-

ments du style. Néanmoins Aristote déclare aussitôt qu'on ne doit pas abuser de l'art de la parole ; et dans la phrase suivante, ainsi que le remarque M. Havet, « il confond ensemble les intérêts de la vérité et ceux de l'art, par cette simple remarque que la bonne cause est plus facile à plaider que la mauvaise, toutes choses égales d'ailleurs. »

LIVRE I, CHAP. II, PAGES 13-29.

§ II, 1. Cicéron traduit les deux mots ἄτεχνοι et ἔντεχνοι par *remota* et *insita*. Quintilien, se rapprochant du grec, les rend par *inartificialia* et *artificialia*.

§ III, 2. J'ai suivi l'interprétation que Vater a donné de ce passage obscur et tourmenté par les commentateurs (*Animadversiones ad Arist. Rhet.*, Lipsiæ, 1794, p. 14,), et la leçon adoptée par Bekker, dans son édition spéciale de la *Rhétorique* et de la *Poétique*, Berlin, 1843, p. 6. Ce texte, ainsi interprété, nous prouve qu'Aristote pensait, ainsi que son maître Platon, que le véritable orateur doit être nécessairement homme de bien : Οὐκοῦν ἀνάγκη τὸν ῥητορικὸν δίκαιον εἶναι, dit Platon dans le *Gorgias*. On sait que telle a toujours été l'opinion des grands rhéteurs.

§ IV, 3. Cicéron soutient qu'on ne saurait devenir un orateur parfait, si l'on ne possède tout ce que l'esprit humain a conçu de grand et d'élevé : *Ac mea quidem sententia nemo poterit esse omni laude cumulatus orator, nisi erit omnium rerum magnarum atque artium scientiam consecutus.* (*De Oratore*, lib. I, cap. 6.) C'est l'opinion que Crassus, c'est-à-dire, Cicéron lui-même, défend avec beaucoup d'autorité contre l'orateur Antoine. Aristote se montre moins exigeant ; il se contente de la dialectique et de la politique. Mais, dans l'opinion d'Aristote, la politique est une science très étendue, à laquelle se rapporte tout ce que l'homme doit connaître et faire, comme membre de la société humaine. Voilà comment, d'après lui, la morale est une dépendance de la politique.

§ V, 4. *Premiers Analytiques*, II, 23, 24.

§ V, 5. *Topiques*, I, 10.

§ V. 6. Il ne faut pas confondre les *Méthodiques* avec les *Topiques*. Cet ouvrage, aujourd'hui perdu, est cité par Diogène-Laërce, par Hésychius de Milet, et dans le commentaire de Simplicius sur les *Catégories* d'Aristote.

§ VII, 7. L'enthymème et l'exemple sont les instruments de la preuve ; le premier se tire du général, le second du particulier. Aristote appelle l'enthymème et l'exemple *syllogisme* et *induction oratoires*. Entre le syllogisme de la dialectique et celui de la rhétorique, il y a cette différence que le premier conclut le certain du certain, et que le second couclut le vraisemblable du vraisemblable. L'induction et l'exemple se distinguent en ce que l'induction conclut la nature du tout de la nature des parties, tandis que l'exemple tire une conclusion particulière de l'observation d'un fait particulier. Dans l'induction, il y a rapport des *parties au tout*, dans l'exemple, rapport *de la partie à la partie*.

§ VII, 8. Doriée, fils de Diagoras de Rhodes, que Pindare a chanté dans la septième *Olympique*, remporta deux fois le prix du pancrace. Thucydide en fait mention dans son histoire : ἦν δὲ Ὀλυμπιὰς, ᾗ Δωριεὺς Ῥόδιος τὸ δεύτερον ἐνίκα. C'était l'olympiade dans laquelle Doriée de Rhodes fut vainqueur pour la seconde fois. (Thucydide, l. III, § 8.)

§ VIII, 9. *Premiers Analytiques*, II, 27.

§ IX, 10. Quintilien a traduit ce passage, *Institutions oratoires*, V, 2. Sur Denys de Sicile, Pisistrate et Théagène de Mégare, voyez Hérodote, I, 59 ; Aristote, *Politique*, III, 15, et V, 5, 10 et suiv.

§ X, 11. M. Havet fait bien ressortir l'importance de la distinction établie par Aristote entre les arguments spéciaux, τὰ εἴδη, et les lieux communs, οἱ τόποι. « Si la rhétorique, dit M. Havet, n'est qu'une faculté générale indépendante de toute application, un procédé de démonstration et de persuasion, pour ainsi dire, où prendrait-elle ces notions spéciales, ces opinions et ces principes, sans lesquels elle ne produirait rien, puisqu'elle travaillerait sur rien ? Ce sera dans la philosophie morale et politique ; là est le fonds que l'orateur mettra en œuvre avec l'instrument de l'argumentation,

et c'est ainsi qu'Aristote a pu dire : la rhétorique tient à la fois de la dialectique et de la morale, παραφυές τι τῆς διαλεκτικῆς εἶναι καὶ τῆς περὶ τὰ ἤθη πραγματείας. Mais il n'a point abusé de cette analyse, comme l'ont fait plus tard les philosophes de son école, reprenant la dialectique d'un côté, la morale et la politique de l'autre, et laissant la rhétorique entre ces deux choses comme un vain mot. Avec moins de rigueur et plus de justesse, il a compris que si la rhétorique, considérée abstraitement et en idée, n'a pas d'existence à part ; si l'orateur, à le prendre de cette manière, n'a pas une science à lui, il a néanmoins dans la pratique un emploi particulier à faire de la science ; qu'il n'est pas un dialecticien ni un philosophe de profession, mais qu'il emprunte seulement à la philosophie certaines ressources pour venir à bout de certaines difficultés ; enfin, qu'outre la dialectique et l'éthique absolue, il y a une dialectique de l'orateur, une éthique de l'orateur, et que c'est ce qui doit composer un traité de rhétorique. » (Havet, *Étude sur la Rhétorique d'Aristote,* p. 34 et 35.)

LIVRE I, CHAP. III, PAGES 29-35.

§ I, 1. Cicéron adopte la division d'Aristote, en ce qui concerne les auditeurs : *Nam aut auscultator est modo, qui audit, aut disceptator, id est, rei sententiæque moderator, ita ut aut delectetur, aut statuat aliquid. Statuit autem de præteritis, ut judex; aut de futuris, ut senatus. Sic tria sunt genera judicii, deliberationis, exornationis ; quæ, quia in laudatione maxime confertur, proprium habet jam ex eo nomen.* Cicéron, *Partit. orat.,* c. III. Cf. Quintilien, *Instit. Orat.,* III, 3.

§ II, 1. Voyez Homère, *Iliade,* XXI, et Platon, Συμπόσιον, vol. III, p. 448, éd. d'Ast.

§ II, 2. La division des trois genres d'éloquence, si nettement établie par Aristote, a été, dans ces derniers temps, l'objet de quelques attaques irréfléchies. Comme il semblait difficile de faire rentrer dans un des trois genres les discours des orateurs chrétiens, on a proposé de diviser l'éloquence, non plus d'après la nature des sujets, mais d'après les lieux où elle s'exerce. On a donc divisé

l'éloquence en éloquence de la chaire, éloquence de la tribune, éloquence du barreau, éloquence académique. On voit combien cette division est insuffisante et superficielle. Elle est suffisante : où classer en effet les harangues prononcées sur les champs de bataille, et les discours que l'homme de bien fait entendre sur la place publique pour calmer les passions populaires ? Elle est superficielle, car elle n'est fondée que sur un accident, et ne va pas au fond des choses. La division d'Aristote, au contraire, est fondée : 1° sur la nature même des sujets que traite l'orateur, rapportés aux trois grandes idées de l'utile, du juste et du beau, idées qui sont le fondement de la politique et de la morale, et nous avons vu que c'est à ces deux sciences qu'Aristote rattache l'art de la parole ; 2° sur le rôle que joue l'auditeur, selon qu'il examine l'utile, décide le juste, on écoute pour son plaisir les louanges que l'éloquence donne à la vertu ; 3° sur la division du temps, passé, présent et avenir, division qui sans être aussi rigoureuse que les précédentes, contribue néanmoins à nous montrer l'éloquence intimement unie aux conceptions les plus abstraites de la raison humaine.

LIVRE I, CHAP. IV, PAGES 35-41.

§. II, 1. Les idées qu'Aristote développe dans ce passage sont les mêmes que Socrate expose à Glaucon, jeune homme sans expérience qui voulait se mêler des affaires de l'État. (Xénophon, *Mémoires sur Socrate*, liv. III, ch. 6.) Voyez aussi un charmant dialogue de M. Andrieux, intitulé : *Socrate et Glaucon*. (Contes et Opuscules, Paris, 1800, p. 64.)

§ II, 2. La forme du gouvernement par excellence est, suivant Aristote, la forme monarchique, c'est-à-dire le gouvernement d'un seul obéissant lui-même aux lois du pays, soit que telle fût la conviction de notre philosophe, soit qu'il voulût complaire à son élève Alexandre. Voyez la *Politique, passim*.

§ II, 3. Cette singulière comparaison, qui peut offenser notre goût, a cependant le mérite de traduire exactement la pensée d'Aristote. Un nez qui a de justes proportions ne peut devenir aquilin ou camus sans perdre la forme par excellence. Au contraire, un

CHAP. IV, PAGES 35-41. 401

nez aquilin ou camus, supportable quand le défaut n'est pas exagéré, ne mérite plus le nom de nez, si on ajoute au nez aquilin et si on amoindrit le nez camus. De même, si vous tendez le ressort de l'aristocratie, ou si vous relâchez celui de la démocratie, vous avez, d'un côté, l'oligarchie, de l'autre la démagogie, qu'Aristote ne reconnaît pas comme des formes de gouvernement.

LIVRE I, CHAP. V, PAGES 41-51.

§ I, 1. Παράδειγμα signifie *exemple*, *modèle*, et par extension *règle*, *mesure*.

§ I, 2. Au moment où Aristote va entrer dans le détail des lieux communs qui se rapportent aux trois genres d'éloquence, il convient de définir exactement la signification que les rhéteurs grecs ont donnée au mot τόποι. Aristote appelle ainsi les formes logiques du raisonnement, pouvant s'appliquer à toute matière, aussi bien au droit qu'à la politique, aux sciences exactes qu'à la morale; c'est pour cela que ces lieux sont appelés *communs*. Il donne le nom de εἴδη aux observations, aux faits ou aux idées qui sont la matière du raisonnement, et sans lesquels les formes seraient vides. (M. Havet, *Étude sur la Rhétor. d'Arist.*, p. 34). La rhétorique grecque reconnut plus tard trois espèces de lieux : 1° *les lieux logiques*, les plus généraux de tous, tels que *le genre*, *le propre*, *la différence*, *les antécédents* et *les conséquents*, etc.; 2° les lieux *communs*, tels que les sept circonstances contenues dans le vers technique si connu, *Quis, quid, ubi, quibus auxiliis, cur, quomodo, quando;* 3° enfin les lieux scientifiques, τὰ εἴδη d'Aristote, appelés aussi τόποι ὑλικοί, parce qu'ils renferment en eux-mêmes la matière que traite en particulier un art ou une science.

§ I, 3. Aristote décrit le bonheur, sans le définir d'une manière rigoureuse. Il le fait consister dans la réunion de l'utile, du juste et de l'honnête. Il ne conçoit pas que l'homme puisse être heureux sans posséder à la fois la santé de l'âme qui est la vertu, et la vertu du corps qui est la santé. Les stoïciens faisaient consister le bonheur dans la vertu, sans se préoccuper du corps ni des biens extérieurs. Les sectateurs d'Épicure, au contraire, dénaturant le

système de leur maître, plaçaient le bonheur dans la santé, et dans la possession de ces biens extérieurs. Aristote unit les deux systèmes et les domine. Sa morale embrasse l'homme tout entier; elle est plus complète, plus pratique, et par conséquent plus vraie. Cette analyse peut sembler inutile au premier abord, mais elle provoque la réflexion; elle habitue l'esprit à avoir des idées saines sur les choses de ce monde, et elle fournit à l'orateur des divisions utiles pour la pratique.

§ II, 4. Dans le second livre de la *Politique*, Aristote développe ce qu'il dit ici de l'éducation des femmes lacédémoniennes : « Le législateur, dit-il, voulait que la cité tout entière fût un modèle de tempérance. Il a réussi quant aux hommes. Quant aux femmes, le but est entièrement manqué. Elles vivent dans la licence; elles se livrent à tous les excès du luxe et de l'intempérance.... L'origine de cette grande liberté des femmes de Lacédémone remonte à une cause connue. Les citoyens laissèrent leurs femmes seules pendant les guerres de l'Argolide, de l'Arcadie et de la Messénie, qui durèrent si longtemps. Lorsque la paix fut rétablie, les maris accoutumés à la discipline des camps, qui est sous un rapport une école de vertu, se plièrent aisément au joug des nouvelles lois. Mais les femmes opposèrent une si forte résistance, que Lycurgue, dit-on, abandonna ses projets de réforme à leur égard. » (Aristote, *Polit.*, II, 9.) Plutarque, dans la *Vie de Lycurgue*, ch. 25, dément en termes formels ce qu'Aristote affirme de l'éducation des femmes lacédémoniennes. Mais il ne donne aucune preuve à l'appui de ce qu'il avance. Il cite même une anecdote qui prouve qu'à Lacédémone les hommes se laissaient gouverner par les femmes, ce qu'Aristote avait déjà remarqué. « Une dame estrangère, devisant avec Gorgone, femme du roi Léonidas, lui dist : « Il n'y a femmes au monde que vous autres Lacédémoniennes qui « commandiez à vos hommes. » Elle lui répliqua incontinent : « Aussi « n'y a-t-il que nous qui portions des hommes. » (Plutarque, *Vie de Lycurgue*, ch. 26, traduction d'Amyot.) Platon, dans le troisième livre des *Lois*, confirme l'opinion qu'Aristote nous donne de l'éducation des femmes lacédémoniennes.

§ III, 5. Hérodicus de Sélymbrie, médecin, avait une santé si

CHAP. V, PAGES 31-51.

faible, qu'il était obligé de suivre le régime le plus sévère. Il était atteint de phthisie, à ce que dit Plutarque. Une diète rigoureuse, des exercices modérés, l'abstention de toute espèce de plaisir le firent parvenir à un âge avancé. Voyez Platon, qui en parle dans le *Phèdre*, et dans le troisième livre de la *République;* Plutarque, *De sera numinis vindicta*, XVIII. M. Minoïde-Mynas cite aussi les scholies inédites d'Hermias, m. 1943, p. 145.

§ IV, 6. La plupart des observations contenues dans ce chapitre, sembleront puériles à ceux qui n'auront pas présentes dans leur pensée les mœurs et les institutions de la Grèce. Ces détails sur les qualités physiques du corps, et sur la vertu *agonistique*, seraient déplacés partout ailleurs que dans une rhétorique grecque. Mais tout en reconnaissant qu'Aristote pouvait légitimement s'occuper de ces idées, qui sont pour nous si étrangères à l'éloquence, nous ne saurions disconvenir qu'il les a exposées avec peu de méthode, et qu'il y a quelque confusion dans les éléments du bonheur. Peut-être ce chapitre a-t-il eu, plus que les autres, à souffrir de l'injure du temps.

LIVRE I, CHAP. VI, PAGES 51-57.

§ I, 1. Καὶ τίς καὶ ποία. — La distinction de ces deux mots était regardée comme essentielle dans l'école de Socrate. « On ne te demande pas, Polus, de décrire l'art de Gorgias, mais de le définir, Ἀλλ' οὐδεὶς ἠρώτα ποία τις εἴη ἡ Γοργίου τέχνη, ἀλλὰ τίς. » (Platon, *Gorgias*, vol. II, sect. 1 de l'édition de Stalbaum, Gothæ et Erfordiæ, 1828, page 34.)

§ III, 2. Ἦ κεν γηθήσαι Πρίαμος, Πριάμοιό τε παῖδες. (Homère, *Iliade*, I, 255.)

§ III, 3. Aristote dit dans le cinquième livre de la *Politique*, presque dans les mêmes termes : Συνάγει γὰρ τοὺς ἐχθίστους ὁ κοινὸς φόβος, « la crainte commune réunit même les plus grands ennemis. » C'est ainsi qu'à l'époque de l'invasion de Xerxès, les rivalités entre les différents peuples de la Grèce furent un moment suspendues.

§ III, 4. « C'est la pensée d'un axiome célèbre : *Rien de trop*, μηδὲν ἄγαν, que la Grèce attribuait à l'un des sept sages. C'est le principe de toute bonne philosophie, mais en particulier de celle d'Aristote,

qui est raisonnable avant tout. On sait que dans sa *Morale* il a placé chaque vertu dans un milieu fixe entre un excès et un défaut. » (Havet, *Étude sur la Rhét. d'Arist.*, p. 40.)

§ III, 5. Κὰδ δέ κεν εὐχωλὴν Πριάμῳ καὶ Τρωσὶ λίποιτε. (Homère, *Iliade*, II, 176.)

§ III, 6. Homère, *Iliade*, II, 298. Voici le vers entier :

Αἰσχρόν τοι δηρόν τε μένειν, κενεόν τε νέεσθαι.

Ces fréquentes citations d'Homère prouvent, ainsi que le remarque M. Havet, que les poëmes homériques étaient, pour les Grecs, la source de la rhétorique comme de tous les arts.

§ III, 7. Érasme n'a pas compris ce proverbe, qui est tiré de l'usage où étaient les femmes de la Grèce d'aller à la fontaine chercher de l'eau dans des cruches qu'elles portaient en équilibre sur leur tête. Cet usage existe encore dans tout l'Orient, en Italie, en Corse, et dans une partie du midi de la France. Quand un homme ne menait pas son entreprise jusqu'au bout, on lui appliquait le proverbe de la femme qui, après s'être donné une grande peine pour aller chercher de l'eau, casse sa cruche à la porte de la maison. C'est dans le même sens que nous disons aujourd'hui : Faire naufrage dans le port.

§ III, 8. J'admets ici la leçon de Muret, approuvée par Vater, *Animadversiones et Lectiones in Arist. Rhet.*, p. 43. Ce passage présente des difficultés inextricables, que n'ont pu résoudre Schrader, *Comment.*, p. 67, Buhle, t. IV. p. 120, Minoïde-Mynas, *Trad. de la Rhét. d'Arist.*, notes, p. 409. M. Rossignol (*Examen critique*, p. 13, sqq.) a traité ce point avec beaucoup de sagacité et d'érudition, mais sans arriver à un résultat satisfaisant. Il paraît au reste qu'Aristote citait Simonide de mémoire. Le vers de ce poëte ne se trouve pas dans les *Analect.* de Brunck. Cependant il nous a été conservé par le scholiaste de Pindare (Olymp. XIII), qui l'écrit ainsi : Κορινθίοισι δ'οὐ μανίει τὸ Ἴλιον.

§ III, 9. Junon, Pallas, Vénus. Aristote en parlera de nouveau dans le second livre de la *Rhétorique*, ch. 23.

§ III, 10. « Voilà bien cette convoitise infinie de l'âme humaine, par laquelle nous nous refuserions encore au bonheur, quand le

bonheur se donnerait à nous. Cet homme est arrivé presque aux dernières limites où ses souhaits peuvent s'étendre ; on peut dire que ce qui reste au-delà n'est rien ; mais ce rien gêne encore son imagination, ce rien gâte son point de vue :

O si angulus ille
Proximus accedat, qui nunc deformat agellum !

j'emprunte cette citation à M. Havet, qui sous le titre modeste d'*Étude*, a fait, sur la *Rhétorique* d'Aristote, un travail profond, original, et de beaucoup préférable à de longs commentaires.

LIVRE I, CHAP. VII, PAGES 57-71.

§ II, 1. L'orateur Léodamas est cité avec le plus grand éloge dans le discours d'Eschine contre Ctésiphon : Λεωδάμας ὁ Ἀχαρνεὺς, οὐχ ἧττον Δημοσθένους λέγειν δυνάμενος, ἀλλ' ἔμοιγε καὶ ἡδίων ῥήτωρ. Il était disciple d'Isocrate (Plutarque, *Isocrate*) et maître d'Eschine (Plutarque, *Eschine*). Callistrate était contemporain de Léodamas. Xénophon en parle (Hellen., liv. VI). Chabrias et Iphicrate furent accusés de trahison par Léodamas. Voyez Démosthène, *Discours contre la loi de Leptine*.

§ II, 2. Pindare, *Olympiques*, I, 1.

§ II, 3. Dans le second livre de la *République* de Platon, Glaucon applique le procédé d'Aristote à la peinture du juste et du méchant poussés tous deux jusqu'à l'excès, jusqu'à l'idéal. En lisant ce passage sublime, il nous semble, contrairement à l'intention de Glaucon, que le sort du juste tombé dans l'abîme du malheur est préférable à celui du méchant comblé des faveurs de la fortune.

§ III, 4. Voyez le développement de cette vérité dans le *Gorgias*. Dans le *Criton*, Socrate soutient qu'il vaut mieux être puni selon les lois qu'échapper aux châtiments qu'elles infligent.

§ IV, 5. Le texte d'Homère présente quelques variantes, soit qu'Aristote cite de mémoire, soit qu'il ait suivi une leçon plus ancienne :

Κήδε' ὅσ' ἀνθρώποισι πέλει, τῶν ἄστυ ἁλώῃ.
Ἄνδρας μὲν κτείνουσι, πόλιν δέ τε πῦρ ἀμαθύνει,
Τέκνα δέ τ' ἄλλοι ἄγουσι, βαθυζώνους τε γυναῖκας.

(*Iliade*, IX, 592-595.)

§ IV, 6. Aristote cite un autre exemple d'accumulation du poëte Épicharme (*De gener. anim.*, I, 18). Voyez aussi la *Rhétorique à Alexandre*, IV ; Athénée, *Deipnosoph.*, II, 2, qui cite un exemple curieux, pris d'Épicharme : « Du sacrifice on vint au festin, et dans le festin on but, même avec gaîté, selon moi. Mais en buvant on se mit en débauche. De la débauche on passa au vacarme ; du vacarme au procès : les procès furent suivis de condamnation ; on fut mis en prison : les fers ulcérèrent les membres, et l'on fut obligé de payer l'amende. » (Traduction de Lefebvre de Villebrune, vol. I, p. 131.) Accorambius, dans ses remarques sur ce passage, cite un fragment d'un manuscrit dans lequel Épicharme accumule, ἐποιχοδομεῖ. Démosthène donne aussi un bel exemple de cette figure : Οὐκ εἶπον μὲν ταῦτα, οὐκ ἔγραψα δέ· οὐδ' ἔγραψα μέν, οὐκ ἐπρέσβευσα δέ· οὐδ' ἐπρέσβευσα μέν, οὐκ ἔπεισα δέ.

§ IV, 7. Cette épigramme est de Simonide. Eustathe la cite à la page 1761 de son *Commentaire* sur Homère, mais avec quelques variantes. Un homme, qui avait été poissonnier à Argos, ayant obtenu dans la suite un prix à Olympie, le poëte composa cette épigramme en son honneur. Le scholiaste grec cite un troisième vers faisant suite aux deux premiers :

Νῦν δὲ κράτος φέρομαι μετὰ πᾶσιν Ὀλυμπιονίκαις.

§ IV, 8. Le mot d'Iphicrate est répété et cité plus exactement, *Rhétor.*, I, 9.

§ IV, 9. Homère, *Odyssée*, XXII, 347.

§ IV, 10. La fin de la vie humaine est le bonheur, principe qu'Aristote établit dans sa *Politique* et dans sa *Morale*. C'est dans ce sens que l'entend l'interprète grec dans un passage des *Topiques*, liv. III.

LIVRE I, CHAP. VIII, PAGES 71-75.

§ I, 1. Aristote reconnaît ici quatre formes de gouvernement, ou plutôt cinq, parce qu'il distingue plus bas la tyrannie de la monarchie. Dans la *Politique*, III, 7, IV, 2, il en reconnaît six, trois bonnes, qui sont la monarchie, l'aristocratie et la démocratie, et trois mauvaises, qui sont la tyrannie, l'oligarchie et la démagogie.

CHAP. VIII, PAGES 71-75. 407

Il divise ici les gouvernements selon le nombre et la qualité des gouvernants. C'est en pensant à la qualité de ceux qui gouvernent qu'il distingue l'aristocratie, où les meilleurs ont l'autorité, de l'oligarchie, où ce sont les riches. Aristote n'avait pas besoin d'entrer dans plus de détails; il nous renvoie lui-même à sa *Politique*.

§ II, 2. Dans l'énumération des fins qui conviennent à chaque forme de gouvernement, Aristote oublie celle de la monarchie. Faut-il attribuer cette lacune à une inadvertance des copistes, et ajouter les mots Βασιλείας δὲ τὸ ἐννόμως ἐπιστατεῖν, qui nous sont fournis par le scholiaste grec, et que Muret a admis dans sa traduction? Nous adopterions volontiers cette leçon, si elle était confirmée par les manuscrits ou par les anciennes éditions, et si Aristote ne parlait pas ici, non de ce qui conduit à la fin particulière de chaque forme de gouvernement, mais de la fin elle-même.

LIVRE I, CHAP. IX, PAGES 75-87.

§ I, 1. M. Ch. Benoît, dans son *Essai sur les premiers manuels d'invention oratoire*, donne quelques détails curieux sur les éloges auxquels Aristote fait allusion : « On faisait l'éloge du *sel*. Polycrates, disciple de Gorgias, avait composé un éloge de la *souris*, un éloge des *cailloux à voter* (ψῆφοι), un éloge de la *marmite* (χύτρα) (Aristote, *Rhét.*, II, 24; Ménandre, *Rhét.*, Ald. p. 611.) Ne dirait-on pas déjà les jeux d'école des bas siècles? Mais attendez, plus tard on fera l'éloge de la *mouche*, de la *punaise*, de l'*escarbot*, de la *surdité*, de la *fièvre*, du *vomissement*. (Cresoll., *Théât.*, *Rhétor.*, III, 9.) Au temps où nous sommes, ces excès de la déclamation ne servirent qu'à ramener le goût public. » (Ch. Benoît, *Essai sur les premiers manuels d'invention oratoire*, p. 34.)

§ II, 2. « Alcée avait conçu de l'amour pour Sapho. Il lui écrivit un jour : « Je voudrais m'expliquer, mais la honte me retient. » — « Votre front n'aurait pas à rougir, lui répondit-elle, si votre cœur n'était pas coupable. » (Barthélemy, *Voyage du jeune Anacharsis*, ch. 3.)

§ II, 3. Hérodote, livre I, dit que les Lacédémoniens avaient

adopté l'usage des longs cheveux, après la victoire qu'ils remportèrent sur les Argiens qui défendaient la ville de Thyrée.

§ III, 4. Comparez ce passage avec celui du quatrième livre de Lucrèce, *De natura rerum*, v. 1151 et suiv., que Molière a traduit et heureusement placé dans le *Misanthrope*, acte II, sc. 5.

§ III, 5. Il semble qu'on pourrait reprocher à Aristote d'enseigner ici l'art des sophistes. Mais n'oublions pas que l'orateur ne doit pas seulement considérer le fond des choses; il doit aussi tenir compte de l'opinion.

§ III, 6. Cf., chap. VII, note 7.

§ III, 7. Ce vers de Simonide faisait partie de l'inscription gravée sur le tombeau d'Archédice, fille d'Hippias. Ce tombeau se trouvait à Lampsaque, Hippias ayant marié sa fille à un habitant de cette ville, Œantidès, fils d'Hippoclès. Thucydide nous a conservé cette inscription, liv. VI, § 59.

§ IV, 8. Ἔπαινος, louange d'une vertu, considérée d'une manière philosophique : ἐγκώμιον, éloge d'un homme, fondé sur les vertus qu'il a pratiquées; μακαρισμός, εὐδαιμονισμός, qu'Aristote ne distingue pas, discours où se trouvent réunis l'*éloge* et la louange. Cicéron a fait la *louange* de l'amitié dans le discours qui a pour titre *Lélius ou de l'Amitié*. Cornélius Népos a fait l'*éloge d'Atticus*. Le *Panégyrique* d'Isocrate est un véritable μακαρισμός. Les commentateurs se sont trouvés bien embarrassés pour interpréter ce passage. La conjecture la plus ingénieuse, sinon la plus vraie, me paraît être celle de Sturmius, pp. 97 et 98.

§ VI, 9. Hippolochus nous est entièrement inconnu. Un commentateur a pensé qu'il faut lire Ἀντίλοχον, et qu'il est ici question du fils de Nestor.

§ VI, 10. Harmodius et Aristogiton, ayant chassé d'Athènes Hipparque, fils de Pisistrate, obtinrent l'honneur d'une statue élevée sur la place publique. (Thucydide, VI; Aristote, *Politique*, V, 12; Pausanias, I; Pline, XXXIV, 4.)

§ VI, 11. M. Rossignol (*Examen critique*) a très-bien prouvé qu'il faut lire συνήθειαν, et non ἀσυνήθειαν. Cependant cette dernière

leçon est défendue par des autorités considérables, et surtout par celle de Bekker. Les manuscrits, les commentaires, les anciennes traductions se partagent sur le sens de ce passage. Hermolaüs a lu : διὰ τὴν συνήθειαν καὶ ἀσυνήθειαν. On ne peut porter plus loin l'esprit de conciliation.

LIVRE I, CHAP. X, PAGES 87-95.

§ IV, 1. C'est ordinairement le plaisir que les hommes cherchent dans les actions injustes. Voilà pourquoi Aristote a placé l'énumération des choses agréables dans l'examen qu'il fait du genre judiciaire. M. Havet (*Étude sur la Rhétor. d'Arist.*, p. 51 et suiv.) explique très bien comment Aristote, qui se plaint de la prédilection des rhéteurs pour le genre judiciaire, s'en est occupé lui-même avec un soin tout particulier.

LIVRE I, CHAP. XI, PAGES 95-107.

§ I, 1. Ce vers pentamètre est encore cité dans la *Métaphysique*, IV, 5, dans la *Morale à Eudème*, II, 7, et dans le livre où Plutarque prouve qu'*on ne saurait vivre agréablement selon Épicure*, ch. 49. On l'attribue à Évènus de Paros, poëte élégiaque, maître de l'historien Philiste. Cependant, le même vers se trouve dans Théognis, v. 470, avec un seul mot changé : Πᾶν γὰρ ἀναγκαῖον χρῆμ' ἀνιαρὸν ἔφυ.

§ I, 2. Vers iambique, tiré d'une tragédie d'Euripide, aujourd'hui perdue. Cicéron l'a cité dans un de ses traités philosophiques : *Vulgo dicitur, Jucundi acti labores; nec male Euripides; concludam, si potero, latine; Græcum enim versum nostis omnes : Suavis laborum est præteritorum memoria.*

§ I, 3. Homère, *Odyssée*, XV, 390, 400. Ici, comme ailleurs, ainsi que nous l'avons déjà remarqué, Aristote présente des variantes importantes avec les meilleures éditions des poëmes homériques.

§ I, 4. *Iliade*, XVIII, 109.

§ I, 5. Il est impossible de pousser plus loin la finesse de l'analyse et la délicatesse du sentiment.

§ I, 6. *Iliade*, XXIII, 108. Cf. *Odyssée*, IV, 113.

§ I, 7. Parole d'Électre à son frère, dans l'*Oreste* d'Euripide, v. 234. Aristote cite le même vers à la fin du septième livre de la *Morale à Nicomaque* : « Dieu, dit-il, jouit éternellement d'une volupté simple et pure : car son activité ne s'exerce pas seulement dans le mouvement, elle subsiste également dans la plus parfaite immobilité, et la volupté est plutôt dans le repos que dans le mouvement. Mais notre imperfection est cause qu'*en tout le changement a des charmes*, comme dit le poëte ; car comme l'homme vicieux est inconstant, la nature elle-même a besoin de changement, parce qu'elle n'est ni simple ni vertueuse. » (Traduction de Thurot.)

§ I, 8. Pour ces proverbes et d'autres semblables, voyez la *Morale à Nicomaque*, IX, 7. Le proverbe ὡς αἰεὶ τὸν ὅμοιον est cité avec un léger changement par Théophraste, *Caractères*, XXIX, p. 155 de l'édition Coray.

§ I, 9. Ces vers d'Euripide se trouvent cités dans les *Problèmes*, XVIII, 6, et dans le *Gorgias*. Le scholiaste de Platon nous apprend qu'ils étaient tirés d'*Antiope*, tragédie perdue.

§ I, 10. Dans la *Poétique*, on ne trouve qu'une ou deux lignes sur le ridicule, à propos de la comédie.

LIVRE I, CHAP. XII, PAGES 107-115.

§ II, 1. Aristote cite pour exemple les Carthaginois, parce que la Grèce était loin de Carthage et avait peu de relations avec elle.

§ II, 2. Les Mysiens, peuple de l'Asie Mineure, passaient pour des hommes faibles et méprisables. Il fallait donc être bien lâche pour se laisser dépouiller par un Mysien. Cicéron, *Pro Flacco*, XXVII : *Quid porro in græco sermone tam tritum atque celebratum est, quam, si quis despicatui ducitur, ut Mysorum ultimus esse dicatur.* Harpocration et Ulpien font remonter ce proverbe à l'époque de Télèphe, et à l'extrême faiblesse où étaient tombés les Mysiens

pendant l'absence de ce prince. Démosthène cite ce proverbe dans le *Discours sur la couronne*. Voyez Érasme, *Adag.*, *Chil.* I, cent. 6, et les commentaires de Vettori, p. 224.

§ II, 3. L'Athénien Callippe se lia d'amitié avec Dion, pendant le séjour que celui-ci fit à Athènes, et il l'accompagna dans son expédition en Sicile. Il se brouilla ensuite avec lui, et par ses calomnies il le rendit suspect aux Syracusains et aux soldats mercenaires qui étaient à la solde de Dion. Pour plus de détails, voyez Plutarque, *Vie de Dion* et *De la Vengeance tardive des Dieux*. Voyez aussi Cornélius Népos, qui donne à Callippe le nom de Callistrate.

§ II, 4. Ænésidème, tyran de Léontium, menaçait l'indépendance de quelque ville voisine. Gélon, roi de Syracuse, le prévint en asservissant lui-même le peuple contre lequel allait marcher le tyran de Léontium. Ænésidème lui envoya alors le prix du cottabe, parce qu'il se reconnaissait vaincu en vigilance. Le jeu du cottabe, d'origine sicilienne, adopté par les Grecs, consistait à jeter de haut et avec bruit quelques gouttes de vin dans de petits vases placés sur de l'eau, et à les y faire enfoncer. Voyez Athénée, *Deipnos.*, XI et XV, et Pollux, *Onomastic.*, VI, 19. Casaubon, dans son commentaire sur Athénée, XV, I, p. 944, pense que le nom du peuple, soumis par Gélon, a disparu du texte d'Aristote, et qu'il faudrait ajouter τινάς après ἀνδραποδισαμένῳ. Cette correction me semble inutile.

§ II, 5. Plutarque rapporte ce mot de Jason dans ses *Préceptes sur l'administration de la république*, ch. 56.

LIVRE I, CHAP. XIII, PAGES 115-123.

§ I, 1. Sophocle, *Antigone*, v. 455, de l'édition Boissonade. Dans Sophocle, au lieu de ζῇ τοῦτο, on lit ζῇ ταῦτα. Aristote a changé le nombre pour mieux rattacher la citation au texte.

§ I, 2. Buhle écrit διά τ' ἀπλέτου αὐγῆς, *la lumière infinie*. J'ai suivi la leçon de Bekker, ἀπλέτου αὖ γῆς, qui me semble plus naturelle, et qui est confirmée d'ailleurs par un vieux manuscrit cité par Vettori, et par la traduction latine d'Ermolao Barbaro.

§ I, 3. Le discours messéniaque d'Alcidamas ne nous est point parvenu. Mais le scholiaste grec nous a conservé la phrase à laquelle Aristote fait allusion : Ἐλευθέρους ἀφῆκε πάντας ὁ Θεός, δοῦλον δ' οὐδένα ἡ φύσις πεποίηκε. Ruhnkenius, *Hist. crit. orat.*, p. 64, propose de lire Léodamas au lieu d'Alcidamas, mais sans paraître tenir beaucoup à sa correction. Il nous reste d'Alcidamas deux dissertations, dont une paraît dirigée contre Isocrate. Voyez Spengel, *Artium scriptores*, p. 174.

§ II, 4. Dans l'édition des Deux-Ponts, Buhle a mis αὐτόν au lieu de αὐτός, conjecture qui n'est justifiée ni par les manuscrits, ni par les éditions. Buhle semble ignorer que dans la langue grecque, le pronom, le nom, ou le mot qui en tient la place, se mettent au nominatif, quoique sujets de l'infinitif, toutes les fois qu'ils se rapportent à celui qui fait l'action. Il est vrai qu'il n'en est pas de même en latin.

§ III, 5. Aristote se souvenait peut-être de cette phrase de Thucydide : « Les Corinthiens, invités à s'en rapporter à un jugement au sujet d'Épidamne, ont mieux aimé venger leurs griefs par les armes que par la justice. » Προκληθέντες γὰρ περὶ Ἐπιδάμνου ἐς κρίσιν, πολέμῳ μᾶλλον ἢ τῷ ἴσῳ ἠβουλήθησαν τὰ ἐγκλήματα μετελθεῖν. (Thucydide, I, 34.)

LIVRE I, CHAP. XIV, PAGES 123-125.

§ I, 1. Callistrate et Mélanope étaient divisés par la politique. Sur les détails de l'accusation dont parle Aristote, consultez Plutarque, *Démosthène;* Ruhnkenius, *Hist. crit. orat. gr.*, p. 140, v. VIII des *Orat.* de Reiske, et le *Comment.* de Vettori, p. 244.

§ I, 2. Il est ici question de Sophocle l'orateur, qu'il ne faut pas confondre avec Sophocle le poëte tragique. L'orateur Sophocle fut un des dix magistrats élus avant les quatre cents ; il fut aussi un des trente. Voyez une de ses réponses citée par Aristote, *Rhét.*, III, 18.

§ II, 3. Sturmius remarque, à cette occasion, que le supplice de la roue, qui n'était connu qu'en Allemagne, fut, de son temps, établi en France. Page 139.

LIVRE I, CHAP. XV, PAGES 125-137.

§ I, 1. P. Faber, *De Magg. Rom.*, dans le *Novus thesaurus antiquit. Rom.* de Sallengre, tom. III, p. 1163 et suiv., a recueilli un certain nombre d'exemples de l'expression τὸ γνώμῃ τῇ ἀρίστῃ. C'est donc à tort que quelques éditeurs d'Aristote ont adopté la leçon τῇ γνώμῃ τῇ ἀρίστῃ, que Bekker a repoussée avec juste raison.

§ I, 2. Sophocle, *Antigone*, vers 454 et 456 de l'édition de Boissonade. J'ai ajouté la traduction du vers suivant à la citation d'Aristote afin de rendre le sens complet.

§ II, 3. Quintilien rapporte ainsi le fait : *Neque est ignobile exemplum Megareos ab Atheniensibus, cum de Salamine contenderent, victos Homeri versu, qui tamen ipse non in omni editione reperiretur, significans, Ajacem naves suas Atheniensibus junxisse.* Inst. Orat., V, 11. Diogène Laërce (*Vie de Solon*, p. 17 de l'édit. d'Henri Estienne) rapporte comme un fait reconnu, que le législateur d'Athènes avait ajouté au dénombrement des vaisseaux d'Ajax de Salamine le vers suivant qui est le 557ᵉ du deuxième chant de l'*Iliade* :

Στῆσε δ' ἄγων ἵν' Ἀθηναίων ἵσταντο φάλαγγες.

Les Athéniens concluaient de ce vers qu'au temps de la guerre de Troie Salamine était une dépendance d'Athènes.

§ II, 4. Périandre, un des sept sages de la Grèce, avait composé un poëme intitulé : Ὑποθῆκαι, *Préceptes*, qui est cité par Diogène Laërce (p. 37 de l'édit. déjà citée). Ce poëme avait deux mille vers.

§ II, 5. Critias, l'un des trente tyrans, avait été disciple de Socrate, avec qui il se brouilla plus tard. Thrasybule s'étant emparé du Pirée, Critias alla l'attaquer, et mourut en combattant avec une valeur digne d'une meilleure cause. Quant à Cléophon, on peut voir ce qu'en dit Ruhnkenius, *Hist. crit. orat. gr.*, VIII, p. 128 des *Orat.* de Reiske. On y trouvera réunis les témoignages d'Isocrate, d'Eschine et de Lysias.

§ II, 6. Voyez Hérodote, liv. VII, 141, édit. de Wesseling.

§ II, 7. Sturmius commente ainsi cet odieux proverbe : La vieillesse n'a pas longtemps à vivre, donc elle ne peut longtemps reconnaître le bienfait ; elle est avare, donc elle n'est pas généreuse; elle est oublieuse, donc elle perd la mémoire du bienfait; enfin elle est soupçonneuse, parce qu'elle a souvent éprouvé la malice des hommes, p. 145.

§ II, 8. Hérodote, I, 155, rapporte que Cyrus, ayant appris la défection des Lydiens, dit à Crésus : « Il me semble que je suis dans la position de celui qui, ayant tué le père, aurait épargné les enfants. » Philippe, père de Persée, roi de Macédoine, avait souvent ces mêmes paroles à la bouche. Voyez Tite Live, XL, 3.

§ II, 9. Il est probablement question ici de Platon, le poëte comique. Valckenaer trouvait dans la citation d'Eubulus la fin d'un vers iambique; il suffit de supprimer la préposition ἐν; on a ainsi ἐπιδέδωκεν τῇ πόλει. Eubulus, du bourg d'Anaphlyste, fut le rival de Démosthène, contre lequel il plaida souvent. Ce fut lui qui proposa et fit rendre le décret qui défendait d'appliquer à aucun autre objet les fonds destinés aux théâtres, décret funeste, que Démosthène attaqua dans sa première *Olynthienne*.

§ IV, 10. M. Havet signale ce qu'Aristote dit des tortures « comme le passage le plus honteux et le plus déplorable de la *Rhétorique*. » Il approuve l'un des Estienne, Robert III, qui donna, en 1624, une traduction des deux premiers livres de la *Rhétorique*, d'avoir ajouté au texte une réfutation énergique de la preuve qu'on pourrait tirer des tortures. Voici ce passage, imprimé en caractères italiques, p. 86 *verso* et 87 *recto* :

« Mais si d'aventure elles nous sont contraires et tournent au profict de notre adversaire, nous aurons moyen de les dissoudre et d'infirmer leur force ; et parler en général contre les questions et tortures : comme serait de remonstrer, que ceux qui se sentent contraincts et violentez ne disent et ne confessent pas moins les choses faulses que les vrayes : car il arrive aucunes fois qu'ils endurent constamment la rigueur des tourments, pour ne point découvrir la vérité : comme aussi quelquefois ils mentent facilement, afin d'estre plus soudainement délivrez de la gesne. Et faut alléguer à ce propos tous les exemples des choses ainsi arrivées, et

parvenues à la cognoissance des juges. *Or ce qu'il convient proposer c'est, que les témoignages tirés des tortures ne sont point certains ny véritables; attendu que parfois il se trouve des hommes forts et robustes, lesquels ayant la peau dure comme pierre et le courage fort et puissant, endurent et supportent constamment la rigueur de la gesne; au lieu que les hommes timides et appréhensifs, avant que d'avoir veu les tortures, demeurent incontinant esperdus et troublez. Tellement qu'il n'y a point de certitude aux témoignages tirez des tortures.* »

M. Havet ajoute : « On aime à voir ce Français, qui prend tout à coup la parole, pour dire à sa manière ce que l'auteur grec n'a pas dit assez fortement à son gré, et pour mieux enfoncer la vérité, au moyen de ses expressions familières et vives, dans la tête de ses concitoyens. » (*Étude sur la Rhét. d'Arist.*, p. 71.)

Rétablissons les faits. La protestation de Robert Estienne est tout simplement la traduction d'un texte grec, qui ne se trouve pas dans l'édition des Aldes, mais qu'on peut lire dans la seconde édition de Venise et dans celles de Camotius, de Spire, de Majoragius. Vettori n'a pas admis ce texte, parce qu'il s'y trouve quelques expressions qui ne lui semblent pas appartenir à la langue d'Aristote, comme, par exemple, λιθόδερμος et ταῖς ψυχαῖς ὄντες δυνατοί. Ce passage est probablement une annotation très ancienne qui s'est introduite dans le texte. On en trouve la traduction dans une excellente paraphrase italienne de la *Rhétorique*, donnée à Venise, en 1571, par Alexandro Piccolomini, p. 103. Le seul mérite de Robert Estienne est donc d'avoir inséré dans sa traduction un passage déjà connu, mais supprimé par Vettori, comme apocryphe.

M. Havet d'ailleurs, qui a toujours tant de goût et tant de mesure, ne se laisse-t-il pas entraîner par la générosité de son caractère, quand il flétrit avec tant de force l'indifférence d'Aristote relativement aux tortures? Aristote se défend lui-même, en détaillant les raisons qu'on peut faire valoir contre cette espèce de preuve, tandis qu'il ne fait qu'indiquer rapidement ce qu'on peut dire pour la faire admettre. De plus, Aristote, vivant dans un temps où l'esclavage était regardé comme un droit naturel, ne pouvait avoir sur la dignité de l'homme les idées vraies et justes que l'Évangile nous a données.

LIVRE II, CHAP. 1, PAGES 139-143.

§ I, 1. *Ita ratio omnis dicendi tribus ad persuadendum rebus est nixa : ut probemus vera esse ea, quæ defendimus; ut conciliemus nobis eos, qui audiunt; ut animos eorum, ad quemcumque causa postulabit motum, vocemus.* Cicéron, Dialogues sur l'orateur, livre II, ch. 27.

§ I, 2. Ἀπαθεῖ pour ἀπειθεῖ est une heureuse correction de Vettori.

§ III, 3. Cette définition des passions se trouve aussi dans la Morale à Nicomaque, II, 4, et dans la Morale à Eudème, II, 2. Aristote semble avoir été embarrassé pour trouver le genre prochain auquel il devait rattacher les passions, et il ne les a définies que par un seul des deux éléments de toute définition régulière, la différence spécifique. Le mot πάθος a une signification très étendue dans la langue d'Aristote; il est quelquefois synonyme de δύναμις, de ἕξις, et il semble même avoir dans certaines circonstances la signification de ποιότης, *qualité*. Aristote, considérant les passions au point de vue de l'éloquence, n'était pas tenu à toute la rigueur du langage psychologique. Aussi dans la définition de la colère, ch. II, et de l'amour, ch. IV, emploie-t-il les mots ἡ ὄρεξις et τὸ βούλεσθαι pour désigner le genre prochain, quoique ces mots ne conviennent guère pour exprimer les phénomènes de la sensibilité, dont le caractère le plus important, ainsi qu'Aristote le remarque des passions, est qu'ils sont accompagnés de plaisir ou de douleur. Πάθος, *passion*, est donc quelquefois employé pour δύναμις, *faculté*, et ἕξις, *habitude*; mais ces deux derniers mots ne peuvent être mis à la place de πάθος, lorsque celui-ci désigne une affection de l'âme accompagnée de douleur et de plaisir.

LIVRE II, CHAP. II, PAGES 143-153.

§ I, 1. Aristote semble tirer le genre prochain de sa définition de la chose définie elle-même, car ὀργή et ὄρεξις ont une racine commune qui sert aussi à former le verbe ὀρέγεσθαι.

§ I, 2. Toutes les éditions anciennes portent la leçon τὴν ἀπὸ τῆς ἐλπίδος. Schrader le premier a écrit ὑπὸ au lieu de ἀπό. Bekker a rétabli l'ancienne leçon, qui est préférable, car l'espoir de se venger est la source du plaisir qui accompagne la colère.

§ I, 3. Homère, *Iliade*, ch. XVIII, vv. 109 et 110. Ce dernier se termine par une seconde comparaison, ἠΰτε καπνός, comme la fumée.

§ II, 4. Homère, *Iliade*, I, 356.

§ II, 5. Homère, *Iliade*, IX, 648.

§ II, 6. Homère, *Iliade*, II, 196. Le poëte a employé le singulier, διοτρεφέος βασιλῆος; mais cette sentence étant devenue proverbe, le pluriel a prévalu.

§ II, 7. Homère, *Iliade*, I, 82.

§ IV, 8. Plexippe était frère d'Althée, mère de Méléagre. Celui-ci, ayant tué le sanglier de Calydon, donna la hure à Atalante, fille du roi d'Arcadie. Plexippe et Toxée, son frère, irrités de n'avoir pas obtenu eux-mêmes cette marque d'honneur, cherchèrent querelle à Méléagre, qui tua ses deux oncles. La tragédie d'Antiphon ne nous est pas parvenue. Athénée en fait mention, *Deipnos.*, lib. XV, p. 673 de l'édition de Casaubon. Il ne faut pas confondre le poëte Antiphon avec l'orateur de ce nom. Le poëte avait composé plusieurs tragédies, entre autres *Andromaque* et *Plexippe*. Aristote parle d'Antiphon en plusieurs endroits de sa *Poétique*, chap. 9, 14, 18. Il cite une anecdote relative à sa mort, *Rhétor.*, liv. II, chap. 6, *in fine*.

§ IV, 9. Le scholiaste cite pour exemple un homme qui en appellerait un autre Théodore au lieu de Dorothée.

LIVRE II, CHAP. III, PAGES 153-159.

§ I, 1. Robert Estienne traduit ἠρέμησις par *accoisement*, vieux mot que je regrette de n'avoir pu employer, parce qu'il n'a pas été conservé par l'Académie.

§ I, 2. Pline fait une remarque semblable à propos du lion : *Leoni tantum ex feris clementia in supplices : prostratis parcit, et*

ubi sævit, in viros priusquam in feminas fremit, in infantes non nisi magna fame. VIII, 19, 1.

§ I, 3. Toute la phrase, ὅλως δ' ἐκ τῶν ἐναντίων δεῖ σκοπεῖν τὰ πραϋντικά, qui interrompt si maladroitement l'énumération d'Aristote, me semble une interpolation des copistes.

§ II, 4. Démosthène parle souvent de Philocrate dans le discours de *la fausse ambassade*.

§ II, 5. Callisthène est assez connu. Quant à Ergophile, voici ce qu'en dit le scholiaste : Ὁ Ἐργόφιλος προδότης γέγονε τοῦ στρατοῦ τῶν Ἀθηναίων. Ces deux généraux furent mis en jugement.

§ II, 6. Ἐλεῶσιν pour ἔλωσι est une correction de Bekker, justifiée par le sens du passage.

§ II, 7. Homère, *Odyssée*, IX, 504.

§ II, 8. Homère, *Iliade*, XXIV, 54.

LIVRE II, CHAP. IV, PAGES 159-167.

§ II, 1. Proverbe tiré du poëme *des Travaux et des Jours* d'Hésiode, v. 25. Le vers entier est :

Καὶ κεραμεὺς κεραμεῖ κοτέει, καὶ τέκτονι τέκτων.

LIVRE II, CHAP. V, PAGES 167-175.

§ I, 1. Remarquez avec quel soin Aristote emploie les mots abstraits pour désigner un tyran. Il craignait sans doute d'offenser Philippe ou Alexandre. C'est pour le même motif que dans sa *Politique*, il met la royauté et la monarchie au-dessus même de l'aristocratie, quoique cette dernière forme de gouvernement soit pour lui le gouvernement le plus digne.

§ I, 2. Réflexion bien triste, et dont nous aimerions à contester la vérité, malgré La Rochefoucauld.

LIVRE II, CHAP. VI, PAGES 175-183.

§ I, 1. C'est le reproche qu'Eschine adressa un jour à Démo-

sthène. Celui qui avait jeté son bouclier ne pouvait parler au peuple (Eschine, *Harangue contre Timarque*.) La devise du bouclier de Démosthène était *Bonne fortune* (Plutarque, *Vie de Démosthène*, XI.)

§ I, 2. Voyez les *Adages* d'Érasme, Chil. I, cent. 9. On appliquait aussi ce proverbe à ceux qui recevaient une rançon des parents pour rendre le corps des ennemis morts sur le champ de bataille. V. Virgile, *Énéide*, IX et X.

§ III, 3. Ruhnkenius (*Hist. crit. orat. gr.*, vol. VIII, Orat. Reisk., p. 150) pense qu'il faut lire Ὑπερίδου au lieu de Εὐριπίδου. En effet, c'est l'orateur Hypéride, et non Euripide, qui fut chargé de diverses ambassades pour la république d'Athènes. Néanmoins le scholiaste a lu Euripide, et voici l'anecdote qu'il raconte à ce sujet : « Euripide ayant été envoyé en ambassade auprès des Syracusains, pour faire la paix et contracter alliance avec eux, ceux-ci repoussèrent ces propositions. Euripide leur dit alors : « Quand vous n'auriez d'autre motif pour éprouver quelque honte en repoussant ces propositions, que la haute estime que nous vous témoignons, vous devriez en éprouver du moins par cette considération que c'est la première fois que nous nous adressons à vous. » On ne sait d'où le scholiaste a tiré cette anecdote.

§ III, 4. Démocrite disait : Le langage est l'ombre de la conduite, λόγος ἔργου σκιή.

§ III, 5. Sur la marge de l'édition de Venise et de celle d'Isingrinus, on lit : τὰ πρὸς τὴν δόξαν μόνον, celles qui ne sont condamnées que par l'opinion. Quoique cette leçon convienne très bien au sens général du passage, Vettori défend la leçon ordinaire par de très bonnes raisons. (*Comment.*, p. 347.)

§ IV, 6. Les Samiens, vaincus par Périclès, se soumirent aux conditions les plus dures (Thucydide, I, 117). Strabon, livre XIV, nous apprend que les Athéniens envoyèrent dans l'île une colonie de deux mille hommes, au nombre desquels se trouvait le père d'Épicure (Diogène Laërce, *Vie d'Épicure*). Ce partage des terres des Samiens fut regardé comme honteux pour Athènes, puisque Iocrate essaye, dans son *Panégyrique*, de justifier ses concitoyens

L'orateur Cydias, qui prononça un discours contre cette confiscation, vivait dans la CVII⁰ olympiade. Voy. Ruhnkenius. *Hist. crit. orat. gr.*, vol. VIII, Orat. Reiskii, p. 153; Vettori, *Comment.*, p. 348, et Schrader, *Comment.*, p. 283. Madame de Staël a dit en parlant des Grecs : « Les Grecs étaient peu nombreux, mais l'univers les regardait. Ils réunissaient le double avantage des petits États et des grands théâtres... Ce qu'ils disaient entre eux retentissait dans le monde. » *De la Littérature*, c. I.

§ IV, 7. Il a déjà été question d'Antiphon au chap. II du deuxième livre. Denys le Tyran lui ayant demandé dans un repas quel était, suivant lui, l'airain le plus précieux : « C'est celui, répondit Antiphon, qui a servi à faire les statues élevées en l'honneur d'Harmodius et d'Aristogiton. » Cette noble réponse fut la cause de sa mort.

LIVRE II, CHAP. VII, PAGES 183-187.

§ I, 1. Le mot χάρις a la double signification de *bienfaisance*, et de *bienfait*, comme on le voit dans cette phrase, si toutefois la leçon est bonne, et si χάριν n'est pas une scholie. Car outre qu'il ne convient pas de répéter dans la définition le mot qu'on définit, le verbe ὑπουργεῖν, employé d'une manière absolue et sans complément, signifie *aider, venir en aide à quelqu'un*.

§ I, 2. Le mot φορμός signifie *natte* ou *cabas*. On ne connaît pas l'histoire à laquelle Aristote fait allusion. Le scholiaste conjecture qu'un homme ayant été enfermé dans le Lycée, on vint à son aide en lui jetant un cabas au bout d'une corde.

§ II, 3. C'est ainsi que Démosthène soutenait que Philippe devait rendre, ἀποδοῦναι, et non pas donner, δοῦναι, Halonèse aux Athéniens.

LIVRE II, CHAP. VIII, PAGES 187-193.

§ I, 1. *Non ignara mali miseris succurrere disco* (Virgile, *Énéide*, I, 630).

§ II. 2. On ne sait quel est le Diopithe dont il est ici question.

CHAP. VIII, PAGES 187-193. 421

Un devin de ce nom, qui jouissait d'une grande autorité, a été mentionné par Aristophane, dans *les Chevaliers*, v. 1086, dans *les Guêpes*, v. 394, et dans *les Oiseaux*, v. 984. Voyez, dans ces différents passages, les détails donnés par le scholiaste. Plutarque en parle aussi dans sa *Vie de Lysandre*. Un autre Diopithe, dont Démosthène fait mention dans la troisième *Philippique*, était général des troupes athéniennes. Il avait proposé une loi d'après laquelle tout citoyen qui passerait la nuit dans le Pirée devait être sévèrement puni. Il fut le premier à violer involontairement la loi qu'il avait proposée, et il fut envoyé en exil. Le roi de Perse lui envoya des présents qui arrivèrent trop tard. C'est une explication probable, mais non certaine.

§ III, 3. Hérodote, III, 14, attribue à Psamménite ce qu'Aristote raconte d'Amasis. Notre auteur a-t-il manqué de mémoire, ou suivi une autorité autre que celle d'Hérodote ?

LIVRE II, CHAP. IX, PAGES 193-199.

§ I, 1. Cicéron, lorsqu'il traite du genre judiciaire dans les *Partitions*, oppose à la pitié, *misericordiæ*, la dureté, *sævitiam*, qu'ailleurs il appelle sévérité, *severitatem*. Mais Cicéron, en sa qualité d'orateur, parle de l'indignation des bons et des mauvais. La dureté devient cruauté chez les méchants, indignation chez les bons. Aristote oppose l'espèce à l'espèce ; il ne parle pas de la compassion en général, mais seulement de celle qu'éprouvent les hommes vertueux, à laquelle il oppose l'indignation, dont il fait une passion essentiellement honnête.

§ I, 2. Remarquez dans cette phrase la figure que les rhéteurs appellent *anacolouthe*. Après avoir mis πατρολαίας et μιαιφόνους à l'accusatif, l'auteur interrompt brusquement la construction, et il met le verbe au passif. Quelques éditions mettent la préposition διὰ devant les deux accusatifs, ce qui est inutile.

§ II, 3. Aristote distingue trois sortes de biens, ceux de l'âme, ceux de la fortune et ceux du corps. Il remarque avec raison que l'indignation ne peut naître qu'à l'occasion des biens de la fortune ou de ceux du corps, mais non à l'occasion des biens de l'âme, des biens que nous donne l'exercice de la vertu.

§ II, 4. Il est ici question du troyen Cébrion (Homère, *Iliade*, XI, 520-43). Le second vers, cité par Aristote, ne se trouve pas dans les éditions d'Homère, mais on le trouve dans la *Vie d'Homère*, attribuée à Plutarque.

LIVRE II, CHAP. X, PAGES 199-203.

§ III, 1. On ne sait à quel poëte appartient ce vers. Le scholiaste l'attribue à Eschyle.

§ III, 2. *Pascitur in vivis livor, post fata quiescit.*
(Ovide, *Amor.*, I, 15, 39.)

§ III, 3. Proverbe déjà cité, tiré d'Hésiode.

LIVRE II, CHAP. XI, PAGES 203-207.

§ I, 1. Muret soupçonne avec raison qu'il y a une petite lacune après les mots ὧν μὴ ἔχουσιν. Il propose de suppléer l'incise suivante, qu'il a peut-être trouvée dans un manuscrit, ἐνδεχόμενον αὐτοῖς λαβεῖν, *quand il leur est possible de les acquérir.* Il est certain que le sens est ainsi plus clair et plus complet. Ces mots d'ailleurs se trouvent dans la définition, quelques lignes plus haut.

LIVRE II, CHAP. XII, PAGES 207-211.

§ II, 1. M. Villemain a traduit la description des mœurs de la jeunesse dans ses *Souvenirs contemporains d'histoire et de littérature*, vol. I, p. 393 et suiv. On peut voir combien j'ai profité de cette traduction élégante et fidèle, qui reproduit, dans un style énergique et facile, toute la finesse des analyses d'Aristote.

§ II, 2. Adraste invitait Amphiaraüs à le suivre à la guerre de Thèbes. Celui-ci refusait. Il était devin, et il prévoyait qu'il devait mourir dans cette guerre. Alors Adraste envoya des cadeaux précieux à la femme d'Amphiaraüs, pour la mettre dans ses intérêts. Adraste les renvoya, ce qui fit dire plus tard à Pittacus :

Σὺ δ' οὔπω χρυσῶν ἔρωτες ἐγεύσω·
Ἦ γὰρ ἂν χεῖρας εἶχες ἑτοίμους λαβεῖν.

CHAP. XII, PAGES 207-211.

§ II, 3. Bossuet a imité et surpassé Aristote dans cette peinture de la jeunesse ; « Vous dirai-je en ce lieu ce que c'est qu'un jeune homme de vingt-deux ans? Quelle ardeur, quelle impatience, quelle impétuosité de désirs! Cette force, cette vigueur, ce sang chaud et bouillant, semblable à un vin fumeux, ne leur permet rien de rassis et de modéré. » (*Panégyrique de saint Bernard.*) On peut aussi rapprocher de la comparaison d'Aristote ce qu'Horace dit de l'ivresse : *Ebrietas... spes jubet esse ratas.* Épît. I, 5, v. 16 et 17.

§ II, 4. M. Havet cite ici l'énergique traduction de Robert Estienne : « Le jeune homme a l'âme élevée, *pour ce qu'il n'a point encores esté ravalé par les misères de la vie.* Il y a, dans toute cette traduction d'Estienne, une saveur, une énergie, qu'on ne retrouve plus dans la délicatesse polie de notre langue.

§ II, 5. « Comme elle se sent forte et vigoureuse, elle bannit la crainte et tend les voiles de toutes parts à l'espérance qui l'enfle et qui la conduit. » (Bossuet, *Panégyrique de saint Bernard.*)

§ II, 6. La maxime de Chilon était, μηδὲν ἄγαν, *rien de trop*.

LIVRE II, CHAP. XIII, PAGES 211-215.

§ I, 1. Bias de Priène, un des sept sages, vivait au temps de Crésus. Dans le *Traité de l'Amitié*, XVI, Cicéron nous fait connaître la pensée de Scipion sur la maxime du philosophe grec : *Negabat (Scipio) ullam vocem inimiciorem amicitiæ potuisse reperiri, quam ejus, qui dixisset, ita amare oportere, ut si aliquando esset osurus. Nec vero se adduci posse, ut hoc, quemadmodum putaretur, à Biante esse dictum crederet, qui sapiens habitus esset unus e septem.*

LIVRE II, CHAP. XIV, PAGES 215-217.

§ I, 1. Il ne faut pas s'étonner si Aristote fixe précisément à la quarante-neuvième année le moment où l'esprit de l'homme est dans toute sa force. La quarante-neuvième année est une année climatérique, le nombre quarante-neuf étant un multiple de sept.

LIVRE II, CHAP. XV, PAGE 217.

§ I, 1. Bossuet a traduit cette phrase presque littéralement : « Surtout, les personnes de condition, qui, étant élevées dans un certain esprit de grandeur, et bâtissant toujours sur les honneurs de leur maison et de leurs ancêtres, se persuadent facilement qu'il n'y a rien à quoi ils ne puissent atteindre. » (*Panégyrique de saint Bernard.*)

§ I, 2. Massillon a dit : « Souvent l'époque glorieuse d'une race devient bientôt après elle-même, sous un indigne héritier, le signal de sa décadence et son opprobre. Les exemples, là-dessus, sont de toutes les nations et de tous les siècles. » (*Petit Carême*, sermon sur les tentations des grands, première partie.)

LIVRE II, CHAP. XVI, PAGES 217-219.

§ I, 1. Le scholiaste définit σαλάκωνες par ces mots : ὑπερβολὴ τῆς μεγαλοπρεπείας. Hesychius, d'après Théophraste, donne à peu près le même sens, δαπανῶν ὅπου μὴ δεῖ. Quant à σόλοικοι, qu'on trouve deux lignes plus bas, il se dit des extravagants qui font de grandes dépenses pour satisfaire de folles fantaisies. En parlant du langage, ce mot signifie incorrect, fautif. Il semble venir de Σόλοι, Soles, colonie athénienne en Cilicie, où l'on parlait un mauvais patois, un grec corrompu et barbare.

§ I, 2. Platon, au commencement du sixième livre de la *République*, cite le mot de Simonide pour le réfuter. Aristippe de Cyrène interprétait dignement la réponse de Simonide. « Pourquoi, lui dit un jour Denys, voit-on les philosophes faire la cour aux riches, et ne voit-on pas les riches la faire aux philosophes ? — C'est que ceux-ci, répondit-il, savent de qui ils ont besoin, et que les autres ignorent ceux qui leur sont nécessaires. » (Diogène Laërce, *Vie d'Aristippe.*)

LIVRE II, CHAP. XVII, PAGES 219-221.

§ I, 1. Il y a deux espèces de gravité : celle qu'inspire la pratique de la vertu ; c'est la dignité, σεμνότης ; et celle qu'inspirent la

haute position qu'on occupe, les honneurs dont on est revêtu : c'est la gravité proprement dite, βαρύτης.

LIVRE II, CHAP. XVIII, PAGES 221-225.

§ II, 1. Gorgias distinguait à peine l'éloquence de l'amplification. « Il écrivit sur différents sujets des morceaux consacrés à l'éloge ou au blâme ; car, selon lui, le plus beau privilège de l'orateur était de pouvoir, en louant ou en blâmant, élever et abaisser tour à tour une même chose ; *quod judicaret hoc oratoris esse maxime proprium, rem augere posse laudando, vituperandoque rursus affligere.* » (Cicéron, *Brutus*, cap. XII.)

LIVRE II, CHAP. XIX, PAGES 225-231.

§ I, 1. Aristote emploie cette restriction, δόξειεν ἄν, parce qu'il considère les contraires dans le général et non dans l'espèce. Si l'homme en général peut être malade, il peut aussi recouvrer la santé ; mais s'il est possible que Platon soit malade, il est aussi possible qu'il ne puisse pas recouvrer la santé. Ce qui est possible en général peut donc ne pas être possible dans l'espèce ; de là cette formule dubitative, δόξειεν ἄν.

§ I, 2. Philippe pouvait s'emparer de l'Eubée ; mais peut-être il ne lui aurait pas été possible de s'emparer de la Grèce entière. De ce que la partie était possible pour lui, il ne s'ensuivait pas que le tout le fût. Voilà pourquoi Aristote, toujours si exact, ajoute ὡς ἐπὶ τὸ πολύ.

§ I, 3. Aristote parle souvent d'Agathon dans sa *Poétique*, 9, 14, 17. Platon en fait mention dans le *Protagoras*. Quoique disciple de Platon, il se distingua dans la poésie tragique. Aristote cite dans sa *Morale*, VI, 4, un passage d'Agathon, qui se rapporte à celui-ci :

Τέχνη τύχην ἐστερξε καὶ τύχη τέχνην.

§ I, 4. Voyez le fragment du discours d'Isocrate pour Nicias contre Euthynus, et surtout le § 19, dans l'*Isocrate* de la collection Didot, p. 281.

LIVRE II, CHAP. XX, PAGES 231-235.

§ II, 1. Aphthonius et son ancien interprète parlent des différents noms des fables. On sait combien les fables milésiennes furent célèbres dans l'antiquité. Dion Chrysostôme parle des fables libyques dans son quatrième discours intitulé *sur la royauté*, et dans son cinquième, *Diogène*.

§ II, 2. Bentley soupçonne ici une interpolation, parce que, dans le quarante-deuxième récit de Conon, il est question de Gélon, et non de Phalaris. Les marbres d'Arundel d'ailleurs font vivre Stésichore au temps de Gélon. Mais Bentley lui-même cite un grand nombre d'auteurs anciens pour établir que Stésichore a vécu quelque temps avant l'époque fixée par les marbres d'Arundel. C'est donc contre Phalaris que le poëte peut avoir imaginé la fable de l'homme et du cheval. (Bentley, *Opuscules philologiques*, édition de Leipzig, p. 168 et suivantes.)

§ II, 3. Théophile, surnommé Corydalleus, écrivain qui vivait à Constantinople, au commencement du dix-septième siècle, a transcrit cette fable d'Ésope dans son *Exposition de la Rhétorique*, ouvrage que Fabricius a inséré dans le tome XIII de sa *Bibliothèque grecque*.

LIVRE II, CHAP. XXI, PAGES 235-243.

§ I, 1. Euripide, *Médée*, v. 294, 95. Dans les deux vers suivants, au lieu de ἀστῶν, les anciennes éditions ont ἀνδρῶν. Mais ἀστῶν se trouve dans Euripide, dans les manuscrits et dans le scholiaste.

§ I, 2. Ce vers est tiré d'une tragédie perdue d'Euripide, intitulée *Sténobée*. Aristophane le cite dans ses *Grenouilles*, en le mettant dans la bouche d'Euripide. Voici en entier la sentence du poëte tragique :

Οὐκ ἔστιν, ὅστις πάντ' ἀνὴρ εὐδαιμονεῖ·
Ἢ γὰρ πεφυκὼς ἐσθλὸς οὐκ ἔχει βίον,
Ἢ δυσγενὴς ὢν πλουσίαν ἄροι πλάκα.

§ I, 3. Euripide, *Hécube*, v. 804, 805.

§ II, 4. Vers de Simonide. (Saint Clément d'Alexandrie nous a conservé le passage entier :

> Ὑγιαίνειν μὲν ἄριστον ἀνδρὶ θνητῷ,
> Δεύτερον δὲ, φυὰν καλὸν γενέσθαι,
> Τὸ τρίτον δὲ, πλουτεῖν ἀδόλως,
> Καὶ τὸ τέταρτον, συνηβᾶν μετὰ τῶν φίλων.

D'après le scholiaste, le vers cité par Aristote était attribué par les uns à Simonide, et par les autres à Épicharme.

§ II, 5. Euripide, *Troyennes*, v. 1050. Le même vers est cité dans la *Morale à Eudéme*, VII, 2. Dans les éditions d'Euripide, on lit οὐκ ἔστ' ἐραστής.

§ II, 6. L'auteur de cette sentence est inconnu.

§ II, 7. Horace a dit : *Quid æternis minorem consiliis animum fatigas?* Od., II, 11.

§ III, 8. Stésichore employa ce tour énigmatique pour empêcher les Locriens de chercher une mauvaise querelle à leurs voisins. Le sens de ses paroles était que leurs terres seraient ravagées, les arbres coupés, et que les cigales ne trouvant plus de branches pour se reposer, seraient forcées de chanter à terre. Aristote remarque, dans son *Histoire des animaux*, V, 30, qu'il n'y a pas de cigales dans les pays qui n'ont pas d'arbres. Démétrius de Phalères (Περὶ Ἑρμηνείας, p. 95) cite le mot de Stésichore, en l'attribuant à Denys de Syracuse.

§ III, 9. Homère, *Iliade*, XII, 243. Nous trouvons dans Cicéron une parole semblable à celle que prononce Hector. *Quintus Fabius Maximus, augur cum esset, dicere ausus est : optimis auspiciis ea geri, quæ pro reipublicæ salute gererentur; quæ contra rempublicam fierent, contra auspicia fieri.* (*De la Vieillesse*, IV.)

§ III, 10. Parole d'Hector (Homère, *Iliade*, XVIII, 309).

§ III, 11. Saint Clément d'Alexandrie attribue ce vers à un ancien poëte épique nommé Stasinus. Euripide a développé la même idée :

> Καὶ γὰρ ἄνοια μεγάλη λείπειν
> Ἐχθροὺς ἐχθρῶν, ἐξὸν κτείνειν,
> Καὶ φόβον οἴκων ἀφελέσθαι.
>
> (*Andromaque*, v. 517 et sqq.)

§ III, 12. Ce qui signifiait chez les Grecs, mauvais voisin. Ce proverbe commença à courir lorsque les Athéniens, arrivés à Samos, en bannirent les anciens habitants. On peut comparer à ce proverbe un passage d'Éginhart (*Vita Caroli Magni*, XVI, *sub fine*) : *Erat semper Romanis et Græcis Francorum suspecta potentia, unde et illud græcum exstat proverbium* : Τὸν Φράγκον φίλον ἔχῃς, γείτονα οὐκ ἔχῃς.

LIVRE II, CHAP. XXII, PAGES 243-249.

§ I, 1. Allusion à un passage d'Euripide :

Οἱ γὰρ ἐν σοφοῖς
Φαῦλοι παρ' ὄχλῳ μουσικώτεροι λέγειν.
(*Hippolyte*, v. 994-95, édition Zimmermann.)

« Ceux que les sages méprisent parlent à la foule un langage plus harmonieux. » Paroles d'Hippolyte à son père Thésée. Plutarque les cite, *Sur l'éducation des enfants*, XVI, et Amyot les traduit ainsi :

> Langue je n'ai diserte et affilée
> Pour haranguer devant une assemblée :
> Mais en petit nombre de mes égaux,
> C'est là où plus à deviser je vaux :
> Car qui sçait mieulx au gré d'un peuple dire,
> Est bien souvent entre sages le pire.

§ II, 2. Voyez le *Panégyrique* d'Isocrate.

§ II, 3. Sur la conduite des Athéniens contre ces deux peuples, voyez Thucydide, liv. II, et Diodore de Sicile, liv. XII.

§ II, 4. Il est ici question de la doctrine des topiques en général, et non des livres où Aristote l'a développée. Voyez cependant ce que notre auteur dit dans les *Topiques*, I, 12, 13 et 14.

§ II, 5. Fils de Neptune, tué par Achille. Voyez Pindare, *Olympiques*, II, v. 147, édition Boissonnade, et Ovide, *Métamorphoses*, XII.

LIVRE II, CHAP. XXIII, PAGES 249-273.

§ I. 1. Le *Messéniaque* est un discours d'Alcidamas d'Élée, disciple de Gorgias. Aristote le cite, *Rhét.*, I, 13. Le scholiaste dit qu'Alcidamas était de Lacédémone, et que cependant il soutenait la cause des Messéniens.

§ I, 2. Le scholiaste attribue ces vers à Euripide ; mais les trois derniers ne sont pas la suite des premiers.

§ II, 3. Aristote appelle *cas semblables* ou *termes conjugués* les mots qui, ayant la même racine, ne diffèrent que par la terminaison, comme *juste, justice, justement*. Les choses que ces mots désignent sont appelées paronymes dans la prothéorie des *Catégories*.

§ III, 4. Théodecte, orateur et poëte tragique, remporta treize fois le prix de la tragédie. Il était de la ville de Phasélis en Lycie.

§ III, 5. Nicanor fut, après la mort d'Alexandre, gouverneur d'une partie de la Macédoine. Il voulut subjuguer la Grèce, mais il fut tué par ses parents. Il paraît que, dans une de ses ambassades, Démosthène avait eu des relations avec les assassins de Nicanor. L'orateur Hypéride avait intenté une accusation contre Démosthène. L'orateur Dinarque parle aussi des rapports de Démosthène avec Nicanor.

§ III, 6. Il s'agit d'Euphron, exilé thébain, tué par ses compatriotes, au moment où il essayait de s'emparer du pouvoir à Thèbes (Xénophon, *Helléniques*, VII, p. 630, édit. *Leunclav*).

§ IV, 7. Ces vers sont tirés d'une tragédie perdue d'Euripide, intitulée *Méléagre*. Ils sont adressés par Œnée lui-même, ou par un autre personnage, à Althée, pour la consoler de la mort de Toxée et de Plexippe, ses frères. Ovide a presque traduit ces deux vers :

>   *An felix Œneus nato victore fruetur ?*
>   *Thestius orbus erit ? melius lugebitis ambo.*
>   (*Métam.*, VIII, 42, 43.)

Thestius était père d'Althée, et des deux princes tués par Méléagre.

§ IV, 8. Thésée avait enlevé Hélène avant que Pâris ne le fît. Castor et Pollux, frères d'Hélène, avaient enlevé Phœbé et Élaïre, filles de Leucippe.

§ V, 9. Le discours d'Iphicrate, aujourd'hui perdu, était intitulé Περὶ τῆς Ἰφικράτου εἰκόνος πρὸς Ἁρμόδιον. Plutarque et d'autres écrivains l'attribuent à tort à l'orateur Lysias. Voyez, sur Iphicrate, Muret, *Var. Lect.*, VIII, 22, Taylor, *Ad Lysiæ fragmenta*, p. 637, et Ruhnkenius, *Hist. crit. orat. gr.* Orat. Reiskii, vol. VIII, p. 139. Cet Harmodius, contre lequel parla Iphicrate, descendait du célèbre Harmodius.

§ VI, 10. Le discours d'Iphicrate contre Aristophon avait pour titre Περὶ προδοσίας. Quintilien cite ce passage du discours d'Iphicrate, *Institutiones oratoriæ*, IV, 12. Le scholiaste lit Antiphon au lieu d'Aristophon. Vater et Bekker placent un point après Τεύκρῳ, et font rapporter le relatif ᾧ à τρόπος, leçon que j'ai suivie.

§ VII, 11. Allusion à l'accusation portée contre Socrate. Voyez Platon, *Apologie de Socrate*, et les *Topiques*, II, 2, sur le sens que Xénocrate donnait au mot δαίμων.

§ VII, 12. Citation du discours d'Iphicrate, dont il est question un peu plus haut.

§ VII, 13. Exemple tiré du discours de quelque sophiste, qui cherchait à justifier Pâris, en disant qu'il n'avait aimé qu'une seule femme, et qu'on ne pouvait par conséquent l'accuser d'intempérance.

§ VIII, 14. Muret a effacé ces mots, prétendant que c'était une glose. Voyez néanmoins les *Topiques*, II, 3. En géométrie, le contraire du droit est le courbe; en morale, c'est l'inique.

§ IX, 15. Sur la division, voyez Aristote, *Premiers analytiques*, I, 31; *Topiques*, II, 2, III, 6; *Rhét.*, I, 10.

§ X, 16. Femme de l'île de Péparèthe, une des Cyclades. Elle plaidait sans doute pour une question de paternité.

§ X, 17. Est-ce une citation de quelque ouvrage perdu de Théodecte, orateur et poëte tragique, l'élève familier et le collaborateur d'Aristote?

§ XI, 18. Autoclès, fils de Strombichidas, qui fut mis à mort par les Trente, fut envoyé à Lacédémone par les Athéniens, pour y traiter de la paix. Xénophon l'appelle un orateur très disert, μάλα δοκῶν ἐπιστρεφὴς ῥήτωρ εἶναι (*Hellén.*, VI, 3). Mixidémide ne voulant pas plaider devant l'aréopage, Autoclès, qui l'accusait, lui opposait l'exemple des vénérables déesses, des Euménides, qui, dans la cause d'Oreste, avaient comparu devant ce tribunal.

§ XI, 19. Xénophon, qui rapporte ce fait au quatrième livre des *Helléniques*, met Agésipolis à la place d'Hégésippe. Portus (François), se fondant sur quelques passages de Plutarque, propose de lire Agésilas (*Comment. ad Rhet.*, p. 254). J'ai suivi la leçon de Buhle et de Bekker, qui n'ont pas voulu changer le texte d'Aristote.

§ XI, 20. Isocrate a écrit un discours en l'honneur d'Évagoras, roi de Salamine, dans l'île de Chypre, père de Nicoclès.

§ XII, 21. Voyez *Topiques*, II, 4, et *De l'Ame*, I, 3.

§ XIII, 22. Ce rhéteur était d'Athènes, et disciple de Platon. Aristote, en disant καὶ τἄλλα, fait allusion aux lieux qu'il a traités, liv. II, chap. 19.

§ XIV, 23. Beaucoup d'éditions portent τὸ ἔλαιον au lieu de τὸ ἔλος, *acheter l'huile et le sel*. C'est le sens adopté par Érasme, *Adag. Chil.* III, *Cent.* VI, 25. Aristote parle ici des choses qui semblent bonnes ou mauvaises, suivant l'opinion qu'on s'en fait. Acheter le marais et le sel est une chose à la fois bonne et mauvaise : bonne puisqu'on achète le sel, mauvaise puisque le sel est encore mêlé à toutes les impuretés du marais, puisque le sel n'est pas encore épuré. Ce proverbe répond au proverbe italien, *comprare il miele colle mosche*, acheter le miel avec les abeilles.

§ XIV, 24. Alessandro Pallavicini traduit très bien βλαίσωσις par le proverbe italien *gambe di lacerta*, jambes de lézard.

§ XVI, 25. Démosthène parle de Strabon, dans son *Discours contre la loi de Leptine*, § 69.

§ XVII, 26. Ces mots de Xénophane semblent s'adresser à Hésiode et aux poëtes qui ont écrit sur la théogonie. Comparez un

passage de Plutarque sur les conseils que Xénophane donnait aux Égyptiens, *De la superstition*, 34.

§ XVII, 27. Cet exemple est probablement tiré du discours que Théodecte avait composé pour la défense de Socrate.

§ XVIII, 28. Cet enthymème est tiré d'un discours de Lysias aujourd'hui perdu, et dont Denys d'Halicarnasse cite un fragment dans la *Vie de Lysias*, *sub fin*. Le texte de Denys pourrait servir à corriger la phrase que cite Aristote, mais comme notre auteur cite souvent de mémoire, nous avons dû respecter la citation.

§ XIX, 29. Vers d'un poëte inconnu. César au député des Helvétiens : *Consuesse deos immortales, quo gravius homines ex commutatione rerum doleant, quos pro scelere eorum ulcisci velint, his secundiores interdum res, et diuturniorem impietatem concedere* (*De Bel. Gal.*, I, 14). Claudien, *in Rufinum* : *Tolluntur in altum, ut casu graviore ruant.*

§ XX, 30. Pamphile fut disciple de Platon. Cicéron dit qu'Épicure avait été son élève à Samos (*De Nat. Deor.*, I, 26). Sa *Rhétorique* était peu estimée, comme le prouve le passage d'Aristote. Cicéron n'en faisait pas un grand cas. Dans le *De Orat.*, III, 21, Crassus s'exprime ainsi : *Pamphilum nescio quem sinamus in infulis tantam rem, tanquam pueriles delicias aliquas depingere.* Ce dernier mot fait allusion au talent que Pamphile avait pour la peinture (Pline, *Hist. nat.*, XXXV, 10). Voyez Suidas, au mot Πάμφιλος.

§ XXI, 31. Un des accusateurs d'Alcibiade, dans l'affaire des Hermès. Il fut mis à mort par les partisans de Pisandre, qui redoutaient son ascendant sur le peuple (Thucydide, VIII, 65).

§ XXI, 32. On sait qu'en Provence on conserve les olives dans l'huile, après leur avoir fait subir une certaine préparation.

§ XXVI, 33. Plutarque, *de la Superstition*, 34. Xénophon fit cette réponse, non aux Éléates, mais aux Égyptiens; il était question, non de Leucothée, mais d'Osiris.

§ XXVII, 34. Aristote parle dans la *Poétique*, XVI, du *Thyeste* de Carcinus; il parle encore de ce poëte, XVII. Carcinus était d'Athènes, et contemporain de Philippe, roi de Macédoine.

§ XXVII, 35. Il est ici question de Théodore de Byzance, et non de Théodore de Cyrène, qui est un des interlocuteurs du *Théétète* de Platon. Théodore de Byzance est appelé par Socrate λογοδαί- δαλος (Platon, *Phèdre*). Cicéron dit qu'il était plus subtil, mais plus sec que Lysias (*Brutus*, 12). Aristote en parle dans les *Réfutations des sophistes*, II, 8.

§ XXVIII, 36. On m'excusera de n'avoir pu traduire ces épigrammes étymologiques.

§ XXVIII, 37. Il est ici question de l'historien Hérodicus, et non d'Hérodicus de Thrace, dont Aristote a déjà parlé, *Rhét.*, I, 5. Thrasymaque et Polus, sophistes célèbres.

§ XXVIII, 38. Sur la sévérité des lois de Dracon, voyez Aristote, *Polit.*, II, 10; Aulu-Gelle, *Nuits attiques*, XI, 18; Plutarque, *Solon*, 25.

§ XXVIII, 39. Euripide, *Troyennes*, 990.

§ XXVIII, 40. Chérémon, poëte tragique, fut, dit-on, disciple de Socrate (Athénée, *Deipnos*, II, au commencement). Voyez, sur Chérémon, Suidas, qui l'appelle poëte comique, et Aristote, *Rhét.*, III, 12, et *Poét.*, 24.

LIVRE II, CHAP. XXIV, PAGES 273-283.

§ III, 1. Schneider, *Fragments de Pindare*, p. 18, pense que les vers cités par Aristote sont tirés d'un poëme intitulé *Parthenia*. Le nom de Pan et celui de Rhéa se trouvent réunis dans la troisième *Pythique*, v. 136 et suivants.

§ III, 2. L'exemple d'Aristote est peu séant, j'en conviens; mais j'ai voulu être traducteur fidèle. Les commentateurs ont donné de ce passage les explications les plus singulières. Cassandre n'a pas craint de faire dire à Aristote que c'est une infamie de n'avoir chez soi ni chien ni chat.

§ III, 3. Κοινωνικός se dit d'un homme obligeant, qui fait part aux autres de ce qu'il a. Κοινός a une tout autre signification. Mercure était ainsi appelé parce qu'il était également agréable aux

dieux du ciel et à ceux de la terre et des enfers, *superis deorum gratus et imis* (Horace, *Odes*, I, 10, vv. 19 et 20).

§ IV, 4. Le sophisme d'Euthydème est cité d'une manière plus explicite dans les *Réfut. des soph.*, XX. Il faut consulter ce passage pour voir ce qu'il avait de captieux.

§ IV, 5. Polycrate avait composé un éloge de Busiris. Isocrate le critique vivement (*Busiridis laudatio, in init.*). Le sophisme de Polycrate consiste en ce qu'il semble dire que Thrasybule a détruit trente tyrannies, quoique réellement il n'en ait détruit qu'une.

§ IV, 6. Théodecte, contemporain et ami d'Aristote. Barthélemy l'introduit dans son *Voyage du Jeune Anacharsis*, chap. LXXI; et le fait disserter sur la nature de la terreur et de la pitié produites par le poëme tragique. Aristote cite le *Lyncée* du même poëte, *Poétique*, XI.

§ VII, 7. Les auteurs anciens rapportent quelques exemples de rats ayant rongé les arcs des ennemis. Voyez Hérodote, II, 141; Polémon, cité par saint Clément d'Alexandrie, *Protrept.*; Aristote, *De mirabilibus auscult.*, 24.

§ VII, 8. Sophocle avait composé sur cet événement une pièce intitulée Σύνδειπνοι. Cicéron y fait allusion dans une lettre à son frère Quintus, II, 16. (Voyez cependant, sur ce passage, la note de M. J. V. Leclerc.) Athénée a parlé de cette pièce, *Deipnos*, I, 14, et VIII, 17. En rapprochant le premier passage d'Athénée de quelques vers conservés par Plutarque, *De la différ. de l'ami et du flatteur*, 62, on voit que la pièce de Sophocle, qui avait pour titre Σύνδειπνοι, était un drame satyrique.

§ X, 9. Consultez, pour la parfaite intelligence de ce passage, Euripide, *Iphigénie en Aulide*, et Aristote, *Réfutation des soph.*, chap. v.

§ XI, 10. On ne sait de quelle pièce d'Agathon sont tirés les deux vers ïambiques cités par Aristote.

§ XI, 11. M. C. Benoît, dans le second chapitre de son *Essai sur les premiers manuels d'invention oratoire*, a réuni et commenté avec goût et sagacité les principaux textes des auteurs anciens relatifs à Corax et à son disciple Tisias.

§ XI, 12. Un passage de Cicéron peut servir de commentaire à ce qu'Aristote appelle τὸ Πρωταγόρου ἐπάγγελμα : « Gorgias le Léontin, Thrasymaque de Chalcédoine, Protagoras d'Abdère, Prodicus de Céos, Hippias d'Élée, acquirent une grande réputation. Beaucoup d'autres, à la même époque, se vantaient, avec une présomptueuse arrogance, *arrogantibus sane verbis*, d'enseigner comment la cause la plus faible (c'est ainsi qu'ils s'exprimaient) pouvait, à l'aide de la parole, devenir la plus forte. » Cicéron, *Brutus*, VIII, traduction de J. L. Burnouf.

LIVRE II, CHAP. XXV, PAGES 283-287.

§ I, 1. Comparez à ce chapitre le dix-septième chapitre de la *Rhétorique,* et le vingt-sixième du second livre des *Premiers analytiques.*

§ II, 2. Aristote fait allusion à l'amour coupable que Byblis conçut pour son frère Caunus. Voyez, au mot Caunus, Suidas, Hésychius, Étienne de Byzance et Ovide, *Métam.*, IX, v. 453. Quelques anciennes éditions, au lieu des mots Καύνιος ἔρως, portent κάλλιστος ἢ κάκιστος ἔρως. C'est évidemment une glose qui est passée dans le texte, et qui a supplanté la véritable leçon.

§ II, 3. La loi de Pittacus est citée par Aristote, *Politique*, I, 12.

LIVRE III, CHAP. I, PAGES 291-295.

§ I, 1. « Aristote se plaint de ce que l'action n'a pas encore été traitée spécialement par les rhéteurs. Au temps d'Aristide Quintilien, cette négligence était amplement réparée, car il nous parle « des nombreux auteurs » qui ont écrit sur l'action, et parmi eux il aurait pu citer son homonyme, le célèbre rhéteur latin, car il n'était pas étranger aux lettres latines, puisqu'il avait lu la *République* de Cicéron. » (Egger, *Essai sur l'Hist. de la crit. chez les Grecs*, p. 287.)

§ II, 2. Aristote cite Glaucon dans la *Poétique*, XXV.

§ II, 3. Cette prédominance de l'acteur sur le poëte s'établit peu à peu. Dans le onzième chapitre de la *Poétique*, Aristote remarque, en parlant des épisodes intercalés dans la fable tragique, que les mauvais poëtes font des fables épisodiques par leur faute, et les bons *pour plaire aux acteurs*. Un ancien biographe de Sophocle prétend que ce poëte composa souvent des caractères tragiques pour la convenance de ses actions. (Voyez, sur les rapports des acteurs et des poëtes, Egger, *Hist. de la crit. chez les Grecs*, p. 22.) Au reste, chez les Grecs, comme chez les Latins et comme chez nous, la poésie dramatique a fini par succomber sous le faste de la représentation. L'acteur d'abord, et le costume ensuite, ont fini par éclipser le poëte.

§ III, 4. Dans la *Poétique*, XIII, Aristote se plaint de même *de la faiblesse des spectateurs*, διὰ τὴν τῶν θεάτρων ἀσθένειαν. Le père André, dans son *Essai sur le beau*, commente et traduit presque, à son insu, ce passage d'Aristote : « Si nous n'avions pour auditeurs que de pures intelligences, ou du moins des hommes plus raisonnables que sensibles, nous n'aurions, pour les satisfaire, qu'à leur exposer la vérité toute simple ; elle aurait par elle-même de quoi les charmer par sa lumière, par l'ordre des principes qui la démontrent, ou par celui des conséquences qui en naissent toujours en foule, comme les rayons du soleil. C'est la seule beauté que l'on demande à un ouvrage de mathématiques. Mais dans la plupart de nos discours, nous avons à parler à des hommes bien plus sensibles que raisonnables, qui ne veulent rien entendre que ce qu'ils peuvent imaginer, qui croient ne rien connaître que ce qu'ils peuvent sentir, qui ne se laissent persuader que par des mouvements qui les transportent ; en un mot par des hommes qui se dégoûtent bientôt d'un discours qui ne dit rien ni à l'imagination ni au cœur. » (*Essai sur le beau*, troisième discours, p. 48, édition de M. V. Cousin.)

§ III, 5. Thrasymaque de Chalcédoine, célèbre rhéteur et sophiste, avait composé un ouvrage sur l'art d'exciter la pitié, dont Cicéron traduit le titre par le mot *miserationes*.

§ IV, 6. Aristote, dans sa *Poétique*, IV et XXIV, donne la

CHAP. I, PAGES 291-295.

raison qui engagea les poëtes dramatiques à substituer l'iambique au tétramètre. Celui-ci convient à la danse; celui-là convient à la conversation ordinaire.

§ IV, 7. Aristote répète la même observation, liv. III, 8. Il ajoute que beaucoup de vers ïambiques échappent dans la conversation. M. Egger a réuni quelques exemples de ces vers mêlés à la prose, dans ses notes sur le troisième fragment de Longin. On pourra consulter, en outre, la première note de M. Stiévenart sur le plaidoyer de Démosthène contre Néœra, et surtout Foster, *An essay on the different nature of accent and quantity* (troisième édition, Londres, 1820), qui a recueilli des hexamètres, même dans le Nouveau Testament.

§ IV, 8. L'auteur paraît désigner ici le chapitre XXI de la *Poétique*.

LIVRE III, CHAP. II, PAGES 295-305.

§ I, 1. Même observation dans la *Poétique*, XXII. Cf. la *Rhétorique à Alexandre*, XXV; Aristide, *Rhét.*, I, 10, tom. IX, p. 393 des *Rhét. gr.* de Walz.

§ I, 2. *Poét.*, XXI.

§ I, 3. « Peut-être le comédien Théodore avait-il raison de dire qu'il ne consentirait jamais qu'un acteur, même le plus médiocre, parût avant lui sur la scène, parce que les spectateurs se familiarisent avec la manière de jouer et de déclamer qu'ils ont d'abord entendue (Aristote, *Politique*, VII, 15, traduction de Turot). » On dit que Théodorus, le joueur de tragédies, dit un jour à Satyrus, joueur de comédies, que ce n'estoit pas grande merveille de faire rire les spectateurs, mais bien de les faire pleurer et cryer. » (Plutarque, *Comment on se peult louer soy-mesme*, trad. d'Amyot.) Cf. *Précept. d'administ.*, 64, et *Propos de table*, IX. Voyez encore, sur Théodore, une histoire curieuse rapportée par Ælien, *Var.*, *Hist.*, XIV, 40. Pausanias parle aussi de cet acteur célèbre, I, 37.

§ II, 4. *Poétique*, XXI.

§ II, 5. Voyez plus bas, chapitres III et VII.

438   NOTES DU LIVRE III,

§ III, 6. La théorie de la métaphore, telle que la concevait Aristote, se trouve dans les chap. xx et xxi de la *Poétique*. On y voit notre philosophe comprendre dans la métaphore tous les tropes qui en ont été distingués dans la suite, plutôt pour exercer la mémoire que pour satisfaire l'esprit.

§ III, 7. « Quand on appelle la vieillesse, comme a fait Empédocle, le couchant de la vie, δυσμὸς βίου, c'est qu'on reconnaît qu'il existe entre la vieillesse et la vie le même rapport qu'entre le coucher du soleil et le jour. Il y a là deux rapports égaux; il y a donc, suivant Aristote, une proportion. » (M. Havet, *Étude sur la Rhét. d'Aristote*, p. 103.) Ce n'est pas tout; on peut changer les termes de place; il y a toujours proportion, et par conséquent métaphore. On peut dire, par exemple : le soir est au jour ce que la vieillesse est à la vie ; d'où la métaphore : le soir est la vieillesse du jour.

§ III, 8. Diogène-Laërce, *Vie d'Épicure*, blâme les envieux de ce philosophe d'avoir dit qu'il donnait aux platoniciens le nom de *Flatteurs de Denys*, τούς τε περὶ Πλάτωνα Διονυσοκόλακας, καὶ αὐτὸν Πλάτωνα χρυσοῦν.

§ III, 9. Athénée, liv. XV, rapporte que Denys, rhéteur et poëte, conseilla aux Athéniens de battre de la monnaie d'airain, et que de là lui vint le surnom qu'il porte. « Dionysius, qui fut surnommé Chalcus, duquel on trouve encore aujourd'huy quelques œuvres poétiques, estant capitaine d'une troupe de gens que l'on envoyait pour peupler en Italie, y fonda la ville de Thuries. » (Plutarque, *Nicias*, VIII, traduction d'Amyot.)

§ III, 10. Exemple cité dans la *Poétique*, XXIII, cité avec un vers de plus dans Athénée, X, p. 452. C. Comparez Celse, *de Medicina*, II, 11.

§ III, 11. Ami de Gorgias de Léontium. Voyez Hésychius et Denys d'Halicarnasse, *de Lysia*, 7.

§ III, 12. Aristote parle aussi de Bryson, *Seconds Analytiques*, I, 7.

§ IV, 13. Allusion à l'*Oreste* d'Euripide, vv. 1589 et 1590.

§ IV, 14. Anaxilas de Messène, tyran de Rhégium. Héraclide le

CHAP. II, PAGES 295-305. 439

Pontique en parle dans son traité de *Politiis*, qui était, selon Coray, un abrégé du grand ouvrage d'Aristote sur cette matière.

§ IV, 15. Comédie aujourd'hui perdue, qui fut jouée dans la seconde année de la quatre-vingt-neuvième olympiade, sous l'archonte Épiclès.

LIVRE III, CHAP. III, PAGES 305-309.

§ I, 1. Les écrivains attiques évitaient les mots doubles, parce qu'ils les trouvaient trop longs, *sesquipedalia verba*. Aristophane s'amuse quelquefois à composer des vers entiers avec un mot d'une longueur démesurée, qu'il forge d'une manière bizarre.

§ I, 2. Il s'agit du sophiste Lycophron, et non du poëte de ce nom, auteur de *Cassandre*, qui vivait au temps de Ptolémée Philadelphe.

§ I, 3. On trouve une observation analogue dans la *Poétique*, XXII. Cf. *Problèmes*, XIX, 15 et 28; Démétrius, *sur le Langage*, § 91; Proclus, *Chrestomathie*, dans Photius, cod. 239, ch. XIV. Je dois avertir, une fois pour toutes, que j'emprunte la plupart de ces indications et comparaisons de textes, concernant l'élocution, à l'excellente *Histoire de la critique chez les Grecs* de M. Egger, et au savant commentaire qu'il a joint à sa traduction de la *Poétique*.

§ II, 4. Pour les deux mots Σίννις et Ἄθυρμα, voyez deux notes satisfaisantes de Vater, *Animadv. et Lect. ad Aristotelis libb.* III *Rhetor.*, p. 145 et sqq. Lips., in-8°, 1794.

§ III, 5. « Cela ne s'applique-t-il pas très-bien à cette poésie surabondante, où la pensée est comme noyée dans les mots, et dans la molle harmonie du vers, de façon que, tandis que l'oreille est caressée, l'esprit cesse d'être attentif, et s'endort? » (Havet, *Étude sur la Rhét. d'Arist.*, p. 106.)

§ III, 6. Hermias, dans ses scholies sur la *Phèdre* de Platon, man. 1943, p. 157, donne une raison singulière de l'emploi des mots doubles dans le dithyrambe. Il prétend que les poëtes, qui ont cultivé ce genre, ont voulu faire allusion à la double naissance de

Bacchus, sorti d'abord du sein de Sémélé, et ensuite de la cuisse de Jupiter. La raison donnée par Aristote est plus naturelle et plus vraie.

§ IV, 7. Ces métaphores d'Alcidamas nous paraissent élégantes et justes. Pourquoi donc sont-elles condamnées par Aristote? Dans le *Dictionnaire philosophique*, art. *Français et Langue française*, Voltaire condamne de même la phrase suivante, qui est de Rousseau : « Je cultivais l'espérance, et je la voyais se flétrir tous les jours. » Le goût, immuable en ce qui concerne les idées, serait-il relatif et changeant en ce qui concerne l'élocution ?

§ IV, 8. Cette anecdote se trouve aussi dans Plutarque, *Propos de table*, 70.

LIVRE III, CHAP. IV, PAGES 309-311,

§ I, 1. Disciple d'Isocrate, contre lequel Démosthène, plaidant pour Diodore, prononça, à l'âge de vingt-sept ans, un discours plein d'une éloquence véhémente. Idriée était probablement le frère de Mausole, roi de Carie. Isocrate en parle dans son *Discours à Philippe*.

§ I, 2. Livre VI.

§ I, 3. Platon, *ibidem*.

§ I, 4. Platon, *République*, X.

§ I, 5. Il est ici question du général Démosthène, qui fit la guerre en Sicile avec Nicias (Thucydide, VI).

§ I, 6. Plutarque, *de l'Administration de la République*, ch. xx, cite d'autres paroles de Démocrate. Il aimait les comparaisons familières. Démocrate un jour montant en la tribune aux harangues dit au peuple assemblé : « Qu'il ressemblait à leur ville, parce qu'il avait peu de force et beaucoup de vent. » (Trad. d'Amyot.)

§ I, 7. Cf. la *Poétique*, XXI, où on trouve une définition détaillée de la métaphore par proportion.

§ I, 8. Athénée. *Banquet*, X, 9, dit que la coupe de Nestor pouvait être appelée *la coupe de Mars*, comme on le voit dans le

CHAP. IV, PAGES 309-311.   441

Cœnée d'Antiphane, où se trouvait cité un poëte dithyrambique, appelé Timothée. Aristote fait probablement allusion aux vers de ce poëte.

LIVRE III, CHAP. V, PAGES 311-317.

§ I, 1 « Denys d'Halicarnasse, et Quintilien paraissant traduire Denys, affirment qu'Aristote et Théodecte, son contemporain et son ami, ne reconnaissent que trois parties du discours, le nom, le verbe et la conjonction... Mais ne se trompent-ils pas en portant à trois le nombre des parties du discours selon Aristote, puisque dans le *Traité du langage*, ce philosophe ne reconnaît positivement que le nom et le verbe; puisque dans la *Rhétorique* et dans les *Problèmes* (XIX, 20) il ne mentionne les conjonctions qu'incidemment et comme parties accessoires?... D'ailleurs, dans le passage de la *Rhétorique*, où il signale l'utilité des conjonctions, Aristote comprend sous ce mot σύνδεσμος, non-seulement ἐπεί et γάρ, mais encore les locutions ὁ μέν, ὁ δέ, qui renferment des pronoms; il n'y avait donc plus qu'un pas à faire pour dégager de ces locutions conjonctives les pronoms qui y sont enfermés; c'est précisément ce qu'a fait l'auteur de la *Poétique*. Il y a donc du *Traité du langage* à la *Rhétorique*, et de la *Rhétorique* à la *Poétique*, un progrès tout naturel d'analyse grammaticale. » (Egger, *Histoire de la critique chez les Grecs*, pp. 143 et 144.)

§ I, 2. Voyez Quintilien, *Instit. orat.*, I, 4; VIII, 2 et 6.

§ III, 3. Hérodote, 1.

§ III, 4. Ce jeu, connu parmi nous, s'est conservé en Grèce, où les joueurs, tenant à la main des dragées ou des noisettes, demandent : Ζυγὰ τὰ λέγεις, ἢ μονά. (Minoïde-Mynas, *Trad. de la Rhétorique d'Aristote*, p. 422.)

§ IV, 5. « Protagoras avait le premier imaginé, chose bien simple aujourd'hui et bien triviale, de distinguer dans les noms trois genres, qu'il désignait par les termes de *mâle*, de *femelle* et de *choses* (σκεύη). Dans l'usage des verbes, il distinguait les formes du vœu, de l'interrogation, de la réponse, du commandement; c'est

l'origine de notre division des modes. Un autre sophiste de ce temps, Alcidamas d'Élée, proposait une division différente comprenant l'affirmation, la négation, l'interrogation, l'appellation. Lycimnius, et, après lui, Polus d'Agrigente, enseignèrent à distinguer les mots propres, les mots composés, les mots frères, les mots adjectifs, etc. La distinction des noms et des verbes est plus ancienne, à ce qu'il semble, quoiqu'on ne la trouve pas formulée avant Platon. Voilà l'origine même de la grammaire. » (Egger, *Histoire de la critique chez les Grecs*, pp. 68 et 69.) Dans la *Poétique*, XXI, les objets, qui ne sont ni mâles, ni femelles, sont appelés τὰ μεταξύ.

§ VI, 6. L'opinion d'Aristote sur l'obscurité d'Héraclite est confirmée par Démétrius, *Du langage*, p. 126, et par Cicéron, *De Finibus*, II, 5 ; *De Divinat.*, II, 64 ; *De nat. Deor.*, I, 26. Cette obscurité qu'affectait Héraclite dans ses écrits lui fit donner le nom de ténébreux, σκοτεινός.

§ VI, 7. Cependant Eschyle a dit avec élégance :

Ἵν οὔτε φωνὴν, οὔτε του μορφὴν βροτῶν
Ὄψει....
(*Prométhée*, v. 21.)

Horace a dit de même :

Audis, quo strepitu janua, quo nemus
Inter pulchra satum tecta remugiat
Ventis ? et positas ut glaciet nives
Puro numine Jupiter ?

Les grammairiens appellent cette figure *zeugma ;* elle consiste à n'employer qu'un seul verbe avec deux régimes, dont un seul lui convient.

LIVRE III, CHAP. VI, PAGES 317-319.

§ I, 1. Euripide, *Iphigénie en Tauride*, V. 713. éd. Boissonade. Quelques éditions portent πολύθρηνοι, au lieu de πολύθυροι ; mais πολύθρηνοι est repoussé par la quantité et par le sens, la lettre qu'Iphigénie présente à Oreste et à Pylade étant joyeuse et non triste.

CHAP. VI, PAGES 317-319.

§ I. 2. Montagne et Bourg de la Béotie (Strabon, IX, p. 423, Paris, 1812). Antimaque était de Colophon, ou plutôt de Claros, colonie de Colophon. Schellemberg a savamment disserté sur la vie, le génie et les poëmes d'Antimaque. Voyez *Antimachi Coloph. reliq.*, Halæ Sax., 1786, in-8°, où il est question, p. 52, du vers cité par Aristote. Voyez aussi Valckenaer, *ad Eurip. Phœniss.*, v. 1107. Antimaque avait fait une recension d'Homère. Voyez les fragments d'Antimaque recueillis par Stoll Dillemburg, 1845, (pp. 112-115.)

LIVRE III, CHAP. VII, PAGES 319-323.

§ I, 1. Poëte tragique athénien. Il avait composé dix pièces de théâtre (voyez Suidas, h. v.). Aristote le cite deux fois, *Poétique* II, XXII. Voyez sur ce poëte le recueil des fragments des poëtes tragiques, par Wagner, dans la Bibliothèque Firmin Didot, p. 99.

§ I. 2. Même observation dans la *Poétique* XVII : Πιθανώτατοι γὰρ ἀπὸ τῆς αὐτῆς φυσέως οἱ ἐν τοῖς πάθεσίν εἰσι; car, en fait de passion, la sympathie est ce qu'il y a de plus persuasif. (Trad. d'Egger, p, 355.)

§ II, 3. Isocrate fait un usage fréquent de cette figure : Τίς γὰρ οὐκ οἶδεν, ὅτι συνθῆκαι μέν εἰσιν, etc. *Panégyrique.*

§ IV, 4. Φήμην δὲ καὶ μνήμην. Telle est la véritable leçon d'Isocrate. Aristote, nous l'avons déjà remarqué, citait de mémoire. Voilà pourquoi il a mis γνώμη au lieu de μνήμη.

§ IV, 5. Platon, *Phædr.* p. 319 sqq. *Opp.*, tom. X, *ed. Bipont.* Dans une déclamation intitulée περὶ τοῦ οἴκου, attribuée à Lucien, on lit : Socrate se contentait d'un beau platane, d'un pré fleuri, et d'une fontaine limpide, voisine de l'Ilissus. C'est là qu'il s'asseyait pour railler Phèdre de Myrrhinusium, Φαίδρου τε τοῦ Μυρρινουσίου κατειρωνεύετο. (Lucien, VIII, p. 94, *édit. Bipont.*)

LIVRE III, CHAP. VIII, PAGES 323-327.

§ I, 1, Comparez Longin, *Fragments* II et III, pp. 65 et 66 de l'édition donnée par M. Egger, et les *Problèmes*, XIX, 38.

§ I, 2. Même observation dans le chap. IV de la *Poétique*.

§ II, 3. Malgré l'autorité de Bekker, je rétablis la négation οὐ devant λεκτικός. Vettori adopta cette leçon, se fondant sur un passage de Démétrius de Phalère, § 42, qui reproduit probablement le texte d'Aristote : ὁ μὲν ἡρῶος σεμνὸς καὶ οὐ λογικὸς ἀλλ'ἠχώδης. Le sens de λεκτικός est d'ailleurs fixé par un passage de la *Poétique*, IV, ou les ïambes sont appelés λεκτικοί, parce qu'il nous échappe un grand nombre de vers ïambiques dans la conversation ordinaire, tandis qu'on fait peu d'hexamètres, et seulement en sortant du ton familier ; ἑξάμετρα δὲ ὀλιγάκις, καὶ ἐκβαίνοντες τῆς λεκτικῆς ἁρμονίας. Ainsi σεμνός et λεκτικός sont opposés entre eux, et Aristote n'a pu s'en servir pour qualifier le vers héroïque. Cf. *Poétique*, XXIV, et Horace, *Art poét.* v. 78 et suiv.

§ II, 4. Ὁ κόρδαξ, κωμικῆς ὀρχήσεώς ἐστιν εἶδος (Harpocration). Le tétramètre, composé de huit pieds, et surtout le trochaïque tétramètre, convenait à la danse, à cause de sa longueur qui était favorable à la variété des gestes, et de la rapidité du trochée qui précipitait les mouvements.

§ III, 5. Voyez plus haut, livre III, 1, *notes*.

§ III, 6. Deux brèves égalent une longue, qui renferme deux temps dans une même syllabe, la brève représentant l'unité de temps. Dans le pied héroïque, c'est-à-dire dans le dactyle ou dans le spondée, le rapport est de un à un, parce qu'on y compare deux quantités équivalentes, une longue à deux brèves, ou à une autre longue. Dans l'ïambe et dans le trochée, on compare une longue, c'est-à-dire deux brèves à une brève ; le rapport est donc de deux à un. Dans le Pæan, composé d'une longue et de trois brèves, on compare les deux brèves, représentées par la longue, aux trois autres brèves. Le rapport est donc de deux à trois, ou sesqui-altère, c'est-à-dire que la seconde quantité renferme la première, plus la moitié. Cicéron, *Orator*, 56, appelle le Pæan *sesquiplex*.

§ III, 7. Ces deux exemples sont tirés de poëtes inconnus.

§ III, 8. Le pæan final se trouve assez souvent à la fin des périodes d'Isocrate, γενομένους, γενομένην. Le *Panégyrique* commence par un pæan : Πολλάκις ἐθαύμασα.

LIVRE III, CHAP. IX, PAGES 327-333.

§ I, 1. « L'oraison est une de deux manières: ou bien elle désigne une seule chose, ou bien elle en réunit plusieurs par des conjonctions. Ainsi, l'Iliade est une par des conjonctions, la définition de l'homme est une par l'unité de l'objet exprimé. » (Arist., *Poét.* xx, trad. de M. Egger, p. 365.). C'est la doctrine qu'on retrouve dans le *Traité du langage* et que commente Ammonius dans un passage d'où M. Ritter conclut à tort contre l'authenticité de ce chapitre. (Egger, p. 458.)

§ I, 2. Platon, dans le *Protagoras*, se sert du mot συνεστραμμένον pour exprimer, sinon la même idée, du moins une idée analogue βραχὺ καὶ συνεστραμμένον, ὥσπερ δεινὸς ἀκοντιστής : il jette un mot court, serré et plein de sens, tel qu'un trait lancé d'une main habile. » (Trad. de M. Cousin, tom. III, p. 83.)

§ I, 3. Hérodote était d'Halicarnasse. Aristote l'appelle le *Thurien*, parce qu'il alla, avec d'autres colons, s'établir à Thurium, en Italie (Strabon, liv. XIV, p. 656 de l'édit. de Paris, 1620, in-fol.). Voyez aussi Plutarque, *Du bannissement ou de l'exil*, xxxiv, et une inscription rapportée par Étienne de Byzance, au mot Θούριοι.

§ I, 4. Voyez, sur la diction qu'Aristote appelle εἰρομένην, une excellente note de Vater, *Animadv. et Lect.*, p. 159.

§ II, 5. M. Havet a donné un ingénieux commentaire de la définition de la période par Aristote, *Étude sur la Rhét. d'Arist.*, p. 111 et suiv. Nous ne saurions trop recommander la lecture de cet excellent ouvrage à ceux qui aiment Aristote et qui veulent le comprendre.

§ II, 6. Ces ïambes sont pris du *Méléagre* d'Euripide, et non de Sophocle, comme l'ont remarqué le Scholiaste et Lucien, *Opp.*, tom. III, p. 435, éd. Reitz, Amsterdam, 1743. Aristote a manqué de mémoire et confondu les vers d'Euripide avec le début du *Philoctète* de Sophocle, qui commence à peu près de même ; ou bien les copistes ont manqué d'exactitude. Le vers d'Euripide n'est

équivoque pour le sens, que lorsqu'il est séparé du suivant, qui nous a été conservé par Lucien :

Ἐν ἀντιπόρθμοις παντ' ἔχουσ' εὐδαίμονα.

Le Scholiaste en ajoute trois, que M. Minoïde-Mynas regarde comme inédits :

Οἰνεὺς δ'ἀνάσσει τῆς δὲ γῆς Αἰτωλίας
Πορθάονος παῖς, ὅς ποτ' Ἀλθαίαν γαμεῖ
Λήδας ὅμαιμον, Θεστίου δὲ παρθένον.

§ III, 7. Il y a eu deux poëtes de ce nom. Le premier, dont parle Suidas, vivait vers la LXVe olympiade, et avait composé des vers héroïques et des épigrammes ; le second, suivant Fabricius, neveu du premier, fit des innovations au rhythme des dithyrambes. Il vivait vers la LXXXe olympiade. C'est à celui-ci que Démocrite appliquait le distique suivant, dont le premier vers est pris d'Hésiode.

§ IV, 8. Ces exemples, et les suivants, sont tirés du *Panégyrique* d'Isocrate. En ne citant que lui, Aristote paraît la considérer comme un modèle, sans mêler à cet hommage aucune restriction.

§ IV, 9. Pitholaüs et Lycophron étaient frères de l'épouse d'Alexandre, tyran de Phères. Voyez Diodore de Sicile, XVI, 14, et Plutarque, *Pélopidas*.

§ V, 10. Homère. *Iliade*, IX, 526.

§ V, 11. Le texte de ce passage est tellement altéré, qu'il est impossible de le traduire d'une manière satisfaisante.

§ V, 12. Cet ouvrage, dans lequel Aristote avait recueilli les préceptes des rhéteurs qui l'avaient précédé, est aujourd'hui perdu. Nous en avons probablement l'abrégé dans la *Rhétorique à Alexandre*.

LIVRE III, CHAP. X, PAGES 333-341.

§ I, 1. Allusion à ces vers d'Homère, pris du discours d'Ulysse à Eumée :

...νῦν δ'ἤδη πάντα λέλοιπεν·
Ἀλλ' ἔμπης καλάμην γε σ'ὀΐομαι εἰσορόωντα
Γιγνώσκειν..... (*Odyssée*, XIV, v. 213-215.)

« Maintenant j'ai tout perdu, mais je crois que si vous regardez le chaume, vous reconnaîtrez la moisson. »

(Trad. de Dugas-Montbel.)

§ II, 2. Exemple tiré du discours d'Isorcate à Philippe.

§ III, 3. Cf. *Rhétorique*, I, 7.

§ III, 4. Ἐᾶν et περιιδεῖν forment un pléonasme. Plutarque, rapportant le mot de Leptine, supprime le dernier.

§ III, 5. Philippe s'étant emparé de Pydna et de Pagases, qui appartenaient aux Athéniens, donna ces places à Olynthe. Mais les Olynthiens ayant reconnu que Philippe voulait les asservir, lui firent la guerre avec le secours d'Athènes. C'est dans cette circonstance que Charès voulut rendre ses comptes. Ne confondez pas Céphisodote, orateur éloquent, avec Céphisodote, disciple d'Isocrate.

§ III, 6. Voici l'explication du scholiaste : De même que Miltiade marcha contre Xerxès sans délibérer, de même nous devons aller, sans délibérer, défendre l'Eubée contre les Thébains.

§ III, 7. Une des deux galères sacrées des Athéniens. « Ἡ Σαλαμινία ναῦς καὶ ἡ πάραλος οὐκ ἐπὶ πᾶν ἔργον, ἀλλ' ἐπὶ τὰς ἀναγκαίας καὶ μεγάλας κατεσπῶντο πράξεις. (Plutarque, *Préceptes politiques*.)

§ III, 8. Caton appelait de même la Sicile *Romanæ reipublicæ cellam penariam et plebis nutricem*. (Cicéron, *Contre Verrès*, IV, 2.)

§ III, 9. Il est souvent question de ce Mœroclès dans Démosthène. Voyez Harpocration.

§ III, 10. Poëte né à Camire, dans l'île de Rhodes, ou à Colophon. Il avait, dit-on, composé soixante-cinq pièces et obtenu dix fois la couronne. Voyez Suidas, et Fabricius, *Bibl. gr.*

§ III, 11. Machine de bois à cinq trous, où l'on entrait les jambes, les bras et la tête d'un criminel. Voyez, sur Polyeucte, Démosthène, *in Midiam;* Plutarque, *Vie de Phocion*, 13.

§ III, 12. Allusion aux repas publics des Lacédémoniens. On peut consulter, sur les *Phidities*, Aristote, *Politique*, II, 7, 8, 9;

Cicéron, *Tusculanes*, v, 34; et Meursius, *in Creta, in Laconicis*.

§ III, 13. Aristote fait probablement allusion aux Symplégades, dont Pindare a dit :

> Συνδρόμων κινηθμὸν ἀμαιμάκετον
> Ἐκφυγεῖν πετρᾶν.
> (*Pythiques*, IV, vv. 370 et 371.)

Les anciens croyaient que les Symplégades flottaient et se heurtaient sous l'effort du vent.

§ III, 14. Phrase tirée de Lysias, *Oraison funèbre des guerriers athéniens morts en défendant les Corinthiens*.

§ III, 15. Florus a dit de même : *Fabius Maximus periculosissimum bellum periculo explicavit*, I, 17.

§ III, 16. Isocrate, *Panégyrique*.

§ III, 17. *Ibid*.

§ III, 18. *Ibid*.

LIVRE III, CHAP. XI, PAGES 341-351.

§ I, 1. Pour l'expression πρὸ ὀμμάτων, cf. *Poétique*, XVII, au commencement.

§ I, 2. « Simonide dit dans une de ses pièces adressées à Scopas, fils de Créon le Thessalien, qu'il est bien difficile sans doute de devenir véritablement homme de bien, carré des mains, des pieds et de l'esprit, façonné sans nul reproche. » Platon, *Protagoras*, traduction de M. Cousin, III, 74.

§ I, 3. Isocrate, *Discours à Philippe*, au commencement.

§ I, 4. Mots tirés du même discours.

§ I, 5. Euripide, *Iphigénie en Aulide*, v. 80.

§ I, 6. *Odyssée*, XI, 597.

§ I, 7. *Iliade*, XIII, 588.

§ I, 8. *Iliade*, IV, 126.

§ I, 9. *Iliade* XI, 573. Cf. XXI, 168.

§ I, 10. *Iliade*, XV, 542.

§ I, 11. *Iliade*, XIII, 799.

§ I, 12. Le scholiaste de Venise, sur l'*Iliade*, I, 303, 481, fait évidemment allusion à ce passage de la *Rhétorique*, ou bien il emprunte ce qu'il dit à une observation analogue, contenue dans les *Problèmes homériques* d'Aristote. (Egger, *Hist. de la crit. chez les Grecs*, p. 224, notes.)

§ II, 13. Aristote fait probablement allusion à un passage du *Discours à Philippe*, où Isocrate dit qu'Athènes et Sparte « sont maintenant réduites au même niveau par le malheur : » Οἶδα γὰρ, ἁπάσας ὡμαλισμένας ὑπὸ τῶν συμφορῶν.

§ III, 14. Leur pays sera tellement ravagé, qu'il n'y restera pas un seul arbre.

§ III, 15. Il est question ici du sophiste Théodore de Byzance. Voltaire, après Aristote, fait une semblable réflexion dans son *Dict. phil.*, au mot *Esprit* : « Ceux qui méprisent le génie d'Aristote, dit-il, seraient bien étonnés de voir qu'il a enseigné parfaitement, dans sa *Rhétorique*, la manière de dire les choses avec esprit. Il dit que cet art consiste à ne pas se servir simplement du mot propre, qui ne dit rien de nouveau, mais qu'il faut employer une métaphore, une figure dont le sens soit clair et l'expression énergique ; il en apporte plusieurs exemples.... Aristote a bien raison de dire qu'il faut du nouveau. »

6. Vers d'un poëte inconnu.

§ III, 17. Ce jeu de mots est assez difficile à comprendre. François de Médicis, ami de Vettori, y voyait une allusion aux *Perses*, poëme épique de Timothée de Milet. Majoragius croit que les Grecs disaient πέρσειν, *être favorable aux Perses*, comme ils disaient φιλιππίζειν, *être du parti de Philippe*.

§ III, 18. Isocrate, *Discours à Philippe*.

§ III, 19. Ces jeux de mots ne peuvent pas ordinairement passer d'une langue dans une autre. Les Latins disaient de même : *Lepidus non lepidus*. Cicéron, contre Verrès, 17 : *Repente e vestigio Verres ex homine tanquam aliquo circœo poculo factus est Verres.*

§ V, 20. Les Carpathiens, n'ayant pas de lièvres dans leur île, y en introduisirent une paire, qui multiplia tellement que les moissons furent ravagées. De là le proverbe. Voyez Julius Pollux, *Onomast.*, v, 12; Erasme, *Adag.* Chil. ii, Cent. i, 81.

§ VI, 21. Homère, *Iliade*, X, 385 et suiv.

LIVRE III, CHAP. XII, PAGES 351-355.

§ I, 1. Voyez, sur Chérémon, *Rhétorique*, ii, 23; et *Poétique*, xxiv. Ce jugement d'Aristote sur Chérémon est confirmé par Athénée, qui dit que ce poëte était passionné pour les fleurs. (*Banquet*, xiii, 9.)

§ I, 2. Cf. ci-dessus, iii, 2, et plus bas, 13.

§ I, 3. Athénée, liv. III, a parlé de cette comédie, où il était dit que Rhadamanthys et Palamède étaient inventeurs de facéties.

§ I, 4. Homère, *Iliade*, ii; 671 et suiv.

§ III, 5. Sur la μεγαλοπρέπεια, voyez Démétrius, *Du langage*, §§ 38-49, et Longin, *Du sublime*, viii, 3.

LIVRE III, CHAP. XIII, PAGES 355-357.

§ I, 1. Aristote ne condamne pas ici les mêmes divisions dont il se moque plus bas, et qu'il attribue aux disciples de Théodore. D'après le contexte, on voit qu'il attaque d'abord la division qui admet, comme parties du discours, l'exorde, la narration, la discussion du pour et du contre, et la péroraison. Dans son habitude de remonter aux principes, il n'admet que la proposition et la preuve.

§ II, 2. Théodore avait des idées plus saines. Ses disciples les exagérèrent et les rendirent ridicules. Sa définition de la rhétorique, sans être ni profonde ni complète, annonce un homme de sens : « L'éloquence, disait-il, est le talent d'inventer et de dire avec agrément, sur tout sujet, des choses croyables. »

LIVRE III, CHAP. XIV, PAGES 357-365.

§ I, 1. Dans l'exorde de l'*Éloge d'Hélène*, Isocrate se moque des sophistes Protagoras, Zénon et Mélissus.

§ II, 2. Plutarque rapporte que lorsque Gorgias prononça ce discours à Olympie, un certain Mélanthius s'écria : « Cestuy-cy s'ingère de nous conseiller et prescher la concorde en public qui ne peult pas persuader en son privé à sa femme et à sa chambrière qu'elles vivent en paix ensemble, et si ne sont qu'eulx trois en la maison. » (*Préceptes de mariage*, 39.)

§ II, 3. Exorde du *Panégyrique*.

§ II, 4. Chœrile de Samos, qu'il ne faut pas confondre avec Chœrile d'Athènes dont Aristote parle dans les *Topiques*, VIII, 1, 24. Le premier avait chanté les guerres des Grecs contre Darius et Xerxès. Le scholiaste nous a conservé le passage où se trouve la citation d'Aristote :

Ἀ μάκαρ, ὅστις ἔην κεῖνον χρόνον ἴδρις ἀοιδῆς,
Μουσάων θεράπων, ὅτ' ἀκήρατος ἦν ἔτι λειμών.
Νῦν δ'ὅτε πάντα δέδασται, ἔχουσι δὲ πείρατα τέχναι,
Ὕστατοι, ὥστε δρόμου καταλειπόμεθ' οὐδέ πη ἐστι
Πάντη παπταίνοντα νεοζυγὲς ἅρμα πελάσσαι.

« Heureux le chanteur habile, serviteur des Muses, qui vivait au temps où la prairie n'avait pas encore été profanée! Mais aujourd'hui tout a été partagé, et les arts ont des bornes. Nous venons les derniers, et la carrière nous manque. J'ai beau regarder, je ne sais où pousser mon char fraîchement attelé. »

§ III, 5. Fragment d'un poëte inconnu.

§ III, 6. Wolf conjecture heureusement que c'est le début du poëme de Chœrile.

§ III, 7. Au chap. XII de la *Poétique*, Aristote définit ainsi le prologue : Πρόλογος μὲν μέρος ὅλον τραγῳδίας τὸ πρὸ χοροῦ παρόδου. Mais les vers en question, Ἐμοὶ πατὴρ ἦν Πολυβος, κ. τ. λ., sont dans l'*Œdipe* de Sophocle, v. 774 et suiv., après deux chants de chœur. Aristote a donc fait erreur de mémoire, ou bien, dans sa *Poétique*, il attacha au mot πάροδος un sens particulier qui nous échappe. (Egger, *Hist. de la crit.* ch. les Grecs, p. 226.)

§ III, 8. Platon parle, dans le *Cratyle*, de ce moyen que Prodicus avait imaginé pour réveiller l'attention de ses auditeurs.

§ III, 9. Sophocle, *Antigone*, v. 223.

§ III, 10. Euripide, *Iphigénie en Tauride*, v. 1162.

§ III, 11. Homère, *Odyssée*, VII, 327.

§ III, 12. Platon, *Ménexéne*, tom. IX, p. 72, éd. d'Ast, Leipsig, 1827, in-8.

§ IV, 13. Προεξαγκωνίσας et προανακινήσας sont deux mots empruntés à la langue du gymnase. Ils signifient littéralement *ayant allongé le coude* et *agité les bras*.

LIVRE III, CHAP. XV, PAGES 365-369.

§ I, 1. Nausicrate d'Érythrée était disciple d'Isocrate. Cicéron en parle, *de Oratore*, II. Voyez aussi Denys d'Halicarnasse, *de Isæo*, p. 3, et Taylor, *Lect. Lysiac.* cap. III, p. 232 et suiv., éd. de Reisk.

§ I, 2. La sentence immorale qu'Hygiénon reprochait si justement à Euripide, se trouve dans l'*Hippolyte*, v. 612.

§ I, 3. Aristophane parle de cette tragédie de Sophocle, *Nuées*, v. 583.

§ I, 4. Voyez Homère, *Iliade*, X, v. 242 et suiv.

LIVRE III, CHAP. XVI, PAGES 369-375.

§ II, 1. Le discours des Égyptiens à Psamménitus, qu'Hérodote nous a conservé, liv. II, diffère un peu de l'exemple cité par Aristote.

§ II, 2. Avant la division des poëmes homériques en vingt-quatre chants, les différentes parties de ces poëmes avaient reçu des noms particuliers chez les anciens, ainsi que l'atteste Ælien, *Histoires variées*, XIII, 14. *Apologus Alcinoi* était passé en proverbe à cause de sa longueur, car il renferme près de quatre chants; et quand un discours était trop long, on le comparait au récit chez Alcinoüs; voyez Pollux, *Onomast.*, lib. VI, où se trouvent réunis les différents noms qu'on donnait au bavard. Ce qu'Ulysse avait si longuement raconté au roi des Phæaciens, il le dit en vingt-six vers à Pénélope, chant XXIII, 262-288, et non en soixante, comme

le dit Aristote. Notre auteur a manqué de mémoire, ou bien les copistes se sont trompés; ou bien encore, nous pouvons supposer qu'Aristote lisait dans l'*Odyssée* des vers qui ne se trouvent plus dans les manuscrits. Voyez, sur une question semblable, une note savante et curieuse de M. Egger, dans son *Histoire de la Critique chez les Grecs*, p. 508 et suiv.

§ II, 3. Tragédie d'Euripide, aujourd'hui perdue. Le scholiaste nous a conservé quelques vers du prologue.

§ IV, 4. Sophocle, *Antigone*, v. 911.

§ V, 5. Il est probablement question du disciple d'Isocrate, et non du célèbre orateur.

§ V, 6. Homère, *Odyssée*, XIX, 361.

§ VI, 7. Aristote cite le *Thyeste* du même poëte, *Poétique*, XVI et XVII; il explique la chute d'une tragédie de Carcinus, dans laquelle paraissait Amphiaraüs.

§ VI, 8. Antigone, v. 635 et suiv.

LIVRE III, CHAP. XVII, PAGES 375-385.

§ III, 1. Paroles de Ménélas à Pisistrate, fils de Nestor. (Homère, *Odyssée*, IV, 204).

§ III, 2. *In rebus apertis argumentari tam sit stultum, quam in clarissimum solem mortale lumen inferre.* (Quintilien, *Inst. Orat.*, V, 12.)

§ V, 3. C'est le discours aujourd'hui intitulé : Περὶ εἰρήνης, *De la paix*.

§ VII, 4. Aristote a déjà parlé de Callistrate, *Rhétorique*, I, 7.

§ VII, 5. Euripide, *Troyennes*, v. 969.

§ VIII, 6. Isocrate avait écrit deux discours sur ce sujet. On ne trouve pas la citation d'Aristote dans celui qui nous reste.

§ VIII, 7.   Οὔ μοι τὰ Γύγεω τοῦ πολυχρύσου μέλει·
 Οὐδ' εἷλέ πώ με ζῆλος, οὐδ' ἀγαίομαι.

« Je me moque des biens de Gygés et de tout son or ; ils n'ont encore excité en moi ni envie ni admiration. »

NOTES DU LIVRE III,

LIVRE III, CHAP. XVIII, PAGES 385-389.

§ I, 1. Il n'est pas question dans ce chapitre de l'interrogation considérée comme une des formes de la proposition. Il s'agit plutôt de l'interruption, procédé familier aux orateurs anciens.

§ I, 2. Cérès.

§ I, 3. Exemple tiré de Platon, *Apologie de Socrate*.

§ II, 4. Ce n'est pas Sophocle, le poëte tragique, mais un autre Sophocle, dont Aristote a parlé, *Rhétorique*, I, 14.

§ III, 5. Le passage de la *Poétique*, auquel Aristote nous renvoie, est aujourd'hui perdu.

LIVRE III, CHAP. XIX, PAGES 389-391.

§ IV, 1. Aristote fait sans doute allusion aux derniers mots du discours de Lysias contre Ératosthène : ἀκηκόατε, ἑωράκατε, πεπόνθατε, ἔχετε, δικάζετε. Comparez la fin du discours que le même orateur prononça contre l'impiété d'Andocide, et la péroraison du discours de Cicéron pour A. Cluentius.

FIN DES NOTES.

TABLE DES MATIÈRES.

PRÉFACE.. I

LIVRE PREMIER.

CHAPITRE Ier — La rhétorique est une science d'un genre indéterminé comme la dialectique ; son utilité ; sa fonction n'est pas de persuader, mais de considérer dans chaque sujet ce qu'il y a de propre à persuader...... 3.

§ 1. Rapport de la dialectique et de la rhétorique, p. 3. — § 2. Aristote accuse les anciens rhéteurs de n'avoir écrit sur l'art de la parole que des traités incomplets, *ibid.* — § 3. Dans tous les gouvernements, la loi doit laisser aussi peu que possible à l'arbitraire du juge, p. 5. — § 4. Raisons pour lesquelles les anciens rhéteurs se sont beaucoup plus occupés du genre judiciaire que du délibératif, p. 7. — § 5. L'enthymème est le syllogisme de la rhétorique, p. 9. — § 6. Utilité morale de la rhétorique, *ibid.* — § 7. La fonction de la rhétorique n'est pas de persuader, mais de trouver ce que chaque sujet contient de propre à persuader, p. 11.

CHAPITRE II. — Définition de la rhétorique. Quelle est la différence qui se trouve entre le probable, le signe et l'argument certain ? Qu'est-ce que l'exemple ?... 13.

§ 1. Définition de la rhétorique, p. 13. — § 2. Division des preuves, p. 15. — § 3. Preuves intrinsèques ; division de ces preuves, *ibid.* — § 4. Rapport de la rhétorique à la morale politique, p. 17. — § 5. De l'enthymème et de l'exemple, *ibid.* — § 6. Des auditeurs et des sujets que traite l'orateur, p. 19. — § 7. Nature des propositions dont se

forment l'enthymème et l'exemple, p. 21. — § 8. Du vraisemblable et des signes d'où se tirent les enthymèmes, p. 23. — § 9. De l'exemple, p. 25. — § 10. Des arguments spéciaux et des lieux communs, p. 27.

CHAPITRE III. — Des trois genres de rhétorique; quelle est la fin de chacun de ces genres, et la matière des propositions oratoires............ 29.

§ 1. Division des trois genres, p. 29. — § 2. De la fin de chacun des trois genres, p. 31. — § 3. L'orateur doit connaître le possible et le plus et le moins, p. 33.

CHAPITRE IV. — Quelles sont les propositions qui conviennent principalement au genre délibératif................................. 35.

§ 1. Du genre délibératif en général, p. 35. — § 2. Les objets des délibérations se réduisent à cinq, p. 37.

CHAPITRE V. — Quelle est la fin du genre délibératif. Du bonheur et de ses diverses parties................................. 41.

§ 1. Le bonheur est le but que se proposent tout les hommes; définition du bonheur, p. 41. — § 2. Éléments extrinsèques du bonheur, p. 43. — § 3. Éléments intrinsèques du bonheur, p. 47. — § 4. Des biens qui nous viennent de la fortune, p. 49.

CHAPITRE VI. — Du bon et de l'utile........................ ...... 51.

§ 1. Considérations générales sur le bon, p. 51. — § 2. Des biens positifs, p. 53. — § 3. Des biens d'opinion, *ibid.*

CHAPITRE VII. — Du plus et du moins dans le bon et dans l'utile..... 57.

§ 1. Raisons de préférence tirées de la nature des biens, p. 57. — § 2. Raisons tirées des principes et des conséquences, p. 59. — § 3. Raisons tirées de l'opinion des hommes, p. 65. — § 4. Raisons tirées de diverses circonstances, p. 67.

CHAPITRE VIII. — Des différentes formes de gouvernement.......... 71

§ 1. Combien de formes de gouvernement, p. 71. — § 2. Fin et mœurs de chaque forme de gouvernement, p. 73. — § 3. Conclusion, p. 75.

CHAPITRE IX. — De la vertu et du vice; de l'honnête et du déshonnête; des sources de l'éloge et du blâme................................. 75.

§ 1. Définition de la vertu et de ses différentes espèces, p. 75. — § 2. De l'honnête et de son contraire, p. 77. — § 3. Comment on peut

TABLE DES MATIÈRES.

louer ce qui n'est pas louable, p. 81. — § 4. Différentes espèces de louanges, p. 83. — § 5. Rapports entre les deux genres, épidictique et délibératif, p. 85. — § 6. Le genre épidictique emploie tous les moyens d'amplification, *ibid*.

CHAPITRE X. — De l'accusation et de la défense; quelles sont les propositions relatives au genre judiciaire.................... 87.

§ 1. — Définition de l'injustice, p. 87. — § 2. Motifs qui portent les hommes à l'injustice, p. 89. — § 3. Inutilité d'une autre division, p. 91. — § 4. Causes des actions humaines, p. 93.

CHAPITRE XI. — De l'agréable............................. 95.

§ 1. Quelles sont les choses agréables, p. 95.

CHAPITRE XII. — Dans quelles circonstances, en quoi et contre qui on commet l'injustice.................................... 107

§ 1. Dans quelles circonstances on est injuste, p. 107. — § 2. Quels sont ceux envers qui on est injuste, p. 111. — § 3. Circonstances propres à favoriser l'injustice, p. 115.

CHAPITRE XIII. — Du juste et de l'injuste................ 115

§ 1 Division du juste et de l'injuste selon la loi et selon les personnes, p. 115. — § 2. Conditions nécessaires pour qu'une action soit injuste, p. 117. — § 3. Distinction de l'équité et de la justice, p. 119.

CHAPITRE XIV. — Dans quelles circonstances les actions sont plus ou moins injustes.................................... 123

§ 1. Injustice plus grande en raison du dommage, p. 123. — § 2. Injustice plus grande pour d'autres motifs, *ibid*.

CHAPITRE XV. — Des preuves indépendantes de l'art............. 125

§ 1. Des lois, p. 125. — § 2. Des témoins, p. 129. — § 3. Des conventions, p. 131. — § 4. Des tortures, p. 133. — § 5. Du serment, p. 135. — § 6. Du serment déjà prêté, p. 137.

LIVRE DEUXIÈME.

CHAPITRE Ier. — Des mœurs et des passions.................. 139

§ 1. Considérations générales, p. 139. — § 2. Des mœurs oratoires, p. 141. — § 3. Des passions, *ibid*.

TABLE DES MATIÈRES.

Chapitre II. — De la colère.................................... 143

§ 1. Quels sont les gens sujets à se mettre en colère, p. 143. — § 2. Du mépris et de ses diverses espèces, p. 145. — § 3. Quelles sont les raisons pour lesquelles on se met en colère, p. 147. — § 4. Qui sont ceux contre lesquels on se met en colère, p. 149. — § 5. Conclusions, p. 153.

Chapitre III. — De la douceur.................................. 153

§ 1. Quels sont ceux envers qui nous sommes doux et bienveillants, p. 153. — § 2. Quels sont ceux qui sont doux et bienveillants, p. 155.

Chapitre IV. — De l'amour et de la haine.................... 159

§ 1. Définition de l'amitié, p. 159. — § 2. Quels sont ceux pour qui on a de l'amitié, *ibid.* — § 3. En quoi l'inimitié diffère de la haine, p. 165.

Chapitre V. — De la crainte.................................... 167

§ 1. Quelles sont les choses et les personnes que l'on craint, p. 167. — § 2. Dans quels cas on doit craindre davantage, p. 169. — § 3. Quels sont ceux qui craignent, *ibid.* — § 4. Dans quelles circonstances on a de l'assurance, p. 171.

Chapitre VI. — De la honte..................................... 175

§ 1. De la honte et des choses honteuses, p. 175. — § 2. Quelles sont les personnes devant lesquelles nous avons de la honte, p. 177. — § 3. Quels sont ceux dont nous craignons les reproches, p. 179. — § 4. Dans quelles circonstances on a de la honte, p. 181.

Chapitre VII. — De la bienfaisance............................ 183

§ 1. Définition du bienfait, p. 183. — § 2. Conclusion, p. 185.

Chapitre VIII. — De la pitié................................... 187

§ 1. Quels sont les hommes compatissants, p. 187. — § 2. Quelles sont les choses qui excitent la pitié, p. 189. — § 3. Quels sont ceux pour qui on a de la pitié, *ibid.*

Chapitre IX. — De l'indignation............................... 193

§ 1. Définition de l'indignation; en quoi elle diffère de l'envie, p. 193. — § 2. Quelles sont les choses qui excitent l'indignation, p. 195. — § 3. Quelles sont les personnes portées à s'indigner, p. 197.

TABLE DES MATIÈRES.

Chapitre X. — De l'envie.................................... 199

§ 1. Quelles sont les personnes envieuses, p. 199. — § 2. Quelles sont les choses qui excitent l'envie, *ibid.*— § 3. Quelles sont les personnes auxquelles on porte envie, 201.

Chapitre XI. — De l'émulation............................... 203

§ 1. Quels sont ceux qui ont de l'émulation, p. 203. — § 2. Quels sont les biens qui excitent l'émulation, *ibid.* — § 3. Quelles sont les personnes qui excitent l'émulation, p. 205.

Chapitre XII. — Des mœurs. De la jeunesse................. 207

§ 1. Considérations préliminaires, p. 207.— § 2. Des jeunes gens, *ibid.*

Chapitre XIII. — De la vieillesse............................ 211

§ 1. Des vieillards, p. 211.

Chapitre XIV. — De l'âge viril.............................. 215

§ 1. Des hommes parvenus à l'âge mûr, p. 215.

Chapitre XV. — Des mœurs des nobles....................... 217

§ 1. Des nobles, p. 217.

Chapitre XVI.— Des mœurs des riches....................... 217

§ 1. Des riches, p. 217.

Chapitre XVII. — Mœurs des hommes puissants et heureux....... 219

§ 1. Des hommes puissants, p. 219.— § 2. Des hommes heureux, p. 221.

Chapitre XVIII. — Lieux communs aux différents genres......... 221

§ 1. Quel est le but de l'orateur, p. 221. — § 2. Des lieux communs aux trois genres, p. 223.

Chapitre XIX. — Du possible et de l'impossible................ 225

§ 1. Des choses possibles et de celles qui ne le sont pas, p. 225. — § 2. Des preuves fondées sur la conjecture, p. 227.— § 3. Des preuves qui se rapportent à l'avenir, p. 229. — § 4. Du plus ou du moins, *ibid.*

TABLE DES MATIÈRES.

CHAPITRE XX. — Des exemples.................................. 231

§ 1. Des preuves communes à tous les genres, p. 231. — § 2. Des exemples, *ibid.* — § 3. Emploi des exemples, p. 235.

CHAPITRE XXI. — Des sentences................................ 235

§ 1. Définition de la sentence, p. 235. — § 2. Combien il y a d'espèces de sentences, p. 237. — § 3. Emploi des sentences, p. 239. — § 4. Double avantage des sentences, p. 241.

CHAPITRE XXII. — Des enthymèmes............................. 243

§ 1. De l'enthymème en général, p. 243.— § 2. La première source des enthymèmes est le sujet lui-même, p. 245.— § 3. Deux espèces d'enthymèmes, p. 249.

CHAPITRE XXIII. — Lieux des enthymèmes...................... 249

§ 1. Contraires, p. 249. — § 2. Cas semblables, p. 251. — § 3. Relatifs, *ibid.* — § 4. Le plus et le moins, p. 253. — § 5. Le temps, p. 255. § 6. L'argument personnel, *ibid.* — § 7. La définition, *ibid.* — § 8. Sens multiple d'un mot, p. 257. — § 9. Division, *ibid.*— § 10. Induction, *ibid.*— § 11. La chose jugée, p. 259. — § 12. L'énumération des parties, p. 261. — § 13. La conséquence, *ibid.* — § 14. Les choses opposées, *ibid.* — § 15. Conclure d'après le juste ou d'après l'utile, p. 263. — § 16. L'analogie, *ibid.*— § 17. L'identité des causes ou des effets, *ibid.* — § 18. L'inconstance des opinions, p. 265. — § 19. La cause apparente, *ibid.* — § 20. Les motifs, p. 267. — § 21. L'invraisemblable, *ibid.* — § 22. Les choses qui répugnent entre elles, *ibid.* — § 23. Les apparences, p. 269.— § 24. Les causes, *ibid.*— § 25. Les préférences, *ibid.*— § 26. Réunion des contraires, p. 271.— § 27. Les fautes commises, *ibid.* — § 28. Le nom, *ibid.* — § 29. Avantage des enthymèmes réfutatifs, p. 273.

CHAPITRE XXIV. — Lieux des enthymèmes apparents............. 273

§ 1. Enthymèmes apparents, p. 273. — § 2. Conclure sans qu'il y ait enthymème, *ibid.* — § 3. L'homonymie, p. 275. — § 4. Réunir ce qui est divisé, et *vice versa*, *ibid.* — § 5. Amplifier sans prouver, p. 277. — § 6. Le signe, *ibid.* — § 7. L'accident, *ibid.* — § 8. La fausse conséquence, p. 279. — § 9. Prendre pour cause ce qui n'est pas cause, *ibid.* — § 10. L'omission des circonstances, *ibid.* — § 11. La chose considérée simplement ou sans condition, p. 281.

CHAPITRE XXV. — Des solutions................................. 283

§ 1. La réfutation, p. 283. — § 2. Quatre espèces d'objections, *ibid.* —

§ 3. Matière des enthymèmes, p. 285. — § 4. Comment on peut faire et résoudre les objections, *ibid.*

CHAPITRE XXVI. — Des moyens d'augmenter et de diminuer....... 287

LIVRE TROISIÈME.

CHAPITRE Ier. — Des différentes parties de la rhétorique........... 291

§ 1. De l'élocution, p. 291. — § 2. De l'action, *ibid.* — § 3. Importance de l'élocution, p. 293. — § 4. Distinction du style oratoire et du style poétique, p. 295.

CHAPITRE II. — Des qualités du style 295

§ 1. La clarté et la convenance, p. 295. — § 2. Différentes espèces de noms, p. 297. — § 3. La métaphore, p. 299. — § 4. Épithètes, p. 303.

CHAPITRE III. — Du style froid................................ 305

§ 1. Mots doubles, p. 305. — § 2. Mots étrangers, *ibid.* — § 3. Abus des épithètes, *ibid.* — § 4. Métaphores vicieuses, p. 307.

CHAPITRE IV. — De l'image ou comparaison 309

§ 1. Comparaison, p. 309.

CHAPITRE V. — De la pureté du style........................... 311

§ 1. L'emploi des conjonctions, p. 311. — § 2. Le mot propre, p. 313. § 3. Les équivoques, *ibid.* — § 4. Genres, p. 315. — § 5. Nombres, *ibid.* — § 6. Ponctuation et construction, *ibid.*

CHAPITRE VI. — De l'ampleur du style......................... 317

§ 1. Moyens de rendre le style plus ample, p. 317.

CHAPITRE VII. — De la convenance du style..................... 319

§ 1. Le style doit exprimer les mœurs et les passions, p. 319. — § 2. Comment le style peut exprimer les mœurs, *ibid.* — § 3. L'art doit être caché, p. 321. — § 4. L'emploi des mots doubles et étrangers, *ibid.*

CHAPITRE VIII. — Du rhythme.................................. 323

§ 1. Définition du rhythme, p. 323. — § 2. Différentes espèces de rhythme, *ibid.* — § 3. Le pæan, p. 325.

CHAPITRE IX. — Deux espèces de style...................... 327

§ 1. Style continu, p. 327. — § 2. Période, *ibid.* — § 3. Éléments de la période, p. 329. — § 4. Division et antithèse, p. 331. — § 5. Parisose et paromœose, p. 333.

CHAPITRE X.— De l'esprit dans le style et de la beauté de l'expression. 333

§ 1. L'expression considérée dans le sens, p. 333. — § 2. L'expression considérée dans sa forme extérieure, p. 335. — § 3. La métaphore et l'antithèse, p. 337.

CHAPITRE XI. — Des moyens de mettre la chose sous les yeux....... 341.

§ 1. La chose mise sous les yeux, p. 341. — § 2. Observation sur les métaphores, p. 343. — § 3. Différentes sources d'élégance, *ibid.* — § 4. La comparaison, p. 347. — § 5. Les proverbes, p. 349. — § 6. L'hyperbole, *ibid.*

CHAPITRE XII. — Du style qui convient à chaque genre............ 351.

§ 1. Du style écrit et du style agonistique, p. 351. — §2. Style délibératif et judiciaire, p. 353. — § 3. Du style épidictique, p. 355.

CHAPITRE XIII. — Des parties du discours...................... 355.

§ 1. Parties essentielles, p. 355. — § 2. Parties accessoires, p. 357.

CHAPITRE XIV. — De l'exorde............................... 357.

§ 1 Définition, p. 357. — § 2. Sources de l'exorde du genre épidictique, p. 359. — § 3. Sources de l'exorde du genre judiciaire, *ibid.* — § 4. Sources de l'exorde du genre délibératif, p. 365.

CHAPITRE XV. — Des moyens de défense........................ 365

§ 1. — Comment on peut repousser une accusation, p. 365.

CHAPITRE XVI. — De la narration............................. 369.

§ 1. — De la narration dans le genre épidictique, p. 369. — § 2. La narration doit être d'une juste mesure, p. 371. — § 3. Elle doit être morale, p. 373. — § 4. Vraisemblable, *ibid.* — § 5. Pathétique, *ibid.* — § 6. Place qui convient à la narration, p. 375.

CHAPITRE XVII. — De la preuve.............................. 375.

§ 1. Différentes espèces de questions, p. 375. — § 2. A quel genre conviennent les exemples et les enthymèmes, p. 377. — § 3. Fautes

TABLE DES MATIÈRES. 463

éviter dans l'emploi des enthymèmes, *ibid.* — § 4. Usage des sentences dans la preuve, p. 379. — § 5. La preuve dans les deux genres, délibératif et judiciaire, *ibid.* — § 6. Dans le genre épidictique, p. 381. — § 7. Réfutation, *ibid.* — § 8. Règle concernant les mœurs, p. 383. — § 9. Changement des enthymèmes en sentences, *ibid.*

CHAPITRE XVIII. — De l'interrogation et du ridicule............. 385.

§ 1. Interrogation, p. 385. — § 2. Réponse, p. 387. — § 3. Du ridicule, *ibid.*

CHAPITRE XIX. — De la péroraison.......................... 389.

§ 1. Rendre l'auditeur bienveillant, p. 389. — § 2. Amplifier et atténuer, *ibid.* — § 3. Émouvoir les passions, *ibid.* — § 4. Récapitulation, *ibid.*

NOTES.

LIVRE I.. 393

LIVRE II... 416

LIVRE III.. 435

FIN DE LA TABLE DES MATIÈRES.

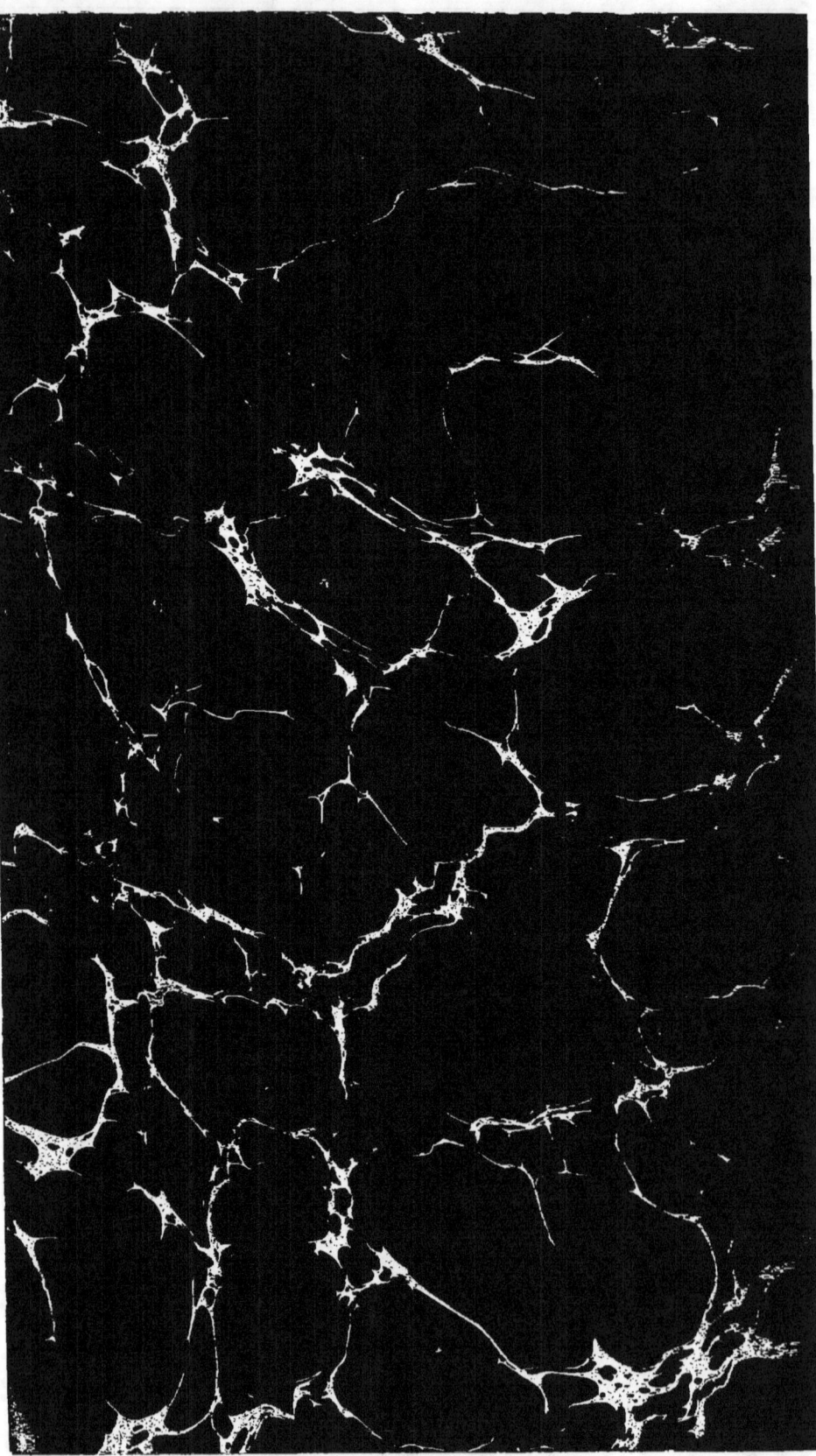

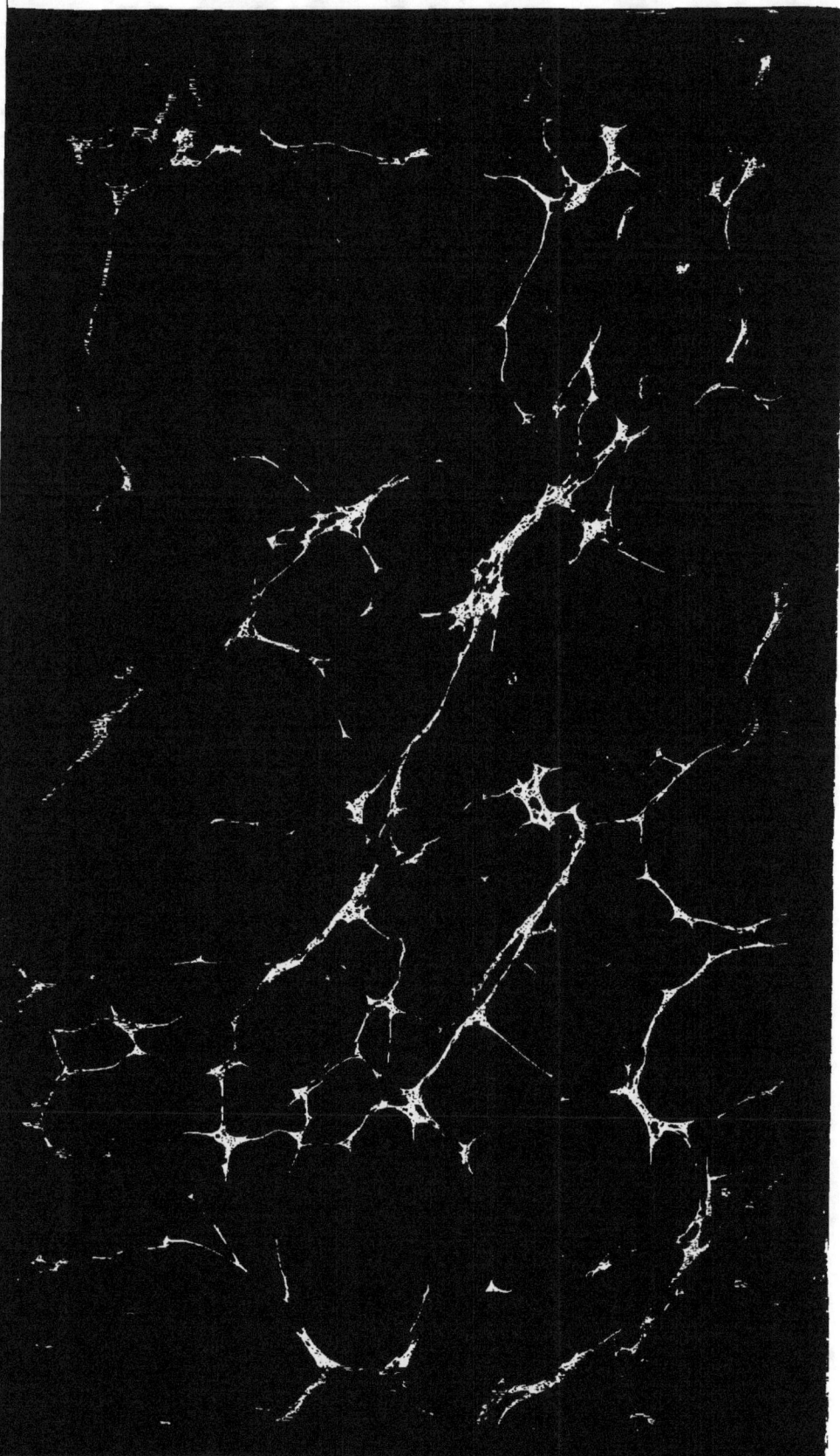

www.ingramcontent.com/pod-product-compliance
Lightning Source LLC
Chambersburg PA
CBHW060235230426
43664CB00011B/1653